W0058854

Hintergründe & Infos

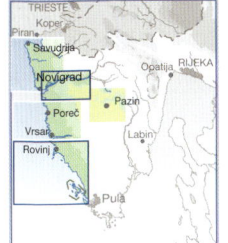

Westküste & Landesinneres
Von Savudrija bis Novigrad
Mirnatal und Umgebung
Von Poreč bis Vrsar
Pazin und Umgebung
Von Rovinj zu den Brijuni-Inseln

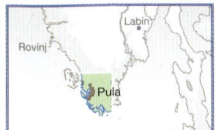

Südküste
Pula und Umgebung

Ostküste
Labin und Umgebung
Opatija Riviera

Norden
Slowenische Riviera

Parenzana-Weg
Kleiner (Rad-)Wanderführer

UNTERWEGS MIT LORE MARR-BIEGER

Erst 1993, nach 10 Jahren vieler Inselbesuche, entdeckte ich für mich die Region Istrien – länderübergreifend, d. h. das kroatische Istrien wie auch die nördlich an-

schließende Slowenische Riviera. Obwohl die Halbinsel mir einen relativ kleinen Rahmen steckte, war ich doch sehr von der Vielfältigkeit überrascht. Malerische alte Küstenstädte und bewehrte, trutzige Inlandsorte galt es zu entdecken. Auch habe ich die hügelige bis bergige Landschaft erklommen, imposante Schluchten und Wasserfälle besucht und vom Učka-Gebirge einen gigantischen Weitblick auf die südlich liegende Inselwelt genossen. Das hier gegenwärtige Altertum, die Baukunst und die zahlreichen Fresken haben mich ebenfalls sehr beeindruckt. Das Meer ist leuchtend türkis und glasklar und lädt zum Baden ein. Erlebnisreich sind neben den Berg- auch die Mountainbiketouren – vor allem der Parenzana-Weg, den ich in voller Länge fuhr. Mein Gaumen liebt das gute Olivenöl, die süffigen Weine, den Käse und Schinken, die Trüffeln, das schmackhafte Boškarin-Rind und vor allem die Fische und die hier sehr saftigen Muscheln.

Istrien mit seiner kontrastreichen Vielfalt habe ich über die Jahre für mich entdeckt und lieben gelernt und hoffe, auch Ihnen das „Land der Histrer" mit diesem Reisebuch nahebringen zu können.

Eine erlebnisreiche Reise wünscht Ihnen

Lore Marr-Bieger

Text und Recherche: Lore Marr-Bieger **Lektorat:** Carmen Wurm **Redaktion** Heike Dörr **Layout:** Susanne Beigott **Karten:** Hans-Joachim Bode, Theresa Flenger, Judit Ladik **Fotos:** siehe S. 9 **GIS-Consulting:** Rolf Kastner **Covergestaltung:** Karl Serwotka **Covermotive:** oben: Motovun, unten: Rovinj, gegenüberliegende Seite: Vrsar (alle Lore Marr-Bieger)

5. KOMPLETT ÜBERARBEITETE UND AKTUALISIERTE AUFLAGE 2017

ISTRIEN

LORE MARR-BIEGER

Istrien – Die Vorschau 10

Istrien – Hintergründe & Infos 14

Istrien: Land und Leute 16

Das Landesinnere	17	Winde	21
Die Küste	19	Die Landschaften	22
Tourismus	19	Flora	23
Wellness und Kurorte	20	Fauna	25
Klima und Reisezeit	20		

Kurze Geschichte Istriens 26

Anreise 34

Mit dem eigenen Fahrzeug	34	Mit der Eisenbahn	37
Mit dem Schiff von Italien		Mit dem Bus	38
nach Istrien	36	Mit dem Flugzeug	39

Unterwegs in Istrien 40

Mit dem Bus	41	Mit dem Fahrrad	42
Mit der Eisenbahn	41	Mit dem Mietwagen	43
Mit dem Flugzeug	42	Mit dem Taxi	43

Übernachten 44

Privatunterkünfte	45	Jugendhotels/Hostels	46
Touristische Bauernhöfe/Agro-		Camping	47
tourismus und Landhäuser	45	Leuchttürme	48
Hotels	46		

Essen und Trinken 49

Sport 61

Wissenswertes von A bis Z 65

Ärztliche Versorgung	65	Karten	69
Diplomatische Vertretungen	66	Literaturtipps	69
Elektrizität und Trinkwasser	66	Öffnungszeiten	70
Feiertage	66	Papiere	71
Feste und Veranstaltungen	67	Post	71
Finanzen	67	Telefon/Wichtige Nummern	72
Informationen	68	Zoll	72
Internet	69		

Westküste und Landesinneres 76

Westküste: Von Savudrija bis Novigrad 76

Kap Savudrija	77	Weiterreise von Umag nach Novigrad	88
Umag	82	Novigrad	89

Landesinneres: Mirna-Tal und Umgebung 97

Buje	98	Istarske Toplice	114
Buje/Umgebung	100	Buzet	115
Grožnjan	104	Buzet/Umgebung	119
Grožnjan/Umgebung	106	Ćićarija-Gebirge	120
Vižinada	106	Roč	122
Motovun	108	Hum	124
Oprtalj	110	Lupoglav	125
Livade	112	Boljun	125

Westküste: Von Poreč bis Vrsar 127

Poreč	128	Sv. Lovreč Pazenatički	145
Poreč/Umgebung – Ausflüge ins Hinterland	143	Funtana und seine Riviera	146
Baredine-Höhle bei Nova vas	143	Vrsar und seine Riviera	148
Višnjan	144	Vrsar/Umgebung	154
		Limski kanal	154

Landesinneres: Pazin und Umgebung 156

Pazin	156	Pazin/Umgebung	160

Westküste: Von Rovinj zu den Brijuni-Inseln 172

Rovinj	172	Bale/Umgebung	190
Rovinj/Umgebung	186	Vodnjan	190
Von Rovinj in Richtung Pula	187	Fažana	193
Bale	188	Nationalpark Brijuni-Inseln	195

Südküste: Pula und Umgebung 200

Pula	200	Pomer	216
Medulin und Umgebung	212	Medulin	217
Pješčana uvala	212	Ližnjan	220
Banjole	213	Von Pula Richtung Ostküste und Kvarner-Region	220
Premantura	213		

Ostküste _____ 224

Ostküste: Labin und Umgebung _____ 224

Labin	224	Labin/Rabac Umgebung	232
Rabac	230		

Ostküste: Opatija Riviera _____ 236

Mošćenička Draga	237	Lovran	242
Mošćenička Draga/Umgebung	239	Lovran/Umgebung	246
Medveja	241	Naturpark Učka-Gebirge	247
		Ika und Ičići	250

Opatija _____ 252

Istriens Norden: Slowenische Riviera _____ 260

Koper	262	Piran	276
Koper/Umgebung	268	Piran/Umgebung	283
Izola (Isola)	270	Portorož	284
Strunjan	274	Portorož/Umgebung	289

Kleiner Wanderführer für Istrien   292

Parenzana-Weg –
„Weg der Gesundheit und Freundschaft" _____ 294

Parenzana-Weg/Etappe 1	Triest–Koper–Portorož/Valeta-Tunnel (41,7 km) [GPS]	297
Parenzana-Weg/Etappe 2	Portorož–Motovun (55,3 km) [GPS]	302
Parenzana-Weg/Etappe 3	Motovun–Poreč 34,2 km [GPS]	308

Kleiner Wanderführer durch Istrien _____ 313

Wanderung 1	Brtonigla – durch das Naturreservat Škarline [GPS]	315
Wanderung 2	Von Buzet nach Kotli über die „Sieben Wasserfälle" [GPS]	318
Wanderung 3	Zur Planina Korita im Ćićarija-Gebirge [GPS]	323
Wanderung/Radtour 4	Rundtour um Vrsar [GPS]	325
Wanderung 5	Rundwanderung auf dem Hl.-Simeon-Wanderweg (Staza Sv. Šimuna)	327
Wanderung 6	Labin – durch die Schlucht hinab nach Rabac [GPS]	329
Wanderung 7	Labin/Umgebung – Sv. Lucija-Rundtour [GPS]	331

Wanderung 8   Von Mošćenićka Draga über Trebišća
              durch das Draga-Tal ^{GPS} 333

Wanderung 9   Rundwanderung von Medveja nach Mošćenićka Draga ^{GPS} 336

Wanderung 10 Auf dem Wander- und Lehrpfad vom
              Poklon-Sattel zum Berg Vojak (1401 m) ^{GPS} 341

Wanderung 11 Podgorje – um den Berg Slavnik (1028 m) ^{GPS} 344

Wanderung 12 Von Dragonja über Sv. Peter nach Krkavče ^{GPS} 347

^{GPS} Mittels GPS kartierte Wanderung. Waypoint-Dateien zum Downloaden
unter: www.michael-mueller-verlag.de/gps

Etwas Kroatisch _____ 350

Register _____ 356

Kartenverzeichnis

Istrien   Umschlagklappe vorne
Pula   Umschlagklappe hinten

Izola   273   Süden: Pula und Umgebung   202
Koper (Capodistria)   265   Südostküste: Pula bis Labin   221
Norden: Slowenische Riviera   263   Westen: Kap Savudrija   81
Opatija (Stadt)   254/255   Westen: Novigrad bis
Ostküste: Labin bis Opatija   233   Vrsar   128/129
Piran   279   Westen: Savudrija bis Novi-
Poreč   135   grad und Landesinneres   78/79
Portorož   286/287   Westen: Von Vrsar zu den
Rovinj (Stadt)   178/179   Brijuni-Inseln   174

Zeichenerklärung für die Karten und Pläne

═══ Autobahn	Umag Autobahnauffahrt	Information		Badestrand
▬▬ Bundesstraße	Grenzübergang	Shoppingcenter		Campingplatz
▬▬ Hauptstraße	Flughafen	M Museum		Leuchtturm
══ Nebenstraße	BUS Bushaltestelle	Burg/Schloss		Höhle/Grotte
── Piste	TAXI Taxistand	Kloster		Berggipfel
╴╴╴╴ Fußweg	T Tankstelle	Kirche		Ausgrabung
╶╌╶ Bahn	Krankenhaus	Thermalbad		
╴╴╴╴ Parenzana	Post	H Ferienanlage		

Wanderkarten

Wanderübersichtskarte	295
Parenzana 1: Triest – Koper – Portorož	298/299
Parenzana 2: Portorož – Motovun	304/305
Parenzana 3: Motovun – Poreč	310/311
Wanderung 1: Brtonigla – durch das Naturreservat Škarline	315
Wanderung 2: Von Buzet nach Kotli über die „Sieben Wasserfälle"	319
Wanderung 3: Zur Planina Korita im Ćićarija-Gebirge	323
Wanderung/Radtour 4: Rundtour um Vrsar	326/327
Wanderung 5: Rundwanderung auf dem Hl.-Simeon-Wanderweg	328/329
Wanderung 6: Labin – durch die Schlucht hinab nach Rabac	330
Wanderung 7: Labin-Umgebung – Lucija-Rundtour	332
Wanderung 8: Von Mošćenićka Draga ind Trebišća durch das Draga-Tal	335
Wanderung 9: Rundwanderung von Medveja nach Mošćenićka Draga	338/339
Wanderung 10: Auf dem Wander- und Lehrpfad zum Berg Vojak	343
Wanderung 11: Podgorje – um den Berg Slavnik	345
Wanderung 12: Von Dragonja über Sv. Peter nach Krkavče	347

Alles im Kasten

Rot, grau und weiß ...	18
Dinosaurier in Istrien	26
Olivenöl – Istriens grünes Gold	52
Trüffeln – Istriens weißes Gold	53
Der Parenzana – „Weg der Gesundheit und Freundschaft"	98
Mountainbiketouren im Landesinneren	100
Veli Jože – der Riese von Motovun	110
Giancarlo Zigante: der Trüffelkönig von Istrien	113
Happy-End im Klettergarten	114
Stipan Konzul Istranin (1521–1568)	119
Glagoliza – die glagolitische Schrift	123
Mutige Märtyrer, mächtige Bischöfe – Facetten der Porečer Stadtgeschichte	130/131
Spätantikes Gotteshaus – die Geschichte der Euphrasius-Basilika	140
Montraker	153
Istarski Razvod – istrische Grenzziehung im Mittelalter	157
Paradiesinsel Sv. Katarina	185
Labinske krafi	226

Matija Vlačić Ilirik (Matthias Flacius Illyricus)   227
Labiner Republik   228
Marunada   245
Parenzana – der slowenische Teilabschnitt   262
Die weiße Taube von Izola   271

Was haben Sie entdeckt?   Haben Sie in einer guten Konoba gegessen, in einem behaglichen Hotel übernachtet oder einen schönen Wanderweg entdeckt?

Ergänzungen, Verbesserungen oder neue Tipps zum Buch sind immer willkommen!

Schreiben Sie an: Lore Marr-Bieger, Stichwort „Istrien" | c/o Michael Müller Verlag GmbH | Gerberei 19, D – 91054 Erlangen | marr-bieger@michael-mueller-verlag.de

Vielen Dank!   Herzlichen Dank für Material und Information an die Kroatische Tourismuszentrale in Zagreb und Frankfurt.

Einen ganz besonderen Dank an die istrischen und slowenischen Tourismusverbände für die tatkräftige Unterstützung und die überaus nette und freundliche Zusammenarbeit. Ebenso ein Danke an die vielen Personen, die durch Hinweise und Tipps ebenfalls zum Gelingen dieses Buches beitrugen.

Und ein großes Danke an Oliver ...

Fotonachweis

Alle Fotos Lore Marr-Bieger, außer:
Adriatic Dolphin Project, Veli Lošinj: S. 25
Vladimir Bugarin, Tourist Association Poreč: S. 63 (oben)
Vedran Kos, Labin: S. 333

 Mit dem grünen Blatt haben unsere Autoren Betriebe hervorgehoben, die sich bemühen, regionalen und nachhaltig erzeugten Produkten den Vorzug zu geben.

Istrien: Die Vorschau

Die Halbinsel Istrien entdecken

Die fast dreieckige, grüne und hügelige Halbinsel Istrien gehört zum größten Teil zu Kroatien, der schmale nördliche Saum zu Slowenien – die sogenannte „Slowenische Riviera". Die Halbinsel der *Histrer*, der Ureinwohner und Namensgeber Istriens, die sich auch im Nordteil aufhielten, hat mehr zu bieten als felsgesäumte Küsten und Naturschönheiten. Die Küstenstädte sind voll von Sehenswürdigkeiten aus illyrischer, römischer und vor allem aus venezianischer Zeit. Der Küste vorgelagert liegen kleine Eilande und die bekannten, zum Nationalpark erklärten Brijuni-Inseln. Im Hinterland wachen wehrhafte alte Städtchen auf karstigen Hügeln über das von fruchtbaren Weinbergen und Tälern durchzogene Land, das sich zu Fuß oder per Mountainbike bestens erkunden lässt. Und wer noch höher hinaus will: Die Naturparks des Učka- und Ćićarija-Gebirges bieten auch für luftige Aktivitäten viele Möglichkeiten. An der Slowenischen Riviera finden sich als Kontrast malerische Salzfelder mit ihrer ganz eigenen Flora und Fauna.

Istrien – Landschaft der drei Farben

Istriens Charme liegt im Kleinen und Überschaubaren – und in den kontrastreichen Landschaften, die sich in charakteristischen Farben spiegeln: „La terra rossa", die rote eisen- und mineralstoffreiche Erde im Südwesten Istriens, bildet die fruchtbare Grundlage für die istrischen Weine wie den violettroten *Refosco*. Das „graue Istrien", dessen Gesteinsfarbe das Herz der Halbinsel prägt, lockt mit mittelalterlichen, oft kreisrund auf Hügeln erbauten trutzigen Städtchen, aus denen meist ein Kirchturm weithin sichtbar ins Land lugt. Und schließlich das kalkhaltige Gestein des „weißen Istrien" im Nordosten, die bis zu 1400 Meter hohen

Bergketten des Ćićarija- und Učka-Gebirges und der weißfelsige Küstensaum, der im Frühsommer durch das Gelb des Ginsters und das Blau des Himmels intensive Farbkontraste setzt. So reich wie die Landschaften, so vielfältig und häufig noch unberührt ist die Pflanzenwelt, die von karger Macchia bis zu subtropischer Vegetation alles bietet – Laubwälder und feuchte Täler, in denen die kostbaren Trüffeln gedeihen, bevor sie frisch oder getrocknet die istrische Küche verfeinern.

Istriens Kunst, Kultur und Architektur

Einen Liebesbeweis besonderer Art ließ sich der römische Kaiser Vespasian einfallen, als er in Pula das Amphitheater für seine Liebste erweitern ließ. Seeschlachten oder Gladiatorenkämpfe werden hier nicht mehr inszeniert, dafür gibt es Musikgenuss von Weltstars – und eine einzigartige Akustik. Eine Perle spätantiker und frühbyzantinischer Architektur ist in Poreč zu besichtigen: die als Weltkulturerbe unter dem Schutz der UNESCO stehende Euphrasius-Basilika aus dem 6. Jh. Die märchenhafte Burganlage über der tiefen Schlucht des Fojba-Flusses in Pazin inspirierte Jules Verne zu seinem Roman „Mathias Sandorf". Auch das Künstlerstädtchen Rovinj mit der Sv. Euphemia-Kirche und dem hohen Kirchturm ist einen Besuch wert. Der spezielle Charme Istriens aber erschließt sich auf einer Fahrt durchs Hinterland mit seinen auf Hügeln thronenden malerischen Städtchen und Trutzburgen.

Die Slowenische Riviera – Vielfalt auf kleinstem Raum

Auf nur 46 km Länge und rund 10 km Breite erstreckt sich der slowenische Teil der istrischen Halbinsel, dessen Städte stark von den Venezianern geprägt sind. Hier prunken die Hafenstadt Koper, die sich heute wieder

Istrien: Die Vorschau

verstärkt der Schifffahrt, vor allem auch dem Cruiser-Geschäft zuwendet, die schmucken Orte Izola mit großem Jachthafen und Piran, Tartinis Geburtsort und „Perle" dieser Gegend. Das alte Seebad Portorož zeigt sich mondän und hat sich auf Wellness spezialisiert. Den einstigen Reichtum brachte das Salz aus der großen Bucht von Sečovlje, heute bilden diese Salzgärten eine bizarre Landschaft. Das hügelige und fruchtbare Hinterland ist reich an Wein-, Obst- und Gemüsegärten, ehe es im Osten zum karstigen Hochplateau ansteigt.

Unterkünfte – für jeden Geschmack

Das Übernachtungsangebot in der istrischen Küstenregion ist gut und auf jeden Geschmack eingestellt. Groß ist mittlerweile die Zahl der Hotels mit Wellnessangeboten, die den Stress des Alltags vergessen lassen. Campingfreunde finden entlang der Küste ein großes Angebot an Plätzen, auch mit den sehr beliebten Mobilheimen. Für Nacktbadefreunde ist ebenfalls gesorgt, zahlreiche FKK-Campinganlagen laden zum Verweilen ein, z. B. in Koversada bei Vrsar in einer der größten Campinganlagen Europas. Im Inland kann man sich in kleinen, schmucken Landhotels verwöhnen lassen oder allein oder mit der ganzen Familie Urlaub auf dem Bauernhof machen – dazu bekommt man gleich die istrischen Spezialitäten aus eigenem Anbau frisch auf den Tisch. Die Slowenische Riviera bietet vor allem in Portorož eine große Auswahl an Luxus-Hotels, im Inland kleine Reiterhöfe.

Spezialitäten – schmackhaft, flüssig und heilsam

Zu den bekannten istrischen Gaumenkitzlern zählen der luftgetrocknete *Pršut* (Schinken), der schmackhafte Schafskäse, fangfrischer Fisch, die saftigen Muscheln und Austern aus dem

Limski kanal, die Schwarzen und besonders auch die raren Weißen Trüffeln und nicht zuletzt das feine Olivenöl, das schon zu Römerzeiten begehrt war. Die Dichtkunst ist in Istrien weit verbreitet, viele Poeten und Schriftsteller ließen sich von der ruhigen, kraftvollen Landschaft inspirieren. Beflügelt wurden sie dabei wohl des Öfteren von den ausdrucksstarken Rot- und Weißweinen. Eine Delikatesse sind auch die Steaks und die Salami vom Weidenrind Boškarin, das zum Symbol Istriens wurde. Das gute slowenische Salz, vor allem die Salzblüte, bringt feinen Geschmack, das normale tut es für Peelings und der Schlamm ist bestens für strapazierte Körper.

Baden, Sport, Entspannen

Warme, trockene Sommer und eine Badesaison von Mai bis Ende September locken Badefreunde. Die klare Adria mit Sichtweiten bis zu 50 m Tiefe, alte Schiffswracks und bizarre Unterwasserhöhlen machen das Tauchen zum Genuss. Das Frühjahr und der Herbst verlocken zu Wander- oder Radtouren ins hügelige Hinterland, entlang der Weinstraßen oder auf dem Parenzana, der alten Eisenbahntrasse, die von Triest durch Slowenien bis ins kroatische Poreč führt. Kletterfelsen warten am abfallenden Karstplateau in Osp oder im Ćićarija- und Učka-Gebirge oder man schwingt sich dort mit dem Paraglider in die Lüfte. Für noch mehr Adrenalinausstoß sorgen Hochseilgärten und Ziplines. Segel- und Motorbootfreunde finden entlang der gesamten Küste ein dichtes Netz an gut ausgestatteten Jachthäfen. Wer ausspannen möchte, bleibt in seinem Ferienresort, nutzt die Animationsprogramme für Groß und Klein oder sucht sich auf der Halbinsel Kamenjak ein abgeschiedenes Plätzchen.

Hrastovlje – Ausschnitt aus dem eindrucksvollen „Totentanz" in Sv. Trojica

Hintergründe & Infos

Istrien: Land & Leute → S. 16

Kurze Geschichte Istriens → S. 26

Anreise → S. 34

Unterwegs in Istrien → S. 40

Übernachten → S. 44

Essen und Trinken → S. 49

Sport → S. 61

Wissenswertes
von A bis Z → S. 65

Blick auf die malerische Altstadtkulisse von Rovinj

Istrien: Land und Leute

Malerische Fischerorte an felsiger Küste, Trutzburgen auf karstigen Hügeln, Weinberge und liebliche Landschaften mit hübschen Dörfern und fruchtbaren Tälern prägen die istrische Halbinsel. Schon Römer und Venezianer fühlten sich hier wohl, die Spuren ihrer jahrhundertelangen Herrschaft sind bis heute auf Schritt und Tritt sichtbar. Und seit dem Ende des 19. Jh. beliebten europäischer Adel und Geldadel sich die Winterzeit im milden Klima der Opatija Riviera zu vertreiben.

Schönheit zieht an – und so beherbergt Istrien zur Hauptsaison im Juli und August Hunderttausende von Gästen. Vor allem Slowenen, Italiener und Österreicher, Tschechen und Ungarn verbringen hier ihren Badeurlaub. Auch für deutsche Urlauber ist Istrien seit Jahrzehnten ein beliebtes Ferienziel, einfach und schnell in wenigen Stunden zu erreichen.

Die istrische Halbinsel erstreckt sich vom *Golf von Triest* und vom *slowenischen Karstplateau* im Norden bis hinunter zur *Kvarner-Bucht* und nach *Opatija*. An der südlichsten Spitze dieses Dreiecks mit den der Westküste vorgelagerten Inseln liegt *Pula*, das die Römer vor 2000 Jahren zu einer prächtigen Stadt ausbauten.

Istrien, zum größeren Teil kroatisch, ein kleiner Teil slowenisch, ist ein überschaubarer Landstrich – und eine Region der klimatischen und geologischen Gegensätze: Subtropische Gebiete mit üppiger Vegetation wechseln mit steiniger oder macchiabedeckter Karstlandschaft. Im Sommer steigt die Quecksilbersäule auf 22 bis 24 Grad, gebadet wird von Mai bis Ende September bei 22 Grad Wassertemperatur. Im Winter sinken die Temperaturen an der Küste auf durchschnittlich 5 Grad.

Der Tourismus ist Istriens blühendster Wirtschaftszweig, Tendenz steigend. Knapp 4 Millionen Urlauber besuchten 2016 die knapp 3000 qkm große Halbinsel mit ihren trockenen Sommern und milden Wintern. Verwaltungstechnisch ist die Region mit ihren 200.000 Einwohnern als Bezirk Istrien in den kroatischen Staat eingegliedert, Verwaltungssitz ist Pazin. Nur der nordwestliche Teil Istriens, ein 46 km langer Küstenstreifen und sein Hinterland in der Höhe von Dragonja bis etwas nördlich von Rupa, gehört zu Slowenien.

Italienisch als Umgangssprache ist aus dem kroatischen wie slowenischen Teil Istriens weitgehend verschwunden, dennoch sind Orts-, Straßen- und Behördenschilder sowie Geschäfte zweisprachig beschriftet. Italienisch wird von den meisten Istriern verstanden und die italienischen Gäste, die wegen der günstigen Preise zahlreich die Restaurants bevölkern, werden in ihrer Sprache bedient. Auch die italienischsprachigen Fernseh- und Radio-Programme tragen dazu bei, dass die Sprache des großen Nachbarn in Istrien weiterlebt.

Steckbrief Kroatien/Istrien

Fläche: 56.594 km^2

Hauptstadt: Zagreb, 780.000 Einwohner.

Bevölkerung: ca. 4.440.000 Einwohner.

Religion: überwiegend römisch-katholisch.

Landessprache: Kroatisch.

Regierungsform: Parlamentarische Demokratie.

Klima: Kroatien besitzt drei Klimazonen – kontinental, alpin und mediterran.

Uhrzeit: Mitteleuropäische Zeit.

Währung: Kuna (7,52 KN = 1 €), an der Slowenischen Riviera Euro.

Telefonvorwahl: 00385 (Land Kroatien), 052 (Istrien, alle Städte), 051 (Opatija Riviera); 00386 (Slowenien).

Istrien: 2820 km^2, 200.000 Einwohner, mediterranes Klima. Verwaltungssitz ist Pazin; größte Stadt ist Pula, ca. 80.000 Einwohner.

Die Bevölkerung setzt sich überwiegend aus Kroaten, Italienern und Slowenen zusammen – Straßen-, Ortsschilder und behördliche Informationen sind zweisprachig verfasst.

Der nördliche Küstenabschnitt der Halbinsel gehört zu Slowenien, auch dort zweisprachig; die Opatija Riviera ist verwaltungstechnisch der Region Kvarner zugeordnet – beide Regionen gehören geografisch gesehen zur Halbinsel Istrien. Deshalb informiert unser Istrien-Buch auch über diese beiden Gebiete! (→ „Steckbrief Slowenien", S. 261).

Das Landesinnere

Istriens Landesinneres ist Karstgebiet – das nackte, weißgraue Kalkgestein des „Weißen Istrien" verströmt im gleißenden Sonnenlicht seine ganz eigenen Reize. Karst bedeutet „steiniger Boden" und seine Ausbildung wurde durch das Jahrhunderte lange Abholzen der Zedernwälder für den Schiffsbau und die Lagunenstadt Venedig begünstigt. Dazu kommt der vor allem im Winter stürmende kalte Fallwind, die Bora, die mit extremen Geschwindigkeiten oft jeden Pflanzenwuchs verhindert. Das wasserlösliche Kalkgestein löst sich durch Korrosion, eine chemische Reaktion mit Wasser, auf: Es entstehen Rillen, Rinnen, Wannen, in denen der Regen versickert. So bildeten sich über die Jahrtausende im Untergrund riesige Röhrensysteme und Höhlen, wie die weltbekannten *Adelsberger Grotten* bei Postojna (Slowenien). Stürzen diese unterirdischen Hohlräume ein, entstehen an der

Hl.-Simeon-Wanderweg (Gračišće) – der Wasserfall sprudelt nur im Frühling

Erdoberfläche ringförmige *Dolinen* bis zu 1 km Durchmesser, in denen sich über die Zeit fruchtbare rote Erde, die „terra rossa", ablagert. Die größeren Becken, die so genannten *Poljen,* werden seit alters her landwirtschaftlich genutzt und sind in der Regenzeit häufig überschwemmt.

Das istrische Hinterland präsentiert sich dem Besucher wehrhaft mit auf Hügeln erbauten Trutzburgen und eingefriedeten Städtchen, deren Kirchturmspitzen weit sichtbar ins Land ragen. *Motovun* mit seinen wuchtigen Befestigungsanlagen, *Grožnjan,* das beschauliche Musikerstädtchen, *Oprtalj* mit seiner herrlichen Fernsicht und *Hum,* die „kleinste Stadt der Welt", sind einige der sehenswerten Städtchen im Landesinneren. Schön ist auch eine Wanderung am *Limski kanal* mit anschließendem Muschel- oder Austernessen oder eine Bergtour im *Ćićarija-* oder im *Učka-Gebirge,* dessen Flügel sich, wie die Istrier sagen, über das Land ausbreiten.

Rot, grau und weiß …

Bei *Pazin,* in der Mitte der Halbinsel, treffen die drei typischen geografischen Gegenden Istriens aufeinander: Das **rote Istrien,** das sich auf dem südwestlichen Teil der Halbinsel ausbreitet (nach *terra rossa,* rote Erde, benannt); das **graue Istrien,** dessen Farbe das Herz Istriens dominiert, und schließlich das **weiße Istrien,** das besonders das kalkhaltige Gestein der Bergketten des Ćićarija- und Učka-Gebirges im Nordosten weiß färbt. Geprägt sind die vielfältigen Landschaften Istriens von submediterraner Vegetation, Laubwäldern und den fruchtbaren Poljen.

Bei Pazin kreuzen sich auch die alten Verkehrswege durch die Halbinsel – von Norden (Buzet) nach Süden (Pula) und von der nordwestlichen Küste (Savudrija–Poreč–Rovinj) nach Osten (Opatija–Rijeka).

Die Küste

Istriens größte Küstenstadt ist *Pula* mit dem vorgelagerten Nationalpark, dem Archipel der *Brijuni-Inseln*. Sehenswerte Kleinstädte an der Westküste sind *Umag* mit großer Marina und Tenniszentrum, das beschauliche ursprüngliche *Novigrad*, *Poreč* mit beeindruckender spätantiker Basilika und von den Jahrhunderten blank gescheuertem Marmorpflaster, *Vrsar* mit einem der größten FKK-Campingplätze Europas und schließlich *Rovinj* mit seinen verwinkelten Gassen, die hinauf zur Wallfahrtskirche mit ihrem alles überragenden Turm führen, dem höchsten Istriens. Herrliche Badeplätze gibt es südlich von Pula bei Medulin, Premantura und Pomer. An der steilen, der Kvarner-Bucht zugewandten Ostküste mit üppiger mediterraner, teils subtropischer Vegetation sind der Badeort *Rabac*, die alte Bergwerksstadt *Labin* sowie das mondäne *Opatija* an der berühmten Opatija Riviera einen Besuch wert.

Tourismus

Knapp 4 Mio. Besucher und Gäste verschiedener Nationalitäten kommen Jahr für Jahr nach Istrien, meist in den Sommermonaten. Der Tourismus auf der Halbinsel ist unterschiedlich stark entwickelt, aber die wichtigste Einnahmequelle. Bedingt durch die guten natürlichen Voraussetzungen und gute Infrastruktur haben sich größere Hotelkomplexe um die bekanntesten istrischen Altstädte *Umag, Novigrad, Poreč, Vrsar* und *Rovinj* angesiedelt. Weitere Touristenzentren finden sich bei *Pula* und *Medulin* sowie in der *Kvarner-Bucht* an der *Opatija Riviera*, die sich von Rabac bis Opatija erstreckt. Kurz nach Titos Tod wurden auch einige der *Brijuni-Inseln* vor Pula, die bis dahin für die politische Elite Jugoslawiens reserviert waren, für den Tourismus freigegeben.

Die gängige Mischung aus Hotelanlagen, Appartements, Bungalows und Campingplätzen im Grünen mit umfangreichen Sporteinrichtungen bietet ein vielfältiges Angebot für vergnügliche und auch schweißtreibende Freizeitaktivitäten. So verwundert es nicht, dass Istrien bei Pauschalurlaubern sehr beliebt ist. Auch der Agrotourismus lockt inzwischen viele Touristen: Die Gäste quartieren sich in touristisch ausgebauten, meist sehr idyllisch gelegenen Bauernhöfen ein, auf denen man all die kulinarischen Köstlichkeiten probieren kann, die die istrische Küche zu bieten hat.

Auf gut ausgebauten Straßen lässt sich die Halbinsel von Norden nach Süden und von Westen nach Osten in ein paar Stunden durchqueren. Mit dem starken Anstieg des Badetourismus an der Küste sind auch das Hinterland und das Landesinnere mit seinen vielen Dörfern und Städtchen zu beliebten Ausflugszielen geworden. Und auch hier zählt zunehmend nicht mehr die Quantität, sondern Qualität: Idyllische kleine Gourmetrestaurants oder schicke kleine Landhotels mit angenehmem, zuvorkommendem Service laden ein. Nur in den ersten beiden Augustwochen, wenn viele Italiener in Istrien ihren Urlaub verbringen, lässt wegen der kurzfristig einfallenden Menschenmassen der Service mitunter nach. Ein Billig-Urlaubsland ist Istrien übrigens schon seit langem nicht mehr …

Aktivurlauber und Sportler kommen in Istrien natürlich voll auf ihre Kosten, von Tennis an der Küste bis zu Kletter- und Wandertouren oder Paragliden im Učka- und Ćićarija-Gebirge. Mountainbiker finden hier herrliche abwechslungsreiche und hügelige bis bergige Landschaften mit kleinen Straßen und markierten Mountainbikerouten quer durchs Land. Schön sind auch Touren entlang der ausgewiesenen Weinstraßen, die ebenfalls quer durch Istrien führen. Wassersportler können

Lauschige Badebuchten finden sich rund um die Halbinsel Kamenjak

im herrlich klaren Wasser tauchen, schnorcheln und surfen oder sich in einem der zahlreichen Jachthäfen ein Boot chartern und die schöne Küste vom Meer aus genießen. Und wer einfach nur faul in der Sonne liegen und sich ab und an im kühlen Nass erfrischen möchte, kann dies an schönen Fels- und Kiesbuchten tun: Obwohl Istriens Küste dicht besiedelt ist, gibt es immer noch etliche Küstenstreifen, an denen jeder „sein" Plätzchen findet. Dabei ist es auch mit der Wasserqualität an Istriens Gestaden bestens bestellt: die blaue Fahne, die sauberes Wasser signalisiert, weht fast überall. Weitere Tipps und Adressen (→ Sport, S. 61).

Wellness und Kurorte

Wellness ist auch in Istrien kein Fremdwort. Schon die Römer kurten in Istarske Toplice und Opatija war schon zu k.-u.-k.-Zeiten als Kurort und Seebad beliebt. Im slowenischen Teil Istriens sind die Kurbäder Portorož und Strunjan seit langem bekannt, die vor allem Meerwasser und Salzsole, Aerosole zur Inhalation sowie heilkräftigen Schlamm und mineralische Peliode zur Therapie einsetzen. Neben diesen Kurorten gibt es inzwischen auch zahlreiche Hotels, die sich auf ihre gesundheitsbewusste Klientel eingestimmt und luxuriöse Wellness- und Beauty-Oasen geschaffen haben, die neben den traditionellen Therapien u. a. auch Ayurveda-, Thai- und Akupressurmassagen, Bäder mit Ölen und Algenpackungen, Aroma-Therapie, Anti-Stress- und Fitness-Programme und vieles mehr anbieten. Tipps und Adressen vor allem in den Ortskapiteln *Umag, Istarske Toplice, Opatija* und *Portorož* (Slowenien).

Klima und Reisezeit

Istrien hat fast ausschließlich *mediterranes Klima,* das von warmen Sommern mit wenig Niederschlägen geprägt ist. Der Regen fällt im Herbst, die Winter sind mild. Im Jahresdurchschnitt steigen die Temperaturen weder besonders hoch, noch fallen sie extrem ab – exzellente Bedingungen also für erholsame Urlaubstage. Kurzzeitige Temperaturstürze allerdings können auftreten, wenn die *Bora* vom Gebirge in den Küstenraum hinunter bläst. Weht im Sommer vom Meer her der *Maestral,* ein angenehm erfrischender Wind, ist mit klarem, schönem Wetter zu rechnen. Im Frühjahr und im Herbst bringt der warme *Jugo* Regen und Bewölkung.

Durchschnittstemperaturen und Klima in Pula

	April	Mai	Juni	Juli	Aug.	Sept.	Okt.
Tagestemperatur °C	17	23	26	28	28	25	19
Nachttemperatur °C	10	14	18	20	19	16	12
Wassertemperatur °C	13	17	20	22	24	22	19
Sonnenstunden pro Tag	6	8	8	11	9	8	5
Regentage im Monat	4	6	4	5	3	7	8

Badewetter: Die Badesaison beginnt in Istrien im Juni, dann steigen die Wassertemperaturen auf durchschnittlich 20 Grad und bleiben bis Ende September an der Küste konstant bei 20 bis 25 Grad. Dabei sorgt das mediterrane Klima auch in den heißesten Monaten Juli und August für erträgliche Temperaturen: Nachts wird es nicht zu kalt, tagsüber reicht das Quecksilber gerade an 30 Grad heran.

Reisezeit: Für einen Istrienurlaub sind, auch für Aktivurlauber, die Monate Mai, Juni und September bis Mitte Oktober ideal, da es weder zu heiß noch zu voll ist. Im Juli und August herrscht Hochbetrieb, zum einen durch die vielen ausländischen Touristen, zum anderen durch die Einheimischen, die dann ihren Urlaub verbringen.

Wetterprognosen: für Urlauber meist von großem Interesse, für Wassersportfreunde unerlässlich! Wetterprognosen können Sie in Englisch, Deutsch und Italienisch empfangen über UKW-Seefunkgeräte. Zudem finden Sie Aushänge in jeder Marina, allen Hotels, Campingplätzen und Tourismusverbänden sowie im Internet, u. a. unter www.meteo.hr und www.istramet.com/prognoza.

Winde

An der Küste Istriens sind *Bora* (kroat. *Bura*, slow. *Burja*), *Jugo* und *Maestral* die wichtigsten Winde.

Bora: Sie ist ein kalter, böiger Fallwind aus Nordost. Zwischen Julischen und Dinarischen Alpen hindurch bläst die Bora bis hinunter zur Adriaküste mit Windgeschwindigkeiten bis zu 150 km/h. Sie entsteht unter dem Einfluss verschiedener Wetterlagen. Im Winter entwickelt sie sich aus einem Hoch über dem Balkan – es ist dann trocken und kalt. Bei Stabilität des Hochs kann die „Winterbora" bis zu zwei Wochen anhalten. Im Sommer kommt die Bora aus einem Tief über der Adria und führt nicht nur Sturm, sondern auch teilweise heftige Regenfälle mit sich. Meist ist sie nach wenigen Stunden durchgezogen, unter ungünstigen Umständen kann sie allerdings schon einmal bis zu drei Tagen dauern. Stürmt die Bora, ist höchste Vorsicht geboten – bei Segeltörns ebenso wie beim Auto- und Motorradfahren!

Ähnlich der Bora ist die *Tramontana*, ein kalter, böiger Wind aus Nord bis Nordost, der vor allem im Winter zu schnellen Temperaturstürzen führt.

Jugo: Er weht an der Adriaküste aus Süd bis Südost und ist ein feuchter, warmer Wind mit Windgeschwindigkeiten bis zu 90 km/h. Binnen 36 bis 48 Stunden wird er etappenweise stärker und bringt Wolken, unruhige See und Regen.

Maestral: Ein Schönwetterwind aus Nordwesten, der vom Meer zum Land weht und von Anfang Juni bis Mitte September vorherrschend ist. Er beginnt vormittags zu blasen, ist nachmittags am stärksten und endet vor Sonnenuntergang. Seine

Intensität hängt vom Temperaturunterschied zwischen Meer und Land ab. Bleibt er aus, kann Wetterverschlechterung einsetzen.

Newera *(Neverin):* Eine äußerst launische Wind-dame mit örtlich begrenzten Unwetter-Stür-men – im Wesentlichen im nordadriatischen Raum. Sie sind nicht zu unterschätzen und vor allem nicht leicht vorhersagbar. Die Newera kommt häufiger im Sommer vor mit Blitz und Donner, Regengüssen und Hagel. Warnende Vor-zeichen sind morgens Schwüle, Windstille und zunehmende Bewölkung. Besonders gefährdet sind dann vor allem kleine Boote, die nicht schnell genug den sicheren Hafen erreichen. Daher die Wetterprognosen unbedingt beachten!

Kroatische Windrose

Die Landschaften

Das überschaubare Istrien ist reich an Landschafts- und Vegetationsformen. Wäl-der, Flussdeltas, Karst, Küste sowie unterschiedliche Böden bieten einer vielfältigen Pflanzenwelt Lebensraum, jede Region besitzt ihre typische Flora – ein Augen-schmaus für Botaniker und Pflanzenliebhaber.

Die istrische Halbinsel ist hügelig bis bergig und gewässerreich – eine lebensnot-wendige Grundlage für die Besiedelung. Die Nord- und Westküste ist flach und mitunter auch sandig, hier breiten sich die Deltas der im Osten auf der Hochebene entspringenden Flüsse wie Dragonija (Slowenien) und Mirna aus. In ihren weiten, fruchtbaren Tälern wächst Wein, Obst und Getreide, vor allem Weizen. Im Süd-westen folgt der sich tief ins Land einschneidende Limski kanal, der sich im Lan-desinneren in einem Karsttal verliert. Im Süden, schützend vorgelagert, der Ar-chipel der Brijuni-Inseln.

Der Südosten Istriens zeigt sich im breiten Raša-Tal und dem nordöstlich anschlie-ßenden, von Kanälen durchzogenen und landwirtschaftlich genutzten Čepićko-polje-Becken zunächst äußerst grün. Die fruchtbare Erde lässt so gut wie alles an Obst und Gemüse gedeihen. Dann folgt die steile, schroff abfallende Nordostküste mit dem bis 1401 m (Berg Vojak) ansteigenden Učka-Gebirge und der nordöstlich verlaufenden Hochebene des Ćićarija-Gebirges, das bis auf 1272 m (Berg Veliki Pla-nik) in die Wolken ragt; das in fünf Parallältälern nach Nordosten auslaufende Ćića-rija-Gebirge bildet Istriens natürliche Grenze. Der Ostküste schützend vorgelagert ist die lange Kvarner-Insel Cres.

Die istrische Adriaküste und Teile des von Karst, Macchia und subtropischer Vegeta-tion geprägten Landesinneren bestehen hauptsächlich aus wasserlöslichem *Kalkstein.* Seine horizontalen Schichten wurden in geologischer Vorzeit aus dem Erdinnern hochgeschoben und gebrochen – *Karst* entstand. Aber auch der Mensch hat durch Rodung der Wälder zur Verkarstung der Landschaft beigetragen. Die nunmehr halt-lose Erde wurde vom Regen weggespült und von Winden abgetragen, sodass der Kalkstein zu seiner heutigen typischen Form verwitterte – Karren, Schratten, Rillen, Wannen, Löcher blieben übrig. Durch die Spalten drang Wasser in die unterirdischen Schichten und spülte all die Höhlen aus, in denen sich später Tropfsteine ent-wickelten. Von den einst riesigen istrischen Flaumeichenwäldern sind nur noch Wald-

flecken übrig geblieben, die den steinigen Boden bedecken. Den größten Baumbestand bildet heute die wieder aufgeforstete Aleppokiefer oder Seestrandföhre.

Flora

Die vom mediterranen Klima begünstigte Flora hat für Pflanzenliebhaber aus unseren Breiten eine große Anziehungskraft. Das Klima – lange Regenzeit im Winter, kaum Fröste, mehrmonatige heiße Trockenperiode im Sommer – bewirkt spezielle Wachstumszyklen: Im Herbst, mit Einsetzen der Regenfälle, beginnen die Pflanzen zu wachsen. Bis auf wenige Arten, die auch im Winter blühen, setzt die Blüte im April und Mai mit dem Ende der Regenperiode ein. Die Sommerhitze lässt die Blütenpracht schnell wieder verschwinden, es sei denn, die Pflanzen bekommen in Küstennähe oder durch künstliche Bewässerung Feuchtigkeit. Bäume und Sträucher überleben die Trockenzeit dank ihres tief reichenden Wurzelwerks. An krautigen Pflanzen überleben nur die einjährigen, die sich noch schnell durch Samenabwurf fortpflanzen, sowie die Knollenpflanzen, die sich, wie in unseren Breiten, zurückziehen und nach dem Winterschlaf mit der Regenperiode wieder austreiben. Im Spätsommer schließlich präsentiert sich die Pflanzenwelt mit Früchten und Blättern wieder in ihrer ganzen Farbenpracht.

Wälder: Durch den Raubbau und Rodung gibt es in Istrien keine dichten, urwüchsigen Wälder mehr; größere Waldbestände gibt es vor allem noch im Učka- und Ćićarija-Gebirge. Hier wachsen üppig die Kastanien und die Maronenbäume, die im Herbst die leckeren Maronen (Esskastanien) tragen. In den höheren Gebirgsregionen gedeihen Hopfenbuche und große Buchenwälder.

An der Küste ist häufig die Aleppokiefer vertreten, oft begleitet von Macchia-Unterwuchs. Vereinzelt gibt es noch die

Üppig blüht es im Frühjahr: Orchideen, Zistrosen, Mohn und Pfingstrosen

immergrüne Steineiche, Flaumeiche, orientalische Hainbuche, Rotbuche, Zedern-wacholder, Pinie, Schwarzkiefer, Lorbeer- und Johannisbrotbaum.

Macchia: Die Macchia ist eine Landschaftsform, die durch menschliches Einwirken entstand – vor allem durch Rodung der immergrünen Wälder seit der Antike und später durch ständige Holzentnahme: Die Pflanzen lieferten nützliche Produkte wie Brennholz, Holzkohle, Harz, Gummi, Farben und Fasern. Aber auch Ziegen- und Schafverbiss richtete viel Schaden an.

Meist ist die Macchia dicht und undurchdringlich. Ab einem halben Meter bis zu zwei Metern und höher sind die Sträucher mit oft ledrigen Blättern, deren Schönheit man eigentlich nur im Frühling erkennen kann. Dann verwandelt sich die Landschaft in ein duftendes Blütenmeer – weiß und rosafarben blüht die Zistrose, weiß bis zartrosa die Baumheide, dazwischen leuchtet das Gelb verschiedener Ginsterarten und all die Blüten der Knollengewächse. Im Verlauf des Jahres wird die Macchia farbloser und zeigt sich in ihrer Gesamtheit nur noch als graugrüner Kontrast zu den Felsen. Allerdings duftet sie dann intensiv und würzig, denn durch die brennende Sonne werden all die ätherischen Öle über die Blätter freigegeben. Im Spätherbst lebt die Macchia noch einmal kurz auf: Das kräftige Rot des Mastixstrauches, das Blau des Wacholders und der Ölbaumgewächse leuchten in ganzer Pracht. Und wenn es mal ans Bein kratzt, ist es vermutlich der Mäusedorn oder Stechginster.

Garigue: Diese Vegetationsart tritt in heißen, trockenen Gebieten mit felsigem und flachgrundigem Boden auf. Hier halten sich nur kleine Sträucher bis zu einem halben Meter Höhe. Die meisten Pflanzen sind aromatisch, einige haben Dornen: Es sind vor allem unsere Gewürzkräuter wie Thymian, Bohnenkraut, Salbei und Lavendel, aber auch Knollenpflanzen wie Krokus, Schwertlilie, Hyazinthe, Schachblume, Affodill, Immortelle, Wolfsmilchgewächse und viele Orchideenarten. Besonders nach der Regenzeit im Frühling kann man ihnen beim Wachsen und Aufblühen fast zuschauen.

Felsentrift: Hier wurde durch Mensch und Tier jede Vegetation fast vollständig zerstört – der nackte Fels tritt zutage. Trotzdem halten sich in den Felsritzen noch kleine, aber farbenprächtige Pflanzen wie Anemone, Alpenveilchen, Schwertlilie, spanische Winde, Gamander, Backenklee, Thymian, Affodillenarten und die dornige Wolfsmilch. Im Učka-Gebirge gedeiht neben Steinrosen, Iris und Narzissen auch die endemische Glockenblume *(Campanula Tommasiniana)*.

Sumpf: Eine botanische Besonderheit im slowenischen Teil Istriens sind das Fluss-delta der Dragonja und die Salinen von Sečovlje. Heute spielt die Salzgewinnung nur noch ein untergeordnete Rolle und dient mehr zu Demonstrationszwecken, dafür hat sich in den aufgelassenen Salinen eine eigene Flora entwickelt und neuer Lebensraum für viele Vogelarten entstand.

Wiesen- und Grasland: Diese Vegetationsart ist vor allem im Učka- und Ćićarija-Gebirge anzutreffen, hier blühen die selten gewordenen Feuerlilien und Krainer-Lilien, daneben Küchenschelle, Gladiolen, verschiedenste Orchideenarten, Primeln und Nelken.

Kultur- und Zierpflanzen: Durch Handelsbeziehungen mit teils weit entfernten Ländern und Kontinenten gelangten auch exotische Pflanzen nach Kroatien und wurden hier heimisch – so z. B. Oliven, Feigen und Granatäpfel aus dem Orient. Die Araber brachten Zitrusgewächse aus China mit. Eukalyptusarten und Akazien stammen aus Australien, die unechte Dattelpalme von den Kanarischen Inseln. Agave, Bougainvillea, Rizinus, der Feigenkaktus, Oleander und die Tamariske wurden aus den tropischen Regionen Amerikas eingeführt. All diese Pflanzen, die Städte und Dörfer verschönern, sind heute aus Kroatien kaum mehr wegzudenken.

Fauna

So vielfältig wie die Landschaftsformen, so vielfältig ist die Fauna Istriens. Besonders reich, da kaum besiedelt und unwegsam, ist die Tierwelt im Učka- und Ćićarija-Gebirge. Hier leben Rötelmaus, Reh und Hase, Fuchs und Wildschwein. In Bäumen und Astlöchern nisten verschiedenste Vogelarten, Eichhörnchen und Siebenschläfer. Die **Felsen** sind Lebensraum für Blaumerlen und Steinröteln, Wanderfalken, Uhus, Steinadler und Gänsegeier, die bei der Futtersuche ihre majestätischen Kreise ziehen. An Schmetterlingen flattern u. a. Rundaugen-Mohrenfalter, Schwarzer Apollo, Steinkleebläuling, und die Feuchtgebiete der Bergschluchten sind Lebensraum für zahlreiche Insekten und Amphibien, verschiedenste Zweiflügler, wunderschöne Libellen, Feuersalamander und Molche. Durchs Gebüsch schleichen verschiedene, meist ungiftige Schlangenarten (s. u.), und hier leben die letzten Exemplare der kroatischen Gebirgseidechse.

Zahlreich in Istrien sind auch die ganzjährig heimischen Vogelarten – Meisen, Lerchen, Stieglitze, Wachteln, Zaunkönige, Amseln, Krähen flattern durch die Lüfte. *Zugvögel*, die im Sommer an der Küste nisten, sind Nachtigall, Schwalbe, Wiedehopf, Kuckuck und Turteltaube. An *Greifvögeln* gibt es neben den oben erwähnten Habicht und Sperber, in entlegenen Gebieten auch Eulen, Uhus und Steinkäuze. Beliebte Jagdobjekte sind die reichlich vorhandenen *Fasane* und *Rebhühner*. An **Sümpfen und Gewässern** findet man *Wildgänse* und *Wildenten*, natürlich Möwen und zahlreiche andere Wasservögel. Augenfällig

Wer Glück hat, sieht Delfine springen

ist auch die Vielzahl von *Käfern* und *Schmetterlingen*. Vom Nachtpfauenauge über den Schwalbenschwanz bis zum gemeinen Blutströpfchen – überall flattert, hupft und surrt es in allen Farben.

An der **Küste** begegnet man auf Schritt und Tritt den Eidechsen, die sich in der Sonne aalen und durchs Gebüsch rascheln. Und spaziert man auf kleinen Pfaden durch die Macchia, verheddert man sich oft in prachtvollen Spinnennetzen, doch die meisten Spinnen sind harmlos.

Viele der in Istrien lebenden *Schlangen* wie Wasserschlangen, Eidechsennattern, Katzen-, Zorn- und Leopardnattern sind, obwohl gemeinhin als Giftschlangen bezeichnet, völlig ungefährlich. Vor der Hornviper und – seltener – der Kreuzotter sollte man allerdings auf der Hut sein, sie sind tatsächlich giftig. Bei Gebirgswanderungen empfiehlt sich deshalb immer festes Schuhwerk und vor allem ein waches Auge auf diese eigentlich menschenscheuen Tiere.

Im **Meer** tummelt sich verschiedenartigstes Wassergetier: Seebarsch, Steinbutt, Seezunge, Makrele, Thunfisch, Aal, Zander, Sardelle, Tintenfisch, Drachenkopf, Scholle, Languste. Im Limski kanal werden Austern und Muscheln gezüchtet. In tieferen Gewässern gibt es kleine Haifische, und vor allem am Südkap von Istrien bei Pula sind munter springende Delfine zu sehen ...

Istrisches Idyll (um 1800)

Kurze Geschichte Istriens

Die istrische Halbinsel war schon in vorgeschichtlicher Zeit von Menschen besiedelt, wie 50.000 Jahre alte Schädelfunde belegen. Weitaus ältere Überreste zeugen von istrischen Siedlern ganz anderer Art:

Dinosaurier in Istrien

1934 stieß Adolf Bachofen-Echt, ein österreichischer Hobby-Paläontologe, auf die Fußstapfen von Dinosauriern – zuerst auf dem Kap Ploče (Insel Veli Brijun), später auch auf den Medulin vorgelagerten Inseln Fenoliga und Levan sowie bei Premantura. 1992 identifizierte ein italienischer Taucher auf dem Meeresgrund bei Bale (13 km südlich von Rovinj) Knochen des *Tarabosaurus*, des *Brachiosaurus* und anderer Dinosaurierarten, die vor etwa 80 bis 140 Millionen Jahren auf der istrischen Halbinsel lebten …

Zwischen 1900 und 1600 v. Chr. begann mit den aus Nordosten einströmenden Illyrern die eigentliche Besiedlung Istriens. Ihren Namen erhielt die Halbinsel vom illyrischen Stamm der *Histrer*, die sich an der Westküste niederließen. Zu ihrem Schutz bauten sie auf geeigneten Hügeln Ringburgen aus behauenen, unverfugten Steinblöcken, sogenannte *Gradina*, in denen sie, durch eine Mauer vom Vieh getrennt, wohnten, sich von der Landwirtschaft ernährten oder ihren Lebensunterhalt als Seefahrer und Piraten verdienten.

In den folgenden Jahrhunderten gründeten Griechen Kolonien an der Küste, um 500 v. Chr. fielen die Kelten in Istrien ein. Die Piraterie der Histrer und Liburner war den Römern ein Dorn im Auge, weshalb sie 221 v. Chr. einen Kriegszug auf die istrische Halbinsel unternahmen, aber auf Gebietseroberungen noch verzichteten. 181 v. Chr. gründeten die Römer zur Sicherung ihrer Nordgrenze die Militärkolonie Aquileia. Erst als diese durch die Histrer mehr und mehr bedroht wurde, entschloss sich Rom das Problem im Nordosten ein für allemal zu beseitigen: 177 v. Chr. brachten sie den Histrern in der Schlacht bei Nesactium, der Hauptstadt der Histrer, die entscheidende Niederlage bei. Mehr als hundertfünfzig Jahre später wurde Istrien unter Kaiser *Augustus* dann endgültig dem Römischen Imperium einverleibt.

Nachdem im Jahre 476 der letzte römische Kaiser *Romulus Augustulus* durch den Germanenführer *Odoaker* abgesetzt wurde, gehörte Istrien zu dessen Reich, bis die Ostgoten unter *Theoderich* 493 die Herrschaft übernahmen. Im 6. Jh. fiel Istrien an das Oströmische Reich, im 7. Jh. marschierten die Kroaten ins Land. Als *Karl der Große* die Langobarden 788 besiegte, ging auch Istrien in fränkischen Besitz über. Im 11. Jh. wurde Istrien eine selbstständige Grafschaft, die zuerst die Patriarchen von Aquileia, später deutsche Adelsfamilien regierten. Doch auch Venedig begann sich für Istrien zu interessieren: Die Stadtrepublik breitete sich zunächst auf den Inseln aus und eroberte 1277 die ersten Städte an der Westküste, deren Eroberung 1331 mit der Einnahme Pulas beendet war. Nur die Grafschaft Mitterburg (Pazin) gehörte bis zum Jahr 1374, als sie an die Habsburger überging, den Grafen von Görz.

Die fünf Jahrhunderte dauernde Herrschaft Venedigs war von reger Bautätigkeit geprägt: Paläste, Patrizierhäuser, Kirchen, Glockentürme und der geflügelte Markuslöwe als allgegenwärtiges Machtsymbol der Lagunenstadt zeugen bis heute überall in Istrien davon. Im 16. und 17. Jh. zogen die Türken auf ihrem Weg nach Wien durch Slowenien und stießen zeitweise bis an die istrische Küste vor. Dazu attackierten Seeräuber, Genueser und räuberische Banden wie die Uskoken aus Senj istrische Städte, und immer wieder grassierten Pest- und Malariaseuchen, die viele Istrier das Leben kostete und ganze Städte und Landstriche entvölkerte.

Nationalpark Brijuni-Inseln – das byzantinische Castrum auf Veli Brijun

1797 endete die Herrschaft Venedigs in Istrien. Nach dem napoleonischen Intermezzo von 1809 bis 1815 und dem Untergang Napoleons wurde Europa 1815 auf dem
Wiener Kongress neu aufgeteilt: Istrien fiel an Österreich-Ungarn, das Pula zum
Kriegshafen ausbaute, ein modernes Eisenbahnnetz aus dem Boden stampfte und
mit dem Anschluss Opatijas an die Bahnstrecke Triest–Wien 1884 auch die Entwicklung des Fremdenverkehrs beschleunigte. Die Fahne der Habsburger Monarchie wehte bis zum Ende des Ersten Weltkriegs 1918 auf der istrischen Halbinsel.

Ein begehrter Zankapfel blieb Istrien auch im 20. Jh.: Nach dem Ersten Weltkrieg
beanspruchte es Italien für sich, der Widerstand gegen den Einmarsch Italiens
durch die Ausrufung der *Republik von Labin* (→ Ortskapitel Labin) wurde 1921
blutig niedergeschlagen. 1941 – der Zweite Weltkrieg war in vollem Gange – wurde
ganz Istrien von deutschen und italienischen Truppen besetzt. Doch die von der
Bevölkerung unterstützten Partisanentruppen unter Führung von *Josip Broz Tito*,
dem späteren jugoslawischen Staatslenker, kämpften gegen die faschistischen Besatzer und errangen schließlich, teilweise auch von den Westalliierten unterstützt,
die Befreiung des Landes.

1945, nach dem Ende des Weltkriegs, wurde die *Föderative Republik Jugoslawien*
ausgerufen; Istrien, Zadar und die Gebiete nördlich von Triest wurden Jugoslawien
jedoch erst 1947 bzw. 1954 im *Frieden von Paris* zugesprochen. Die Föderative Republik Jugoslawien wurde in Teilrepubliken – Slowenien, Kroatien, Serbien, Bosnien-Herzegowina, Makedonien und Montenegro – verwaltet, wobei Istrien in die
Republik Kroatien eingegliedert war.

Jugoslawiens Staatspräsident *Tito*, Sohn eines kroatischen Vaters und einer slowenischen Mutter, war dann über fast vier Jahrzehnte Symbol der Einheit des jugoslawischen Vielvölkerstaats. Doch
nach Titos Tod 1980 verschlechterte
sich die wirtschaftliche und politische
Lage Jugoslawiens unaufhaltsam, der
Kampf der Einzelvölker um das Recht
auf nationale Selbstbestimmung und
Unabhängigkeit eskalierte im Jugosla-
wienkrieg von 1990 bis 1995 – der ser-
bisch dominierte Bundesstaat Jugoslawien zerfiel. Istrien, das von den bluti-
gen Kriegsereignissen nicht direkt be-
troffen war, nahm in den Kriegsjahren
Zehntausende von Flüchtlingen in
Hotels und auf Campingplätzen auf.

Mit der Unabhängigkeit Sloweniens
und Kroatiens 1991 wurde auch die slo-
wenisch-kroatische Staatsgrenze neu
gezogen – an allen wichtigen Zufahrts-
straßen nach Istrien stehen heute
Grenzstationen. Doch die häufigen
Grenzverschiebungen haben die kroatischen, italienischen und slowenischen
Bevölkerungsteile Istriens gelehrt, friedlich miteinander zu leben. Es zeigt sich
u. a. im zweisprachigen Schulunterricht

Relief an der Kirche Sv. Nikola (Pazin)

Römisches Erbe – das Amphitheater in Pula ist das sechstgrößte der Welt

und ebenso in Straßen- und Ortsbezeichnungen, die entweder slowenisch-italienisch oder kroatisch-italienisch sind. Für die italienische Minderheit in Istrien gilt Italienisch als Amtssprache und in Koper strahlt eine Fernseh- und Radioanstalt ihr Programm in italienischer Sprache aus.

Seit 1994 hat Istrien den Status einer selbst verwalteten Region in der kroatischen Republik; istrischer Verwaltungssitz ist Pazin, Istriens größte Stadt sowie wirtschaftliches und kulturelles Zentrum der Halbinsel ist Pula.

Istriens Geschichte im Überblick

4000–2000 v. Chr.: Funde z. B. in Šandalja bei Pula belegen eine Besiedlung an der Küste seit der Jungsteinzeit.

1900–1600 v. Chr.: Illyrer siedeln sich an der Küste Istriens und Dalmatiens an, darunter die Stämme der Histrer, Liburner und Dalmaten.

700–350 v. Chr.: Griechen von Syrakus gründen Kolonien in der Küstenregion (u. a. im heutigen Koper, Slowenien), hauptsächlich in Dalmatien.

229/228 und 219 v. Chr.: Römische Kriege gegen die Illyrer und Teileroberung von Dalmatien.

177 v. Chr.: Das Römische Reich besiegt die Histrer in der Schlacht bei Nesactium, der Hauptstadt der Histrer.

33 v. Chr.: Die Römer unterwerfen die Illyrer endgültig und machen die eroberten Gebiete zur *Provinz Illyricum*. Sprache und Kultur werden „romanisiert", von den Illyrern stammen wichtige römische Kaiser ab, u. a. Diokletian und Konstantin.

um Christi Geburt: Die Donau wird zur Nordgrenze des Römischen Reichs, im Süden kommt die *Provinz Dalmatia* hinzu. Bedeutende römische Städte sind das heutige Pula sowie im Süden Dalmatiens Salona, das heutige Split, und Narona.

284–305: Regierungszeit Kaiser Diokletians.

313: Das Mailänder Edikt (auch Toleranzedikt) Kaiser Konstantins erkennt das Christentum an und beendet die Christenverfolgungen. Aufschwung der christlichen Sakralarchitektur.

380: Unter Kaiser Theodosius wird das Christentum Staatsreligion.

395: Teilung des Römischen Reichs nach dem Tod von Kaiser Theodosius in West- und Oströmisches Reich. Das Weströmische Reich wird römisch-katholisch, das Oströmische Reich (Konstantinopel/Byzanz) wird griechisch-orthodox.

476: Untergang des Weströmischen Reichs; die östliche Adriaregion wird dem Oströmischen Reich (Byzanz) zugeteilt.

493–536: Die Ostgoten unterwerfen die byzantinischen Städte an der Küste.

535–554: Byzantinisch-ostgotischer Krieg.

Ende 6. Jh. bis 700: Erste Slawengruppen wandern im Gefolge der Awaren auf dem Balkan ein. 614 Fall von Salona (Split). Ende des 7. Jh. zerstören Awaren auch Narona.

um 700: Slawen siedeln sich zusammen mit Awaren auf dem Balkan und an der Adria-Küste an: im Nordwesten die Slowenen und im Westen die Kroaten.

788: Istrien wird Teil des Fränkischen Reichs.

um 800: Siegreiche Feldzüge der Franken unter Karl dem Großen. Christianisierung der nördlichen und mittleren Adria-Region.

812: „Frieden von Aachen". Byzanz erobert die istrischen Städte und Venedig.

ab 870: Aufstandsbewegungen und Unabhängigkeit der Kroaten, begründet durch Fürst Branimir (879–892).

879: Die missionierten Kroaten erkennen den römischen Papst an.

Ende 9. Jh. bis Anfang 10. Jh.: Festigung des kroatischen Staates an der Adria. Ab 878 zahlen die byzantinischen Städte Tribut an die Kroaten, seit 887 auch die Venezianer an Fürst Branimir für ungehinderte Seefahrt.

925: Fürst Tomislav wird erster kroatischer König und vereint alle kroatischen Gebiete (die Grenzen entsprechen ungefähr dem heutigen Kroatien).

977 und 1000: Pietro Orseolo II. (Doge von Venedig) führt Feldzüge gegen die adriatischen Städte und erobert Küstenabschnitte von Dalmatien.

1058–74: Fürst Peter Krešimir, König von Kroatien, baut die kroatische Machtstellung aus.

1091: Mit der Ermordung König Zvonimirs endet die Dynastie der kroatischen Stammesfürsten. Kroatien wird ab 1102 mit Ungarn vereinigt und bleibt bis 1526 Teil dieser kroatisch-ungarischen Union.

ab 1100: Venedig wird Ordnungs- und Schutzmacht der Handelsschifffahrt und löst damit die Vormachtstellung von Byzanz ab.

1301: Die Adelsfamilie Anjou besteigt den kroatisch-ungarischen Thron.

1356–1358: Ludwig I. (Haus Anjou) führt Krieg gegen Venedig. Der Krieg endet mit dem „Frieden von Zadar", Venedig muss auf die adriatische Ostküste verzichten.

1389: „Schlacht auf dem Amselfeld". Die Osmanen marschieren ungehindert auf dem Balkan ein.

1396: „Schlacht bei Nikopolis", bei der das kroatisch-ungarische Heer unterliegt.

1409: Ladislaus von Neapel (Haus Anjou) verliert die Kontrolle über das Land und verkauft Zadar und Dalmatien an Venedig für 100.000 Dukaten.

1453: Konstantinopel fällt an die Osmanen; erst 1529 wird ihr gewaltiges Heer vor den Toren Wiens gestoppt.

ab 1463: Die Landesgrenzen werden neu gezogen: Den Habsburgern gehören Nordkroatien und Slowenien, sie drängen 100 Jahre später mit serbischer Unterstützung bis Skopje vor. Die Venezianer sind bis auf Ragusa in Dalmatien präsent. Die folgenden 200 Jahre sind geprägt durch Aufstände, Gebietseroberungen und -verluste.

169: „Frieden von Karlowitz": Durch Eroberungszüge von Prinz Eugen und den Friedensbeschluss erweitern die Habsburger ihre Landkarte um Südkroatien, Slawonien und Nordserbien.

1797: Napoleon stürzt die einst mächtige Republik Venedig und gründet das von ihm kontrollierte Königreich Italien.

1805: Im „Frieden von Schönbrunn" verleibt Napoleon Istrien und Dalmatien seinem Königreich Italien ein.

1809–1813: Napoleon besetzt die gesamte Adria-Ostküste sowie Teile des Landesinneren und bildet die „Illyrischen Provinzen" mit der Hauptstadt Laibach (Ljubljana).

1815: Auf dem „Wiener Kongress" erhält Österreich die von Napoleon besetzten Länder zurück.

19. Jh.: Österreichs repressive Politik gegenüber den Kroaten stößt auf Widerstand und löst eine nationale Befreiungsbewegung aus.

1905: „Resolution von Rijeka": Bruch mit Österreich mit dem Ziel eines unabhängigen Nationalstaats der Südslawen.

28.06.1914: Der österreichisch-ungarische Thronfolger Franz Ferdinand und seine Gemahlin werden in Sarajevo erschossen.

28.07.1914: Kriegserklärung Österreich-Ungarns an Serbien und Beschuss Belgrads. Der *Erste Weltkrieg,* an dem 25 europäischen Staaten beteiligt sind, beginnt.

1918: Nach dem Ende des Ersten Weltkrieges zerfällt die Doppelmonarchie Österreich-Ungarn und es bildet sich

Poreč – Euphrasius-Basilika

das *Königreich der Serben, Kroaten und Slowenen* (SHS), das ab 1929 *Königreich Jugoslawien* heißt.

1920: „Grenzvertrag von Rapallo" (12.11.1920): Istrien, die Inseln Cres, Lošinj und Zadar bleiben italienisch; Rijeka wird zum Freistaat erklärt. Der Nationalist d'Annunzio erobert die Stadt allerdings zurück und gibt ihr den Namen Fiume.

März 1941: Die nationalistische jugoslawische Regierung unter Cvetković tritt dem Dreimächtepakt (Italien, Deutschland, Japan) bei. Zwei Tage später kommt es zum Militärputsch; Hitler marschiert in Jugoslawien ein.

17.04.1941: Kapitulation des Königreichs Jugoslawien; Gebietsaufteilung zwischen Italien, Deutschland und Ungarn.

ab 1941: Dem Kroaten und links orientierten Widerstandskämpfer Josip Broz Tito und seinen Partisanen gelingt es, einige besetzte Gebiete zurückzuerobern.

1943: Nach der Kapitulation Italiens und der Besetzung Istriens durch die Deutschen bekommt Titos Partisanenarmee starken Zulauf; durch seine innen- und außenpolitische Erfolge sowie große Waffenkäufe bei den Alliierten wird Tito alliierter Befehlshaber.

Okt. 1944: Titos Partisanen erobern, unterstützt durch die Rote Armee, Belgrad.

29.11.1945: Die *Föderative Volksrepublik Jugoslawien* wird ausgerufen; 1963 dann „*Sozialistische Föderative Republik Jugoslawien*" benannt.

31.01.1946: Die jugoslawische Verfassung tritt in Kraft. Es gibt nun die Volksrepubliken Serbien, Kroatien, Slowenien, Bosnien-Herzegowina, Makedonien und Montenegro mit eigenen Landesverfassungen und Parlamenten; Serbiens Regionen Kosovo und Wojwodina erhalten autonomen Status.

Feb. 1947: „Friedensvertrag von Paris" – Nordwest-Istrien fällt zurück an Jugoslawien. Triest allerdings wird zum Freistaat unter alliierter Hoheit erklärt. Die Staatsgrenze zu Italien wird beidseitig erst 1975 anerkannt.

Juni 1948: Ausschluss Jugoslawiens aus der Kominform (Kommunistische Internationale); Titos gute internationale Beziehungen, vor allem zum kapitalistischen Westen, gelten als Verrat an der Arbeiterklasse. Die UdSSR verhängt eine Wirtschaftsblockade und beendet die Staatsbeziehungen. Jugoslawien orientiert sich verstärkt nach Westen, erhält wirtschaftliche Unterstützung von den USA und den Westmächten und nähert sich den NATO-Staaten an.

1953–57: Nach Stalins Tod Verbesserung der Staatsbeziehungen zur UdSSR und zur Bundesrepublik Deutschland (Jugoslawien hatte die DDR anerkannt).

1956: Tito ruft zur ersten Konferenz der blockfreien Staaten auf (Brijuni-

Marschall Tito verlässt seine Jacht (im Brijuni-Museum)

Inseln), an der über 20 Länder teilnehmen. Ziel ist, einen von den beiden Supermächten unabhängigen Weg zu gehen.

04.05.1980: Tito stirbt – und damit auch die (verordnete) Einheit des jugoslawischen Vielvölkerstaats.

1980–87: Krisenhafte Wirtschaftsentwicklung und hohe Auslandsverschuldung verstärken die politischen Diskrepanzen.

17.09.1990: Aufstand der serbischen Minderheit in der Krajina.

23.12.1990: Die jugoslawische Teilrepublik Slowenien kündigt die Konföderation mit Jugoslawien und verkündet am 25.6.1991 ihre Selbstständigkeit. Einmarsch der serbischen Armee und 10-Tage-Krieg, der von slowenischer Seite erfolgreich beendet wird: Slowenien proklamiert am 23.12.1991 die Gründung der Republik Slowenien.

25.06.1991: Die jugoslawische Teilrepublik Kroatien erklärt ebenfalls ihre Selbstständigkeit und Unabhängigkeit, am 8.10.1991 werden alle bisherigen rechtlichen Staatsverordnungen mit Jugoslawien beendet; erster Präsident der Republik Kroatien ist Franjo Tuđman. Kroatien wird am 15.1.1992 völkerrechtlich anerkannt, am 22.5.1992 wird Kroatien Mitglied der Vereinten Nationen.

1991–95: Kroatien bezahlt seine Selbstständigkeit mit einem erbarmungslosen Krieg. Der Kriegsherd breitet sich bis Bosnien-Herzegowina aus, Kroatien hat Hunderttausende von Flüchtlingen zu versorgen und zu beherbergen.

12.11.1995: „Abkommen von Erdut", u. a. Reintegration des Krajina-Gebietes nach Kroatien, Überwachung der Entmilitarisierung, Rückkehr von Flüchtlingen und Durchführung von Wahlen.

14.12.1995: „Friedensvertrag von Dayton" bzgl. Bosnien-Herzegowina durch die erfolgreiche Vermittlung der Vereinten Nationen.

Ab 1996: Langsam hält der Tourismus in Istrien und im Kvarner-Raum wieder Einzug.

Feb. 2000: Nach dem Tod von Franjo Tuđman (Dez. 1999) gewinnt Stipe Mesić (SDP) die Präsidentschaftswahl.

2005: Beginn der EU-Beitrittsverhandlungen. *Stipe Mesić* gewinnt erneut die Präsidentschaftswahlen.

2010–2015: *Ivo Josipović* (SDP) wird neuer kroatischer Staatspräsident, *Zoran Milanović* (SDP) ab 2011 Regierungschef. Am 1. Juli 2013 EU-Beitritt. Das „Schengener Abkommen" ist jedoch noch nicht unterzeichnet, d. h. es gibt auch weiterhin Grenzkontrollen. Seit 2015 ist *Kolinda Grabar-Kitarović* (parteilos, wird von der HDZ unterstützt) die neue Präsidentin im 5-jährigen Amt.

2016: Ministerpräsident wird der Finanzexperte Tihomir Orešković (parteilos, unterstützt von HDZ und MOST), der jedoch bereits Ende Juni sein Amt wieder niederlegte. Bei der Mitte September 2016 vorgezogenen Parlamentswahl errang die HDZ unter dem Vorsitz des Juristen Andrej Plenković 61 der 151 Mandate. Mitte Oktober 2016 wurde diese Wahl vom Parlament bestätigt; die HDZ geht nun mit der MOST in die neue Koalition.

Kroatien konnte 2016 knapp 15 Mio. Touristen verzeichnen, Tendenz steigend.

Der malerische Jachthafen von Vrsar – die Vignettenpflicht gilt auch für Boote

Anreise

Istrien liegt vor unserer Haustür: Von München ist die kroatische Halbinsel in 70 Min. per Flugzeug erreicht – die schnellste, bequemste und nicht immer die teuerste Art des Reisens, vor allem für Norddeutsche empfehlenswert. Angenehm ist die Anreise auch per Bahn, nur nicht ganz so schnell – rund 9 Std. benötigt der Zug von München bis Koper, bis Pula 11 Std. (nur Juli/Aug.). Ein Reisebus, die billigste planmäßige Variante, braucht von München nach Pula 12 Std. (lt. Fahrplan); mit dem Auto sind es von München bis Pula knapp 8 Std. – vorausgesetzt, die Straßen sind frei. Zu Ferienbeginn muss man allerdings mit Wartezeiten an der Grenze und am Tauern- und Karawankentunnel rechnen. Gut ist auch die kombinierte Anreise per Bahn oder Flugzeug nach Venedig und/oder Triest und eine Weiterfahrt per Katamaran oder Bus u. a. nach Pula in ca. 3 bzw. 5 Std.

Entfernungen: München–Salzburg 140 km, Salzburg–Villach 180 km, Villach–Ljubljana 120 km, Ljubljana–Pula 190 km.
München–Pula 630 km; Wien–Pula 590 km, Zürich–Pula 810 km.

Mit dem eigenen Fahrzeug

Wer seinen Urlaub flexibel und unabhängig gestalten möchte, mit Familie und mit viel Gepäck reist, dem bringt sein Fahrzeug größtmögliche Bewegungsfreiheit.

Papiere Autofahrer benötigen die üblichen Papiere (Personalausweis oder Reisepass, Führerschein, Fahrzeugschein) und das Nationalitätenschild. Die Grüne Versicherungskarte ist nicht mehr vorgeschrieben (nur für Schweizer), vereinfacht das Verfahren im Schadensfall aber wesentlich.

Warnwesten Das Mitführen sowie das Tragen derselben ist bei einem Unfall überall vorgeschrieben.

Autobahnen   mautpflichtig   in   der Schweiz, Italien, Österreich, Slowenien und Kroatien.

Abblendlicht Auch tagsüber ist das Fahren mit Abblendlicht in Slowenien und Kroatien (im Winterhalbjahr) vorgeschrieben.

Die schnellste Anreiseroute verläuft über die Tauernautobahn, durch die mautpflichtigen Tunnels der Radstätter Tauern (11,50 €) und schließlich durch den ebenfalls mautpflichtigen Karawankentunnel (7,20 €) nach Slowenien (Vignette!) und dann weiter nach Istrien. Oder auch ab Villach über Italien (Udine und Triest, s. u. Vignettenumgehung) nach Istrien. Auch für Gespannfahrer kein Problem.

Autobahn München – Salzburg – Villach – Karawankentunnel – Bled – Ljubljana – Postojna – Koper; weiter nach Istrien. Oder ab Postojna auf der Bundesstraße bis Rupa, dann Autobahn Opatija und weiter über die Schnellstraße und den Učka-Tunnel nach Istrien.

Per Eisenbahn durch den Tauerntunnel
Autobahn München – Salzburg – Werfen – Landstraße St. Johann – Badgastein – Böckstein – Tauerntunnel (Bahnverladung) – Mallnitz – ab Spittal Autobahn Villach.

Tauernschleuse Bahnverladung Böckstein-Mallnitz (www.oebb.at); ganzjähriger Betrieb, stündl. von 6.20 bis 22.20 Uhr gen Süden (nach Norden von 5.50 bis 21.50 Uhr); in der Hauptsaison Sa und So alle 30 Min., Fahrzeit 11 Min., Fahrpreis einfach für Pkw und Motorrad je 17 €.

Nützliche Infos für unterwegs

Autobahngebühren   (Stand 2016)

Schweiz: Vignette (Plakette) für ein Kalenderjahr (1. Dez. des Vorjahres bis 31. Jan. des Folgejahres) pauschal 40 CHF (ca. 36,39 €), ist Pflicht auf Autobahnen und autobahnähnlichen Straßen.

Österreich: Vignette (Pickerl) auf Autobahnen und Schnellstraßen, Preis abhängig vom Gültigkeitszeitraum. Pkw (Motorrad): 10 Tage 8,90 € (5,10 €), 2 Monate 25,90 € (13,00 €), 1 Kalenderjahr 86,40 € (34,40 €).

Italien: Autobahngebühren (www.autostrade.it), Preis abhängig von den gefahrenen Kilometern und dem Hubraum oder Achsabstand. Beispiel Klasse A (Pkw/Motorrad) Brenner – Triest (484 km) ca. 35 €.

Slowenien: Vignette auf Autobahnen und Schnellstraßen, Preis abhängig vom Gültigkeitszeitraum und der Höhe der Vorderachse, daher Kat. 2A und 2B (ab 1,30 m und ab 3,5 t; u. a. Transporter, Lieferwagen). Normalen Pkw und Wohnmobile (Motorrad): 7 Tage 15 € (7,50 €), 1 Monat 30 € (für Motorrad nur 6-Monats-Vignette für 30 €), 1 Kalenderjahr 110 € (55 €).
Slowenische Vignetten-Umgehung: Anreise über ital. Autobahn Udine–Triest (den Schildern Slovenia/Triest, Koper/Rijeka, Triest/Škofije, Slovenia/Triest folgen), dann Abfahrt Basovizza und Schild Rijeka/Kozina E 61 folgen. Oder auch über Muggia und Bertoki Einreise nach Istrien.

Kroatien/Istrien: → Unterwegs in Istrien/Informationen

Notrufnummern

Internationaler Notruf: ✆ 112 (dann Weiterschaltung)

Schweiz: Polizei ✆ 117, Unfallrettung ✆ 144, Feuerwehr ✆ 118

Österreich: Polizei ✆ 133, Unfallrettung ✆ 144, Feuerwehr ✆ 122

Italien: Polizei/Unfallrettung ✆ 113, Feuerwehr ✆ 115

Slowenien: Polizei ✆ 113, Feuerwehr/Rettungsdienst ✆ 112

Kroatien: Polizei ✆ 192, Unfallrettung ✆ 194, Feuerwehr ✆ 193, Seenotrettung ✆ 9155, Pannenhilfe ✆ 1987 (vom ausländ. Mobiltelefon ✆ +385/1987)

Die Autobahn führt über das Rižana-Tal gen Istrien

Eine gute Anreisealternative vor allem für Reisende aus dem Osten Deutschlands oder Österreichs ist die 300 km lange Pyhrn-Autobahn mit ihren gebührenpflichtigen Tunnels (13,50 €). Diese Route verbindet Suben (deutsch-österr. Grenze) und Spielfeld/Šentilj (Grenzübergang Slowenien).
Autobahn Nürnberg – Passau – Regensburg – Wels – Bosruck-Tunnel – Gleinalm-Tunnel – Grailla – Spielfeld – Maribor – Celje – Ljubljana – Postojna – Koper. Dann weiter auf Bundes-/Schnellstraße Richtung Pula oder Učka-Tunnel.

Eine ebenfalls gute, aber stauanfällige Route führt durch Österreich und Italien auf der Autobahn bis Triest:
Autobahn München – Innsbruck – Brennerpass/Brennerautobahn – Trient – Vicenza (oder Verona) – Venedig – Triest – Koper – Pula oder Richtung Učka-Tunnel.

Mit dem Schiff von Italien nach Istrien

Wer mit Flugzeug oder Bahn z. B. über Venedig anreist, kann die Schnellboote/Katamarane (u. a. Venezia Lines) in Richtung Istrien nehmen (keine Autobeförderung!) – in der Hauptreisezeit aber rechtzeitig Tickets reservieren (Online-Buchungen möglich oder über Reisebüros).

Informationen zu Venedig unter www.turismovenezia.it, www.venezia.net, www.enit.it. Zu den Fährverbindungen www.traghettionline.it.

Mit dem Katamaran Venezia Lines: Venedig–Poreč–Rovinj–Pula–Umag–Piran 1- bis 6-mal wöchentl. von Ende April bis Anfang Okt. Die Route variiert und es werden immer nur einige Städte angelaufen. Am häufigsten Venedig–Rovinj, Poreč und Pula (unbedingt Fahrplan studieren).

Preis beinhaltet auch die Rückfahrt; z. B. bis Poreč/Rovinj 59–79 € (je Monat/Tag), Kinder (4–13 J.) 39–49 €; Pula 61–81 €, Kinder 40–50 €; zudem Hafentaxe (je Fahrt, auch Kind, 9 €) und Treibstoffzuschlag (je Fahrt,

auch Kind, 10 €). Achtung: nur je ein Kabinengepäck und ein Handgepäck, ansonsten Aufschlag! Fahrradmitnahme 10 €.

Infos/Tickets Venezia Lines Croatia, Trg Matije Gupca 11, Porec, ✆ 052/422-896, www.venezialines.com. Juni–Sept. tägl. 8– 17 Uhr, Okt.–Mai Mo–Fr 8–16 Uhr.

Venezia Lines Italy, V. Dorsoduro 1473 A, 30135 Venezia (Italien), ✆ (+39)041/8821-101. April–Sept. tägl. 9–18 Uhr, Okt.–März Mo– Fr 9–17 Uhr.

Mit der Eisenbahn

Von Deutschland bzw. von München aus fährt der **Euro-City** über Salzburg, Villach nach Ljubljana (ab 6:04 Std.) und weiter nach Koper (ca. 10 Std., Slowenien) und Rijeka oder Pula (11:04 Std., s. u.). Von Italien (über Venedig und Triest) ist das Schienennetz nach Koper (SLO) gut ausgebaut. Jährlich haben die Deutsche und Österreichische Bahn unterschiedliche Spartarife, die den Fahrpreis (Einfachticket normal ca. 110 € bis Koper) deutlich reduzieren (s. u.).

Wer nach Istrien möchte, muss in Ljubljana auf jeden Fall einmal umsteigen und fährt dann weiter bis Koper (3-mal tägl.), Pula (1- bis 2-mal tägl., nur Juli/Aug. Expresszüge) oder Rijeka (Direktzug, mehrmals tägl.), möglich ist auch eine schnelle Weiterreise per Expresszug. Neu im Angebot der Bahn sind auch die **IC Busse**, die meist nachts, in kürzester Zeit und sehr preiswert fahren, u. a. von München nach Ljubljana oder direkt nach Pula. Auch eine Bahnfahrt bis Venedig ist eine Option, von dort Weiterreise mit dem Schiff zu den istrischen Städten oder an die slowenische Riviera.

Spartarife Europa-Spezialticket, u. a. München–Ljubljana ab 39 € (einfach), bzw. nach Koper ab 49 €, ebenfalls Weiterfahrt per Expressbus.

IC Bus München-Ljubljana, Sparangebot für 29 €, Fahrtzeit 9:50 Std.

Spartarif für Österreicher, Sparschiene (ab 19 €) Wien/Süd–Maribor–Ljubljana. Infos www.oebb.at.

Reservierung/Buchung: Zu Hauptreisezeiten und um Spartarife zu ergattern, sollte man frühzeitig buchen! Infos: www.bahn.de oder telefonisch unter 0180/5996-633 (auch Radfahrerhotline!).

Fahrradversand: Leider ist der Fahrradtransport mit der Bahn von Deutschland nach Istrien bzw. nach Koper eine zeitintensive Angelegenheit – ab 25 Std. Fahrtzeit; viele Aufenthalte und ein mehrmaliges Umsteigen müssen in Kauf genommen werden. Nicht viel besser sieht die Zuganreise über Italien aus (16 Std.). Informationen sollten sorgfältig vorab eingeholt werden.

Mit dem Autoreisezug: Der DB-Autozug (www.dbautozug.de) übernimmt diesen umweltschonenden Transport von Hamburg-Altona, Berlin-Wannsee, Düsseldorf oder Frankfurt/Neu-Isenburg nach Triest. In Österreich fährt der Autozug (www. oebb.at) von Wien nach Koper.

Deutsche Bahn AG (DB), www.bahn.de

Österreichische Bundesbahnen (ÖBB), www.oebb.at

Schweizer Bundesbahnen (SBB), www.sbb.ch

Italienische Staatsbahnen (FS), www.ferroviedellostato.it

Slowenische Eisenbahnen (SZ), www.slo-zeleznice.si

Kroatische Eisenbahnen (HŽ), www.hzpp.hr

Mit dem Bus

Der **Europabus der Deutschen Touring GmbH** bietet zahlreiche Fahrten nach Kroatien an, darunter die Linien nach Rijeka (ganzjährig) und von April bis Oktober auch weiter nach Poreč, Rovinj und Pula (ab München 10:30 Std.), nach Slowenien nur bis Ljubljana. Neu sind die preiswerten **IC-Nachtbusse der Deutschen Bahn**. Die Ausstattung der Busse entspricht internationalem Standard. In der Hauptsaison ist eine frühzeitige Buchung notwendig. Die Rückreservierung erfolgt gegen Gebühr am Zielbahnhof.

Eurolines München–Pula, 10:30 Std., Hin- u. Rückfahrt 111 €. Kinder unter 4 J. 80 %, 4 bis 11 J. 50 %, Jugendliche unter 26 J. und Studenten 10 %. Max. 2 Gepäckstücke (in Koffermaßen) und ein Gratis-Handgepäck pro Person. Pro Gepäckstück sind 3 € beim Fahrer zu entrichten (bei freier Kapazität für das dritte Gepäckstück 5 €.)

Reservierung: Eurolines (Deutsche Touring GmbH), Service-Hotline ✆ 06196/2078-501, www.eurolines.de.

Weitere Info- und Verkaufsstellen: Beratung, Reservierung und Ticketverkauf für Eurolines bei: DTG-Ticketcenter, Touring-Agenturen, DER-Reisebüros, Deutsche Bahn Reisebüros.

Reservierungsstelle für Eurolines in Kroatien: in jedem größeren Ort, meist am Busbahnhof oder bei **Autotrans** (→ Reiseteil, bzw. www.autotrans.hr). Am Zielort muss eine Rückreservierung mind. 24 Std. vor Abfahrt getätigt werden (gebührenpflichtig! 20 KN, ca. 2,80 €). Eine telefoni-

Motovun – Weitblick aufs Mirnatal, gen Ćićarija- und Učka-Gebirge

Fažana – das beliebte Sardellenfest

sche Rückreservierung ist nur in Ausnahmefällen von Ende Juni bis Mitte Sept. möglich unter ☏ 091/4009-600 (mobil).

IC Bus München–Pula, 9:50 Std., 29 € im Sparangebot. Infos unter www.bahn.de.

Mit dem Flugzeug

Von allen großen deutschen Flughäfen gibt es in der Regel mindestens 1- bis 4-mal täglich Linienflüge nach Zagreb, dann per Inlandsflug weiter nach Pula. In den Sommermonaten gibt es auch Direktflüge nach Pula oder Rijeka. Die Flugzeit von Frankfurt nach Zagreb beträgt 80 Min., von Zagreb bis Pula sind es weitere 45 Min. Flugzeit. Da Kroatien EU-Land ist, tritt die sog. „Fluggastrechteverordnung" in Kraft.

Von München (ab Frankfurt mit Zwischenstopp in München) gibt es Direktflüge nach Triest (I), Flugzeit 70 Min. (Frankfurt 3:30 Std.); Triest ist der Istrien am nächsten gelegene Flughafen.

Zur Saison (ab März/April bis ca. Okt.) gibt es von vielen deutschen Flughäfen preiswerte Flüge (ab 60 € je nach Abflugort, Monat und Nachfrage) – sie unterliegen starken Preisschwankungen. Geflogen wird z. B. nach Pula, Rijeka, Venedig oder nach Klagenfurt. Mit dem preiswerten Expressbus geht es dann weiter gen Istrien.

> Flugreisende können mit einer freiwilligen **Emissionsabgabe** Klimaschutzprojekte unterstützen, u. a. bei **Atmosfair**. Der Emissionsausstoß eines Hin- und Rückflugs von Frankfurt nach Pula beträgt 434 kg CO_2, die Abgabe liegt bei 10 €. Infos: u. a. www.atmosfair.de.

Fluggesellschaften u. a. **Lufthansa** (www.lufthansa.com): viele Linienflüge nach Zagreb, in der Saison auch nach Pula und Rijeka. München–Pula–München ab 350 €.

Ryanair (www.ryanair.com): von etlichen deutschen Flughäfen u. a. nach Pula und Venedig. Meist am günstigsten.

Air Dolomiti (www.airdolomiti.de): München–Venedig (0:55 Std.), ab ca. 150 € Retourticket.

Croatia Airlines (www.croatiaairlines.hr).

Marina Izola – per Boot Istrien umrunden und entdecken

Unterwegs in Istrien

Innerhalb Istriens gibt es zwei Hauptrouten über das sog. *istrische Ypsilon* (Y), vierspurige Schnellstraßen, die von Nord nach Süd (Dragonija nach Pula) und nach Osten (über Pazin nach Rijeka und Opatija durch das Učka-Tunnel) die Halbinsel durchqueren. Wer schnell vorankommen möchte, sollte über diese Schnellstraßen fahren (Mautgebühren). Von Pula nach Opatija sind es rund 90 km.

Informationen für Kraftfahrer in Kroatien/Istrien

Personaldokumente Für die Einreise nach Kroatien und einen Aufenthalt bis zu 3 Monaten benötigen Deutsche, Österreicher und Schweizer einen gültigen Personalausweis oder Reisepass (bis das Schengener Abkommen in Kraft tritt, auch weiterhin Grenzkontrollen!). Auch Kinder benötigen einen eigenen Ausweis!

Kraftfahrzeugdokumente Führerschein und Fahrzeugschein. Nach Unfällen mit sichtbaren Karosserieschäden sollte man sich von der Polizei eine Schadensbestätigung *(Potvrda)* ausstellen lassen.

Maut Alle kroatischen Autobahnen sind gebührenpflichtig, inzwischen auch das sog. "Ypsilon" (istrische Schnellstraße).

Kraftstoff überall erhältlich. Tankstellen sind an den wichtigsten Straßen nonstop geöffnet, Zahlung in Euro, mit EC-Karte und Kreditkarte ist problemlos möglich. Infos unter www.hak.hr.

Kraftstoffpreise pro Liter Eurosuper plus (98 Oktan) 1,27 €; Eurosuper (95 Okt.) 1,21 €; Eurodiesel 1,13 €; Autogas 0,50 €. Es wird auch noch verbleiter Kraftstoff verkauft (Stand: Juli 2016).

Höchstgeschwindigkeit Pkw und Motorräder innerhalb von Ortschaften 50 km/h, außerhalb 90 km/h; auf Schnellstraßen 110 km/h, auf Autobahnen 130 km/h; Wohnmobile bis 3,5 t auf Autobahnen 80 km/h, Wohnmobile über 3,5 t und Pkw mit Anhänger außerhalb von Ortschaften überall 80 km/h. Achtung: viele Radarkontrollen!

Abweichende Verkehrsregeln Unfälle mit Personen- oder erheblichem Sachschaden müssen der Polizei gemeldet werden. Während des gesamten Überholvorgangs muss geblinkt werden. Kolonnenspringen ist verboten. Schul- und Kinderbusse dürfen nicht überholt werden, wenn sie anhalten. Übernachten auf Straßen und Parkplätzen ist nicht erlaubt.

Promillegrenze bei 0,5 (bis 24 Jahre 0,0!).

Lichtpflicht auch tagsüber vom 1. Nov. bis 1. April. **Nebelleuchten** sind nur bei Sicht unter 50 m erlaubt.

Notrufnummern Intern. Notruf **112**, Polizei **192**, Rettungsdienst **194**, Feuerwehr **193**.

Pannenhilfe Die Straßenwacht des kroatischen Automobilclubs HAK ist nonstop unter ☎ **1987** (vom ausländ. Mobil-☎ 00385/ 1987) erreichbar.

ADAC-Notruf: über München ☎ 089/222-222 (Fahrzeugschaden).

Kroatischer Automobilclub (ADAC-Partnerclub): **Hrvatski autoklub (HAK)**, 10010 Zagreb, Av. Dubrovnik 44, P.O. Box 240, ☎ 01/ 6611-999, ☎ 1987 (Pannendienst); www. hak.hr.

Tiere   EU-Heimtierausweis, Näheres (→ Wissenswertes von A bis Z/Papiere).

Wechselkurs   Währungseinheit ist die kroatische Kuna (KN).

1 KN = 0,133 €. 1 € = 7,52 KN (Stand: Juli 2016).

Mit dem Bus

Das kroatische Busnetz ist sehr gut ausgebaut und für die Weiterreise empfehlenswert – der Bus ist nach dem Zug das billigste Verkehrsmittel. Auf längeren Strecken verkehren **Expressbusse** (alle mit AC), z. B. von Zagreb nach Opatija und Pula. Die Busse (unterschiedliche Anbieter u. Preise) fahren für wenige Cent pro Kilometer und sind dementsprechend ausgelastet. So zahlt man von Zagreb nach Pula ab 109 KN (Fahrtzeit je nach Stopps 3:30–5 Std.), von Pula nach Opatija 90 KN (2 Std.). Die Expressbusse verkehren mindestens einmal pro Tag, am Wochenende allerdings wenige bis keine Verbindungen. In der Hauptreisezeit ist bei längeren Strecken eine rechtzeitige Reservierung nötig. Zusätzlich gibt es zwischen den Städten den **regionalen Busverkehr**, tagsüber oftmals stündlich, am Wochenende seltener.

Die **Busbahnhöfe** liegen meist zentral – in der Stadtmitte, am Hafen oder bei den Zugbahnhöfen. Fahrkarten kauft man am Busterminal, die Abfahrtszeiten sind auf Tafeln angeschrieben: Abfahrt heißt *Polazak*, Ankunft *Dolazak*.
Informationen zum aktuellen **Fahrplan** an den Busterminals oder in den Agenturen; zudem Info-☎ 051/660-660, www.autotrans.hr.

Mit der Eisenbahn

Die Eisenbahn ist Kroatiens billigstes Transportmittel, auf den Hauptrouten im Landesinneren ist das Schienennetz gut ausgebaut. Da es aber keine direkten Verbindungen zwischen den Küstenstädten gibt, muss man an der istrischen Küste auf Busse ausweichen.

Nach Istrien: Von Ljubljana (SLO) nach Pula gibt es täglich nur noch eine ganzjährige Verbindung, jedoch im Juli und August (→ Anreise/Mit der Eisenbahn) zwei Expresszüge (4:30 Std.). Sonst nimmt man den Zug von Ljubljana bis Rijeka (mehrmals tägl.), dann per Bus z. B. nach Pula. Alternativ: Zug von Ljubljana bis Koper, dann per Bus zu allen istrischen Städten.

Innerhalb von Istrien: Zugstrecke Buzet–Pazin–Kanfanar–Pula mit vielen kleinen weiteren Bahnhöfen. Ganzjährig 1- bis ca. 3-mal täglich.

Der **Fahrradtransport** ist auch in Kroatien nur in Zügen mit Gepäckwagen möglich. Den Transport übernehmen alle Bahnhöfe mit Gepäckschalter oder direkt die Gepäckwagen. Der Preis (wenige Euro) ist entfernungsabhängig.

Information in Kroatien unter 01/3782-583, www.hzpp.hr (in Englisch), bzw. auch unter www.udaljenosti.com/vozni-red-vlakova (Fahrplanauskunft).

Mit dem Flugzeug

Wer nach Zagreb geflogen ist, kann den **Inlandsflug** nach Pula (ca. 35–90 €, Flugzeit direkt 0:35 Std., mit Zwischenstopp 1:45 Std.) nehmen. Alle Flughäfen haben Busverbindungen zur Stadt, alternativ Taxi oder Autovermietung. Mehr dazu (→ Reiseteil).

An einigen Flughäfen, u. a. Vrsar und Medulin oder Portorož (SLO), kann man kleine Flugzeuge mieten (Aviotaxen, Panoramaflugzeuge). Zudem gibt es auch das **Wasserflugzeug ECA**, das von Pula aus startet.

Information Kroatien Flughafen Zagreb, ✆ 01/66265-222, www.zagreb-airport.com.

Flughafen Pula, ✆ 052/530-105, www.airport-pula.com.

Flughafen Rijeka, ✆ 051/842-132 (Info-Tel.), 842-040 (Zentrale), www.rijeka-airport.com.

Croatia Airlines, zentrale Reservierungsstelle in Zagreb: ✆ 01/4551-244, www.croatia airlines.com.

Wasserflugzeug European Coastal Airlines (ECA), von Pula (Hafen) nach Mali Lošinj (ca. 15 Min., ca. 350 KN), Zadar (ca. 1:15 Std.) u. Split (ca. 1:30 Std.), 1- bis 3-mal tägl. Abflug Ul. Svetog Petra. ✆ 021/444-813, www.ec-air.eu.

Information Slowenien Flughafen Ljubljana/Brnik, ✆ 00386/4/2061-000, www.lju-airport.si.

Flughafen Portorož, ✆ 00386/5/6175-140, www.portoroz-airport.si.

Mit dem Fahrrad

Istrien hat sich zum Bike-Eldorado entwickelt, über 1500 km markierte Fahrradwege erschließen die Halbinsel, rund weitere 2000 km sind ebenfalls befahrbar. Das nun ausgegebene regionale Kartenmaterial ist gut. Schöne Touren führen z. B. an

Vom kleinen Flughafen bei Vrsar in die Lüfte …

Flusstälern entlang, durch Weinberge und hügelige Landschaften. Sehr anspruchsvolle Touren verlaufen durch das Ćićarija- und Učka-Gebirge, zudem gibt es den schönen, gemütlichen *Parenzana-Weg* (→ Parenzana-Weg) quer durch die Bujština und weiter nach Slowenien. Auch finden sich inzwischen problemlos Unterkünfte für sich und das Rad.

… oder mit dem Fahrrad zum Baden

Mountainbikes kann man sich in jedem größeren Ferienort ab 10 € pro Tag mieten. Zudem bieten Agenturen organisierte (auch mehrtägige) Mountainbiketouren an.

Wer sein eigenes Bike von zu Hause mitnimmt, sollte natürlich auch immer an ausreichend Werkzeug und Ersatzteile denken; bisher gibt es nur wenige Servicestellen (s. u.). Ansonsten weiß jeder Mountainbiker, dass funktionale Kleidung, Kopfbedeckung und Sonnenschutzmittel gerade in südlichen Gefilden unverzichtbar sind.

Weitere Infos (→ Sport/Fahrradfahren) sowie in den Ortskapiteln.

Anreise (→ Anreise/Mit der Eisenbahn).

Organisierte Mountainbiketouren z. B. über die örtliche Agentur **IstriaBike**, www.istriabike.com oder www.3t-active.com (österr. Agentur). Fahrräder (Cupe Attempt und Chaka Rennräder) können gemietet werden (ohne Pedale, die sind mitzubringen); auch Komplettangebote mit Hotel sind möglich.

Information zu Istrien Regionale Routenkarten (Bike Nord, Nordwest, Zentral, Poreč, von West nach Ost und Süd) gibt es gratis beim Tourismusverband und den Infostellen Istriens. Auch im Internet werden schöne Mountainbike-Routen vorgestellt (→ www.bike-istra.com).

Fahrradservice (→ Reiseteil/Sport/Fahrradfahren).

Mit dem Mietwagen

Autovermieter gibt es in allen größeren istrischen Ferienorten/Städten, zudem am Flughafen in Zagreb. Die Autos kosten ca. 30 €/Tag, Preisvergleiche lohnen! Neben den internationalen Autoverleihern gibt es kroatische Anbieter, die billiger sind, auch lohnt evtl. eine Vorabbuchung von zu Hause. Lokale Anbieter (→ Ortskapitel) und unter www.billiger-mietwagen.de.

Motorräder und **Mofas** kann man in fast jedem Touristenort mieten (auch in Kroatien gilt Helmpflicht!). Ein Scooter kostet ca. 10 €/Std., ab 25 €/halber Tag.

Mit dem Taxi

In größeren Orten befinden sich die Taxistände im Zentrum, an Omnibusbahnhöfen, am Hafen und an Flughäfen. Für Überlandfahrten empfiehlt es sich, den Preis vorher auszuhandeln. Preisbeispiele: Innerhalb der Stadt ca. 5–6 €, von Pula/Stadt zum Flughafen Pula ca. 16,50 €. *Taxi-Zentrale* unter ✆ 970.

Istrien bietet Übernachtungsmöglichkeiten in jeder Preisklasse

Übernachten

Das Übernachtungsangebot in Istrien ist groß und vielfältig. Sie haben die Wahl zwischen Privatunterkünften, Touristischen Bauernhöfen, Appartements, Hotels, Landhäusern, Campingplätzen – und Leuchttürmen! Wildes Zelten ist verboten.

In den Hochsaison-Wochen von Anfang bis Mitte August, wenn auch die Italiener Ferien machen, wird es in Istrien schwierig, eine hübsche Unterkunft ohne Voranmeldung zu ergattern – sicherer ist es, in dieser Zeit rechtzeitig zu reservieren. In den anderen Wochen und Monaten dürfte es aber kein Problem sein, kurzfristig eine passable Unterkunft zu finden. Die Campingplätze sind in der Hochsaison zwar meist voll, wer kein riesiges Hauszelt hat, findet aber sicher noch ein schattiges Plätzchen.

Ein jährlich erscheinendes Verzeichnis der Hotels, Privatunterkünfte, Touristischen Bauernhöfe/Agrotourismus (Agroturizam) und Campingplätze ist über den istrischen und kroatischen Touristenverband gratis erhältlich (→ Wissenswertes von A bis Z/Informationen) sowie übers Internet abrufbar.

Auch in Istrien haben die Übernachtungspreise gewaltig angezogen. Haupt- und Nebensaisonpreise sind an der Küste üblich, in den Touristenhochburgen gibt es von ca. Ende Juli/Anfang bis Mitte August sogar *Top-Hochsaisonpreise*; dagegen vermieten die Touristischen Bauernhöfe meist ganzjährig zum gleichen Preis.

Die angegebenen Übernachtungspreise gelten für einen Aufenthalt ab drei Tagen, für weniger Tage ist ein Aufpreis (bei Privatunterkünften) von 30 % fällig. Zusätzlich zum Übernachtungspreis ist eine Kurtaxe zu entrichten, je nach Gebiet 4,50, 5,50 oder 7 KN pro Tag, Kinder von 12 bis 18 Jahren zahlen die Hälfte. In der Neben-saison reduziert sich die Taxe. Zudem ist eine einmalige Anmeldegebühr fällig.

Wer seinen Urlaub größtenteils an einem Ort verbringen möchte, kann mit den Privatvermietern einen reduzierten Preis aushandeln. Auch über die Reiseveranstalter (auch kroatische Anbieter) kostet dasselbe Zimmer rund die Hälfte bis ein Drittel weniger und dazu gibt es noch Halbpension. Allerdings hat die Hotelküche der preiswerten Hotels nie das Niveau der meist sehr guten lokalen Restaurants und Sie werden die Gaumengenüsse Istriens so nicht kennenlernen.

> Alle im Reiseteil aufgeführten Preise sind **Hochsaisonpreise** (HS) und beziehen sich meist auf das Doppelzimmer inkl. Frühstück für 2 Personen (DZ/F). Preisangaben nur für DZ bedeutet: Zimmer ohne Frühstück (F), HP (Halbpension), VP (Vollpension); zudem Top- (TS), Vor- (VS) und Nebensaison (NS).

Privatunterkünfte

In den Touristenorten vermieten viele Häuser Zimmer *(sobe)* oder Appartements *(apartman)* – Schilder weisen darauf hin. Gute Privatunterkünfte werden vom istrischen Tourismusverband mit dem „**Domus Bonus**" (DB, www.dom), einem Gütesiegel ausgezeichnet. Für die Opatija Riviera gibt es den Verband **Kvarner Family** (www.kvarnerfamily.hr). Die angeschlossenen Anbieter kann man auch im Internet aufrufen. Alle Privatunterkünfte werden von den Touristenagenturen vermittelt – oder man wendet sich direkt an den Vermieter.

Dieser erledigt für die Gäste die Formalitäten, die sonst in der Touristeninformation anfallen, wie Registrierung und Kurtaxe. Die meisten Zimmervermieter sind registriert und bezahlen für die Vermietung eine Gebühr. Manche Vermieter versuchen natürlich, diese Gebühr zu umgehen, um ihre Zimmer steuerfrei vermieten zu können. Privatunterkünfte sind in der Regel eine preiswerte Unterkunftsmöglichkeit. Das Frühstück (F) kostet meist ca. 5–8 € pro Person extra, manchmal wird auch Halbpension (HP) angeboten.

Die Privatunterkünfte sind unterteilt in Kategorien von ** bis *****, für ein Doppelzimmer (DZ) bezahlt man ab 30 € pro Tag, für Appartements ab 40 € (meist für 2 oder 4–6 Personen). Ein Einzelzimmer (EZ) kostet ca. 30 % mehr.

Privatunterkünfte kann man ebenfalls über das Internet buchen, zudem präsentiert fast jeder Touristenort seine eigene Website mit Anbietern.

Touristische Bauernhöfe/ Agrotourismus und Landhäuser

Eine gute Möglichkeit vor allem für Familien mit Kindern, Land, Leute und die Küche kennenzulernen, ist das Übernachten auf den in Istrien sehr beliebten und verbreiteten **Touristischen Bauernhöfen** bzw. **Agrotourismus** (Agroturizam). Überall

Agrotourismus – zurück zur Natur …

werben Bauernhöfe und Pensionen mit Aktivferien, Kinderferien usw. Vermietet werden Zimmer und Appartements mit unterschiedlichem Standard. Im Durchschnitt zahlt man 15–20 € pro Person inkl. Frühstück, Halbpension kostet 20–30 €. Die Hauswirtinnen zaubern oft leckere, uns häufig unbekannte Speisen auf den Tisch, Selbstversorger können die frischen Produkte vom Bauernhof kaufen. Für Nichthausgäste ist meist eine Essensanmeldung erforderlich.

Wer Ruhe sucht oder nobel wohnen möchte, mietet sich ein **Landhaus** (Stancija). Im Angebot sind einfache Natursteinhäuser bis hin zu wunderschön renovierten und komfortabel eingerichteten **Gutshöfen**, auf Wunsch auch mit Haushälterin und Koch. Die Mietpreise liegen zwischen 100 € und mehreren 1000 € pro Tag.

Hotels

Die Hotels sind in vier Kategorien von ** bis ***** eingeteilt. Wie üblich, sind dabei Lage, Komfort des Hauses, Ausstattung der Räume und Extras wie Balkon und Ausblick von Bedeutung. Frühstück ist im Preis meist eingeschlossen. Bei der Zimmerwahl sollte man darauf achten, dass diese nicht in Restaurant- und Terrassennähe liegen – in vielen Hotels finden besonders an Wochenenden Tanzveranstaltungen mit Livemusik oder ein tägliches Animationsprogramm statt. Die Musik endet zwar gegen 23 Uhr, doch ruhig ist es danach naturgemäß noch lange nicht.

Die meisten Hotels gehören zur ***- bis ****-Kategorie; dabei sind die Preise in Ferienanlagen niedriger als in kleinen Hotels. Unsere Preisangaben im Reiseteil sind Hochsaisonpreise (HS) für 2 Personen im Doppelzimmer inkl. Frühstück (DZ/F). Auch innerhalb der Kategorien sind die Preise sehr unterschiedlich, v. a. durch Online-Buchungen bei großen Hotels, wo die Nachfrage den Preis bestimmt: Kat. *** ca. 120 €, Kat. **** ab 150 €. In Städten wie Pula haben kleine Altstadthotels (im Gegensatz zu Ferienanlagen am Meer) meist nur geringfügige Schwankungen.

Jugendhotels/Hostels

In Istrien gibt es immer mehr Hostels (sog. Jugendhotels), oft in großen Altstadtwohnungen, die preiswerte Unterkunft bieten. Je nach Ausstattung und Lage kostet die Übernachtung ab 16 € (auch hier HS-Preise), zudem wird auch ein preiswertes Frühstück sowie Halb- oder Vollpension angeboten – in Istrien u. a. in Pula sowie in Izola und Piran (SLO).

Informationen u. a. unter www.hfhs.hr, www.youth-hostel.si, www.hostelworld.com.

Camping

Istriens Campingplätze haben meist eine langjährige Tradition, ob textil oder textilfrei. An der Küste reihen sich die großen und kleinen Campingplätze dicht an dicht, im Landesinneren findet man dagegen kaum eine Möglichkeit, sein Zelt aufzustellen, außer man fragt einen Bauern um Erlaubnis. *Wildzelten* ist bei Strafe verboten!

Die großen Campingplätze an der Küste liegen meist in einer eigenen Bucht unter Olivenbäumen oder Strandkiefern, haben Restaurant, Bars und Supermarkt, Pools und Wasserrutschen, moderne Sanitäranlagen, Kühlboxen, Grillplätze, Stromanschluss und meist WiFi. Animation für Groß und Klein ist oft im Programm, zudem abendliche Livebands oder Discoveranstaltungen. Zusätzlich gibt es ein großes Sportangebot (Tennis, Beachvolleyball, Surfen, Tauchen etc.) sowie Boots- und Wassersportgeräteverleih. Die Campingplätze wurden in den letzten Jahren allesamt verbessert und teils sehr schön und modern gestaltet. Ebenso kann man sich auf den meisten Campingplätzen auch *Campingwägen* oder *Mobilhäuser* mieten (auch separate Luxusparzellen mit eigenen Pools!); diese sind voll ausgestattet, auch die Bettwäsche wird inzwischen meist gestellt. Neu ist das Angebot an sog. *Glamping*, meist Holzhäuser (3 bis 5 Pers.) mit Terrasse, die im Innern vom Standard variieren können (meist jedoch Küchenzeile, teils mit oder auch ohne Dusche/WC), d. h. etwas weniger Komfort als Mobilhäuser bieten, daher auch preiswerter sind.

Freikörperkultur-Freunde können sich auf eigene FKK-Campingplätze freuen, die an der istrischen Küste zahlreich vertreten sind, der größte ist *Koversada* bei Vrsar, ein 1200-ha-Gelände für bis zu 10.000 Personen. Zudem gibt es auf manchen Camping-Arealen separate textilfreie Zonen.

Die meisten Plätze sind vom 1. Mai bis 30. September geöffnet, einige große auch von Mitte März bis Ende Oktober. Im August kann es eng werden, denn viele Einheimische und Italiener verbringen ihre Ferien auf den Autocamps. Die Plätze sind in die Kategorien * bis **** eingeteilt. Wer Ruhe sucht, sollte kleine, einfache Campingplätze ohne Animation bevorzugen oder die Anlagenpläne genau studieren.

… oder gleich inmitten der Natur campen: Lauschige Plätze gibt's genug

Wildes Zelten ist verboten! In touristischen Gegenden ist damit zu rechnen, auch im entlegensten Winkel, nachts von der Polizei aufgeweckt und auf den nächsten Campingplatz verwiesen zu werden. Zudem kann der Regelverstoß (v. a. in Natur- und Nationalparks) Verwarnungsgeld kosten. Gleiches gilt übrigens auch für Urlauber, die in ihren Autos oder Caravans nächtigen!

Leuchttürme

Wer außer Meeresrauschen absolute Ruhe und Abgeschiedenheit sucht, mietet sich in einem der Leuchttürme ein – entweder stehen sie direkt am Meer oder auf einer kleinen Felsinsel. Die Leuchttürme bieten Ferienwohnungen unterschiedlicher Größe (meist 2–6 Pers.) in der Kategorie ** bis ***. Der Transfer wird organisiert, ebenso – nach Absprache – die Lebensmittelversorgung. Zudem gibt es eine kleine Slipanlage oder einen Anlegeplatz für Boote. Wer seinen Urlaub einmal in ganz ungewohnter Umgebung verbringen möchte, gelegentlich mit Blick auf die tobende See, ist hier genau richtig – für Familien mit kleinen Kindern allerdings nicht zu empfehlen und teils auch untersagt. Der Preis für ein 4-Personen-Appartement beträgt ca. 1000 €/Woche.

Folgende Leuchttürme stehen in Istrien zur Wahl: an Land die Leuchttürme Savudrija (bei Umag) und Rt Zub (bei Novigrad), auf den kleinen Felsinseln Sv. Ivan na Pučini (bei Rovinj) und Porer (südlich der Halbinsel Kamenjak).

Kroatischer Tourismusverband (→ Wissenswertes von A bis Z/Informationen); **I.D. Plovput** (kroat. Verwaltung), 21000 Split, Lazareta 1, ☎ 021/355-900, www.plovput.hr.

Buchung/Anfragen für Leuchttürme, ☎ 021/390-609 (Hr. Hrovje Mandekić), www.lighthouses-croatia.com.

Portorož – nächtigen in der stilvollen, komplett renovierten Nobelherberge

Nette Restaurants und Konobas verwöhnen die Gaumen mit istrischen Spezialitäten

Essen und Trinken

Istriens Küche ist geprägt von der österreichisch-ungarischen, der kroatischen und der italienischen Kochkunst – es ist eine reine, unverfälschte Kochkunst, die hauptsächlich vom Meer lebt und von dem, was das Land hervorbringt. Und Istriens Küche ist reich an Spezialitäten: Die weltweit raren „weißen Trüffeln" aus dem Hinterland landen hier ebenso auf dem Tisch wie saftige Muscheln und Austern aus dem Limski kanal oder feine Gerichte mit Pilzen, Maronen und Wildspargel. Serviert wird dazu weißer oder roter istrischer Landwein, der bei keinem Essen fehlen darf.

An der Küste lebt die istrische Küche von *Fisch* und *Schalentieren,* die in guten Lokalen fangfrisch auf den Teller kommen: von Scampi, Hummer, Meeresspinne, Gold- und Zahnbrasse, Seezunge bis zu Austern und Muscheln. Vor allem im Landesinneren sind Spanferkel, Wildschwein und Zicklein vom Grill, Lamm und im Herbst Wildgerichte wie Fasan und Hase beliebte Spezialitäten. Auch das Grauvieh *Boškarin,* das Symbol von Istrien, einst fast ausschließlich als Zugtier genutzt, wird wieder gezüchtet und dient heutzutage als Milch- und Fleischlieferant für Gourmetzwecke. Die Tiere werden ausschließlich auf der Weide und ohne Zufütterung gehalten, haben ihre markanten langen Hörner, sind kräftig-robust und langlebig. Das Rindfleisch wird als Delikatesse gehandelt.

Eine typische und wichtige Zutat, mit der von der Vorspeise bis zur Nachspeise gern verfeinert oder gewürzt wird, ist der in Istrien beheimatete weiße und schwarze Trüffel *(tartuf).* Der Wildspargel *(šparogama),* der als Salat, Gemüse oder in Omeletts serviert wird, sprießt im Frühjahr überall. Sehr beliebt sind auch Pilzgerichte, z. B. mit *Gnocchi* oder *Fuži* oder zu Fleischspeisen. Und auch Naschkatzen kommen auf ihre Kosten – sie haben die Wahl zwischen Krapfen *(fritule),* Pfannkuchen *(palačinke),* Kuchen *(kroštule),* Strudel oder Eis.

Die istrischen Küstenregionen, wo früher mehr Fisch als Fleisch die Speisekarte bestimmte, haben sich dem Touristengeschmack ziemlich angepasst: Steaks und

Schnitzel (Naturschnitzel – *naravni šnicl;* Wiener Schnitzel – *bečki šnicl*) mit Pommes frites *(pomfrit)* gibt es überall. Dazu kommen die aus der serbischen und Balkan-Küche übernommenen *čevapčići, ražnjiči* sowie der *Mixed Grill.* Mit Ausnahme des Mangolds *(blitva)* fehlt in den Sommermonaten Gemüse als Beilage auf dem Teller. Dafür gibt es die leckere, aus jahreszeitlich verschiedenen Gemüsesorten gekochte Minestrone *(maneštra).* Zubereitet werden alle Speisen mit Olivenöl.

Weitere regionalen Spezialitäten und Weinsorten (→ Regions- u. Ortskapitel).

Essenspreise: Kalte und warme Vorspeisen wie Schinken (pršut), Salat aus Meeresfrüchten, Reis- und Nudelgerichte gibt es von ca. 6–12 €, Fleischgerichte kosten rund 6–12 €, Gerichte von Meeresfrüchten ab 8 €. Fische sind eingeteilt in Klasse I (z. B. fangfrische Goldbrasse, ca. 50–80 €/kg, gezüchtete Goldbrasse ab 30 €) und Klasse II (z. B. Makrelen, ca. 10–17 €/kg).
Getränke: Espresso ab 1 €, Cappuccino ab 1,50 €, Tafelwein ab ca. 7 €/Liter, Barriqueweine ab 16 € für die 0,75-Liter-Flasche, Grappa ab ca. 1,50 €. Einheimische Biere ab 1,80 € für die 0,33-Liter-Flasche.
Zur Zeit der **Marenda**, der Vormittagspause in Büros (ca. 9–12 Uhr), erhält man in vielen Lokalen preiswerte warme Gerichte zu ca. 6–8 €.

Die Lokale

Restoran (Restaurant): Das etwas gehobene Speiselokal, auch meist hübsch vom Ambiente, bietet eine vielfältige Auswahl an Vor-, Haupt- und Nachspeisen und eine ebenfalls große Auswahl an Weinen.

Riblji restoran (Fischrestaurant): Wer gerne Fisch und Schalentiere isst, ist hier bestens aufgehoben; Fangfrisches vom Meer oder aus dem Bassin in einer Zubereitung, die man bei uns zu Hause nicht zu finden. Zudem große Weinkarte.

Gostiona, in Slowenien **Gostilna** (Gasthaus): meist ein Familienbetrieb, wo Wirt oder Wirtin noch selbst am Herd stehen – aus frischen Zutaten wird nach Art des Hauses gekocht. Das Ambiente reicht von einfacher ländlicher bis zur gehobenen rustikalen Ausstattung. Die Speisekarte beschränkt sich auf gute Fleisch- und Fischgerichte und geringere Weinauswahl, meist offene Lokalweine.

Konoba: Weinkeller oder kleines Lokal, das Vorspeisen und inzwischen auch eine kleine Speisekarte (meist Fisch) mit warmen Gerichten anbietet.

Agrotourismus (Touristischer Bauernhof): Sie sind v. a. im istrischen Landesinneren verbreitet. Hier kann man alles, was der Hof produziert, probieren und kaufen, vom Schinken und Käse bis zu Gemüse, Früchten und Wein; Hausgäste (teils Nicht-Hausgäste) können hier oft nach Vorbestellung essen.

Pizzeria: Die einstige italienische Vorspeise Pizza ist auch in Kroatien beliebt. Pizzerias gibt es in jedem größeren Ort, meist finden sich aber tatsächlich nur Pizzen auf der Speisekarte, dafür in großer Auswahl und meist aus dem Holzofen.

Vinoteka (Weingeschäft) : Hier kann man bestens lokale Weine und Hochprozentiges wie Grappa kaufen.

Kavana (Café) und **Bife** (Buffet): Das kleine Café (Kafić) serviert nur Kaffee und Getränke. Bifes sind eher eine Art Bar und auch Treff.

Samoposlužni restaurant (dt. Selbstbedienungslokal): Ein preiswertes Selbstbedienungslokal, meist in Städten und größeren Feriensiedlungen an der Küste.

Slastičarna (Eisdiele/Café): die Profis für Espresso, Cappuccino, Kuchen, Torten und v. a. jede Menge eiskalter Variationen.

> **Aufschläge für Sitzplatz oder Gedeck ...**
> In kroatischen Cafés kann man sich getrost auf einem bequemen Stuhl und auch in vorderster Meeresfront niederlassen, ohne dafür einen Aufpreis bezahlen zu müssen! In Restaurants oder Konobas wurde bisher auch kein Gedeck (Couverte) berechnet; neuerdings finden sich manchmal Lokale, die diesen Service mit ca. 1 € pro Person berechnen.

Vorspeisen und Snacks

An Vorspeisen gibt es *pršut,* den würzigen, luftgetrockneten Schinken, sowie Käse, *sir,* meist vom Schaf oder von der Ziege. Dazu werden Oliven und Weißbrot gereicht. Auch Tintenfischsalat, Scampi-Cocktail, Fischcarpaccio oder marinierter Fisch *(marinirana riba)* sind als Appetizer beliebt (bei Letzterem werden Sardellen oder Sardinen gebraten, dann in Essig, Öl und Zwiebeln für ein paar Tage eingelegt). Oder, ganz einfach und lecker, einen Trüffeltoast bestellen.

Burek, eine beliebte Zwischenmahlzeit, ist in Bäckereien oder Kiosken erhältlich – die Blätterteigpasteten gibt es mit Fleischfüllung oder auch mit Apfel oder Quark. *Omelettes* werden mit Pilzen, Käse oder Schinken zubereitet.

An leckeren Suppenvarianten gibt es Rindfleischsuppe mit Nudeln *(goveđa juha sa tjesteninom),* Tomatensuppe *(juha od rajčica),* Gemüsesuppe *(juha od povrća)* Fischsuppe *(brodet* oder *riblja juha)* oder Lammsuppe *(jagjeća čorba).* Last but not least die in guten Konobas servierte traditionelle *istrische Suppe,* bei der auch die Weinliebhaber Löffel für Löffel auf ihre Kosten kommen: Ein Tonkrug wird mit Teran oder Burgunder gefüllt, mit Zucker, Öl und Pfeffer abgeschmeckt und zum Schluss mit Crostinis angereichert.

Beliebte Vorspeisen – Fuži mit Spargel oder Schinken, Käse und Oliven

Olivenöl – Istriens grünes Gold

Der Olivenbaum, eine der ältesten Kulturpflanzen der Mittelmeerregion, wurde schon vor Jahrtausenden im Westen Asiens angepflanzt, wo er bis heute noch wild wachsend vorkommt. Im ersten Jahrtausend vor Christus wurde der Olivenbaum nach Italien exportiert und kam mit den Römern bald auch nach Istrien.

Für ein gutes Wachstum benötigen Olivenbäume heiße, trockene Sommer, kühle Winter und lehmige Böden – das istrische Klima bietet damit beste Voraussetzungen für gute Öle. Schon Griechen und Römer schätzten das wohlschmeckende istrische Olivenöl, das im Mittelmeerraum lange Zeit Maßstäbe setzte: Der Handel mit dem istrischen „grünen Gold" florierte seit der frühen Antike. Nach dem Zweiten Weltkrieg geriet der traditionell hohe Qualitätsanspruch für istrische Öle in Vergessenheit und es dauerte Jahrzehnte, bis man sich in Istrien wieder auf die Kunst des Olivenanbaus besann, die man heute mit modernen Techniken kombiniert. Hunderttausende neue Olivenbäume wurden Ende des letzten Jahrtausends gesetzt, 2015 sollen es über eine Million sein! Auf dem internationalen Markt wurden inzwischen viele istrische Öle prämiert. Der Olivenölführer „Flos Olei" von Marco Oreggia zeichnet Istrien mit Spitzenpositionen aus.

Aus der istrischen Küche ist Olivenöl nicht wegzudenken: Fische garen in reichlich Öl, Scampi und Hummer werden in der beliebten „buzzara", einer Sauce aus Wein, Öl und Knoblauch, serviert. Auch Gemüse wird mit einem Schuss Olivenöl verfeinert und natürlich fehlt es bei keinem Nudelgericht. Dass Olivenöl sehr gesund ist, ist bekannt: Es enthält das lebensnotwendige Vitamin E und ist cholesterinsenkend. Ebenso wertvoll ist die frische Olive, die neben Öl, Glykosiden und Eiweißstoffen zahlreiche Mineralien wie Kalzium, organische Säuren, Enzyme sowie die Vitamine A, B1, B2 u. a. enthält. Auch die Kosmetikbranche nutzt die Qualitäten der kostbaren Frucht, z. B. für Seifen, Shampoos und Ölmassagen, die schon zu Römerzeiten als Jungbrunnen galten.

Gutes, kalt gepresstes Olivenöl und eingelegte Oliven gibt es in den Delikatessenläden, aber auch auf vielen Bauernhöfen und Ölmühlen, die hin und wieder eine alte, museumsreife Ölpresse ziert (→ Reiseteil). Eine umfassende Liste der istrischen Olivenölproduzenten ist beim Tourismusverband erhältlich.

Auswahl istrischer Olivenöl-Produzenten (Uljara = Ölmühle):

Tranquilino Beletić, Ulica Torci 34, Novigrad, ✆ 052/757-799. Feinfruchtige Öle; prämiert bei Feinschmecker und L'Extravergine.

Franco Basiaco, A. Manzoni 15, Buje, ✆ 098/334-075 (mobil).

Fam. Smilović, Baredine 16, Buje, ✆ 098/224-023 (mobil).

Dino Antonac, Antonci 9, Grožnjan.

Klaudio Ipša, Ipši 10, Livade, ✆ 098/219-538 (mobil), www.ipsa-maslinovaulja.hr.

Giancarlo Zigante, Livade 7, Livade, ✆ 052/664-302.

Al Torcio, Fam. Beletić, Comtessa 22°, Novigrad, ✆ 052/758-093, www.altorcio.hr.

Novi Torać, Rovinjsko Selo, ✆ 052/816-308 (nur nach tel. Vereinbarung).

M. Plišo – Meneghetti, Bale, Stancija Meneghetti b. b., ✆ 091/4553-221 (mobil), www.meneghetti.info. Prämiert für intensiv-fruchtiges Öl.

Aldo Balija, Gališanska 8, Fažana, ✆ 052/521-565. Weltbester 2. Platz (Feinschmecker).

Livio Belci, Mlinska 7, Vodnjan, ✆ 052/511-035.

O. P. G. Sandi Chiavalon, Vladimira Nazora 16, Vodnjan, ✆ 052/511-906, www.chiavolon.com; sein Blend „Ex Albis base" zählt zu den 15 weltbesten Olivenölen (bei ital. Olivenölführer L'Extravergine und Flos Olei).

D. Belić – Olea B. B., Creska 34, Rabac, ✆ 052/872-724, www.oleabb.hr. Prämiert bei Flos Olei.

Trüffeln – Istriens weißes Gold

Der Trüffel, halb Knolle, halb Pilz, wächst etwa 30 bis 40 cm unter der Erde, verströmt einen etwas penetranten Geruch und wird von speziell darauf trainierten Hunden aufgespürt. Das istrische Trüffelgebiet umfasst das Viereck von Buzet (unweit der Mirna-Quelle) bis Motovun und hinab nach Pazin und Lupoglav. 1999 wurde bei Motovun ein 1,31 kg schwerer Weißer Trüffel entdeckt, der bislang größte der Welt, wie das Guinness-Buch der Rekorde bestätigt.

Zwei Hauptarten von Trüffeln gibt es: den Weißen Trüffel *(beli tartuf)* und den Schwarzen Trüffel *(črni tartuf)*. Die kostbare weiße Variante wächst weltweit außer in Istrien nur noch in der Toskana und im Piemont (Italien), der Schwarze Trüffel gedeiht auch im französischen Savoyen. **Weiße Trüffeln** (lat. *Tuber magnatum pico*) wachsen von Mitte September bis Januar vor allem im Norden in den feuchten Mischwäldern und Tälern der Region um Motovun und Livade. Was die „weiße" Knolle so rar und teuer macht: Sie lässt sich nicht kultivieren. Weitere Unterarten der Weißen Trüffeln wachsen bis in den Mai hinein. Der **Schwarze Trüffel** (lat. *Tuber aestivum vitt*) gedeiht von Mai bis Oktober in den eher bergigen Regionen südlich von Motovun. Ein halbes Dutzend weitere Unterarten des Schwarzen Trüffels wachsen bis in den Frühling hinein. So ist fast übers ganze Jahr stets für frischen Nachschub auf der Trüffelspeisekarte gesorgt.

Die Trüffeln gibt es frisch geschnitten (die teuerste, aber auch beste Variante), konserviert oder getrocknet (dann wird er in geriebener Form verwendet). Je nach Qualität und Größe der Knolle kostete 2016 ein Weißer Trüffel zwischen 3,50 bis 6 € pro Gramm; der Schwarze Trüffel ist mit 0,40 bis 0,60 € pro Gramm vergleichsweise billig. Natürlich kommt es beim Preis auch auf die Wetterverhältnisse an.

Frische Trüffelgerichte erkennt man an den hauchfein geschnittenen weißen oder schwarzen Scheiben. Mit Trüffeln angereicherte Speisen werden meist mit getrockneten, geriebenen Trüffeln verfeinert. Wer sich also im Sommer ein Gericht mit frischen Trüffeln bestellt, kann sicher sein, die Schwarze Knolle auf dem Teller zu haben. Trüffelgerichte gibt es z. B. mit Fuži, Gnocchi, Spaghetti, Fisch, Fleisch, aber auch mit Süßspeisen, wie Mousse, Palatschinken oder Vanilleeis – der Fantasie sind keine Grenzen gesetzt und Jahr für Jahr erscheinen neue Trüffelkreationen auf der Speisekarte.

Übrigens sind Trüffelgerichte keine Erfindung der Nouvelle Cuisine. Schon vor Jahrhunderten genossen Kaiser und Könige, Künstler und Dichter die Qualitäten der feinen Knolle – die einen priesen ihren Geschmack, die anderen ihre aphrodisischen Folgen … *Tartufo vero*, ein Zusammenschluss führender istrischer Trüffelrestaurants, verspricht, dass die Qualität der Trüffeln gewährleistet bleiben soll und dass unter dieser Marke je nach Jahreszeit zwar unterschiedliche, aber immer frische und gute Trüffeln auf dem Teller landen.

Trüffelläden In Delikatessengeschäften *(Trgovina)* erhält man frische Weiße u. Schwarze Trüffeln, konservierte Trüffeln, Trüffeln in Nudeln und Öl etc. Neben der Ladenkette von Zigante (www.zigantetartu fi.com) gibt es inzwischen auch andere Firmen. Mehr dazu (→ jeweilige Ortskapitel).

Aus dem Limski-Fjord kommen die besten Muscheln – saftig durch Quellwasser

Fisch und Meeresfrüchte

Charakteristisch für die istrische Küste sind die Fischgerichte, die auf vielerlei Arten mit den unterschiedlichsten Sorten zubereitet werden. Auf den Tisch kommen u. a. Wolfsbarsch *(brancin)*, Drachenkopf *(škrpina)*, Seezunge *(list)*, Zahnbrasse *(zubatac)*, Goldbrasse *(orada)*, Seeteufel *(grdobina)*, Rotbarbe *(trilja)*, zudem Hummer *(hlap* oder *jastog)*, Scampi *(škamp)*, Jakobsmuschel *(Jakovljeva kapica)*, Miesmuscheln *(dagnja)*, Austern *(kamenica)*, Oktopus *(hobotnica)*, Kalamar *(lignja)* und Tintenfisch *(sipa)*.

Na žaru heißen die **gegrillten Fische** – der Holzofen, geschürt mit Olivenholz oder dem Reisig der Weinstöcke, gibt Fischen und Schalentieren seine besondere Würze. Gold- und Zahnbrassen, Seebarsche, Meeräschen, aber auch Makrelen und Sardinen werden davor mit Knoblauch gespickt und mit Kräutern und Lorbeerblättern gewürzt.

Für die **gekochten Varianten** *(na lešo)* wandern Drachenkopf, Zahnbrasse oder Rotbarbe in den Topf und werden dann in Wasser, Öl, Weinessig und mit Lorbeerblättern, Zwiebeln und Pfefferkörnern gegart. Besonders lecker ist der **Fischeintopf**, *brodet,* für den verschiedenste kleine Fische mit Wein, Öl, Lorbeerblättern, Zwiebeln, Petersilie und Tomatenmark längere Zeit im Topf garen. Dazu wird Maisgrieß *(pura* oder *polenta)* gereicht.

Achtung, damit es beim Fischessen keine Überraschung gibt:

fangfrisch = svježa riba

gezüchtet = riba iz uzgajališta

Der Zuchtfisch schmeckt nicht so saftig und zart, ist dafür aber deutlich preiswerter.

Eine Delikatesse sind die **gedünsteten Fische**: Langusten *(šcamp na buzaru)*, gefüllte Kalamari *(punjene lignje)* und anderes Meeresgetier schmoren mit Knoblauch und Zwiebeln gespickt in einem mit Knoblauch ausgeriebenen, mit Öl und Wein gefüllten Topf. Auf ähnliche Weise werden Muscheln in Wein und mit viel Knoblauch gedünstet. Dazu wird Weißbrot gereicht, mit dem man die leckere Soße auftunkt. Auch im Ofen gebackener Fisch mit Kartoffeln ist eine beliebte Variante.

Schalentiere sind ein etwas teurer Genuss: Hummer *(jastog)* wird in Weißwein und Kräutern gekocht und überbacken mit hausgemachten Nudeln oder je nach Wunsch serviert. Fast immer stehen Muscheln, teils auch Austern auf der Karte.

Gebackene und **panierte Fische** sind eine Variation der österreichischen Küche; dazu werden Sardinen, Thunfisch *(pečena tuna)* oder die beliebten Kalamari *(prežene lignje)* verwendet.

Fleischgerichte

Beliebte istrische Spezialitäten sind **Wildschwein** und **Spanferkel** am Spieß, die sich besonders an Sonntagen überall auf den vor den Gasthäusern aufgestellten Grills drehen. Populär ist auch das Fleischgaren unter der *peka*, auch *črpnja* genannt, einer Art Tonglocke, die mit Glut und Asche bedeckt ist *(meso pod pekom* oder *pod čripnjom)*. Dabei wird das Fleisch (Wildschwein, Kalb, Huhn oder Lamm) langsam und schonend gegart und bleibt dadurch zart und saftig.

Eine besondere Spezialität sind die **Lammgerichte**: Lammsuppe, Lammbraten (unter der *peka* oder *črpnja*), Lamm gekocht und auch Lamm am Spieß.

Speisen vom Holzkohlengrill gelten als Nationalgerichte Ex-Jugoslawiens und stehen überall auf der Karte. Am bekanntesten und am weitesten verbreitet sind die *čevapčići* (Fleischröllchen aus gehacktem Schweine-, Hammel- oder Kalbfleisch), *ražnjiči* (gemischte Fleischspieße) und *pljeskavica*, eine Art Hamburger.

Der *Mixed Grill* ist eine Grillplatte mit verschiedenen Fleischgerichten – *čevapčići*, *ražnjiči*, Lamm- und Schweinekotelett sowie Leber.

Wildgerichte werden meist mit Hasen und Wildschweinfleisch zubereitet, manchmal wird auch Fasan serviert. Meist kommt das Fleisch als Gulasch mit Fuži oder Gnocchi auf den Tisch *(fuži, njoki s divljači)*.

Weitere istrische Fleischspezialitäten: Istrisches Schnitzel – paniertes Kalbsschnitzel, gefüllt mit *pršut* und Käse (ab und zu Schafskäse), dazu Reis und Gemüse.

Pfeffersteak – Rinderfilet mit Pfeffersoße und Kroketten.

Steaks, Backen oder Salami vom *Boškarin* (s. o.), auch mit Trüffel verfeinert.

Rumpsteak mit Trüffeln *(ramtek s tartufma)* oder Kalbsmedaillons mit Pilzen *(teleći medaljoni s gljivama)*.

Mesni pladanj za dva osobe – gegrilltes Fleisch aller Art mit Kartoffeln und Reis für zwei Personen.

Ombolo – luftgetrocknetes Schweinefleisch vom Kotelett, mit Salz, Pfeffer, Knoblauch und Lorbeerblatt eingerieben und mindestens 3 Wochen mariniert (Vorbereitungszeit mindestens 1 Monat). Schmeckt hervorragend als Vorspeise oder gegrillt.

Njoki sa šugom od zeca – Gnocchi mit Hasenfleischsoße (frische Tomatensoße wird mit Rosmarin, Pfeffer, Knoblauch und Lorbeerblatt abgeschmeckt).

Purica na lovranski način – Pute mit einer Füllung aus Maronen, Sahne, durchpassiertem Kalbfleisch, Eiern und etwas Cognac, langsam gebacken und immer wieder mit Wein übergossen.

Reis- und Nudelgerichte

Die Venezianer hinterließen Reis- und Nudelgerichte in zahlreichen Variationen.

Die **Reisgerichte** *(rižota)* werden vegetarisch mit Pilzen, Trüffeln, schwarzen oder weißen Tintenfischen, Muscheln oder Langusten zubereitet. **Spaghetti** gibt es in ebenso zahlreichen Varianten: mit Tomaten- oder Hackfleischsoße, mit Meeresfrüchten, Muscheln oder Trüffeln (sehr lecker); auch **Gnocchi** (zarte Kartoffelmehlklößchen) mit Pilzen oder Gorgonzola oder Trüffeln sind oft auf der Karte zu finden sowie **Fuži**, eine Art Pasta, die auf Holzstäbchen eingedreht wird oder die handgezogenen **Pljukanci**, die ebenfalls zu Fleisch oder Soßen gereicht werden.

Überhaupt spielen die *weißen und schwarzen Trüffeln* in der istrischen Küche eine große Rolle; sie kommen mit Reis, Pasta, Fuži, Gnocchi und Fleisch auf den Tisch. Am seltensten und begehrtesten ist der weiße Trüffel, der im Herbst in den Wäldern Istriens wächst, das zu den wenigen Trüffelgebieten Europas zählt.

Gemüse

Das beliebteste Gemüse an der Küste ist Mangold, *blitva,* gekocht und mit viel Olivenöl abgeschmeckt. Daneben gibt es Tomaten (*paradižnik* – österr. „Paradeiser"), Bohnen, Auberginen, Zucchini und eine weitere Spezialität, den grünen Wildspargel.

Beilagen

Eine istrische Spezialität ist Maisbrei, *pura* oder *polenta,* der zu Fischsud oder frischem Tintenfisch und Makrelen gereicht wird. Die üblichen Beilagen auf der Karte sind Kartoffeln, Reis, Nudeln und die unvermeidlichen Pommes frites. Zu Grillfleisch, *pljeskavica,* isst man *ajwar,* ein rötliches Mus aus Tomaten, Paprika und Auberginen. Gehackte Zwiebeln dürfen ebenfalls nicht fehlen. An Salaten gibt es Blatt-, Tomaten-, Gurken-, Krautsalat-, Rucola- und Radicchiosalat.

Nachspeisen

Palačinke – Pfannkuchen mit Marmelade, Schokolade, Walnüssen oder auch mit Eis und flambiert.

Savijača s jabukama (sa sirom) – Apfelstrudel (oder Topfenstrudel).

Voćni kupovi – Obstbecher in verschiedenen Variationen mit Sahne oder Eis.

Neben Eiscreme, *sladoled,* ist die *kremšnite* eine beliebte Nascherei: ein mit Creme oder Vanillepudding gefüllter Blätterteig, manchmal unter einem Schokoladen-

Leckeres Naschwerk, u. a. Fruchtkörbchen, Fritule und Schokotorte

überzug versteckt. Die *kremšnite* gibt es in Restaurants als Nachspeise oder in Eisdielen *(slastičarnas)*.

Istrische Süßspeisen-Spezialitäten sind *fritule,* aus Hefeteig zubereitet, wie Krapfen in Öl ausgebacken und mit Puderzucker bestreut, und *kruštule* (ein Kuchen, oft mit Zitrone). *Rošata,* eine Art Eierstich, besteht aus Eiern, Zucker und Milch.

Die stark gezuckerte Nachspeise *baklava,* Blätterteig mit Walnussfüllung, wird hauptsächlich in Eisdielen serviert.

Istriens Weine

Wein ist in Istrien mehr als ein Getränk. Wie in vielen mediterranen Regionen steht Wein auch auf der kroatischen Halbinsel für eine Jahrtausende alte Lebenskultur. „Brot für den Leib, Wein für die Seele" ist ein auch für Istrien passendes Motto. Weinreben waren schon bei den Illyrern und Histrern bekannt. Doch erst die Griechen hatten die Kunst des Weinanbaus kultiviert, zu dessen Verbreitung auch die römischen Soldaten beitrugen: Bei ihren Feldzügen führten sie die Pflanzen mit und bauten sie dort an, wo sie sich länger niederließen.

Heute, zwei Jahrtausende später, beträgt die Anbaufläche der istrischen Weingärten rund 6150 ha; unter den Habsburgern war sie bis Anfang des 20. Jh. mit rund 33.000 ha fünf Mal so groß, der Absatz der istrischen Weine blühte. Das sollte sich im 20. Jh. ändern, denn das fehlende Interesse der jugoslawischen Staatssozialisten unter Tito und Reblausbefall ließen den Weinanbau immer weiter zurückgehen.

Das mit 5840 ha größte istrische Anbaugebiet erstreckt sich heute an Istriens Westküste von Buje im Norden bis hinab nach Pula. In Küstennähe ist die eisen- und mineralhaltige Erde lehmig-rot – für den *Teran* und säurebetonte, fruchtige Weine eine hervorragende Grundlage. Im Hinterland um Buzet, Pazin und um Labin herrschen „weiße Erde" und Flysch-Gestein vor; hier werden auf einer kleinen Fläche von 210 ha fast ausschließlich weiße Trauben angebaut. Die Weißweine dominieren in Istrien mit rund 70 %, der Rest sind Rot- und Roséweine; allerdings unterliegt der Anbau auch häufig wechselnden Modetrends.

Bei den Weißweinen zählen neben Malvazija, Chardonnay und Muskat die Weiß- und Grauburgunder zu den beliebtesten istrischen Rebsorten; bei den Rotweinen sind es Teran, Merlot, Gamay, Cabernet, Sauvignon und Blauburgunder.

Der *Teran* mit seiner intensiv rubinroten Farbe ist eine bodenständige, jahrhundertealte Rebsorte, den daraus gewonnenen *vinum pucinatum* genossen schon Kaiser und Könige. Die raue Bora, die über die Berge fegt, lässt hier nur einen widerstandsfähigen, kleinen, gedrungenen Rebstock überleben. Neben dem mit ca. 12 % Alkohol vergleichsweise schweren Teran ist der *Refosco (Refošk),* eine Untersorte des Teran mit violettroter Farbe, wegen seiner Bekömmlichkeit sehr beliebt und mit einem Alkoholgehalt von 8–9 % deutlich leichter. Er wird auch an der Slowenischen Riviera angebaut. Eine Besonderheit sind die Teran-Weine, die in den aus Eichenholz gefertigten Barrique-Fässern ausreifen und dadurch ihren speziellen Geschmack erhalten. Teran-Weine passen hervorragend zu Eintöpfen, Fleisch- und Wildgerichten.

Aktuell gibt es einen Disput um den Namen *Teran*, den Slowenien für seinen im Karst wachsenden Teran in Anspruch nimmt und diesen *Kraški Teran* auch schon namentlich geschützt hat. Wenn es schlecht läuft, verliert Kroatien gleich zwei (→ Spirituosen/Prošek) bekannte Weinnamen.

Weit reicht der Blick über die Weinfelder nach Buje

Der Gegenspieler des roten Teran ist der fruchtig-frische weiße *Malvazija,* dessen strohgelbe bis goldgelbe Farbe an Akazienblüten erinnert. Die Malvazija-Traube, eine ebenso widerstandsfähige Rebsorte, wurde wahrscheinlich von venezianischen Kaufleuten eingeführt und ist die Basis für Istriens meistgetrunkenen Wein. Viele junge Winzer haben sich in den letzten Jahren mit dem lange Zeit stiefmütterlich behandelten Wein intensiv beschäftigt und zahlreiche internationale Medaillen gewonnen, neuerdings lässt man auch den Malvazija in Barrique-Fässern ausreifen. Der Malvazija wird gerne zu Fisch- und Krustentiergerichten getrunken.

Eine dritte bekannte istrische Weinsorte ist der *Muskat,* der bevorzugt in der Gegend um Momjan kultiviert und süß oder trocken ausgebaut wird. Er besitzt eine goldgelbe Farbe, sein Bouquet verströmt den Duft wilder Nelken und man sagt ihm aphrodisierende Wirkung zu. Je nachdem, ob süß oder trocken, findet er seinen Platz in der feinen Gourmetküche und bei Desserts.

Unbekannter, aber stark im Trend sind die *Orange-Weine*, die aus Weißweinen im alten Maischegärungsverfahren gekeltert werden (man kennt dieses Verfahren beim Rotwein). Dabei werden die weißen Trauben gepresst und mitsamt den Kernen und der Schale zwischen wenigen Tagen und einigen Monaten in der Maische und im Fass vergoren, dadurch erhält der Wein nicht nur diese schöne gelborangene Farbe, sondern enthält auch ein hohes Maß an Gerb- (Tannine) und Geschmacksstoffen (Polyphenole). Diese Weine zeichnen sich durch einen eigenen körperreichen und ausdrucksstarken Geschmack aus.

Wem das alles zu stark ist: Die Istrier schätzen auch die bei uns bekannten, mit Wasser gestreckten Weinschorlen, auf Kroatisch *gemišt.*

Tag des Weines: Jährlich am letzten Sonntag im Mai öffnen die Weinkeller von 10 bis 18 Uhr ihre Pforten – eine gute Möglichkeit, Weine der verschiedenen istrischen Winzer zu verkosten.

Weinstraßen

Die istrischen Winzer-Betriebe reihen sich an vier *Hauptweinstraßen:*

Weinstraße Buje (Brtonigla, Umag, Novigrad, Dajla, Nova vas, Grožnjan, Buje, Savudrija)

Weinstraße Poreč und Umgebung (Visnjan-Tar, Baderna, Funtana, Lovrec)

Weinstraße Pazin und Umgebung (Buzet, Tinjan, Pazin)

Weinstraße Rovinj (Rovinj, Vodnjan, Vabandon)

Die zentrale istrische Winzergenossenschaft residiert in Poreč, ℡ 052/452-797.

Auch durch das *Hinterland der Slowenischen Riviera* verläuft eine Weinstraße.

Weingüter

Es gibt ein ganze Reihe guter bis sehr guter Winzer, die im größeren und kleinen Stil keltern; einige davon haben sich über die Grenzen Istriens einen Namen gemacht, ob durch bessere Werbung oder durch bessere Qualität sei dahingestellt. Die Weine bekannter regionaler Winzer finden sich in vielen Restaurants und Feinkostgeschäften in ganz Kroatien. Manchmal ist auch ein Privatankauf in kleinen Mengen und ohne Vorbestellung nicht möglich, am besten sich vorab telefonisch erkundigen. Etliche Winzer bieten auch Agrotourismus an – man kann also abends in aller Ruhe die Weine probieren und sich dann gleich wohlig schlafen legen.

Mini-Weinlexikon

Crveno vino	Rotwein	*Cuveno vino*	Auslese
Bijelo vino	Weißwein	*Desertno vino*	Dessertwein
Ruzica vino	Rosé	*suho*	trocken
Pjenusavo vino	Sekt	*polusuho*	halbtrocken
Stolno vino	Tafelwein	*slatko*	süß
Kvalitetno vino	Qualitätswein	*poluslatko*	halbsüß

Empfehlenswerte Winzer (Auswahl)

Neben hier aufgeführten Winzern finden Sie in den jeweiligen Ortskapiteln weitere Weingüter, zudem auch Infos zu den jeweiligen Weinspezialitäten.

Region Buje **Moreno Degrassi**, Podrumarska 3, Savudrija, ℡ 052/759-250, www.degrassi.hr.

Moreno Coronica, Koreniki 86, Umag, ℡ 052/730-375.

Lupi, Palih boraca 17, Brtonigla, ℡ 052/774-717.

Gianfranco Kozlović, Valle 78, Momjan, ℡ 052/779-177, www.kozlovic.hr.

Kabola, Kremenje b. b., Momjan, ℡ 052/779-208, www.kabola.hr.

Giorgio Clai, Brajki 104, Krasica-Grožnjan, ℡ 091/776-175 (mobil).

Livio Benvenuti, Kaldir 7, Motovun, ℡ 052/691-322, www.benvenutivina.com.

Duvillo Zigante, Kostanjica Nr. 66, Grožnjan, ℡ 052/776-320, www.vina-zigante.hr.

Region Buzet **Damir Sirotić**, Sovinjsko polje b. b., Buzet, ℡ 052/663-027.

Region Poreč **Elido Pilato**, Vrh Lašići 16, Vižinada, ℡ 052/446-281 (nur mit Führung nach Voranmeldung).

Frank Arman, Narduči 5, Vižinada, ℡ 052/446-226.

Marijan Arman, Narduči 3, Vižinada, ℡ 052/446-229.

W. Waltraud & Wolfgang Ernst, Bajkini 11, Vižinada, ℡ 052/446-055.

Peter Poletti, Markovac 14, Višnjan, ☎ 052/449-251.

Dordano Peršurić, Persurici, ☎ 052/431-586.

Franko Radovan, Radovani 14, Višnjan, ☎ 052/462-166.

Ivica Matošević, Krunčići 2, Sv. Lovreč, ☎ 098/367-339 (mobil), www.matosevic.com.

Franko Radovan, Radovani 14, Višnjan, ☎ 052/462-166.

Ivica Matoževic, Krunčići 2, Sv. Lovreč, ☎ 098/367-339 (mobil).

Region Pazin Darko Matijašić, Pekasi, Zamaski dol, ☎ 052/682-126.

Ranko Andelini, Velanov brijeg 42, Pazin, ☎ 052/622-599.

Region Vodnjan Demjan, Radeki polje 83, Marčana, ☎ 052/506-352.

Region Pula Wine Station Trapan, Veruda 10, Pula, ☎ 098/244-457, www.trapan.hr.

Andere Getränke

Spirituosen: Der Dessertwein *prošek* ist als „vinum sanctum" (heiliger Wein) seit römischer Zeit bekannt. Auch um diesen Namen gibt es nun Probleme, diesmal mit Italien, die Namensähnlichkeit zum Prosecco wird angemahnt. *Istra-Bitter* nennt sich ein Aperitif, der ähnlich wie Campari schmeckt. *Rovinjer Pelinkovac* (Wermutschnaps): ein bitterer Likör aus Wermut (Arthemisia absinthium), das berüchtigte Wermutströpfchen … An härteren Sachen findet man Spezialitäten wie den Kräuterschnaps *travarica* und natürlich *šljivovica,* den Pflaumenschnaps. Fast jede Gostiona hat zudem ihren Hausschnaps, oft nach eigener Rezeptur, der nach dem Essen angeboten wird.

Bier, *pivo:* Beliebte einheimische Biere sind z. B. das *Karlovac* oder auch das slowenische *Laško,* aber auch bayerische und norddeutsche Biere sprudeln aus istrischen Zapfhähnen.

Kaffee wird traditionell in einem langstieligen Kupferkännchen zubereitet und als süßer *kava* serviert; der Zucker wird meist gleich mitgekocht. In den Eisdielen und Café-Bars sind aber auch echter italienischer Espresso, Cappuccino und Latte Macchiato erhältlich.

Säfte: eine ähnliche Palette wie bei uns zu Hause, u. a. Apfel-, Orangen- und Aprikosensaft, Limonaden oder frisch gepresster Orangensaft (meist in Eisdielen).

Hochprozentiges für jeden Geschmack

Istrisches Surfer-Paradies – Halbinsel Kamenjak

Sport

Zu allen hier erwähnten Sportarten finden Sie im Reiseteil unter den jeweiligen Orten detaillierte Angebote und Adressen.

Baden: Die istrische Küste bietet rundum gute Badebedingungen, ist aber bis auf wenige Abschnitte meist felsig. Die für gute Wasserqualität stehende „Blaue Flagge" (www.blueflag.org) weht auch an den Stränden der großen Touristenorte wie Umag, Poreč und Rovinj, wo sich Zigtausende im Meer tummeln. Das meist klare Meerwasser bietet in die Tiefe oft Sichtweiten von bis zu 50 m. Die Wassertemperaturen liegen zwischen 20 und 25 °C.

Fahrradfahren: Istrien ist ideal zum Radeln und Mountainbiken – über die gesamte Halbinsel zieht sich ein groß angelegtes Netz von markierten Touren auf Asphalt und Makadam mit ca. 1500 km Länge, veröffentlicht auch auf den regionalen Websites der Tourismusverbände! Interessant ist auch der *Parenzana-Weg*, der ausführlich als GPS-Tour beschrieben ist (→ S. 294). Auf Makadamwegen sollte unbedingt ein robustes Mountainbike mit gutem Reifenprofil verwendet werden. Fahrräder (meist Mountainbikes) kann man in allen größeren Orten über Touristeninformationen, Hotels und Verleihgeschäfte mieten – pro Tag ab ca. 10 €. Wer allerdings Wert auf sehr gute Qualität (Federung!) legt, nimmt sein Bike von zu Hause mit. Im Reiseteil finden Sie verschiedene Vorschläge zu Mountainbiketouren. Weitere Infos (→ Unterwegs in Istrien/Mit dem Fahrrad; → Wissenswertes von A bis Z/Karten und Literaturtipps).

Fischfang: Das im Norden bis auf 50 m Tiefe klare adriatische Meer lädt zum Fischen und Angeln ein – 365 verschiedene Fischarten soll es hier geben. Die *Fangmittel* sind gesetzlich festgelegt.

Für das Meer gilt: Mit Ausnahme des Angelns vom Ufer aus braucht man eine Genehmigung der zuständigen Gemeinde. Am Ufer ist ein Fang von bis zu 5 kg täglich erlaubt. In Häfen und Naturschutzparks ist der Fischfang verboten – auch Muscheln und Krebse sind geschützt.

Fischfanggebiete sind die Gewässer rund um die Küste und die Inseln. Gefangen werden von Nord nach Süd hauptsächlich Tintenfisch, Makrele, Goldbrasse, Brauner Serran, Thunfisch, Drachenkopf, Meeräsche, Aal, Zahnbrasse, Gelbstriemen, große Geisbrasse, schwarzer Schattenfisch, Muräne, Sackbrasse, Seebarbe und Rotbrasse.

Infos/Genehmigungen sind in den örtlichen Touristinformationen und Hafenämtern erhältlich.

Klettern und **Hochseilgärten:** Tolle Klettergebiete sind das Učka- und Ćićarija-Gebirge, die Felsen für alle Konditionen und Schwierigkeitsgrade bieten, zudem bei Istarske Toplice und Rovinj, und auch in Slowenien um Črni kal und Osp (→ Ortskapitel). Relativ neu und interessant sind die istrischen *Hochseilgärten* und *Ziplines* u. a. bei Barban und Pazin (→ Ortskapitel).

Golf: Stilvolle Greens am Meer und inmitten herrlicher Landschaft gibt es auf *Veli Brijun* (Brijuni-Nationalpark, 9-Loch-Anlage), zudem die 18-Loch-Golfanlage bei Savudrija (Hotel Kempinski Adriatic); zwei kleine Plätze liegen bei Poreč.

Paragliden: Eine wunderschöne Art, Istrien buchstäblich aus der Vogelperspektive kennen zu lernen. *Paragliding-Championship,* 3. Juli-Wochenende (→ Buzet). Agenturen bieten Paragliden im Učka- und Ćićarija-Gebirge an (→ Buzet, Lovran und Opatija).

Reiten: Pferdeliebhaber finden in Istrien viele gute Möglichkeiten zum Reiten in Gestüten (→ u. a. Umag, Poreč, Rovinj, Medulin) und auf Bauernhöfen (→ Ortskapitel).

Schnorcheln: Die istrischen Felsküsten sind ein Paradies für Schnorchelfreunde, zahlreiche Fischarten und krebsartiges Getier tummeln sich in den klaren Tiefen. Schnorchelausrüstung am besten von zu Hause mitnehmen!

Sportschifffahrt: Für Bootsfreunde, ob per Motor oder umweltfreundlich per Segel, ist die Küste ein ideales Revier. Die kroatische Küste misst insgesamt 6116 km und bietet mehrere hundert Häfen an der Küste und auf den Inseln sowie zahlreiche schöne Jachthäfen (→ Marinas oder Jachthäfen im Reiseteil). Der Nautiksport boomt! Jahr für Jahr werden die Marinas ausgebaut – die Zahl der in den kroatischen Marinas liegenden Boote unter ausländischer Flagge übersteigt die Zehntausend; ein Vielfaches davon die jährlich einlaufenden Boote. Der Skipper (muss Bootsführerschein vorweisen) muss die *Anmeldung* im Hafenzollamt für internationalen Verkehr (Port of Entry) vornehmen, zudem die kroatische *See-Vignette* erwerben (Gebühr je nach Länge, ein Jahr Gültigkeit ab Kaufdatum) und die *Crewliste* angeben (es dürfen nur 2,3-mal mehr Personen auf dem Schiff sein, als angegeben; Kinder unter 12 Jahren sind davon ausgenommen). Wer auf dem Landweg einreist, muss sich ebenfalls an das Hafenamt wenden und wie oben verfahren. Beim Verlassen des Landes muss das Schiff abgemeldet werden. Internationale, durchgängig geöffnete Häfen in Istrien sind Umag, Novigrad (nur Saison), Poreč, Rovinj, Pula, Raša-Bršica, Rijeka. Sehr beliebt sind auch Boots- und Segeltörns in der Adria. Zudem kann man sich in vielen Touristenorten ab ca. 40 € pro Tag ein 4-PS-Motorboot mieten (Bootsführerschein ist auch hierfür Pflicht!).

Infos zur Sportschifffahrt Udruženje nautičkog turizma (Verband des nautischen Tourismus), www.hgk.hr oder unter www.mmpi.hr (Ministerium für Seewesen).

ACI-Club, ☏ 051/271-288, www.aci-club.hr.

ADAC, Am Westpark 8, 81373 München. Im Internet jährlich aktualisierte Seiten unter: www.adac.de/sportschifffahrt.

Jachtcharter Kompetente Vermittlung von Motorboot- u. Segelcharter u. a. über www.yachtcharterfinder.com und www.pitter-yachting.com.

Tipps und Plattform rund um das Segeln unter www.skippertipps.de.

Und natürlich die Broschüre **808 Häfen- und Ankerbuchten** (→ Wissenswertes von A bis Z/Literaturtipps).

Surfen: Gute Bedingungen zum Surfen und Kite-Surfen bietet die Gegend um Premantura, hier werden auch internationale Wettbewerbe ausgetragen. Frühaufsteher surfen in der Bucht von Rijeka, bei Bora-Wind. Anfänger haben die Möglichkeit, sich in windgeschützten Buchten mit dem Brett vertraut zu machen. Surfbrettverleihe gibt es in vielen Hotels und auf Campingplätzen, manchmal sind auch Surfschulen (→ Premantura) angegliedert.

Tauchen: Die kroatische Adria ist ihrer guten Sichtweite und des sauberen Wassers wegen ein Tauch-Eldorado. Tauchschulen und -zentren gibt es in jedem Touristenort entlang der Küste. Getaucht wird zu Wracks von alten Handels- und Passagierschiffen – viele liegen zwischen Rovinj und Pula, südl. von Kap Kamenjak und nordöstl. von Medulin –, zu Riffs und Steilwänden (um Savudrija, zwischen Novigrad und Rovinj, zwischen Brijuni und Pula und entlang der Ostküste), in Grotten und Höhlen mit bizarrer Meeresflora und -fauna. Jährlich am 13. August findet zum österreichischen Passagierschiffswrack *Barun Gautsch* (gesunken 1914 westlich vor Rovinj durch eine Minendetonation) ein Memorialtauchen mit

Radler am Limski kanal ▲

Brijuni-Insel-Törn ▼

Paraglider im Ćićarija-Gebirge ▼▼

Niederlegung von Kränzen statt – in Gedenken an die Opfer des größten Schiffsunglücks während des Ersten Weltkriegs an der Adria.

Jeder Taucher benötigt einen *Tauchausweis,* dieser ist 1 Jahr ab Ausstellung gültig und kostet 18 €; erhältlich über Tauchclubs und spezielle Agenturen. Unterschieden wird zudem in organisiertes Tauchen, also mit Tauchclub, oder individuell. Individuelles Tauchen benötigt eine zusätzliche Genehmigung, die beim Hafenamt erhältlich ist (325 €, 1 Jahr Gültigkeit ab Ausstellung). In Schutzzonen darf zudem nur mit Tauchlehrern (müssen dafür eine Konzession haben) getaucht werden.

Die Ämter informieren auch über die Sperrgebiete. Für das Unterwasserfotografieren gelten dieselben Vorschriften. Unterwasserjagd mit der Harpune ist verboten!

Nicht vergessen: *Tauchtauglichkeitszeugnis* von zu Hause mitbringen; manchmal wird das Zeugnis auch von Tauchclubs ausgestellt.

Kroatische Tauchclubzentrale (Hrvatski ronilački savez), ✆ 01/4848-765, www.diving-hrs.hr (nur kroatisch). Gratis-Broschüre **Istra Diving** über Tourismuszentrale erhältlich.

Seerettung u. Tauchernotruf ✆ 9155 und ✆ 195

Poliklinik für Baromedizin Pula Oxy (Mornarička bolnica), Kochova 1/a, Pula, ✆ 052/215-663, www.oxy.hr; Mo–Sa 8–15 Uhr; außerhalb der Arbeitszeiten im Notfall ✆ 098/219-225 (mobil, Dr. Mario Franolić).

Tennis: Istrien ist ein Mekka für Tennisfreaks, Tenniszentren sind die Stadt Umag und Poreč. In Umag werden jährlich die *Croatia-Open* ausgetragen, hier haben auch die führenden Tennisschulen ihren Sitz. Aber auch in anderen Orten Istriens gibt es in allen besseren Hotelanlagen, auf Campingplätzen und in Sportzentren Tennisplätze.

Wakeboard: Per Wasserlift mit dem Board über *pipes* jumpen kann man in Poreč/ Zelena laguna (→ Poreč).

Wandern: Schöne Wanderungen locken im Učka- und Ćićarija-Gebirge. Wer nicht auf eigene Faust wandern möchte, wendet sich an Agenturen oder nimmt sich einen Bergführer. Gutes Schuhwerk empfiehlt sich, für Bergtouren ist es unabdingbar (→ u. a. Buje, Buzet, Pazin, Opatija-Riviera und im Kleinen Wanderführer).

Im **Kleinen Wanderführer** am Ende des Buches habe ich Ihnen 12 schöne GPS-Wandertouren sowie den Parenzana-Weg für die Region Istrien zusammengestellt und ausführlich beschrieben. Dort finden Sie auch alle notwendigen Tipps zum Wandern in Istrien. Auch im Reiseteil biete ich unter der Rubrik „Wandern" viele weitere Tourenvorschläge an.

Wasserski: Diese Sportart ist nicht mehr so „in", aber möglich (Verleih in großen Hotels). *Zu beachten:* Zum Strand ist ein Mindestabstand von 300 m einzuhalten, ein Beifahrer muss anwesend sein (zur Beobachtung des Wasserskiläufer) und das Boot muss über einen Rückspiegel verfügen.

Halbinsel Koromačno – wild, einsam und sturmzerzaust, dafür grandioser Weitblick

Wissenswertes von A bis Z

Ärztliche Versorgung

Die ärztliche Versorgung in Kroatien entspricht europäischen Standards. Seit dem EU-Beitritt im Juli 2013 gilt nun auch hier die *Europäische Krankenversicherungskarte* (EKVK), mit der Sie bei jeder medizinischen Einrichtung ärztliche und zahnärztliche Behandlung, Heilmittel oder Krankenhausbehandlung in Anspruch nehmen können. In der Regel fallen für Medikamente wie bei uns auch Zuzahlungen zwischen 5 und 25 % der Kosten an; bei Medikamenten, die nicht auf der Positivliste stehen, bis zu 100 %.

Im Reiseteil finden Sie unter „Gesundheit" jeweils alle wichtigen Adressen.

Krankenhaus *(Bolnica),* Krankenstationen *(Dom zdravlja)* oder eine Ambulanz *(Ambulanta)* gibt es in fast allen Städten. Im Sommer sind in Touristenorten separate Ambulanzen für Urlauber eingerichtet, auch größere Hotels und Campingplätze bieten medizinische Erstversorgung (gesprochen wird Englisch, Deutsch oder Italienisch).

Im Notfall wenden Sie sich an den deutschsprachigen ADAC-Telefondienst (s. u.), der Adresse und Telefonnummer eines deutschsprachigen Arztes vermittelt oder einen Krankentransport veranlasst. Bei *Tauchunfällen* wenden Sie sich an die **Poliklinik für Baromedizin Oxy** im Marine-Krankenhaus (Mornarička bolnica) in Pula (s. u.).

Apotheken *(Ljekarna)* gibt es in jedem größeren Ort; sie sind meist von 8 bis 19 Uhr, samstags bis 14 Uhr (teils auch sonntags) geöffnet. Zudem gibt es einen Apotheken-Notdienst.

Tierarzt *(Veterinar):* in jedem größeren Ort; Infos unter www.veterinarstro.hr.

Internationale Notrufnummer	☎ 112
Polizeinotruf	☎ 192
Unfallrettung	☎ 194
ADAC-Notruf (bei Erkrankung)	☎ 089/767-676 (München)
Poliklinik für Baromedizin Pula	☎ 052/215-663 (→ Tauchen)
(→ Telefon/Wichtige Nummern)	

Diplomatische Vertretungen

Botschaften der Republik Kroatien **Deutschland**, Ahornstr. 4, 10787 Berlin, ☎ 030/21915-514, www.zagreb.diplo.de. **Österreich**, Haubergasse 10, 1170 Wien, ☎ 01/4802-083. **Schweiz**, Gurtenweg 39, P. O. Box 231 Muri/ Bern, ☎ 031/9256-659. **Botschaften in Kroatien** Deutsche Botschaft, 10000 Zagreb, Ul. grada Vukovara 64, ☎ 01/6300-100.

Österreichische Botschaft, 10000 Zagreb, Radnička cesta 80/IX, ☎ 01/4881-050.

Schweizer Botschaft, 10000 Zagreb, Bogovićeva 3, ☎ 01/4878-800.

Weitere Infos unter **www.mvp.hr**

Elektrizität und Trinkwasser

Die Stromspannung beträgt 220 V, 50 Hz.

Das Trinkwasser ist im ganzen Land einwandfrei und trinkbar. Dennoch bevorzuge ich immer Wasser aus Flaschen.

Feiertage

An diesen Tagen bleiben Geschäfte und Banken geschlossen:

1. Januar: Neujahrstag
6. Januar: Heilige Drei Könige
März/April: Ostersonntag/-montag
1. Mai: Tag der Arbeit
40 Tage nach Ostern: Pfingstsonntag/-montag
22. Juni: Tag des antifaschistischen Widerstands
25. Juni: Staatsfeiertag
5. August: Danksagungstag
15. August: Mariä Himmelfahrt
8. Oktober: Tag der Unabhängigkeit
1. November: Allerheiligen
25./26. Dezember: Weihnachtsfeiertage

Salsa-Kongress (Rovinj) – beliebter Event mit finaler Poolparty

Feste und Veranstaltungen

In den Sommermonaten bieten alle Touristenorte ein breit gefächertes Kulturprogramm. Die Tourismusverbände geben jährlich einen Veranstaltungskalender mit genauen Spielzeiten heraus, der in den Touristeninformationen (TIC) erhältlich ist. Infos gibt die Broschüre „Kulturlandschaft Istrien", gratis beim istrischen Tourismusverband erhältlich; oder unter *www.istra.hr.*

Detaillierte Infos (→ Ortskapitel/Veranstaltungen).

Finanzen

Währung: Kroatische Kuna (KN oder HRK) – 1 Kuna (1 Kuna = 100 Lipa). 1 KN = 0,132 €; 1 € = ca. 7,52 KN (Stand Juli 2016).

Bargeld/Geldwechsel: Bargeld sollte man auf jeden Fall zumindest teilweise mitnehmen (*Achtung*: ab 10.000 € am Zoll deklarieren); der Bargeldumtausch ist in Kroatien günstiger als z. B. in Deutschland. Geldwechsel ist in Banken, Wechselstuben, Post und an Rezeptionen von Hotels und Campingplätzen möglich; zudem gibt es zahlreiche Bankomaten.

Bankkarte: In jedem Ort gibt es an Banken Geldautomaten (Bankomat), die per EC-Karte (mit Geheimzahl) bedient werden können. In Kroatien die einfachste und bequemste Art, sich Bargeld zu besorgen! Höchstbetrag pro Abhebung sind ca. 250 €. Die Gebühr beträgt mit EC-Karte ca. 4,50 € (je nach Bank), mit Kreditkarte deutlich mehr. Eine gute Alternative ist hier die Postbank-Sparcard 3000, pro Jahr hat man 10 Auslandsabhebungen an Visa-Plus-Automaten gratis.

Kreditkarte: Alle gängigen Kreditkarten werden u. a. von Hotels, Autovermietungen, Restaurants, Tankstellen und größeren Geschäften akzeptiert. Geldabhebungen (s. o.) jedoch nicht sinnvoll!

Reiseschecks können an Banken gegen Gebühr eingelöst werden, Wartezeiten dafür sind einzukalkulieren. Vorteil: Bei Scheckverlust gibt es gegen Vorlage der Kaufbescheinigung Ersatz.

Banken sind in der Regel Mo–Fr 7–19, Sa 7–13 Uhr geöffnet; in kleineren Orten ist manchmal mittags geschlossen. Banken gibt es in Istrien an fast jeder Ecke, **Bankomaten** auch in kleinen Orten.

> **Zentrale Kartensperre – ℡ 0049/116-116**: Sperrnummer für Karten (u. a. Bank- u. Kreditkarten, Mobiltelefon), die bei Verlust oder Missbrauch die Sperrung umfasst. Der Verein Sperr e. V. leitet die Anrufe an die zuständigen Firmen weiter (im Ausland kostenpflichtig). Natürlich muss man seine Geheimzahl oder PIN-Nummer wissen!

Informationen

Kostenloses Informationsmaterial und Auskünfte über Istrien erhält man in den lokalen Touristinformationen oder bei den unten stehenden Tourismusverbänden. Es gibt Karten, Hotel- und Campingverzeichnisse, Informationen über Nautik etc. Auch das Angebot an Internet-Web-Seiten ist in ganz Kroatien sehr groß. Jeder touristische Ort präsentiert sich informativ und mit nützlichen Adressen.

Bildhauerschule Montraker (Vrsar)

Tourismusverbände in Kroatien Kroatische Zentrale für Tourismus, 10000 Zagreb, Iblerov trg 10/IV, p.p. 251, ℡ 00385/1/ 4699-333, www.croatia.hr.

Tourismusverband der Region Istrien, 52440 Poreč, Pionierska 1, ℡ 00385/52/452-797, www.istra.com.

In Deutschland Kroatische Zentrale für Tourismus, Stephanstr. 13, 60313 Frankfurt, ℡ 069/2385-350, www.croatia.hr.

Rumfordstr. 7, 80469 München, ℡ 089/223-344, kroatien-tourismus@t-online.de.

In Österreich Kroatische Zentrale für Tourismus, Liechtensteinstr. 22 a, 1090 Wien, ℡ 0043/1/5853-884, office@kroatien.at.

In der Schweiz Kroatische Zentrale für Tourismus, Seestr. 160, 8002 Zürich, ℡ 0041/ 43/3362-030, info@kroatien-tourismus.ch.

Ljubo de Karina vor seinen Kunstwerken am Geburtshaus und Atelier in Brseč

Internet

Auch in Istrien präsentieren sich Firmen, Hotels, Tourismusverbände auf Internetseiten (in den Ortskapiteln angegeben). Gute Hotels verfügen alle über Internetanschlüsse bzw. WiFi, ebenfalls gut ausgestattete Campingplätze, Marinas, Restaurants und Cafés. Auf vielen Hauptplätzen gibt es sogenannte Hotspots, zudem flächendeckend Cybercafés.

Karten

Das in Istrien erhältliche Kartenmaterial ist aktuell und von sehr guter Qualität. Karten gibt es in Touristinformationen, Agenturen, Buchläden und an Tankstellen.

Autokarten 1:100.000, Trsat Polo, *Istra,* Straßenkarte mit Stadtplänen, Höhenlinien etc., sehr gut und übersichtlich. In istrischen Buchhandlungen und Tankstellen erhältlich.

1:100.000, Freytag & Berndt, *Istrien.*

1:250.000, Freytag & Berndt, *Kroatien,* Straßenkarte mit Ortsregister.

1:300.000, RV, *Kroatische Küste und Slowenien.*

Seekarten Delius Klasing Sportbootkarten. *Satz 7: Adria 1 – Venedig bis Veli Drvenik;* Maßstab 1:80.000, Kartendatum: WGS 84; GPS kompatibel. Delius Klasing Verlag, Bielefeld, Berichtigung Jan. 2010.

Bundesamt für Seeschifffahrt und Hydrographie (BSH), *Amtliche Seekarten 1071-1077;* Maßstab 1:100.000. Die Karten decken die gesamte Küste Kroatiens ab.

Weitere (→ Literaturtipps).

Literaturtipps

Strutz, Johann, *Europa erlesen. Istrien,* Wieser Verlag Klagenfurt, 1997. Literarisches Sammelwerk verschiedenster Autoren.

Matzka, Manfred, *Istrien,* Verlag Christian Brandstätter, Wien, 2002.

Verne, Jules, *Mathias Sandorf,* Wieser Verlag Klagenfurt, 2001. Abenteuerroman über einen ungarischen Grafen. Hier wird auch die Burg von Pazin beschrieben.

König, Markus, *Der Coreolanus-Betrug*, KaMeRu Verlag Zürich, 2010. Packender Thriller über das britische Spionageschiff, an vielen istrischen Schauplätzen.

Lexe, Peter; Neumüller, Ferdinand, *Istriens köstliche Ziele*, Verlag Carinthia, 2002. Ein Reisebuch über Kultur, Küche und Keller; Rezepte und Restauranttipps.

Beständig, Karl-Heinz, *Slowenien, Kroatien, Montenegro – 888 Häfen und Buchten*; Eigenverlag Beständig (Marienstraße 7, 96332 Pressig, ✆ 09265/913240, karl-heinz.bestaendig@t-online.de); erscheint jährlich u. aktualisiert (f. Kunden Gratis-Updates u. inzw. farbig), das Standardwerk jedes Skippers!

Beständig, Karl-Heinz, *1000 GPS Wegepunkte. Istrien, Kvarner Bucht, Dalmatien, Montenegro.* Eigenverlag Beständig (Marienstraße 7, 96332 Pressig, ✆ 09265/913240, karl-heinz.bestaendig@t-online.de).

Bodo Müller und Jürgen Straßburger, *Küstenhandbuch Kroatien u. Slowenien*, Edition Maritim, Hamburg, 2010. Hafenpläne, naut. Karten, Fotos, von Koper bis Split.

Tadej Brate, *Parenzana – The Railway for all Times*, Založba Kmečki Glas, Ljubljana, 2007.

Istra Bike Atlas, 140 Seiten, Mountainbike-Routen quer durch Istrien, mit deutschem Text, Höhenangaben, guten Karten, Serviceinfos. Sehr zu empfehlen! Zu beziehen über alle Tourismusverbände.

Öffnungszeiten

Es gibt keine gesetzlich geregelten Öffnungszeiten. In der Saison sind an Werktagen Post, Bank, Touristeninformationen und Geschäfte meist durchgehend von 7 bis 21 oder 22 Uhr geöffnet. In der Nebensaison reduzierte Öffnungszeiten. Auch an Sonntagen haben viele Geschäfte zumindest bis Mittag geöffnet. Nähere Infos dazu in den entsprechenden Rubriken in den Ortskapiteln.

Öffnungszeiten der Kirchen: Die meisten istrischen Kirchen sind nur zur Messe geöffnet. Wer außerhalb dieser Zeit eine Kirchen besichtigen möchte, kann im Pfarramt oder in der Touristinformation nachfragen; manchmal einfach auch im Nachbarhaus. Nach dem Besuch sollte man freundlicherweise einen Obolus hinterlassen.

Die St.-Georgs-Kathedrale in Piran ist immer geöffnet

Papiere

Personaldokumente, auch für Kraftfahrer (→ Anreise/Mit dem eigenen Fahrzeug, bzw. Unterwegs in Istrien). Der Aufenthalt ist bis max. 3 Monate möglich, danach ist ein *Visum* (→ Diplomatische Vertretungen) erforderlich. Für Tiere, z. B. Hunde oder Katzen, ist der blaue *EU-Heimtierausweis* mit den vorgeschriebenen Impfungen obligatorisch. Die vom Tierarzt bescheinigte Tollwutimpfung muss mindestens 15 Tage alt, darf jedoch nicht älter als 6 Monate sein.

Post

Die kroatischen Postämter *(pošta)* sind mit der Aufschrift „HPT" gekennzeichnet. Man kann telefonieren, Geld wechseln und erhält Telefonkarten *(telefonska karta)*. Briefe und Postkarten benötigen ca. 2 bis 3 Tage nach Deutschland. Briefmarken *(poštanska marka)* gibt es außer am Postschalter auch an jedem Kiosk. Einschreiben oder Päckchen werden am Schalter abgegeben. Pakete für den Auslandsverkehr sind bis 10 kg zugelassen – die internationale Paketkarte und Zollerklärung (dreifach) sind am Schalter erhältlich. Im Sommer hat die Post an Werktagen meist von 7 bis 19 Uhr und samstags bis 13 Uhr geöffnet.

Achtung: Wer auf ein Päckchen wartet, sollte sich danach auch am Zoll, **Carina** (meist im oder neben dem Postgebäude), erkundigen – hier werden die meisten ausländischen Pakete bis zur Abholung aufbewahrt.

Koper – handgefertigte Schuhe sind Raritäten

Telefon/Wichtige Nummern

Vorwahlnummern von Kroatien nach:

Deutschland	004	Österreich	0043
Schweiz	0041	Nach Kroatien	00385

Das Telefon- sowie Mobilfunknetz ist bestens ausgebaut. Wer viel telefoniert, für den lohnt sich der Kauf einer *SIM-Karte*, die in den zahlreichen Telefonläden erhältlich ist. *Telefonkarten* (telefonska karta) sind mit verschieden hohen Guthaben an Zeitungskiosken, in Postämtern und Hotels erhältlich. **Hinweis**: Telefonnummern und Internetadressen unterliegen ständigen Änderungen – daher können wir für die Angaben im Reiseteil nicht garantieren!

Wichtige Telefonnummern

Intern. Notruf/Rettungsdienst	112	Tauchernotruf	9155
Polizei	192	Pannenhilfe	1987
Feuerwehr	193	(vom ausländ. Mobiltel.	+385/1/1987)
Erste Hilfe	194	Inlandsauskunft	11880 u. 11888
Seenotrettung	195	Auslandsauskunft	11802

Hotspots sind überall

Zoll

In Kroatien gelten nun auch die Zollbestimmungen der EU-Länder. Für Tiere (→ Papiere). Das „Schengener Ab kommen" ist noch nicht in Kraft getreten, zu rechnen!

Ein-/Ausfuhr: Waren, die zum persönlichen Gebrauch gehören, können unbegrenzt ein- und ausgeführt werden. Zu deklarieren ist allerdings ein Bargeldbetrag von über 10.000 € (lt. EU-Bankengesetz, dies gilt bereits in Österreich!). Betriebsgenehmigungen für Funksprechgeräte sind im Voraus beim kroatischen Konsulat oder bei der Botschaft zu beantragen. Ansonsten sind zollfrei: 200 Zigarren, 300 Zigaretten, 10 l hochprozentige Spirituosen, 20 l bei weniger als 22 % Alkohol, 90 l Wein und 110 l Bier.

Amphitheater in Pula – schon die Römer nutzten
die eindrucksvolle Kulisse für Veranstaltungen

Poreč – die Uferpromenade Obala Maršala Tita

Istrien – die Reiseziele

Westküste
und Landesinneres → S. 76

Südküste → S. 200

Ostküste → S. 224

Istriens Norden:
Slowenische Riviera → S. 260

Savudrijas Wahrzeichen, die „hängenden Boote"

Westküste:
Von Savudrija bis Novigrad

Der über 50 km lange Küstenabschnitt von Savudrija bis Novigrad, die Region Bujština, wird von der Slowenischen Riviera im Norden durch den Fluss Dragonja, im Süden durch den Fluss Mirna von der Region Poreč getrennt. Geprägt ist die Bujština von mittelalterlichen Städtchen, Trutzburgen, Weinbergen – und von riesigen Ferien- und Campinganlagen mit großem Sportangebot, das vom Tennisstadion bis zu einem der größten Jachthäfen Kroatiens reicht.

Die Küste der Bujština ist überwiegend flach, mit zahllosen größeren und kleineren Buchten, meist Kies- und Felsstränden, dazwischen findet sich ab und zu ein „Sandsträndchen". Schon in der frühen Antike und zur Römerzeit standen hier herrschaftliche Sommerhäuser – gut erhaltene venezianische Sommerresidenzen sind noch heute zu finden. Die größte und touristisch bedeutendste Stadt der Bujština ist **Umag**, das Verwaltungszentrum **Buje** liegt etwa 10 km von der Küste entfernt im Hinterland. Bekannte Urlaubsorte sind **Savudrija** und **Novigrad**, zu den sehenswerten Orten im Hinterland zählen **Grožnjan**, **Momjan** und **Oprtalj**.

Die rote Erde der Region ist fruchtbar, Maisfelder wechseln mit Weizenfeldern, Weinberge gehen dicht am Meer in flache Weingärten über und an den Böschungen zwischen den Wäldern und neben den Olivenhainen grasen Ziegen und Schafe.

Die dichten Wälder um **Motovun** herum sind reich an Wild, im feuchten **Mirna-Tal** gedeiht das „istrische Gold", die begehrten Weißen und Schwarzen Trüffeln. Der dünne, wild wachsende Grünspargel, der in der kroatischen und italienischen Küche als Delikatesse gilt, wird am Straßenrand von Bäuerinnen angeboten.

Von der Hauptstraße Richtung Pula zweigt wenige Kilometer nach der kroatischen Grenze die Straße zur Küste und zum **Kap Savudrija** ab – eine angenehme Fahrt durch macchiabedeckte Landschaft mit vereinzelten Bauernhöfen zu zahlreichen, für istrische Verhältnisse kaum besiedelten, meist felsigen und kiesigen Stränden.

Kap Savudrija (Punta Salvore)

Savudrija steht als Sammelname für die einstmals kleinen Dörfer Zambratija, Bašanija, Borozija und Savudrija am Kap der Savudrija-Landzunge; verwaltungstechnisch gehört das Kap zum Städtchen Umag.

Attraktion des Kaps ist der 1818 gebaute, 36 m hohe **Leuchtturm**, entworfen vom damals sehr geschätzten Architekten *Pietro Nobile*. Graf Metternich und seiner Liebe zu einer hübschen, adeligen Savudrijanerin verdankt man den Leuchtturmbau, den ersten im östlichen Adriaraum. An diesem Küstenabschnitt von Savudrija kann man in glasklarem Wasser baden (es wehen „Blaue Flaggen") und danach im Schatten alle Viere von sich strecken – die niedrigen Kiefernwälder reichen teilweise bis ans Meer.

In **Savudrija**, einem Fischerdörfchen mit ein paar Häusern am Hafen, steht in der Nähe des Leuchtturms die auf romanischen Fundamenten erbaute Kirche *Sveti Ivan Apostol* (heiliger Apostel Johannes) aus dem 19. Jh., das Baptisterium stammt aus dem 17. Jh.

Karte Kap Savudrija
siehe S. 81

Parenzana-Weg

Westen
Savudrija bis Novigrad
und Landesinneres

5 km

Savudrijas gut geschützter Hafen wurde schon in römischer Zeit genutzt. Um 1176 soll hier eine Seeschlacht stattgefunden haben, in der die Venezianer gegen die Flotte Friedrich Barbarossas und des Papstes siegreich waren und den Sohn des Kaisers gefangen nahmen. 400 Jahre später soll Tintoretto die Schlacht im Dogenpalast verewigt haben. Tatsache ist jedenfalls, dass die Venezianer von da an für Jahrhunderte die Herrschaft in der Region an sich rissen, den Hafen von Savudrija ausbauten und den Wehrturm errichteten, von dem heute nur noch Reste erhalten sind.

Zeugnisse einer größeren römischen Besiedlung mit Festung sind auf dem Ausgrabungsgelände im südlichen Ortsteil **Sipar** zu besichtigen, das damals *Sipara* hieß. Man vermutet, dass die Siedlung Ende des 9. Jh. von den Kroaten oder Piraten zerstört wurde. Erhalten blieben die aus dem 5. Jh. stammenden Reste eines Kastells, eines Lagerhauses und einiger Villen. Etwas südlich von Sipar, am Kap Tioloa, wurde Ende des 20. Jh. zudem eine große *villa rustica* mit Thermen freigelegt.

In der Bucht südlich des Leuchtturms, vor dem Campingplatz Pineta, hängen die Fischer an der Mole ihre Boote an Holzgestellen auf, um sie vor Sturm und Flut zu schützen – das malerische Motiv ist Savudrijas weit bekanntes Wahrzeichen (→ S. 76/77).

Die wenig besiedelte Gegend lädt zu reizvollen Mountainbiketouren durch üppige Macchia ein, die sich im Frühjahr in blühender Pracht zeigt – ein Feuerwerk der Farben erfreut das Auge, vom Ginstergelb bis zum Rosé und Weiß der Zistrosen.

Basis-Infos

Information Tourismusverband Savudrija, 52475 Savudrija, Istarska b. b. (gegenüber Autocamp Pineta), Bašanija, ☎ 052/759-659, www.coloursofistria.com und www.istria-umag.com. Nur Juni–Sept. tägl. 8.30–18.30 Uhr. Gute Infos.

Agentur Sirene, Trg Marije i Line, Bašanija, ☎ 052/759-541, www.sirene.hr. Unterkünfte.

Agentur Trevitours, Bašanija 13, ☎ 052/759-735, www.trevitours.com. Unterkünfte.

Verbindungen Bus: nur 1- bis 2-mal tägl. nach Umag.

Fahrradverleih in Pansion Lido, Bašanija (gegenüber Camping Pineta), ☎ 052/759-562; zudem in der Feriensiedlung Kanegra.

Golf Kempinski Golf Adriatic (→ Hotel), prämierter, 6290 m langer 18-Loch-Golfplatz am Meer (gestaltet von Diethard Fahrenleitner) mit Par-72-Kurs und Golfakademie. ☎ 052/707-100, www.kempinski-adriatic.com.

Wein Weingut Moreno Degrassi, Bašanija (nördl. Ortsende), ☎ 052/759-250, www.degrassi.hr. Spezialitäten sind der Cabernet Sauvignon u. Muskateller.

Übernachten

Privatzimmer ab 20 €/Pers. Ferienwohnungen für 2 Pers. ab 40 €. Die Übernachtungsempfehlungen sind nach Ortsteilen aufgelistet, beginnend mit Savudrija, dann Bašanija u. Zambratija:

**** Restaurant-Pension Porto Salvore, direkt am Hafen in Savudrija, gutes Restaurant (s. u.), 6 moderne Zimmer mit Balkon. DZ/F u. Meerblick 80 € (TS 90 €), Landseite 60 € (TS 70 €). Savudrija, Luka 5, ☎ 052/759-213, www.porto-salvore.com.

Villa Anna, schönes, ausgebautes Appartementhaus von 1880, gut geführt; umgeben von üppigem Grün und mit Pool, nur 50 m vom Meer entfernt. Nur wochenweise Vermietung. Je nach Größe ab 350 € (TS 480 €). Savudrija, Luka 13a, ☎ (+386)41/449-966 (SLO-mobil, dtsch.-sprachig), www.villa-anna-adria.de.

*** Villa Valdepian, schöne Lage und – wie der Name besagt – ein Ort der Ruhe: zwei rot-weiße große Villen von 1908 mit Restaurant direkt am Meer, von Zypressen flankierte Frühstücksterrasse. Hier kurten einst österreichische Kinder im heilenden Seeklima. Auch heute ist das große Wiesengelände optimal für Sprösslinge. Felsbadestrand, Bootssteg. 23 verschieden große einfache Appartements mit 4–7 Betten und 1–2 Schlafzimmern ab 122 € (TS 137 €). Savudrija, Svjetioničarska 18, ☎ 052/759-905, www.valdepian.com.

**** Villa Lara, gepflegtes, familiär geführtes neues Appartementhaus (Domus Bonus). Verschiedene Größen, Pool, etwas oberhalb am Olivenweg. Im Studio 70 €/2 Pers. Fam. Andjelić, Put maslina 8, Bašanija, ☎ 052/759-152, www.savudrija.com.

Pension Zatišje, gepflegtes, neu renoviertes Haus beim Campingplatz Pineta mit Restaurant und Pool. Kleine Zimmer. DZ/F 82 €. Bašanija b. b., ☎ 052/759-629, zatisje.2003@pu.t-com.hr.

**** Hotel Villa Rosetta, geschmackvoller, weißer Neubau mit sehr gutem Fischrestaurant direkt am Meer. Alle Zimmer komfortabel und mit Balkonen ausgestattet. DZ/F ab 140 € für Parkseite (TS ab 160 €). Crvena uvala 31, Zambratija, ☎ 052/725-710, www.villarosetta.hr.

*** Restaurant-Pension Villa Vilola, mit Restaurant/Pizzeria und 19 komfortablen Zimmern (verschiedene Größen/Lage) am Ortsende Richtung Umag. DZ/F ab 120 €. Umaška 2a, Zambratija, ☎ 052/759-940, www.villa-vilola.hr.

Pension Gisella, familiäre Unterkunft am Meer. DZ/F 60 € (TS 70 €), auch HP möglich. Es gibt fangfrischen Fisch und hauseigene Kuchen. Istarska 2, Zambratija, ☎ 052/759-544, www.pansion-gisella.com.

***** Hotel Kempinski Adriatic, an der Nordseite der Landzunge direkt am Meer mit eigenem Bootsanleger, schönem Strand mit „Blauer Flagge" und herrlichem Blick auf Piran und gen Triest. 186 luxuriöse Zimmer und Suiten, Restaurant und das edle Carolea Spa; zudem Golfplatz (s. o.). DZ/F ab 260 €. Alberi 300 A, ☎ 052/707-080, www.kempinski-adriatic.com.

Feriensiedlung Kanegra Die große Feriensiedlung mit Bungalow-Fun-Resort im üppigen Pinienwald und FKK-Campingplatz direkt am Meer liegt östlich von Savudrija an der Bucht von Piran (10 km von Umag). Großes Versorgungsangebot: Restaurants, Pizzeria, Café-Bar, Diskothek, Animation, Tennisplätze u. -schule, Beach-Volleyball, Fahrradverleih, Wassersportangebot, Tauchen, Bootsanlegeplatz; Kies-/Felsstrand – hier weht die „Blaue Flagge".

Die 235 ** Bungalows für 4–6 Pers. mit Balkon sind komplett eingerichtet. Je nach Saison starke Preisschwankungen; ab ca. 100 €. Kanegra b. b., ☎ 052/709-000, www.istraturist.com.

Leuchtturm *** Leuchtturm Savudrija, er gilt als der älteste an der Adria und steht am Festland. Großer Garten, Fels- und Kiesbadestrand, Parkplatz. Fünf 2- bis 5-Pers.-Appartements (je 700–1400 €/Woche). Buchung etc. (→ Übernachten/Leuchttürme S. 48).

Camping **** Autocamp Pineta, südlich vom Leuchtturm. 17-ha-Platz mit ca. 460 Stellplätzen. Schattig, alter Kiefernbestand rund um die Bucht, mit Fischrestaurant, Pizzeria und neuen guten Sanitäranlagen; grober Kiesstrand („Blaue Flagge"), teils Felsplatten, teils betoniert. Sportzentrum mit Tennis, Minigolf, Beach-Volleyball, Verleih von Kajaks; Juli/Aug. Animation und Livemusik. Pers. 6,50 € (TS 7,80 €), Stellplatz ab 14,50 € (TS 16,80 €). Ende April bis Ende Sept. Istarska 2, b., Savudrija, ☎ 052/709-550, www.istracamping.com.

**** FKK-Autocamp Kanegra, 3-ha-Platz und 193 Stellplätze direkt am Meer; leider

Parenzana-Weg

teilweise wenig Schatten. Bar, Restaurants, Supermarkt und Wassersportangebot; Terrasse mit Livemusik, Animation im Fun-Resort für Kinder u. Erwachsene (→ Feriensiedlung Kanegra). Mehrmalig prämierte Anlage, auch die „Blaue Flagge" weht. Preise wie Autocamp Pineta. Ende April bis Ende Sept. Kanegra b. b., ✆ 052/709-000, www.istracamping.com.

** **Autocamp Veli Jože**, südl. von Savudrija, soll geschlossen werden! 20 ha bewaldetes Gelände und Wiesen, Felsstrand u. Betonliegeflächen. Restaurant mit preiswerten Mahlzeiten, Supermarkt, Sport u. Freizeitanimation auch für Kinder. Auch Holzbungalows für max. 4 Pers. April–Okt. Borozija, ✆ 052/759-645, www.nazor.hr.

Essen & Trinken

Im Gebiet Savudrija gibt es zahlreiche gute, teils traditionsreiche Restaurants, auch die Hotel-Restaurants (→ Übernachten) bieten leckere Speisen.

Restaurant Porto Salvore, in Savudrija oberhalb des Hafens. Schöne Terrasse für Sonnenuntergänge. Spezialitäten sind gratinierte Jakobsmuscheln, Tintenfisch mit hausgemachter Pasta. Ganzjährig. Luka 5, ✆ 052/759-213.

Gostiona Lanterna, sehr schöne Lage in Bašanija beim Leuchtturm, oberhalb vom Meer. Mit Terrasse und verglaster Veranda. Hier isst man am besten Fisch vom Grill. Ravna dolina b. b., ✆ 052/759-365.

»» Mein Tipp: Restaurant Bruno, traditionelles und beliebtes Lokal mit guter Küche. Auf der großen Terrasse unter Kiwis und sonstigen Rankgewächsen speist man Spaghetti mit Hummer, Scampi buzzara oder mit Fuži, als Nachspeise gutes Tiramisu oder Kuchen. Bašanija b. b. (Ortsmitte, an der Hauptstraße nach Umag), ✆ 052/759-592. **«**

Ortsteil Zambratija an der Crvena Uvala: **Restaurant Da Paolo & Susanna** (Ex Maruzella; an der Haupstr., ✆ 052759-147), Traditionslokal mit guten Fischgerichten; ganzjährig ab 12 Uhr. **Restaurant Antonia** (✆ 052/759-565), direkt am Meer mit gutem Essen.

Restaurant Toni, bietet vorzügliche Küche – der Vater des Wirts kochte schon für Papst Johannes Paul II. Am Ortsende von Zambratija Richtung Umag, etwas abseits der Hauptstraße. Hier speist man sehr gut Risotto und Fisch. Ganzjährig. ✆ 052/759-570.

Restaurant Pergola, wie der Name verrät, speist man unter üppig berankter Pergola: leckere Fischgerichte, dazu eigene Weine, Honigschnaps und köstliche Nachspeisen wie Schokotorte oder Mandeltarte. Ortsmitte von Zambratija, an der Hauptstraße, ✆ 052/759-685.

Baden und Sport

Baden: Bademöglichkeiten für zwischendurch gibt es an der Straße nach Umag – felsige Küste mit schmalem Liegestreifen. Eine gute Badestelle: in Bašanija zum Meer fahren (Bootständer), dann nach rechts Richtung Leuchtturm.

Mountainbiketour durch die kleinen Weiler von Savudrija (ca. 1:30 Std., 16 km, Markierung Fahrrad-Piktogramm): Von Bašanija fahren wir am Meer entlang nordwärts bis zum Weiler *Gornja Savudrija*. Beim Kirchlein Sv. Ivan biegen wir auf den Weg östlich landeinwärts ab; durch herrliche Macchialandschaft geht es hinauf nach *Alberi* und *Crveni vrh* und wieder westlich nach *Medigija* an der Hauptstraße. Von dort wieder kurz Richtung Osten auf der Hauptstraße, bis wir nach 500 m den Abzweig nach *Kortina* erreichen. Auf Makadam nun über *Maran* hinab über *Sipar* nach *Zambratija* und über *Pineta* (Campingplatz) wieder nordwärts zurück nach Bašanija.

Umag   (Umago)

Das mittelalterliche 8000-Einwohner-Städtchen auf der ins Meer ragenden Landzunge ist für seine Tennisturniere, seine Weinkeller und vor allem als größter Exporthafen für istrische Weine bekannt. Die großen Ferienanlagen mit breitem Sportangebot rund um Umag und eine der größten ACI-Marinas Kroatiens locken die Touristenströme in den Ort.

Die Region Umag mit ihren 13.000 Einwohnern und 45 km Küste erstreckt sich im Norden von der Feriensiedlung Kanegra an der Bucht von Piran über das Kap Savudrija bis südlich zum Autocamp Finida. Als Touristenhochburg verfügt Umag mit seinen zahlreichen Feriensiedlungen und internationalem Tenniszentrum über Kapazitäten für mehr als 5000 Gäste. Die Altstadt von Umag liegt an einer großen, gut geschützten Hafenbucht auf einer kleinen Halbinsel, ursprünglich eine Insel, die man Anfang des 18. Jh. mit dem Festland verband.

Die Feriensiedlungen und Campingplätze Punta, Stella Maris, Katoro und Polynesia erstrecken sich entlang der Küste Richtung Savudrija, nördlich des Kaps folgt Kanegra. Auch südwärts bis Novigrad liegen Campingplätze.

Das Sportangebot in den Feriensiedlungen ist riesig: Tennis auf über 90 Sandplätzen, Reiten, Surfen, Tauchen, Segeln ... und natürlich bis spät in die Nacht Vergnügungsprogramme. Unangefochtener Vorreiter in Sachen Sport ist die Feriensiedlung

Stella Maris mit ihrem internationalen Tenniszentrum, wo man vom Frühling bis in den Herbst an frischer Meeresluft bei Tages- und Flutlicht seine Asse schlagen kann. Alljährlich in der letzten Juliwoche findet hier das *Croatia-Open-Turnier* mit Spitzenspielern statt – 2016 z. B. mit Agassi und Ivanišević.

Gebadet wird um Umag in den Feriensiedlungen an Fels- und Kiesstränden, etwas Sand ist ab und zu auch dabei. Die Wasserqualität an diesem Küstenstreifen ist trotz der Bebauung bestens: an zehn Stellen weht die „Blaue Flagge".

Umags schönes Hinterland mit seinen Weinbergen und -feldern lädt zu Ausflügen und Entdeckungstouren mit dem Mountainbike ein – das Wegenetz Nordwest-istriens bietet auf über 350 km Fahrradrouten, davon ist über die Hälfte markiert (blaues Fahrradzeichen). Mehr dazu (→ Sport).

Westküste: Von Savudrija bis Novigrad
→ Karte S. 78/79

Geschichte

Umags erste Siedler waren die Kelten im 3. Jh. Später kamen die Römer, bauten Villen und Tempel und erholten sich in ihrer Siedlung *Umacus,* die von den slawischen Kroaten im 9. Jh. zerstört wurde. Bedeutender allerdings war die römische Siedlung wenige Kilometer nördlich in Sipar (→ Savudrija). 827 soll hier vor Umag das Schiff mit den Reliquien des heiligen Markus auf dem Weg von Alexandria (Ägypten) nach Venedig gestrandet sein. Der Sarg wurde geborgen und mit seinem wertvollen Inhalt dem venezianischen Dogen übergeben – vielleicht war dies die Ursache, weshalb die Venezianer in späteren Jahren Umag bevorzugten.

Im 10. Jh. hatte die Stadt die Bischöfe von Triest als Herren. Durch Verträge band sich die Stadt allerdings mehr und mehr an Venedig, von dem sie sich besseren Schutz erhoffte. Von 1269 bis 1797 war Umag endgültig unter der Kontrolle Venedigs, das Umag mit einem jährlich wechselnden Podestà, dem Statthalter, regierte. Kriege und Pestepidemien peinigten Umag immer wieder. 1370 und 1379 brandschatzten die Genuesen die Stadt und raubten die Reliquien des Stadtheiligen Nicephorus. Im 16. und 17. Jh. folgten weitere Pestepidemien, die die Bevölkerung derart dezimierten, dass Venedig Flüchtlinge aus Griechenland und Albanien ansiedelte, um den Fortbestand Umags zu sichern. Während des napoleonischen Intermezzos (1809–1813) machte Umag weithin von sich reden: Die Stadt organisierte einen Aufstand gegen die neuen Besatzer.

Ortsteil Katoro – Reste römischer Villen

Basis-Infos

Information   Tourismusverband/TIC, 52470 Umag, Trgovačka 6 (Hauptzufahrt zur Altstadt u. Einkaufscenter), ℡ 052/741-363, www.istria-umag.com und www.coloursof istria.com. Mai–Sept. tägl. 8–20 Uhr (So ab 9 Uhr), sonst Mo–Fr 8–15, Sa 9–12 Uhr. Gute Infos.

Istraturist Umag, Jadranska 66 (in Punta), ℡ 052/700-700, www.istraturist.com. Zentrale Buchungsabteilung vieler Hotels und Campingplätze.

Agentur Plavo More, Trgovačka ul. 3a, ℡ 052/752-740, www.plavo-more.hr. Ganzjährig. Zimmervermittlung, Ausflüge.

Agentur Bitt, Savudriska ul. (gegenüber Aeroclub), ℡ 052/742-830, www.bitt.hr. Fahrradverleih, Zimmer.

Agentur Prima, neben Bitt, ℡ 052/742-231, www.primatours-umag.com. Fahrradverleih, Zimmer.

Verbindungen   **Bus**: gute Verbindungen nach Novigrad, Poreč, Rovinj; Pula nur 4-mal; zudem 4- bis 5-mal Rijeka u. Zagreb; Portorož/Koper (SLO) 2- bis 4-mal; Ljubljana 1-mal (nur Saison); Triest nur 1-mal werktags; Buje 4- bis 6-mal; Pazin 1- bis 2-mal; Buzet 2- bis 3-mal. Busbahnhof Kolodvorska cesta (Stadteingang), ℡ 060/317-060.

Zug: Anreise am besten bis Koper (SLO), von dort ca. 1 Std. per Bus.

Touristen-Eisenbahn: Die Kleinbahn verkehrt zwischen Umag (Obala) und den Feriensiedlungen Katoro von Mitte April bis Anf. Okt., in der HS im 30-Min.-Takt bis 24 Uhr. Fahrpreis 20 KN (Kinder ab 3 J. 10 KN).

Katamaran Venezia Lines (www.venezia lines.com): nach Venedig in ca. 2:45 Std. von Ende April bis Anf. Okt. 1-mal wöchentl. Preis durchgehend (nicht saisonbedingt) 69 €, Kinder 4–13 J. 44 €, zzgl. Hafentaxe u. Treibstoffzuschlag (→ Anreise/Schiff). Tickets u. Infos über TIC.

Auto-, Moped-, Fahrradverleih Autos bei **Interauto**, Trgovačka, ℡ 052/741-483, -358; **Vetura rent a car** (www.vetura-renta car.com), Verleih von Autos u. Fahrrädern in der Feriensiedlung Stella Maris. Weiterer Fahrradverleih → **Agenturen Bitt** u. **Prima**.

Fahrradreparatur bei **Davor Bike**, Murine, Perva ul. 3 a.

Ausflüge   u. a. nach Venedig mit Venezia Lines (www.venezialines.com), Mitte Juli bis Ende Aug. 1-mal wöchentl.

Einkaufen   Etliche **Shoppingcenter** (vor der Altstadt).

Gesundheit   **Ambulanzen** in der Ferienanlage Stella Maris (neben Supermarkt, ℡ 052/710-004) und in der Altstadt (Eduardo Pascalli, ℡ 052/702-222).
Mehrere **Apotheken**, u. a. Trgovačka (gegenüber TIC), ℡ 052/741-413.

Nachtleben   Diskothek, Beachclub und Loungebar **Notonious** (Ferienanlage Katoro), Mai–Sept. tägl. und im Freien; freier Eintritt. Diskoclub **Garage**, in HS fast tägl., danach Fr/Sa ab 22 Uhr. Novigradska ul. 13 (südl. der Altstadt).

Taxi   Zentrale, Trg Slobode, ℡ 052/741-322.

Veranstaltungen   **Konzerte** in der Pfarrkirche: Klavier-, Harfen-, Oboe- oder Violin-Konzerte. **Istrische Orgeltage**, 2. Sept.-Woche. **Umago Blues**, im Juli/Aug. mit intern. Gruppen. **Umago Classica**, in der Pfarrkirche 1-mal wöchentl. im Juli.

Croatia Open (www.croatiaopen.hr), Tennisturnier, jährlich 3. Juliwoche; Karten in Stella Maris oder www.eventim.hr.

Wein   **Weingut Moreno Coronica**, Verkostung nach Voranmeldung, Koreniki ul. 86, ℡ 052/730-196, ℡ 098/334-378 (mobil). Empfehlenswert der junge oder in Barriquefässern gereifte Malvazija sowie der „Gran Teran" – er ruht 18 Monate im Eichenfass.

Wein u. Olivenöl Cuj, Fam. Danijel Kraljević, Farnažine b. b. (östlich von Vilanija-Sv. Nikola, ℡ 098/219-277 (mobil), www.cuj.hr.

Wellness   u. a. Hotel Sol Umag, geschmackvoller Wellness- u. Beautybereich auf 1600 qm, mit verschiedenartigen Saunas, Whirlpools, Schwimmbad, blauer Grotte; breites Massage- und Entspannungsangebot. ℡ 052/714-000.

Weitere Wellnesscenter bieten die **Hotels Melia Coral** (im orientalischen Stil; u. a. Massagen nach den 4 Elementen, Thai-, Fußreflexzonen- und Shiatsu-Massagen) und **Sol Garden Istra** (unter dem Motto „stark und gesund", verschiedenste Saunen, Revitalisierungsprogramme, Massagen).

Übernachten

Privatunterkünfte vermitteln die zahlreichen Agenturen. DZ ab 40 €, Appartements je nach Typ ab 50 €/2 Pers. bis 60 €/4 Pers. pro Tag.

Es gibt derzeit kein Altstadthotel, allerdings in den Buchten vor Umag, Richtung Savudrija, mehrere Touristensiedlungen mit großem Sportangebot (s. u.).

Touristenstadt Punta am Ortsende der Altstadt von Umag in Richtung Savudrija, 2 km entfernt. Eine Touristenstadt aus Hotels, Feriensiedlungen, Campingplatz und es wehen 2 „Blaue Flaggen". Auch der ACI-Jachthafen ist hier zu finden.

**** Hotel Sol Umag, 209 Zimmer komplett renoviert, direkte Meerlage mit großem Sportangebot, Pools und Meerwasserschwimmbad. Mehrere Restaurants. Großes, modernes Beauty- und Wellnesscenter im Haus. Tägl. Animation und Kinder-Club. DZ/F ab 156 €, mit Balkon 166 €. Jadranska b. b., ✆ 052/714-000, www.istraturist.com.

Feriensiedlung Sol Stella Maris 3 km von Umag. Für Tennisfreunde sicher die erste Adresse (→ Sport). Tennisstadion, viele gute Restaurants, Reitzentrum und Disco. Die Badestrände mit Fels/Kies ziehen sich ums Kap, mittendrin wurde eine Lagune mit Badestrand angelegt, das Wasser kristallklar und warm. Hier gibt es schöne Appartementhäuser und einen Campingplatz.

≫ Mein Tipp: **** Meliá Istrian Villas, die Appartementhäuschen (2–6 Pers.) liegen an der Südspitze um das Kap am Meer, sehr schön lichtdurchflutet, mit Garten und Terrasse, zudem meist großer Abstand zum Nachbar. Zur Anlage gehört das moderne, unter Glas gesetzte Aqua-Chill-Out-Center mit riesigem Innen- und Außenpool, Sonnenschirmen, Bar und Restaurant. Mitte April bis Anf. Okt., in HS mind. 3 Nächte. Je nach Lage ab ca. 265 €/2+2 Pers. Savudrijska cesta, ✆ 052/710-550, www.istraturist.com. **≪**

*** Sol Stella, Appartements in 2-geschossigen Häusern, 2012 renoviert, oberhalb vom Meer; weniger attraktiv als obige, dafür etwas preiswerter. Alle Einrichtungen des Resorts können mitbenutzt werden. Ende April bis Anf. Okt. Savudrijska cesta, ✆ 052/710-000, www.istraturist.com.

Feriensiedlung Polynesia-Katoro 4 km von Umag entfernt und Endstation der Touristen-Eisenbahn. Entlang dem Meer und um zwei Kaps stehen drei große Hotels und eine Appartementsiedlung. Gebadet wird an Kies- und Felsbadebuchten (mit „Blauer Flagge"), am FKK-Badestrand sind bei Niedrigwasser Reste antiker Thermalbäder und römischer Villen zu sehen. In der Anlage gibt es u. a. Tenniscenter u. -schule, Pools, Fahrradverleih, Reitzentrum; zudem Restaurants, Loungebars und Aqua-Park mit riesiger Wasserrutsche ins Meer.

***** Hotel Meliá Coral, bestausgestattetes Hotel (245 Zimmer) der Region. Sehr schön gestaltetes Hallenbad, 3 Swimmingpools, Wellness- u. Spacenter, großer Fitnessbereich etc.; angenehme Atmosphäre; der Badestrand ist teils betoniert. Das Hotel legt Wert auf Ruhe und ist daher nur für Personen ab 16 Jahre. Mitte März bis Mitte Nov. DZ/F ab 16 €. Katoro b. b., ✆ 052/701-000, www.istraturist.com.

*** Polynesia Appartements und Bungalows, abseits im Pinienwäldchen mit großem Pool, relativ preiswert, für 2–5 Pers. Appartemente ab 64 €/2 Pers. Ende April bis Ende Sept. ✆ 052/718-000, www.istraturist.com.

Feriensiedlung Kanegra (→ Savudrija).

Camping **** Autocamp Stella Maris, ca. 3 km Richtung Savudrija, an der Bucht mit Feriensiedlung. Stadtähnlicher Zeltplatz auf 5,8 ha im Kiefernwald mit 575 Stellplätzen. Neue Sanitäranlagen, Ambulanz, Kinderbetreuung; durch die Straße zweigeteilt (wegen Verkehrslärm nicht nahe der Straße zelten). Im Sommer meist sehr voll. Großes Sport- u. Freizeitprogramm (u. a. Tennis- u. Tauchcenter, Boots- u. Fahrradverleih, Wasserrutsche), zudem Animation für Groß und Klein; die Gäste des Campingplatzes können alle Einrichtungen der Feriensiedlung benutzen. Belebter Badestrand in der Badelagune bei den Tennisplätzen; am Meer weht die „Blaue Flagge". Pers. 6,50 € (TS 7,80 €), Kinder 5–12 J. 4,20 € (TS 4,70 €), Stellplatz ab 10,10 € (TS ab 12 €). Ende April bis Ende Sept. ✆ 052/710-900, www.istracamping.com.

**** Autocamp Finida, 6 km Richtung Novigrad, auf einer Landzunge direkt am Meer („Blaue Flagge"), mit flach abfallendem

→ Karte S. 78/79   Westküste: Von Savudrija bis Novigrad

Kiesstrand. 3,3-ha-Platz mit 285 Stellplätzen, schön schattig unter Laubbäumen. Market und Restaurant; ein freundliches Plätzchen für alle, die Erholung und Ruhe suchen. - Preise wie Autocamp Stella Maris. März bis Anfang Nov. Sv. Ivan 55 a, ✆ 052/725-950, www.istracamping.com.

≫ Mein Tipp: **** **Camping Park Umag**, 8 km südlich, kurz vor dem Ort Karigador. 127-ha-Gelände mit knapp 1800 Stellplätzen (inkl. Strom-, Wasser-, WLAN, Sat.-Anschluss) – zählt zu Kroatiens besten Plätzen und erhielt viele Auszeichnungen! Ein typisches Beispiel für eine durchgeplante Anlage mit allem Komfort für verwöhnte und sonnenhungrige Urlauber. 5 km langer Stein- und Kiesstrand („Blaue Flagge"), zudem 2 Pools mit Wasserfall und Piratenschiff. Gute Sanitäranlagen, Restaurants, Bars, Supermarkt. Großes Sport- u. Freizeitangebot (Adrenalinpark, Tennis, Reiten etc.). Animation mit Themenabenden für Groß und Klein. Das Camp ist in Textil- u. FKK-Zone unterteilt. Auch Mobilheimvermietung, nun auch Luxushäuschen in der neuen Premiumzone. Preise etwas höher als Stella Maris. Ende April bis Ende Sept. Ladin gaj 132 a, ✆ 052/713-740, www.istracamping.com. ≪

* **FKK-Autocamp Kanegra** (→ Savudrija).

Essen & Trinken

In Umag und in den Feriensiedlungen gibt es rund 200 Restaurants – wirklich gute Lokale finden sich aber fast nur außerhalb. Geöffnet meist April bis Ende Sept./Anf. Okt.

Konoba Umag, nettes Sitzen direkt am Meer (hinter der Kirche) und am Anfang der Lokalreihe. Hier gibt es gute Fischgerichte. Ul. Pod urom 7, ✆ 052/751-423.

Konoba Ma-ni centar, in der Altstadt, Sitzplätze vor dem Haus. Fischgerichte, auch aus der Peka. Marina Bemba 3, ✆ 052/751-222.

Restaurant Da Lorenzo, nahe Marina. Hier gibt es leckere Fischgerichte, u. a. Ravioli gefüllt mit Wolfsbarsch, Gerichte vom istrischen Rind (Boškarin) und leckere Desserts wie Käsekuchen. Tägl. ab 12 Uhr. Šet. V. Gortana 74, ✆ 091/1751-098 (mobil).

Konoba Rustica, im Weiler Marija na Krasu (6 km nordöstl.). Spezialitäten sind Trüffelgerichte, Fisch unter der Peka oder leckere Holzofenpizzen. Tägl. ab 12 Uhr. Sv. Marija na Krasu 41, ✆ 052/732-053.

Konoba Tre Volti, im Weiler Donje Picudo kurz vor Juricani (6 km von Umag), nun unter neuer Leitung. Istrische Hausmannskost wie hausgemachte Fuži oder Gnocchi mit Spargel oder Trüffeln, Rumpsteak, Fisch. Tägl. außer Mi ab 11 Uhr. Donji Picudo 50, ✆ 052/730-387

Konoba Buščina, Lokal im gleichnamigen Ort (nahe Sv. Marija na Krasu), 7 km östlich von Umag. Hausspezialitäten sind: Gnocchi, Fuži (eine Art Maultasche) gefüllt mit Wild oder Trüffeln sowie fein zubereitetes Lammfleisch. Tägl. außer Di ab 12 Uhr. Sv. Marija na Krasu, Buščina 18, ✆ 052/732-088.

Restaurant & Villa Badi (→ Lovrečica).

Baden & Sport

Baden an betonierten Liegeflächen an der Landspitze. Besser fährt man in Richtung Savudrija oder Novigrad. In der Lovrečica-Bucht kann man in Straßennähe baden oder vor dem Campingplatz Park Umag – auf der Mitte der Landzunge lässt es sich auf den fast ebenen Felsen entspannen, das Wasser ist sofort tief – als Zugabe gibts einen schönen Blick über die Bucht bis Lovrečica. 10-mal weht an den Feriensiedlungen die „Blaue Flagge".

Tennis Internationales Tenniszentrum **Umag**, Istriens Tenniszentrum liegt in der Feriensiedlung Stella Maris – mit 18 Tennisplätzen und Centre-Court für 3500 Zuschauer. Hier wird jedes Jahr Ende Juli das Croatia Open ausgetragen, das Spektakel findet nur 100 m vom Meer entfernt statt. Info-✆ 052/719-125. Im Stadion sind Restaurants, Sauna, Massageräume und Arztpraxen untergebracht. Die Saison dauert von April bis Ende Okt.; auch Tennisunterricht. Tennis Center Stella Maris, Savudrijska cesta, ✆ 052/710-880.

Zudem gibt es die **Umag Tennis Academy** in Katoro, www.umagtennisacademy.com.

Fahrradfahren Schöne Mountainbiketouren entlang der Küste und ins Landesinnere sind auf vielen ausgewiesenen Wegen/Straßen machbar; zudem auch Radverleih (→ Agenturen und Hotels). Tourenvorschlag s. u.

Höhlentouren Im Karstgebiet Bujštinas verstecken sich eine Reihe von Höhlen. Näheres bei **Speleološko društvo** (Höhlenverein) in Buje, ☏ 052/751-403.

Wandern Ein Bergwanderweg verläuft von Buje über Buzet nach Brest. Wer kürzere oder längere Touren unternehmen möchte, wende sich an den Verein **Planinarsko društvo „Planik"** in Umag, ☏ 052/743-003.

Reiten Reitzentrum Katoro, bei der gleichnamigen Feriensiedlung, an der Straße nach Savudrija, Juricanija b. b., ☏ 098/206-129 (mobil). U. a. Reitkurse für Anfänger und Fortgeschrittene (auch für Kinder); zudem Kurse für Hindernisspringen und Dressurreiten, Reitausflüge am Meer und übers Land.

Tauchen in Stella Maris (www.subaquatic.org).

Infos über alle anderen Sportarten ebenfalls am besten in der Feriensiedlung Stella Maris oder in Katoro.

Jachthafen ACI-Marina Umag, im nördl. Teil des Hafens mit Slipanlage und Trockendock für Jachten bis 18 m. 518 Liegeplätze im Wasser, 120 Stellplätze an Land (alle mit Strom- u. Wasseranschluss), 50-t-Travellift. Tankstelle 200 m von der Marina entfernt. Sanitäranlagen, Wäscherei, Supermarkt. V. Gortana b. b., ☏ 052/741-066, www.aci-club.hr.

Hafenkapitän: ☏ 052/741-662.

Sehenswertes

Bei einem Bummel durch die schmalen Altstadtgassen sind einige Häuser aus der Renaissance- und Barockzeit zu entdecken. Von der Stadtmauer mit Türmen (14. Jh.) sind nur noch Reste erhalten, ebenso von den mittelalterlichen sechs Kirchen, den zwei Klöstern und dem Kastell mit Zugbrücke.

Gleich zu Beginn der Altstadt, an ihrer schmalsten Stelle am einstigen Übergang zur Insel, steht das Kirchlein **Sv. Rochus**, 1515 während der ersten Pestepidemie erbaut. Das Innere zieren eine Holzdeckenbemalung und zwei Holzskulpturen.

Nicht zu übersehen ist die wuchtige barocke **Pfarrkirche heilige Maria und heiliger Pelegrin** (18. Jh.) auf dem großen Hauptplatz *Trg Slobode*. Im Kircheninnern, neben dem Eingang, ist die Reliefplatte mit dem Schutzpatron der Stadt, dem heiligen Pelegrin, eingelassen, der die Kirche schützend in der Hand trägt; in der Nähe steht die Marmorstatue von Nicephorus, dem zweiten Stadtheiligen. Sehenswert sind auch das Polyptychon, ein hölzerner venezianischer Altar (15. Jh.), der reiche Deckenschmuck sowie die Orgel, die Francesco Dacci, ein Schüler des Šibeniker Orgelmeisters Petar Nakić,

Pfarrkirche heilige Maria und heiliger Pelegrin

→ Karte S. 78/79 **Westküste: Von Savudrija bis Novigrad**

1776 baute. Der Glockenturm nebenan stammt wie der Altar aus dem 15. Jh. und wurde 1691 restauriert.

Neben der Kirche steht die wuchtige **Zisterne** (1677, erneuert 1780), die die Wasserversorgung der Stadt sicherstellte.

Das kleine **Stadtmuseum** am mittelalterlichen *Meneghei-Turm* zeigt Funde aus dem antiken Katoro: im 1. Stock Töpferwaren (1.–3. Jh.) sowie Amphoren und Öllampen (1.–5. Jh.); im Erdgeschoss temporäre Kunstausstellungen.
Gradski muzej, Trg Sv. Martina b. b., ☎ 052/720-386; Mo–Fr 10–12 Uhr (Do/Fr auch 17–20 Uhr), Sa 10–14 Uhr.

Kunstliebhaber können in der **Galerie Marin** in etlichen Räumen zeitgenössische Kunst betrachten, v. a. slowenischer Künstler, aber auch Werke u. a. zweier namhafter kroatischer Künstler, des Malers Edo Murtić (1921–2005) oder des Bildhauers Dušan Džamonja (1928–2009).
Marino Bembo 9, Juni–Sept. 11–18 Uhr.

Mountainbiketour auf kleinen Wegen ins weinreiche Hinterland von Umag (ca. 32 km, 2:30–3 Std., Markierung Fahrrad-Piktogramm): Von Umag führt uns der Weg nach Murine. Achtung, an der Straßenkreuzung in der Ortsmitte von Umag den Abzweig nach *Sv. Marija na Krasu* nehmen, nach ca. 100 m nochmals Abzweig nach Norden in Richtung Murine. Von dort südlich über *Ungarija* nach *Vilanija*. Nun über Feldwege weiter leicht ansteigend südöstlich, bis wir kurz vor *Juricani* auf die Asphaltstraße stoßen und in Richtung Osten bis zum Ort fahren. Von Juricani auf kleinem Weg südlich nach *Šverki* und weiter nach *Lukoni*. Von Lukoni auf Asphaltstraße westlich nach *Radini* und hinab nach *Lovrečica*. Weiter meerseitig der Hauptstraße auf schmalen Wegen über *Sv. Ivan* und *Sv. Pelegrin* wieder zurück nach Umag.

Weiterreise von Umag nach Novigrad

Lovrečica (San Lorenzo): Im Ort wurden Reste einer römischen Sommerresidenz freigelegt. Der Glockenturm ist erst gut 100 Jahre alt, die *Sv. Lovro-Kirche* (heiliger Laurentius) ist nur wenig älter. Am 10. August feiert die Bevölkerung auf der Mole ein großes Fest mit Grillfisch, Wein, Musik und viel Gesang ... Auch ein Badestopp lohnt hier an der seichten, warmen Bucht.

Essen/Übernachten   ⟫⟫ Mein Tipp:
Restaurant Badi, das beliebte Traditionslokal mit schöner Terrasse versteckt sich am südwestlichen Ortsende Umaška/Stradon. Spezialitäten sind u. a. Fischgerichte (Fisch im Brotteig) oder Scampi mit hausgemachten Fuži, dazu istrische Spitzenweine. Tägl.

ab 12 Uhr, Mi Ruhetag (Winter). Umaška 12, ☎ 052/756-293. ⟪⟪

*** Villa Badi, ein Haus weiter wartet das nette Haus mit Zimmern/Appartements. DZ/F   60 € (TS 65 €). 52470 Lovrečica, Umaška 10, ☎ 052/756-402, www.badi.hr.

Karigador: Das Straßendorf erstreckt sich südlich des Campingplatzes Park Umag an einer weiten Bucht und geht auf der gegenüberliegenden Seite in den Ort Dajla über.

Dajla: Direkt am Meer steht ein prächtiger Gebäudekomplex, der um das Jahr 1000 als Benediktinerkloster entstand und 1775 von den Grafen Grisoni aus Koper zu einer barocken Villa ausgebaut wurde. Die spätbarocke Kirche *Sv. Ivan Krstitelj* (Johannes der Täufer) und ein Pfarrhaus kamen später dazu. Die Gebäude gruppieren sich um einen Innenhof, durch ein hübsch verziertes Portal gelangt man an die Mole am Meer. 1830 wurde das alte Kastell an der Hofseite abgerissen und an seiner Stelle ein Turm sowie ein klassizistisches Gebäude errichtet. 1835 ging die Anlage wieder an seine früheren Besitzer, die Benediktiner von Praglia (nahe Padua), über. Sie gründeten eine Volksschule und bewirtschafteten das Anwesen bis zum Ende des Zweiten Weltkriegs. Danach diente das Kloster als Altersheim und Waisenhaus. Teile des relativ großen Anwesens erinnern stark an den französischen Klassizismus, der in Istrien sehr selten anzutreffen ist. Der parkähnliche, fast bis ans Meer reichende Garten ist heute verwaist, der Klosterkomplex nur teilweise renoviert.

Essen & Trinken An der Straße von Umag nach Novigrad reihen sich die Restaurants.

Taverna Istriana, am Ortsbeginn von Dajla (von Karigador aus) links abbiegen (beschildert) und noch 1 km. Das Lokal liegt allein zwischen Böschung und Weingärten. Abends kann man unter mächtigen Bäumen bei romantischer Beleuchtung und Grillengezirpe sein Essen genießen: u. a. Trüffel- oder Fischgerichte, dazu ein fruchtiger Malvazija und als Dessert vielleicht einen hausgemachten Apfelstrudel. Ideal

auch für Wohnmobilbesitzer – großer Parkplatz! Tägl. 17–23 Uhr (So ab 12 Uhr). Šaini 36, ☎ 052/422-017.

Restaurant Belveder, ursprüngliches, einfaches Lokal in Dajla, im alten Ortskern an der Karigador zugewandten Seite der Bucht (ausgeschildert). Von der Terrasse unter alten Bäumen und direkt am Meer kann man herrliche Sonnenuntergänge betrachten. Immer gut besucht. Grill- und Fischspezialitäten. Tägl. außer Di ab 11 Uhr. Karigador 51, ☎ 052/757-949.

↓ Westküste: Von Savudrija bis Novigrad Karte S. 78/79

Novigrad (Cittanova)

Das historische Städtchen auf der Halbinsel hat Charme: schmale Gässchen, gemütliche Winkel und Plätze, einladende Parks, dazu ein windgeschützter Hafen und eine bestens ausgestattete Marina, Uferpromenade mit Badestränden und die gelungene Synthese eines alten Fischerorts mit moderner Infrastruktur – Novigrad bietet alles, um sich wohl zu fühlen.

Cittanova, die inzwischen 1400 Jahre alte „Neue Stadt", wird von einer zinnenbewehrten Festungsmauer beschützt, es gibt hübsche, verwinkelte Gassen, den großen Kirchplatz *Veliki trg* und etliche Grünanlagen. In den heißen Sommernächten, wenn das Zentrum für den Autoverkehr gesperrt ist, sitzen die Bewohner in den Parks und Gassen beisammen und lassen die Gäste an sich vorbeiziehen. Gegenüber der Altstadt prunkt die neu erbaute *Marina*. Die zahlreichen Masten der Segelschiffe bilden eine fantastische Kulisse, die man von einigen Fischrestaurants aus genießen kann, ebenso die malerischen Sonnenuntergänge. Frühaufsteher erleben vom Meer zurückkehrende Fischer bei ihrem morgendlichen Ritual am alten Hafen: dem Fischverkauf direkt vom Boot. Östlich vom Hafen wird im Weinladen Roter und Weißer von den umliegenden Weingärten preisgünstig aus Holzfässern angeboten. Novigrad ist aber vor allem für seinen *Malvazija* bekannt, einen fruchtig-frischen Weißwein, der in Holzfässern ausreift.

Geschichte

Das Städtchen in der Nähe der Mirna-Mündung, einst eine griechische Kolonie, dann römische Siedlung und von 524 bis 1831 Bischofssitz, hat sich sein mittelalterliches Stadtbild bis heute bewahrt. Man vermutet, dass Flüchtlinge aus Emona (Ljubljana) an dieser Stelle die antike Stadt *Emonia* erbauten; schriftlich erwähnt

Novigrad versteckt sich hinter den Masten der Segelschiffe

wird sie erstmals Ende des 6. Jh. Später taucht sie unter anderen Namen wieder auf: *Neopolis* oder *Civitas Novum,* aus dem sich Novigrad, die Neustadt, entwickelte.

Seine Blütezeit erlebte Novigrad unter den Byzantinern. Ausbeutung und Knechtschaft prägten die Karolingerzeit. Im 12. Jh. suchte die Stadt den Schutz der Stadtrepublik Venedig, das sich diesen mit teurem Olivenöl bezahlen ließ. Seit 1270 stand die Stadt endgültig unter der Kontrolle des Markuslöwen und entwickelte sich zu einem wichtigen Umschlagplatz für Bauholz, das aus dem Hinterland die Mirna heruntergeflößt wurde. Bis ins 16. Jh. litt auch Novigrad unter Kriegen und Pest. Durch das Sumpfland um die Mirna breitete sich obendrein noch die Malaria aus und jeder, der nicht unbedingt bleiben musste, verließ die Stadt – jahrelang blieb das Bistum Novigrad unbesetzt. Nach dem Uskokenkrieg Anfang des 17. Jh. verschlechterte sich die Lage durch eine weitere Pestepidemie, Ende des 17. Jh. folgten Plünderungen durch die Türken, die obendrein noch den Bürgermeister entführten. Nur ein paar Hundert Novigrader waren es, die diese Zeit verarmt und in verfallenen Gemäuern in der Umgebung hausend überlebten.

Im 18. Jh. setzte durch venezianische Investoren ein kurzer Aufschwung ein, der das Gesicht der Stadt bis heute prägt: Die Venezianer verbanden die Insel mit dem Festland, Großgrundbesitzer wie die Familie Rigo förderten die Landwirtschaft und erwirtschafteten gute Ernten, das Rathaus und neue prächtige Bürgerhäuser wurden gebaut, die Wirtschaft blühte – was nicht blühte, war nur das Einkommen der Landarbeiter.

Basis-Infos

Information Tourismusverband, 52466 Novigrad, Mandrač 29 a (am Hafen), ☎ 052/757-075, www.novigrad-cittanova.hr. Mai– Sept. tägl. 8–19 Uhr (Juli/Aug. bis 21 Uhr), sonst Mo–Fr 8–16, Sa 9–13 Uhr.

Agentur Epoca, Ul. Murvi 2 (stadteinwärts), ✆ 052/726-311, www.epocatourism.com. Privatunterkünfte.

Agentur Rakam, Gradska vrata 45 (stadteinwärts), ✆ 052/757-047, www.rakam-trade.hr. Privatunterkünfte.

Verbindungen   Busbahnhof nahe der Hauptstraßenkreuzung Umag–Buje–Poreč, etwa 500 m vor der Altstadt; Infos ✆ 060/317-060, www.autotrans.hr. Verbindungen (gut an Werktagen) mit Umag; nach Poreč nur 4-mal; nach Rijeka u. Zagreb sowie Ljubljana (nur Saison). Mager die Verbindungen ins Landesinnere (nach Pazin nur 1- bis 2-mal, Buzet 2- bis 3-mal, etwas öfter nach Buje); s. a. Umag. Besser ab Poreč.

Touristenzug: Nordroute (15 KN) Marina bis Camping Mareda, Südroute (10 KN) Marina bis Hotel Maestral u. Camp Sirena. Kinder ab 2 J. 50 %.

Auto   Gebührenpflichtige **Parkplätze** nach Kreisverkehr und Altstadtzufahrt sowie nördlich der Marina – bis zur Altstadt ca. 5–10 Min. Fußweg. **Autoverleih** über TIC.

Einkaufen Shoppingcenter vor der Stadt.

Gute Weine gibt es u. a. bei **Vino P&P**, San Servolo 7c, ✆ 052/757-416; Olivenöl bei **Fam.**

Babić, St. Vinjeri 27, www.maslinovoulje babic.com.

Fahrrad   Verleih → Baden & Sport/Mountainbiken.

Gesundheit   Ambulanz, Rizanskog placita, ✆ 052/757-544. **Apotheke**, nahe Ambulanz, ✆ 052/757-039. **Zahnpoliklinik**, Velika ul. 3 b, ✆ 052/757-900.

Nachtleben   U. a. **Bar Element**, am Busbahnhof, mit Livemusik u. DJs. **Beach-Bar Waikiki** (Juni–Sept.), am Stadtstrand (unterhalb der Kirche). Weitere (→ Cafés).

Veranstaltungen   Gnam-Gnam-Fest, Spargelfest im April am Veliki trg; neben Spargel auch Wein- u. Olivenölverkostung und Handwerkskunst.

Jakobsmuschelfest, 1. Fr im Juni am Mandrač, zudem mit Wein, Olivenöl etc.

Stadtfest Sv. Pelagij, am 28. Aug., mit Wein und Musik, überall stehen Buden mit istrischen Spezialitäten.

Parkfest, Fr/Sa Anf. Juli im Park bei der Pfarrkirche mit Rockmusik.

Astro Party Lunasa, letztes Juliwochenende; der Strom wird diesen Abend im Städtchen abgedreht, d. h. Kerzenscheinromantik und Instrumentalmusik.

→ Westküste: Von Savudrija bis Novigrad
→ Karte S. 78/79

Übernachten

Privatunterkünfte über die Agenturen (s. o.), Zimmer ab 20 €/Pers.

**** **Appartements Erica Lux**, nette Appartementhäuschen direkt am Meer, bestens ausgestattet (Spülmaschine, WLAN etc.); auch Fahrradverleih. Ab 144 €. Kastanija 1, ✆ 098/9134-334 (mobil), www.ericaturizam.hr.

*** **Pension-Restaurant Santa Marija**, gut geführter Familienbetrieb (deutsch-sprachig) in der Altstadt mit bestem Service, u. a. mit Restaurant und schöner Frühstücksterrasse, nagelneue Zimmer. DZ 94 €. Ulica gradskih vrata 37, ✆ 052/757-444, www.santa-marija.hr.

***** **Hotel Nautica**, in der Marina, einem Schiffsinneren nachempfunden, edel in der Ausstattung. Wellness- u. Fitnessbereich, Sauna, Pool etc. Das Restaurant Navigare (s. u.) bietet beste Küche und Aussicht. Appartements u. Zimmer. DZ/F 135 € (Parkseite), mit Meerblick 160 €. Ganzjährig. Sv. Antuna 15, ✆ 052/600-400, www.nauticahotels.com.

» Mein Tipp: *** **Hotel Cittar**, hinter der Stadtmauer. Historisch-modernes Ambiente mit Säulen und Korbstühlen auf dem Marmorpflaster; klein und familiär. DZ/F ab 110 € (Sa/So 130 €), in TS 130 € (Sa/So 144 €). Prolaz Venecija 1, ✆ 052/757-737, www.cittar.hr. **«**

*** **Hotel Villa Cittar**, postmoderner Ableger des obigen Hotels, an der Zufahrtsstraße zum Jachthafen. Mit Restaurant, Innenpool/Sauna. Komfortable Zimmer. DZ/F 130 € (TS 153 €). Sv. Antona 4, ✆ 052/758-780, www.cittar.hr.

*** **Hotel Makin**, nettes 40-Betten-Hotel (2 km nördl. der Altstadt) mit Swimmingpool, WLAN, Garten und der guten Taverna Sergio. Am nahen Strand die hauseigene Beachbar Waikiki. Angenehme Zimmer. Ganzjährig. DZ 90–114 € (TS 145 €). Šaini 2 a, ✆ 052/757-714, www.hotelmakin.hr.

*** **Pension-Restaurant Kolo**, ca. 5 km nordöstlich von Novigrad (Richtung Nova Vas) im Weiler Kršin, ruhig und abseits in einem Eichenwäldchen, umgeben von Feldern. Es gibt 9 gut ausgestattete Zimmer, DZ/F 90 € (TS 100 €) und ein sehr gutes. Ganzjährig. Kršin 37, ☎ 052/758-658, www.kolo-pansion.hr.

An der Ausfallstraße nach Poreč Nebeneinander liegen die **Hotels **** Maestral** (je Ausstattung/Lage DZ/F 190–260 €) und ***** Laguna** (DZ/F ab 120 €) schön renoviert und unter guter neuer Ltg.; Hallenbad u. Wellnesscenter (Hotel Maestral), Swimmingpools, breiter Kiesstrand, Beachvolleyball-Feld bei den Tennisplätzen. 500 m bis zur Altstadt entlang der Uferpromenade. Terre 2, ☎ 052/858-600, www.aminess.com.

Camping ****** Autocamp Park Mareda,** 4 km nördl. von Novigrad in Richtung Dajla, auf 17.000 qm an eigener Bucht und im schattigen Wald, parzelliert; WLAN, sehr gutes, schönes Restaurant (hausgemachte Nudeln etc.), Beachbar, Supermarkt und Bäckerei, moderne Sanitäranlagen, Sportzentrum, großer Pool und Kinderpool, Animation, Wassersportgeräte- u. Fahrradverleih. Mobilhausvermietung und die separate Premium-Camping-Area Istrian Village, auch mit Mobilheimen. 8 €/Pers., Stellplatz 20–27 €. April–Okt. ☎ 052/858-680, www.aminess-campsites.comww.

**** Camping Sirena, 7-ha-Areal für bis zu 1800 Pers. (neben Hotel Laguna). Felsstrand mit betonierten Liegeflächen, großes Sport- und Animationsangebot, sehr gute Sanitäranlagen. Schöne Mobilhäuser. Poolbenutzung im Hotel möglich. Zudem „Bella-Vista-Home-Area" an einem Felsabhang, auch mit geräumigen und top eingerichteten Mobilhäusern (bis zu 6 Pers.), 2 Pools. Preise etwas höher wie Autocamp Mareda. - April–Okt. ☎ 052/858-670, www.aminess-campsites.com.

*** Camping Kastanija, ca. 2,5 km nördl. der Stadt auf 20.000 qm im Wald und am Felsstrand mit Kiesabschnitten. Gegenüber am Hang die neuen komfortablen Mobilhäuser; mit Pool. April–Okt. ☎ 052/726-444.

⌒Essen & Trinken

Restaurants und Pizzerias gibt es in der Altstadt und direkt am Hafen. Novigrad ist bekannt für seine leckeren Seezungen.

Restaurants Restaurant Sidro und Restaurant Mandrač, zwei Traditionslokale direkt am Fischerhafen, abends nett beleuchtete Terrassen. Spezialitäten sind Spaghetti mit Hummer oder Meeresfrüchten, frische Fische, die man sich aus der Glasvitrine aussuchen kann; dazu guter Malvazija und Teran. Ganzjährig. Sidro, ☎ 052/757-601; Mandrač, ☎ 052/757-120.

Fischrestaurant Damir & Ornella, kleines Gourmetlokal (gehobenes Preisniveau) mit familiärer Atmosphäre in der Altstadt, vor allem für Fisch- und Sushi-Freunde ein Tipp. Nur Innenbetrieb (mit AC) und mit Reservierung. Tägl. außer Mo 12–15.30/19.30–23.30 Uhr. Ul. Zidine 5, ☎ 052/758-134.

Konoba Čok, auf kleiner überdachter Terrasse gibt's vom Chef und seiner Frau tagesfrische Fischgerichte. Spezialitäten sind u. a. Fischcarpaccio oder marinierte Scampi; daneben auch Muscheln, Hummer. Zudem süffige istrische Weine. Tägl. außer Mi 12–15/18–23 Uhr. Sv. Antona 2, ☎ 052/757-643.

Restaurant Pepenero, auf der modern gestalteten Terrasse gibt es feinste istrische Gourmetküche (gehobenes Preisniveau), Betonung liegt auf kreativen Fischgerichten. Reservierung erforderlich. Mai–Sept. tägl. 12–15/18–23 Uhr. Porporella b. b., ☎ 052/757-706.

Restaurant Navigare, im Hotel Nautica; Gourmetlokal mit gehobenem Preisniveau bei bestem Service. Offene Küche mit Sicht auf die Speisenzubereitung. Spezialitäten sind Fischgerichte, Schalentiere und der Backen vom Boškarin-Rind. Ganzjährig. Sv. Anton 15, ☎ 052/600-400.

Konoba Giardin, an der südlichen Uferpromenade; lauschiges Sitzen im herrlichen Garten mit Rasen oder im Wintergarten. Das junge Team bemüht sich um die Gäste; von Pizzen über Fisch und Fleisch ist alles zu haben. April–Okt. Sv. Maksim 5, ☎ 099/2109-445 (mobil).

Taverna Sergio, im Hotel Makin, ca. 2 km nördl. der Altstadt. Gemütliches Lokal mit Kamin und dschungelartig von Pflanzen umrankter Terrasse. Hervorragender Brodetto und Polenta oder Fleisch und Fisch vom Grill. Tägl. 12–15/18–23 Uhr. Šaini 2 a, ☎ 052/757-714.

Konoba Amfora, an der Nordwestseite der Hafenpromenade sitzt man v. a. abends bestens bei den traumhaften Sonnenuntergängen. Fisch- und Fleischspeisen, sehr netter Service. Ganzjährig. Ribarska ul. 10, ✆ 052/726-298.

Pizzaliebhaber gehen ins **Vecchio Mulino**, Mlinska ul. 8, oder ins Lungomare, Karpinjanska b. b. (nördl. der Altstadt). Neben Pizzen natürlich auch Pasta-, Fleisch- u. Fischgerichte.

Restaurant Giovanni, gemütliche Terrasse, sehr gute Scampi- und Fischgerichte. Tägl. außer Di 11–15/18–23 Uhr. Sv. Roželo b. b. (ca. 3 km außerhalb Richtung Poreč), ✆ 052/757-122.

Weitere gute Esslokale gibt es in *Brtonigla* (→ Brtonigla).

Café Café-Bar Vitriol, an der nordwestlichen Uferpromenade – die prächtigen Sonnenuntergänge gibt's gratis, die guten Cocktails gegen Entgelt. Bis frühmorgens geöffnet und immer gut besucht.

Baden & Sport

Baden Durch Türme und Mauernischen sowie über die Treppen der Stadtmauer gelangt man von allen Seiten ans Meer. Auf der West- und Südseite wird bis Sonnenuntergang gebadet, die weit ins Meer ragende Mole an der Spitze des Städtchens bietet eine weitere Möglichkeit, das Handtuch auszubreiten, sich den rauschenden Wellen zu überlassen oder einfach das Panorama Novigrads zu genießen.

Weitere Bademöglichkeiten auf der der dem Hafen und der Altstadt gegenüberliegenden Seite nach der Marina.

Jachthafen Marina Nautica Novigrad, einer der schönsten Jachthäfen Kroatiens gegenüber der Altstadt. An den strahlenförmig auslaufenden Stegen für Boote (von 10–40 m Länge) gibt es 365 Liegeplätze im Wasser (alle mit Strom- u. Wasseranschluss), außerdem 50 Stellplätze an Land, 80-t-Travellift, 20-t-Kran, Parkplätze, Tankstelle, Überwinterungsmöglichkeit, Nautikshop. Sanitärbereich, Wäscherei, Hotel (s. o), Restaurants und Supermarkt. Ganzjährig geöffnet. Sv. Antuna 15, ✆ 052/600-400, www.nauticahotels.com.

Lauschige Badebuchten liegen nördlich von Novigrad

Westküste: Von Savudrija bis Novigrad → Karte S. 78/79

Hafenkapitän, ☎ 052/757-035.

Tennis   im Sportzentrum des Hotels Maestral sowie nördlich, gegenüber der Altstadt in Karpinjan.

Paragliden   bei Sv. Dionizije/Srbani (südl. von Nova vas bzw. östl. von Novigrad).

Mountainbiken   Im Hinterland (z. B. auf dem Parenzana-Weg, → S. 294) oder an der Küste entlang führen viele markierte Mountainbikewege quer durch Istrien. Kartenmaterial über TIC. Routenvorschlag s. u.

Radverleih u. a. bei **Extremus**, am Busbahnhof, ☎ 098/420-586 (mobil), mit Reparaturservice, ganzjährig 9–14 Uhr. **Madcar**, Sv. Antun 6, ☎ 098/420-185 (mobil). **Belistra**, am Strand Rivarella, ☎ 091/5228-810 (mobil). In den Sportzentren der Hotels.

Wandern   Ein schöner Wanderweg durch die Bujština führt von Buje über Grožnjan nach Buzet. Auch geführte Wanderungen sind möglich. Info bei TIC oder beim Bergsteigerverein Planik, Umag, ☎ 052/743-003.

Sehenswertes

Die **Pfarrkirche**, eine dreischiffige Basilika mit nach außen gewölbter Apsis, ist nicht nur nach dem *hl. Pelagius* (Sv. Pelagij), einem christlichen Märtyrer aus Novigrad, benannt – daneben schmückt sie sich mit den Namen *hl. Maria* und *hl. Maximus*. Die Ursprünge der Kirche reichen bis ins 5. Jh. zurück, ab ca. 1290 wurde sie im gotischen Stil erweitert, im 15./16. Jh. ihr Innenraum umgebaut und im 18. Jh. teilweise barockisiert. Ihre heutige neoklassizistische Fassade wurde 1935 gestaltet.

Den dreischiffigen Innenraum prägt ein tiefer *Chor* mit Barockaltar, darunter eine für Istrien einzigartige frühromanische Krypta. Einen Blick wert sind die Gemälde: „Die Muttergottes mit dem hl. Maximus und Pelagius", geschaffen von einem unbekannten Meister (Ende 16. Jh.); zudem „Hl. Karl, hl. Lucia und hl. Anton", ein Werk von *Carlo Alvise Fabris* (1776), sowie die interessante Porträtreihe von rund 30 einst amtierenden Bischöfen. Im Juli und August wird die Basilika zum Konzertsaal für klassische Musik. In der Mitte der sehenswerten, ebenfalls dreischiffigen

Krypta mit starkem Kreuzgewölbe befindet sich die „Konfession" von 1146 sowie ein Sarkophag (12. Jh.). Die Krypta diente eigentlich nur dem Zweck, dem Sarkophag mit den 1046 geborgenen Reliquien der Heiligen Pelagius und Maximus einen geschützten Raum zu bieten. Die sterblichen Überreste des hl. Maximus liegen heute nicht mehr im Sarkophag, sie wurden im 18. Jh. nach Venedig überführt. In den Jahren ab 1997 wurden hier bei Ausgrabungen römische und vorromanische steinerne Kostbarkeiten entdeckt, die besichtigt werden können.

Neben der Kirche der frei stehende **Kirchturm** (1883) mit der hölzernen, mit Bronzeblech überzogenen Statue des hl. Pelagius obenauf – das Vorbild des Markusturms in Venedig ist unverkennbar.

Etwas nördlich vom Kirchturm liegt inmitten eines von alten Föhren bestandenen Parks ein schlichter Steinsarkophag aus altchristlicher Zeit – ein vor allem in der Mittagshitze herrlicher Platz, um sich zu entspannen, den harzigen Duft einzuatmen und aufs Meer zu blicken.

Der Kirchplatz **Veliki trg** (auch Markusplatz genannt) wird im Sommer für diverse Kulturveranstaltungen genutzt. Hier befindet sich auch das **Lapidarium**, schön in einem Glaspalast untergebracht – eine Sammlung von 93 Steindenkmälern aus antiker, frühmittelalterlicher und spätmittelalterlicher Zeit, u. a. kostbare Wappen, Türschwellen, Fenstersimse, Altarplatten, Kapitele.

Lapidarium: Mai 10–13/17–19, 1.–15. Juni 10–13/18–21, 15. Juni–15. Sept. 10–13/18–22, danach 8–16 Uhr; Mo/Feiertag geschlossen. Eintritt 10.

Südöstlich des Lapidariums, in der Velika ul., fällt das **Rigo Stadtpalais** ins Auge, ein hübsch verzierter Patrizierpalast, in dem um 1790 die Adelsfamilie Rigo residierte. Heute ist darin eine Galerie ansässig, die rund sieben temporäre Ausstellungen während der Saison zeigt, vor allem mit Arbeiten junger Künstler.

Die dem Meer zugewandte Südseite des Städtchens präsentiert sich bis heute so geschlossen und wehrhaft wie im frühen 15. Jh., lediglich ein kleiner Durchgang, die **Porta a marina**, bietet eine Lücke. Hier lehnt sich die **städtische Loggia** (Belveder genannt) aus dem 16. Jh. an die Stadtmauer, von der sich die Brandung beobachten lässt.

Weitere Stadtmauerreste sind südlich des Hafenbeckens zu sehen, ebenfalls zinnenbewehrt und mit zwei gut erhaltenen Rundtürmen. Hinter einem Teil der alten Stadtmauer versteckt sich das stilvolle Hotel Cittar.

Gallerion – k. u. k.-Marine-Museum: Dieses Privatmuseum des bekannten Fotografen Sergio Gobbo gibt einen guten Einblick in die Zeit, als die k. u. k.-Kriegsmarine in der Adria vertreten war. U. a. sind Schiffsmodelle, nautische Instrumente, Waffen, Uniformen, Gemälde und Seekarten zu sehen.
Mlinska ulica, www.kuk-marine-museum. com. Ganzjährig Mi–Sa 9–12/15–18 Uhr (Mitte Juli–Aug. 19–21 Uhr). Eintritt 30 KN, Kinder 5–12 Jahre 20 KN.

Südlich des Hotels Cittar, in der Ul. Gradska vrata, der Hauptstraße, steht die **Kirche der hl. Muttergottes von Karmel** (Ende des 15. Jh.), Erneuerungen fanden in der zweiten Hälfte des 18. und der ersten Hälfte des 19. Jh. statt. Die Kirche ist ein einschiffiger, für das venezianische Istrien jener Zeit typischer Bau. In dem Gebäude neben der Kirche befand sich ein kleines Kloster, das über die Jahrhunderte verschiedenen Ordensbrüdern ein Dach bot: vom 15. bis 17. Jh. den Dominikanern, ab der zweiten Hälte des 17. Jh. den Augustinern, dann den Franziskanern.

Zinnenbewehrte Altstadtmauer mit Durchblick ▲

Das alte Rathaus ▼

Stadtauswärts auf der Ul. Gradska vrata liegt linker Hand der Friedhof mit der **St.-Agatha-Kirche**, im 10.–11. Jh. im romanischen Stil gebaut und 1644 modernisiert; beachtenswert sind die zwei spätbarocken Statuen und das Altarbild der hl. Agatha.

Stadtauswärts und nordöstlich der Meereseinbuchtung steht die in ihrer Art einzigartige mittelalterliche **St.-Anton-Kirche**; das einschiffige gotische Gotteshaus wurde im 17. Jh. umgestaltet, das Sanktuarium und zwei Seitenfenster Mitte des 19. Jh. dazugefügt.

Im Ortsteil Karpinjan (ca. 1 km nördlich der Stadt) steht der 1762 errichtete barocke **Rigo-Palast**, benannt nach seinem Bauherrn Graf Carlo Rigo, der der Stadt etliche schöne Gebäude hinterließ. Es ist ein typisches istrisches Landhaus aus dieser Zeit, momentan leider in einem maroden Zustand. Ob Gelder für eine Sanierung mobil gemacht können, ist fraglich.

Ca. 8 km in Richtung Brtonigla (→ Brtonigla) lohnen die *Grotte Mramornica* und das *Naturreservat Škarline* einen Besuch.

Mountainbiketour durch das weinreiche Hinterland und die Küste entlang (ca. 35 km, ca. 3–3:30 Std., Markierung Fahrrad-Piktogramm): Von Novigrad südlich beim Hotel Maestral hinauf nach *Sv. Roželo* und wieder hinab nach *Antenal* (Meereseinbuchtung und Brücke). Vor der Brücke über den Meeresschlund den schmalen Weg östlich landeinwärts durch die *Mirna polje* nehmen und unter der Autobahnbrücke hindurchfahren. Nach ca. 6 km Abzweig auf Makadamweg Richtung Norden und bergan nach *Sv. Dionizije* und *Srbani*. Herrlicher Blick auf das Mirna-Tal. Im etwas größeren *Nova vas* (Villanova) zweigen wir in der Ortsmitte westlich ab über den schmalen Weg hinab nach *Pavči* und *Sv. Drušković*. Weiter Blick gen Meer. Dann geht es westlich hinab durch die Weiler *Turini*, *Marinčići*, *Štroligarija* und *Punta* bis nach *Karigador*. Hier fahren wir ein kurzes Stück auf der Hauptstraße. Beim Ortsende von *Dajla* wieder ans Meer auf einem kleinen Weg, der südlich am Campingplatz Mareda vorbei und weiter nach Pineta führt. Hier können wir uns noch in die kühlen Fluten stürzen, ehe wir die letzten 3 km nach Novigrad zurück radeln.

Alternativroute über Baredine: Wer mag, kann den Ausflug verlängern und anstatt bei Nova vas westlich abzuzweigen z. B. geradeaus weiter zum hübschen Ort *Brtonigla* radeln. Von dort über *Grobice* hinab nach *Baredine* und über das Mirna-Tal und *Sv. Roželo* wieder zurück (leider gleicher Rückweg). Oder diesen Weg bei der Hinfahrt nehmen und von Brtonigla nach Nova vas fahren und wie oben beschrieben nach Westen Richtung Karigador.

Vinotheken gibt's zuhauf

Abendstimmung am Parenzana-Weg mit Blick auf Motovun

Landesinneres: Mirna-Tal und Umgebung

Das Küstenhinterland zwischen den Flüssen Dragonja im Norden und Mirna im Süden lockt mit reizvollen Ausflügen, auch per Mountainbike, z. B. nach Grožnjan, Motovun, Buzet oder zu Wander- und Klettertouren in den Ćićarija-Bergen. Auf den Besucher warten kleine Hotels, Weingüter und Restaurants.

Trutzige Burgen und Kastelle wachen auf den Hügeln über das Land, in den Weinbergen reifen edle Tropfen, in feuchten Wäldern und Tälern gedeihen die kostbaren istrischen Trüffeln. Ein sportlicher Genuss, vor allem für Leute mit Kondition, sind die Mountainbiketouren auf Seitenstraßen oder Feldfluren durch die oft noch unberührte Landschaft oder auf der ehemaligen Trasse der Eisenbahn Parenzana. Die meist schwer befestigten Dörfer und Städtchen, die sich um die mittelalterlichen Kastelle entwickelten, bieten weite Ausblicke ins Umland, oft bis zur Adria. Dicht an dicht, meist in Sichtweite zueinander, thronen sie auf Hügeln und sorgten, wenn feindliche Truppen oder Schiffe sich näherten, für schnelle Informationsübertragung; drohte Gefahr, dienten die Kastelle, in denen die Militärkommandanten mit ihren Familien residierten, der Bevölkerung als Zufluchtsort. Einige Ortschaften wirken auch heute noch verlassen und sind dem Verfall preisgegeben: Nachdem Istrien nach dem Zweiten Weltkrieg Jugoslawien zugesprochen wurde, kehrten viele italienische Einwohner ihrer Heimat den Rücken.

Der Parenzana – „Weg der Gesundheit und Freundschaft"

Auf dem größten Teil dieser landschaftlich malerischen Route von Triest nach Poreč fuhr von 1902 bis zum 31. August 1953 die Schmalspurbahn

Parenzana, die Erholungssuchende im Lande der Habsburger Monarchie ans Meer brachte. Gesundheit und Fitness soll er auch heute bringen: Als Spazierweg in Etappen oder als Mountainbiketour. Besonders die Etappe von Buje nach Motovun ist eine fast autofreie Panoramastrecke. Mehr dazu unter **Parenzana-Weg** im (Rad-)Wanderführer ab S. 294, mit detaillierter, GPS-gestützter Beschreibung der 135 km langen Route.

Buje

(Buie)

Auf 220 m Höhe breitet sich Bujes Altstadt mit seinen zwei herausragenden Kirchtürmen aus – weit kann der Blick über die fruchtbaren Felder und Weingärten bis zum Meer schweifen.

Die Römer nannten das Städtchen *Bullea* und umgaben es mit einer Verteidigungsmauer. Heute ist Buje mit seinen 200 Einwohnern Verwaltungszentrum und Einkaufsstadt für die umliegenden Orte. Touristen gibt es wenige und so bleibt auch das Geld aus, um die maroden Gebäude zu sanieren. Meist erkundet man die Stadt von der östlichen Altstadtzufahrt in Richtung mittlerer Hauptplatz Trg Slobode, der früheren Vorstadt. Hier steht die gelbe **Sv. Majke Milosrđa** (hl. Maria die Barmherzige) aus dem 16. Jh. mit hoch aufragendem Kirchenturm aus dem 17. Jh. Der Trg Slobode ist ein beliebter Treff der Einheimischen zum Plausch im Schatten der alten mächtigen Bäume oder um gen Süden in die Ferne zu sehen. Am Westrand steht die **Steinsäule**, die im 16. Jh. den Einwohnern als Maßeinheit diente.

Buje thront auf seinem Hügel ...

Gegenüber der Kirche steht das kleine ethnografische Museum mit u. a. historischen Einrichtungsgegenständen. Trg slobode 4. Nur Juli/Aug. Mo–Fr 10–18 Uhr. Eintritt 10 KN.

Der schönste Altstadtteil, venezianisch angehaucht, befindet sich um den ganz oben gelegenen Hauptplatz mit der spätbarocken **Pfarrkirche Sv. Servul** aus der zweiten Hälfte des 18. Jh. Sie steht an der Stelle einer im 13. Jh. dreischiffig errichteten Kirche, vielleicht auch, so sagt man, auf Überresten eines römischen Tempels. Ihr Inneres zieren sieben prachtvolle Altäre sowie eine

Orgel von 1791 von Meister *Gaetano Callido*, zudem die Statuen des hl. Sebastian und des hl. Servul des Venezianers *Marchiori*, 1737 aus weißem Carraramarmor gefertigt. Neben dem Gotteshaus ragt der mit dem Markuslöwen geschmückte **Kirchturm** (16. Jh.) mit 50 m in die Lüfte – den Turm kann man besteigen und von oben den herrlichen Fernblick genießen. Aber auch von der Altstadtmauer oder dem alten Friedhof mit der Kirche **Sv. Martin** (16. Jh.) ganz im Westen genießt man einen schönen Weitblick gen Norden. Auf dem Weg dorthin passiert man das **Westtor** und den **Peterokutna kula** (Turm).

Information Tourismusverband, 52460 Buje, 1. svibnja 2 (Altstadtzufahrt), ✆ 052/773-353, www.coloursofistria.com. Geöffnet Juni–Sept. Mo–Sa 8–20, So 9–14 Uhr; sonst Mo–Fr 8–15 Uhr.

Verbindungen Bus: nur Mo–Fr ca. 5-mal nach Novigrad.

Einkaufen Enoteka Zigante, Trg J. B. Tita 12, ✆ 052/772-125.

Mountainbiken/Wandern (→ Buje/Umgebung). Ein schöner Wanderweg durch die Bujština führt von Buje über Grožnjan nach Buzet. Auch geführte Wanderungen sind möglich – Auskunft bei der Touristinformation Buje oder beim Bergsteigerverein Planik, Umag, ✆ 052/743-003.

Veranstaltungen Weintraubenfest, 3. Wochenende im Sept. Kirchenfest Sv. Marija, 8. Sept.

Essen/Übernachten Innerhalb der Stadtmauern gibt es bisher keine Gourmet-Highlights. Einige Privathäuser vermieten Zimmer, u. a. **Appartements Nena** (Domus-Bo-nus-Mitglied), am Westrand der Altstadt mit schönem Weitblick. 4 Appartements. Brolo 27, ✆ 091/2820-951 (mobil). Weitere (→ Buje/Umgebung).

Restaurant-Pizzeria San Leonardo, am lauschigen Hauptplatz Trg slobode gibt's Pizzen und Pasta-Gerichte wie auch die istrischen Pljukanci. Tägl. außer Mi 10–23 Uhr.

Osteria & Vinothek Rondo, am unteren Hauptplatz; gute Antipasti, dazu die hauseigenen süffigen Franković-Weine und gutes Olivenöl. Tägl. außer Di 11–23 Uhr. Trg J. B. Tito 4, ✆ 052/772-898.

Konoba-Pizzeria Aquarius, istrische Gerichte und hauseigener Wein, gemütliches Sitzen. Tägl. außer Mo ab 11 Uhr. Digitronska 14 (nördl. stadtauswärts), ✆ 052/773-417.

Konoba-Pension Sergio, auf der gemütlichen Terrasse isst man gute Fischgerichte und istrische Speisen aus regionalen Produkten. Auch Zimmervermietung. Tägl. außer Di 7–23 Uhr. Digitronska 21, ✆ 052/772-005.

→ Landesinneres: Mirna-Tal und Umgebung
→ Karte S. 78/79

... und präsentiert sich mit wehrhafter Häuserfront

Mountainbiketour rund um Buje über Brtonigla (ca. 28 km, 3 Std., unmarkiert, Kondition mittel, Höhenunterschied 240 m): Von Buje-Zentrum fahren wir südlich hinab zum Ortsteil *Rudine,* dann den Flurweg hinauf zum *Berg Kastanjari* und weiter den leicht abfallenden Weg südlich nach *Baredine.* Von Baredine westlich über Schotterstraße zum Weiler *Grobice.* Von Grobice auf Asphaltstraße Richtung Westen bis zum hübschen Ort *Brtonigla.* Hier kann man sich in einer der örtlichen Lokalitäten stärken (→ Brtonigla). Von Brtonigla (Ortsmitte) führt ein Teersträßchen westwärts und leicht abwärts zum Weiler *Lukoni,* von hier weiter nördlich (Makadam) nach *Šverki,* wieder kurz Asphalt und dann nochmals weiter nördlich auf Makadam nach *Juricani.* Hier wird die Hauptstraße Umag–Buje überquert. Geradeaus geht es weiter bis *Gornij Picudo.* Dann biegen wir rechts (östlich) in den Makadamweg in Richtung Goli Vrh ein und fahren bergan bis *Škabarija.* Kurz führt der Weg bergab, bis wir, schon Buje in Sichtweite, gleich wieder hinauf zurück zum Ausgangspunkt strampeln müssen.

Mountainbiketouren im Landesinneren

Die hügelige Gegend im Landesinneren ist ein Genuss für Radler mit guter Kondition, die mal schnell ein paar Runden drehen wollen. Aber auch für langsame Genießer, die es sich erlauben, an einem Berg abzusteigen und sich ins duftende Gras zu setzen, ist diese malerische, stille Landschaft ein reizvolles Ziel. Die immerzu wechselnden Ausblicke, hübsche touristische Bauernhöfe und Weingüter mit gutem Essen und guten Weinen lassen die Touren zu einem Erlebnis werden, über das sich Körper und Geist freuen ...

Unsere Tourenvorschläge in diesem Kapitel lassen sich auch mit anderen Orten zu größeren Routen kombinieren. Siehe zudem auch den ausführlich beschriebenen *Parenzana-Weg* ab S. 294. Fahrradkarten gibt es bei den Tourismusverbänden.

Buje/Umgebung

Kleine, schöne Weiler, wo man sehr gut essen und auch übernachten kann, findet man mit **Volpija, Kremenje** (→ Momjan) und **Fratija** (s. u.); zudem am Grenzübergang den Weiler **Škrile** bei Muline.

Kaštel (Castel Venere): In dem kleinen Grenzort 7 km nördlich von Buje gibt es einige gute Konobas mit istrischen Spezialitäten und leckeren Trüffelgerichten. Wie der Name andeutet, wurde auch Kaštel weithin sichtbar auf einem Hügel (119 m) erbaut und wehrhaft eingefriedet. Die teilweise noch erhaltenen Befestigungsmauern sind mittelalterlichen Ursprungs, doch schon Jahrhunderte vorher stand hier eine Wallburg der Illyrer.

Erstmals schriftlich erwähnt wird Kaštel 1064, als Istrien zum Herrschaftsgebiet des deutschen Kaisers gehörte. Weitere Herrscher waren die Patriarchen von Aquileia, dann folgten die deutschen Grafen Rauenstein (bis 1422 war die Festung nach ihnen benannt) und schließlich die Venezianer. Gegen die Angriffe der Habsburger, Uskoken und Türken wehrte sich das Kastell tapfer, bis es 1825 ganz unheldenhaft durch einen Brand zerstört wurde. Zu sehen sind heute nur noch die Überreste der Kapelle und von drei Toren.

Essen/Übernachten ≫ **Mein Tipp:**
*** Casa Romantica La Parenzana, ca. 2 km nördl. von Buje im ruhigen Weiler Volpia (Richtung Grenzübergang Dragonja), abseits der Hauptstraße und am Parenzana-Weg. Gemütliches 32-Betten-Hotel im renovierten Gutshof mit Kamin; herrliche, von Lavendel gesäumte Terrasse mit Blick auf Buje, von den Zimmern auch aufs Meer. Leckeres Essen mit frischen Produkten und Weinen aus der nahen Umgebung; Spezialitäten sind Gerichte aus der Čripnja oder Fuži mit Wild. DZ/F 78 € (ganzjährig). Neue Ltg. unter Fam. Ponjavić, Volpia 3, ✆ 052/777-460, www.parenzana.com.hr. ≪

Konoba Malo Selo, in Fratrija, ca. 4 km nördl. von Buje (in Richtung slow. Grenze). Spezialitäten sind Pastagerichte mit Spargel, Pilzen und Trüffeln sowie saisonale Themengerichte, hauseigener Wein und Olivenöl. Kleine lauschige Terrasse und rustikales, gemütliches Interieur und guter Service. Ganzjährig tägl. 17–23 Uhr, im Juli/Aug. 12–23 Uhr. Fratrija, Buje, ✆ 052/777-332.

**** Hotel & Casino Mulino, schöne Lage oberhalb vom Grenzübergang. Vom Pool und der Terrasse weiter Blick auf die Bucht von Piran, auf die Salinen von Sečovlje u. gen Piran. Wellnesscenter mit Innenpool, Restaurant u. Casino. Ganzjährig. DZ/F ab 130 € (Sa/So ab 160 €). Škrile 75 a, ✆ 052/752-300, www.mulino.hr.

Agrotourismus-Pension Punta (Fam. Radešić), im Weiler Krasica, 5 km südl. in Richtung Mirna-Tal. Trumpft mit hausgemachtem Pršut, Fuži und Gerichten aus der Čripnja auf, zudem hausgemachtes Schweinskarree (ombolo) und Würste. Auch Zimmer/Appartements. Tägl. außer Mo 13–22 Uhr; Reservierung erforderlich! Krasica 80 a, ✆ 052/776-001.

Gute Restaurants um Kaštel Konoba **Kod Davida**, Spezialitäten sind Trüffelgerichte mit Gnocchi, Pasta und Fleischgerichte. Sitzgelegenheiten auch im Freien. Tägl. außer Do 11–24 Uhr. Kaštel 120 c, ✆ 052/777-090.

Restaurant Igor, hier stehen ebenfalls istrische Trüffelspezialitäten auf der Karte, vor allem mit Weißem Trüffel, aber auch Seefisch, z. B. aus dem Backofen. Tägl. außer Mi 12–23 Uhr. Kaštel 120 e, ✆ 052/777-131.

Restaurant Bassanese, hier isst man vor allem gute Fischgerichte. Tägl. außer Mi ab 12 Uhr. Kaštel 125, ✆ 052/777-035.

Mountainbiken/Wandern Über die Agentur **Sitnica** (Montrin 31, 1 km nördl. von Volpia, ✆ 052/721-007) werden z. B. organisierte Mountainbiketouren auf der Parenzana (inkl. Transfer, Fahrradverleih) angeboten, zudem Wandertouren und Kajaktrips. Fahrradverleih auch bei Casa Romantica La Parenzana (→ Übernachten).

Olivenöl Agro Millo, Fam. Smilović betreibt Olivenanbau und Produktion inzwischen mit modernster Technik im 6. Generation seit 1943. Verkostung/Kauf der verschiedenen Sorten. Baredine 16 (2 km westl. von Krasica bzw. 7 km südöstl. von Buje), ✆ 052/774-256, 098/224-023 (mobil).

Veranstaltungen Im Zeichen des Olivenöls Oleum Olivarum, in Krasica, 2. Wochenende im März. **Spargelfest**, in Kaštel, das Wochenende nach Ostern.

Wein Weingut Clai (Terre bianche), Spitzenwinzer im Ort Krasica (Crasizza), ca. 5 km südl. von Buje (N 21), Brajki 104, ✆ 091/776-175 (mobil).

→ Karte S. 78/79   Landesinneres: Mirna-Tal und Umgebung

Brtonigla (Verteneglio): kleine, malerisch zwischen sonnigen Feldern und Weingärten gelegene Siedlung an der Hauptstraße Buje–Novigrad, ca. 6 km südwestlich in Richtung Küste. Die Römer nannten den Ort *Hortus Niger*, 1102 wird Brtonigla erstmals schriftlich erwähnt. Die Pfarrkirche hl. Zenon wurde 1520 erbaut und in der zweiten Hälfte des 19. Jh umgestaltet; unterhalb der Pfarrkirche steht die *Kapelle hl. Rochus* aus dem 17. Jh. – ihm zu Ehren wird jährlich am 16. August das Stadtfest San Rocco gefeiert. Neuester Anziehungspunkt für Familien ist der *Aquapark (s u.)*. Abseits von Touristenrummel und Verkehr lässt es sich hier und in der Umgebung entspannen und die istrische Kochkunst genießen. Die umliegenden Weingärten und Natursehenswürdigkeiten (s. u.) laden zu Wanderungen (→ Kleiner Wanderführer/Wanderung 1) und Fahrradtouren ein.

Information Tourismusverband, Brtonigla, Mlinska 2, ✆ 052/774-307, www.coloursofistria.com. Geöffnet Juni–Sept. 52474 Mo–Fr 8–19, Sa/So 9–17 Uhr; Okt.–Mai Mo–Fr 8–15, Sa 8–12 Uhr.

Agentur Guidina, Ul. mira 9, ☎ 052/725-100, www.alternativna-istra.com. Hotelunterkünfte, Kochkurse, organ. Rad- und Wandertouren (deutschsprachig).

Essen/Übernachten Restaurant **Primizia Food & Wine** (Ltg. Hotel San Rocco), am Hauptplatz im Ort; hier kann man bestens istrische Speisen und dazu die ausgewählte Weine und Olivenöle aus der Umgebung kosten. Auch leckere Holzofenpizzen sind im Angebot. Bunarska 2, 52474 Brtonigla, ☎ 052/774-704

»» Mein Tipp: **** Hotel San Rocco, gemütliches Landhotel im stilvoll umgebauten 200-jährigen Gutshof. Pool und herrliche Terrasse, im Kellergewölbe Vinothek, zudem eigene Pršut-Herstellung. Das sehr gute Restaurant (Mitglied „Jeunes Restaurateurs d'Europe") bietet fantasievolle, zeitgemäße Küche aus besten heimischen Produkten, dazu ausgewählte istrische Weine. Ganzjährig ab 12 Uhr. DZ/F ab 190 €. Srednja ulica 2, 52474 Brtonigla, ☎ 052/725-000, www.san-rocco.hr. **««**

Konoba Astarea, traditionelles, gut besuchtes Lokal am Ortsrand von Brtonigla. Innen ziert ein großer Kamin den rustikalen Raum und den verglasten Wintergarten. Spezialitäten sind Peka-Gerichte, Fleisch, Fisch und ganz besonders lecker: der Apfelstrudel. Zur Verdauung warten verschiedene Hausbrände, u. a. Grappa mit Heilkräutern. Ganzjährig ab 11 Uhr. Ronkova b. b., Brtonigla, ☎ 052/774-384.

Konoba Morgan, 1 km nordöstl. von Brtonigla, mit netter Terrasse. Gute Saisonküche, u. a Wildschweinbraten, Hühnchen und Kalb unter der Peka und hauseigene Weine. Tägl. außer Di 12–15/18–22 Uhr. Bracanija 1, ☎ 052/774-520.

Gostilna Luciana, 3 km südl. von Brtonigla. Familiäre Atmosphäre, gute Küche und Unterkunftsmöglichkeiten; Spezialitäten sind Produkte vom Hof, zudem hausgemachte Pasta mit Trüffeln oder Pilzen sowie Hähnchengerichte. Tägl. außer Mo ab 11 Uhr. Nova vas 48, ☎ 098/1779-813 (mobil).

Touristischer Bauernhof Sterle, 4 km südl. von Brtonigla. Hier erwartet den Gast traditionelle Küche ohne Schnickschnack, z. B. Wildschwein mit Polenta; zudem Zimmervermietung und Infos zur Grotte Mramornica. Tägl. außer Di ab 11 Uhr. Štancija Drušković 20 (1 km westl. von Nova vas), ☎ 052/774-313, www.agroturizamsterle.hr.

Touristischer Bauernhof Vinerino, die Familie Visintin kümmert sich bestens um ihre Gäste. Gemütliches Sitzen auf der Terrasse oder im Innern bei hausgemachten istrischen Spezialitäten wie Maneštra, Fuži, Gnocchi, Ombolo oder auch Oktopus aus der Peka; zudem hausgemachtes Brot, eigenes Olivenöl und Wein. Auch Zimmervermietung. Mo–Fr 17–23, Sa/So 11–23 Uhr. Drušković 8, Brtonigla, ☎ 052/774-417, ☎ 098/9411-854 (mobil).

Weingüter Veralda, im Ortsteil Krišin, Krišin 4, ☎ 052/774-111, www.veralda.hr.

Ravalico, im Ortsteil Nova vas (Villanova), Nova vas 101, ☎ 052/774-152, 774-150.

Silvano, im Ortsteil Marconi, Marconi 10, ☎ 052/774-491.

Sport **Aquapark Istralandia**, neben der Autobahn, mit etlichen Pools und Rutschen, wo sich v. a. bei schlechtem Wetter die Familien mit ihren Sprösslingen tummeln. www.istralandia.hr.

Grotte Mramornica: Die Marmorhöhle liegt ca. 5 km südwestlich in Richtung Novigrad, benannt nach ihren schönen weißen Stalagmiten und Stalagtiten. Sie erstreckt sich bis 20 m unter der Erde mit konstanten 14 Grad. Zugänglich sind 400 m auf gut begehbaren Wegen in einer 30-Min.-Führung.

Öffnungszeiten Sa/So u. Feiertage im Juli/Aug. 10–18 Uhr; Mai/Juni u. Sept. 10–17 Uhr. Štancija Drušković 20, Brtonigla, ☎ 052/774-313. Sonst nach Anmeldung über TK Sterle (→ Naturreservat Škarline, Essen/Übernachten) und über ☎ 052/774-276, ☎ 099/2502-958 (mobil). Eintritt 50 KN, Kinder 25 KN.

Naturreservat Škarline: Diese hübsche Schlucht mit kleinen Wasserfällen und schönen Aussichten liegt südöstlich von Brtonigla und südlich von Grobica. Den Naturpark kann man auf markierten Wanderwegen in rund 3:30 Std. durchstreifen (Achtung: Im Frühjahr führt der Bach Wasser und es kann sumpfig werden).

Wanderung 1: Brtonigla – durch das Naturreservat Škarline   → S. 315
Leichte Rundwanderung durch das Naturreservat

Momjan (Momiano): ein paar Kilometer nördlich von Buje, schön über dem Dragonja-Tal gelegen – ein weiterer Ort im Hinterland mit herrlichem Fernblick. 1102 war Momjan ein Geschenk von Markgraf Ulrich II. an den Patriarchen von Aquileia. Im 15. Jh. wurde es von den Venezianern mit Zugbrücke, Türmen und Mauern bewehrt, zur Festung ausgebaut und blieb bis Ende des 18. Jh. unter ihrer Kontrolle. Von dem strategisch und militärisch einst bedeutsamen Kastell zeugen heute nur noch schwer zugängliche Ruinen. Eigentümer der Siedlung um das Kastell war lange Zeit die Familie Rota, ihr Patrizierhaus im Ort mit schönem Portal und Familienwappen ist noch erhalten. Durch die anhaltende Landflucht im 20. Jh. verkam das Örtchen mehr und mehr zu einer Geisterstadt, doch bei einem Spaziergang durch die Gassen ist viel zu entdecken – die *Martinskirche* aus dem 16. Jh. (Patronatsfest am 11. Nov.), stattliche Bürgerhäuser, malerische Fassaden und Denkmäler, allerdings teils sehr renovierungsbedürftig – Erinnerungen an den Glanz vergangener Zeiten.

Die *Konobas* in und um Momjan bieten häufig sehr gute Küche; der von Weinbergen umgebene Ort ist bekannt für seinen *Muskatel,* einen hervorragenden, mal trockenen, weißen Muskat mit Feigenduft, mal süßen Roséwein, dessen Geschmack an wilde Nelken oder Rosen erinnert und der zu Fisch, Hummer oder auch zum Dessert gereicht wird. Zum Verkosten laden eine Reihe guter Weingüter ein.

Übernachten/Essen/Wein   Restaurant **Stari podrum**, gutes Lokal, die Spezialitäten sind Trüffelgerichte, u. a. mit hausgemachter Pasta oder mit Beefsteak. Hier kocht nun Mira Zrnić (früher in Fratrija). Tägl. außer Mi 12–22 Uhr. Most 52, Momjan, ☎ 052/779-152.

≫ Mein Tipp: Agrotourismus San Mauro, im idyllischen Weiler San Mauro (östl. von Momjan), zum Übernachten wie zum Essen eine gute Adresse. Neben prämierten Weinen und Grappas bietet Familie Sinković hervorragende Küche mit hausgemachten Produkten (Gnocchi mit Huhn, Aufschnitt, Oliven …), zudem das istrische Ochsenfleisch Boškarin. Für Nichthausgäste nur im Aug. Sa u. So 12–22 Uhr. Gut ausgestattete Appartements, vom obersten Stockwerk mit Meerblick (DZ/F 60 €). Fam. Sinković, San Mauro 157, ☎ 052/779-033 oder 098/420-242 (mobil), www.sinkovic.hr. ≪

≫ Mein   Tipp: Restaurant-Pension Marino, Weingut in Kremenje, 4 km nordöstl. von Buje in Richtung Momjan. Sehr schönes Ambiente, man speist unter Arkaden. Spezialitäten des Hauses sind Trüffelgerichte und Wild sowie hervorragende Weine aus eigener Kelterei. Einige DZ vorhanden. Di Ruhetag. Kremenje 96/b, Momjan, ☎ 052/779-047. ≪

Konoba Pjero, ein weiteres nettes Lokal in Kremenje. Auch hier sind Trüffel die Spezialitäten, u. a. mit hausgemachter Pasta oder mit Beefsteak, aber auch Peka-Gerichte. Tägl. außer Mo ab 12 Uhr. Kremenje 99, Momjan, ☎ 052/779-200.

Konoba Rino, auch hier werden Trüffelgerichte, Wild mit Gnocchi und Grillfleisch serviert. Schöne Sitzgelegenheiten auf der Terrasse. Geöffnet tägl. außer Di 12–22 Uhr. Momjan 49, ☎ 052/779-170.

Weingüter   Gianfranco Kozlović, Valle 78, ☎ 052/779-177, www.kozlovic.hr. Langjährige Winzererfahrung, Spezialist für Dessertweine.

Armando & Rino Prelac, Donja ulica 48 a, ☎ 052/779-003.

Kabola, Inh. Marino Markežić, im Ortsteil Kremenje, ☎ 052/779-208, www.kabola.hr. Hier gibt es in Amphoren ausgereiften Malvazija und Muskatweine.

Sinković, Inh. Libero Sinković, San Mauro 157, ☎ 052/779-033. Goldprämiert u. a. der „Muškat momjanski".

→ Landesinneres: Mirna-Tal und Umgebung → Karte S. 78/79

Blick auf Grožnjan und das Mirna-Tal

Grožnjan   (Grisignana)

Das Städtchen oberhalb der Mirna, von dessen wuchtiger Mauer der Blick weit ins Tal und über die Hügel bis zum Meer reicht, war einst der Verwaltungssitz der Stadtrepublik Venedig. In die stille Harmonie des Orts mit seinen alten Gassen und blumengeschmückten Plätzen mischen sich in den Sommermonaten ungewohnte Musikklänge ...

In Grožnjan haben sich nicht nur viele Bildhauer und Maler niedergelassen, im Sommer beherbergt das Städtchen jugendliche Musiktalente aus aller Welt. Die Abschlusskonzerte der 1969 gegründeten *Sommerakademie Jeunesses Musicales* im August sind immer gut besucht – und in den Wochen vorher dürfen die angehenden Musiker nach Herzenslust üben; in der sonst stillen Gegend nimmt niemand daran Anstoß, im Gegenteil: Die Klänge der Saiteninstrumente und Klaviere geben dem mittelalterlichen Städtchen ein besonderes Flair. Daneben gibt es eine Reihe weiterer Musik- und Kunstevents, die einen Besuch lohnenswert machen.

1103 wird Grožnjan erstmals schriftlich erwähnt. Bis 1358 herrschten hier die Patriarchen von Aquileia. Doch weil der Unterhalt der prächtigen, wehrhaften Stadt offenbar damals schon kostspielig war, wurde sie an die reichen Venezianer verkauft. Die brachten neuen Glanz in die alten Gemäuer und machten Grožnjan Ende des 14. Jh. zum west-istrischen Verwaltungssitz der Stadtrepublik – erhalten aus dieser Zeit blieb jedoch nur das Stadttor.

Fast uneinnehmbar wirkt das Städtchen auf dem 260 m hohen Kegelberg, das neben Wallgraben und Stadttor etliches an Sehenswertem zu bieten hat. Beeindruckend ist schon die zur Stadt führende Kastanienallee, die am Kirchplatz mit einem herrlichen Blick aufs Meer endet. Die **Pfarrkirche** mit ihrem gewaltigen Uhrturm wurde in der zweiten Hälfte des 18. Jh. umgebaut. Den Altar ziert ein Gemälde mit dem heiligen Blasius (1716), ein Werk von *Francesco Travi*. Das **Kastell** gegenüber der Kirche stammt aus dem 12. Jh. und war seit Ende des 14. Jh. venezianische Residenz; heute werden im Konzertsaal Musikabende veranstaltet.

Im alten **Kornhaus** mit Loggia (14. Jh.) am Stadttor lädt die städtische *Galerie Fonticus* mit Werken internationaler Künstler zum Besuch ein (Juni–Okt. 10–13/17–20 Uhr; www.gallery-fonticus-groznjan.net). Geht man von hier durch das Stadttor, kommt man zu einer **Kapelle** (16. Jh.), deren Fresken aber erst 1988 gemalt wurden. Vor der Kapelle sind links die Reste einer alten Ölfabrik zu sehen sowie ein über 400 Jahre alter Baum. Die **historische Schmiede** im Westen der Stadt stammt aus dem 15. Jh. Der **Friedhof** mit einigen sehenswerten Skulpturen auf den Gräbern liegt nördlich, außerhalb der Stadtmauer. Viele der alten Gebäude der Stadt wurden inzwischen liebevoll restauriert und beherbergen heute rund 30 schöne **Kunstateliers**. Die Gassen und Plätze sind blumengeschmückt, eine anheimelnde Atmosphäre durchzieht den alten Ort.

Grožnjans Umgebung lädt zu herrlichen **Mountainbiketouren** auf schmalen Straßen und Makadamwegen ein. Hübsch ist z. B. die ca. 30 km lange Rundtour über **Martinčići** (Martincici) zum verträumten **Završje** (Piemonte), dazu vielleicht noch ein Abstecher nach **Kostanjica** (Castagna), dann wieder zurück nach Grožnjan. Auch eine Tour auf dem Parenzana (→ Parenzana-Weg, S. 294) in Richtung Livade bietet sich an.

Information Tourismusverband, 52429 Grožnjan, Umberta Gorjana 3, ✆ 052/776-131, www.tz-groznjan.hr. Geöffnet Mo–Fr 8–15 Uhr.

Einkaufen Trüffelladen Zigante & Enoteka, ausgewählte Weine, Antipasti und Trüffeln kann man auf der stilvollen Loggia-Terrasse verkosten. Ul. Gorjan 5, ✆ 052/776-099.

Olivenöl, Fam. Antolović, Peroj 13 b, ✆ 052/776-107 und 091/5047-244 (mobil).

Veranstaltungen Musiksommer Grožnjan, intern. Treffen junger Musiktalente, ✆ 052/776-223, www.hgm.hr (nur in Kroatisch).

Sommer-Jazz-Schule und Intern. Jazzfestival „Jazz is Back!", den ganzen Juli, zählt zu Europas schönsten Jazzevents.

Ex Tempore, 3. Sept.-Woche Do–So; ca. 400 Künstler schaffen Werke zu einem jährlich wechselnden, vorgegebenen Thema, es gibt ein Preisgeld. ✆ 052/776-131.

Am letzten Sept.-Sonntag gibt's noch das Rotweinfest.

Essen/Übernachten ≫ Mein Tipp: Konoba Bastia, in der Mitte des Städtchens. Schöner Fernblick und große Terrasse unter mächtigen Bäumen. Das Hausinnere in typisch istrischer Ausstattung, mit lauschi-

gem Innenhof. Hausspezialitäten sind Wild, Trüffeln, Pilze und hausgemachte Gnocchi, Nudeln oder Fuži, selbst gebackenes Brot, gute Maneštra, aber auch Seefisch und Scampi – dazu roter und weißer Tafelwein aus den umliegenden Weinbergen. Tägl. bis 24 Uhr geöffnet, im Winter Do Ruhetag. 1. Svibnja 1, ✆ 052/776-370. ≪

Konoba-Pension Pintur, gegenüber von Bastia, ebenfalls gute Küche. Zimmer mit Dächerblick. DZ/F 50 €. M. Gorijana 9, ✆ 052/776-397.

Privatunterkünfte/Altstadt Es gibt rund 15 Anbieter, ca. 40 €/DZ. U. a.:

Fam. Černac, Ul. Vladimira Gortana 5, ✆ 052/776-122 und 091/5288-253 (mobil).

Fam. Pucer, Uz Zidine 7, ✆ 052/776-116 u. 091/9352-580 (mobil), pucer.peter@hi.t-com.hr.

/* Villa San Vito, am nördl. Altstadtrand im hübschen alten Natursteinhaus. Ab ca. 50 €/Appartement (Domus Bonus). Trg Kaštela 2, ✆ 052/776-113, www.san-vito.info.

Privatunterkünfte/Peroj Ein ruhiger Weiler, 1 km nordwestl. von Grožnjan, u. a.:

Fam. Oplanić – Casa Margherita, mit Swimmingpool. 13 a, ✆ 052/757-097, 091/5060-197 (mobil), www.casa-margherita-istra.com.

→ Landesinneres: Mirna-Tal und Umgebung · Karte S. 78/79

Grožnjan/Umgebung

Kostanjica (Castagna): ein sonnenverwöhnter Weiler südöstlich von Grožnjan; ebenfalls eine gute Adresse zum Weinkaufen und Essengehen, in Verbindung mit einer Radtour ein netter Ausflug. Man kann die bergabwärts führende Makadamstraße von Grožnjan nach Süden nehmen (ca. 4 km), stößt dann auf die Hauptstraße bei **Ponte Porton**, an der Brücke mit Straßenkreuzung ins Mirna-Tal, hält sich kurz östlich, zweigt dann wieder nordwärts ab und erreicht nach 2 km Kostanjica.

Essen & Trinken Agrotourismus Deškovíć, Wein und gutes Essen vom Bauernhof, z. B. Maneštra, Kalbfleisch aus der Peka, hausgemachte Nudeln, Käse etc. Die Hausweine wurden schon mehrfach prämiert, im Keller lagern Muskat, Refošk, Teran, Pino sivi. Geöffnet Fr–So 13–22 Uhr. Anfahrt: ab Grožnjan über Makadam nach Pertići, dann noch 2 km südl. Kostanjica, Sveti Stjepan 58, ✆ 052/776-315.

Wein Weingut Duvillio Zigante, Zufahrt über eine kleine Straße nach Norden, an der Straßenkreuzung ins Mirna-Tal. Prämierte Weine wie Teran, Muskateller und Grappa. Kostanjica, Haus Nr. 66, ✆ 052/721-930, www.vina-zigante.hr.

Završje (Piemont): östlich von Grožnjan oberhalb des Mirna-Tals – ein weiterer verträumter, verlassen wirkender Ort mit schönem Weitblick. Anfahrt z. B. von Süden, von der Hauptstraße im Mirna-Tal (N 44). Završje drängt sich, umgeben von Weinbergen, auf einem 370 m hohen Hügel zusammen. An bessere Zeiten erinnern das gut erhaltene Stadttor mit Wappen, Fragmente römischer Skulpturen sowie zwei große Kirchen: im Zentrum die spätgotische, ab 1684 weiter ausgebaute Kirche *Heilige Maria vom Rosenkranz* und am Ortsrand die barocke Pfarrkirche *Mariä Geburt* von 1794 mit einer Orgel aus dieser Zeit und üppiger Ausschmückung mit Altarbildern, Fresken und einer herrlichen Deckenbemalung.

Einkaufen Besten Honig gibt es bei Oliviano Miani, Završje 51, ✆ 052/776-205.

Essen/Übernachten   ≫ Mein Tipp: Agrotourismus Pincin, im ruhigen Ort Završje (Weiler Montižel). Hier kann man sich wunderbar einquartieren und bestens essen. Spezialität sind Gerichte aus der „čripnja" (Glocke), z. B. Lamm, Wild etc., zudem hausgemachte Fuži und natürlich Trüffelgerichte. Viele Produkte kommen vom eigenen Hof, auch die Weine wie Malvazija, Teran, Cabernet sauvignon und Muškat. Završje, Montižel 59, ✆ 052/776-212 und 098/396-772 (mobil). ≪

Vižinada   (Visinada)

Kleiner Ort oberhalb des Mirna-Tals, am Abhang des knapp 300 m hohen Sv.-Tomo-Bergs – die Sicht von hier in Richtung Motovun, Oprtalj und Mirna-Tal ist fantastisch.

Vižinada wird erstmals im 12. Jh. erwähnt, fällt 1523 an die Venezianer und wird unter der Familie Grimani, die den Ort für wenige Dukaten erwarb, die folgenden Jahrhunderte verwaltet und beherrscht.

Am südlichen Ortseingang sind noch Reste der alten Befestigungsmauern und die romanische **Kapelle Johannes des Täufers** zu sehen. Den Stadtkern bildet der große Platz, um den sich die **Hieronymus-Kirche** (1837) mit frei stehendem Glockenturm (17. Jh.), Barockhäuser, eine barocke Zisterne (1722) und die Stadtloggia (17. Jh.) reihen, die den einstigen Reichtum des Städtchens erahnen lassen. An der Zisterne wird jährlich im Frühjahr ein kleines Poetenfest veranstaltet, unter dem Motto „Verse an der Zisterne" (Versi na šterni) – Infos über die Touristinformation.

Weiter Blick von Vižinada (Sv.-Tomo-Berg) auf Motovun

Wertvollster Sakralbau ist die westlich stehende **Pfarrkirche Sv. Barnaba** (13. Jh.); ihre Wände und Apsiden wurden Mitte des 15. Jh. komplett mit Fresken ausgeschmückt: Szenen aus dem Leben Christi (Geburt, Heilige Drei Könige, das letzte Abendmahl, Auferstehung Christi u. a.). Anfang des 18. Jh. war dies offensichtlich nicht mehr modern – die Kunstwerke verschwanden unter einer Mörtelschicht. Erst durch das Abfallen des Putzes wurde man auf den verborgenen Schatz aufmerksam und restaurierte umfangreich. Ein weiteres Kirchlein, 1579 dem hl. Johannes geweiht, steht am südlichen Ortsbeginn.

Vižinada ist der Geburtsort der berühmten Ballerina *Carlotte Grisi* (1819–1899), die in der Hauptrolle des Balletts „Giselle" das Publikum in ganz Europa mit ihren Künsten fesselte.

Das Städtchen ist ein guter Ausgangspunkt für Touren ins Landesinnere, auch per Mountainbike. In der Umgebung locken schöne Weingüter und nette, ruhige Übernachtungsmöglichkeiten.

Information Touristinformation, 52447 Vižinada, ☎ 052/446-110, www.istria-vizinada.com. Geöffnet nur Juni–Sept. 9–13/17–20 Uhr.

Essen/Übernachten Agrotourismus Ritossa, Gutshof in schöner Lage. Zimmer und ein Appartement. Essen nur für Hausgäste; selbst gekelterte Weine, Fleisch aus eigener Schlachtung. Vižinada 46, ☎ 052/446-211, www.agroturizam-ritossa.com.

⟫ Mein Tipp: Agrotourismus Fatorić, ca. 2 km südl. im Weiler Ferenci. Hausgemachte Teigwaren und v. a. Produkte aus eigener Schlachtung (Pršut) stehen hier auf der Karte, Gemüse und Wein sind aus eigenem Anbau. Essen nach Vorbestellung. Ferenci 36 a, ☎ 052/446-146, 091/583-7954 (mobil), www.agroistra.com/fatoric. ⟪

Agrotourismus Geržinić, im Weiler Ohnići, 5 km südwestl. (Richtung Poreč). Nach Voranmeldung Weinverkostung und -kauf, zudem gibt's Hausspezialitäten wie Pršut und Oliven. Ohnići 9, Vižinada, ☎ 052/446-285.

Weingüter Elido Pilato, Lašići 16, Vižinada, ☎ 052/446-281. Eines der besten Weingüter der Gegend, die Weine sind in vielen Restaurants und Delikatessenläden erhältlich; kein Verkauf in kleinen Mengen, nur organisierte Führungen.

Franc Arman, Narduči 5, Vižinada, ☎ 052/446-226. Mit Verkostung; empfehlenswert: Muskatweine.

Marijan Arman, Narduči 3, Vižinada, ☎ 052/446-229.

Die Abendsonne und den Ausblick gen Mirna-Tal und Adria genießen

Motovun   (Montona)

Eine mächtige Stadtmauer beschützt das auf einer 280 m hohen Bergkuppe thronende mittelalterliche Städtchen. Allein der fantastische Blick über die Hügellandschaft, das breite Mirna-Tal und das Meer lohnt einen Besuch.

Die Venezianer konnten das Mirna-Tal noch bis Motovun mit dem Schiff befahren, was wegen der Versandung schon lange nicht mehr möglich ist. Heute führt eine Straße teils schnurgerade durchs Tal Richtung Buzet. Der sagenumwobene Ort, an dessen Stelle früher eine Fluchtburg stand, ist schon von weitem zu sehen. Ein schmales Sträßchen windet sich bergan, geparkt wird kurz vor der Altstadt.

Im 10./11. Jh. unterstand Motovun den Bischöfen von Poreč, 1278 kamen die Venezianer und bauten neue Befestigungsanlagen für die strategisch wichtige Burg. Mit der Zeit wurde es innerhalb der Stadtmauern zu eng, die Siedlung wurde unterhalb des alten Kerns um einen neuen Stadtteil erweitert und zwischen dem 14. und 17. Jh. ebenfalls mit Wehranlagen geschützt.

Das schier uneinnehmbare Städtchen mit seinen mächtigen inneren und äußeren Befestigungssystemen ist gut erhalten. Auf einem Spaziergang entlang der Stadtmauer und durch etliche dicke Tore hindurch – der alte und neuere Teil sind geschickt miteinander verbunden – lässt sich die Stadt gut umrunden und erkunden und man kann auch einen Blick in Trüffelläden und Kunstgalerien werfen.

Ein wappenverziertes, mit dem geflügelten Markuslöwen geschmücktes **Stadttor** (16. Jh.) führt auf einen kleinen Freiplatz mit Cafés. Von der wuchtigen **Stadtmauer**, die hier bis zu 15 m abfällt, schweift der Blick weit talabwärts bis zum Meer und auch nach Grožnjan hinüber. Kurz vor dem Tor steht die im 17. Jh. an die Stadtmauer angebaute **Loggia**.

In den kleinen Altstadtkern gelangt man durch das wuchtige, zwischen zwei Wehrtürmen liegende Stadttor. Auf dem großen **Hauptplatz** ragt der **Glockenturm**

(13. Jh.) mit seinen gut erhaltenen Zinnen empor, einst ein Wachturm; ihn kann man auf rund 100 Stufen besteigen und den Weitblick genießen (Juni–Aug., Eintritt 20 KN). Nebenan stehen die **Renaissance-Kirche** (17. Jh.) und der **Stadtbrunnen** (15. Jh.). Südlich und unterhalb des Altstadthügels verläuft der längste Tunnel der ehemaligen Parenzana-Eisenbahntrasse, heute eine Wander- und Radstrecke (→ Parenzana-Weg, S. 294).

In der ersten Augustwoche wird es im sonst stillen Motovun (außer es kommen Busgesellschaften) richtig lebendig – dann finden die *Internationalen Filmfestspiele* statt. Auf zahlreichen Bühnen im Ort und rundherum flimmern die Leinwände rund um die Uhr. Das meist junge Publikum nächtigt dann in Zelten vor dem völlig überfüllten Städtchen.

Motovun bietet sich bestens als Ausgangspunkt für schöne Fahrradtouren (u. a. Parenzana-Weg, S. 294) oder Wanderungen auf dem BBB-Bergwanderweg an, der von Buje über Grožnjan weiter nach Buzet und Brest verläuft (Infos unter Planinarsko društvo, „Planik“, ☎ 052/743-033, Umag).

Basis-Infos

Information Touristinfo, 52424 Motovun, Trg Andrea Antico 1 (Altstadthauptplatz), ☎ 052/681-726, www.tz-motovun.hr. Juni–Sept. 12–18 Uhr, sonst nur Sa/So 12–18 Uhr.

Agentur Istra Magica, gegenüber vom Hotel (gleiche Ltg.), ☎ 052/681-607.

Agentur Montonatours, unten im neuen Ortsteil, ☎ 052/681-970, www.montonatours.com. Zimmervermittlung.

Einkaufen Mehrere **Trüffelläden** in der Altstadt, alle gut sortiert. 9–19 Uhr.

Parken Großer Parkplatz an der Altstadtzufahrt, es gibt einen Shuttlebus hoch (Mai–Sept.); 20 KN/Tag.

Veranstaltungen Internationales Filmfestival in der letzten Juliwoche, ☎ 01/464-7700. **Festival Veli Jože**, 1. Fr–So im Juni; Filme, Bücher, Kinderanimation.

Übernachten/Essen & Trinken

Übernachten/Essen In der Altstadt kann man in einigen nett restaurierten Wohnungen nächtigen, Infos auf der Website des Tourismusverbands.

Appartements Bella Vista, wie der Name verspricht: schöner Ausblick von der Terrasse. Gut ausgestattete Appartements (Domus Bonus) 50–60 €. Gradiziol 1, ☎ 091/5230-321, www.apartmani-motovun.com.

⟫ Mein Tipp: *** Hotel Kaštel, kleines, komfortables Altstadthotel, ein ehemaliger Palast aus dem 17. Jh., mit schönem Spa-Center und Innenpool. Gemütlich sitzt man auf der großen Terrasse des Restaurants Palladio, unter mächtigen 100-jährigen Kastanien oder im Garten. 27 modern ausgestattete Zimmer mit herrlicher Aussicht, ab 114 € (je nach Komfort). Spezialitäten der Küche sind u. a. eine leckere Maneštra, Wildgerichte, aber auch Gerichte aus der

Čripnja und ausgesuchte Weine. ☎ 052/681-607, www.hotel-kastel-motovun.hr. ⟪⟪⟪

B & B Villa Borgo, Altstadthaus neben der Loggia. 7 nette Zimmer und schöne Frühstücksterrasse mit herrlichem Blick ins Mirna-Tal. DZ/F ab 76 €. Borgo 13, ☎ 098/334-566 (mobil).

Restaurant Conviva, unterhalb der Altstadt von Motovun. Gute istrische Gerichte speist man auf der großen Terrasse. Tägl. 7–22 Uhr. Kanal 25, ☎ 052/681-758.

Restaurant Pod Voltom, in der Altstadt, beliebt und auch im Club für gute Trüffelgerichte (Tartufo vero). Tägl. 12–22 Uhr. Trg J. Ressela 6, ☎ 052/681-923.

Restaurant Mondo, ca. 1 km südl. von Motovun im Weiler Barbakan. Trüffelgerichte, hausgemachte Pasta und Ravioli. Tägl. 12–15.30/18–22 Uhr. ☎ 052/681-791.

→ Karte S. 78/79

Landesinneres: Mirna-Tal und Umgebung

Agrotourismus Toni, im Weiler Brkač, 2 km südwestl. von Motovun. Hauseigene Weine und Obst aus dem Garten, die Küche serviert gute Hühnchen- oder Trüffelgerichte. Nur auf Anfrage. Fam. Milanović, Motovun, Brkač 26, ✆ 052/681-531, 098/698-554 (mobil).

》》 Mein Tipp: Agrotourismus **Špinovci**, auch **Agroturizam Tikel** genannt, von „Toni" aus eigentlich nur über dem Hügel gelegen, man muss aber von Motovun 4 km nach *Karojba* fahren, dann ca. 3 km Richtung Višnjan, um schließlich bei Rapki nach Špinovci abzuzweigen. Einsamer, idyllischer Weiler, hübsch renovierter Hof und Appartementhaus, herrliches Panorama. Versorgt wird man mit sehr guter Hausmannskost, Fleisch von eigenen Tieren, Trüffeln und selbst gekelterten Weinen. Wer Ruhe sucht, ist hier goldrichtig. 52423 Špinovci 88, ✆ 052/683-404, www.pazin.hr. 《《

Agrotourismus Štefanić, 5 km südwestl. von Motovun (Abzweig bei Karojba). Gutes Essen aus eigener Landwirtschaft und Tierhaltung (nach Vorbestellung), gute Weine. Motovun, Stefaniči 55, ✆ 052/689-026, 098/9454-245 (mobil), www.agroistra.com/stefanic.

Agrotourismus-Vinothek Matijašić, 14 km östl. von Motovun (Gemeinde Pazin), nahe dem Stausee Jezero Butoniga; idyllische Lage im Weiler Pekasi, bei Zamaski dol. Küche und Keller servieren gutes Essen und leckere Weine; auch Zimmervermietung. 52000 Pazin, Pekasi 37, Zamaski dol, ✆ 052/422-211.

Camping   Motovun Camping, kleiner Platz unterhalb der Altstadt, gegenüber dem Parkplatz (Ltg. Hotel Kaštel); der Hotelpool kann gratis benutzt werden. Stellplatz 25 €/2 Pers. (ab 2 Nächte 20 €). ✆ 052/681-607, www.motovun-camping.hr.

Wein   Livio Benvenuti, Kaldir 7, ✆ 052/691-322, www.benvenutivina.com. Neben seinem fruchtigen Malvazija bietet er diesen auch als Dessertwein an. **Tomaz**, Kanal 36, ✆ 098/335-769 (mobil). **Fakin**, Bataji 20, ✆ 092/1420-092 (mobil).

Veli Jože – der Riese von Motovun

Einst lebte in Motovun eine stattliche Gestalt, den die Leute respektvoll *Veli Jože*, den „Riesen-Sepp", nannten. Und Veli Jože war in der Tat nicht nur ein echter Riese, sondern kämpfte auch tapfer für die Freiheit seines Volks. Viele sagenhafte Heldentaten erzählten sich die Leute über Veli Jože, u. a.:

„Einmal soll der Riese über einen ungerechten Lehnsherrn so in Wut geraten sein, dass er seine gewaltigen Arme um den Turm von Motovun geschlungen und ihn mächtig durchgeschüttelt haben soll. Die Folge: Bis heute ist der Turm rissig und windschief; doch wie der Rest der trutzigen Siedlung, die von den Kroaten über ein Jahrtausend lang tapfer gegen Eindringlinge verteidigt wurde, steht er bis heute: ein steinernes Symbol der kroatischen Freiheit."

Veli Jože aber musste für seinen unbeherrschten Widerstand bitter büßen. In der Felswand der Krvara-Schlucht, deren Wasser zum nahen Mirna-Fluss strömt, hängen zwei Eisenringe, an die der Kämpfer für die Rechte seines Volkes geschmiedet und grausam gefoltert worden sein soll.

Oprtalj   (Portole)

Gegenüber von Motovun, auf der nördlichen Talseite der Mirna, thront auf fast 400 m Höhe das gut erhaltene Oprtalj mit mittelalterlichen Gassen, sonnigen Plätzen und einer den Weg weisenden Pinienallee.

In Oprtalj stand einst eine prähistorische Fluchtburg, die später ausgebaut wurde und im Mittelalter Feudalherren gehörte. 1209 bemächtigten sich ihrer die Patriarchen von Aquileia, 1490 eroberte Venedig die Burg und befestigte sie neu. Oprtaljs mittelalterliches Stadtbild samt der Stadtmauer blieb bis heute erhalten. Sehenswert ist die **Georgskirche** (Sv. Juraj) mit ihrem frei stehenden, hohen Glockenturm. Ihr Inneres zieren schöne Gemälde und Altäre, die zwischen dem 16. und dem 18. Jh. geschaffen wurden. Die städtische **Loggia** (17. Jh.) nahe dem Stadttor beherbergt ein Lapidarium. Außerhalb der Stadtmauern ist die **Kirche Heilige Maria** (Sv. Marija) mit ihrer von Säulen getragenen Vorhalle sehenswert; sie wurde im 15. Jh. erbaut und im 17./18. Jh. erweitert – einen Blick im Kirchenraum lohnen besonders die mittelalterlichen Fresken und die Renaissancegemälde von *Clergin*.

Oprtalj – Blick auf den hübschen Ort

Information Tourismusverband (in der Gemeinde), 52428 Oprtalj, ☎ 052/644-077, www.oprtalj.hr. Gute Infos. Mo–Fr 8–15 Uhr.

Einkaufen Spezialitätenladen, neben Loggia. Istrische Produkte und Verkostung; auch Antipasti zum Essen. 11–16 Uhr, Di Ruhetag.

Übernachten Einige Zimmer und Appartements, u. a. **Volta**, nahe Loggia; DZ 40 €. Matka Laginje 7a, ☎ 052/664-010.

Die **Fam. Nežić** vermietet auch Zimmer in den hübschen Steinhäusern Kuća Elena und Kuća Laura. Zrenj 11, ☎ 052/664-285.

Oprtalj/Umgebung: Im Ort **Čabarnica**, ca. 7 km östlich von Oprtalj (eine schöne Fahrradstrecke), kann man Weine verkosten und gut essen und findet auch Übernachtungsmöglichkeiten:

Übernachten Agrotourismus Tončić, renovierter Gutshof der Fam. Tončić. Anfahrt: über Sv. Lucjia, Šorgi, Zrenj, dann östl. Abzweig (500 m) zum Weiler Čabarnica nehmen. Nach Voranmeldung gibt's Produkte und Weine aus eigenem Anbau. Čabarnica 42, ☎ 052/644-146, 091/2060-512 (mobil).

Nahe Tončić gibt es Übernachtungsmöglichkeiten bei **Satina Gardina**, ☎ 052/644-147.

Mountainbiketour von Oprtalj nach Grožnjan und zurück – bergauf und bergab auf Feldfluren, durch Weinberge und entlang der alten Eisenbahnstrecke (ca. 48 km, ca. 5–5:30 Std., 430 m Höhenunterschied, gute Kondition erforderlich, Strecke nicht markiert):

Wir starten am Marktplatz in Oprtalj, fahren 500 m kurz nordwärts in Richtung *Sv. Lucija* und biegen bei der Kapelle nach Westen ab hinauf nach Vižintinj Vrhi. Dann auf Makadam nördlich hinab nach *Sv. Ivan*. Von dort ebenfalls auf Makadam westlich weiter und über den Weiler Šajini kurz steil bergan nach Sv. Juraj und wieder hinab nach *Grožnjan* – ideal für eine Rast und einen Bummel im Städtchen.

Von Grožnjan (östliches Stadttor) führt ein breiter Makadam hinab ins Tal nach *Ponte Porton*. Von dort geht es auf Asphalt weiter nordöstlich hinauf zum Weiler *Kostanjica*

Die schmucke Loggia von Oprtalj

(→ Grožnjan/Umgebung, Weingut Duvillio Zigante), dort kurz auf der Asphaltstraße stadtauswärts und weiter auf Makadam hinauf nach *Završje*. Dann südlich hinab durch Tunnels, vorbei an einem Viadukt nach *Zubini* ins Mirna-Tal. Unten biegen wir östlich auf den Makadamweg Richtung *Livade* ab. Nach ca. 1,5 km biegen wir nordwärts und bergan ab zum Weiler *Balini*. Weiter geht es stetig bergan und immer nordwärts, bis wir *Sv. Jelena* erreichen. Nun können wir uns bergab auf Asphalt-straße über *Ipši* bis *Gradnje* rollen lassen. In Gradnje können wir uns nochmals stärken, ehe wir uns auf den steil ansteigenden Heimweg machen: In Gradnje führt der Weg nordwestlich zurück und stark bergauf über *Sv. Lucija* nach Oprtalj.

Diese Strecke ist um rund 10 km erweiterbar, indem man sich bei *Gradnje* nicht auf den Rückweg macht, sondern geradeaus weiter nach *Livade* fährt. Von dort evtl. auch noch kurz hoch nach *Motovun* (z. B. auf einen Espresso) und hinüber nach *Istarske Toplice*. Von dort erst kurz östlich und beim alten Steinbruch knapp 5 km bergan nach *Žnijdarići*. Von hier geht es über *Poli*, *Medici*, *Vižintini*, *Laganisi* hinab nach *Sv. Lucija*; von dort auf Teersträßchen hinauf und wieder zurück nach Oprtalj.

Livade   (Levade)

Das Örtchen, ca. 3 km nördlich von Motovun, liegt im Herzen des „Motovuner Waldes", einem feuchten Naturschutzgebiet, in dem Stieleiche *(Quercus robur)* und Esche ihre Wurzeln schlagen. Der Wald ist bekannt für den sagenumwobenen *Veli Jože* (→ S. 110) und die feinen Trüffeln. Früher hatte Livade als Eisenbahnhalte-stelle der einspurigen Parenzana-Bahn, die von 1902 bis 1935 von Triest nach Poreč durch das Mirna-Tal führte, eine gewisse Bedeutung. Dann wurde die Linie eingestellt, die Schienen demontiert und in Richtung Afrika verfrachtet, wo sie allerdings nie ankamen, weil das Schiff mit seiner schweren Ladung sank. Anfang des 20. Jh. war Livade vor allem Umschlagplatz für Wein und Olivenöl. Doch der Ort verwaiste mehr und mehr, und wäre man nicht auf die Trüffeln gestoßen, würde das Örtchen heute noch seinen Dornröschenschlaf schlafen.

Bekannt wurde Livade durch den weit bekannten „istrischen Trüffelkönig" *Giancarlo Zigante,* der in der Umgebung vor Jahren einen riesigen Fund des kostbaren „Weißen Trüffels" machte und heute mit seiner Familie ein Gourmet-Restaurant, ein Delikatessengeschäft im Ort und eine Trüffelfabrik führt (→ Kasten). Damit wurde Livade zur Wiege der istrischen Trüffelkultur (→ Kasten „Trüffeln – Istriens weißes Gold", S. 53); inzwischen gibt es in ganz Istrien zahllose Trüffelrestaurants, Feinkost-Trüffelläden und Enotekas, die Gerichte und Produkte der kostbaren Erdknolle verkaufen. Zum Schutz der Edelknolle wurde der Verein „*Tartufo vero*" gegründet, der bei Restaurants für gute Qualität bürgt. Inzwischen kommen auch Gäste, die per Fahrrad auf dem hier vorbeiführenden *Parenzana-Weg* unterwegs sind; auch ein kleines Museum wurde gegenüber der Konoba Dorjana eingerichtet (dort gibt's auch den Schlüssel).

Giancarlo Zigante: der Trüffelkönig von Istrien

Dass in Istriens Erde eine besondere Art von Gold schlummert, war den Einheimischen über die Jahrtausende nicht klar. Erst 1932 wurden sie auf die seltsamen, eigenartig riechenden Erdknollen aufmerksam – da waren sie bei den benachbarten Italienern (fast) schon in aller Munde. Von da an dauerte es beinahe noch ein halbes Jahrhundert, bis ein ganz spezieller Goldrausch im Land einsetzte: der istrische Trüffelboom. Und der bisher erfolgreichste istrische „Goldgräber" heißt Giancarlo Zigante.

1973 beschloss Zigante, seine Hunde auf die Trüffelsuche zu trainieren – eine harte, zwei bis drei Jahre dauernde Ausbildung. Der Lohn für die Mühen ließ nicht auf sich warten. Schon ein paar Jahre später eröffnete der passionierte Knollensucher ein Trüffelrestaurant in Istrien und ein weiteres in Slowenien. Als professionelle Trüffelsucher hatten Zigante und seine Hunde offenbar eine gute Nase: 1982 fanden sie an einem Tag gleich 6 kg des kostbaren Weißen Trüffels. Und 1986 ging als ein Traumtrüffeljahr in Zigantes Annalen ein, als seine Lieblingshunde Dina, Sarah und Dijki insgesamt 125 kg des weißen Goldes erschnüffelten.

Zigantes Geschäftsbilanz konnte sich sehen lassen: Wurde der istrische Trüffel in den 1970er-Jahren noch mit rund 60 € für das Kilogramm gehandelt, wandert heute ein Kilogramm je nach Qualität für 3500 bis 5000 € über den Ladentisch. Und so legte der erfolgsverwöhnte Zigante 1995 nach und begann, ganz im Geist der Zeit, sein Geschäftsfeld zu globalisieren: Er gründete die Trüffelfirma CEA-Trade, einen Familienbetrieb in Plovanija bei Buje, in dem die Trüffeln konserviert, zu verschiedensten Produkten weiterverarbeitet und inzwischen weltweit vertrieben werden.

Seinen bisher größten persönlichen Erfolg aber erlebte Zigante am 2. November 1999, als er wieder einmal mit seinen Lieblingshunden die Runde um Livade drehte. Der gelernte Dreher staunte nicht schlecht, als Dina, Sarah und Dijki auf einen 1,31 kg schweren weißen Trüffelpilz stießen. Damit war Zigante, der mit Hilfe der Hunde in 20 Jahren etwa 1000 kg Trüffeln aufgespürt hatte, endlich auch ein Eintrag im Guinnessbuch der Rekorde sicher. Bis heute wurden weder sein Weltrekord noch sein Vermarktungsgeschick in Sachen Trüffeln übertroffen. Und solange die Erde feucht genug und die Gourmets ihm treu bleiben, bleibt ihm sein Ehrentitel sicher: Trüffelkönig von Istrien.

Landesinneres: Mirna-Tal und Umgebung   ↓ Karte S. 78/79

Einkaufen Enoteka Zigante Tartufi, neben dem Restaurant. Hier können frische, konservierte oder tiefgefrorene Trüffeln, zahlreiche weitere Trüffelprodukte und ausgezeichnete Weine erworben werden. Tägl. 9–19 Uhr. Livade 7, ✆ 052/664-030, www.livadetartufi.com.

Klaudio Ipša, 4 km östl. von Livade, hier gibt es prämiertes Olivenöl. Ipši, ✆ 098/219-538 (mobil).

Veranstaltung Trüffelfest u. Markt, an den Okt.-Wochenenden u. den ersten beiden Nov.-Sonntagen; geboten werden Trüffelprodukte, Honig, Olivenöl, Weinverkostung. Der größte Trüffelfund wird prämiert. Zudem weiße und schwarze Trüffelgerichte, es stehen Zeltpavillons parat.

Essen & Trinken Restaurant-Pension & Enoteka Zigante Tartufi, Gourmetrestaurant mit Terrasse und geschultem Personal und Sommeliers. Je nach Jahreszeit stehen unterschiedliche Trüffelgerichte auf der Karte: die Spezialitäten reichen vom Goldbrassen-Carpaccio mit Weißen Trüffeln bis zum Dessert mit Crêpes und Mousse von weißer Schokolade mit Schwarzem Trüffel. Zur Mittagszeit werden auch Snacks angeboten, u. a. Scampi mit Wildspargel und Polenta mit Trüffeln. Tägl. 12–22 Uhr. Auch gute Übernachtungsmöglichkeit. Livade 7, ✆ 052/664-302, www.zigantetartufi.com.

Auch die preiswerteren Trüffelrestaurants (tägl. 12–22 Uhr) werden empfohlen: **Konoba Dorjana** (Mi Ruhetag) und **Gostionica Tartuf** (Di Ruhetag).

Istarske Toplice

Rund 10 km vor Buzet liegt unterhalb eines 85 m hohen Felsens, des höchsten Istriens, das schon zu Römerzeiten bekannte Heilbad. Istarske Toplice zählt wegen seiner heilsamen schwefelhaltigen und radioaktiven Quellen zu Kroatiens wichtigsten Kurbädern, zugleich ist es Istriens einziges Thermalbad. Wer unter rheumatischen Beschwerden, Schäden an der Wirbelsäule oder Entzündungen der oberen Atemwege leidet, ist hier gut aufgehoben. Die Wassertemperatur in den Badebecken beträgt zwischen 30 und 35 Grad Celsius.

Happy-End im Klettergarten

Der Istarske Toplice überragende, 85 m hohe Felsen ist heute zu einem hervorragenden Klettergarten ausgebaut. Auf seiner Spitze thront das im 19. Jh. errichtete *St.-Stephan-Kirchlein,* zu dem ein Serpentinenpfad hinaufführt. Der Legende zufolge kletterte auch einmal ein Mädchen hinauf, dem man sündiges, unmoralisches Verhalten nachsagte. In ihrer Verzweiflung soll sie den hl. Stephan um göttliche Hilfe angerufen haben: „Ich springe jetzt von diesem Felsen! Wenn ich gesündigt habe, soll ich sterben. Bin ich aber unschuldig, soll unter meinen Füßen Wasser fließen, das die Menschen heilen kann!" Zu unserem Glück hatte das Mägdelein nichts Böses getan und so fließt für uns Nachgeborene bis heute das heilende Quellwasser von Istarske Toplice.

Klettern Um Istarske Toplice, z. B. am Stephans-Fels und südwestlich im Mirna-Tal, kommen Kletterfans auf ihre Kosten – es gibt einige fordernde Klettersteige.

Mountainbike Die Umgebung lädt zu Mountainbiketouren auf kleinen Straßen in Richtung Livade und Oprtalj ein. Auch nach Süden in Richtung Vrh und Jezero-Butoniga-Stausee sehr schöne Tourenvarianten auf kleinen Straßen.

Übernachten *** Hotel Mirna und **** Sv. Stjepan, das modernisierte Kurbad (ca. 300 Betten) versteckt sich in einem Wäldchen und verfügt über einen Wellness- und Beautybereich, Hallen- und Freibad, Fahrradverleih. DZ/F 76 € bzw. 112 €; günstige Wochen- u. Wochenendpakete. 52427 Livade, Sv. Stjepana 60, ✆ 052/603-000, www.istarske-toplice.hr.

Vogelperspektive – Paraglider über Buzet

Buzet

(Pinguente)

Unweit der Mirna-Quelle gelegen, erstreckt sich das teils mittelalterliche, teils barocke Stadtzentrum auf einem Felsmassiv am Rand der über 1000 m hohen Ćićarija-Bergkette. Allein wegen des fantastischen Fernblicks in alle Richtungen lohnt der Besuch.

Das Städtchen an einem wichtigen Verkehrsknotenpunkt zählt nur ca. 600 Einwohner. Lohnend ist auf jeden Fall ein Spaziergang von der Neustadt hinauf zur idyllischen Altstadt. Sportliche Naturen kommen hier rund um die Ćićarija-Bergkette auf ihre Kosten, ob bei Mountainbiketouren oder Downhillfahrten, beim Paragliden oder bei Wandertouren. Neben dem Tourismus lebt die Stadt von der hier ansässigen Mineralwasserabfüllung *Istarski Vodovod* und besonders von der bekannten Bierfabrik *Favorit*, die sich auf ein helles, leichtes Bier und Pils spezialisiert hat.

Jährliches Highlight im Spätherbst, zur Erntezeit der begehrten Weißen Trüffeln (→ S. 53), die rundum in den Wäldern gedeihen, ist das **Trüffelvolksfest**. In einer gigantischen Pfanne wird ein ebenso gigantisches Trüffelomelett zubereitet – mit je nach Jahreszahl berechneten Eiern: 2015 wurden 2015 Eier und 10 kg, allerdings schwarze Trüffeln, verarbeitet! Für angemessene Stimmung beim Verspeisen des feinen Omeletts sorgen Musikgruppen, zum Runterspülen fließt reichlich Wein.

Geschichte

Auf dem 158 m hohen Fels mit weitem Rundblick lebten schon die Kelten. Die Römer erbauten an der strategisch wichtigen Stelle ein Militärlager und die Siedlung *Pinguentum*. Im 6. Jh. herrschten die Byzantiner in Buzet, später die Franken, im Mittelalter dann die Patriarchen von Aquileia, die bis 1420 auch das geistliche Zepter führten. Von da an stand Buzet bis 1797 fast vier Jahrhunderte lang unter der Herrschaft der Stadtrepublik Venedig, die das Städtchen an der Ostgrenze ihres Reichs als Bollwerk gegen die Türkenüberfälle ausbaute und ab 1511 die sog. „Capetani" als Verwalter einsetzte. Diese Militärkommandanten waren von ihrem einstigen Stützpunkt Rašpor nach Buzet umgesiedelt worden (daher auch ihr Name *Rašporski kapetani*), um nun von hier aus das Grenzkastellsystem Venedigs zu verwalten. Trotz geschützter Lage und starker Befestigungen war es auf Dauer unmöglich, das Städtchen gegen die ständigen Überfälle zu halten: Habsburger und vor allem die Uskoken, ein kriegerischer serbisch-kroatischer Bauernstamm, der im nahen Lupoglav (→ Lupoglav) seinen Hauptstützpunkt hatte, verwüsteten und plünderten Buzet immer wieder und beschleunigten den Verfall der Stadt. Erst im 18. Jh. konnte sich Buzet erholen, Spinnereien und Tuchmacher siedelten sich im Tal in der Neustadt an, die Textilindustrie blühte.

Basis-Infos

Information Tourismusverband, 52420 Buzet, Šet. Vladimira Gortana 9 (Altstadt, neben Hotel Vela Vrata), ☎ 052/662-343, www.istria-buzet.com. Ganzjährig Mo–Fr 8–15 Uhr, März–Nov. auch Sa 9–14 Uhr. Wander- u. Fahrradkarten und gute Infos.

Agentur Gral Putovanja, Trg Fontana 7/1, ☎ 091/2662-959 (mobil). Organisierte Sportangebote und Übernachtungen.

Einkaufen Enoteka Zigante, Trg Fontana, ☎ 052/663-340. Karlić-Tartufi, Familienbetrieb in Paladini 14 (12 km südwestl., nahe Stausee Butoniga); leckere Trüffelprodukte, Trüffeltouren; ☎ 052/667-304.

Natura Tartufi, Srnegla 21, ☎ 098/9109-090 (mobil); mit Ausstellungsraum.

Parken In der Altstadt gebührenpflichtig, 10 KN/Std.

Veranstaltungen Trüffelfest, 1. Nov.-Wochenende nach Allerheiligen (s. o.), am Trg Fontana (Neustadt), mit Trüffelverkauf etc.

Subotina, der Kirchenfesttag der Pfarrkirche Hl. Jungfrau Maria wird am Wochenende nach dem 8. Sept. gefeiert.

National Open Championship Paragliding, am Raspadalica, 3. Juliwoche, www.tici.hr.

Übernachten/Essen & Trinken

Übernachten/Essen in Buzet Privatzimmer über TIC, u. a. bei **Sun Sport**, Sportska ul. 3 (gegenüber Busstation), ☎ 091/5771-515 (mobil). **Apartman Field**, für 50 €/3 Pers. (mind. 2 Tage Aufenthalt), Ul. 9. Septembra 5 (Altstadt), ☎ 095/9059-630 (mobil).

*** **Hotel Fontana**, einfaches, preiswertes Neustadthotel. DZ/F 86 €. Trg Fontana 1, ☎ 052/662-615, www.hotelfontana-buzet.com.

**** **Hotel Vela Vrata**, schönes Altstadthotel mit komfortablen Zimmern, Innenpool. Auf

der netten Restaurantterrasse wird man kulinarisch mit Saisongerichten verwöhnt (u. a. Trüffel-, Wild- und Spargelgerichte, sogar Spargeleis); dazu ausgewählte Weine. Guter Service. Ganzjährig. DZ/F ab 98 € (TS ab 108 €). Šet. Vladimira Gortana 7, ☎ 052/494-750, www.velavrata.net.

Restaurant Stara Oštarija, in der Altstadt mit herrlichem Blick aus den großen Fensterfronten. Das Lokal ist Mitglied bei „Tartufo vero", d. h. die Speisekarte bietet viele exzellente Trüffelgerichte (u. a. Nudeln, Beefsteak). Interessant ist sicherlich die Panna cotta mit Trüffelhonig; lecker sind auch die Fuži mit Pilzen, als Nachtisch frisch gebackene Fritule (selten!). Tägl. außer Di 12–22 Uhr. Petra Flega 5, ✆ 052/694-003.

Konoba Roko, im Stadtteil Sv. Ivan, links der Straße in Richtung Lupoglav. Auf der kleinen Terrasse oder im Innern genießt man gut istrische Spezialitäten sowie saisonale Küche wie Spargelgerichte, u. a. auch Spargeleis, sowie hauseigenen Wein. Tägl. außer Di ab 12 Uhr. Sv. Ivan 19, ✆ 052/662-898.

Konoba Paladin, in Richtung Sv. Martin. Istrische Küche mit Trüffelgerichten. Tägl. außer So 9–23 Uhr. Ferenčići naselje 25, ✆ 052/662-061.

Konoba Most, stadtauswärts Richtung Vrh (Pazin). Sehr gute Trüffelspeisen. Tägl. außer Mi 11–22 Uhr. Most 18, ✆ 052/662-867.

Essen/Übernachten außerhalb Konoba Toklarija, bekanntes gutes Lokal von Nevio Sirotič, 10 km südwestl. In der ehemaligen Ölmühle mit schöner Terrasse gibt es prämierte istrische Speisen mit Trüffeln („Tartufo-vero"-Mitglied), Wildspargel- und Wildgerichte, z. B. Kaninchenroulade. Tägl. außer Di 13–22 Uhr. Sovinjsko Polje 11, ✆ 091/9266-769 (mobil).

Agrotourismus Santa Terra (Ex Karoca), im Ort *Sovinjak* (2 km abseits der Straße Buzet–Istarske Toplice). Malerisch auf einer Anhöhe, inmitten von Weinbergen und Olivenbäumen gelegener Hof; überdachte,

luftige Terrasse mit herrlichem Fernblick. Die Küche serviert Spezialitäten aus eigener Herstellung wie Schinken, Käse, Fuži, Spargel, Trüffelgerichte, nach Vorbestellung u. a. Lamm, Ziege, Hase ... Tägl. außer Mi 13–22, Sa/So ab 12 Uhr (Juni–Aug. tägl. ab 12 Uhr). Auch nette Zimmer werden angeboten. Sovinjak 10, ✆ 052/663-039, 095/9056-493 (mobil).

Konoba-Pension Volte, in Kozari (8 km südl.) in Alleinlage am Berg mit Terrasse und traumhaftem Weitblick. Netter Familienbetrieb mit guter Küche, DZ/F 50 €. Bei Wanderung/Fahrradtour Transfermöglichkeit. ✆ 052/665-210, www.volte.info.

Konoba Vrh, ca. 15 km südl. von Buzet, im Ort Vrh. Auch hier werden leckere Trüffelgerichte serviert („Tartufo-vero"-Mitglied) — oder Fuži und Gnocchi mit Wild. Tägl. außer Mo 13–21 Uhr. Vrh 2, ✆ 052/667-123.

Agrotourismus Mlini, im gleichnamigen Grenzort Mlini, ca. 12 km nördlich von Buzet. Hier gibt's Gerichte aus den Bächen, z. B. Forelle geräuchert oder gebacken, wahlweise natürlich auch mit Trüffeln oder auch hausgemachte Ravioli. Warmes Essen nur nach Voranmeldung! Fam. Kolačević, Mlini 44, ✆ 052/669-057 u. 098/9008-430 (mobil).

Weitere Adressen (→ Ćićarija-Gebirge, Hum und Roč).

Camping   Robinsoncamp Raspadalica (→ Ćićarija-Gebirge).

Sport

Paragliden   Viele Sportagenturen (→ Pazin, Opatija und Lovran) bieten Flüge und auch Kurse (www.homo-volans.hr) auf der Ćićarija-Bergkette an.

Mountainbike Um Buzet kann man herrliche Mountainbiketouren (www.istra-bike. com) unternehmen, gute Kondition allerdings meist erforderlich: z. B. Via Tarufina, nach Süden, 34,7 km, ca. 3:30 Std., oder nach Roč, 52 km, ca. 4:30 Std.

Fahrradverein Buzet, ✆ 098/577-289 (mobil), www.ciklimanija.hr. Organ. Fahrradtouren.

Wandern Viele verschiedene Wanderungen von Buzet aus (→ www.istria-trail. com), u. a.: Raspadalica-Rundweg, 9 km, ca. 4 Std., für Familien.

Mirna-Weg, über Kotli nach Hum, 12 km (einfach), 4:30 Std. (Abholung vereinbaren). Beschreibung → S. 119. Zudem auch Rundweg „Sieben Wasserfälle"(→ Kleiner Wanderführer/Wanderung 2).

Minjera-Weg: Ca. 4-Std.-Tour, 11 km (kein Lokal, deshalb Wasser und Essen mitführen) von Buzet (Most) entlang der Mirna gen Westen, bis man auf eine Straße und eine Brücke trifft. Wir folgen der Straße bergan zu den Bauxit-Minen: Es waren weltweit die ersten Bauxit-Minen, sie waren ab Mitte des 16. Jh. bis Mitte des 19. Jh. in Betrieb. Wir folgen dem markierten Weg zurück Richtung Buzet über die Dörfer Podrebar und Maruški.

→ Landesinneres: Mirna-Tal und Umgebung → Karte S. 78/79

Wanderung 2:
Von Buzet nach Kotli über die „Sieben Wasserfälle"   → S. 318
Schöne Rundwanderung durch das Draga- und Mirna-Tal

Sehenswertes

Buzets Altstadt mit ihrem Gassenlabyrinth, den rundum verlaufenden Befestigungsmauern und zwei Stadttoren entstand im 15. und 16. Jh. Die Paläste, Patrizierhäuser
und die hübschen reliefverzierten Fassaden und Tore stammen vom Anfang des 17.
bis Mitte des 18. Jh., der Blütezeit der Stadt; viele dieser einst prachtvollen Bauten
gehörten den reichen „Capetani", den Militärverwaltern der Stadtrepublik Venedig.

Durch das **Große Tor** (Vela Vrata) gelangt man von Süden in die befestigte und im
Hochsommer autofreie Altstadt. Am idyllischen zentralen Stadtplatz weiter nördlich und oberhalb steht die 1789 im Rokokostil errichtete **Große Zisterne** mit dem
Capetano-Wappen des Stifters und geflügeltem Markuslöwen. Einige Renaissance-
häuser aus der Mitte des 16. Jh. gruppieren sich darum. Am Nordende der Altstadt
duckt sich die 1611 erbaute, im 18. Jh. erweiterte **Georgs-Kirche** (Sv. Jurje) an die
Stadtmauer; ein kostbarer vergoldeter Holzaltar, Gemälde aus der Schule Tiepolos
und das geschnitzte Chorgestühl (17. Jh.) zieren den Innenraum.

In der Mitte der Altstadt steht die Pfarrkirche **Hl. Jungfrau Maria** (Sv. Bl. Dj. Marija) von 1784, mit wertvollem Innenschmuck und einer schönen Orgel aus dem
Jahr 1787, ein Meisterwerk von *Gaetano Callido*. Westlich der Kirche ragt der 1897
errichtete Glockenturm mit einer in Glagoliza beschrifteten Glocke empor.

Das **Heimatmuseum von Buzet** residiert im stattlichen Bigatto-Palast (1639), westlich
der Pfarrkirche, am Trg rašporskih kapetana 1. Es präsentiert seine archäologischen,

Buzet – die große Zisterne am oberen Stadtplatz

historischen und ethnografischen Sammlungen auf drei Stockwerken, gelegentlich gibt es wechselnde Kunstausstellungen (Mo–Fr 9–15 Uhr, im Herbst ab 10 Uhr). Hinter dem Palast steht die **Kleine Zisterne** an der Stadtmauer, die im 16. Jh. die Wasserversorgung des Städtchens sicherstellte. Etwas nördlich bietet sich ein schöner Ausblick gen Norden durch das **Kleine Tor** (Mala Vrata).

Unterhalb von Altstadt und Festung steht auf dem Friedhof die mittelalterliche **Kapelle des hl. Veit** (Sv. Vid), verziert mit römischen Kapitellen sowie dem Wappen eines venezianischen Capitano Erizzo, der Glockenturm wurde erst im 16. Jh. erbaut.

→ Landesinneres: Mirna-Tal und Umgebung
→ Karte S. 78/79

Stipan Konzul Istranin (1521–1568)

Buzet kann sich eines landesweit bekannten Mannes rühmen: *Stipan Konzul Istranin,* Protestant, Schriftsteller und Übersetzer, erblickte hier das Licht der Welt. In Urach bei Tübingen übersetzte er Bücher in glagolitischer, kyrillischer und lateinischer Schrift in die kroatische Sprache und druckte sie. Zu seinen wichtigsten Übersetzungsarbeiten zählt das Neue Testament in kroatischer Sprache. Einer seiner wichtigsten Kollegen und Mitarbeiter war *Antun Dalmatin.*

Buzet/Umgebung

Die sich gegenüber von Buzet *erhebende Ćićarija-Bergkette* (s. u.) ist ein beliebtes Aktionsfeld für Paraglider, Mountainbiker, Kletter- und Höhlenfans. Ein schöner Ausblick auf Buzet bietet sich unterhalb von Slum vom *Höhenzug Raspadalica* – Anfahrt von Buzet aus nördlich nach Krbavčići oder über Roč und Gornje Nugla nach oben.

Südwestlich von Buzet liegen einige schöne Dörfer auf Hügeln, die sich auch gut mit dem Mountainbike erkunden lassen; zum Einkehren locken etliche gute Restaurants und Bauernhöfe in *Sovinjsko Polje, Sovnjak* und *Vrh* (→ Buzet/Essen).

Vrh wie auch Sovinjak (s. u.) bei Sovinjsko Polje waren einst blühende Orte mit Kastellen; Anfang des 16. Jh. kamen sie unter die Kontrolle Venedigs und gehörten zum Grenzkastellsystem der *Raporški kapitani* (→ Buzet). Aus dieser Zeit sind allerdings nur noch wenige Gebäude erhalten, u. a. in Vrh die *Pfarrkirche Mariä Himmelfahrt* mit glagolitischen Inschriften; der Glockenturm nebenan lohnt den Aufstieg, ein herrlicher Weitblick wartet.

Sovinjak, von den Römern *Pucinum* genannt, war einst eine römische Festung und bedeutende Weinstadt; sehenswert ist die kleine *Rochus-Kapelle* aus dem 16. Jh. Die römische Festung ist längst verschwunden, geblieben ist der gute Wein, wenn er auch nicht mehr von Kaisern getrunken wird …

Draguć, liegt rund 15 km südlich von Buzet in Richtung Pazin (→ Pazin/Umgebung).

 Wanderung von Buzet nach Hum – Mirna-Weg: Eine landschaftlich wunderschöne Route (ca. 12 km, 4:30 Std. einfache Gehzeit, Abholung vereinbaren; keine Einkehrmöglichkeit unterwegs) führt an hübschen Weilern und Wasserfällen vorbei die Mirna flussaufwärts, die sich durch Wiesen und Felsen ihren Weg bahnt. Der Weg führt zunächst von Buzet zum Ortsteil *Sv. Ivan* oder *Jurčići,* dann immer, nicht zu verfehlen, an der Mirna entlang, mal links, mal rechts des Flusses über die

Kotli – die alten Mühlräder an der malerischen Mirna

Weiler *Pengari, Podkuk, Kotli* mit renovierter malerischer alter Wassermühle und hübschem Gehöft (für diesen Streckenabschnitt → Kleiner Wanderführer/Wanderung 2) – und schließlich über *Benčići* nach *Hum.* Kurz vor Kotli bahnt sich die helltürkis leuchtende Mirna ihren Weg über Felsen, stürzt sich über einen Wasserfall steil hinab und hat hier schöne Becken geschaffen, die sich wunderbar zum Baden eignen. Konditionsstarke gehen von Hum über Brnobići – Blatna vas – Cunj nach Buzet zurück (allerdings nochmals 4:30 Std. Gehzeit!)

Ćićarija-Gebirge

Das rund 40 km lange, etwa 10 km breite Karstmassiv mit mehreren Bergrücken in Nord-Süd-Richtung grenzt Istrien zur Kvarner-Region nach Osten ab. Die höchste Erhebung der Ćićarija-Bergkette, der 1272 m hohe Veli Planik, gehört bereits zum Učka-Naturpark, der die Opatija-Riviera begrenzt.

Die Ćićarija mit ihrem weißen Kalkgestein ist eine einsame, wilde Berglandschaft mit den für den Karst typischen geologischen Erscheinungen wie Höhlen, Dolinen und Mulden; ihre Hochfläche prägen teils Gras- und Heidelandschaft, teils dichte Bewaldung mit Föhren, Flaumeichen, Weißbuchen und auch Kastanien. Zahlreiche unter Naturschutz stehende Pflanzen wie Glockenblume, Küchenschelle, Orchideen, Lilien, Gladiolen und Heilkräuter wie Thymian, Arnika usw. fühlen sich hier wohl. Und ebenso die Schafherden, die begierig die feinen Kräuter fressen, aber auch Rehe, Wildschweine, Siebenschläfer, Wanderfalken und Uhus. Die rauen Winde, die hier von Osten über die Hochebenen pfeifen, sowie die bitterkalten Winter lassen sehr wenig Landwirtschaft zu, nur vereinzelt gibt es Siedlungen.

Doch für Naturliebhaber und Sportler ist die Ćićarija-Bergkette ein Eldorado: Schöne Mountainbikerouten locken, man kann paragliden, klettern, Höhlen erforschen oder einfach auf den Pfaden die Natur erkunden.

🏃 **Wanderung 3: Zur Planina Korita im Ćićarija-Gebirge (1091 m)**   → S. 323
Kurze Wanderung zu den Wassertrögen auf der Hochebene

Ab dem 11. Jh. fand auf der Ćićarija eine spärliche Besiedlung statt. Ab dem 14./15. Jh. kamen die *Tschitschen* (kroat. *Ćići*), ein Hirtenvolk, das aus dem slawisierten Rumänien in Richtung Istrien wanderte und sich hier niederließ. Die Tschitschen, deren Dialekt sich bis in die jüngste Zeit erhalten hat, lebten hier als Halbnomaden, waren Hirten und Köhler. Ihr klägliches Auskommen besserten sie von Zeit zu Zeit durch Straßenüberfälle auf, später durch Schmuggel. Im Zweiten Weltkrieg bot die unwegsame Ćićarija den Partisanen guten Unterschlupf, die Nazis rächten sich, indem sie viele Orte niederbrannten – in vielen Ortschaften erinnern Denkmäler an die Gräueltaten dieser Zeit.

Auf die Ćićarija führen schmale, kurvenreiche Straßen, zudem erschließen etliche Makadamwege und Bergpfade die Bergkette. Interessante Orte sind **Slum** mit einer rund 500 Jahre alten Kirche aus Naturstein oder auch **Brest** mit herrlichem Fernblick. Oberhalb von Brest ragt der bei Drachenfliegern beliebte Berg *Žibevnica* 1014 m in die Wolken. Die Kirche von **Trstenik** ist wehrhaft eingefriedet, an ihrer Außenfassade ist das Steinrelief einer musizierenden Gottesmutter zu sehen – ein sehr seltenes Motiv.

Weiter südlich folgt **Rašpor**, wie Trstenik ein guter Ausgangspunkt für Wanderungen auf den 1036 m hohen *Vršiči*. Unter der Herrschaft Venedigs wurden in Rašpor von 1394 bis 1511 Militärverwalter eingesetzt, die so genannten „Capetani" (auch *Rašporski kapetani*, Kapitäne von Rašpor genannt), um die Ostgrenze Istriens zu sichern. Ab 1511 wurden die Capetani nach Buzet umgesiedelt. Von dem einst mächtigen Kastell von Rašpor blieb nur eine Ruine – eine malerische, sich in die Natur einfügende Kulisse.

Blick auf das wild-einsame Ćićarija-Gebirge

→ Landesinneres: Mirna-Tal und Umgebung   → Karte S. 78/79

Wenige Kilometer südlich folgt das schöne Hochtal bei **Račja Vas**. Hinter **Lanišće** führt die Straße mit herrlichen Ausblicken hinab ins Tal nach **Lupoglav** (s. u.).

Vodice liegt an der zur Ćićarija östlich verlaufenden Straße – schön mit seinen halb verfallenen Häusern, aber fast verlassen. Weiter südöstlich stoßen wir auf **Male Mune** mit hübschen Natursteinbauten. Durch eine Doline getrennt, folgt der Nachbarweiler **Vele Mune** mit der Kirche *Sv. Križ* und einem Friedhof mit uralten Grabinschriften.

Anfahrt Von Buzet führt die Straße z. B. über Brest östl. nach Vodice oder auf der Bergkuppe ca. 5 km hinter Brest südl. in Richtung Trstenik, Rašpor, Lanišće und dann wieder hinab nach Lupoglav. Eine Anfahrtsalternative im Osten besteht kurz nach dem slow.-kroat. Grenzübergang Pasjak-Starod in Richtung Vele Mune, ebenso im Nordwesten vom slow.-kroat. Grenzübergang Jelovice-Podgorje.

Eine weitere Anfahrtsvariante mit herrlichem Blick ist die Route von Buzet nach Südosten in Richtung Roč (N 44). Dann Abzweig hinauf über Gornje Nugla in Richtung Slum. Bis Gornje Nugla ist die Straße asphaltiert. Von hier oben herrlicher Ausblick auf Buzet und die Hügelkette ringsum.

Sport Es gibt eine Reihe von Agenturen, die Klettern, Drachenfliegen, Mountainbiken und Trekking als organisierte Touren anbieten, z. B. **Agentur Olinfos** (→ Lovran).

Wandern (→ Buzet/Wandern; Kleiner Wanderführer/Wanderung 3).

Camping Robinson-Camp, einfache Anlage am Raspadalica, v. a. bei Paraglidern beliebt. Anfahrt über Strana oder Sv. Martin. ☏ 098/9247-300 (mobil, Nevio Ladavac).

Roč

Rund 10 km hinter Buzet Richtung Učka-Gebirge thront das uralte Städtchen hoch oben auf einem Berg – Roč war vor einem halben Jahrtausend das Zentrum der Glagoliza, der altslawischen Schriftkultur.

Roč – das Nordtor mit Lapidarium

Roč war schon in prähistorischer Zeit besiedelt. Funde aus späterer Zeit belegen einen Kirchenbau aus dem 6. Jh. und noch ältere slawische Gräber. Das im Grenzbereich gelegene Städtchen war seit alters her ein umkämpfter strategischer Stützpunkt – schon die illyrischen Stämme der Liburnen und Histrer stritten sich um Roč, später die Byzantiner und Franken, die Venezianer und Österreicher. An Ročs mittelalterliche Blütezeit erinnert das gut erhaltene Befestigungssystem der Venezianer, die vom 15. bis zum 17. Jh. die Stadt kontrollierten. Die 1421 erbaute Stadtmauer hatte einst neun Türme, von denen vier noch erhalten sind, zwei davon sind Tortürme. Beim Nordtor finden sich einige römische und mittelalterliche Steintafeln. Interessant ist auch die kleine romanische **Rochuskapelle**, die mit einer halbkreisförmigen Apsis in das

Nordtor gebaut wurde. Die Apsis zieren zwei Freskoschichten aus dem 14. und 15. Jh., die ältere Schicht zeigt Christus mit den 12 Aposteln, das Werk eines unbekannten Meisters.

In der Ortsmitte dominiert die große dreischiffige **Pfarrkirche St. Bartholomäus** (14. Jh.), unterschiedlichste Stilelemente zeugen von ständigen Umbauten und Erneuerungen, die bis ins 19. Jh. andauerten. Der frei stehende barocke Kirchturm wurde 1676 gebaut.

Wenige Meter neben der Pfarrkirche ist in der **St. Antonius-Kirche** ein sehr seltenes Dokument des Glagolismus aus dem 12. Jh. zu entdecken – ein in Votivkreuze geritztes so genanntes *Abecedarium,* ein Verzeichnis altslawischer Schriften.

Zur Erinnerung an die altslawisch-istrische Glagoliza-Kultur wurde an der Straße nach Hum die **Glagoliter-Allee** (Aleja glagoljaša) geschaffen – sie zweigt unterhalb von Roč von der Hauptstraße ab. Der Bildhauer *Želimir Janeš* schuf hier von 1977 bis 1983 unter der Regie des Schriftstellers *Zvane Črnja* zehn moderne steinerne Monumente; das elfte Denkmal ist das reich verzierte und mit einem Willkommensgruß versehene Stadttor von Hum.

→ Karte S. 78/79

Landesinneres: Mirna-Tal und Umgebung

Information TIC, 52425 Roč. Geöffnet Juli–Sept. Di–Fr 10–17 Uhr, Juni u. Okt. Sa/So 10–17 Uhr; sonst über Buzet (s. d.).

Übernachten Privatzimmer (alle Domus Bonus), u. a. bei Sonja Fabris, ☎ 052/666-431; Haus Pino, ☎ 052/666-412; bei Fr. Dolores Zornada, Roč 57, ☎ 052/666-474, 091/1696-267 (mobil). Siehe auch Übernachten im Weiler Forčići, 3 km südl. (→ Hum).

Hiša Perunika, in Ročko Polje, 4 km in Richtung Lupoglav. Hübsches Haus (5 Pers.) umgeben von einem großen Garten, mit Pool. Nur wochenweise, ab 110 €. ☎ 091/5041-690 (mobil).

Essen & Trinken Konoba Roč, gemütlich, mit guter Küche und nettem Ambiente. April–Nov. tägl. außer Mo 12–22 Uhr. ☎ 052/666-451.

Glagoliza – die glagolitische Schrift

Die Glagoliza ist eine altslawische Schrift mit ganz eigenen, aus dem Griechischen, Orientalischen und Slawischen abgeleiteten Elementen. Wahrscheinlich wurde die Glagoliza im 9. Jh. vom „Slawenapostel" *Kyrillos* aus Saloniki im Zuge seiner Bibelübersetzung zum besseren Verständnis des Inhalts geschaffen. In Istrien und auf der Insel Krk ist sie heute noch auf zahlreichen Steininschriften, in Handschriften und Drucken erhalten.

Grundlage der glagolitischen Schrift sind die griechischen Kleinbuchstaben, die Lettern sind orientalischen Alphabeten entlehnt und wurden an die Lautbesonderheiten der slawischen Sprache angepasst und entsprechend umgestaltet. Die Schrift fand Eingang in die slawische Kirchenliteratur und konnte sich trotz des Widerstands der lateinisch orientierten Papstkirche in ihrem westlichsten Verbreitungsgebiet bis heute behaupten.

Alle im Gebiet von Roč in der Glagoliza verfassten Bücher sind heute in den Museen von Zagreb, Wien und Kopenhagen ausgestellt. Das Wiener Nationalmuseum zeigt das bekannte Novak-Missale, das unweit von Roč gedruckt wurde und dem ersten kroatischen Buch, dem kroatisch-glagolitischen Missale von 1483, als Vorlage diente.

Hum

Die mittelalterliche Städtchen auf dem grünen Hügel begrüßt seine Besucher herzlich mit einer glagolitischen Inschrift am Stadttor – und warnt vor bösen Absichten. Das mit Kupferplatten beschlagene Tor zieren zwölf Zeichen, die wohl den Jahreslauf symbolisieren. Hier in Hum, der „kleinsten Stadt der Welt", endet die Glagoliter-Allee.

Hum wird 1102 unter dem Namen *Chlom* erstmals urkundlich erwähnt. Wie Roč gehörte auch Hum zu den Zentren der glagolitischen Schriftkultur. Hinweise darauf finden sich in der **Friedhofskirche des hl. Hieronymus** (Sv. Jeronim) auf einer Wandtafel aus der zweiten Hälfte des 12. Jh., einem der ältesten istrischen Zeugnisse in glagolitischer Schrift. Die einschiffige romanische Kirche schmücken sehenswerte Fresken, die die Patriarchen von Aquileia ebenfalls in der zweiten Hälfte des 12. Jh. anfertigen ließen. Die **Barockkirche Mariä Himmelfahrt** (1802) erfreut das Auge mit fünf reich geschmückten Marmoraltären, einer schönen Sakristei und kostbaren Gemälden, darunter hinter dem Hauptaltar ein Werk des venezianischen Meisters *Baldassare d'Anna* aus dem 16. Jh.

Die bescheidenen Reichtümer aus vergangenen Zeiten kontrastieren fast schmerzhaft mit der Gegenwart: Läuft man durch die Gassen oder auf der gut erhaltenen Stadtmauer entlang, sieht man reihenweise verschlossene Fensterläden; Hum schmückt sich mit dem Titel „kleinste Stadt der Welt" nicht wegen irgendwelcher Bonsai-Bauten, sondern weil es mittlerweile nur noch ganze drei Bewohner hat ...

Eingangstor in Hum –
der Gast wird in der Glagoliza begrüßt

Eine schöne Wanderung führt von Hum in ca. 1 Std. Gehzeit entlang der Mirna nach *Kotli*, per Mountainbike auch bis nach Buzet (→ Buzet/Umgebung). Wer unterwegs Hunger verspürt, findet Abhilfe in Kotli.

Diverses Gebührenpflichtiges **Parken** vor dem Ort. **Kirchenbesucher** erhalten die Schlüssel in der Humska Konoba.

Essen & Trinken Humska-Konoba, eine urige, schön restaurierte istrische Kneipe. Die schwarz gebeizte Holzdecke, Holztische und ein manchmal loderndes Feuer im offenen Kamin laden zum Verweilen ein. Von der kleinen Terrasse genießt man einen weiten Blick über die Hügel. Serviert werden Pršut, Käse, Fuži mit Gulasch oder mit Trüffeln, süffiger lokaler Wein und natürlich der berühmte, aus Misteln destillierte Biska-Pfarrerschnaps, der sämtliche Leiden lindert! März–Okt. tägl. außer Mo 10–22 Uhr, sonst nur Sa/So. Hum 2, ℡ 052/660-005.

Übernachten Fam. Nela Grabar vermietet im Ort Zimmer und Appartements. Hum 11/12, ℡ 052/660-004.

Konoba Kolinasi, im Weiler Forčići, (2 km nach dem Abzweig von der Hauptstraße in Richtung Hum). Hier auch Zimmervermietung. ☎ 052/666-655.

Lupoglav

Der Ort am Abhang der Ćićarija-Bergkette, der heute verwaltungsmäßig zu Pazin gehört, war schon in der Antike ein strategisch wichtiger Verkehrsknotenpunkt; im Mittelalter stand hier oberhalb die militärisch bedeutende mächtige *Burg Mahrenfels*. Das später auf den Burgruinen erbaute **Schloss** zeigt sich heute baufällig und von Pflanzen überwuchert. Spannend ist die gut dokumentierte Geschichte der Burg, die über die Jahrhunderte zum Herrschaftsbereich Österreichs gehörte – inmitten des von Venedig kontrollierten Landes. Burgbesitzer war um 1400 die Familie Herberstein, 1527 folgten die Habsburger, die als Verwalter Krusić, einen Uskoken aus Senj, einsetzten, der von hier aus mit seinen Mannen zehn Jahre lang den Großteil des venezianischen Istriens terrorisierte. Krusićs Ende war ebenso gewaltsam – er wurde bei einem türkischen Überfall enthauptet. Danach beherrschten die Uskoken mit etwas gemäßigteren Umgangsformen das Um-

Hum – Mittelalterflair im Städtchen ...

land bis ins 17. Jh. Erst Mitte des 19. Jh. fand ihre Ära und damit auch das Schicksal der einst mächtigen Burg ihr Ende: Ein Bauernaufstand gegen die herrschenden Machenschaften wurde zwar niedergeschlagen, der amtierende Herrscher aber zur Aufgabe gezwungen.

Übernachten   (→ Buzet/Umgebung, Hum, Roč, Ćićarija-Bergkette).

Essen & Trinken   In Lupoglav lädt das **Restaurant Planik** zur Einkehr ein. Tägl. 8–23 Uhr, Di nur bis 17 Uhr. Lupoglav 22 a, ☎ 098/214-493 (mobil).

Boljun

Das reizvolle mittelalterliche Städtchen (Verwaltung Pazin) mit trutzigem Kastell, 7 km südlich von Lupoglav auf einem Hügel gelegen, war wegen seiner exponierten Lage schon seit Römerzeiten bewohnt. 1064 hatte hier Markgraf Ulrich I. das Sagen; zwischen dem 12. bis 14. Jh. fiel Boljun an die Patriarchen von Aquileia, ab Mitte des 14. Jh. an das Fürstentum Pazin; ab 1644 gehörte das Städtchen einem venezianischen Adeligen. Das seit dem 11. Jh. bis ins 17. Jh. immer wieder umgebaute und modernisierte **Kastell** ist noch gut erhalten – der Ausblick von hier in

Richtung Ćićarija, Učka und Boljunsko Polje ist fantastisch. Neben dem Kastell entwickelte sich ab dem 13. Jh. eine Siedlung, die sich im 16. Jh. selbst verwalten durfte und damals ihre Blüte erlebte.

Heute leben nur noch 70 Menschen in Boljun, das den Gast gleich am Ortseingang mit dem Kirchlein **St. Cusman und Damian** (12. Jh.) und glagolitischer Inschrift am Glockenturm begrüßt. Die Gasse ein Stückchen weiter gelangt man zum **römischen Opferstein** (1. Jh.) und weiter zum Hauptplatz. Hier stehen die Stadtloggia, eine Getreidekammer (16. Jh.) sowie die **Pfarrkirche Sv. Juraj** (1640), an deren Außenwand ebenfalls glagolitische Inschriften von 1590 und 1641 zu entdecken sind. Zwischen 1596 und 1660 verfasste hier der Priester Vinzenz Frlanić eine Chronik in Glagoliza, die heute in der Kroatischen Akademie der Wissenschaft und Kunst in Zagreb aufbewahrt wird.

Essen/Übernachten Boljunska konoba, schönes Lokal mit offenem Kamin. Spezialitäten sind Pilz- und Wildgerichte mit Gnocchi und selbst gebackenem Brot, zudem Speisen aus den „Čripnja". Für Schleckermäuler gibt's süße Ravioli oder Palatschinken mit Walnuss. Der süffige Wein kommt von lokalen Weinbauern. Tägl. außer Di 12–23 Uhr, So/Feiertag 11–23 Uhr, Ende Juni bis Anf. Juli geschlossen. Boljun 30 a, ✆ 052/631-100.

*** **Appartements Mostac,** im schönen Natursteinhaus an der alten Stadtmauer erbaut – weiter Blick gen Učka. (Juli/Aug. immer ausgebucht). 2-Pers.-Appartement (+2), auch mit Kamin, 47–64 €. 52434 Boljun, Boljun 32 A, ✆ 052/631-115, janja-krbavac@net.hr.

Rund 4 km nördlich im kleinen Ort Vranja warten zwei gute Lokale, die istrische Spezialitäten bieten:

Konoba Tomaško, hausgemachte Pasta mit Rind- oder Kalbsgulasch, Pekagerichte, für Naschkatzen süße Ravioli, Gnocchi oder Apfelstrudel. Tägl. außer Mo 11–23 Uhr, Sa/So ab 13 Uhr. Vranja 13, ✆ 052/685-263.

Konoba Ema, hier locken hausgemachte und mit Käse oder Pršut gefüllte Ravioli, Ombolo oder Maneštra. Tägl. außer Di 7–23 Uhr. Vranja 29 a, ✆ 052/685-372.

Boljun – Idylle mit Kastellruinen, Glagoliza und hübschem Weitblick gen Učka

Poreč – immer wieder stößt man auf hübsche Altstadtplätze

Westküste: Von Poreč bis Vrsar

Das Umland von Poreč, die Poreština, erstreckt sich über rund 60 km von der Mirna-Mündung bis Vrsar und zum Limski kanal. Neben zahlreichen Buchten und Landzungen lassen sich von der Riviera viele kleine, oft mit einem Wäldchen bedeckte Inseln ansteuern, das Hinterland entdeckt man bestens auch per Rad.

Das Unterkunftsangebot an der *Poreč-Riviera* ist riesig: ob auf großen Campinganlagen, in Hotels oder in Privathäusern. Das bedeutet aber auch, dass die Küste um Poreč bis auf wenige stille Ecken ziemlich bebaut ist. Doch viele Touristen kommen gerade wegen des großen Unterhaltungs- und Sportangebots an diese Riviera: Konzerte, Discos, Veranstaltungen, Ausflüge in alle Himmelsrichtungen; allein etwa 20 große Sportzentren gibt es, ebenso groß ist das Angebot für Wassersportfans (→ Sport). Ins Hinterland werden Wanderungen und Mountainbiketouren organisiert oder man fährt individuell, z. B. auf dem Parenzana. Auch kann man ausreiten, Golf spielen, klettern, paragliden. Kaum ein Wunsch bleibt unerfüllt und oft muss man nicht einmal die Hotel- oder Campinganlage verlassen, um aus dem breiten Angebot seine Wahl zu treffen – es sei denn, man möchte sich die Sehenswürdigkeiten nicht entgehen lassen, die z. B. das geschichtsträchtige Poreč bietet.

Baden kann man an der Poreč-Riviera von Mai bis Oktober vorwiegend an Kies- und Felsstränden, auf konventionellen wie auf FKK-Arealen. Bootsbesitzer steuern einen der zahlreichen Jachthäfen an. Insgesamt rund fünf Millionen Gäste sind es jährlich, die in der Poreština beherbergt und verköstigt werden.

Poreč

(Parenzo)

Die malerische Stadt an der istrischen Westküste ist nicht ohne Grund Kroatiens größtes Touristenzentrum – sie besitzt mit ihrer Basilika eines der großen Werke spätantiker und frühbyzantinischer Architektur, das seit 1997 auf der UNESCO-Liste der Weltkulturdenkmäler steht.

Abend für Abend flanieren Besucherströme durch die schmalen Gassen der ehemaligen römischen Kolonie Julia Parentium. Auch hier liegt die hübsche Altstadt auf einer Halbinsel, deren rechtwinklige Anlage deutlich den römischen Charakter zeigt. Ein Stadtplan ist beim Bummeln überflüssig, schnell findet man sich in Poreč zurecht. Auf Straßen und Plätzen und besonders auf dem *Decumanus,* heute eine Fußgängerzone, die sich vom Trg Slobode zum Trg Marafor bis fast zur Spitze der Halbinsel zieht, buhlen zahllose Läden um Gunst und Geldbeutel der Urlauber – Konsum steht hier ganz oben, was man in diesem Ausmaß nirgendwo sonst an der istrischen Küste findet.

Tagsüber, wenn die meisten Urlaubsgäste in ihren Ferienkomplexen verweilen, wirkt Poreč angenehm, entspannt und freundlich. Dann kann man geruhsam durch die schattigen Gassen auf Erkundungstour gehen und anschließend ein erfrischendes Bad auf der gegenüberliegenden *Insel Sveti Nikola* nehmen.

Die Ballung der Übernachtungsangebote rund um Poreč mit seinen insgesamt 17.000 Einwohnern lässt erahnen, wie es um Parkraum bestellt ist. Direkt vor der autofreien Altstadt versucht ein riesiger Parkplatz die schier endlose Blechlawine aufzufangen, die sich am späteren Abend durch verstopfte Straßen zu den Camps und Hotels zurückwälzt. Die großen Ferienkomplexe (alle ausgeschildert) liegen außerhalb von Poreč auf den Landzungen in Strandnähe und können auch per Touristenzug erreicht werden.

Geschichte

Funde aus dem Stadtteil Pical belegen, dass Poreč schon im Neolithikum (4000 bis 1800 v. Chr.) besiedelt war. Um 800 ließ sich der illyrische Stamm der Histrer bei

Poreč nieder und baute den ersten geschützten Hafen. In dieser Zeit wurde bereits reger Handel mit Süditalien betrieben, wovon etruskische und apulische Keramiken zeugen (6. bis 5. Jh. v. Chr.). 177 v. Chr. eroberte der römische Konsul *Claudius Pulcher* Nesactium (Pula), die Hauptstadt der Histrer, und kaum ein halbes Jahrhundert später, 129 v. Chr., stand ganz Istrien unter der Kontrolle der römischen Weltmacht. Von diesem Zeitpunkt an spielte *Parentium* (Poreč) aufgrund seiner Lage am Meer und an der Straße von Aquileia nach Pula für die römische Expansionspolitik eine wichtige Rolle. Auf der Halbinsel entstand ein großer befestigter Heeresstützpunkt, in dessen Schutz die Stadt blühte und gedieh. Die beiden Porečer Straßennamen *Decumanus* und *Cardo Maximus* erinnern an diese Zeit. Caesar erhob Poreč zum *Municipium*, zur privilegierten römischen Stadt, Tiberius verlieh dem frisch gebackenen römischen Gemeinwesen den Ehrentitel *Colonia Julia Parentium*.

Das Christentum fasste in Poreč frühzeitig Fuß. Schon im 3. Jh. n. Chr. gab es hier einen Bischof, der an einem geheimen Ort, dem so genannten Oratorium mit Taufkapelle (die heutige Maurus-Kapelle), die verbotene christliche Lehre verkündete. Ende des 6. Jh. war Poreč wiederholten Angriffen von Slawen und

Awaren ausgesetzt. Mitte des 7. Jh. – es herrschten gerade die Ostgoten – siedelten sich Slawen an, die sich von Ackerbau und Viehzucht ernährten.

Mit der Teilung des Römischen Reichs wurde Poreč 774 zunächst dem (oströmischen) Byzanz zugeschlagen, seit 788 stand es unter fränkischer Herrschaft. Mit dem wachsenden Einfluss der Bischöfe von Poreč verbreitete sich das Christentum auch in den anderen istrischen Gebieten. Für kurze Zeit übernahm 1232 der Patriarch von Aquileia die Kontrolle, bis sich Venedig 1267 Poreč als erste istrische Stadt einverleibte.

1334 zerstörten die Genuesen, die Konkurrenten Venedigs, die Stadt und raubten bei dieser Gelegenheit die Reliquie des Schutzheiligen von Poreč, *St. Maurus*. Vom 15. bis ins 17. Jh. wurde die Stadt von ständigen Angriffen der Genueser, Türken und der Uskoken von Senj gepeinigt. Seeräuber und Pestseuchen verminderten die Einwohnerzahl zusätzlich. Nach dem Fall Venedigs 1797 und der kurzen Regentschaft Napoleons (1809–1813) übernahm Österreich die Herrschaft über Istrien und

Mutige Märtyrer, mächtige Bischöfe – Facetten der Porečer Stadtgeschichte

Das Christentum prägt Poreč' Geschichte seit Mitte des 3. Jh. Damals traf sich die von *Bischof Maurus* geführte Gemeinde an einem geheimen Ort zum Gebet, an dem die ebenso geheimen Taufen durchgeführt wurden (heute Komplex des Maurus-Baptisteriums). Es war die Zeit, als es auf die Frage: „Wem gehorchst du – dem Kaiser oder Christus?" nur eine richtige Antwort gab. Gläubige Christen, die „falsch" antworteten, wie Bischof Maurus und die Diakone Euterius und Akolit, wurden erbarmungslos getötet; doch die Ermordeten wurden als Märtyrer verehrt, ihr Mut verstärkte den Zulauf zur Porečer Christengemeinde nur umso mehr. Erst 313 setzte *Kaiser Konstantin* mit dem Toleranzedikt den christenfeindlichen Verfolgungen ein Ende.

Das berühmte „Fischmosaik", Ausdruck und Symbol dieser geheimen frühchristlichen Kultstätte (heute ein Privathaus in der Nähe des Nordtors), wurde übrigens später entdeckt; es ist heute in der Euphrasius-Basilika zu sehen.

Nach dem kaiserlichen Toleranzedikt wuchs die Porečer Christengemeinde schnell, im 4. Jh. war sie die größte Istriens, Poreč wurde Bischofssitz. An der Stelle des geheimen Betsaals wurde eine Kirche gebaut und dem heiligen Maurus geweiht. Im 5. Jh. folgte eine Erweiterung, die Bodenmosaiken aus dieser Zeit sind bis heute erhalten (zu sehen an der Nordseite der Kirche).

Um 550 setzte sich *Bischof Euphrasius* mit dem Neubau der dreischiffigen Basilika, die er auf und neben die Maurus-Kirche errichten ließ, ein Denkmal. Inspirieren ließ er sich dabei von der Hagia Sophia in Konstantinopel. Um sein Gotteshaus ähnlich prachtvoll zu gestalten, ließ er Marmorblöcke vom Marmara-Meer und Künstler aus Konstantinopel kommen, die den Bau mit Säulen, Kapitälchen und Wandmosaiken aus Perlmutt, Gold und verschiedenfarbigem Marmor ausschmückten – wer diesen Prunk bezahlte, weiß man bis heute nicht.

Im 7. Jh. wurden die Stadtmauern zum Schutz gegen Überfälle verstärkt, doch den inzwischen wertvollen Kirchenschatz mussten die Porečer an den machte Poreč zu dessen Hauptstadt. Nach Ende des Ersten Weltkriegs kam Poreč zu Italien, Ende des Zweiten Weltkriegs wurde die von den Deutschen besetzte Stadt 1944 durch die Bombenangriffe der Alliierten schwer beschädigt – 75 % der Gebäude wurden zerstört. Am 30. April befreiten Titos Partisanen Poreč, das danach zur Teilrepublik Kroatien kam.

Heute ist Poreč neben Opatija und Portorož (Slowenien) der älteste Fremdenverkehrsort Istriens – einen gedruckten Stadtführer gibt es seit 1845. Schon Ende des 19. Jh. wurde auf der vorgelagerten Insel *Sveti Nikola* ein erster öffentlicher Badestrand eingerichtet und 1910 das Hotel Riviera an der Altstadtspitze erbaut. Doch bis in die 1960er-Jahre gab es in Poreč nur sechs Hotels mit gerade mal 300 Betten – erst mit dem aufkommenden Massentourismus begann der Bau der Hotelkomplexe an der Küste nördlich und südlich des Städtchens. Heute empfängt Poreč Jahr für Jahr rund fünf Millionen Gäste, 70.000 Urlauber nächtigen täglich in der Hochsaison in den Ferienanlagen! Zahlen, die für die Attraktivität und Beliebtheit der Stadt und der Region sprechen.

Patriarchen von Aquileia übergeben. Auseinandersetzungen zwischen Byzanz und Langobarden folgten, danach die politische Anlehnung an das fränkische Königreich. Die Schwächung der fränkischen Herrschaft in Istrien (→ Kapitel Geschichte) ließ die Porečer Bischöfe erstarken, die ab 788 die Herrschaft über die Stadt übernahmen und vom 9. bis 10. Jh. ein mächtiges Imperium aufbauten, dessen Gebiet sich über Rovinj, Vrsar, Svetvinčenat, Dvigrad, Motovun bis nach Pazin erstreckte. Dabei vernachlässigten sie aber offensichtlich die Stadt, die nach und nach verwahrloste. Die Piratenüberfälle mehrten sich, Poreč musste Schutzverträge (inklusive entsprechender Schutzgelder) mit Venedig abschließen. Der lachende Dritte bei den wachsenden Zwistigkeiten zwischen Bischöfen und Bürgerschaft waren die Patriarchen von Aquileia, die 1232 Poreč unter ihre Kontrolle brachten, bis 1267 Venedig die Macht an sich riss. Zwar fügten sich die Bischöfe vorerst den neuen Herren, bis Bischof Bonifaz per Dekret mitteilen ließ, dass Poreč schon immer den Bischöfen und sonst keinem gehöre. Die Bürger von Poreč, der Machtpolitik der Bischöfe längst überdrüssig, sahen das anders und rebellierten, sodass Bonifaz schleunigst die Stadt verlassen musste – nicht ohne vorher die gesamte Bürgerschaft exkommuniziert zu haben.

Nach Kriegen, Überfällen und Pestepidemien lebte die Stadt allmählich wieder auf und widmete sich über die Jahrhunderte dem Handel und der Kunst – Porečer Meister schufen Werke von Weltruhm, das kulturelle Leben und die Geschäfte mit den Nachbarn blühten. Erst ab 1815 (Venedigs Stern war längst gesunken, Österreich-Ungarn hatte politisch das Sagen) ging die Blütezeit der Stadt und ihres mächtigen Klerus zu Ende: Österreich baute Pula zum Hafen aus und gab ansonsten Rovinj den Vorzug. Lediglich die istrische Provinzversammlung hatte noch in Poreč ihren Sitz ...

Der Bischofssitz für das Bistum Poreč-Pula ist Poreč bis heute geblieben. Doch die Bischöfe sind inzwischen aus dem prächtigen Bischofspalast in einen nahe gelegenen Palast umgezogen, während die Archäologen die geschichtsträchtigen Gemäuer aus dem 5. bis 6. Jh. erkunden.

Information

Tourismusverband/TIC, 52440 Poreč, Zagre-bačka 11, ☎ 052/451-293, www.to-porec. com. Juni–Sept. tägl. 8–21 Uhr; Mai/Okt. Mo–Sa 8–18 Uhr (Di/Mi Pause 12–15 Uhr); sonst Mo–Fr 8–16, Sa 8–13 Uhr.

Agentur Adriatic, u. a. Ul. Rade Končara, ☎ 052/452-663, www.apartmani-adriatic.com. Mo–Sa 8–22 Uhr. Privatzimmer etc.

Agentur Di-Tours, Prvomajska 2, ☎ 052/432-100, www.di-tours.com. Privatzimmer.

Istra-Line, Parizanska 4, ☎ 052/432-339 u. 451-067. Privatzimmer, Ausflüge.

Kompas Istra, Obala M. Tita 16, ☎ 052/432-339, www.istraline.hr. Ausflüge.

Fiore Tours, Mate Vlašića 6, ☎ 052/431-397, 098/255-058 (mobil, Hr. Dalibor Rudan), www.fiore.hr. Organ. Fahrradtouren, Trans-fer, Privatzimmer etc.

Resort-Reservierungen Valamar, ☎ 052/465-000, www.valamar.com. Buchung von Hotels, Ferienanlagen u. vielen Camping-plätzen (auch Riviera-Hotels/Camps, zudem weitere Camps im Verbund, www.camping-adriatic.com).

Laguna Poreč, ☎ 052/410-102, www.plavala guna.hr.

Verbindungen

Autos   Großer gebührenpflichtiger Park-platz (8 KN/Std.) ca. 5 Min. östl. der Altstadt.

Bus   Fast stündl. Busse zu den umliegen-den Ferienkomplexen. Mehrmals tägl. nach Pula (60 KN), Koper u. Pazin, nach Rijeka (70–90 KN), Zagreb u. Ljubljana. Nach Rovinj u. Novigrad nur 3- bis 4-mal tägl. Busbahn-hof: Rade Končara 1, ☎ 060/333-111; geöff-net 5–21 Uhr.

Schiff Bootsshuttle Sv. Nikola, tagsüber im 15- bis 30-Min.-Takt zur Insel Sveti Nikola (5 Min.). Touristenschiff zu den Feriensied-lungen Brulo, Plava und Zelena laguna: Mitte Mai–Mitte Okt. (Juni–Anf. Sept 8.30–24 Uhr zu jeder vollen Stunde). Erwachsene 40 KN, Kinder 50 %.

Schiff   Katamaran Venezia Lines (www.ve-nezialines.com), nach Venedig 1- bis 6-mal wöchentl. in 2:45 Std. von Ende April–Anf. Okt. (→ Anreise/Schiff). Tickets u. Info über TIC.

Zug   Der nächstgelegene Bahnhof ist in Kanfanar, ca. 25 km südöstl. Hier verläuft die Bahnlinie durch Istrien: von Divača (SLO) über Pazin nach Pula. Zugverbindung ab Kanfanar mehrmals tägl., von dort ca. 45 Min. per Bus nach Poreč. Fahrplan bei TIC u. Busbahnhof.

Touristenbahn: ein guter Zubringer in die Fe-riensiedlungen. „Zug Süd": Jachthafen–Bru-lo–Plava laguna–Zelena laguna; Ticket 20 KN. „Zug Nord": Abfahrt am Meer beim Park (gegenüber Großparkplatz) bis Hotel Pinia (Richtung Spadići); Ticket (15 KN). Kinder 3–10 Jahre 50 %. Während der Sommermonate zwischen 9 und 2 Uhr alle 35 bzw. 40 Min.

Taxi   u. a. beim Busbahnhof, Ecke Karla Huguesa 2; Taxi-Service-Poreč, Rade Končara b. b, ☎ 052/432 465; nach Zelena la-guna kostet die Fahrt ca. 9 €.

Diverses   → Karte S. 135

Ausflüge   Schiffe nach Venedig (Abfahrts-stelle bei Hotel Palazzo).

Autovermietung Vetura, Trg Joakima Ra-kovca 2, ☎ 052/434-700, -070; in Zelena la-guna, ☎ 052/451-391 (auch Scooter). Pa-renzo, Istarskog razvoda 11, ☎ 052/427-103, www.parenzo-rentacar.com.

Einkaufen   Markt, beim großen Parkplatz östl. der Altstadt. Bauernmarkt, etwas südli-cher, an der Mlinska ul., 6–14 Uhr. Einkaufs-zentrum Riva, R. Končara, beim Hotel Poreč.

Fahrradvermietung   Vetura, Zelena la-guna (→ Autovermietung). Agentur Quick (auch Scooter u. Autos), P. Kandlera 8 (Zentrum), ☎ 052/433-253, www.quick.hr. Agentur Contigo (auch Mopeds u. Motorrä-der), R. Končara 5 (am Hafen), ☎ 052/451-149.

Rad-/Mountainbike-Touren   (→ Poreč/Sport).

Gesundheit   Krankenhaus, Maria Giosef-fia 2, ☎ 052/451-611. Bereitschaftsdienst 0–24 Uhr. Touristenambulanz und Zahnarztdienst Mo–Fr 7–21, Sa 7–15 Uhr (im Krankenhaus). Zudem **Saisonambulanzen** in allen Feriensiedlungen.

Apotheke: Trg slobode 12, ✆ 052/432-362. M. Gioseffa 2, ✆ 052/434-950. Ulica P. Kandlera 1, ✆ 052/432-526.

Nachtleben Die meisten Clubs haben nur Juli/Aug. geöffnet, dann aber tägl. bis frühmorgens:

Club Byblos, in der Feriensiedlung Zelena laguna, der größte auf 4000 qm – bekannte DJs heizen am Plattenteller vor allem Fr/Sa ein; auch Lounge-Bar. Eintritt je nach Event. 23–6 Uhr. www.byblos.hr.

Beachclub Vila , an der Uferpromenade (südl. vom Jachthafen). Rund um die Uhr gibt's Kaffee oder Cocktails zu guter Musik von House bis Hip-Hop u. RnB; auch Livemusik und Events; neben bequemen Korbsesseln auch Tanzfläche. Mai–Sept. 9–6 Uhr. Rade Končara 4 a, www.villa-club.net.

Café & Loungebar Saint & Sinner 🔟, beliebter Treff zum Chillen und Plauschen. Juni–Sept. 9–2 Uhr. Obala M. Tita 12, www.saint-sinner.net.

Café-Cocktail-Bar Torre Rotonda 🔟, luftiges Sitzen unterm Sternenhimmel auf der Dachterrasse im „Runden Turm" Im Inneren gibt's kleine Barnischen. Mai–Okt. 10–1 Uhr. Obala M. Tita/Narodni trg.

Cafébar Marlboro 🔟, beliebter Treff bei guter Musik. Ganzjährig. Istarskog razvoda 7.

Café & Loungebar Epoca 🔟, neben Hotel Palazzo, schönes Sitzen an der Uferpromenade. Ganzjährig. Obala M. Tita.

Casino, im Hotel Parentium.

Veranstaltungen Großes Veranstaltungsprogramm, Infos über Internet oder TIC.

Klassische Konzerte, in der Euphrasius-Basilika, jeden Fr von Juni bis Sept.

Jazz, im Lapidarium des Museums (Decumanus 9), jeden Mi im Juli u. Aug.

Street Art, im Aug., Kultur & Musik auf den Plätzen von Poreč.

Flaniermeile – Decumanus

Vinistra, 2. Mai-Wochenende, in der großen neuen Sporthalle Žatika mit Winzern aus ganz Kroatien, u. a. aus Italien, Österreich u. Ungarn. Weinverkostung und Prämierung.

Lighthouse-Festival, Ende Mai Do–So, im Ferienresort Lanterna; v. a. Elektromusik.

Porečer Delfin, 1. Sept.-Sa; Schwimmwettkampf auf 1500, 3000 und 5000 m rund um Sv. Nikola; ärztl. Attest ist Pflicht. Info/Anmeldung: www.poreckidelfin.com.

Bike & Triathlon, Mitte Okt.

Wellness U. a. **Hotel Diamant**, 3000 qm Wellnessfläche mit Sauna, Hamam, Fitness, Massagen- & Beautybehandlungen, Hallenbad; ganzjährig. Brulo, ✆ 052/432-600.

Übernachten → Karte S. 135

Ein riesiges Übernachtungsangebot erstreckt sich auf 17 km, von der südlichen Landspitze an der Mirna-Mündung (Halbinsel Lanterna) bis kurz vor Funtana.

Privatzimmer/Ferienwohnungen Ab 40 € (TS 50 €) für 2 Pers.; auf den Dörfern billiger. Die besten Privatunterkünfte sind **Domus-Bonus**-Mitglieder (→ Übernachten). Im Hinterland nette Unterkünfte in **Agrotourismus-Höfen**.

Stadthotels >>> **Mein Tipp:** ******** Grand Hotel Palazzo **21**, in traumhafter Lage an der Altstadtspitze. Das Ex-Hotel Riviera wurde vor über 100 Jahren erbaut (es war das erste Hotel von Poreč). Prachtvoll und elegant im Innern, zudem mit modernster Technik versehen. U. a. Cafébar, Restaurant Parenzo, Wellness & Spa. Die Sonnenuntergänge von den Terrassen sind gratis. DZ/F ab 210 € (je Größe/Nachfrage). Fast ganzjährig. Obala M. Tita 24, ✆ 052/858-800, www.hotel-palazzo.hr. «««

**** Hotel Riviera **17**, komfortables Altstadthotel direkt an der Uferpromenade. Angenehme Zimmer/Suiten; sehr gutes Restaurant, schöne Terrasse mit Loungebar. DZ/F ab 174 €. Ganzjährig. Obala M. Tita 15, ✆ 052/465-000, www.valamar.com.

**** Hotel Mauro **16**, ein weiteres schönes kleines 21-Zimmer-Altstadthotel mit nettem Restaurant an der Uferpromenade. Der Blick aufs Meer ist herrlich. DZ/F je Lage ab 150 €. Ganzjährig. Obala M. Tita 15, ✆ 052/219-500, www.hotelmauro.com.

**** Hotel Flores **7**, zentrumsnah und ruhig hinterm Jachthafen im Wäldchen. Nette, gut ausgestatte 39 Zimmer, Spa- & Wellnessbereich. DZ/F ab 116 €. April–Okt. Rade Končara 4, ✆ 052/408-800, www.hostin.hr.

*** Hotel Poreč **4**, zentrumsnahes, preiswertes Nächtigen nahe Busstation; auch der Badestrand ist nur 100 m entfernt. Ganzjährig. DZ/F ab 86 € (TS ab 110 €). Rade Končara 1, ✆ 052/451-811, www.hotel porec.com.

Kleinere Hotels außerhalb ******* Landhotel Filipini, nettes Hotel im Grünen, 5 km östl. von Poreč, mit gutem Restaurant (→ Essen & Trinken). Zimmer/Appartements. DZ/F 86 € (TS 102 €). Filipini b. b., ✆ 052/463-200, www.hotel-filipini.hr.

Hotels auf der Insel Sveti Nikola Komplett komfortabelst erneuerte Hotels, aber sehr hochpreisig. Die kiefernbewachsene Insel ist nur 300 m von Poreč entfernt und bietet ruhiges Wohnen. Hotelgäste haben Gratis-Transfer nach Poreč. Infos/Buchung: www.valamar.com.

***** Hotel Isabella Castle **23**, Appartements für 2–5 Pers., im neoklassizistischen Schloss, von Marquis Polesini 1888 erbaut. Leider jedoch keine Balkone. Premium-Restaurant, Tennisplätze und Pool. April–Okt. Ab 316 €/2 Pers./F.

**** Hotel Isabella Villas **22**, komplett modernisiert und erweitert. Großzügige Villen mit Suiten, Pools, Wellness-Spa, drei Restaurants und Bars. DZ/HB ab 300 €.

Feriensiedlung Pical 1 km nördl. von Poreč, nur 15 Min. Fußweg zur Altstadt. Beliebter Badestrand der Einheimischen, zudem wenige, aber bettenmäßig größere und preiswerte ********-Hotels (u. a. **Zagreb, Pical**) und Appartements (u. a. **Pical**). Infos unter www.valamar.com.

Feriensiedlungen Spadići und Materada Ca. 3 km nördl. von Poreč, rings um die Laguna-Anlagen die Neubausiedlungen von Poreč. Zu Fuß gute 30 Min. an der Küste entlang zur Altstadt; man kann von Spadići aus auch bis nach Červar-Porat an der Küste laufen bzw. radeln, zudem weht hier die „Blaue Flagge". Zahlreiche Hotels (u. a. **Laguna Park, Laguna Materada**) und Appartements (u. a. **Laguna Park**), Kat. ***–****, www.lagunaporec.com. Noch etwas nördlicher liegt die **Materada-Anlage** auf der noch wenig bebauten Landzunge.

>>> **Mein Tipp:** ******* All-incl.-Hotel Pinia, gegenüber dem Meer, komplett renoviert und ganzjährig geöffnet; mit Pool. Mai–Mitte Sept. mit All-incl.-Light und Animation; anschließend HP möglich – diese Zeit wird v. a. von Fahrradfahrern und -gruppen gern genutzt. Auch Fahrradabstellhäuser. Reichhaltiges, vielfältiges Buffet und nette Bar für den abendlichen Treff. Im DZ All-incl./Pers. 80 €. In Meeresnähe 3- bis 4-Pers.-Appartements für 120 €. Infos www.valamar.com. «««

**** Materada Residence, ca. 2 km nördl. von Poreč direkt am Meer. Ansprechende, zudem relativ preiswerte Bungalowanlage mit Pool (2- bis 7-Pers.-Appartements). Ab 76 €/2 Pers. (TS ab 136 €). Es gibt auch eine Campinganlage (s. u.). Materada 31, ✆ 052/433-500, www.materada.com.

**** Boutique Camping Materada Beach, exklusiv oder einfacher – beides ist hier möglich. Ob in bestens ausgestatteten Mobilhäusern oder in einfachen rustikalen Safari-Häusern (Glamping), alles direkt am Strand. Restaurant, Pools, Animation. Materada 32, ✆ 098/208-722, www.camping materada.com.

Feriensiedlung Červar-Porat 7 km nördl. von Poreč. Die Anlage ist bis auf den Campingplatz im Süden und die Marina geschlossen. Am Strand bei der Marina sind Reste einer römischen Villa zu sehen.

**** FKK-Camping Ulika, 26-ha-Platz für 3000 Pers. auf der südlichen Seite der Halbinsel, nur für Nudisten. Schatten spenden Oliven (= Ulika) und Kiefern; Restaurants und Supermarkt, gepflegte Sanitäranlagen, weitläufige Kies- u. Felsstrände. Reisemobile und große Wohnwagen können direkt am Strand stehen. Ökologisch ausgerichtetes Management. Auch Mobilheimvermietung. Pro Pers. 8 € (HS 4–10 J. 5,50 €), Stellplatz/Parzelle 16,70/18 € (inkl. Auto u. Zelt oder Wohnwagen). Mitte April bis Anf. Okt. ✆ 052/410-102, www.lagunaporec.com.

Feriensiedlung Lanterna-Tar 12 km nördl. von Poreč auf der gleichnamigen Halbinsel inmitten üppigen Immergrüns und duftender Sträucher. Drumherum kilometerlange Fußwege, man kann an der steilen Küste entlang sogar tief in die Mirna-Bucht bis zum Hafen Mirna laufen — ein paar Häuser, ein paar ankernde Schiffe.

Überquert man darauf die Hauptstraße Novigrad–Poreč, steht man an der schilfbewachsenen Mirna-Mündung. Das intensiv grüne Flusswasser mischt sich mit den blauen Fluten der Adria, ein schönes Farbenspiel. Diese große Ferienanlage (**–****) verfügt über relativ preiswerte Unterkünfte u. a. im **** **Hotel Club Tamaris** (ab 200 €/All-inkl.-light/2 Pers/DZ), zudem auf den Campingplätzen (→ Camping) die *** **Appartements FKK-Solaris Residence** (viel Platz, ab 125 €/3 Pers.) und ** **Appartements Lanterna** (ca. 70 €/2 Pers.). Infos unter www.valamar.com.

*** **Camping Lanterna**, riesiger prämierter 83-ha-Platz für 8800 Pers., lässt kaum Wünsche offen: Slipanlage, Surfschule, Fahrradverleih, WLAN, mehrere Kilometer Strand, großes Sport- u. Freizeitprogramm auch für Kinder, etl. Pools und Restaurants, Bars, Supermärkte, Kioske etc. 8,30 €/Pers. (TS

10,40 €), Kinder 5–12 J. 4.30 € (TS 6,40 €), Standardplatz ab 16,50 € (TS 19,60 €) mit Auto, Zelt oder Wohnmobil bis hin zu Mega Luxury für 55,30 € (TS 72,40 €); auch schöne Mobilhäuser und Glampingzelte. Ende April bis Anf. Okt. ✆ 052/404-500, www.camping-adriatic.com.

*** FKK-Camping-Resort Solaris, 65-ha-Platz für 4000 Pers. in üppiger mediterraner Vegetation direkt am Meer (Blaue Flagge). Sportzentrum u. großer Swimmingpool. Ökologisch ausgerichtetes Management. Profis sind per Klapprad auf dem weitläufigen Gelände unterwegs; 2 km langer Felsstrand mit kleinen Kiesbuchten. Auch Mobilheim- u. Bungalowvermietung. 7,80 €/Pers. (TS 8,60 €), Kinder 4–10 J. zahlen nur Juli/Aug. 6 €, sonst gratis; Standardplatz ab 15,70 € (TS 16,80 €) mit Auto, Zelt, Wohnmobil bis zu Luxury Mare für 28,90 € (TS 32,60 €). Mitte April bis Anf. Okt. ✆ 052/465-10, www.camping-adriatic.com.

Südlich von Poreč Hier liegen die Touristenanlagen **Brulo**, deren Architektur an Anlagen in Südfrankreich erinnert, sowie **Plava laguna** und **Zelena laguna** (beide s. u.); zwei große Buchten mit riesiger Aufnahmekapazität, großem Unterhaltungsangebot und allen Sport- und Freizeitmöglichkeiten. Zwischen den Hotels, Appartements, Bungalows und auf den Camping-

plätzen viel Grün, üppige Kiefern-, Zedern- und Eichenwälder. Die meisten Hotels bieten Halbpension, da viele Gäste die Anlage nicht verlassen.

An den Stränden und durch die schattigen Wälder sind viele Wege und Pfade angelegt, ideal für lange Spaziergänge oder Fahrradausflüge. Von Plava laguna kann man in einer guten Stunde schön an der Küste entlang über Brulo nach Poreč laufen. Von Zelena laguna nach Poreč muss man hin und zurück mit mehr als 15 km um die vielen Buchten rechnen. Ansonsten den Bus, Touristenbahn oder -schiff zur Altstadt benutzen (→ Verbindungen).

Feriensiedlung Brulo In der ersten südlichen Bucht, ca. 15 Min. zu Fuß bis zur Altstadt, liegen die großen Hotels **** **Kristall** u. *** **Rubin**, DZ/HP ab ca. 150 bzw. 110 €; **** **Diamant**, DZ/HP ab 170 €, im Appartement ab 140 €/4 Pers. Alle mit Restaurants und Bars, Hallenbad mit Wellness & Beauty-Bereich (Diamant), beheizten Swimmingpools (Kristall) und Tennisanlagen. Infos/Buchung unter www.valamar.com.

Feriensiedlung Plava laguna Ca. 2 km südl. von Poreč, auf der Halbinsel Molindrio und an den Touristenkomplex Brulo angrenzend, in üppigem Grün und gepflegten Parkanlagen. Restaurants und Club Plava. An der Südseite weht die „Blaue Flagge".

Poreč – die Uferpromenade (Obala Maršala Tita) führt rund um das Hafenbecken

Infos/Buchung unter ☏ 052/410-102, www.lagunaporec.com.

Z. B.: **** Hotel Vila Laguna Galijot, schön auf einer Landzunge gelegen, komfortabel. DZ/HP ab 220 €.

**** Appartements Laguna Galijot, ebenfalls schöne Lage auf einer Landzunge, mit Bootsanlegehafen. 2 Pers. ab 150 €.

Daneben, in *Gržina*, weitere Appartements und Villen in schöner ebenerdiger und einstöckiger Bauweise. Restaurants, u. a. die gute Istarska Konoba, Supermarkt, Ambulanz, Sportzentrum und Disco-Club. Infos unter ☏ 052/451-766, www.lagunaporec.com.

**** Appartements Laguna Bellevue, geräumige Appartements für 2–4 Pers., ab ca. 130 €/2 Pers.

**** Studio/Appartements Laguna Bellevue, ebenfalls für bis zu 4 Pers., ab 110 €/2 Pers.

Feriensiedlung Zelena laguna ca. 5 km südl. von Poreč. Der größte Touristenkomplex an der Poreč-Riviera mit ebenso gro-

ßen ****-Hotelbauten (u. a. **Parentium, Laguna Molindrio, Laguna Istra** und **Laguna Gran Vista** mit schönem Blick). Ab ca. 105 €/Pers./HP im DZ. Fast überall wehen die „Blauen Flaggen". Tennisplätze, Marina in der Nähe des Hotels Parentium, Spielcasino, riesiges Unterhaltungszentrum, u. a. Disco-Club Byblos (→ Diverses/Nachtleben). An Gastronomie erwarten den Gast Café-Bars, Restaurants (u. a. Steak-House Boškarin, Grill-Terrasse Zeleni vrt, gelobt wird v. a. Korta).

Die Hotels Albatros und Delfin sowie die *Campingplätze* gehören bereits zu *Funtana*. Infos unter www.lagunaporec.com.

Campingplätze Zelena laguna und Bijela uvala (→ Funtana).

Leuchtturm Rt Zub, 13 km nördl. von Poreč auf dem Kap Zub. Das hübsche Haus mit 8 Betten steht in unmittelbarer Nähe zum Meer, die Sportanlagen der Feriensiedlung Lanterna können mitbenutzt werden. Buchung/Anfragen für Leuchttürme, (→ Übernachten/Leuchttürme, S. 48).

↓ Karte S. 128/129

Westküste: Von Poreč bis Vrsar

⟮ Essen & Trinken

→ Karte S. 135

Poreč und seine unmittelbare Umgebung sind bestückt mit einigen hundert Lokalen, Cafés und Bars. Preiswerte und gute Restaurants findet man im Hinterland.

In der Altstadt Restaurant Ulixes **10**, wie in einer Kajüte u. mit alten Tauchgeräten, zudem kleine Terrasse. Hervorragende Saisonküche: hausgemachte Pasta mit Šcampi oder Wildspargel, mediterrane Vorspeisenplatte (Šcampi, Octopussalat, Sardinen, Rucola), Fische, u. a. Seebrasse in Salzlage; an Nachspeisen gibt's Schokokuchen, Birne in Rotweincreme oder Cassata; dazu stehen 60 Weinsorten zur Auswahl. März–Nov. tägl. 12–24 Uhr. Decumanus 2, ☏ 052/451-132.

Restaurant-Bar Peterokutna Kula 12, im Fünfecktum (→ Sehenswertes) ist auf mehreren Etagen (auch mit Freisitz) das gute Lokal im historischen Ambiente untergebracht. April–Okt. 12–2 Uhr. Decumanus 1, ☏ 052/451-378.

Restaurant Gourmet 13, gediegenes Inneres und lauschiger Garten; die Speisenauswahl und -zusammenstellung entspricht dem Namen; Spezialitäten sind v. a. leckere Fischgerichte. Eufrazijeva 26, ☏ 052/452-742.

Restaurant Sv. Nikola 19, super Lage an der Uferpromenade mit Blick zur Insel Sv. Nikola. Exklusives, schickes Lokal, das verfeinerte mediterrane Fisch- und Fleischgerichte bietet. Ganzjährig ab 12 Uhr. Obala M. Tita 23, ☏ 052/423-018.

Restaurant-Pizzeria Nono 2, sehr gute Pizzen vom Holzofen. Ganzjährig ab 12 Uhr. Zagrebačka ul. 4, ☏ 052/453-088.

Restaurant Istra 6, mit Terrasse und Holzofen. Aus der Peka gibt es leckeren Fisch oder Oktopus, außerdem Trüffelgerichte. Ganzjährig ab 12 Uhr. B. Milanovića 30, ☏ 052/434-636.

Konoba Ćakula 11, an der Altstadtmauer gegenüber dem Rundturm. Spezialitäten sind die Vorspeisenplatte, Sardellen und hausgemachte Tagliatelle mit Rindsgulasch vom Boškarin. Mai–Okt. tägl. ab 10 Uhr. Ul. Vladimira Nazora 7, ☏ 052/427-701.

Außerhalb der Altstadt Restaurant **Nostromo**, in der Marina Parentium, mit schönem Blick aufs Meer. Leckere Fischgerichte und flambierte Speisen. ☏ 052/451-917.

Gostiona Hrast *1*, am Straßenbeginn in Richtung Feriensiedlung Pical. Schöner Blick von der Terrasse aufs Meer und auf die Altstadt. Große Auswahl an frisch zubereiteten Fischen und Krebsen, leckere Suppen, Grillgerichte u. Pizzen. Ganzjährig ab 12 Uhr. Nikole Tesle 13, ℡ 052/432-797.

In Vranići   (ca. 3 km nördl.) **Restaurant-Pension Gargamelo** (***), in Vranići. Gute Küche, Spezialitäten sind Steak Gargamelo, gemischte Buzara und Hummer mit Nudeln. Auch nette Zimmer (Domus Bonus). Dalmatinska 10, ℡ 052/431-488.

Konoba Kvartin, gemütliches, gutes Lokal mit überdachter sowie Freiterrasse im Garten, Holzofengrill, im Innern angenehm rustikal. Leckere istrische Trüffel-, Fisch- u. Fleischgerichte, dazu hervorragende Weine. Ganzjährig 17–24 Uhr, Mo Ruhetag. Humska 14, ℡ 052/438-364.

Weitere Lokale außerhalb   Konoba Filipini, in Filipini, 5 km in Richtung Baderna. Gute istrische Küche, Spezialität der Rindertopf „boškarin" oder auch Fuži mit Pilzen. Auch Zimmervermietung (→ Übernachten). Filipini 1 b, ℡ 052/463-200.

Konoba Daniela, 7 km in Richtung Pazin. Gemütlich und gut, v. a. für Steakgerichte. Ganzjährig ab 12 Uhr. Veleniki 15 a, ℡ 052/460-519.

Weine   U. a. **Vinothek Bacchus** *9*, fast rund um die Uhr ist das kleine Altstadtlokal mit seinen Bistrotischen und Barhockern vor der Tür gut besucht. Neben guten Weinen auch hauseigene Grappas, Olivenöl, Antipasti und Trüffelgerichte. Tägl. ab 10 Uhr. Ul. Eufrasijeva (fast am östl. Ende).

Weitere Weingüter (→ Vižinada, Višnjan sowie Novigrad).

Cafés   Gute Snacks, Kuchen, Torten und Eiscreme gibt es in den Konditoreien **Café Alter** *5*, Zagrebačka 1, und **Café La Riva** *8*, Obala M. Tita 3 d.

Weitere Tagescafés (→ Diverses/Nachtleben).

Die Euphrasius-Basilika – das prächtige Innere im Überblick …

Baden & Sport

An der Poreč-Riviera kann man zu Land und zu Wasser über 30 Sportarten betreiben, u. a. Segeln, Tauchen, Wakeboarden, Paragliden, Wasserski, Paddel-, Motor- u. Ruderboot fahren, Surfen, Segeln, Tennis (ca. 180 Plätze), Minigolf, Tischtennis, Billard, Volley-, Basket-, Hand- u. Fußball, Boccia, Inlinern, Radeln, Reiten ... alles mit entsprechendem Kurs- und Ausrüstungsverleih-Angebot. Am besten direkt in den Sportcentern von Plava laguna, Brulo und Borik nachfragen.

Baden Die um Poreč liegenden Ferienanlagen und Campingplätze besitzen eigene weitläufige Strände (mit „Blauer Flagge"). Wer in der Stadt wohnt, fährt zum Baden am besten zum drei Bootsminuten entfernten bewaldeten **Inselchen Sveti Nikola**. Das Taxiboot pendelt bis in die Nacht hinein.

Golf Golfclub Parentium, an der Zelena laguna, ab 2014 mit 18 Löchern. ☏ 052/432-322, www.golfporec.com. **Golf Plava laguna**, ☏ 052/410-101, www.lagunaporec.com. **Golf Klub Tar**, in Tar, www.golf-tar.com.

Mountainbike Die Umgebung eignet sich optimal zum Radeln. Gute Fahrradkarten

... und im Detail

bei TIC. Auch organisierte Touren werden angeboten. Tourenvorschläge s. u.

Reiten U. a. Reitclub Ban, ☏ 098/334-716 (mobil), Bijela Uvala und Lanterna.

Wakeboarden Ein Wasserski-Lift ist in der ruhigen Meeresbucht beim Hafen Zelena laguna, geöffnet Mai–Okt. ☏ 091/4433-222 (mobil).

Tauchen Tauchgenehmigungen erteilt vormittags die Polizeistation Poreč, Gimnastička 2, ☏ 052/432-555. Flaschenfüllung und Tauchausrüstungsverleih im Sportzentrum Plava laguna und in Jedro.

Tauchcenter Poreč, Brulo (Hotel Diamant & Kristal), ☏ 052/433-606 u. 091/4529-070 (mobil), www.divingcenter-porec.com.

Tauchclub Plava laguna, nahe Galijot Hotel, ☏ 095/2526-465 (mobil, Hr. Brane), www. plava-laguna-diving.hr. Ausflüge zu Schiffwracks, Nachttauchen, Tauchschule.

Jachthäfen Hafenamt, Obala M. Tita 17, ☏ 052/451-663. Geöffnet 7–21 Uhr.

Jachthafen Poreč, schöne Lage südl. der Altstadt und des Stadthafens. Gut ausgestattet, 120 Liegeplätze im Wasser, 15 an Land, alle mit Strom- u. Wasseranschluss; gutes Restaurant, Sanitäranlagen, Servicewerkstatt, 5-t-Kran, Tankstelle. Ganzjährig. Turističko šetalište 9, ☏ 052/453-213, www. marinaporec.com.

Jachthafen Parentium, 6 km südl. in der Ferienanlage Zelena laguna beim Hotel Parentium. 184 Anlegestellen im Wasser, 50 Stellplätze an Land, alle mit Strom- u. Wasseranschluss, 10-t-Travellift, Servicewerkstatt, Supermarkt, Restaurant, Ambulanz etc. Tankstelle 2 sm entfernt (in Poreč). Ganzjährig. ☏ 052/452-210, www.lagunaporec.com.

Marina Červar-Porat, 8 km nördl. in Červar. 200 Liegeplätze (3–25 m Länge) im Wasser, 50 Stellplätze an Land, alle mit Strom- u. Wasseranschluss. Servicewerkstatt, 12-t-Travellift, Restaurant, Sanitäranlagen. Tankstelle in 2 sm (in Poreč). Ganzjährig. Riva Amfora 8, ☏ 052/436-661, www.lagunaporec.com.

→ Karte S. 128/129   Westküste: Von Poreč bis Vrsar

Sehenswertes

Bekanntes Kulturdenkmal von Poreč ist die dreischiffige **Euphrasius-Basilika**, die Bischof *Euphrasius* im byzantinischen Stil im 6. Jh. erbauen ließ. Wer längere Zeit nicht mehr in der Basilika war, sollte ihr unbedingt wieder einen Besuch abstatten: Es wurden viele kleine Ausstellungsnischen geschaffen, die Bodenmosaiken der Außenanlagen freigelegt und auch die Maurus-Kapelle wurde bestens restauriert. Das monumentale Gotteshaus, an dessen Bau Architekten und Künstler vergleichbarer Kirchen in Konstantinopel und Ravenna beteiligt waren, steht seit 1997 auf der UNESCO-Liste des Weltkulturerbes der Menschheit. Die in einer Parallelstraße zum Decumanus versteckte Basilika ist bis heute nahezu unverändert erhalten. Ältestes Bauteil und heute außerhalb des Kirchenschiffs gelegen ist die sog. *Maurus-*

Spätantikes Gotteshaus – die Geschichte der Euphrasius-Basilika

Bischof Euphrasius, Bauherr der Porečer Basilika, scheute beim Bau seines Gotteshauses weder Geld noch Mühen. Zum Baubeginn um 550 ließ er den Marmor in mächtigen Blöcken vom Marmara-Meer aus Nordgriechenland per Schiff nach Poreč transportieren und hier vor Ort behauen, verzieren – und in jede Säule seine Initialen meißeln. Die Gestaltung der Wandmosaike wurde den besten Meistern aus Konstantinopel anvertraut, die Bodenmosaike durften einheimische Fachleute verlegen. Die Bauleitung übernahm Euphrasius höchstpersönlich, unterstützt von den besten Architekten aus Konstantinopel. Rund ein Jahrzehnt lang war Poreč eine einzige Großbaustelle, dann waren die Arbeiten zur allgemeinen Zufriedenheit vorerst beendet: Die nagelneue Basilika prunkte dreischiffig mit drei Apsiden, einem Atrium mit schlanken, reich verzierten Marmorsäulen, glänzenden Mosaiken mit beredten Motiven (Euphrasius hält die Basilika in der Hand, flankiert von Aposteln, Engeln, Heiligen); mit Marmortäfelungen, Perlmutt und Gold verzierten Borden, Böden und Wänden. Zudem ließ Euphrasius das Gotteshaus kunstvoll mit dem gegenüber liegenden erneuerten Baptisterium verbinden.

Viele Jahrzehnte überlebte der Kirchenbau unbeschadet alle Kriege, was man dem Schutz des heiligen Maurus zuschrieb, den die Menschen tief verehrten. 1277, Jahrhunderte später, wollte sich auch *Bischof Otto* ein Denkmal setzen, indem er den mit Mosaiken prachtvoll verzierten Altarüberbau (Ziborium) anfertigen ließ. *Bischof Iwan* brachte im 15. Jh. den Stil der italienischen Renaissance ins Gotteshaus – Reliefs aus vergoldetem Silber schmückten von nun an den Unterbau des Altars, des Antependiums. Hinzu kamen ein kostbarer Flügelaltar von *Antonio Vivarini* sowie das bereits vom Barock geprägte „Das letzte Abendmahl", ein Gemälde von *Palma d. Jüngeren.*

Der Zahn der Zeit ließ auch das mächtige Gotteshaus nicht unverschont – vor allem ein Erdbeben im 15. Jh. und eine Pestepidemie im 16. Jh., als das Atrium als Friedhof diente, setzten der Bausubstanz so zu, dass im 18. Jh. sogar das Abhalten von Gottesdiensten vorübergehend eingestellt werden musste.

Über die Jahrhunderte wurde immer wieder versucht, dem Verfall entgegen zu wirken – besonders tief greifend waren die Restaurierungsarbeiten im 20. Jh., als man die barocken Stilelemente entfernte, um den spätantiken Charakter des Gotteshauses wieder sichtbar zu machen.

Kapelle aus dem Anfang des 4. Jh., die im 5. Jh. zur ersten Basilika ausgebaut wurde. Aus dieser Zeit sind noch Fußbodenmosaike erhalten, an deren Niveau zu erkennen ist, wie weit die istrische Küste seit dieser Zeit abgesunken ist – bedeutsam ist das Fisch-Mosaik (3. Jh.), heute im Untergeschoss zu sehen. Über einem weiteren Sakralbau, der sog. voreuphrasischen Basilika, entstand um 540 die heutige dreischiffige Kirche, deren mittlere Apsis mit gut erhaltenen byzantinischen Mosaiken geschmückt ist. In naturalistischer Darstellung sind der Märtyrer Maurus, der Bauherr Euphrasius, der ein Modell der Kirche in der Hand hält, und die Jungfrau Maria abgebildet. Zur Basilika gehören das *Atrium* mit schön restaurierten Mosaiken am oberen Teil der Fassade, das zeitgleich mit der Basilika erbaute *Baptisterium* mit achteckigem Taufbecken sowie auch der *Bischofspalast,* der in seiner Bauweise zu den weltältesten zählt. Sehenswert ist auch das *Sakralmuseum,* das sich im Obergeschoss neben dem bischöflichen Thronsaal befindet. Der *Glockenturm,* erst im 15. Jh. erbaut, kann bestiegen werden – die Mühe lohnt: Der Rundblick über die Stadt ist traumhaft. April–Okt. 9–21 Uhr (Juli/Aug. bis 21 Uhr); sonst 9–16 Uhr, So/Feiertag nur Kirche geöffnet. Eintritt 40 KN, Kinder 20 KN.

Die Reste zweier **römischer Tempel**, dem Meeresgott Neptun und dem Kriegsgott Mars gewidmet, stehen am ehemaligen Forum, dem heutigen *Trg Marafor* am Ende des Decumanus. Der Trg Marafor ist Porečs ältester Platz. Von den alten Stadtbefestigungen blieben nur ein paar Mauerreste und zwei Türme erhalten.

In den Altstadtgassen reihen sich romanische und gotische Hausfassaden neben Renaissance- und Barockbauten. Besonders hübsch das allein stehende **Romanische Haus** (13. Jh.), Ecke Decumanus/ Trg Marifor, mit schönem überdachten Holzbalkon.

Im **Sabornica** (Landtagspalais) finden im Festsaal Konzerte und Ausstellungen statt. Der Festsaal, einst eine gotische Franziskanerkirche (13. Jh.), wurde im 18. Jh. barockisiert und war dann bis zum Ende des 19. Jh. Sitz des istrischen Landtags.

Das **Heimatmuseum der Poreština** residiert seit 1950 im **Barockpalast Sinčić** am Decumanus und ist Istriens ältestes, 1884 gegründetes Museum. Das Museum mit ethnografischen, prähistorischen, antiken und mittelalterlichen Sammlungen sowie einer Gemäldesammlung Alter Meister umfasst viele tausend Objekte. Das *Lapidarium* im Atrium zeigt u. a. Skulpturen und das bedeutende Hermes-Grabdenkmal. In der *prähistorischen Sammlung* sind vor allem die illyrischen Grabdenkmäler aus Picugi und Sv. Marin (aus Tar) sehenswert. Die *antike Abteilung* zeigt alte Bodenmosaike, römische Skulpturen, Porträts römischer Kaiser, Sarkophage aus

Romanisches Haus (13. Jh.)

Westküste: Von Poreč bis Vrsar → Karte S. 128/129

Am Decumanus – der Palast Sinčić mit seinen gotischen Spitzbögen

dem 4. und 5. Jh., antike Funde aus Glas, Eisen, Bronze, Keramik ... In der *mittelalterlichen Sammlung* sind das Stadtwappen von Poreč (15. Jh.) sowie Reste einer slawischen Nekropole aus Palačina (bei Ferenci) und eine große glagolitische Grabplatte (1589) zu sehen. Die *kulturhistorische Sammlung* zeigt Porträts der einflussreichen Familie Carli (aus Koper) aus dem 18. Jh. In der *ethnografischen Abteilung* sind Trachten aus der Poreština, historische Werkzeuge und Arbeitsgeräte ausgestellt; und eine weitere kleine Ausstellung dokumentiert den Volksbefreiungskampf in der Poreština zur Zeit des Zweiten Weltkriegs.

Wegen Renovierung ist das Museum seit längerem und auch weiterhin geschlossen. Lediglich das Lapidarium kann besucht werden. Decumanus 9.

Der **Runde Turm** (Torre Rotondo) aus der zweiten Hälfte des 15. Jh. erhebt sich kurz nach dem Narodni trg. Hier kann man auf der Aussichtsterrasse in luftiger Höhe seinen Kaffee trinken oder nachts bei Sternengefunkel an Cocktails nippen.

Der **Fünfeckturm** (Peterokutna kula) mit seinem Löwenrelief am östlichen Beginn des Decumanus wurde Anfang des 15. Jh. im gotischen Stil erbaut. Bis zur französischen Besetzung Anfang des 19. Jh. war er Teil der städtischen Befestigungsanlagen. Jetzt befindet sich darin ein Restaurant (→ Essen & Trinken).

Auf der Insel Sveti Nikola sind die Reste des ältesten istrischen **Leuchtturms** aus dem Jahr 1403 zu besichtigen.

Für Familien mit Kindern ist ein Besuch des **Aquariums** mit **Terrarium** eine gute Idee. Das in der Adria lebende Meeresgetier, Krebse, Langusten usw., lässt sich hier in 24 Becken hautnah beobachten.

Mai/Juni u. Sept. 9–21, Juli/Aug. bis 23 Uhr, April u. Okt. 10–17 Uhr. Eintritt 40 KN, Kinder 3–12 J. 50 %. F. Glavinića 4, ✆ 052/428-720.

 Mountainbiketour von Poreč über Sv. Lovreč–Žbandaji ins Hinterland (knapp 50 km, 4–4:30 Std., Höhenunterschied 206 m, mittelschwer, Markierung grünes Fahrradsymbol).

Wir fahren südlich stadtauswärts auf Schotterweg vorbei an der Marina, am Meer entlang durch Pinienwald in Richtung *Zelena laguna*. Dann überquert man die Hauptstraße nach Vrsar und biegt auf die kleine Asphaltstraße südöstlich nach *Mugeba* und *Fuškulin* ab (bis Lovreč immer wieder leichte Anstiege und Abfahrten im Wechsel). Am Ortsende von Fuškulin stoßen wir auf eine Kreuzung und halten uns nordwärts in Richtung *Dračevac*. In der Ortsmitte von Dračevac geht es nach Osten (rechts) in Richtung *Montižana*, dann weiter auf Makadam in Richtung Süden über die Weiler *Delići* und *Bralići* nach *Gradina*. Ab hier wieder Asphaltstraße. Wir fahren östlich über *Marasi, Stranici* und überqueren die Bundesstraße Buje–Pula. Gleich danach Abzweig auf den Makadamweg nach Norden und nach *Sv. Lovreč*. Hier bieten sich eine Rast und ein kleiner Ortsbummel an.

Am Ortsende von Sv. Lovreč (bis Pršurići kaum Steigung, von dort hinab nach Poreč) überqueren wir die Bundesstraße Buje–Pula und halten uns nun westlich auf der Asphaltstraße nach *Žbandaj*. In Žbandaj fahren wir kurz östlich und durch das Zentrum. Am Ortsende Abzweig auf Asphaltsträßchen nach Norden in Richtung *Višnjan* über die Orte *Jehnići* und *Pršurići*. Ca. 200 m vor Pršurići biegen wir nordwestlich auf Makadam nach *Prkovići* und *Žikovići* ab. Weiter westlich auf Makadam nach *Vežnaveri*, ab dort wieder Asphaltstraße bis nach *Kosinožići*. Hier geht es auf direktem Weg und Asphaltstraße südwestlich über *Antonci* nach *Poreč* zurück.

Mountainbiketour von Poreč über Červar-Porat, Tar und Višnjan ins Hinterland (ca. 42 km, 3:30–4 Std., Höhenunterschied 265 m, mittelschwer, Markierung pinkfarbenes Fahrradsymbol).

Wir fahren nördlich aus der Stadt und biegen bei *Sv. Martin* auf den Makadamweg ab, vorbei am *Camping Ulica*, weiter über *Červar* und in Richtung Küste, dann an der Küste entlang über die *Uvala Mrčana* (evtl. Sprung ins Wasser!) nach *Červar-Porat*. Wir durchfahren den Ort und halten uns nördlich, am Meer entlang. Beim Hafen biegen wir nach Westen ab auf die Asphaltstraße in Richtung Landesinneres nach *Vabriga*, überqueren die Hauptstraße Poreč–Novigrad und fahren durch den hübschen Ort *Tar*. Stadtauswärts geht es ab dem Weiler *Kornarija* bergauf nach *Kaštelir*. Hier lohnt eine Besichtigung, eine Pause bietet sich an. Weiter führt uns die Asphaltstraße nach *Višnjan* und dann südlich nach *Bačva*. Ab hier Makadam und bergab über *Žikovići* nach *Vržnaveri*. Weiter auf Asphaltstraße hinab nach *Kosinožići* (hier Abzweig zur Baredine-Höhle möglich) und über *Sv. Portun* zurück nach Poreč.

Wer den kleinen Abstecher zur Baredine-Höhle machen möchte, fährt beim Ort *Kosinožići* in Richtung Norden (ca. 5 km Umweg hin und zurück).

Poreč/Umgebung – Ausflüge ins Hinterland

Baredine-Höhle bei Nova vas

Außerhalb von Poreč lohnt die 60 m tiefe, erst 1995 entdeckte Baredine-Höhle einen Besuch (ca. 5 km nördlich der Stadt in Richtung Nova vas). Die Höhle zieht sich in fünf Sälen 132 m tief hinab, ihre Stalagmiten und Stalaktiten überraschen mit ihren bizarren Formen in Weiß und Rotbraun. Ganz unten ist ein kleiner See mit einem einsamen Grottenolm. Die Besichtigung mit Führung dauert ca. 40 Min.

Jama Baredine, Nova vas, ☎ 052/421-333, www.baredine.com. Eintritt 60 KN, Kinder 6–12 J. 40 KN. Gutes Schuhwerk empfehlenswert. Juli/Aug. 9.30–18 Uhr, Mai–Sept. 10–17 Uhr, April/Okt. 10–16 Uhr.

Višnjan

Vom ca. 12 km nordöstlich von Poreč auf 245 m gelegenen Višnjan reicht der Blick weit übers Meer. Der Ort wird im 13. Jh. erstmals erwähnt, doch schon die Römer siedelten hier Veteranen an, später gehörte Višnjan zu Poreč, um das Jahr 1200 zu Motovun und schließlich zu Venedig. Adelige aus Motovun erwarben sich hier Grundbesitz und bauten sich prächtige Häuser. 1617 schleiften die Uskoken sämtliche Gebäude außerhalb der Stadtmauern. Richtung Stadtplatz stehen noch alte, unrenovierte Bürgerhäuser aus dem 17. und 18. Jh., einst in Besitz von Italienern. Durch den venezianischen Torbogen mit Markuslöwenrelief gelangen wir auf den Stadtplatz mit Stadtloggia, Zisterne und der mächtigen **Pfarrkirche St. Cyricus und Julita**, 1833 erbaut.

An der Straßenkreuzung steht das **Kirchlein St. Antonius des Abts** (leider verschlossen) aus dem 15. Jh. mit glagolitischen Graffitos, die im 16./17. Jh. über die friaulischen Renaissance-Fresken (ein Werk von *Meister Dominik* aus Udine) gemalt wurden.

Heute ist Višnjan wegen seiner **Sternwarte** (✆ 091/4491-788, mobil, Hr. Korlović) und der umliegenden Weingüter und Übernachtungsmöglichkeiten bekannt.

Rund 3 km südlich von Višnjan liegt der kleine Weiler **Bačva**, bedeutsam wegen seinem *Kirchlein Sv. Jakova*, erbaut im 12. Jh., mit spitz zulaufendem gotischem Glockentürmchen an seiner Frontseite. Interessant ist aber v. a. das komplett mit Fresken verzierte Innere, das ebenfalls *Dominik* aus Udine im 16. Jh. schuf. Hier bemalte er die Kirchenwände mit dem Lebenslauf Christi, in der Apsis mit Gottvater (die Schlüssel sind im ersten Haus neben der Hauptkirche in Višnjan erhältlich; ✆ 052/449-291).

Information über Poreč.

Veranstaltungen 21. Juni Astro-Fest.

Essen/Übernachten Vinothek-Pension **Poletti**, angenehme Atmosphäre in schöner Umgebung. Erlesene Weine aus eigenem Weingut und Verkostung; Zimmer- u.

Das kleine Višnjan …

Appartementvermietung. Markovac 14, Višnjan, ✆ 052/449-251.

》》 Mein Tipp: Agrotourismus-Konoba **Milena**, im Weiler Bačva mit herrlicher Fernsicht (3 km südl. von Višnjan). Obst und Oliven von eigenen Ländereien, hausgemachte Weine und Schafskäse; zudem gutes Essen (von 17–24 Uhr); hübscher Garten u. Pool; die Ziegen, Hühner, Enten, Katzen dürfen gefüttert werden. Appartements/Zimmer. Bačva 3, ✆ 052/449-353, www.milena.hr. 《《

Wein z. B. bei Peter Poletti (→ Essen).

Franko Radovan, Radovani 14, Višnjan, ✆ 052/462-166. Ein ausgezeichneter Winzer; es gibt Malvazija, Chardonnay, Teran, Merlot.

Dordano Peršurić, Peršurići b. b., Višnjan, ✆ 052/431-586. Produziert den besten istrischen Sekt: Misal Millenium brut, aus 60 % Malvazija, 20 % Chardonnay und 20 % Blauburgunder – zitronige Frische mit Aprikose-, Pfirsich- und einer Spur Mandelaroma.

Stausee Butoniga – für konditionsstarke Radler ein schönes Ausflugsziel

Westküste: Von Poreč bis Vrsar
→ Karte S. 128/129

Sv. Lovreč Pazenatički

17 km südöstlich von Poreč in Richtung Pula liegt Sv. Lovreč Pazenatički. Funde von alten Wehrmauern belegen eine Besiedlung in vorgeschichtlicher Zeit. Der heutige Ort datiert aus dem 9. oder 10. Jh.; zu Beginn des 14. Jh. unterhielten die Venezianer hier einen Militärstützpunkt. Auf dem großen Stadtplatz steht die **Kirche Sv. Martin** (11. Jh.) mit freistehendem Glockenturm und drei halbkreisförmigen Apsiden, einer neuen Stirnwand von 1838 und Überresten von Fresken (11. Jh.) – ein ottonisches und byzantinisches Stilgemisch. In der nördlichen Apsis überdeckt eine jüngere Freskenschicht (14. Jh.) eine ältere, die italienischen Künstlern zugeschrieben wird. Den Altarraum zieren ein geschnitzter Flügelaltar (17. Jh.) und eine Muttergottes-Statue. Den Stadtplatz schmückt die **Loggia** (15. Jh.) mit kleinem Lapidarium, das antike, vorromanische und romanische Kostbarkeiten zeigt. Einen Blick wert sind gegenüber am Platz der alte **Pranger** und beim Stadttor das **Kirchlein Sv. Blaž** von 1460 mit Freskenmalereien im Innern.

In der Umgebung laden schöne Weingüter und ruhige Landhäuser zum Verweilen ein.

Übernachten ≫ Mein Tipp: Stancija (Landhaus) Baladur, abseits der Hauptstraße im Weiler Rakovci (ca. 5 km in Richtung Baderna). Hübsches Appartementhaus im bäuerlichen Stil. Verschieden große Appartements bis max. 6–8 Pers. Kein Essen! Rakovci 22, 52445 Baderna, ✆ 052/431-441. ≪

Wein Ivica Matošević, Krunčići 2, Sv. Lovreč Pazenatički, ✆ 098/367-339 (mobil), www. matosevic.com. Ihn nennt man den Weinphilosophen der ersten Stunde; Spezialitäten u. a. Merlot Mora barriquegereift oder Malvazija Alba. Auch nette Appartements.

Olivenöl Farm Pino, im Weiler Katun gibt es istrische Olivenöle und Wein zu kaufen. Für müde Häupter auch Stellplätze für Caravans vorhanden. Mo–Fr 9–20, Sa/So 10–15 Uhr. Katun 1, 52445 Baderna, ✆ 052/462-341.

Funtana mit seiner Marina und den vorgelagerten Inseln

Funtana und seine Riviera   (Fontane)

Die Riviera von Funtana erstreckt sich von Zelena laguna ca. 6 km südlich von Poreč bis kurz nach Funtana. Der Küste vorgelagert sind zahlreiche, oft bewaldete Inseln, die sich mit dem Boot gut erkunden lassen.

Funtana, ein ruhiger 700-Einwohner-Ort, ist wegen seiner zahlreichen Lokale entlang der Hauptstraße nicht zu übersehen. Auch viele „Vino"-Schilder weisen den Weg zu Weinbauern, die Rot- und Weißweine vom Fass, Grappa, Tomaten und Melonen verkaufen. Trotz etlicher Neubauten und dem neuen Jachthafen hat Funtana den Charakter eines Fischerdorfs bewahrt.

Eine frühe Besiedlung bezeugt eine *villa rustica* in der Valkanela-Bucht (südlich von Funtana). Der Ort selbst entstand um eine Festung auf der Anhöhe. Um 1330 wird der Ort wegen seiner Süßwasserquellen (auch heute gibt es noch Quellen, u. a. beim Camp Puntica) unter *Fontana Giorgiana* erwähnt. Ausgrabungen belegen, dass schon in der Antike ein Aquädukt die Bewohner einer großen *villa rustica* (2. Jh.) auf der Landzunge Zorna (bei Zelena laguna) mit Quellwasser aus Funtana versorgte; auch eine Mole gab es, an der Handelsschiffe stoppten, um ihre Trinkwasservorräte aus dem Wasserbecken aufzufüllen. Im 15./16. Jh. herrschten hier die Grafen Borisi aus Koper (SLO) – drei Jahrhunderte steuerte das Adelsgeschlecht die Geschicke Funtanas, bis zur Abschaffung des Feudalismus in der zweiten Hälfte des 19. Jh.

Zu sehen gibt es die **Pfarrkirche Sv. Bernard**, 1621 erbaut und 1940 erweitert. Den Kirchenraum schmücken Gemälde unbekannter Meister aus der Zeit des frühen venezianischen Barock Anfang des 17. Jh. Auch das **Kastell** von 1610 ist noch erhalten, seine Fenster wurden im Barock modernisiert (keine Besichtigung möglich).

Am alten, heute nicht mehr benutzten Friedhof steht die romanische **Kapelle Madonna der Barmherzigkeit** (11. Jh.). Etliche Umbauten tragen die Handschrift

späterer Jahrhunderte; im Innern zwei große Gräber (17./18. Jh.). An der Hauptstraße steht die in Privatbesitz befindliche **Kapelle St. Lucija** (1750), die lediglich
zum Patronatsfest ihre Pforten öffnet.

Die **Galerie Zgor Murve** bietet etliche temporäre Ausstellungen sowie die perma-
nente Foto-Impression über Funtana (Juni–Sept., Ribarska 24, ✆ 052/445-119).

Ortsauswärts an der Straße Richtung Rovinj lädt der kleine Vergnügungspark **Dino-
park Funtana** zum Besuch ein (Info www.dinopark.hr).

→ Karte S. 128/129 Westküste: Von Poreč bis Vrsar

Basis-Infos

Information Tourismusverband/TIC, 52452
Funtana, B. Borisia 2, ✆ 052/445-119, www.
funtana.com. Juni–Sept. tägl. 8–20 Uhr, Mai
Mo–Sa 8–15 Uhr, sonst Mo–Fr 8–15 Uhr.

Agentur Linet, Ribarska ul. 2, ✆ 052/445-012,
www.apartments.linet.com. Privatzimmer
u. Fahrradverleih.

Jachthafen Marina Funtana, 200 Liegeplätze im Wasser. Ganzjährig geöffnet.
✆ 052/428-500, www.montraker.hr.

Mountainbike Ausgeschilderte Fuß- und
Radwege entlang dem Meer über Zelena
laguna (2 km) nach Poreč (6 km) (→ Poreč).
Oder auch von Funtana stadtauswärts
Richtung Osten, dann auf dem Makadam

nach Fuškulin und auf markiertem Fahrradweg weiter über Dračevac, Gradina in Richtung Lovreč.

Tauchen Tauchclub S. Lorenzo, Zelena
laguna, ✆ 052/410-594 und 098/219-335 (mobil). Ausflüge zu Schiffswracks, Nachttauchen, Tauchschule, Flaschenfüllung etc.

Veranstaltungen Kirchenfest Sv. Ber-
nardo, gefeiert wird am Wochenende, das
dem 20. Aug. folgt. Mit Messe, Musik und
Kulinarischem.

Klassische Konzerte und Jazzkonzert am
Kirchenplatz, jeden Di im Juli/Aug. (bei
schlechtem Wetter in der Kirche Sv. Ber-
nardo).

Übernachten/Essen & Trinken

Übernachten Es gibt viele Privatzimmer
ab 30 € und **Appartements** ab 45 €/2 Pers.
U. a. **B & B Nostromo** (belg.-kroat. Ltg.), im
netten Natursteinhaus mit Gartenterrasse
gibt es 5 Zimmer nach Farben gestaltet und
benannt. DZ/F 90–100 €. Ganzjährig geöffnet. Cerlenki 7, ✆ 098/9115-027 (mobil, Hr.
Jaro), www.bb-nostromo.com.

*** Hotel Funtana – All-incl., mit Pool und
Sportzentrum; schöne Lage direkt am
Meer. In der Saison nur wochenweise Pau-
schalangebote, dann ab ca. 70 €/Pers./All-
incl. im DZ. ✆ 052/442-700, www.maistra.com.

Ferienanlage Zelena laguna ca. 2 km
nördl., gehört teils auch zu Poreč (→ Poreč/
Übernachten). Infos unter www.laguna
porec.com.

Camping **»»** Mein Tipp: **** Camping
Zelena laguna, sehr gut ausgestatteter 15-
ha-Platz für 2700 Pers., 2,5 km nördl. von
Funtana. Ausgedehnter Fels- u. Kiesstrand,
abgetrenntes FKK-Areal, 18 Tennisplätze.
Die Hoteleinrichtungen können mitbenutzt
werden; großes Sportangebot, Swimming-

pool, Restaurant, Bar, Supermarkt. Ökolog.
ausgerichtetes Management. Auch hübsche Mobilhäuser. Pro Pers. 8 € (Kinder 4–
10 J. 5,50 €), Standplatz (inkl. Zelt/Auto oder
Caravan) 15 €, Parzelle ab 18,70 €. Ende April
bis Anf. Okt. ✆ 052/410-700, www.laguna
porec.com. **«««**

**** Autocamp Bijela uvala, an Camping
Zelena laguna angrenzend (→ Poreč/Über-
nachten). 45 ha bewaldetes, naturbelasse-
nes Gelände für bis zu 6000 (!) Pers. Ökologisch ausgerichtetes Management. Restaurant, Bar, großes Sportangebot, Swimmingpool. Betonierter Strand mit FKK-Bereich.
Preise wie Zelena laguna. Ende April bis Anf.
Okt. ✆ 052/410-551, www.lagunaporec.com.

** Naturist Camp Istra, hügeliges 35-ha-Ge-
lände auf einer Halbinsel für bis zu 3000
FKK-Freunde. Üppige mediterrane Vegetation und kleine Waldflächen, Kiesstrand u.
Natursteinflächen zum Sonnenbaden. Kleiner Hafen, Restaurant, Minimarkt. Pro Pers.
7,20 € (TS 8,30 €), Kinder 5–10 J. 5,30 € (nur in
HS, sonst gratis), Standplatz (inkl. Auto

u. Zelt/Wohnwagen/Wohnmobil) 16,70 € (TS 17,80 €), Premium Mare 26 € (27,80 €). Ende April bis Anf. Okt. ℘ 052/445-123, www. camping-adriatic.com.

*** **Campingplatz Puntica**, kleiner, ruhiger 4,5-ha-Platz für bis zu 700 Pers. Auf der bewaldeten Halbinsel gegenüber dem Fischerhafen von Funtana. Pro Pers. 6,80 €, Kinder 4–10 J. 4,50 € (nur HS, danach gratis), Standplatz (inkl. Auto u. Zelt/Caravan) 14,10 €, Parzelle 15,80 €. Ende April bis Anf. Okt. ℘ 052/445-270, www.lagunaporec.com.

*** **Autocamp Valkanela**, südl. des Zentrums (→ Vrsar).

Essen & Trinken Viele Restaurants u. a. an der Hauptstraße Richtung Vrsar, die für ihre gute Küche bekannt sind. Reichliche Portionen, verschiedene Fischsorten, Wein aus heimischem Anbau.

》》》 Mein Tipp: Restaurant Barba Čižo, zählt mit zu den besten Lokalen – hier gibt es guten Fisch oder auch mit Scampi gefüllte Gnocchi. J. Dobrile 7, ℘ 052/445-424. 《《《

Konoba Histria (Istarska 23, ℘ 052/445-312), hier isst man gute Fleischgerichte. Wer Fischgerichte bevorzugt, geht ins **Restaurant Ideal** (Istarska 15, ℘ 052/445-107) oder in die **Konoba More** (A. Gašparini 3, ℘ 052/445-103). **Restaurant Bare** (Kamenarija 4, ℘ 052/445-193), Spezialität ist u. a. Lamm aus der Peka, nettes Sitzen auf der lauschigen Terrasse. **Restaurant Marina** im Jachthafen (Ribarska b. b., ℘ 052/445-400), schöne Lage und gute Fleischgerichte.

Wein **Vinothek Sosich**, Istarska 37 a, ℘ 052/446-276. Tägl. 12–22 Uhr. Neben Wein auch Schinken und Käse.

Vrsar und seine Riviera   (Orsera)

Die Vrsar-Riviera beginnt kurz nach Funtana und endet am Limski kanal. Der Küste vorgelagert sind auch hier zahlreiche bewaldete Inselchen. Das Fischerstädtchen Vrsar (2000 Einwohner) erstreckt sich auf einem Hügel oberhalb der Bucht am Rand des Limski kanal. In der Nähe liegt Koversada, das größte FKK-Camp Kroatiens und das zweitgrößte Europas.

Die Gässchen in der Altstadt von Vrsar bieten Autos kaum Platz und sind nur im Einbahnverkehr zu befahren. So kann man gemütlich über das historische Pflaster hinauf zur Pfarrkirche **Sveti Martin** (1804) bummeln (Sv. Martins schneeweißer Kirchturm wurde erst in jüngster Zeit errichtet). Die Jahrhunderte unbeschadet überstanden haben das Hauptstadttor sowie das zweiflügelige romanische Stadttor aus Eichenholz. Vrsar war acht Jahrhunderte lang die Sommerresidenz der Bischöfe von Poreč. Deren **Kastell**, am höchsten Punkt von Vrsar erbaut, ist mittlerweile verfallen, der Blick von oben über die vielen grünen Inselchen ist aber auch heute noch ein Genuss – 18 Inseln sind es insgesamt, einige sind problemlos per Kajak zu erreichen, u. a. die **Insel Sv. Juraj** mit gleichnamiger romanischer Kapelle. Dort vermutet man auch die römische Siedlung Ursaria.

Im Hafen von Vrsar steht die **Basilika Heilige Maria von der See** (12. Jh.) – der romanische Bau zählt in Istrien zu den bedeutendsten seiner Art. Ganz in der Nähe werden in einem Innenhof die Fundamente und Mosaike einer frühchristlichen Basilika aus dem 4. Jh. freigelegt (z. Zt. noch nicht zu besichtigen).

Geschichte

Vrsar leitet sich von dem alten Namen *Ursaria* ab, dem späteren italienischen *Orsera*. Vermutlich bezeichnete Ursaria einst den gesamten Küstenabschnitt zwischen Funtana und dem Limski kanal, abgeleitet vom altmediterranen Wort *ur* für die Quellen, die es hier zuhauf gibt.

Blick durch den Mastenwald der Marina auf die Altstadt

Die Gegend um Vrsar ist schon seit Jahrtausenden besiedelt, wie prähistorische Funde z. B. in der *Romualdo-Höhle* belegen (s. u.). Die Histrer bauten eine Festung und einen Hafen. Zudem waren einzelne Hügel um Vrsar bewohnt, z. B. der Hügel *Gavan vrh,* ca. 1 km östlich der Stadt in Richtung Rovinj. In römischer Zeit war Vrsar bereits ein wichtiges Handelszentrum für den Export der begehrten landwirtschaftlichen Produkte wie Öl, Weizen, Käse, Fleisch für die römischen Märkte. Für die Verkehrsanbindung sorgte die *Via Flavia,* die Vrsar mit Pula (Pola), Poreč (Parentum), Triest (Tergeste) und Aquilea verband. Schriftlich erwähnt wird Vrsar erstmals im 3. Jh.; im 4. Jh. war Vrsar eine bedeutende altchristliche Siedlung mit Basilika.

Eine wichtige Rolle spielte in Vrsar natürlich der Fischfang, wie eine alte Urkunde belegt – darin ließ sich die Gemeinde von Poreč das Recht auf ein Drittel des Fangs bestätigen. Zwischen 599 und 611 zerstörten eindringende Kroaten den Ort und vertrieben die Bewohner. Von 983 bis 1778 stand Vrsar unter Kontrolle des Bistums von Poreč. 1050 wurde eine neue Siedlung auf dem Festland gegründet. 1267 kam Vrsar mit Poreč unter die Kontrolle Venedigs. Poreč hatte dabei die Oberhand, Vrsar führte eher das Leben einer Dorfgemeinde. Die Bischöfe von Poreč bestimmten den Ortsverwalter, verpachteten die Landgüter und sicherten sich so lukrative Einnahmen. Im Zeitalter der Renaissance und des Barock wurden die zahlreichen Steinbrüche rund um Vrsar zu einer wichtigen Erwerbsquelle. Zwischen dem 15. und 17. Jh. wurde Vrsar mehrfach von Pestepidemien heimgesucht und entvölkert. Im 17. Jh. verlegten einige Bischöfe von Poreč ihren Wohnsitz dauerhaft nach Vrsar, um dem malariaverseuchten Poreč zu entkommen. 1778 hob der Senat von Venedig die Rechte der Grafschaft Vrsar auf und unterstellte den Ort der direkten Kontrolle des Dogen von Venedig – Poreč wurde mit einer Geldzahlung entschädigt; die einstigen Landgüter des Bistums Poreč wurden Eigentum von Adeligen aus Poreč. Erst im 19. Jh. dehnte sich der Ort nennenswert aus – die Bürger von Vrsar siedelten sich erstmals außerhalb der Stadtmauern an.

Basis-Infos

Information   Tourismusverband/TIC, 52450 Vrsar, Obala M. Tita 6 (vor Marina am Hafen), ✆ 052/441-746, www.infovrsar.com. Juni–Sept. Mo–Sa 8–21 Uhr, Juli/Aug. tägl. 8–22 Uhr, sonst Mo–Fr 8–15 Uhr.

Infopunkt-Altstadt, Rade Končara 46 (Einbahnstraße), Mai–Sept. 9–14/18–20 Uhr, Juli/Aug. 8–22 Uhr.

Maistra, ✆ 052/800-250 (innerhalb Kroatiens Gratis-✆ 0800-8858), www.maistra.com. Reservierung für viele Hotels u. Campingplätze; große Preisschwankungen je nach Saison und Nachfrage.

Agentur Bovi, Jadranska cesta 18 (Ortseingang), ✆ 052/441-590, www.bovi.hr. Privatunterkünfte.

Agentur No 1, Brostolade, ✆ 052/442-262, www.no1-vrsar.com. Privatunterkünfte.

Verbindungen   Bushalt für Lokalbusse am Hafen. Infos: Autotrans (Poreč), ✆ 052/432-153.

Flugplatz (Aerodrom Vrsar), ca. 2 km in Richtung Rovinj. Sportflughafen mit Fliegerschule, u. a. Möglichkeit zum Fallschirmspringen; Panoramaflüge, Air-Taxi. ✆ 099/6721-527 (mobil), www.aeroadria.hr.

Ausflüge   Verschiedene Touren zum Limski kanal und nach Rovinj.

Nachtleben   Am Stadtrand (Halbinsel Montraker) sind die beliebten **Beachbars Casanova** und **Dionis**, Mai–Anf. Okt.

Veranstaltungen   Zahlreiche Veranstaltungen im Rahmen des Vrsarer Kultursommers.

Klassische Konzerte, in der Kirche Sv. Martin; Juni–Aug. jeden Mi.

Meer und Gitarre, diverse Konzerte in der Kirche Sv. Marija od Mora (am Hafen), Juni–Aug. jeden Do 21 Uhr.

Fischerfest, 6-mal im Sommer, rund um den Hafen, mit Folklore, frischen Sardellen u. reichlich Wein.

》》》 Mein Tipp: Casanova-Fest (www.casanovafest.com), 2 Tage Ende Juni; Ausstellungen, Acts, Lesungen, Filme zu Liebe & Erotik, zudem Chansons & Barock-Musik, ein aphrodisierendes Gastro-Angebot und auch ein Küsse-Contest! 《《

Porto-Fest, am Hafen mit großem Gastro- und Weinangebot; 4-mal in der Saison.

Übernachten

Ein großes Angebot an **Privatzimmern** (ab ca. 18 €/Pers.) und **Ferienwohnungen** (ab 40 €/2 Pers.) vermitteln die Agenturen, bzw. Infos über die Website des Tourismusverbandes. Ruhig und schön wohnt man im östlichen Stadtteil Kapetanova stancija (am Fahrradweg Richtung Limski kanal) – hier gibt es einige Neubauten.

Empfehlenswert u. a. **Fam. Mario Kalčić**, Rade Kočara 31 (Altstadt), ✆ 052/441-148, 52 €/2 Pers. **Fam. Matilda Brajković** (Domus Bonus), am Fahrradweg im östl. Stadtteil Kapetanova stancija, ✆ 052/441-024, 75 €/4-Pers.-Appartement.

Weitere Übernachtungsmöglichkeiten (→ Vrsar/Umgebung).

》》》 Mein Tipp: *** Hotel Vista, einziges Altstadthotel mit herrlichem Blick aufs Meer und den Jachthafen und bestem Service. Es gibt 36 gemütliche und komfortable Zimmer (auch mit Balkon), ein leckeres Früh-

stücksbuffet und eine lauschige, mit Korbstühlen bestückte Cocktailterrasse in den alten, aber modern gestalteten Gemäuern. Pkw-Parkplätze gegenüber. DZ/F ab 110 € (TS ab 140 €). März–Mitte Okt. Rade Kočara 52, ✆ 052/406-620, www.hotelvista.hr. 《《

Ferienkomplexe auf den Halbinseln Gegenüber der Altstadt und gen Süden erstrecken sich auf Halbinseln die Ferienkomplexe mit Hotel- u. Appartement-Anlagen.

Hübscher Blick vor allem vom Hotel Pineta (s. u.) auf Stadt und Hafen. Mit Hallenbad, Sauna, großem Freischwimmbecken; zudem Sport- u. Freizeitaktivitäten im Schatten alter Kiefernbäume. Betonierte Liegeflächen rund um die Halbinsel. In allen Siedlungen viele Restaurants, Cafés.

*** **Hotel Pineta**, 245 Betten. Superior DZ/F ab 140 €. www.maistra.com.

Südlich anschließend folgt auf der Halbinsel das **** **Resort Belvedere**, schöne Lage und schöner Pool, auch Fahrradabstellräume. DZ/F ab 189 €. Empfehlenswert die Appartements für 3–6 Pers. mit eigenen Terrassen und Blick aufs Meer, ab 169 €/3 Pers. www.maistra.com.

In der nächsten südlich anschließenden Bucht (nach dem Campingplatz Porto Sole) folgt das **** Resort Petalon mit Pool und Fahrradabstellräumen. U. a. schöne Appartements für 3–6 Pers. ab 156 €. www. maistra.com.

Ganz im Süden bis zum Limski kanal zieht sich die große FKK-Anlage Koversada:

FKK-Ferienanlage Koversada, auf dem unten beschriebenen, 120 ha großen FKK-Gelände gibt es neben dem Campingplatz auch **-Bungalows und v. a. die guten ****-Appartements in einzeln stehenden Häusern zu mieten. Sie liegen im Kiefernwald oberhalb vom Meer u. kosten ab 122 €/3 Pers. www.maistra.com.

Camping ** Autocamp Valkanela, nördl. von Vrsar, schon fast bei Funtana. Riesiger 55-ha-Platz am Meer für bis zu 6000 Pers. Kies- und Felsstrand, teils etwas hügeliges Terrain. Sport- u. Freizeitprogramm auch für Kinder. Pool, Restaurant, Bar, Läden und Kiosk. Pro Pers. 9,50 €, Kinder 5–11/12–18 J. 5,50 €/7,30 €; Zelt, Standplatz (Auto, Wohnwagen, Strom) 15,50 €, Parzelle 18,50–24 € (nach Lage). Auch Mobilheimvermietung. In der TS nochmals 10 % Preisaufschlag. Ende April bis Anf. Okt. ☎ 052/445-216, www.campingrovinjvrsar.com.

*** Camping Orsera, großes 28-ha-Gelände nördlich von Vrsar für 2500 Pers. Zufahrt von der Hauptstraße nach Funtana. Schattige, naturbelassene, schöne und gut ausgestattete Anlage mit WLAN, Restaurant. Baden kann man am Stadtstrand mit aufgeschüttetem Kies. Pro Pers. 7,40 € (TS 9,20 €), Kinder 4–10 J. 3,90 € (TS 6,50 €), Standplatz 16,20–30,70 € (TS 19–40,20 €) mit Auto, Zelt, Wohnwagen oder Wohnmobil. Mitte April bis Anf. Okt. ☎ 052/465-010, www.camping-adriatic.com.

*** Camping Porto Sole, 50-ha-Platz südl. von Vrsar auf der Halbinsel zwischen Appartements Belvedere und Petalon am Meer. Kinderanimation; Pool, Felsstrand mit betonierten Liegeflächen. Auch Mobilhäuser. Preise wie Camping Valkanela. März bis Anf. Nov. ☎ 052/426-500, www. campingrovinjvrsar.com.

*** FKK-Camping Koversada, größter FKK-Platz Kroatiens und zweitgrößter Europas.

Das 120 ha große Gelände ist auf 5000 Pers. ausgelegt, selbst per Auto kann man sich ohne „Stadtplan" leicht verfahren. Platzkenner bringen Fahrräder mit. Die Anlage ist im Laub- u. Föhrenwald versteckt, mit Macchia durchsetzt und zieht sich vom Campingplatz Porto Sole bis zum Limski kanal. Wie überall herrschen Felsküste und betonierte Liegeflächen vor, für Kinder wurden schmale Plätze mit Sand aufgefüllt. Weitere Stellplätze (für kleine Zelte) gibt es auf einer kleinen, über einen Damm erreichbaren Insel. Großes Sportangebot und Animation für Groß und Klein. Auf dem Gelände finden sich eine Ambulanz, zahlreiche gute Restaurants, Pizzeria u. Cafébars in schöner Lage, u. a. direkt am Limski kanal. Pro Pers. 8,40 € (TS 10,90 €), Kinder 5–11/12–18 J. 4,20/5,80 € (TS 5,20/7,30 €), Standplatz ab 15 € (TS ab 18,50 €), Parzelle ab 18 € (TS ab 21,50 €). Auch Appartement- und Bungalowvermietung (s. o.). Ende April bis Ende Sept. ☎ 052/441-378, www.campingrovinjvrsar.com.

↓ Karte S. 128/129

Westküste: Von Poreč bis Vrsar

Bepo und Tonino am Aussichtsplatz

Essen & Trinken

Restaurant Trost, in der Marina mit großer Terrasse und schönem Blick auf die Jachten. Sehr gute Fischgerichte, Spezialitäten sind unter der Čripnja gegarte Speisen (Lamm, Fisch, Kalb). Ganzjährig. Obala M. Tita, ℘ 052/445-197.

Restaurant Dvi Palme, Blick von der überdachten, immer gut gefüllten Terrasse auf den Hafen. Fisch- und Fleischgerichte. Ganzjährig. Dalmatinska 12, ℘ 052/441-203.

Restaurant Funčita, gegenüber dem Busbahnhof, die Altstadtzufahrt wenige Meter bergan, liegt versteckt das gute Lokal mit flinkem, freundlichem Service. Gespeist wird auf der teils überdachten Terrasse, es gibt Pizzen, Risotto und Pasta und frische Fisch- und Muschelgerichte, aber auch gute Steaks.

Restaurant By Ena, gegenüber der Altstadt, Hausspezialitäten sind auch hier frische Fische, Muscheln und Schalentiere. Obala M. Tita 31, ℘ 052/441-672.

»» Mein Tipp: Konoba Petra, die Ltg. hat die gleichnamige Österreicherin; auf lauschiger Terrasse oder im hübschen Innern speist man vorzüglich saisonelle Küche. Ostern bis Sept. 11–14/17–24 Uhr. Kapetanova stancija (östl. Stadtteil), Haus Nr. 3 (am Fahrradweg 171), ℘ 052/442-366. **«**

Cafébar & Vinothek Angelique, modern und ansprechend, unterhalb der Kirche. Selbstgebackene Kuchen und eine gute Weinauswahl. Mai–Sept. 8–23 Uhr.

Cafébar & Vinothek Velum, in der Marina. April–Okt. tägl. 7–24/2 Uhr.

 Wanderung/Radtour 4: Rundtour um Vrsar → S. 325
Leichte Wanderung auf dem Ökotrail entlang dem Limski kanal

Baden & Sport

Baden Der ganze Küstenabschnitt ist touristisch in Beschlag genommen, jeder Meter Strand wird genutzt, einsame Buchten und Strände zum Entdecken gibt es kaum. Baden kann man u. a. am Stadtstrand, der sich um die bewaldete Halbinsel Montraker vom Camp Orsera bis zur Marina zieht, hier gibt's Felsküste mit kleinen Kiesabschnitten.

Altstadtblick

Mountainbike/Wandern Touren bieten sich auf dem Ökotrail rund um Vrsar bis Funtana und entlang dem Limski kanal an (→ Kleiner Wanderführer/Wanderung 4); Fahrradkarten bei TIC; Fahrradvermietung bei **Maks** (am Hafen) u. **Camp Valkanela**.

Wassersport Am Stadtstrand Verleih von Wasserski, Banana, Pedaline, Booten.

Tauchen Starfish Diving Center (Inh. Christoph u. Lydia Betz), am Autocamp Porto Sole, ℘ 052/442-119, 098/335-506 (mobil).

Jachthafen Marina Vrsar, sehr gut geschützte, schöne Marina direkt an der Stadt. 220 Liegeplätze im Wasser, 40 Stellplätze an Land, alle mit Strom- und Wasseranschluss. Bootslänge bis max. 50 m (!). Klimatisierte Sanitäranlagen, Supermarkt, gutes Restaurant, Nautikgeschäft. Servicewerkstatt, 30-t-Kran und Tankstelle. ℘ 052/441-052, www.montraker.hr.

Bootcharter/Taxiboote Motor- und Segelbootcharter in der Marina, auch Taxiboote warten am Kai – wer sich einfach mal herumschippern lassen möchte, hat hier Gelegenheit.

Im Skulpturenpark – Džamonjas meterhohe Werke aus Stein und Metall

Sehenswertes

Einen Besuch lohnt der **Skulpturenpark** des renommierten Künstlers *Dušan Džamonja*, ein schönes Freigelände. Seine metergroßen Skulpturen aus Aluminium, Metall
und Marmor beeindrucken. Džamonjas Arbeiten sind weltweit in namhaften Museen
ausgestellt und wurden mehrfach mit nationalen und internationalen Preisen bedacht.
Nördlich der Altstadt und Friedhof, nahe der Hauptstraße nach Funtana. Geöffnet März–
Okt. Di–So 9–17 Uhr. Gratis.

Nicht von ungefähr haben sich in Vrsar viele Bildhauer niedergelassen. Rund um
das Städtchen gab es früher Hunderte von Steinbrüchen, in dem der berühmte Or-
sera-Granit gebrochen wurde, ein edles Material, aus dem der Palazzo Duccale in
Venedig und verschiedene Bauten in Ravenna gemauert sind; 1950 wurden die beiden letzten Steinbrüche geschlossen. Nur für das Montraker-Event (→ Kasten)
werden Granitsteine aus einem Steinbruch gebrochen und dort in kunstvolle
Skulpturen verwandelt.

Neben einem großen Event erinnert in der Altstadt bei der Kirche eine Straße an
den wohl berühmtesten Gast des Städtchens: *Giacomo Casanova* (1725–1798), der
weltbekannte venezianische Reisende, Lebenskünstler und Herzensbrecher, der
Vrsar zwischen 1743 und 1744 zwar nur zweimal besuchte, aber nachhaltige Spuren
hinterließ. Giacomo Casanova, alias Chevalier de Seingalt, war promovierter Jurist
und Theologe, doch zog es ihn weder in die Kanzlei noch auf die Kanzel, stattdessen

Montraker

Seit 1991 wird in Vrsar die internationale Bildhauerschule Montraker
(→ Foto S. 68) veranstaltet – wer begabt genug ist, darf teilnehmen. Zwei
bis drei Wochen von Ende August bis Mitte September können Künstler unter freiem Himmel z. B. in einem Steinbruch die Granitblöcke bearbeiten.
Unterkunft und Essen werden spendiert, dafür bleiben die gefertigten Skulpturen in Vrsar. Die schönsten Arbeiten werden Jahr für Jahr in Stadt und
Umgebung aufgestellt. Info über Tourismusverband ✆ 052/441-187, -746.

durchquerte er viele Jahre ganz Europa und schrieb darüber seine viel gelesenen, amüsanten Reiseberichte. Auch in Vrsar machte er von sich reden und der ortsansässige Arzt hatte alle Hände voll zu tun, um nach Casanovas Abreise die zahlreichen an Syphilis erkrankten Frauen zu behandeln.

Vrsar/Umgebung

Die Restaurants der an der Straße oberhalb bzw. nördlich des Limski kanal gelegenen Dörfchen **Flengi**, **Gradina** und **Kloštar** laden zum gemütlichen Spanferkelessen ein, hier kann man auch gut übernachten (→ Vrsar). Süffige Weine gibt es zudem in Krunćići (→ Weintipp).

In **Kloštar** steht der weitgehend verfallene Komplex des einstigen Benediktinerklosters aus dem 11. Jh., eine Gründung des heiligen Romualdo (→ Limski kanal). Hier stand im 6. Jh. die altchristliche, im frühen Mittelalter umgebaute kleine Michaelskirche, an die im 11. Jh. die Benediktiner ihre Abtei anbauten. Im ehemaligen Innenhof des Klosters wuchern zwischen dem Mauerwerk die Pflanzen – ein Idyll für die bunte Vogelwelt. Ein kleines Freskenfragment aus dieser Zeit ist in der Apsis der älteren Kirche noch erhalten; am Türbogen der neueren Kirche sind die Freskenreste eines benediktinischen Meisters aus dem 11. Jh. zu sehen.

Übernachten/Essen/Wein »» Mein Tipp: Agrotourismus Matošević, 9 km östl. von Vrsar im Ort Kloštar. Hier kann man ruhig nächtigen und wunderbar essen (nach Vorbestellung). Es gibt Gemüse aus eigenem Anbau, Schinken, Lammbraten, Spanferkel aus eigener Schlachtung sowie selbst gekelterte, feine Weine. Fam. Živko Matošević. Zimmer- u. Appartementvermietung. Kloštar 21, ✆ 052/444-492. ««

Fam. Mladen Maras (Domus Bonus), 8 km östl., hinter Flengi-Gradina. Hübsches Haus in Alleinlage. Marasi 43, ✆ 052/444-555.

Weintipp Der Rotwein Mora-Barrique lagert, um sein typisches Bukett zu erhalten, ein ganzes Jahr in neuen Eichenfässern; zu kaufen z. B. bei Familie Ivica Matošević in Krunćići, 4 km südl. von Sv. Lovreč Pazenatički, ✆ 098/367-339 (mobil). Ivica ist übrigens Präsident der Weingenossenschaft von Istrien.

Limski kanal

Der plötzliche Blick auf den blaugrün schimmernden Limski kanal, der sich durch ein unberührtes, 12 km langes grünes Tal schlängelt, macht Lust auf einen Stopp. In dem Naturschutzgebiet werden heute Muscheln und Austern gezüchtet.

Nach Kloštar stoßen wir auf die Hauptstraße Buje–Pula, die sich langsam den Berg hinabwindet. Von hier bietet sich ein schöner Blick auf den unterhalb liegenden Limski kanal; am Straßenrand preisen geschäftstüchtige Frauen ihre in allen Farben leuchtenden Schnapsflaschen mit eingelegtem Obst und Kräutern an. Die Straße windet sich weiter hinab – die kleine Abfahrt rechts führt, leicht zu übersehen, zu dem 300 m entfernten und einzigen mit dem Auto erreichbaren Platz am Limski kanal.

Der Limski kanal (→ Foto S. 155) ist ein vor 10.000 Jahren im Meer versunkenes Karsttal, eine Schlucht, die sich über 25 km Richtung Beram (bei Pazin) erstreckt. An der Stelle, an der das Meer endet, sind die Schluchtwände bis 100 m hoch.

Den Reiz des Limski kanal, der natürlichen Grenze zwischen den Regionen Poreč und Pula, erlebt man bestens auf einer Fahrt mit dem Ausflugsboot. Privatbooten ist die Durchfahrt verboten, ebenso das Baden. Nur am Beginn des Limski kanal gibt es einige Badestellen, im hinteren Teil dient er der Muschel- und Austernzucht, die wegen des unterirdischen Süßwasser-Zuflusses besonders lecker schmecken.

Wanderung/Radtour 4: Rundtour um Vrsar   → S. 325
Leichte Tour auf dem Ökotrail entlang dem Limski kanal

Sv.-Romualdo-Höhle: Sie liegt am Ende des Limski kanal südlich und rund 400 m oberhalb am Hang und birgt schöne Stalagmiten, Stalaktiten und auch Malereien.

Hier wurden bearbeitete Knochen von ca. 40 Tierarten entdeckt, ein Hinweis darauf, dass schon in der Steinzeit Menschen die Höhle besiedelten. Später soll hier der Namensgeber der Höhle, der hl. Romualdo, einige Jahre gelebt haben. Heute finden 3000 Exemplare der seltenen Miotis-Fledermaus Zuflucht. Die rund 105 m lange Höhle muss man fast kriechend betreten, ihr Inneres aber misst dann bis zu 6 m Höhe. Entdeckt wurde sie erst 1978.

Mitte Juni bis Mitte Sept. 10–17 Uhr, stündl. Führung. Eintritt 30 KN, Kinder bis 15 J. 15 KN. Infos bei Natura Histrica, ☎ 052/830-350, www.natura-histrica.hr. Rund 20 Min. Fußmarsch nach oben; gutes Schuhwerk und nicht bei Regen zu empfehlen. Man parkt kurz nach dem Abzweig von der Hauptstraße zum Limski kanal am kleinen Parkplatz.

Zudem gibt es die sog. **Piratenhöhle** auf der nördlichen Seite des Limski kanal oberhalb der Steilküste, mit ein paar angemalten Stalagmiten und Piratenauslugturm und sowie Souvenirs. Diese Höhle wird gern bei Ausflugsfahrten angelaufen, bietet eine Cafébar und einen schönen Blick auf den Kanal, zudem eine Schwimmplattform. Auch vom Ökotrail erreichbar (ausgeschildert). Geöffnet Mai–Okt. 10–18 Uhr, im Hochsommer auch bis spät abends; beliebt für einen Cocktail.

FKK-Camp Koversada und Limski kanal aus der Vogelperspektive

Essen/Übernachten   Für beide Lokale gilt: die Qualität und der Service leidet, wenn hier große Touristenbusse stoppen.

Restaurant Viking, sehr gutes Restaurant mit Terrasse und Blick auf den Kanal, manchmal ziemlich voll. Hier werden die frischen Austern und Muscheln aus dem Limski kanal serviert – die unterirdischen Süßwasserquellen im Limski kanal sollen sie besonders saftig und schmackhaft machen. Auch Zimmervermietung. Tägl. 11–16.30/18–23 Uhr. ☎ 052/448-119.

Restaurant Fjord, gleich nebenan, mit schattigem Biergarten direkt am klaren Wasser. Im Speiseangebot natürlich auch hier frische Muscheln und Austern. Tägl. 11–22 Uhr. ☎ 052/448-222.

Pazin – Blick über die Paziner Schlucht gen Kastell und Altstadt

Landesinneres: Pazin und Umgebung

Pazin

(Pisino)

Eine der beeindruckendsten und besterhaltenen Burganlagen des Landes bewacht die Bergstadt im Herzen der istrischen Halbinsel.

Pazin, auf Deutsch Mitterburg, erstreckt sich mit seiner Altstadt unterhalb des Kastells am Hang, die Neustadt dehnt sich im Talgrund aus. Im 19. Jh. siedelte sich hier etwas Industrie an; 1899 wurde in Pazin das erste kroatische Gymnasium in Istrien eröffnet, kurz darauf das italienische. Die Züge auf Istriens eingleisiger und einziger Eisenbahnlinie vom slowenischen Divača nach Pula halten in Pazin. Auch ist Pazin bis heute Istriens Verwaltungszentrum. Einen besonderen „Kick" bietet die Zipline über die Paziner Schlucht (→ Sehenswertes).

Geschichte

Eine Besiedlung datiert man nach neuesten Funden auf die Bronzezeit. Das Kastell von Pazin wurde erstmals 983 in einer Urkunde von Kaiser Otto II. als *Castrum Pisinum* erwähnt, zu dieser Zeit war Pazin Besitztum der Bischöfe von Poreč. Das Kastell im Herzen Istriens hatte seit jeher große strategische Bedeutung. Ab dem 11. Jh. unterstand es den Markgrafen, meist deutschen Adelsfamilien wie Eppenstein, Andechs, Wittelsbach, deren Familienwappen bis heute das Kastell schmücken. Später bildeten die Grafen von Görz die Grafschaft. Im 12. Jh. gründete Meinhard

Schwarzenburg die Grafschaft Pazin. 1374 ging Pazin als Erbe an die Habsburger, die es als Lehen an verschiedene Familien vergaben, zuletzt 1766 an die Familie Montecuccoli.

Auch in der istrischen Grenzziehung spielte Pazin eine wichtige Rolle, wie die *Istarski Razvod,* ein bedeutendes kroatisches Dokument des Mittelalters, zeigt.

Istarski Razvod – istrische Grenzziehung im Mittelalter

Die *Istarski Razvod* dokumentiert die Grenzziehung zwischen den istrischen Dorfgemeinden, die im Mittelalter zwischen drei Herrschern aufgeteilt waren: dem Patriarchen von Aquileia, der Grafschaft von Pazin und der Stadtrepublik Venedig. Die Urkundensammlung entstand von der zweiten Hälfte des 13. bis zur ersten Hälfte des 14. Jh. und war in Lateinisch, Kroatisch und Deutsch abgefasst. Erhalten blieb nur die in Glagoliza geschriebene kroatische Version, die heute zu den bedeutendsten kulturgeschichtlichen Quellen des Landes zählt: Die *Istarski Razvod* dokumentiert die politische, wirtschaftliche und kulturelle Situation dieser Zeit in Istrien. Erhalten sind auch zwei Abschriften der Urkunde – die Kršaner Abschrift (Nationalbibliothek Zagreb) sowie die Momjaner Abschrift (Historisches Museum Rijeka).

→ Landesinneres: Pazin und Umgebung
→ Karte S. 128/129

Im 16. Jh. umfasste das Fürstentum Pazin rund 25 ländliche und städtische Gemeinden. Unter Napoleon wurde es Teil seiner „Illyrischen Provinzen". Nach der „Schlacht von Novaco" beim heutigen Pazinski Novaki kam es 1822 zum Bezirk Rijeka und wurde von 1825 bis 1861 zur Hauptstadt des Bezirks Istrien. Der Landtag tagte nach 1861 in Poreč, so verlor Pazin seine Rolle, auch als Mittelpunkt des kulturellen und politischen Lebens.

Der Einmarsch der Italiener im Jahr 1918 brachte das blühende Leben in der Stadt schlagartig zum Erliegen: Viele Kroaten verließen Pazin, siedelten sich weiter im Süden von Kroatien an oder wanderten nach Amerika aus. In den 1930er-Jahren organisierte sich der Widerstand gegen die Mussolini-Faschisten im Untergrund, 1942 wurde die erste istrische Partisaneneinheit gegründet und am 10. September 1943, kurz nach der Eroberung Siziliens durch die Westalliierten und dem Sturz Mussolinis, konnte Pazin seine Befreiung feiern. Drei Tage später wurde die Abtrennung von Italien und die Vereinigung mit Kroatien beschlossen. Die deutsche Besatzungsmacht rächte sich mit brutalen Vergeltungsmaßnahmen. Am 6. Mai 1944 wurde Pazin ein zweites Mal befreit. In den Nachkriegsjahren gewann Pazin seinen alten Status als politisches, kulturelles und wirtschaftliches Zentrum Istriens allmählich wieder zurück.

Basis-Infos

Information   Tourismusverband/TIC, 52000 Pazin, Jurine i Franine 14, ✆ 052/622-460, www.tzpazin.hr, www.central-istria.com. Geöffnet Mai–Sept. Mo–Fr 10–17, Sa 10–13 Uhr; sonst Mo–Fr 10–15, Sa 10–13 Uhr. Kompetente Infos auch für Extremsportarten in der Umgebung und Kartenmaterial; Internet.

Verbindungen Bus: mehrmals tägl. nach Poreč, Pula u. Rijeka (5-mal tägl.). Zug: mehrmals tägl. Richtung Buzet und nach Rijeka, nach Divaca (SLO), sowie in der Saison (Ende Juni bis Ende Aug.) 2-mal tägl. Schnellzug von Ljubljana nach Pula.

Autovermietung Etradex, Stancija Pataj 45 b, ☎ 052/622-222.

Baden (→ Sehenswertes/Zarečki krov)

Gesundheit Krankenhaus (Dom zdravlja Pazin) und **Erste Hilfe**, Jurja dobrile 1, ☎ 052/624-421. **Apotheken** (Ljekarna): **Kaštel**, Šet. Pazinske gimnazije 4, ☎ 052/624-185. **Bertoša Irena**, Prolaz E. Jelušića 1, ☎ 052/622-109.

Mountainbike Um Pazin gibt es Mountainbike-Routen unterschiedlichster Schwierigkeitsgrade, von starken Steigungen bis zu fast ebenen Strecken (www.bikemap.net oder www.istria-bike.com).

Fahrradvermietung: Agentur Contineo, Altstadt, ☎ 098/365-373 (mobil, Ingrid). **Bike Service Matić**, Lovrin 80 b, ☎ 052/621-119

(Straße in Richtung Pula). **MTB Istra Pazin**, Eugen Ujčić, ☎ 091/254-5226 (mobil).

Sport Klettern, Freeclimben, Paragliden (in Buzet) und Mountainbiken sind in der nahen Umgebung möglich. Infos bei TIC.

Ein schöner Klettergarten findet sich beim Wasserfall Zarečki krov.

Veranstaltungen RIM-Fest, am 2. Aug. mit Konzerten am Trg. Slobode. **Istracon**, im April. **Intern. Folkloremusik** im Juni im Kastell.

Wein Weingut Ranko Anđelini, Velanov brijeg 42, ☎ 098/254-426. Ausgezeichnete Weine, v. a. ein sehr guter Malvazija, zudem Honig und Olivenöl. Tägl. um 18 Uhr Degustation.

Übernachten/Essen & Trinken

Übernachten Privatzimmer, auch in der Umgebung, vermittelt TIC (auch über deren Webpage). Auch schöne Agrotourismus-Pensionen finden sich in der Umgebung (→ Pazin/Umgebung und Motovun).

*** **Pension Laura**, westl. der Kirche, ruhige Lage, schöner Blick in Richtung Burg oder gen Norden. 7 Zimmer u. Appartements werden vermietet. Leider kein Frühstück, jedoch Küche und Aufenthaltsraum vorhanden, familiäre Atmosphäre. Pro Pers. 15–20 €. Fr. Laura Milotić, Antuna Kalca 10 a, ☎ 052/621-312.

** **Hotel-Restaurant Lovac**, herrlicher Blick von der Restaurantterrasse auf die Stadt, die Burg und die Schlucht. Es gibt gute istrische Küche tägl. von 7–23 Uhr. Die einfach ausgestatteten DZ/F kosten 66 €. Ganzjährig. Š. Kurelića 4, ☎ 052/624-324, tisadoo@inet.hr.

Übernachten außerhalb Apartmani Zarečki krov (Domus-Bonus-Mitglied), im Weiler Zarecje, 5 km von Pazin und nördl. des gleichnamigen Wasserfalls, mitten im Grünen. U. a. 4-Pers.-Appartment für 73 €. Slavčići 42, ☎ 052/625-003, danijela.blaskovic@zareckikrov.com.

>>> **Mein Tipp:** Agroturismus Dol (Fam. Stojšić), der Touristische Bauernhof liegt 3 km südl. von Gologorički Dol (von Pazin über Cerovlje, ca. 15 km nordöstl.). Überaus netter Familienbetrieb in Alleinlage auf 25 ha. Vom Land kommt alles, was für ein gutes Essen benötigt wird, zudem Wein, Schnaps und Marmelade. An Tieren gibt es u. a. Pferde, Ponys, istrische Ochsen (Boškarin), Ziegen, Schweine, Hühner. DZ/F 40 €. Gologorički Dol 6, ☎ 052/684-625. <<<

Weitere (→ Pazin/Umgebung)

Essen & Trinken In der Stadt etl. Restaurants und Pizzerias, z. B. **Poli Nina**, Trg pod lipom 2. Naschkatzen sollten das Zuckergebäck *Cukerančić* probieren (in Bäckerei östl. von TIC erhältlich). Zudem kommt aus Pazin das alkoholfreie campariartige Getränk *Pašareta* der Firma Ferenčić.

Bistro Bunker, gegenüber von TIC, mit hübscher Terrasse; es gibt Snacks, Café, *Cukerančić* und allerlei Alkoholika.

Viele weitere Restaurants (→ Pazin/Umgebung).

Am Kastell: das Heiratswappen von Auersperg & Herberstein, 18 Jh.

Sehenswertes

Kastell von Pazin: 100 m hoch auf einem Felsplateau oberhalb einer Schlucht wurde es um das 9. Jh. erbaut und gehört zu den besterhaltenen Burganlagen Istriens. *Jules Verne* (1828–1905) beschreibt sie in seinem Roman „Mathias Sandorf". Der Held konnte aus seiner Gefangenschaft über die Befestigungsmauern entfliehen. Ihr heutiges Aussehen – ein Viereck um einen Innenhof – erhielt die Anlage im 13. und 14. Jh., die mächtigen Festungsmauern wurden im 15. Jh. erbaut. Unterhalb des Kastells verschwindet die *Pazinčia (Fojba)*-Fluss in einer über 100 m tiefen Schlucht (→ Paziner Schlucht und Höhle).

Heute residiert im Kastell das **Stadt- und Ethnografische Museum**, das seine umfangreichen Sammlungen sehr ansprechend zeigt: alte Trachten, Kleidung und Schmuckstücke, Musikinstrumente, einen alten Webstuhl; historisches Handwerkszeug, Keramik und eine originale historische Küche, Gerätschaften für die Weinverarbeitung und den Fischfang. Alte Bilder und Drucke zeigen die *Kažuni*, die traditionellen Steinbehausungen und ihr Verbreitungsgebiet. Die Kažuni, kleine, fensterlose runde Häuschen mit einer Türöffnung und ohne Mörtel Stein auf Stein geschichtet, dienten Mensch und Tier als Unterstand; abseits der Straße von Pazin Richtung Kanfanar sind noch einige dieser Steinhäuser und die aufgeschichteten Steinmäuerchen zu sehen.

Das Museum dehnt sich über alle Stockwerke und Räume der Anlage aus, etwas Zeit sollte man also mitbringen. Von den Fenstern fällt der Blick auf die tief unten liegende Schlucht, auf das gewaltige Festungsbollwerk und den Innenhof mit dem alten Brunnen.

15. April–15. Okt. tägl. außer Mo 10–18 Uhr (Juli/Aug. auch Mo); sonst nur Di–Do 10–15 Uhr, Fr 11–16 Uhr, Sa/So 10–16 Uhr. Eintritt 25 KN, Kinder 18 KN.

Paziner Schlucht und Höhle: Ein Weg führt bei der Zipline (nahe Hotel) hinab zur 100 m tiefen und 500 m langen Schlucht des Flüsschens Pazinčica, das hier unterirdisch eine Schachthöhle (Ponor), Höhlensäle und Seen bildet. Der Fluss endet hier und tritt erst 30 km weiter im Limski kanal wieder zutage. Die ersten Forschungen führten der französische Speläologe *E. A. Martel* und der Experte *W. Putick* in den Jahren 1893 bis 1896 durch. Jules Verne inspirierte die Höhle zu seinem Roman (s. o., Kastell). Auch *Dante* soll dieses für ihn unbegreifliche Naturschauspiel zu seiner Vision des Höllenschlundes angeregt haben. Wer keine Höhlenführung bucht (s. u.), kann immerhin den Weg durch dieses sehenswerte Naturschutzgebiet und Karstphänomen mit moosbewachsenen Felsen, hübschen Blumen, Findlingen und Erklärungen zu Jules Verne genießen.

Höhlenbesichtigung nur nach Anmeldung möglich. Die Tour dauert ca. 3–3:30 Std.; 25 €. Rutschfeste Sportschuhe nötig, Helm u. Licht werden gestellt. Anmeldung ☎ 091/5121-528, info@sdi.hr oder über TIC.

Zipline Pazinska jama: Wer sich die Schlucht aus der Vogelperspektive ansehen möchte, nimmt die Zipline. Sie überquert die Paziner Schlucht über zwei Stahlseile. Startpunkt ist unterhalb des Hotels Lovac, dann geht es auf 220 m über die Schlucht, westlich vom Kastell und von dort dann nochmals 280 m quer hinüber zur Fußgängerbrücke, eine weitere Strecke wird eröffnet (Mai–Sept. 10–19 Uhr, 160 KN).

Pfarrkirche Sveti Nikola (hl. Nikolaus): Die im nordwestlichen Stadtzentrum gelegene Kirche wird im 13. Jh. erstmals erwähnt, 1441 bekam sie als Anbau einen polygonalen Altarraum. Der frei stehende Kirchturm wurde im 18. Jh. errichtet. Die sehenswerten spätgotischen Fresken in der Kirche schuf ein unbekannter Maler

Landesinneres: Pazin und Umgebung → Karte S. 128/129

aus Südtirol, der zum *Jacob-Sunter-Zirkel* aus Brixen gehörte, auch der Hochaltar von 1730 beeindruckt. Die Außenfassade zieren alte eingemauerte Grabsteine.

Das **Franziskanerkloster** in der Altstadt, südlich des Stari trg, wurde 1481 gegründet.

Zarečki krov: Pazins beliebter Badeplatz befindet sich ca. 2 km östlich der Stadt in idyllischer Umgebung: ein Wasserfall ergießt sich aus 10 m Höhe von einem Fels-plateau in den Pazinčica-Fluss; gebadet wird in dem Felsbecken, an den Abhängen kann auch geklettert werden. Wunderbares Plätzchen zum Sonnen und Schwim-men. Zarečki krov erreicht man am besten über den Wanderweg entlang der Pazin-čica von Pazin aus in 3,5 km. Der Weg startet an der Brücke beim Kastell, führt vor-bei am kleineren Wasserfall mit Becken, dem *Pazinski krov*, und zwei Mühlen-Rui-nen. Auch per Mountainbike bestens machbar.

Anfahrt zum Zarečki krov: 1,5 km stadtauswärts Richtung Cerovlje; vor der Eisenbahn-brücke links in einen Feldweg abbiegen. Nach weiteren 150 m im Kiefernwald parken.

Pazin/Umgebung

Von Pazin aus bieten sich Ausflugsmöglichkeiten mit dem Auto oder per Rennrad/ Mountainbike in alle Himmelsrichtungen; etliche hübsche alte Orte sind zu ent-decken, und wer länger bleiben möchte, kann hier auch übernachten.

Von Pazin nach Nordosten und Nordwesten (Richtung Motovun)

Draguć: Malerischer alter Ort, 17 km nordöstlich von Pazin an der Straße zwischen Cerovlje und Buzet. Das wegen seiner exponierten Lage schon im Mittelalter gegründete Städtchen thront auf einem 503 m hohen Bergvorsprung über dem Tal – der Weitblick ist herrlich. Dicht an dicht stehen die Häuser im Ortskern, die eng zusammengebauten Hausfassaden dienten gleichzeitig als Verteidigungsmauern. Wegen der Türkengefahr und der Überfälle der Uskoken aus Senj befestigten die Venezianer den Ort zusätzlich – auch Draguć spielte für Venedig eine wichtige Rolle bei der Verteidigung der venezianisch-istrischen Grenze.

Sehenswert sind zwei Sakralbauten: die heutige *Friedhofskirche Sv. Elizej*, ein ein-schiffiger romanischer Bau aus dem 12. Jh. mit Fresken aus dem 13. Jh., das Werk eines unbekannten istrischen Meisters. Etwas unterhalb von Draguć, am westlichen Ortsrand, die bedeutende *Votivkirche Sv. Rok*, ein einschiffiges Bauwerk mit Spitz-gewölbe (14. Jh.) und einer Vorhalle von 1565; sehenswert sind hier die Fresken des is-trischen Meisters *Anton von Padova*, u. a. „Die Flucht nach Ägypten" und „Hul-digung der Hl. Drei Könige", mit denen er das Gotteshaus 1529 ausmalte. 1537 schuf er nachträglich das Altarbild; seinen Namen verewigte er oberhalb der Kirchentür in Glagoliza. (Die Schlüssel sind bei Fam. Zaneli, Draguć 23, ✆ 052/665-183 erhältlich.)

Veranstaltungen Intern. Bass-Festival (Bajsi u Draguć), Ende Juni; rund 50 Bässe erklingen!

Mountainbike Glagoliter-Trail, Start ist südlich von Draguć in Cerovlje: Cerovlje–Draguć–Oslići–Šegari–Kotli–Hum–Polja-nice–Borut–Cerovlje. 37 km, ca. 3:30 Std.

Übernachten/Essen In Richtung Moto-vun (→ Motovun/Umgebung).

》》 Mein Tipp: Pension Gržinić, wunder-schön, in alten, renovierten Gemäuern. Ge-genüber betreiben die Vermieter ihren Hof; man kann frische Produkte, nach Bestel-lung auch Essen und süffige Weine erwer-ben. Zimmer- und Appartementvermietung (4–5 Pers.), ca. 14 €/Pers. 52402 Cerovlje, Draguć 35, ✆ 052/665-105. 《《

Buffet Zora, die Familie Gržinić führt auch das Lokal, es gibt istrische Speisen. Tägl. 13–22 Uhr.

Die Grabkirche „Maria in den Felsen" – mittelalterliche Fresken vom Feinsten

Landesinneres: Pazin und Umgebung → Karte S. 128/129

Beram (Vermo): Der Ort ca. 7 km westlich von Pazin zählt zu Istriens ältesten bewohnten Stätten und geht bis auf das 8. Jh. v. Chr. zurück. Etwa 1 km nordöstlich von Beram duckt sich auf einem Hügel die *Grabkirche Maria in den Felsen* (Sveta Marija na Škrilinah). Ihre Fresken sind eine herausragende malerische Leistung des Mittelalters. 1474 schuf *Vincent aus Kastav* (ein Ort nördlich von Opatija) u. a. den berühmten 8 m langen „Totentanz". Der personifizierte Tod, der die Menschen daran erinnert, dass sie alle sterben müssen, war in einer Zeit schrecklicher Epidemien, kurzer Lebenserwartung und für heutige Verhältnisse unvorstellbar harter Lebensbedingungen ein häufig aufgegriffenes künstlerisches Motiv. Ein weiterer, ebenfalls 8 m langer Zyklus, einer der schönsten Istriens, illustriert die Geschichte der Heiligen Drei Könige – Könige, Ritter und Musikanten präsentieren sich in prächtiger Renaissancekleidung.

Im Mittelalter gab es in Beram auch eine Glagoliter-Schule. Inschriften findet man noch versteckt in der *Pfarrkirche Sv. Martin* (20. Jh.) hinter dem Altar im alten Kirchenteil, Gradina genannt, zudem Freskenfragmente von 1443. (Kirchenbesuche bitte 30 Min. vorab anmelden bei: Fr. Šestan, Beram 38, ☎ 052/622-903 oder beim Pfarramt Tinjan, ☎ 052/6260-169.)

Konoba Vela Vrata, im hübschen Natursteingemäuer gibt es gute istrische Küche, Spezialitäten sind Trüffelgerichte. Tägl. außer Mo 12–24 Uhr. Beram 41, ☎ 091/7814-995 (mobil).

Triviž: Der nächste kleine Weiler, 7 km in Richtung Motovun gelegen, entwickelte sich im Mittelalter um ein Kastell. Hier steht am alten Friedhof die *Petrus-Kirche* (11./12. Jh.), die im 13./14. Jh. umgebaut wurde; die Reste der Fresken stammen wahrscheinlich aus dieser Zeit, die glagolitischen Inschriften gehen auf das Jahr 1553 zurück.

Fährt man die Straße weiter in Richtung *Kašćerga,* ist nach knapp 4 km kurvenreicher Strecke die höchste Erhebung Mittelistriens erreicht: der 480 m hohe *Berg Piloščak,* mit herrlichem Blick auf das südlich gelegene Beram.

Von Pazin nach Südosten in Richtung Plomin

Die äußerst reizvolle Strecke führt durch hügelige Landschaft, mit herrlichem Weitblick auf das Učka-Gebirge und durch vier malerische mittelalterliche Städtchen: Lindar, Gračišće, Pićan und Kršan. Schöne Übernachtungsmöglichkeiten stehen bereit (über TIC Pazin), den Kochlöffel muss man allerdings selbst schwingen, da es hier wenige Konobas gibt. (Weiterreise → Labin/Rabac Umgebung.)

Lindar (Lindaro): Das Städtchen, 6 km südöstlich von Pazin auf einem 460 m hohen Hügel gelegen, bietet herrliche Ausblicke auf das gegenüber liegende Pazin und das Pazinčica-Tal. 1283 wird Lindar erstmals erwähnt, im Mittelalter überragte den Ort eine Burg, von der heute nur noch Ruinen und Türme erhalten sind. Sehenswert ist die *Kirche Sv. Katarine* (hl. Katharina) mit glagolitischer Inschrift aus dem Jahr 1409. Aus dieser Zeit stammt auch das Fresko „Živi Križ" (Lebendiges Kreuz), eine seltene Darstellung der Kreuzigung Christi – die vier Kreuz-Enden gehen in Hände über, die nach verschiedenen symbolhaften Motiven greifen, u. a. nach der Stadt Jerusalem, die die Ewigkeit versinnbildlicht. (Schlüssel bei Fam. Ana Androšic, Nr. 3, ✆ 052/640-006 erhältlich.)

Ein weiteres sehenswertes Kirchlein, *St. Martin*, steht am alten Friedhof; interessant sind die Grabplatten mit glagolitschen Inschriften und der wappenverzierte Doppeladler Kaiser Friedrichs II., der in jener Zeit Mitterburg (das heutige Pazin) beherrschte.

Appartements Anna & Robert, im neuen Teil von Lindar, mit schönem Blick auf Pazin. Lindar 148, ✆ 052/640-050.

Gračišće (Gallignana): ein kleines mittelalterliches Juwel ca. 11 km östlich von Pazin, das seinen Dornröschenschlaf auf einem Hügel schläft. Von hier oben reicht der Blick weit über das hügelige Land bis zur Bucht von Plomin. Alte, teils pflanzenumwucherte Gemäuer, verwinkelte Gässchen, Paläste, hübsche Plätze, an der

Gračišće lockt mit malerischen Plätzen und vielen Veranstaltungen

Hauptstraße wacht der *heilige Nepomuk,* der Schutzpatron der Brücken – einen Spaziergang durch Gračišće sollte man nicht versäumen. Die Umgebung lädt zu einer hübschen Wanderung auf dem *Hl.-Simeon-Wanderweg* ein (→ Kleiner Wanderführer/Wanderung 5) und auch an Veranstaltungen mangelt es hier nicht.

Gračišće war schon von den Illyrern besiedelt, im 8. Jh. bewohnten Römer den strategisch wichtigen Platz. 1199 wird der Ort erstmals erwähnt. Im Mittelalter erlebte er seine besten Zeiten, hatte acht Kirchen und war zeitweise bedeutender als Pazin. Gegen die Angriffe Venedigs im 17. Jh. wehrte sich Gračišće erfolgreich, während die Habsburger den Ort über die Jahrhunderte prägten.

Das Stadttor führt zum kleinen Stadtplatz mit *Loggia,* einst der Richtplatz von Gračišće. Auch der *Salomon-Palast* (1540) mit seinen markanten gotischen Spitzbogenfenstern steht hier. Südlich davon die kleine Kirche der *Jungfrau Maria* (1425) mit alten Fresken an der Frontseite. Rund um die Kirche erblickt man in den Fugen Nägel, die Frauen mit Kinderwunsch alljährlich am 15. August per Hammer hinein klopfen. Östlich, neben den Resten des ehemaligen Sommerpalasts der Bischöfe, ist die *Kapelle des hl. Antonius* (1381) einen Blick wert sowie südwärts, am Ende der Gasse, die *Euphemia-Kirche* (1383). Die barocke *Vitus-Pfarrkirche* (17. Jh.) am östlichen Ortsrand hat eine reiche Innenausstattung und den abseits erbauten 30 m hohem Glockenturm (18. Jh.) aufzuweisen – von hier blickt man ins Tal und gen Učka-Gebirge.

→ Landesinneres: Pazin und Umgebung
→ Karte S. 128/129

Wanderung 5:
Rundwanderung auf dem Hl.-Simeon-Wanderweg   → S. 327
Anspruchsvolle und aussichtsreiche Tour zum größten Wasserfall Istriens

Veranstaltungen Sv. Vidova-Fest, 20. Juni.

Weinfest (größtes von Istrien!), Ostermontag; am Stadtplatz werden die Weine Zentralistriens prämiert.

Mundharmonika-Festival, 3. Maisonntag.

Essen/Übernachten Konoba Marino, gemütliches Lokal im Ort, Sitzmöglichkeit auch im Freien. Spezialitäten sind Trüffelgerichte, Wild mit Fuži, hausgemachtes Brot. Tägl. 14–23 Uhr (So ab 10 Uhr), Mi Ruhetag. Gegenüber werden hübsche Zimmer vermietet (DZ/F 42 €). ✆ 052/687-081, www.konoba-marino-gracisce.hr.

Stari kostanj, hübsches Landhaus mit Appartements und touristischem Bauernhof (prämiert) in Gržići, 2 km in Richtung Pazin, abseits der Hauptstraße. Landwirtschaft, eigene Tierhaltung mit Pršut-Herstellung, Reitmöglichkeit und alles frisch vom Hof. Essen nach Vorbestellung. 52403 Gračišće, Gržići 134, ✆ 052/687-037, www.agroistra.com/stari-kostanj.

Wein z. B. **Fam. Bažon Josip i Matej**, Marcani 130 b (1 km vor Gračišće), ✆ 052/621-997. **Fam. Adriano Putinja** im Weiler Dončišće (bei Gračišće), Hausnr. 31, ✆ 098/9834-781 (mobil), meist ist jemand zu Hause.

Pićan (Pedena): Das idyllische alte Bistumsstädtchen 7 km östlich von Gračišće (18 km nach Labin) lockt durch seine Hügellage ebenfalls mit herrlicher Fernsicht. Bereits Histrer und Römer siedelten hier und schon ab dem 6. Jh. war Pićan befestigt, bevor die Awaren es im 8. Jh. zerstörten. Lange beherrschten die Patriarchen von Aquileia den Ort, ab dem 13. Jh. kam er unter die Kontrolle der Habsburger, die mit Venedig ständig um die Vormachtstellung in der Region kämpften. Vom 6. bis zum Ende des 18. Jh. war Pićan Sitz des 524 vom heiligen Nicefor gegründeten Bistums; seine Reliquien werden in der Pfarrkirche Mariä Verkündigung (s. u.) aufbewahrt.

Am Eingang des Städtchens wacht neben dem alten Stadttor, eingerahmt von mächtigen Bäumen, der *hl. Nepomuk*, der die hier einst befindliche Zugbrücke beschützte. Links davon die *Rochus-Kirche* aus der ersten Hälfte des 17. Jh., die in den Jahren der Pest erbaut wurde. Die mächtige dreischiffige *Pfarrkirche Mariä Verkündigung* ließ 1606 Bischof Antonio Zara, ein Freund und Ratgeber Kaiser Ferdinands II., erbauen; zu bewundern ist heute noch sein prachtvoller Bischofsmantel, ein Geschenk der österreichischen Kaiserin Maria Theresia. Nebenan steht der 45 m hohe Glockenturm, erst 1872 errichtet.

Bei einem Rundgang durch das Städtchen ist bald zu spüren, dass der Ort im Vergleich zu anderen Bistümern mit Wohlstand nicht gesegnet war. Warum kein Bischof länger hier bleiben wollte, ist heute kaum verständlich, denn der alte Bischofspalast und die mittelalterlichen Häuser strahlen anheimelnde Romantik aus – auch der Ausblick auf Mittelistrien und das Učka-Gebirge ist herrlich, besonders von der *Michaelskirche* (15. Jh.) aus; gegenüber vom Stadttor thront sie auf dem Hügel, ihr Inneres birgt glagolitische Inschriften aus dem 15. und 16. Jh. Das Ambiente unterhalb des Kirchleins erzeugt kontrastreiche Spannung: hier stehen moderne Skulpturen der Familie Zavagna, die vor Jahren bei einem mediterranen Bildhauersymposium geschaffen wurden (→ Labin/Sehenswertes/Skulpturenpark Forma viva in Dubrova).

Essen/Übernachten   Obitelj Floričići, in Floričići, oberhalb des Wasserfalls (→ Gračišče/Kleiner Wanderführer/Wanderung 5). Es gibt Gemüse u. Obst vom Bauernhof (evtl. auch was Gekochtes), Hausweine, Hühner, Schafe und Schweine. Floričići liegt nördl. und gegenüber im Tal von Pićan. Anfahrt ca. 6 km südl. von Pićan über Zajci. Hübsches Ferienhaus mit Appartements (für 2 u. 3 Pers., 15 €/Bett). 52333 Potpićan, Floričići 56, ☎ 052/869-045, doris.floricic@put.t-com.hr.

Haus Petina, direkt in Pićan bei Fam. Krulić. Pićan 14, ☎ 052/869-558.

Landhaus Katarina, sehr schönes Natursteinhaus für bis zu 6 Pers. im Weiler Sv. Katarina, 6 km südl. von Pićan. 107 €/Tag. Eigene Weine, Fahrradverleih. Fam. Neven Benazić, 52332 Pićan, Sv. Katarina 41, ☎ 091/1625-005 (mobil), kbenazic@hrt.hr.

Pićan – in exponierter Lage trifft Modern auf Alt

Kršan – alte Natursteingebäude und Ruhe pur

Kršan (Chersano): kleiner Ort auf einem Hügel ca. 22 km südöstlich von Pazin, nahe Plomin und der gleichnamigen Bucht. Die trutzige *Burg* von Kršan wird 1129 erstmals erwähnt. Die Wehrmauern und der Bergfried sind gut erhalten, im Inneren sind heute Wohnungen untergebracht. Seinen heutigen Namen erhielt Kršan unter den Adeligen Kerstlein de Pisino im 15. Jh. Herrscher über die Region waren die Grafen von Görz, danach die Habsburger. Wie die oben erwähnten Orte war auch Kršan ein wichtiges Bollwerk zum benachbarten venezianischen Gebiet. Im 19. Jh. wurde hier die *Istrische Grenzbegehungsurkunde* (Istarski Razvod) entdeckt (→ Pazin/Kasten „Istarski Razvod").

Auch in Kršan lohnt ein Bummel durch die fast menschenleeren Gassen, vorbei an hübschen Natursteingebäuden. Die *Pfarrkirche* stammt aus dem 17. Jh., der 22 m hohe Kirchturm kam 1803 dazu. Sehenswert ist die *Friedhofskapelle des hl. Jakob* (15. Jh.) mit glagolitischen Inschriften – um 1990 entdeckte man die Kostbarkeiten unter dem alten abbröckelnden Putz. Im Innenraum sind Grabplatten (15.–17. Jh.) in den Boden eingelassen, u. a. die mit dem Familienwappen geschmückte Grabplatte von Julius aus Kršan, einem der örtlichen Herrscher aus dem frühen 15. Jh.

Information in Vozilići (→ Labin/Rabac Umgebung).

Von Pazin nach Süden in Richtung Kanfanar

Tinjan: Das Örtchen 13 km südwestlich von Pazin war schon zu Römerzeiten besiedelt, in den folgenden Jahrhunderten aber wurde es still in Tinjan. Erst im 12. Jh. wird Tinjan als Besitz der Bischöfe von Poreč wieder erwähnt; 1342 wurden die alten Wehrmauern gegen die Venezianer verstärkt, doch schon zwei Jahre später musste sie Graf Albert, den die Venezianer gefangen nahmen, wieder schleifen und versprechen, sie nicht wieder aufzubauen. Später kam der Ort unter die Herrschaft der Habsburger, die in der Ortsmitte 1755 die barocke *Pfarrkirche St. Simeon und Judas* bauten. Ganz in der Nähe lädt ein Steintisch mit Steinsitzen zum Verweilen ein – einst Tinjans Richterbank, an der über die wichtigen Belange des öffentlichen Lebens beraten und entschieden wurde. Bei einem Bummel durch den Ort fallen die schönen spätmittelalterlichen Gebäude mit Familienwappen, Bogendurchgängen und hübschen Innenhöfen ins Auge. Heute ist Tinjan vor allem wegen seiner Rohschinken-Produktion bekannt – sechs Fabriken gibt es hier. Ein Wanderweg führt von Tinjan nach Kringa (s. u.).

Kringa: südlich von Tinjan. Hier hielt der Legende nach der Vampir *Jure Grando* die geplagten Menschen auf Trab. Inzwischen möchte man allerdings nach jahrelangem Vampir-Hype damit keine Touristen mehr anlocken. Schön ist der 5 km lange Wanderweg *Staza Suhozida*, der zwischen Trockenmauern verläuft.

Einkaufen Restaurant-Shop Na Kappeli, im Ort Fatuli (zwischen Tinjan u. Kringa). Hier kauft man bestens Pršut und Käse.

Essen/Übernachten Konoba Danijeli, außerhalb von Kringa (in Richtung Sv. Lovrec). Nette Atmosphäre, leckere hausgemachte Spezialitäten (prämiert), u. a. Nudeln, Wurst, Spargel. Zimmervermietung u. Pool. Di–Fr 14–22, Sa 13–2, So 12–24 Uhr. Danijeli 76, ✆ 091/6866-588 (mobil).

Die Richterbank von Tinjan

Sv. Petar u Šumi: Der Ort 12 km südlich von Pazin (westl. der Schnellstraße in Richtung Kanfanar) liegt, wie sollte es anders sein, ebenfalls auf einem Hügel – diesmal auf stattlichen 340 m. Im frühen Mittelalter bauten hier Benediktiner ein Kloster, das sie im 15. Jh. aufgaben. Anfang des 17. Jh. wurde es bei Überfällen der Uskoken schwer beschädigt, Kaiser Friedrich III. übergab das marode Anwesen dem Paulanerorden, der es 1731 von Grund auf restaurierte. Doch schon 1783 wurden die Mönche durch das Säkularisationsedikt von Kaiser Joseph II. aus ihrem schönen Kloster vertrieben, in das sie erst 1993 wieder zurückkehrten.

Aus der Anfangszeit der Benediktiner erhalten blieben in Glagolizia, Latein und Kyrillisch verfasste Steintafeln aus dem 12. Jh. und 13. Jh., die heute im Museum von Pazin und in der Klosterbibliothek Dubrovnik aufbewahrt werden. Später richteten die Paulaner eine Apotheke ein (der Orden galt in medizinischen Fragen als sehr fortschrittlich), im 18. Jh. installierten sie einen Lehrstuhl für Philosophie. *Šimun*

Bratulić (1550–1611) gilt als einer der herausragenden Vertreter des Paulanerordens; er war Abt des Klosters, zudem Bischof von Zagreb und gründete 1607 das erste Zagreber Gymnasium.

Zu den Sehenswürdigkeiten des Klosters zählen der wunderschöne Kreuzgang im Innenhof und die Zisterne im Renaissancestil; in den oberen Stockwerken der Anlage sind in den Bögen noch romanische Stilelemente zu erkennen. Die größte Zierde des Klosters aber ist die 1134 von den Benediktinern erbaute *Kirche St. Peter und Paulus,* die heute mit den im 18. Jh. von *Paul Riedl* geschaffenen Statuen geschmückt ist; den Hauptaltar ziert ein wundertätiges Bild der heiligen Muttergottes Jasnogorska (Hauptsitz der Paulaner); die Orgel aus dem 18. Jh. ist ein Werk von Meister *J. J. Eisel* – während der Konzerte bei den Orgelfestwochen (Infos über TIC Pazin) können ihre Klänge ausgiebig genossen werden.

Außerhalb des Ortes ziert die Straße in Richtung Žminj ein *Kreuzweg* (19. Jh.).

Übernachten/Essen   Agrotourismus **Botra Marija,** hier kann man nächtigen (4-Pers.-Appartement) und hervorragend Hausgemachtes wie Fuži, Fleisch, Käse und Wurst, Maneštra und Brot kosten. Hausgäste haben Frühstück, Abendessen nach Anmeldung Di–So 19–22 Uhr (Juni–Mitte Sept.), danach nur Sa/So. Sv. Petar u Šumi,

Gljuščići, ✆ 091/5034-375 (mobil), botra marija@gmail.com.

Stara Hiža, traditionelles kleines Haus (max. 5 Pers.) aus dem 15. Jh. in Alleinlage mit Kamin u. Pool, leider inzwischen oft über Agenturen ausgebucht. Ab 100 €. Dolinci 238 (Hauptkern westl.), ✆ 091/6861-566 (mobil).

Žminj (Gimino): Das Städtchen auf einem Hochplateau (ca. 15 km südl. von Pazin Richtung Kanfanar/Pula) ist auch über die Schnellstraße zu erreichen. Dominierend im Ort ist die *Pfarrkirche des Erzengels Michael.* Ihre Ursprünge reichen ins 12. Jh. zurück, ab 1624 wurde sie mit drei Seitenkapellen vergrößert und der Innenraum mit barockem Inventar reich ausgeschmückt – darunter ein Marmoraltar aus venezianischer Schule und eine prächtige Kanzel. Nördlich der Pfarrkirche steht die *Dreifaltigkeitskapelle* (Sv. Trojice) von 1381 mit Krainer Freskenmalereien (1471). Auch die *Antonius-Kirche* (Sv. Anton) etwas westlich vom Kirchplatz zieren Fresken, venezianische Arbeiten vom Ende des 14. Jh. (Die Kirchenschlüssel sind in der Kirchenverwaltung erhältlich, ✆ 052/846-318.)

Am Ortsausgang steht die *Bartolomäus-Kirche* (16. Jh.) – dem Kirchenpatron zu Ehren wird jährlich Ende August das *Bartulja-Fest* gefeiert, eines der größten Volksfeste Istriens. Die Befestigungsmauern des *Kastells* an der Nordwestseite der Einfriedung sind noch gut erhalten; von den vier Wehrtürmen steht allerdings nur noch einer, die anderen fielen Kriegen zum Opfer – das letzte Mal 1943, als die Deutschen das Kastell bombardierten. Im runden Gebäude am Kastell ist eine kleine *ethnografische Sammlung* untergebracht.

Žminj war schon in der Spätantike besiedelt; in der Umgebung des Orts wurden altslawische Grabstätten aus dem 9. bis 11. Jh. entdeckt. 1177 wird Žminj als Besitz der Grafen von Mitterburg (Pazin) erwähnt. Von 1374 bis 1918 stand es unter der Herrschaft Österreich-Ungarns, abgesehen von kurzen Unterbrechungen zu Beginn des 17. Jh., als es den Venezianern gelang, die Stadt unter ihre Kontrolle zu bringen und Teile der schützenden Befestigungsmauern zu schleifen.

Auf den Feldern ringsum sind noch etliche der traditionellen *Kažuni*-Steinhäuschen zu entdecken, die früher den Bauern als Unterstand und zur Aufbewahrung von Werkzeug dienten; heute kann man sie in Miniaturformat als Souvenir nach

→ Karte S. 128/129

Landesinneres: Pazin und Umgebung

Hause tragen. Die Umgebung bietet etliche schöne Unterkunftsmöglichkeiten, die sich auch gut als Ausgangspunkt für Entdeckungstouren eignen.

Höhle von Feštini: Ca. 8 km südöstlich (in Richtung Barban) lohnt sich der Besuch der netten kleinen Tropfsteinhöhle (13–15 C). Zu besichtigen: Juni–Sept. tägl. 10–18 Uhr, April/Mai u. Okt. nur Sa/So u. Feiertage. ✆ 091/5616-327 (mobil), www.sige.hr.

Information Tourismusverband, 52341 Žminj, Čakavska kuća b. b., ✆ 052/846-792, www.istria-zminj.com. Nur im Sommer geöffnet.

Veranstaltungen Patronatsfest Bartulja Ende Aug.

Essen/Übernachten Restaurant Pod Ladonjom, am Kirchplatz. Neben Pizza, Fuži, Gnocchi und Ravioli mit Gulasch (Rind oder Wild) gibt es je nach Saison auch Pilz- oder Spargelgerichte. Tägl. 8–22 Uhr.

»» Mein Tipp: Agrotourismus Ograde, 3 km nördl. von Žminj. Es gibt Pferde (auch zum Reiten), Schafe, Gänse. Gekocht wird nach Vorbestellung (ab 8 Pers.), z. B. Fleisch aus der Čripnja mit Zutaten aus eigenem Bio-Anbau: Schinken, Obst, Gemüse, Fleisch u. Wein. Das Gehöft liegt allein und bietet einen Pool und Übernachtungsmöglichkeiten in zwei Natursteinhäusern (ab 110 €, je max. 6 Pers.) mit 3 Schlaf-zimmern (alle auf einer Ebene), antikem Mobiliar, offenem Koch-Essbereich, Terrasse und Grillplatz. Fam. Šajina, Lindarski katun 60, ✆ 052/693-035, www.agroturizam-ograde.hr. «««

Konoba Puli Pineta, im rustikalen Ambiente oder auf der hübschen überdachten Terrasse gibt es Saison-Gerichte, u. a. gute und preiswerte Trüffelgerichte, zudem Wildkräuterspeisen. Juli/Aug. tägl. 17–22 Uhr, sonst Mo–Fr 16–22, Sa/So ab 13 Uhr. Karlov Vrt 1, ✆ 098/99-11-795 (mobil).

La Casa di Matiki, hübsches Landhaus mit Appartements und Pool, südl. von Žminj im Weiler Matiki. Frühstück auf Wunsch. Die hauseigenen Produkte wie Käse, Obst, Gemüse, Eier können auch gekauft werden. Ca. 70 €/2 Pers. Fam. Glavić-Krivičić, Matiki 14, ✆ 052/846-297, 098/299-040 (mobil), www.matiki.com.

Svetvinčenat (Sanvincenti): Das mittelalterliche Städtchen mit der großen *Festung Grimani* ca. 23 km südlich von Pazin (5 km östl. der Schnellstraße Kanfar–Pula) wirkt verlassen und lässt bessere Zeiten nur noch erahnen. Doch immer noch zeigt es sich dem Betrachter mit stolzen Renaissancebauten, denen man gerne wieder Leben einhauchen und etwas Restaurierung angedeihen lassen möchte.

Das Städtchen wird im 10. Jh. erstmals erwähnt und erhielt seinen Namen von der Benediktinerkirche des heiligen Vizenz, *Sanvincenti*, die auf dem heutigen Friedhof steht. Die Benediktiner lebten hier vom 12. bis zum 14. Jh. Eine frühere Ansiedlung wird auf das 6. Jh. datiert.

Die *Festung Grimani* (13. Jh.) gehörte zuerst den Bischöfen von Poreč und ging dann als Lehen der Kirche von Aquileia an Adelsfamilien in Pula. Als strategisch wichtiger Grenzort zur Grafschaft Pazin wurde die Festung Anfang des 14. Jh. zu Verteidigungszwecken ausgebaut. Ab 1384 wurde die Adelsfamilie Morosini aus Pula mit Svetvinčenat belehnt, die das Städtchen fortan über Jahrhunderte in ihrem Besitz hatte; lediglich der Familienname änderte sich im 16. Jh. – durch die Heirat der Tochter mit dem venezianischen Adelssohn Grimani.

Bei einem Großbrand im Jahr 1586 wurde das Kastell schwer beschädigt, von den Grimanis aber wieder aufwändig instand gesetzt. Von 1612 bis 1616 versuchten Uskoken und Habsburger vergeblich, das Bollwerk einzunehmen. Nach Napoleons Intermezzo Anfang des 19. Jh. fiel das Städtchen wieder in den Besitz der Bischöfe von Poreč, die das Kastell in verwahrlostem Zustand der Gemeinde schenkten. Weitere Schäden durch Bomben und Feuer hatte das einstige

Schmuckstück dann Ende des Zweiten Weltkriegs zu erleiden, heute wird es wieder stückweise restauriert.

Das Kastell präsentiert sich heute als große viereckige Anlage, umgeben von einem Park mit prächtigen Bäumen, zwei Ecktürmen und großem Innenhof. Am Tor mit dem Wappen der Familie Grimari war früher eine Zugbrücke installiert. Im Süden der Festung schließt sich der große Stadtplatz mit erhöht liegender Zisterne und Brunnen an, umgeben von herrschaftlichen Gebäuden, der *Stadtloggia* (15./16. Jh.) und der *Pfarrkirche Mariä Himmelfahrt* (frühes 16. Jh.).

Einen Blick lohnt die romanische *Vinzenz-Friedhofskirche* (Sv. Vincenca) mit dreischichtiger Freskenbemalung an den Innenwänden – erkennbar ist nur noch die zweite Schicht, die man Meister Ognobenus aus Treviso zuweist, sowie die dritte Schicht aus italienischer Schule (Ende 13. Jh.). Erwähnenswert sind noch die *Kirche des hl. Abts Antonius* (14. Jh.) gegenüber der Stadtloggia, sowie im Südosten von Svetvinčenat die *Katarinenkirche* (15. Jh.) mit Loggia und Fresken (Schlüssel beim Kirchenamt erhältlich, ☎ 052/560-004).

Svetvinčenat –
der große Hauptplatz mit Zisterne

Information   Tourismusverband, 52342 Svetičenat, Haus Nr. 20, ☎ 052/560-349, www.istria-svetivincenat.com. Nur im Sommer geöffnet.

Veranstaltungen   Das verschlafen wirkende Örtchen stemmt eine Reihe von kulturellen Events: **Stadtfest des hl. Johannes,** 24. Juni. **Ethno-Jazz-Festival,** Anfang Juli, im Kastell. **Tanzfestival u. Pantomime,** Ende Juli. **Weinfest,** im Spätherbst.

Essen/Übernachten   Restaurant Kod Kaštela, gegenüber der Burganlage.

》》Mein Tipp: **** Agrotourismus Stancija 1904, von einem großen Park umgebenes Landhaus im Weiler Smoljanci, direkt an der Bahnlinie nach Pula (7-mal tägl. Verbindung, also bestens!). Vermietet werden ein geschmackvoll eingerichtetes Häuschen und verschieden große Appartements (auch rollstuhlgerecht), ab 163 € inkl. Frühstück. Abendessen gibt's nach Vorbestellung. Fam. Moll, Smoljanci 2–3, ☎ 052/560-022, www.stancija.com. 《《

Kanfanar (Canfanaro): 1631 flüchteten die Bewohner des nahen Dvigrad wegen dort herrschender verheerender Seuchen hierher (→ Dvigrad). Ihr neues Zuhause erbauten sie mit den alten Steinen ihrer niedergerissenen Häuser und auch wertvolle Relikte aus ihrer Kirche wurden nach Kanfanar gebracht. Noch heute sind in der *Pfarrkirche St. Silvester* (1696) die Mitbringsel aus Dvigrad – eine frühgotische Steinkanzel und ein Relief der hl. Sophia – zu bewundern. Auch die Fresken der *Agathakirche* (Sv. Agate), erbaut im 11. Jh., sind von kulturgeschichtlicher Bedeutung – sie steht 2 km nordöstlich Richtung Barat (Schlüssel beim Kirchenamt, ✆ 052/825-115).

Essen/Übernachten Touristischer Bauernhof Matohanci, ca. 7 km von Kanfanar in Richtung Rovinsko Selo und Rovinj. Gekocht wird mit eigenen landwirtschaftlichen Produkten, Fleisch aus eigener Hausschlachtung – Essen nur nach Vorbestellung oder für Hausgäste. Spezialitäten sind Gerichte mit Huhn und Zicklein aus der Peka, Lasagne, Maneštra und leckere Vorspeisenteller mit würzigem Pršut, Würste, dazu süffige Weine aus eigener Kelterei. Gespeist wird z. B. auf der überdachten lauschigen Terrasse. Gut ausgestattete Zimmer (wochenweise). 52352 Kanfanar, Matohanci 16, ✆ 052/848-394, gloriamatohanca @pu.t-com.hr.

>>> **Mein Tipp:** Landhaus Dva Baladura, schönes Natursteinhaus mit Pool. Sehr gutes Restaurant, einige hübsch ausgestattete Appartements ab 173 € sowie Zimmer; DZ/F 120 €. Pilovići 26/27, Kanfanar, ✆ 052/803-720, www.dvabaladura.hr. <<<

Stancija Mamú, im Weiler Kurili (2 km westl. von Kanfanar Richtung Rovinsko Selo). Altes, liebevoll modernisiertes Landgut (max. 10 Pers.) auf 12.000 qm großem Gelände inmitten von Oliven- u. Obstbäumen, mit großem Pool. Fam. Burić, Kanfanar, Kurili b. b., ✆ 098/1904-811 (mobil), stancija.mamu@hi.hinet.hr.

Mountainbiketouren: Die ländliche Gegend um Kanfanar mit ihren überaus hübschen Dörfern und Städtchen ist nicht zuletzt für Radler und Mountainbiker interessant. Fahrradkarten mit Höhenangaben gibt es in den Touristinformationen. Unten stehende Tourenvorschläge (mit dem Fahrradsymbol markiert) führen über Asphalt und Makadam – also das Rennrad im Stall lassen!

Dvigrad – heute ein malerisches, von Pflanzen umwuchertes Ruinenlabyrinth

Tourenvorschlag 1 (42 km, 150 m Höhenunterschied, Schwierigkeitsgrad mittel): Von Kanfanar hinab nach Burići, weiter nach Salambati und Svetvinčenat. Dann hinab über Krančići nach Čabrunići und Gajana. Auf der Ebene in Richtung Bale und wieder zurück, dann bergan nach St. Bembo, Golaš, Okreti und die letzten 100 m steil bergan nach Kanfanar. Auch für Normalradler geeignet!

Tourenvorschlag 2 (48 km, Höhenunterschied 150 m, Schwierigkeitsgrad mittel): Der Anfang der Strecke gleicht der von

Tour 1. Von Kanfanar hinab nach Burići, weiter nach Salambati und Svetvinčenat. Dann hinab über Krančići nach Čabrunići. Ab hier geht es weiter abwärts nach Sv. Margareta (Vodnjan). Von hier bergan nach Sv. Kirin und Juršići und weiter nach Režanci und Bibići. Nun kann man sich bergab etwas ausruhen, es geht in Richtung Bričanci. Dann heißt es in die Pedale treten, um nach Svetvinčenat zu kommen; danach wieder leicht bergab und über Marići zurück nach Kanfanar.

→ Karte S. 128/129

Landesinneres: Pazin und Umgebung

Dvigrad (Due Castelli) ist eine Geisterstadt. Kurz hinter Kanfanar zweigt ein Sträßchen ab und windet sich von der Hochebene ca. 2,5 km tief ins Tal hinab. Unten angelangt, sieht man auf einem Hügel mitten im Dragatal die begrünten Ruinen von Dvigrad – die Überreste einer spätmittelalterlichen Siedlung, die wegen ihrer günstigen Lage einst eine wichtige Rolle im Handel spielte.

Nach der ersten Besiedlung durch die Histrer folgten die Römer, die die beiden sich gegenüberliegenden Siedlungen Duo Castra *(Dva grada)* nannten. Die bis heute erhaltenen Reste sind die der früheren Siedlung *Montecastello*, gegenüber befand sich *Parentino*, das im Krieg zwischen den Venezianern und Genuesen Ende des 14. Jh. geschleift wurde. Dvigrad (Montecastello) hingegen wurde mit Wehrmauern und Verteidigungstürmen umgeben, die romanische *St. Sophia-Kirche* wurde gebaut. Wegen Pest- und Malariaseuchen mussten die Dvigrader 1631 ihre Heimat verlassen und siedelten ins benachbarte Kanfanar um (→ Kanfanar).

Dvigrads Stadtmauern mit Türmen und Stadttor sind noch gut zu erkennen; innerhalb der Bastionen stehen noch um die 200 Hausruinen, eine verfallene Kirche im Ortszentrum und weitere Überreste von Kirchen und Kapellen. Die Legende erzählt, dass der Seeräuber *H. Morgan,* der vor 300 Jahren hier lebte, in Dvigrad einen Schatz vergraben haben soll. Bis heute ist es allerdings noch keinem gelungen, ihn aufzuspüren …

Es macht Spaß, in dem grün überwucherten Steinlabyrinth umherzulaufen und die nur von Vogelgezwitscher unterbrochene Stille zu genießen. Weit reicht der Blick von hier ins Karsttal, auf die Hochebene und auf die bedrohlich wirkende moderne Brücke, die inzwischen das breite Tal überspannt. Auch ein kleiner Spaziergang auf den gegenüber liegenden Hügel lohnt sich, von dem sich Dvigrad aus der Distanz bewundern lässt; hier steht die *Antonius-Kapelle* mit schönen Fresken (16. Jh.) eines unbekannten Meisters.

Rovinj (Ostseite) – Blick auf das „istrische Montmartre"

Westküste:
Von Rovinj zu den Brijuni-Inseln

Rovinj

(Rovigno)

Dicht an dicht drängen sich die Häuser auf der befestigten Halbinsel und ziehen sich in winkligen Gässchen bergan. Der aus dem Dächergewirr stolz in den Himmel ragende Glockenturm ist schon von weitem zu sehen. Rovinj ist eine freundliche, lebendige Stadt, die nicht nur vom Tourismus lebt.

Als Wahrzeichen der ausnehmend hübschen Kleinstadt (ca. 14.000 Einwohner) steht der alles überragende Glockenturm der *Euphemia-Kirche* am höchsten Platz von Rovinj. Seine frappierende Ähnlichkeit mit dem Markusturm in Venedig ist nicht zufällig. Charakteristisch für Rovinj sind auch die zahlreichen verschiedenartigen Schornsteine, die aus der Dachlandschaft lugen – einst sollen es über tausend kunstvoll verzierte Schlote gewesen sein. Da der Stadtgrund für bauliche Ausschweifungen keinen Platz bot (z. B. für mittelalterliche „Gewerbeparks" ...), zeigten die Bewohner ihre Kreativität in den Schloten – jeder sollte sein Haus schon aus der Ferne am Schornstein erkennen.

Schmale Gässchen mit holprigem, abgelaufenem Pflaster und zahlreichen Treppchen führen hinauf zum großen Kirchplatz, vorbei an auffällig vielen „Galerien", die überwiegend Schmuck und Gemälde präsentieren. Rovinj, der „istrische Montmartre", war ursprünglich eine Insel, die vor 200 Jahren mit dem Festland verbunden wurde. Von oben bietet sich dem Besucher ein weiter Ausblick nach drei Seiten übers Meer und auf die vorgelagerten Inselchen. Und noch weiter sehen kann derjenige, der sich traut, die schmalen Stiegen des Glockenturms zu erklimmen – mit 60 m ist er nach Vodnjan der zweithöchste Istriens.

Durch ihre Lage zwischen den beiden Hafenbuchten, der nördlichen, größeren *Valdibora* und der südlich gelegenen malerischen *Katarina*, bzw. *Luka Rovinj* (Hafen von Rovinj), hat die Stadt zwei Gesichter: Von Norden gibt sie sich trutzig mit Mauern und Häusern, die direkt aus dem Meer zu ragen scheinen und heute verlassen wirken. Die südliche Ansicht zeigt sich freundlich mit vielen schönen Bürgerhäusern und Palästen, einem großen Hafenplatz und einer Bucht voller Fischerboote. Südöstlich der Altstadt und an der geschützten Bucht dehnt sich die große Marina aus, dahinter verstecken sich im üppigen Grün der Bäume zahlreiche Hotels. Im Süden grenzt die grüne lange Landzunge *Zlatni rt (Punta corrente)* an mit herrlichen, schattigen Wander- und Fahrradwegen und lauschigen Badeplätzen.

Wer gerne in Cafés sitzt und etwas Stadtluft schnuppern möchte, wird sich in Rovinj sehr wohl fühlen. Auch aufs Strandleben muss man nicht verzichten: In Laufweite liegt die Landzunge Zlatni rt oder man tuckert zu den vorgelagerten Inselchen *Sv. Katarina* und *Sv. Andrija* (→ Sehenswertes).

Geschichte

Das Festland um Rovinj war schon in der frühen Bronzezeit besiedelt, was u. a. durch etliche Gradinas belegt ist, die größte war *Mokondonja* (→ Rovinj/Umgebung) – zudem zählt sie zu den ältesten Besiedlungsanlagen, die von der mykenischen Architektur beeinflusst wurden. Die Altstadt von Rovinj lag bis ins 18. Jh. auf einer kleinen befestigten Insel, deren Bewohner sich oft verteidigen mussten und dies auch konnten – im Westen war die Stadt von hohen Felsen zur Meerseite hin geschützt, die anderen Seiten hatten die Rovinjer mit hohen Mauern umgeben. Schon Jahrtausende vorher hatten sich die Illyrer auf der damals *Mons Albanus* genannten Insel häuslich eingerichtet; das nahe Festland nutzten sie für Ackerbau und Viehzucht.

Die Römer gaben im 2. Jh. dem damals noch unbedeutenden Inselort den Namen *Ruginium*. Im 7. Jh. besiedelten Slawen die Insel, die sie *Rovinj* tauften. Nach dem Untergang des Römischen Reichs und seiner Teilung fiel der Ort unter dem Namen *Rugino* 774 an Byzanz und wurde dem Verwaltungsgebiet Ravenna zugeteilt. 788 kam Rugino unter fränkische Herrschaft.

Das Hochmittelalter begann für Rovinj stürmisch, sodass man die Verteidigungsmauern erhöhte: Im 9. Jh. wurde die Stadt immer wieder von Seeräubern attackiert und 876 niedergebrannt. Vom 10. bis ins 12. Jh. war Rovinj – eine für ihre Zeit moderne Stadt, deren Bewohner sich selbst verwalteten – im Besitz verschiedener Adelsfamilien. Mit der Herrschaft Venedigs ab 1283 verlor Rovinj seine Selbstverwaltung, der städtische Rat musste sich den Anweisungen eines venezianischen Adeligen beugen.

Trotz der Überfälle der Genueser (1379) und Uskoken (1559 und 1599), die die Stadt plünderten und teilweise niederbrannten, entwickelte sich Rovinjs Geschäftsleben unter dem Schutz Venedigs gut; der Handel mit Wein und Oliven blühte, die Stadt wurde zu einem bedeutenden Schiffs- und Fischereizentrum. Im 17. Jh. stieg die Einwohnerzahl Rovinjs sprunghaft an: Während ringsum Pestseuchen wüteten,

→ Karte S. 174

blieb Rovinj verschont. Viele Familien aus anderen Städten suchten Zuflucht auf der Insel, die bald aus allen Nähten platzte, weshalb sich die Flüchtlinge gegenüber auf einem Hügel am nahen Festland ansiedelten. 1763 wurde der Kanal zwischen Festland und Insel zugeschüttet – die Stadt konnte sich nun ungehindert ausdehnen.

Nach dem Ende der venezianischen Herrschaft 1797 und dem napoleonischen Intermezzo bis 1815 übernahm Österreich-Ungarn die Kontrolle – es war die Blütezeit in der langen Geschichte der Stadt: Fast ein halbes Jahrhundert war Rovinj nun die Stadt mit dem größten Hafen an der gesamten Westküste. Doch bereits Mitte des 19. Jh. verlor Rovinj durch die Konkurrenz der ebenfalls österreichischen Städte

Triest und Pula wirtschaftlich den Anschluss. Der Aufschwung durch die 1872 ge-gründete Tabakfabrik und die Anbindung an die Eisenbahnlinie von Divača nach Pula war nur von kurzer Dauer. Nach der Kapitulation Italiens im Zweiten Welt-krieg (1943) formierte sich in Rovinj die Volksbefreiungsarmee, die gegen die deutschen Besatzungstruppen erfolgreich kämpfte. Erst in den Nachkriegsjahren entwickelte sich Rovinj allmählich zu seiner heutigen Größe als beliebtes touristi-sches Zentrum.

Basis-Infos

Information Tourismusverband/TIC, 52210 Rovinj, Obala Pina Budicina 12, ☎ 052/811-566, www.istria-rovinj.com, www.tzgro vinj.hr. Juni–Sept. tägl. 8–22 Uhr, sonst Mo–Fr 8–16, Sa 8–13 Uhr. Gute Infos und Karten.

Agentur Natale, Carducci 4 (beim Busbahn-hof), ☎ 052/813-365. Zimmer.

Agentur Ura, Madonna di campo b. b. (nördl. Stadtteil), ☎ 052/830-772, www.zlatni. com/ura. Ganzjährig. Zimmer.

Villintours, Trg Ulika 16, ☎ 052/816-699, www.vilintours.hr.

Globtour, A. Rismondo, ☎ 052/814-130, www.globtour-turizam.hr.

Autotrans, Trg na lokvi 6 (Busbahnhof), ☎ 052/811-218, www.autotrans.hr. Bustickets.

Verbindungen Busstation, Trg na lokvi, ☎ 060/333-111, www.autotrans.hr. Busse Richtung Poreč nur 4-mal tägl., nach Pula fast stündlich. Der **Bahnhof** liegt in Kanfanar (18 km), ☎ 052/825-011, oder Pula, 32 km. Nächster **Flugplatz** ist Pula (38 km), ☎ 052/550-105.

Schiff Katamaran Venezia Lines (www. venezialines.com), nach Venedig 1- bis 6-mal wöchentl. Je nach Stopps in Poreč oder zusätzlich noch in Piran in 3:45 bzw. 4:45 Std. von Ende April–Anf. Okt. (→ Anreise/Schiff). Tickets u. Info über TIC.

Katamaran Triest (www.triestelines.it), im Juli/Aug. Route Triest–Piran–Rovinj–Pula.

Bootsverbindung nach Sv. Katarina u. Sv. Andrija (= Crveni otok). Die Boote pendeln fast stündl. von frühmorgens bis spät-nachts. Abfahrt am Hafen (gegenüber TIC) und an der Anlegestelle nahe Hotel Park. Fahrplan bei TIC. Transfer Sv. Andrija (Sv. Katarina): 40 KN (25 KN), Kinder bis 10 Jahre 20 KN (10 KN). Hotelgäste fahren gratis.

Ausflüge z. B. per Schiff (2:30 Std.) nach Venedig, Juli/Aug. tägl., ca. 75 €. Bootstour zu den Brijuni-Inseln ab 45 € (halber Tag).

Autoverleih/Vespas/Fahrräder z. B. **Agentur Vetura**, gut sortiert, Nazorova b. b. (beim Hotel Park), ☎ 052/815-209. **Globtour** (s. o.). **Agentur Dik**, ☎ 052/818-181, gegen-über dem Busbahnhof. Fahrradvermietung.

Einkaufen/Spezialitäten Rovinjer Pelin-kovac, ein Bitterlikör mit Wermutaroma, so-wie andere Liköre und Schnäpse mit ver-schiedensten Früchten und Kräutern wer-den meist an Straßenständen angeboten.

Gesundheit Ambulanz, Istarska ul. ☎ 052/813-004, 24 Std. **Krankenhaus**, ☎ 052/376-500 (Pula). **Stadt-Apotheke**, Ul. M. Benussi, ☎ 052/813-589, geöffnet Mo–Sa 8–21 Uhr. **Apotheke-MM**, Istarska b. b., ☎ 052/830-040.

Nachtleben .(→ Cafébars)

Veranstaltungen Rovinjer Sommer, im Juli/Aug. Konzerte am Hauptplatz (alle Mu-sikstile); Klassikkonzerte in der Kirche Sv. Eufemija und im Franziskanerkloster.

Segeljacht-Regatten, Pesaro–Rovinj–Pe-saro, ca. Ende April/Anf. Mai; zudem Chiog-gia–Rovinj–Chioggia, Mitte April. **Batana-Regatta** (trad. Boote), im Juni; abends Klapa-Konzert.

Salsa-Kongress & Sensual Days, inzwi-schen fast 2 Wochen ab 3. Juniwoche. Star-tet mit Workshops zu Kizomba, Bachata, danach folgen Salsakurse; mit besten in-tern. Lehrern u. tollen Partys u. a. auf dem Stadtplatz, in der alten Tabakfabrik, auf ei-nem Boot u. auf Sv. Andrija. www.crosalsa festival.com.

Rovinjer Nacht, letztes Augustwochen-ende; Livemusik v. v. m.; Sa um 24 Uhr gro-ßes Feuerwerk auf dem Meer.

Stadt- und Sv. Eufemija-Fest, 16. Sept.

Grisia, Open-Air-Kunstspektakel jährlich 2. Augustsonntag ab 9 Uhr. Jeder kann seine schönsten Gemälde in der Ul. Grizija an Hausfassaden befestigen und ausstellen. Infos/Anmeldung unter ☎ 052/816-720.

→ Karte S. 174

Westküste: Von Rovinj zu den Brijuni-Inseln

Rovinj – die malerische Westseite des Städtchens

Übernachten

→ Karte S. 178/179

Über 1000 Anbieter gibt es für Zimmer und Appartements, Informationen bietet die Website des Tourismusverbands, empfehlenswert die Domus-Bonus-Vermieter. Das Hotelangebot ist groß und vielfältig und reicht bis zur ****- bis *****-Kategorie, daher in der HS nur noch für Betuchte bezahlbar; gute Schnäppchen sind v. a. in der Vorsaison möglich. Riesig ist ebenfalls das Angebot an Campingresorts.

Privatzimmer Riesiges Angebot über die Agenturen. Ab 40 €/DZ, Appartements ab 50 €/2 Pers.

**** Pension Baron Gautsch** , traditionsreiche Pension, zentral und doch ruhig, 200 m oberhalb der Uferpromenade. DZ/F mit Balkon 78 € (TS 88 €/Pers.). Parkplätze vor der Tür. I. M. Ronjgova 7 (Ecke Obala V. Nazora/Omladinska), ✆ 052/840-538, www.baron-gautsch.com.

**** Pension Romano** , preiswert, ruhige Lage im 13-Zimmer-Haus. Zimmer ab 35 € (TS 40 €), Appartements ab 50 € (TS 55 €), Frühstück 7 €/Pers. Vukovarska 2 (Stadtteil Centener, nördl. von Ul. Centener), ✆ 052/813-212, 817-275, www.romano.hr.

Pension Petra , im nordwestl. ruhigen Stadtteil Borik (Zufahrt Richtung Ferienanlage Monsena). DZ/F 76 €, auch Studios; auch HP möglich. Matije Vlačića Ilirika 7, ✆ 052/821-159, www.divingpetra.hr.

Altstadthotels **** Hotel Adriatic , modernisiertes Hotel in stilvollem Bau, mit schöner Frühstücksterrasse direkt an der Uferpromenade und Hauptplatz. Bei Sommerfestivitäten nachts allerdings laut. Eigene Parkplätze, allerdings beim Aquarium. Die Zimmer wurden zu Suiten ausgebaut und sind nur noch in der NS bezahlbar, ansonsten DZ/F 300–600 €! ✆ 052/815-088, www.maistra.hr.

»» Mein Tipp: **** Heritage Hotel Angelo d'Oro , unterhalb der Kathedrale in einem restaurierten Bischofspalais (17. Jh.), mit stilvollen Gemälden und Möbeln. Die 24 Zimmer bieten modernsten Komfort. Gourmetrestaurant mit lauschigem Innenhofgarten, Café-Bar, Spa-Bereich, Jachtcharter. Hervorragender Service. Österr. Leitung. DZ/F ab 209 € (TS 222 €). Via Svalba 38–42, ✆ 052/840-502, www.angelodoro.com. **««**

**** Hotel Villa Valdibora , Altstadtgasse in Richtung Sv. Euphemia. Stilvolle, komfortable Zimmer im Barock-Gebäude (17. Jh.). Familiäre Atmosphäre. DZ/F 242 €. Fahrradverleih. Chiurco Silvano 8, ☎ 052/845-040, www.valdibora.com.

**** Casa Garzotto **27**, inmitten des Altstadtgassengewirrs. Appartements mit nettem, charmanten Ambiente und viel Naturstein, teils auch mit Kamin. Äußerst hilfsbereites Personal und guter Service, leckeres Frühstück, Fahrradverleih. DZ/F ab 165 €. Via Garzotto 8, ☎ 052/811-884, www.casagarzotto.com.

Auf der Landzunge östlich der Altstadt Die großen Hotels liegen ca. 1–2 km östl., mitten im üppigen Grün der Kiefern- und Laubbäume. Südlich schließt die Halbinsel Zlatni rt an. Zur Altstadt sind es 10 Min. Fußweg entlang dem Jachthafen und der Uferpromenade.

**** Hotel Arupinum **11**, an der Zufahrt zur Hotelhalbinsel steht der Neubau von 2015 mit nur 20 mit Designermöbeln ausgestatteten Zimmern, Restaurant, großem Pool und sehr gutem Service. DZ/F ab 240 €. Luje Adamovića 29, ☎ 052/853-750, www.arupinumrovinj.com.

Hotel Park **26**, wird ab 2017 zu einem *****-Hotel umgebaut.

***** Hotel Monte Mulin **34**, in schöner Lage, 30 m vom Strand entfernt. Neu und edel renoviert, beste Ausstattung, Spa- u. Beautycenter; Gourmet-Restaurant Mediterraneo. DZ/F 400–600 €! A. 3, Ul. Antonia Smareglie, ☎ 052/636-000, www.maistra.com.

**** Hotel Eden **23**, ruhig, umgeben von mächtigem Laub- u. Nadelwald. Große Poolanlage, Hallenbad, Sauna, Wellness- u. Sportcenter. Komfortable DZ/F ab 140 €. ☎ 052/800-400, www.maistra.com.

≫≫ Mein Tipp: *** Design-Hotel Lone **30**, der Stolz von Rovinj und das einzige Mitglied Kroatiens im Designer-Hotel-Club. Exklusive und einzigartige Gestaltung mit edlen Materialien ziehen sich durch den gesamten 202-Zimmer-Komplex. Wellnessbereich und Indoorpool, Gourmet-Restaurant und Nachtclub. DZ/F 450–700 €! Luje Adamovića 31, ☎ 052/632-000, www.lonehotel.com. ≪≪

*** Vila Lili **10**, kleines, nettes 36-Betten-Hotel mit Restaurant und Bar. Zufahrt über die Luje Adamovića in Richtung Hotels. DZ/F 115 €, Suite ab 130 €. A. Mohorovčića 16, ☎ 052/840-940, www.hotel-vilalili.hr.

Im Osten von Rovinj ≫≫ Mein Tipp:
**** Casa Alice **4**, ein schmuckes, umgebautes und erweitertes altes Haus mit 8 Zimmern u. 2 Appartements ca. 1,5 km östl. vom Stadtzentrum. Komfortabel und liebevoll vom Schreiner und Designer ausgestattet, es gibt auch einen Pool; Wein und Olivenöl aus eigenem Anbau. DZ/F 198 €. Paola Deperisa 1, ☎ 052/821-104, www.casaalice.com. ≪≪

*** Resort Villas Rubin, ca. 3 km östl. von Rovinj. Ca. 1000 Bungalows u. Appartements direkt am Meer – zählte bis vor kurzem zu den Besten: Restaurants, Pizzeria, Bars, Supermarkt, Metzgerei, Ambulanz; Sportcenter mit Surfschule, Tennisplätze u. -kurse, Verleih von Surfbrettern, Wasserskiern etc.; Minigolf, Tischtennis, Fußballplatz, Volley- u. Basketball; Animationsprogramm. Im Hotel DZ/F ab 100 €, Appartements (bis 4 Pers.) ab 108 €/2 Pers. ☎ 052/801-400, www.maistra.com.

Im Norden von Rovinj **** Resort Amarin, ca. 3 km nördl. von Rovinj mit Altstadtblick und direkt am Meer. Die Anlage wurde 2013 erweitert und sehr schön modernisiert. Zwischen Bäumen ebenerdige, eingeschossige Häuser mit Zimmern und Appartements (2–6 Pers.), auch Campingplatz (s. u.). Mehrere gute Restaurants, Pizzeria, Bars, Supermarkt, Massageräume, Ambulanz, Hafen mit Slipanlage; Animation für Kinder; großes Sportcenter: Tennisplätze, Volleyball, Minigolf, Tischtennis, Surfen, Vermietung von Fahrrädern und Booten; Swimmingpool mit Wasserrutsche, gebadet wird an Kies- und Felsstrand. Taxiboot- und Busverbindungen nach Rovinj. Studio ab 158 €/2–3 Pers. ☎ 052/802-000, www.maistra.com.

**** Naturist-Camping-, Appartement- und Bungalowsiedlung Valalta, ca. 6 km nördl. von Rovinj, kurz vor dem Limski kanal. Die FKK-Anlage zählt zu den besten Istriens, es weht die „Blaue Flagge". 50 ha-Gelände direkt am Meer; u. a. mit Restaurants, Pizzeria, Bars, Supermarkt, Ambulanz, großem Meerwasser-Swimmingpool, Marina mit Slipanlage; großes Sportcenter, u. a. Tennisplätze, Volleyball, Minigolf. Für Kinder riesige Wasserrutsche, Spielplatz u. Animation. Gebadet wird an Kies- und Felsstrand. Unterschiedlich große Bungalows (2–6 Pers.), umgeben von Bäumen und Büschen, meist ebenerdig mit Terrasse. Appartement- u. Mobilheimvermietung. Studio ab

Westküste: Von Rovinj zu den Brijuni-Inseln ↓ Karte S. 174

109 € (TS ab 123 €). Cesta za Valaltu, Lim 7, ✆ 052/804-800, www.valalta.hr.

Auf den vorgelagerten Inseln Auf den Inseln Sv. Katarina und Sv. Andrija (Crveni otok) schöne und ruhige Übernachtungsmöglichkeiten in Hotels. Fast stündliche

Bootsverbindung mit Rovinj (→ Verbindungen). Gratis Transfer für Hotelgäste.

*** Insel Sv. Katarina – Hotel Katarina **35**, die Insel liegt in Sichtweite von Rovinj (5 Min. Transfer). Das Hotel liegt in einem über 100-jährigen Park mit duftenden

Übernachten
3 Pension Petra
4 Casa Alice
8 Pension Romano
10 Vila Lili
11 Hotel Arupinum
16 Pension Baron Gautsch
20 Hotel Adriatic
21 Hotel Villa Valdibora
22 Heritage Hotel Angelo d'Oro
23 Hotel Eden
26 Hotel Park
27 Casa Garzotto
30 Design-Hotel Lone
34 Hotel Monte Mulin
35 Hotel Katarina
36 Hotel Istra

Essen & Trinken
1 Rest. La Perla
2 Biohof Monfardin
5 Rest. Blu
6 Rest. Bošket
7 Rest. Orca
9 Rest. Graciano
12 Rest. Sidro
13 Rest. Giannino
15 Rest. Torkolo
17 Rest. Amfora
18 Rest. Maestral
24 Pizzeria Da Sergio
25 Enoteka Al Gastaldo
28 Konoba Veli Jože
32 Rest. Monte
33 Rest./Weinbar Puntaleina

Nachtleben
14 Cocktailbar Havanna
29 Café-Bar Mediterraneo
31 Café-Bar Valentino

Cafés
19 Café-Bar Cinema
31 Café-Bar Valentino

Valalta, Amarin, Krankenhaus, Poreč

Aquarium

Franziskanerkloster

Sv. Troije

Trg na Lokvi

Heimatmuseum

Balbi-Tor

Trg Valdibora

Trg G. Pignaton

Museum Batana

Sv. Eufemija

Sv. Križa

Stari Grad

Sv. Katarina

Myrten-, Ginster- und Magnoliensträu-
chern; riesige Aleppokiefern und Laubbäume spenden Schatten, angelegte Wege
führen über die Insel. Große Meerwasser-
Badelandschaft, Tennisplätze, 4-PS-Boots-
Vermietung. DZ/F ab 198 €. ℡ 052/804-100,
www.maistra.com.

**** Sv. Andrija – Hotel Istra 36, in 15 Min.
erreicht man per Schiff die Insel. Unbe-
schwerte ruhige Urlaubstage inmitten ein-
zigartig üppiger Vegetation sind garantiert
(→ Sehenswertes); angelegte Wege überziehen die Inseln. Es gibt Restaurants,
Bars, Nachtclub, Innen- u. Außenpools,

Shops, Ambulanz, Kinderanimation. Auch das Sportangebot ist groß: Tennisplätze und -schule, Minigolf, Volleyball, Wellness- u. Fitnesscenter, Tretboot- u. Kanuverleih, Segel- u. Surfschule sowie ein kleiner Hafen. Gebadet wird an Sand-, Kies- und Felsstrand. DZ/F ab 270 €. ✆ 052/802-500, www.maistracom.

Leuchtturm Sv. Ivan na Pučini, die nur wenige Quadratmeter große Leuchtturm-insel bietet 2 Ferienwohnungen mit jeweils 4 Betten. Anlegeplatz u. Kran für kleinere Boote. Optimales Tauchrevier. Buchung/Anfragen für Leuchttürme, ✆ 021/390-609 (Hr. Hrovje Mandekić), www.lighthouses-croatia.com (→ Übernachten/Leuchttürme, S. 48). Pro Woche und Wohnung 699 €.

Touristischer Bauernhof Matohanci, im Weiler Matohanci, ca. 10 km in Richtung Kanfanar (→ Kanfanar).

Camping

*** **Autocamp Polari**, 3 km südl. von Rovinj, großzügiger 60-ha-Platz für bis zu 4900 Pers. Parzelliertes Wiesengelände an eigener Bucht, separates FKK-Areal auf einer Halbinsel. Bäume spenden Schatten; Restaurant, Supermarkt, WiFi, Hafen mit Slipanlage. Neben Villas Rubin gelegen, dessen Angebote die Camper mitbenutzen dürfen. Auch schöne Mobilhäuser. Pro Pers. 9,70 € (TS 11,40 €), Kinder 5–11/12–18 Jahre 5,50/7,70 € (TS 6,70/9,50 €), Standplatz 16 € (TS 22 €), Parzelle ab 19 € (TS ab 25,50 €). Ende April–Anf. Okt. Polari 1, ✆ 052/800-200, www.campingrovinjvrsar.com.

≫ **Mein Tipp:** **** **Autocamp Veštar**, 5 km südl. von Rovinj an eigener, ca. 1,5 km langer Bucht gegenüber dem gleichnamigen Inselchen; 15-ha-Gelände für 1950 Pers. Separater FKK-Strand, gute Sanitäreinrichtungen, schattig durch viele Bäume. U. a. Restaurant, Pizzeria, Supermarkt, WiFi, Animation. Tennisplätze, Pool, Hafen mit Slipanlage und Tauchclub Scuba Valdaliso; gebadet wird an Sand- u. Felsstrand. Auch Mobilhausvermietung. Etwas teurer wie Polari. Ende April–Ende Sept. Veštar 1, ✆ 052/829-150, www.campingrovinjvrsar.com. ≪

** **Camping Mon Paradis**, einfacher, kleiner, idyllischer 0,5-ha-Platz (ca. 40 Stellplätze) direkt am Meer gegenüber Autocamp Veštar. Preise ca.: 7,50 €/Pers. (TS 8,50 €), Kinder 5–12 Jahre 5 € (TS 6 €), Standplatz/Parzelle 8–17 € (TS 9–19 €), Strom 3 €. Mai–Sept. Uvala Veštar b. b., ✆ 052/830-028, mmonparadis@gmail.com.

Weitere Autocamps nördlich von Rovinj Alle weiteren Autocamps liegen auf der Landzunge Richtung Limski kanal.

*** **Autocamp Porton Biondi**, 1 km nördl. von Rovinj. 6-ha-Platz für ca. 1200 Pers. Für Camper und Zelte geeignetes, schattiges und terrassiertes Gelände, aber durch die Uferstraße vom Meer getrennt. 52 KN/Pers., Kinder 5–12 Jahre 32 KN, Stellplatz ab 63 KN. In der TS 10 %-Aufschlag. Auch Mobilhäuser. Mitte März–Ende Okt. ✆ 052/813-557, www.portonbiondi.com.

*** **Autocamp Amarin**, 3 km nördl. von Rovinj, 9-ha-Gelände für 2000 Pers. Schöne, großzügige Anlage mit etlichen Sportmöglichkeiten. Preise ähnlich wie Val Saline. April–Ende Sept. ✆ 052/813-044, www.campingrovinjvrsar.com.

Am Hauptplatz Trg G. Pignaton

**** **Camp Val Saline**, 2016 an der gleichnamigen Bucht neu eröffnet (gleiche Ltg. wie Valalta). Schöner Strandabschnitt, Beachvolleyball, kleiner Hafen. Mit Restaurant, Bäckerei, Reitplatz in der Nähe. 7,50 €/Pers. (TS 10 €), Kinder 6–12 J. 4 € (TS 5 €), Stellplatz ab 18 € (TS ab 25 €). Mai–Anf. Okt. Cesta za Valaltu, Lim 7, ✆ 052/804-850, www.campvalsaline.hr.

》》 Mein Tipp: **** **FKK-Camping Valalta**, 6 km nördl. von Rovinj, sehr gut ausgestattetes 70-ha-Gelände für bis zu 4000 Pers. Mit sonnigen und schattigen Stellplätzen; gute Sanitäranlagen in ausreichender Zahl. Auch Mobilhäuser. Pro Pers. ca. 11 €, Kinder 6–12 Jahre 5,70 €, Parzelle (inkl. Auto, Zelt/Wohnwagen, Strom) 28 €. Ende April–Anf. Okt. ✆ 052/804-800, www.valalta.hr. **《《**

Essen & Trinken

→ Karte S. 178/179

Die Stadt bietet eine Fülle an Restaurants, Grills und Cafés, ob in den Altstadtgassen, entlang der Uferpromenade oder außerhalb.

Konoba Veli Jože 28, kurz vor der Mole, hübsch zum draußen Sitzen, innen gemütlich rustikal mit altem Interieur und Fischernetzen an der Decke. Istrische Spezialitäten wie Schafskäse, marinierte Sardellen, Fischsuppe-Brodet und natürlich Fischgerichte; Spezialitäten des Hauses sind Lamm aus der Peka oder Hummergerichte. Tägl. ab 11 Uhr. Sv. Križa 1, ✆ 052/816-337.

Restaurant-Enotheka Al Gastaldo 25, Landhausstil, Sitzmöglichkeiten auch in der Altstadtgasse. Die Küche bietet u. a. Pasta mit Hummer oder Trüffeln, dazu leckere Weine. Tägl. 11–15/18–1 Uhr. Iza Karsarne 14, ✆ 052/814-109.

Restaurant Monte 32, unterhalb der Kirche. Beschaulich sitzt man auf verschiedenen begrünten Terrassen. Moderne, kreative Küchenkunst kann man bei den verschiedensten saisonalen Menüs kosten. März–Okt. 12–14.30/18.30–23.30 Uhr. Ul. Montalbano 75, ✆ 052/830-203.

》》 Mein Tipp: **Restaurant-Weinbar La Puntaleina** 33, farbenfroher Speiseraum, die Terrassen und Balkone direkt über dem Meer. Leichte, moderne Küche, diverse Trüffelgerichte wie Fischfilet oder Ravioli mit Trüffeln, hausgemachte Kuchen und Sorbets. März–Nov. ab 12 Uhr. Sv. Križ 38, ✆ 052/813-186. **《《**

Restaurant Amfora 17, traditionsreiches Fischlokal an der Uferpromenade, direkt gegenüber der Altstadt, mit Terrasse, Wintergarten. Spezialitäten sind Lasagne mit Lachs oder Meeresfrüchten, Hummer und Scampi mit Nudeln, frischer Fisch oder istrischer Spieß. A. Rismondo 23, ✆ 052/815-525.

Restaurant Sidro 12, Familienbetrieb mit gutem Service. Gute Fleischgerichte, hausgemachtes Brot, gute Weine. A. Rismondo 14, ✆ 052/813-471.

Restaurant Giannino 13, traditionsreiches, modernes Lokal im italienischen Stil mit bester Küche. Terrasse in der Altstadtgasse. Lecker z. B. Rigatoni mit Hummer oder Nudeln mit Meeresfrüchten. März–Dez. 11–15/18–23 Uhr, Mo Ruhetag. A. Ferri 38 (nördl. des Trg M. Tita), ✆ 052/813-402.

Balbi-Tor mit venezianischem Löwen

Restaurant Maestral 18, schöne Lage direkt am Meer, Blick auf die Altstadt und traumhafte Sonnenuntergänge – die Lage wird bezahlt. Gebraten wird auch im Freien, u. a. Fisch oder Steaks; zudem Pizzen. April–Mitte Okt. 10–24 Uhr. Obala V. Nazora (beim Segelclub Maestral-Ronhill).

Restaurant-Pension Bošket 6, nördl. der Altstadt (nächste Straße links nach Zufahrt zur Ferienanlage Monsena). Schöne Terrasse, familiäre Atmosphäre, gute Küche, preiswert. Auch Zimmervermietung. Ab Ostern bis Anf. Nov. J. Tankovića b. b., ℡ 052/813-150.

Restaurant La Perla 1, bei den Einheimischen sehr beliebt und immer gut besucht, mit überdachter Terrasse. Spezialitäten sind Fischgerichte und Kalbsmedaillons. Ganzjährig geöffnet. Končeta b. b. (an der Straßenkreuzung nördl. der Stadt in Richtung Hotels), ℡ 052/811-801.

》》 Mein Tipp: Restaurant Orca 7, großer, heller Naturstein-Speiseraum und Terrasse, bei Italienern sehr beliebt, daher am besten reservieren. Flinker und guter Service. Hier isst man hausgemachte Pasta und Fuži, z. B. mit Spargel oder Trüffeln, zudem guten Fisch, Schalen- und Krustentiere. Ganzjährig, Di Ruhetag. Gripuli 70 (Straßenkreuzung vor der Stadt in Richtung Pula), ℡ 052/816-851. 《《

Bummeln in engen Gassen …

Restaurant Blu 5, direkt am Meer unter einem weißen Zeltdach. Wer romantisch, schick und gut essen gehen möchte, ist hier richtig. Vorzügliche Fischgerichte. März–Okt. ab 10 Uhr. In Richtung Valalta, Val de Lesso 9, ℡ 052/811-265.

Restaurant Torkolo 15, südwestl. vom Busbahnhof. Gutes Lokal etwas abseits des Trubels mit kleiner Terrasse gegenüber. Geboten wird u. a. Pljukanci (hausgemachte Pasta) mit Pršut und Wildspargel, zudem verschiedene hauseigene Käsesorten. R. Daveggia b. b., ℡ 052/815-654.

Fischlokal Graciano 9, am westl. Kai. Beliebt bei Einheimischen. Fangfrischer Fisch in allen Variationen, Spezialität Kabeljau in Weißwein. März–Okt. tägl. 10–15.30/18–23 Uhr. Obala palih boraca 4, ℡ 052/811-515.

Pizzeria Da Sergio 24, kleines Lokal mit guten, vielfältigen Pizzen. Mai–Okt. ab 11 Uhr. Grisia 11, ℡ 052/816-949.

Essen außerhalb Agroturizam Monfardin 2, ca. 5 km in Richtung Bale, dann Abzweig nach rechts und ca. 2 km. Hübsches Natursteinhaus inmitten von Feldern. Hier gibt's u. a. Lamm und Spanferkel vom Grill oder aus dem Ofen, leckere Fischgerichte, hausgemachtes Brot, frische Eier, Olivenöl und Wein. Auch Zimmervermietung. Veštar 4, ℡ 052/829-044.

Konoba Agroturizam Miro, 3 km vor Valalta, am Land. Gute istrische Küche, z. B. Fischcarpaccio, hausgemachte Tagliatelle mit Garnelen und Hauswein. Mai–Okt. 11–14/17–22 Uhr. Cesta za Valaltu-Lim 8, ℡ 098/421-413 (mobil).

Cafés/Bars Café-Bar Valentino 31, direkt auf den Felsen oberhalb des Meeres, auch für die Felsen gibt es Sitzpolster – für laue Abende ein lauschiges, aber inzwischen sehr exklusives Plätzchen, um seinen Cocktail zu genießen. 18–1 Uhr. Sv. Križa 28.

Cafébar Mediterraneo 29, gleich neben Valentino; ebenfalls direkt am Meer mit Tischen u. Stühlen und Sitzpolstern und nicht hochpreisig. April–Okt. ca. 9/10–24/2 Uhr. Sv. Križa 24.

Cafébar Cinema 19, neben dem Kino an der Uferpromenade. Nette Terrasse, guter Café, Kuchen und guter Service, ganzjährig ab 7 Uhr. Trg Brodogradilista.

Cocktailbar Havanna 14, man lümmelt auf der Terrasse, lauscht aktuellen Latin-Hip-Hops und nippt genüsslich am Havanna-Club. April–Okt. Riva A. Negri.

… und relaxen am Meer

Baden & Sport

Baden In der Altstadt (Südwestseite) wunderbare Felsblöcke zum Liegen und Reinspringen. Schöne Kiesbuchten und Felsbadestrände bietet die bewaldete Landzunge **Zlatni rt** (→ Sehenswertes).

Auch die beiden vorgelagerten Inseln **Sv. Katarina** und **Sv. Andrija** haben schöne Badeplätze mit Kies und Fels. Schiffsabfahrten (→ Verbindungen).

Südlich von Veštar in Richtung Bale verstecken sich zahlreiche schöne Badebuchten, die sich per Mountainbike erkunden lassen.

Tauchen U. a. **Diving Center Scuba-Valdaliso** (Ltg. Stojan Babić), nun am Autocamp Veštar, ☎ 098/212-360 (mobil Stojan), www.diving-rovinj.com. Sehr gut geführte Tauchschule, beliebtes Ziel: die gesunkene „Baron Gautsch".

Jachthafen ACI-Marina Rovinj, 380 Liegeplätze im Wasser, 120 Plätze an Land, alle mit Wasser- u. Stromanschluss; zudem 70 weitere Plätze an 2 schwimmenden Wellenbrechern, 10-t-Travellift, Bootsvermietung, Werkstatt, Tankstelle, gute sanitäre Anlagen, Wäscherei, Restaurants. V. Nazora b. b., ☎ 052/813-133, www.aci-club.hr.

Marina Valalta, beim gleichnamigen Campingplatz, 150 Liegeplätze im Wasser, 60 an Land, diverse Serviceangebote. ☎ 052/804-800, www.valalta.hr.

Hafenkapitän: gegenüber TIC, ☎ 052/811-132.

Mountainbike Von Rovinj in Richtung Bale gibt es herrliche Touren auf markierten Fahrradwegen am Meer entlang oder auch ins Hinterland, z. B. nach Monkodonja. Fahrradverleih (→ Agenturen).

Sehenswertes

Die **Kirche der hl. Euphemia** (Sv. Eufemija) ist ein dreischiffiger barocker Bau (Anfang 18. Jh.) zu Ehren der Schutzheiligen von Rovinj, vom venezianischen Baumeister *Giovanni Dozzi* auf den Grundmauern einer altchristlichen Kirche errichtet. In einem Sarkophag (4. oder 5. Jh.) hinter dem Altar werden die sterblichen Überreste der Schutzpatronin aufbewahrt. Sehenswert sind die Sammlung von Silbergegenständen, der schön verzierte Altar, das Gemälde „Das letzte Abendmahl" (1574) von *Giovanni Contarini,* einem Schüler Tizians, und die Skulpturen des Bildhauers *Gerolamo Laureato.* Der Bau des knapp 60 m hohen *Campanile* (17. Jh.) dauerte 26 Jahre, er ist der zweitgrößte Istriens (nach Vodnjan). An seiner Spitze, dem „Dach von Rovinj", wacht die fast 4 m hohe Statue der Heiligen, vom Wind bewegt, über ihre Schützlinge. Man kann den Kirchturm erklimmen und von oben die herrliche Aussicht genießen.

Kirchturm: Juni–Sept. tägl. 10–18 Uhr, im Winter nur 10–12 Uhr. Eintritt 20 KN.

Das siebeneckige romanische **Dreifaltigkeitsbaptisterium** (12. Jh.) am *Trg na lokvi* (beim Busbahnhof) ist Rovinjs ältestes Bauwerk. Nur wenige Lichtschächte erhellen den eigentümlichen Raum mit den sehenswerten sternverzierten Fensternischen und den darin abgebildeten Golgatha-Szenen. Heute ist im Baptisterium eine Kunstgalerie untergebracht.

Am Trg M. Tita steht der *Barockbau der Familie Califfi,* in dem heute das **Heimatmuseum** seine archäologischen und ethnologischen Sammlungen zeigt. In einigen Räumen finden temporäre Kunstausstellungen statt, auch aus Privatsammlungen, wie Chagall-Werke im Jahr 2016.

Juli/Aug. tägl. 10–22 Uhr, April–Juni tägl. außer Mo 10–18 Uhr, Sept./Okt. tägl. außer Mo 10–20 Uhr. ☎ 095/16969-6965 (mobil), www.muzej-rovinj.com. Eintritt 40 KN, Kinder 12–18 J. 25 KN.

Neben der Touristinformation hat das hübsch gestaltete **Batana-Museum** seinen Sitz. Es zeigt u. a. die traditionellen Holzboote und Gerätschaften zum Fischen.

Juni–Sept. tägl. 10–14/19–23 Uhr, sonst tägl. außer Mo 10–13/16–18 Uhr. Eintritt 10 KN, Kinder 5 KN.

Am Trg M. Tita prunkt das mit Wappen und dem geflügelten Löwen geschmückte **Balbi-Tor** (1680), ein Durchgang zur Altstadt, benannt nach dem damaligen Bürgermeister. Kurz dahinter steht das **alte Rathaus,** ebenfalls wappengeschmückt, mit Grundmauern von 1308 und modernisiert durch viele Umbauten. Beliebtes Fotomotiv am Platz ist auch der rote **Uhrturm,** einst der Südturm der Stadtmauer, im 12. Jh. erbaut und später umgebaut; auch diente er als Gefängnis – natürlich prangt auch hier der Markuslöwe, wie an allen wichtigen Stadtgebäuden.

Gegenüber der Altstadt thront auf einem Hügel in der Ulica de Amicis 36 das **Franziskanerkloster** (Anfang 18. Jh.), in dem eine kostbare Sammlung von alten Büchern und sakralen Gegenständen aufbewahrt wird (leider nicht zu besichtigen). Dieses Viertel war früher der Festlandteil der Stadt. 1763 wurde im Zuge der Ausdehnung Rovinjs die schmale Meerrinne aufgeschüttet, die den alten Stadtteil auf der Halbinsel von der Neustadt auf dem Festland trennte.

Das **Aquarium** des Instituts für Meeresforschung (Obala G. Paliage 5, Stadteingang) bietet den Besuchern in 24 großen Bassins einen umfassenden Einblick in die Unterwasserwelt der Adria.Die 1891 von der Berliner Aquariumgesellschaft gegründete Einrichtung diente der Erforschung der Meeresorganismen der Region, heute arbeiten hier die kroatischen Meeresbiologen.

April–Okt. 9–20 Uhr, Nov.–März 10–17 Uhr. Eintritt 30 KN, Kinder 5–12 Jahre halber Preis.

Mini-Croatia: Die neueste Errungenschaft liegt an der Straße stadtauswärts Richtung Bale. Hier wurden sämtliche wichtigen Bauwerke Kroatiens im Miniformat nachgebaut.

Mai–Okt. 10–18 Uhr (Juli/Aug. bis 20 Uhr). Turnina b. b.

Zlatni rt (Punta corrente): Gegenüber der Altstadt ragt Rovinjs buchtenreiche Halbinsel, das „Goldene Kap", ins Meer, auf deren südlichem Zipfel sich ein schöner

100-jähriger Park mit 400 Pflanzenarten ausdehnt. Es war einst im Privatbesitz von *Baron Hütterodt* (→ Sv. Andrija). Stille Wege führen durch die üppige mediterrane Vegetation, die mächtigen Eichen, Aleppokiefern, Zedern, Pinien und viele Zypressenarten bilden ein dichtes Dach. Baden kann man ringsum an Fels- und Kiesbuchten und auch Kletterer finden Felsen. Am Beginn des Parks wurde das *Museum Hütterodt* eingerichet; gezeigt werden alte Wappen, Gemälde und Kopien bedeutender istrischer Fresken.

Zumindest einen Badeausflug wert sind auch die vorgelagerten Inseln **Sv. Katarina** und **Sv. Andrija** (früher auch Crveni otok, Rote Insel genannt). *Sv. Katarina* liegt noch in Sichtweite von Rovinj; hier steht, eingebettet in ein subtrobisches Pflanzenparadies, eine edle Hotelanlage, die einst das herrschaftliche Refugium eines polnischen Grafen war (→ Übernachten).

Sv. Andrija, lange Zeit auch *Crveni otok* (Rote Insel) genannt, liegt eine ca. 15-minütige Bootsfahrt von der Küste entfernt. Ein Damm verbindet die Hotelinsel Sv. Andrija mit dem unbewohnten Eiland *Maškin*. Pfade überziehen beide Inseln und laden zum Erkunden der reichen mediterranen Vegetation ein, die ebenfalls dem *Baron Hütterodt* zu verdanken ist: Im 19. Jh. ersteigerte der Adelige Sv. Andrija, ließ einen Park anlegen und das Schloss, das gleich bei der Ankunft ins Auge fällt,

→ Westküste: Von Rovinj zu den Brijuni-Inseln → Karte S. 174

Paradiesinsel Sv. Katarina

Er war wohl der politischen Skandale und Affären müde und wollte sich nur noch zurückziehen. Also beschloss der polnische Graf und Lebemann *Karol von Korwin Milewski* zu Beginn des 20. Jh., das nur 300 m in Sichtweite von Rovinj gelegene, knapp 13 ha große Inselchen von Erzherzog Karl Stefan von Habsburg zu erwerben und sich hier ein neues Zuhause zu schaffen. Sein Schloss ließ er im modernen Stil des Neoklassizismus und des Jugendstils errichten – und vorsorglich, falls es ihm doch nach Gesellschaft verlangte, weitere Residenzen für seine Gäste. Über die Insel ließ er Wege anlegen, mit Bänken und Trinkwasserbrunnen versehen und eine Mole zum Anlegen der Boote bauen. Um seinem künftigen Paradiesinselchen eine optimale Grundlage zu verschaffen, ließ er tonnenweise Erde vom Festland herüberschiffen. Über 465 verschiedene Pflanzenarten, so haben Botaniker gezählt, ließ der Graf pflanzen – Palmen, Zypressen, Pinien, Kiefern, Lorbeer, Steineichen, Agaven, Oliven, üppige Oleander-, Magnolien- und Myrtensträucher, heilsame Kräuter wie Lavendel, Salbei, Rosmarin. So entstand in wenigen Jahren aus dem verkarsteten Eiland eine blühende Oase, die Gäste ließen nicht lange auf sich warten und statt Skandalen gab es Nervenkitzel im Spielcasino und rauschende Feste in lauen Sommernächten – Milewskis Paradiesinsel galt bald als *der* Treffpunkt von Rovinjs besserer Gesellschaft.

Mit dem Ende des Ersten Weltkriegs war auch der k.-u.-k.-Glamour von Sv. Katarina schnell dahin. Bald diente das vernachlässigte Idyll ganz unromantisch als Lazarett, später als Schule, und es dauerte bis in die 1960er-Jahre, bis man sich der verflossenen Pracht Sv. Katarinas besann und sie zur Hotelinsel umgestaltete. Rechtzeitig zur Jahrtausendwende erstrahlten Schloss und Dependancen wieder etwas im alten Glanz, und wer möchte, kann auch im 21. Jh. seine Ferien hier verleben – aber eher geruhsam.

Sv. Andrija – hier im Schloss brütete Garri Kasparow über seinen Schachpartien

modernisieren. Dieses Schloss, einst ein Benediktinerkloster, geht auf das 6. Jh. zurück, im 15. Jh. vergrößerten es die Franziskanern um einige Anbauten.

Neben dem alten Schloss wurde das *Hotel Istra* errichtet (→ Übernachten). Auch der frühere Schachweltmeister Garri Kasparow verweilte auf der Insel schon dreimal, allerdings im Schlosstrakt, um in aller Stille neue Strategien auszuhecken ...

Rovinj/Umgebung

Rovinjsko Selo: Dörfchen an der Zufahrtsstraße Richtung Rovinj. Linker Hand sind auf der Anhöhe *Turnina* die Reste einer römischen, im Mittelalter erweiterten Festung zu sehen. Vom Wehrturm aus, der nicht nur Verteidigungszwecken diente, sondern auch ein Leuchtsignalposten war, konnte man die gesamte Schifffahrt von den Brijuni-Inseln bis zum Limski kanal überblicken. Heute grasen hier auf den buschigen Wiesen Esel und Ziegen.

Monkodonja (Moncodogno): Beim Ort Kokoletovica (5 km in Richtung Bale) lockt ein Spaziergang hinauf zum Quittenberg (kroat. Monkodonja), wo auf einem großen ovalen Areal Trockenmauerreste eine einst große dreigeteilte befestigte Siedlung (Gradina) von 1800 bis 1200 v. Chr. bezeugen. Die Ausgrabungen sind noch nicht beendet, bisher fand man u. a. Keramikfragmente, die eine Beeinflussung durch die mykenische Kultur unterstreichen. Der Berg war auf rund 1 km Länge und bis zu 3 m hoch und ebenso breit umfriedet, hier lebte die reiche Oberschicht, belegt durch Überreste von großen Stein- und Holzgebäuden. Außerhalb dieser Akropolis befanden sich die Ober- und Unterstadt des gemeinen Volkes und der Handwerker, wo einfacher gebaut wurde. Heute blickt man nur noch über ein paar hundert Meter Trockenmauern und gen Meer und Inseln – über 1000 Menschen sollen an diesem herrlichen Platz einst gelebt haben.

Anfahrt: 5 km in Richtung Bale, in Ortsmitte von Kokoletovica und gegenüber dem gleichnamigen Restaurant ca. 700 m nördlich fahren.

Monkodonja – herrlicher Platz mit Weitsicht

Ornithologisches Reservat Palud: Dieses Sumpfgebiet, umgeben von Schilf und Eichenwald, liegt rund 7 km südöstlich von Rovinj. Es ist in der Regenzeit rund 20 ha groß, in der Trockenzeit schrumpft es auf lediglich 2 ha. Durch einen Kanal, den Anfang des 20. Jh. die ungarisch-österreichische Armee buddelte, um eine Ausbreitung der Malaria zu verhindern, gibt es neben der Süßwasser- auch eine Salzwasserfauna und auch reichlich Plankton. Rund 200 Vogelspezies tummeln sich hier, u. a. Haubentaucher, Wildenten, Blesshühner, Fasane, Wachteln, Pirole, Spechte, Schnepfen. Auf einem markierten Pfad kann man 3,5 km ablaufen, es gibt einen Infostand mit Cafébar (nur im Sommer) und ein Beobachtungshaus.

Information Natura Histrica Public Institution, Riva 8, 52100 Pula, ☎ 052/351-521, -524, 052/351-525 (Ranger), www.natura-histrica.hr. Besichtigung ganzjährig (ab ca. 8 Uhr) und für Einzelpersonen gratis. Nach Anmeldung Führungen und Vogelbeobachtungen. Anfahrt: Straße Rovinj–Bale, bei Spanidiga (nach ca. 5 km) rechts ab und der Ausschilderung „Palud" rund 2 km auf Makadam bis zum Eingang folgen; oder beim Campingplatz Veštar den Makadam ostwärts bis zum Eingang nehmen.

Weitere Ortschaften und Ausflugsziele (→ Pazin/Umgebung).

Von Rovinj in Richtung Pula

Von Rovinj nach Pula sind es nur noch 30 km, doch die Strecke bietet etliches an Sehenswertem wie auch bereits wenige Kilometer südöstlich hinter Rovinj (→ Rovinj/Umgebung), nachfolgend das idyllische Städtchen **Bale**, dann **Vodnjan**, bekannt für seinen höchsten Kirchturm, seine Mumien und sein gutes Olivenöl, sowie **Fažana**, von wo man zu den Brijuni-Inseln gelangt (Vorbuchung empfehlenswert, in der HS ein Muss).

Bale
(Valle)

Wuchtige Altstadtmauern umhüllen das beschauliche, blumengeschmück-te Städtchen mit seinen Kopfsteinpflastergassen, sonnigen Plätzen und mittelalterlichen und venezianischen Gebäuden, erbaut auf dem Hügel Mom Perin (Mon Perino).

Viele alte Natursteinhäuser und Paläste wurden hübsch renoviert und können an-gemietet werden (auch sollen fast alle bisher unbewohnten Häuser zu Appartements/Hotels ausgebaut werden). Zudem hat sich auch eine kleine Kunst- und Musikszene etabliert – in den ersten Augusttagen ertönen internationale Jazzklänge und viele Fans belagern das Städtchen.

Zu Römerzeiten verlief hier die Konsularstraße, die *Via Flavia,* von Triest nach Pula, von der Reste eines römischen Castrums zeugen – die überaus wichtige Heer- und Handelsstraße sollte von hier aus beschützt werden. Im 9. Jh. herrschten die Patriarchen von Aquileia in Bale, die den Ort später an die Bischöfe von Poreč ver-pachteten. Im 13. Jh. ging das Kastell in den Besitz der Familie *Castropol* aus Pula über. Den Untertanen gefielen ihre neuen, harten Lehnsherren überhaupt nicht und sie forderten den Schutz Venedigs an. Doch bis zum Untergang der Stadtrepublik 1797 hoffte Bale vergeblich auf materielle Besserung – auch Venedig nahm die Ein-wohner kräftig aus. Im 15. Jh. besetzten und plünderten die Ungarn das Städtchen.

Bedeutendster Sakralbau ist die große neobarocke **Pfarrkirche der seligen Jung-frau Maria**, die auf den Grundmauern einer dreischiffigen Basilika (9. Jh.) errichtet wurde und bis zu ihrem heutigen Erscheinungsbild von 1882 fünf Umbauten hinter sich brachte. Wundertätig soll ihre Holzstatue der Madonna von Mon Perino (15. Jh.) sein. Ein Augenschmaus ist die schön renovierte Krypta mit Lapidarium und Exponaten aus dem 7. bis 16. Jh., u. a. ein wertvoller Steinsarkophag des hl. Julius aus dem 8. bis 9. Jh., Schutzpatron der Stadt (Besuch nach Anmeldung über TIC).

An der Zufahrtsstraße steht die **Kirche hl. Anton** (Sv. Antun) mit spätgotischen Holzskulpturen und gotischen Fresken, zudem im Stadtwesten die **Eliaskirche** (Sv. Ilija) aus dem frühen Mittelalter mit freistehendem Glockenturm und romanischen Elementen. Auch Reste des **Benediktinerklosters** (12. Jh.) sind noch erhalten. 23 Kirchen (!) soll es in Bale und Umgebung geben. Hervorzuheben ist neben der Pfarrkirche das **Heiliggeistkirchlein** (Sv. Duh) aus dem 15. Jh. am südlichen Stadt-rand. Hier schmückte Meister *Albert von Konstanz* mit sehenswerten Fresken das Innere (immer geöffnet; ansonsten im Kirchenamt nachfragen).

Einen Blick wert sind auch die **Stadtloggia**, das **Kornhaus** und vor allem der im Blumengotikstil errichtete **Stadtpalast** (15. Jh.), den die Bauherren imposant zwi-schen zwei älteren Wehrtürmen platzierten. Besitzer war zuerst die reiche Adelsfamilie Soardo, im 17. Jh. ging das Gebäude durch Heirat an die nicht weniger begüterten Adeligen von Bembo über.

In der ehemaligen Ölfabrik mit alter Presse residieren heute die **Galerie Ulika** und TIC. Ein Teilbereich ist den *Dinosauriern* gewidmet, Knochen und Abdrücke der gi-gantischen Wirbeltiere sind zu sehen (geöffnet wie TIC, ✆ 052/824-270) – sie sind Teil des Fundes, den Dario Boscarolli, ein italienischer Taucher, 1992 auf dem Meeres-grund entdeckte: Unter den zehn verschiedenen Knochenarten, die er fand, waren auch die eines Brachiosaurus, der mit 25 m Höhe und einem 10 m langen Hals zu den größten einst lebenden Reptilien zählt. Zudem eine große Sammlung von regionalen Vögeln.

Information Touristinformation, 52211 Bale, Rovinjska 1 (Galerie Ulika), ☎ 052/824-270, www.bale-valle.hr. Juni–Mitte Sept. Mo–Sa 8–20, So 8–13 Uhr; sonst Mo–Fr 8–16 Uhr.

Agentur Mon Perin, Trg la musa 2, ☎ 052/824-338, info@monperin-castrum.com. Juni–Sept. Zimmer.

Agentur Amfora, Trg la musa b. b., ☎ 052/841-773, amfora@globalnet.hr.

Veranstaltungen Baljanska noć, 1. Augustsamstag, mit populären kroat. Popsängern. **Last Minute Open Jazz Festival** (www.kameneprice.com), jährl. 1. Aug.-Woche (Ltg. Hr. Pavleka) mit Gratisauftritten von rund 120 internationalen Musikern, auch Workshops. **Casanova-Fest**, 3. Juni-Wochenende von Do–Sa. **Aroma-Tage** im Histria Aromatica (s. u.) letzten Fr–So im Mai.

Übernachten/Essen ≫ Mein Tipp: **** Hotel La Grisa, schmuckes 22-Zimmer-Hotel in einer Altstadtgasse. Naturstein und etwas Moderne schaffen Wohlfühlatmosphäre, dazu gibt es einen Wellnessbereich und ein nettes Café sowie ein gutes Restaurant, das tägl. ab 12 Uhr moderne istrische Küche bietet. DZ/F ab 91 € (TS 103 €). Ganzjährig. La Grisa 23, ☎ 052/824-501, www.la-grisa.com. ≪

≫ Mein Tipp: Hotel-Konoba Kamene Priče, innerhalb des idyllischen Natursteingemäuers finden sich Latin-Jazzkneipe (mit Events), Loungebar und Hotel und viele Kreative wie auch der Besitzer Tomislav Pavleka (→ Veranstaltungen). Die Küche bietet u. a. ein leckeres Slow-Food-Menü mit Fisch (Fischsuppe, Carpaccio, Fisch aus dem Ofen u. Früchte) oder mit Fleisch. Nette *** Studios für 60 €. Kaštel 57, ☎ 052/824-235, www.kameneprice.com. ≪

*** Hotel Stancija Meneghetti, herrschaftliches Landhaus südl. von Bale u. 2 km vom Meer. 12-ha-Anwesen mit 1600 Olivenbäumen (prämierte Öle!), Weinanbau und Biogarten. Komfortables renoviertes Haus mit moderner Technik; mit Sauna, Hallenbad, Pool, offenem Kamin, Fahrradverleih und Restaurant. Nach Voranmeldung gibt es täglich leckere Menüs mit Fisch oder Boškarin-Rind und Gemüse und Kräutern aus dem Garten. Zimmer ab 180 €/2 Pers. ☎ 091/2431-600 (mobil, Hr. Skoko), www.meneghetti.info.

Kod Kancelira, gemütlich, mit sehr guter Küche. Spezialitäten sind hausgemachte

Bale – Natursteinidyll ▲
und prachtvolle Bauten

Im Park Histria Aromatica ▼

Pasta mit Spargel oder Wild. Ganzjährig tägl. außer Di ab 12 Uhr. Istarska 3, ☎ 052/824-445.

Konoba Istra, hier gibt es u. a. Fuži oder Gnocchi mit Wild. Ganzjährig ab 7 Uhr. Trg la musa 18, ☎ 052/824-396.

Restaurant & Pizzeria Mali Mol, an der Straße nach Rovinj. Gute Pizzen. Ganzjährig ab 9 Uhr.

Camping **** Camping Mon Perin, die zwei Camps Colone und San Polo sind nun unter einer Leitung und liegen ca. 6 km südl. von Bale direkt am Meer. Zufahrt von Rovinj kommend vor der Stadt. Sie wurden komplett modernisiert. Es gibt Beachvolleyball, Bistro, Restaurants, Minimarket, WiFi, Mole, kilometerlange Strände und schattige Plätze. Pro Pers. 9 €, Kinder 5–11 J. 4,80 €, Parzelle ab 17,50 € (TS etwas höher). Auch Mobilhausvermietung (2+1 u. 4+1). Ende März–Anf. Okt. ☎ 052/824-338, www. camping-monperin.hr.

Bale/Umgebung

Park Histria Aromatica: Rund 6 km nördlich von Bale bei Golaš auf einem Hügel mit herrlichem Rundblick liegt dieses beeindruckende, rein ökologisch geführte Privatprojekt von Boris Filipaj. Der Zagreber Biokosmetikproduzent machte hier 2014 seinen jahrzehntelang gehegten Wunsch wahr. Auf rund 250.000 qm werden im Bioanbau Kräuter wie Lavendel, Salbei, Rosmarin, Immortelle angebaut, zudem Obstbäume, Wein und Feigen sowie das natürliche Pestizid Buhač (v. a. in Dalmatien verbreitet) gezüchtet, auch eine Grotte gibt es. Ein vorzügliches Restaurant mit herrlicher Terrasse verwöhnt den Gaumen mit saisonaler Küche, im Shop kann man die hauseigenen Produkte (u. a. Tees, Seifen, Crèmes) erwerben, es werden die Kräuter erklärt und es soll auch ein Labor eingerichtet werden (→ Foto, S. 189).

Pižanovac 37 (2 km südwestl. von Golaš), ☎ 052/355-044, www.histriaaromatica.hr. April–Okt. tägl. 9–18 Uhr. Eintritt 75 KN, Kinder bis 12 Jahre gratis.

Vodnjan   (Dignano)

Der mittelalterliche Ort (ca. 3700 Einwohnern) beeindruckt mit dem größten Sakralgebäude und dem höchsten Kirchturm Istriens. Ein kleiner Bummel durch die alten Gassen lohnt. Zudem gibt es hier Istriens beste Olivenöle.

Durch seine strategisch gute Lage an der alten Militärstraße nach Pula war Vodnjan schon zu Römerzeiten bekannt und wurde unter Vicus Attinianum 932 erwähnt. Die Sprache der Vodnjaner ist ungewohnt – sie sprechen bis heute einen speziellen romanischen Dialekt.

Die Bauern lieferten ihren Wein und ihr Olivenöl nach Pula, angebaut wurde auch Gemüse und später Tabak. Bedeutsam ist heute vor allem der Olivenanbau: Hier ist die Sorte *Buža* zu Hause – viele prämierte Öle sind von hier. Auch finden sich in der Umgebung viele alte Steinhäuschen, *kažuni* genannt, die Mensch und Tier auf dem Feld Unterstand boten und die sich u. a. per Fahrrad erkunden lassen (11 km, blaues Fahrradzeichen); am Kreisverkehr nördlich der Stadt wurde der kleine **Kažuni-Park** errichtet.

Von Nordosten führt die lange, schmale *Ulica Trogovačka*, beidseitig von hohen alten Häusern und kleinen Lädchen gesäumt, zum Hauptplatz *Narodni trg*. Um ihn gruppieren sich das schmucke rote neogotische **Rathaus**, der *Palast Bradamante*, heute Gemeindesitz der italienischen Bevölkerung, das *Bembo-Haus* und etliche weitere stattliche Palazzi und Häuser, u. a. der Adeligen Benussi und Bettica, im Stil der venezianischen Gotik, der Renaissance und des Barock. Im gotischen *Bettica-Palast*, auch „Castelletto" genannt, residiert heute ein **Museum** mit archäologischen Funden, v. a. aus der Barbariga.

Juli/Aug. Mo–Sa 10–12, Di, Do u. Sa auch 19–21 Uhr; sonst nur Sa 9–11 Uhr. Gratis.

Vodnjan – der schöne Hauptplatz mit seinen Palazzi

Am Narodni trg gibt es ein **Ethnologisches Museum**, auch Grappas, Olivenöl etc. können verkostet werden.
Mai–Mitte Sept. tägl. 9–20/24 Uhr; sonst Mo–Fr 8–16 Uhr.

Einst stand auf diesem Hauptplatz das **Kastell** (4./5. Jh.), das um 1808 zerstört wurde. Die Steine wurden für Straßenbau und Häuser verwendet. Der älteste Ortsteil, den man auf das Jahr 937 datiert, ein Labyrinth aus sehr schmalen Gassen, liegt etwas westlich vom Hauptplatz, um die Kapelle **Sv. Jakova** (12. Jh.). Viele weitere kleine Kapellen stehen entlang der Ul. Trogovačka nordwärts, wie **Sv. Karmela** (1630), **Sv. Martin** (14. Jh.) und **Sv. Križ** (1468), beim Park **Sv. Rok** (1530) und etliche weitere etwas außerhalb, z. B. die mit Fresken verzierte **Sv. Gospe della Traversa** (13. Jh.) im Stadtosten.

Der bedeutendste Sakralbau ist die barocke **Pfarr- und Wallfahrtskirche Sv. Blaž**, die auf einer frühromanischen Vorgängerkirche errichtet, dann 1781 zerstört wurde und nach dem Wiederaufbau um 1800 erneut ihre Weihe erhielt. Schon von Weitem sichtbar ist ihr 62 m hoher **Campanile**. Das Kircheninnere zieren wertvolle Gemälde, die zwischen dem 16. und 18. Jh. u. a. von *Paolo Veneziano, Kcopo Contarini* und *Jacobello del Fiore* erschaffen wurden, zudem ein Fresko von 1451. Besuchermagnet sind das *Museum* mit einer riesigen Reliquiensammlung sowie vor allem die mumifizierten Körper der hl. Nikolosa, von Leon Bembo, Giovanni Olini sowie sterbliche Überreste der hl. Barbara und des hl. Sebastian – da diese Körper nicht einbalsamiert wurden, staunt man bis heute über deren guten Zustand.
Kirchenbesichtigung nur in angemessener Kleidung. Mai–Sept. Mo–Sa 9.30–19 Uhr, So 12–17 Uhr; sonst nach Vereinbarung über TIC. Eintritt: gesamt 10 €, Kinder bis 14 Jahre 3 €; Einzelpreise teurer: Kirche (2 €), Museum (7 €), Mumien (7 €).

Außerhalb bei Guran findet sich ein *archäologischer Platz* mit Steinbauten aus dem 2. Jh.

Information Tourismusverband, 52215 Vodnjan, Narodni trg 10, ☎ 052/511-700, www.vodnjandignano.com. Juli/Aug. Mo–Fr 8–20, Sa 9–13/18–20, So 9–13 Uhr; Juni u. Sept. Mo–Fr 8–15, Sa 9–13 Uhr; sonst Mo–Fr 8–15 Uhr. **Info-Punkt**, am Kreisverkehr, Juni–Sept. tägl. 8–21 Uhr.

Olivenöl Es gibt eine Reihe von prämierten Olivenbauern, hervorzuheben sind u. a.: **Antonio Pastrovicchio** mit Olivenöl „Tonin", Istarska 28, ✆ 052/511-599; tägl. 18–21 Uhr. Die **Brüder Lorenzo & Livio Belci** und Söhne produzieren ihr „Meloto-Olivenöl", Mlinska 7 (beim Park), ✆ 052/511-035, 098/219-979 (mobil, Livio); nur Di 18–21 Uhr oder nach Anmeldung. **Brist**, Trgovačka 40 (gegenüber Post), ✆ 095/5624-111 (mobil); Mo–Fr 10–16 (Okt.–Mai nur bis 14 Uhr), Sa 10–14 Uhr.

Veranstaltungen Ca. 60 Feste stemmt Vodnjan, u. a.: **Sv.-Ivan-Fest**, 23. Juni, am Hauptplatz; mit Musik, großem Feuer, über das Mutige springen.

Bumber-Fest, 1. Sa im Aug. mit Umzügen (wie Karneval), Eselrennen etc.

Stadtfest Sv. Lovro, 10. Aug.; mit Musik.

Olivenöltage, am 3. Novemberwochenende, Fr–So, mit dem neuen Ölivenöl; sehr bedeutsame Messe.

Übernachten In der Umgebung gibt es eine Reihe Landhäuser, die auch einzelne Zimmer vermieten. U. a. **Casa Rosina**, schönes Landhaus mit Pool. Fam. Belci, San Rocco 48 b, ✆ 052/511-930. Auch bei **Konoba Sia** (s. u.) wird nebenan bei Fam. Bozac vermietet.

Essen & Trinken Restaurant **Vodnjanka**, gute istrische Küche, auch bei Einheimischen sehr beliebt; u. a. von lokalen Erzeugern hausgemache Fuži, Gnocchi, zudem Käse, Pršut, Fleisch und Fisch und ... hauseigenes Olivenöl. Tägl. außer So ab 11 Uhr. Istarska b. b. (Hauptstraße), ✆ 052/511-435.

Restaurant **Stancija Buršić**, hier isst man bestens Pršut aus eigener Herstellung, zudem hausgemachte Pasta. Mai–Sept. ab 8 Uhr. Fažanka 25, ✆ 098/421-333 (mobil).

》》 Mein Tipp: Konoba Sia, im Weiler Guran (2 km östl. Richtung Barban). Auf der überdachten Terrasse gibt's Spezialitäten wie Kaninchen, Pekagerichte, hauseigenen Schafskäse und Ricotta, zudem Pasta und Brot. Geöffnet nur nach Voranmeldung tägl. 13–23 Uhr. Guran 21, ✆ 052/511-033. 《《

Vodnjan/Umgebung: Kurz vor Fažana (aus Richtung Vodnjan kommend) zweigt rechts eine Straße Richtung Norden zur Feriensiedlung **Peroj** ab (3 km). Auch die Römer liebten *Praetoriolum* als Urlaubsort. Im kleinen Ortskern steht eine orthodoxe Kirche mit dickem gedrungen Kirchturm. Hier siedelten ab 1578 eine montenegrinische Glaubensgemeinschaft. Um das alte Zentrum gruppieren sich Neubauten, schmale Stichwege führen hinab zum Meer mit etlichen Buchten, u. a. zum einstigen Hafen von Vodnjan, der *Uvala Portić*. Übernachtungsmöglichkeit in Appartements.

Nördlich von Peroj lohnt der Besuch der **Kirche Sv. Foška** kurz vor Batvači (geöffnet nur Sa/So 14–17 Uhr; Messe Mai–Sept. 17 Uhr, sonst 15 Uhr). Das frühmittelalterliche dreischiffige Gotteshaus mit gut erhaltenen Freskenmalereien eines norditalienischen Malers aus dem 12. Jh. zählt zu den ältesten Kirchen Istriens (Anfahrt von Peroj in Richtung Golubovo, ca. 5 km, auch per Mountainbike).

Die frühmittelalterliche Sv.-Foška-Kirche

Übernachten/Essen **** Hotel-Restaurant Villa Letan**, mitten im Grünen gegenüber der Brijuni-Inseln. 36-Zimmer-Hotel, zudem 6 Appartements mit modernstem Komfort. Es gibt Hallenbad, Wellness- u. Fitnessbereich, Pool, Tennisplätze, Boots- u. Fahrradverleih. Sehr gutes Restaurant mit Gaumenkitzlern wie Pute in Sauerkirschsauce oder Seezungenfilet mit Mandeln ... Schöne Terrasse und Kaminzimmer. DZ/F ab 110 €. Peroj 450, 52215 Vodnjan, ✆ 052/521-006, -009, www.hotel-letan.hr.

Fährt man von Peroj nordwärts weiter nach **Barbariga**, erreicht man die gleichnamige Feriensiedlung für Kroaten. Bei

Ausgrabungen in Barbariga wurden neben vielen weiteren Reste einer römischen *villa rustica* und einer Ölfabrik entdeckt, die man auf das 1. Jh. n. Chr. datiert.

Fažana
(Fasana)

Farbenfroher, freundlicher Fischerort und Fährhafen für die gegenüberliegenden Brijuni-Inseln, auch bekannt für seine Sardellenfeste.

Fažana ist abends ruhig und beschaulich, nur tagsüber bevölkern viele Touristengruppen den Ort, die auf die Fähre zu den Brijuni-Inseln warten. Der Ort mit Fischerhafen war schon in der Antike besiedelt – damals stellte man hier Keramik her. Die Pfarrkirche **Sv. Kuzme i Damjana** birgt Fresken mit Motiven von Noten eines Chorals aus dem 15. Jh. Bedeutsam sind das gotische Kruzifix (16. Jh.) und das Gemälde „Das letzte Abendmahl" von *Zorzi Ventura* (1598). Musikinspirationen zu Opern soll der Komponist *Antonio Smareglia* (1854–1929) bei seinen Urlauben hier erhalten haben: „Die istrische Hochzeit" und „Oceana", deren Uraufführung 1903 Toscanini in Mailand dirigierte.

An der langen Uferpromenade, der Riva, kann man an den schönen Kieselstränden baden, im Schatten der Bäume im kühlenden Lüftchen angenehm sitzen und u. a. die vielen Kunstobjekte zum Thema Fischen bzw. Sardelle betrachten.

Basis-Infos

Information   Tourismusverband/TZO, 52212 Fažana, Titova riva 2, ☎ 052/383-727, www.infofazana.hr. Juni–Sept. 8–20 Uhr (Juli/ Aug. bis 22 Uhr), sonst Mo–Fr 8–15.30 Uhr.

Agentur Stefani, Župni trg 3, ☎ 052/521-910. Privatzimmer, Fahrräder.

Agentur Bonsai, Puljska 1, ☎ 052/521-216. Ganzjährig Zimmervermittlung.

Fažana – ein farbenfrohes Hafenstädtchen, ganz im Zeichen der Sardelle

→ Karte S. 174   Westküste: Von Rovinj zu den Brijuni-Inseln

Nationalparkverwalltung Brijuni, Brijunski 10 (Hafenplatz), ☎ 052/525-882, -883, www. np-brijuni.hr. Infos, Ausflugstickets (in der HS Reservierung vorab), Brijuni-Hotel-Buchung. Eintrittspreise (→ N. P.-Brijuni-Inseln).

Verbindungen   Busse mehrmals tägl. nach Pula.

Schiffsverbindung mit Brijuni: Die Überfahrt ist nur in organisierten Gruppen möglich, es sei denn, man nächtigt auf Brijuni. Zur HS pendelt das Schiff fast stündl. bis spätabends. Infos bei TIC und N. P.-Verwaltung (→ NP Brijuni-Inseln/Verbindungen).

Einkaufen   Olivenöl, u. a. bei Fam. Dulia Balija, Galižanska 8, ☎ 052/521-565; prämiert!

Gesundheit Ambulanz (☎ 052/521-098) und Apotheke (☎ 052/521-562), Titova riva 9.

Veranstaltungen Es gibt viele Feste, u. a. Sommer von Fažana, tägl. an der Riva Veranstaltungen (Konzerte, Handwerkskunst, Modeschauen etc.).

Sardellenakademie und -feste, ca. 10-mal von Mai–Sept. (meist So); natürlich mit gegrillten Sardinen und Musik von etlichen Bühnen. Zudem kann man nach Anmeldung bei TIC (gratis) von Mai–Aug. (meist Mi) auf der sog. Sardellenakademie alles über die Sardelle, das Fischen, die Zubereitung und die Konservierung lernen.

Zvizde, Sviće, Ferali (Sterne, Kerzen, Laternen), letzter Juli-So; alles illuminiert und Straßenmusik.

ⓊÜbernachten/Essen & Trinken

Übernachten   Privatzimmer vermitteln die Agenturen.

≫ Mein Tipp: *** Villetta Phasiana, neben der Kirche (Schlosshotel-Mitglied) im mediterranen Stil. Von der Restaurantterrasse Blick aufs Meer, beste Küche. Nette DZ/F ab 119 € (TS 139 €). Trg Sv. Kuzme i Damjana 1, ☎ 052/520-558, www.villettaphasiana.hr. ≪

*** **Hotel Marina**, nahe Fährhafen am Meer. Nette Ausstattung und hübsche Terrasse im guten Restaurant. DZ/F ab 110 €. Titova riva, ☎ 052/521-071, www.marina-fazana. com.

*** **Villa Velina**, dreistöckiges Haus, etwas südl. vom Stadtkern, wenige Min. vom Strand. Kein Frühstück. Zimmer/Appartements ab 47 €. Istarska 28, ☎ 052/521-110, www.villa-velina.hr.

Hostel Amfora, nahe Uferpromenade. Nette 1-, 2- und 3-Bett-Zimmer, Gemeinschaftsraum und eine Küche. Ca. 16 €/Pers. Vladimira Gortana 10, ☎ 052/521-068, www. izaberi.hr oder www.fazana.hr.

Feriensiedlung/Camping **** Bi-Village, ca. 5 km südl. (Richtung Pula) bei Valbandon. 60-ha-Gelände (4000 Pers.) mit mediterraner Bepflanzung und unter Kiefern; 1 km langer Kiesstrand, Swimmingpool, Restaurant, Bar, Supermarkt; großes Sportangebot; Animation für Kinder. Pro Pers. ab 10 €, Kinder 7–13 Jahre 6 €, Stellplatz (Wasser/

Strom) ab 18 €. Auch Bungalow- und Mobilheimvermietung. Ende April–Mitte Okt. ☎ 052/300-300, www.bivillage.com.

Camp Pineta, einfacher, schattiger 2-ha-Platz 2 km nördl. der Stadt, über die Uferpromenade zu erreichen. Es gibt einen Kiesstrand, Restaurant, Minimarkt, Pool, Appartementhäuschen und Mobilhausvermietung. 4,50 €/Pers. (TS 6,30 €), Auto 3 € (TS 4 €). Ende April–Sept. Perojska cesta 41, ☎ 052/521-884, www.pinetafazana.hr.

Essen & Trinken U. a.: Stara Konoba, nahe der Kirche, hier isst man bestens Gerichte aus der Peka, zudem Manestra und Brodetto. Ganzjährig. Trg stare škole 1, ☎ 099/1909-749 (mobil).

Restaurant Korta, an der Uferpromenade; hier isst man ebenfalls gut Fisch und auch Pizzen. Mai–Sept. ab 10 Uhr. Trg stare škole 6, ☎ 098/1788-094.

≫ Mein Tipp: Konoba Ulika, wer Fleisch- oder Trüffelgerichte und Pljukanci (eine Pasta-Art) mag, sollte hier speisen. Ganzjährig ab 11 Uhr. Ruža Petrović 76, ☎ 052/521-312. ≪

≫ Mein Tipp: Konoba Alla Becaccia, ca. 2 km südl. bei Valbandon. Innen u. außen gemütliche Sitzmöglichkeiten, Spezialitäten sind Schnepfe oder Wildgerichte, auf Vorbestellung auch Fleischgerichte aus der Peka. Tägl. außer Di 13–24 Uhr. Pineta 25, ☎ 052/520-753. ≪

Veli Brijun – Blick auf Hafen und Hotels

Nationalpark Brijuni-Inseln (Brioni)

Die Inseln des Friedens, 1983 zum Nationalpark erklärt, bieten Hunderten von Pflanzen, Vögeln und seltenen Tierarten einen geschützten Lebensraum. Die Brijuni-Inseln bestehen aus zwölf kleineren und zwei größeren Eilanden, darunter die Hauptinsel Veli Brijun, die sich der jugoslawische Staatsgründer Tito als Sommersitz wählte. Heute ist Veli Brijun die einzige Insel des Archipels, die für die Öffentlichkeit zugänglich ist.

Auf den Brijuni-Inseln, die sich erst vor etwa 10.000 Jahren von der istrischen Küste lösten, wurden Spuren von Dinosauriern und Millionen Jahre alte Rinderknochen entdeckt. Zahlreiche Funde zeugen von einer uralten Erdhüttensiedlung, die auf 2000 v. Chr. datiert wird, spätere Funde weisen auf illyrische Bewohner hin. Die Römer errichteten auf den paradiesischen Inseln luxuriöse Residenzen, ihren Nachfolgern, den Herrschern von Byzanz, war die Sicherheit wichtiger – sie errichteten ein großes Castrum.

Der Archipel 3 km vor der Küste wurde schon Ende des 19. Jh. zu einem exklusiven Feriendomizil ausgebaut, nachdem durch die Trockenlegung der Sümpfe die Malaria ausgerottet war. Ein halbes Jahrhundert später unterhielt der jugoslawische Staatsgründer *Tito* auf der kleinen Insel Vanga, gegenüber Veli Brijun, seinen Privatsitz, auf der großen Insel, wo heute die Touristen wohnen, empfing er seine handverlesenen Gäste. Die „Inseln des Friedens", seit 1983 Nationalpark, sind bis heute ein beliebter Ort für internationale Konferenzen; einige der Inseln sind für die Republik Kroatien und ihren Präsidenten reserviert.

Auf Veli Brijun grasen Schaufelhirsche, Wisente, Mufflons, Rehe und Hasen friedlich nebeneinander, dazwischen stolzieren Pfaue umher. Einige Tiere brachte Josip

Broz Tito von seinen Reisen mit oder sie waren ein Geschenk seiner hohen Gäste; so ist die Heilige Kuh im Safaripark ein Geschenk der früheren indischen Ministerpräsidentin Indira Gandhi. Viele andere tierischen Geschenke wie Bären, Antilopen, Affen wurden schon vor längerer Zeit in den Zoos auf dem Festland untergebracht. Die Besichtigung der Fußabdrücke des Dinosauriers Iguanodon am *Kap Barban* ist bei den Ausflügen von Fažana aus leider nicht im Programm, zum Bedauern der Kinder.

Die Inselgruppe ist ein wahrer Paradiesgarten mitten im Meer: Fast 700 exotische und einheimische Pflanzenarten gedeihen hier. Die Macchia wuchert bis zu 8 m hoch, einige riesige Steineichen werfen seit Jahrhunderten Schatten – da ist es zu verschmerzen, wenn Rehe und Mufflons ein paar Zweige abfressen. Neben Eichen und Kiefern gedeihen Eukalyptus, Mammutbaum, Zedern, Tannen, Zypressen, dicker Bambus und Pinien – die schöne Pinienallee wurde 1905 angelegt. An den vielen Wegen und Pfaden duften Lorbeer, Schneeball, Myrte, Heckenrose und überall blüht Oleander. Und zwischen Blumen, Bäumen und Büschen schwirren über 250 Vogelarten durch die Lüfte – darunter Seeschwalben, Wildtauben und viele Singvögel, die sich die Inseln als Winterdomizil ausgesucht haben.

Am besten lassen sich die Inseln entdecken, wenn man sich für ein paar Tage in einem der Hotels oder Villen von Veli Brijun einquartiert. Für größere Inseltouren stehen auf der autofreien Insel neben dem Touristenzug gegen Gebühr Fahrräder oder Elektromobile bereit. Der hübsche Cadillac, ein Gastgeschenk von Präsident Kennedy, rollt nur für besondere Gäste.

Von allen größeren istrischen Küstenstädten werden organisierte Tagesausflüge nach Veli Brijun angeboten; von Fažana pendeln mehrmals täglich Schiffe hin und her.

Geschichte

Die erste Siedlung auf Veli Brijun gab es in der jüngeren Steinzeit. Bis 177 v. Chr. lebten hier friedlich die Histrer, ein Stamm der Illyrer. Dann nahmen die Römer deren Festung *Nesactium* bei Pula ein und besetzten auch die Brijuni-Inseln. Sie waren die Ersten, die Wein und Oliven anbauten, Öl pressten, Weizen säten und sich in prachtvollen Sommerresidenzen luxuriös einrichteten. Nach dem Fall Roms beherrschte Byzanz die Inselgruppe – die Reste ihres trutzigen Castrums sind heute noch am Strand zu besichtigen. Nach den Byzantinern kamen die Franken und Venezianer, die hier vom 14. Jh. an 450 unruhige Jahre lang herrschten. Im 18. und 19. Jh. verließen fast alle Insulaner wegen der Malaria die Inseln.

Ihre heutige Popularität verdanken die Brijuni-Inseln vor allem drei Männern: dem österreichischen Industriellen *Paul Kupelwieser,* der die Inselgruppe 1893 kaufte, um sie in ein Ferienparadies für die High Society zu verwandeln; dem deutschen Bakteriologen und Nobelpreisträger *Robert Koch,* der die Insel von der Malaria befreite; und schließlich *Josip Broz Tito,* der die Inseln nach den Bombardements des Zweiten Weltkriegs von 1947 bis zu seinem Tod 1980 wieder aufbauen und pflegen ließ.

Nachdem Kupelwieser auf Veli Brijun Hotels, Villen, Badeanstalt, Parks und die dazugehörige Infrastruktur aufgebaut hatte, strömten seit Anfang des 20. Jh. die Adeligen und Reichen auf die Insel, unter ihnen auch Thomas Mann. Der Erste Weltkrieg stoppte den Tourismus. 1919 starb Paul Kupelwieser; sein Sohn Karl ließ Tennisplätze und einen Golfplatz anlegen, ebenso den Tierpark vom Hamburger Zoologen Hagenbeck, doch die erwünschten Touristen blieben aus. 1930 beging

Kupelwieser junior Selbstmord. Im Zweiten Weltkrieg besetzte Italien die Brijuni-Inseln, 1945 wurden sie von den Alliierten bombardiert und die Gebäude größtenteils zerstört. Erst in der Nachkriegszeit, in der langen Ära des Josip Broz Tito, blühte der Archipel wieder auf. Fast alle großen Staatsmänner aus Ost und West gaben sich hier über viele Jahre ein Stelldichein und auch Weltstars wie Gina Lollobrigida, Carlo Ponti, Sophia Loren und Josephine Baker genossen das paradiesische Idyll.

Ein großer Tag nicht nur für Veli Brijun war der 19. Dezember 1956: An diesem Tag gründeten die Staatspräsidenten *Nasser* (Ägypten), *Nehru* (Indien) und *Tito* die Bewegung der „Blockfreien Staaten" – ein Zusammenschluss politisch unabhängiger Staaten und zugleich eine Ermutigung für die Länder der sog. „Dritten Welt", sich von den Supermächten nicht vereinnahmen und kontrollieren zu lassen. Für die Zeit des „Kalten Krieges" mit seiner Trennung der Welt in Ostblock und Westblock ein wegweisendes Konzept.

) Basis-Infos

Veli Brijun –
an der schönen Verige-Bucht

Information Nationalparkverwaltung Brijuni, 52212 Fažana, Brijunski 10 (Hafenplatz), ℡ 052/525-882, -883, www.np-brijuni.hr. Mo–Sa 8–20 Uhr. Infos, Tickets, Reservierung.

Verbindungen Bus, ab Pula mit Lokalbussen (Linie 5) mehrmals tägl.

Schiff, Fažana–Brijuni (ganzjährig): Im Juli/Aug. stündl. ab frühmorgens, danach weniger. Diese Verbindungen stehen den Hotelgästen zur Verfügung, Tagesbesucher müssen sich Gruppenbesichtigungen anschließen.

Ausflüge zu den Brijuni-Inseln tägl. ab vielen Touristenorten (ab Rovinj z. B. 55 €).

Besichtigungstour ab Fažana Nur organisiert und in Gruppen (3-mal tägl., nach Bedarf auch öfter); ca. 3 Std. inkl. Schiffstransfer, Führung u. Touristenzug. Tickets: Juli/Aug. 210 KN, Sept. u. Juni 200 KN, Okt. u. März–Mai 170 KN, Nov.–Feb. 125 KN. Kinder 4–14 Jahre zahlen 50 %. Aus-

weis und Anmeldung im N.P.-Büro (Hafen) sind Pflicht. Die Mitnahme von Tieren, Fahrrädern, Booten, Surfbrettern ist nicht erlaubt. Spätestens 15 Min. vor Abfahrt sollte man an der Mole sein. **Achtung**: In der HS Reservierung/Buchung beim N. P. notwendig!

Baden Hotelgäste können unweit vom Hotel Neptun an einem Strand (mit Kabinen) baden (ca. 10 Min. Fußweg) oder sich anderweitig wassersportlich betätigen: Katamaran, Paddelboote ... In der Nähe das **Sommerrestaurant Plaža**. Wer sich ein **Fahrrad** oder auch **Elektromobil** mietet, findet rundum auf der Insel herrliche Badebuchten.

Sport Tennis: 4 Flutlichtplätze; auch Kurse.

Golf: Über die Insel erstreckt sich ein sehr schöner, 5724 m langer 9-Loch-Course (sand greens und tees), der als einer der schönstgelegenen Kroatiens gepriesen wird. Dank des milden Klimas ist ganzjährig Spielsaison. Früher war der Platz Treffpunkt des europäischen Adels – gerne hätte man den Glanz vergangener Zeiten zurück.

Übernachten/Essen & Trinken

Übernachten Den Gästen auf Veli Brijun stehen drei Hotels zur Verfügung. Alle liegen ausgesprochen ruhig am Anlegehafen – nachts sind nur die Wellen zu hören. Reservierung: ☎ 052/525-807, www.np-brijuni.hr.

*** Neptun (mit Hallenschwimmbad), ***** Istra** und **** Karmen**, klassische Bauten gleich beim Hafen. Sehr große, geräumige Zimmer mit stilvollem Inventar, einige klimatisiert und zur Meerseite mit Loggia. Im Neptun und Istra DZ/F (Parkseite) ab 129 € (TS ab 160 €), im Karmen etwas preiswerter.

Zudem gibt's die ****** Villen**: Im Südosten an einer eigenen Bucht mit Blick nach Pula stehen die drei **Villen Primorka** (für 8 Pers.), **Dubravka** (4 Pers.) und **Lovorka** (5 Pers.).

Essen & Trinken Alle Hotels verfügen über Restaurants und Caféterrassen. Nett sitzt man im **Café Neptun**, hier auch große Kuchenauswahl.

Restaurant Galija, im Hotel Istra, mit hellem, gediegenen Speiseraum, großen Gemälden und Panoramafenstern zur Meerseite. Internationale Küche, große Weinauswahl und guter Service.

Besichtigung von Veli Brijun

Besichtigt wird die größte und sehenswerteste der 14 Inseln, Veli Brijun. Die 20-minütige Schiffsüberfahrt bietet einen schönen Blick auf Fažana und den Archipel.

Die Tour beginnt mit der **Kirche St. German** (1481), die 1896 ausbrannte und später wieder restauriert wurde. Sehenswert im Inneren sind die schönen Fresken; zwei Originale sind noch erhalten, die restlichen sind Kopien bedeutender istrischer Fresken (u. a. eine des berühmten „Totentanzes"). Anschließend geht es ins **Museum** mit archäologischen Ausgrabungsstücken, präparierten Tieren und einer Fotodokumentation „Tito auf Brioni". Nach einer kurzen Pause startet die Mini-Eisenbahn die Inselrundfahrt – vorbei am Golfplatz, grasenden Rehen, Mufflons und Hirschen, man sieht Hasen und Eichhörnchen hüpfen und hört die Pfaue schreien. Im anschließenden Safaripark wird es noch exotischer: Zebras und eine indische heilige Kuh nehmen von den herumfahrenden Touristen kaum Notiz. Die Fahrt führt weiter zu den Ausgrabungen des byzantinischen **Castrums** und vorbei an den an einer schönen Bucht gegenüber von Titos Insel Vanga gelegenen erhaltenen Resten einer römischen Villa (1. Jh. n. Chr.). Gleich neben dem Castrum steht, eingebettet in üppiges Grün, die **Bijela vila** (Weiße Villa), in der die kroatische Regierung ihre Staatsempfänge zelebriert. Nördlich des Castrums stehen mitten im Wald die Ruinen von **Sv. Marije**, ebenfalls 1. Jh. n. Chr., mit gut erhaltenen Säulen.

Durch dschungelartige Wälder geht die Fahrt zurück, vorbei an einem dicken, über 1600 Jahre alten Olivenbaum. Überall an den Böschungen sind Tiere zu sehen. In allen Türkistönen leuchtet die **Verige-Bucht** mit den Überresten der kaiserlichen Sommerresidenz (1. Jh. n. Chr.): Auf drei Terrassen entlang der Bucht erstrecken sich die bisher nur teilweise freigelegten Grundmauern des riesigen Gebäudekomplexes auf einer 5-ha-Fläche, auch Reste von Tempelanlagen sind zu sehen. Die Rundfahrt endet schließlich am Ausgangspunkt beim Hafen. Wer noch etwas Zeit hat, genießt die schöne Parkanlage oder trinkt einen Espresso.

Veli Brijun – malerische Ruinenkulisse von Sv. Marije, 1. Jh. n. Chr.

links: Doppeltor in Pula | rechts: Halbinsel Kamenjak

Südküste: Pula und Umgebung

Pula (Pola)

Die Stadt an der Südwestspitze der istrischen Halbinsel mit ihrem großen natürlichen Hafen ist Istriens älteste Stadt – und ihr wirtschaftliches und kulturelles Zentrum. Aus der Fülle der antiken Altertümer, die das Zentrum Pulas prägen, sticht das mächtige römische Amphitheater hervor.

Mit über 80.000 Einwohnern ist Pula zu groß, um von den Touristenströmen erdrückt zu werden. Der historische Stadtkern rund um das Kastell ist heute Fußgängerzone – hier lässt es sich zwischen kulturbegeisterten Besuchern gemütlich flanieren oder das Treiben von einem Straßencafé auf dem schönen Forumsplatz beobachten. Zur Geduldsprobe kann allerdings die Parkplatzsuche nahe dem Altstadtkern werden, denn Parkraum ist Mangelware – ganz im Gegensatz zu den noch unter der Erde schlummernden antiken Gemäuern. Mehrmals mussten die Stadtväter Baumaßnahmen für Tiefgaragen einstellen, um die Altertumssubstanz nicht zu zerstören, die darauf wartet, ans Tageslicht gebracht zu werden. Pula präsentiert sich heute als moderne, quirlige Hafenstadt mit Marinestützpunkt, Industriezentrum und Standort großer Schiffswerften und arrangiert sich eher ungezwungen mit seinem römischen Erbe. Für den Abend gibt's eine Reihe guter Bars und Clubs.

Pulas steinerne Zeugen der Vergangenheit dokumentieren die gewaltige Bautätigkeit, die Kaiser *Augustus* und seine Nachfolger veranstalteten, um ihrem geliebten Vergnügungs- und Feriendomizil ein angemessenes Gesicht zu geben. So ließ Kaiser *Vespasian,* angeblich auf Betreiben von Cenida, seiner aus Pula stammenden Geliebten, das Amphitheater auf 23.000 Sitzplätze erweitern – ein wahrlich kaiserlicher Gunstbeweis!

Geschichte

Doch Pulas Geschichte reicht noch weiter in die Vergangenheit zurück. In einer Höhle auf dem Šandalja-Hügel beim heutigen Flughafen wurden uraltes Handwerkszeug und fossile, fast 40.000 Jahre alte Menschenreste ausgegraben, in der Umgebung entdeckten Archäologen Relikte von vorgeschichtlichen Siedlungen, beim Kastell von Pula legten sie Reste von Zyklopenmauern frei; unweit des Flughafens Valtura befand sich die Siedlung *Nesactium* (Nezakcij), die einstige Hauptstadt der Histrer; und im 5. Jh. v. Chr. existierte in Pula auf dem Kaštel-Hügel eine illyrische Siedlung. Glaubt man der Argonautensage, siedelten sich in Pula auch griechische Flüchtlinge an, die ihrer neuen Heimat den Namen *Polai,* die Verfolgten, gaben.

Unter den Römern, die sozusagen erst in jüngerer Vergangenheit in die Gegend vordrangen (ab 177 v. Chr.), erlebte Pula seine erste Blütezeit. Unter *Augustus* wurde die *Colonia Julia Pola Pollentia Herculanea* mit 30.000 Einwohnern zur wichtigsten Hafenstadt und zum Verwaltungszentrum des römischen Istriens. Nach dem Niedergang des Römischen Reichs (395) folgten Ostgoten, Byzantiner und Franken als neue Herrscher, ehe Venedig 1331 seine Hände nach Pula ausstreckte. Unter der Herrschaft der Stadtrepublik stagnierte die Entwicklung der Stadt – die Einwohnerzahl schrumpfte, begünstigt durch Pest- und Malariaseuchen,

Süden
Pula und Umgebung

3 km

dramatisch um mehr als 90 %! Erst ab 1797 brachten die neuen Herren aus dem Norden Pula Aufschwung: Österreich-Ungarn wollte seinen Traum von einer imperialen Überseeflotte verwirklichen und baute in Pula einen großen Kriegshafen, zahlreiche Werften und Industriebetriebe siedelten sich an.

Nach dem Ende des Ersten Weltkriegs fiel Pula an Italien, 1943 besetzten deutsche Truppen die Stadt. Doch schon 1945 hatten die Partisanentruppen unter Tito mit Unterstützung der Westalliierten Pula zurückerobert, das aber Zankapfel zwischen Italien und Jugoslawien blieb. Erst 1947, nach zweijähriger britisch-amerikanischer Besetzung, kam die Stadt an die damalige Republik Kroatien.

Information

Tourismusverband/TIC, 52100 Pula, Forum 3, ✆ 052/219-197, www.pulainfo.hr. Geöffnet Juli/Aug. tägl. 9–22 Uhr, Juni u. Sept. 9–21 Uhr, Mai u. Okt. 9–19 Uhr, sonst Mo–Sa 9–17, So 10–16 Uhr. Guter Service, alle Informationen.

Jadroagent, Riva 14, ✆ 052/210-431, www.jadroagent.hr. Schiffstickets.

Maremonti Istra, Flavijevska 8, ✆ 052/384-000, www.maremonti-istra.hr. Bustickets, Auto- u. Fahrradverleih, Unterkünfte.

Arena Turist, Splitska 1, ✆ 052/529-483, 529-400 (Reservierung), www.arenaturist.hr. Hotels, Campingplätze, Privatzimmer.

A-turizam, Kandelerova 26, ✆ 052/211-454, www.a-turizam.hr. Infos u. Ticktes für den Zug, Privatzimmer.

Agentur Wuming, Španskih boraca 22 (nahe Verudela uvala), ✆ 052/391-241, www.wuming-trade.hr. Privatzimmer/Appartements.

Agentur Uniline, S. Dobrića 16, ✆ 052/390-000, www.uniline.hr. Privatzimmer, Autoverleih, Transfer.

Lang International, Flanatička 11, ☎ 052/212-926, www.croatia-lang.com. Privatzimmer.

Pula Bike, ☎ 097/7755-590 (mobil), www.pula bike.com. Radverleih u. Touren.

Svera Bike Tour, Valturska 12, ☎ 052/543-002. Radverleih, Service u. Biketouren.

Activatravel Istra, Scalierova 1, ☎ 052/211-889, www.activa-istra.com. Organisierte Trüffelsuche, Konzerttickets.

Verbindungen

Bus Haupt-Busbahnhof, Trg 1 istarske brigade (an der Ul. 43 Istarske divizije), Info-☎ 060/304-090, Reservierungs-☎ 060/304-091, www.pulapromet.com. Gute Verbindungen in alle Richtungen: Zagreb (bis zu 17-mal tägl., Sa/So seltener), Rijeka (bis zu 19-mal, Sa/So seltener) und im nahen Bereich der istrischen Küstenstädte. Zudem Triest (3-mal tägl. außer So, 107 KN). Pula–Triest–Mestre–Venedig (tägl. außer So, um 5 Uhr, 5:45 Std.).

Regionaler Busbahnhof, gegenüber Hauptbusbahnhof (andere Straßenseite), stündl. nach Štinjan, Fažana, Vodnjan.

Airport-Shuttle, nach Abflugszeiten (April bis ca. Okt.), 30 KN. Oder mit Bus Nr. 23 stündl. bis Valtura, dann noch 200 m laufen.

Innerstädtische Busse (Linien 1–3), vom Giardini trg (nahe Herkules-Tor) im 10-Min.-Takt nach Stoja, Premantura; im ca. 20-Min.-Takt nach Medulin. Ticket 11 KN.

Zug Bahnhof in der Ul. Kolovorska 9, (nördl. des Hafens), Info-☎ 052/541-733; zudem Infos über A-turizam (s. o.).

Züge in Richtung Pazin und Buzet bis zu 3-mal tägl., Rijeka 1- bis 3-mal tägl., 2:30 Std. Im Juli/Aug. Schnellzug nach Ljubljana 2-mal tägl., 4:30 Std.

Schiff Katamaran Venezia Lines (www.venezialines.com), nach Venedig in 3:15 Std. von Anf. Juni bis Ende Sept., je nach Monat bis zu 4-mal wöchentl. (→ Anreise/Schiff). Tickets/Info u. a. bei Jadroagent

Katamaran Triest (www.triestelines.it), im Juli/Aug. Route Triest–Piran–Rovinj–Pula.

Flug Flughafen, Valtursko polje b. b., ☎ 052/530-105, www.airport-pula.com. 6 km in Richtung Opatija (nach 4 km Abzweig Richtung Valtura). Tägl. u. a. Linienflüge nach Zagreb. Hier auch Büro von **Croatian Airlines**, www.croatiaairlines.hr.

Wasserflugzeug European Coastal Airlines (ECA), von Pula (Hafen) nach Mali Lošinj, Zadar u. Split, 1- bis 3-mal tägl. Abflug Ul. Svetog Petra. www.ec-air.eu.

Taxi u. a. **Taxi Pula**, Giardini trg, ☎ 052/223-228. Weitere (→ www.pulainfo.hr).

→ Südküste: Pula und Umgebung → Karte S. 202

Diverses   → Karte Umschlag hinten

Autoverleih zahlreiche Verleiher (Vergleich lohnt!): u. a. **Hertz**, im Hotel Histrer, ☎ 052/210-868; **Uniline** (s. o.).

Ausflüge Tagesausflüge u. a. nach Venedig.

Einkaufen Shoppingcenter Flanaticus, Flanatička 11. Schöne Markthalle mit Fischmarkt, Obst- u. Gemüseständen neben dem Flanaticus. **Antikmarkt**, So 7–15 Uhr, Ciscatineva ul. Große Shoppingcenter Richtung Osten vor der Stadt.

Gesundheit Touristambulance, u. a. im Krankenhaus, Zagrebačka 30, ☎ 052/376-000. **Poliklinik für Baromedizin (OXY)**, Kochova 1 a, ☎ 052/217-877, www.oxy.hr. Im Notfall, außerhalb der Arbeitszeit, ☎ 098/219-225 (mobil). **Apotheke**, u. a. Giardini 14, ☎ 052/222-551.

Internet Hotspots u. a. gesamte Altstadtzone.

Nachtleben Rock-Club Uljanik **21**, Dobrilina 2, ☎ 092/2368-289 (mobil), www.club uljanik.hr. Ganzjährig Do–Sa ab 22 Uhr Konzerte, Partys, im Sommer täglich.

Lounge-Bar Pietas Julia 5, Riva 20 (gegenüber Hafen). Mit Wintergarten, auch tagsüber nettes Ambiente für einen Kaffee. Ganzjährig tägl. bis 24/4 Uhr.

Discoclub Cargo 6, nahe Bahnhof, großes modernes Interieur mit großer Bar u. Lichteffekten. Konzerte, Partys u. viele Musikrichtungen. Tägl., aber v. a. am Fr/Sa 22–5 Uhr. Kolodvorska ul. 5, ☎ 091/3838-398 (mobil).

Diskothek-Restaurant Aruba 3, Šijanska 1 (Stadtteil Šijana), sehr beliebt mit nettem Restaurant. Geöffnet 17–2 Uhr.

Café-Bar Bass **26**, in Veruda, hier gibt es Internet, Rockmusik, zum Trinken Honigschnaps und Sangria. Širolina 13, ℘ 099/8319-051 (mobil).

Beach & Loungebar Zeppelin **36** am Meer wird bei House-Musik gechillt, auch Konzerte. Für Kinder führt eine große Plastikrutsche in den weißen Sand. Auch Restaurant. Ganzjährig, Sommer 10–2 Uhr (Fr/Sa bis 4 Uhr). Uvala Saccorgiana, Halbinsel Verudela (nördl. vom Golden Rocks Resort), ℘ 091/6545-117 (mobil).

》》 Mein Tipp: Bistro-Loungebar E & D **34**, oberhalb vom Ambrela-Strand, schickes, modernes Gartengelände mit Bäumen, Pool, Wasserläufen, schönen Sitzecken, Bar u. Restaurant; Events und DJ's. Ganzjährig 9–24 Uhr, im Sommer bis 2 Uhr. Verudela 22 (Hotelzufahrt u. Aquarium), www.eanddlounge.com. **》》**

Ambrela-Bar **35**, unterhalb von E & D, am gleichnamigen Strand. Schön mit Fackeln, Liegestühlen, gute DJs. Juni–Okt. (wetterabhängig).

Parken Zentrumsnahe Parkplätze (alle gebührenpflichtig) gibt es vor dem Amphitheater und entlang der Uferstraße in südliche Richtung.

Post Hauptpostamt (HPT), Trg Dante 4. Tägl. 7–21 Uhr.

Veranstaltungen riesiges Programm, u. a.:

Visualia-Festival, 4 Tage Mitte Mai; an verschiedenen Altstadtplätzen u. im Hafen werden Objekte angestrahlt, es läuft dazu Musik oder auch Lesungen.

Pula Filmfestival (www.pulafilmfestival.hr), internationales Festival des europ. Films Mitte Juli; Aufführungen im Amphitheater, im Römischen Theater und im Kastell.

Antik-Tage (Dani Antike), Mitte Juni Do–Sa; u. a. Gladiatorenkämpfe im Amphitheater, aber auch Paraden und Performances in der Stadt.

Musikfestivals: beim Fort Verudela, u. a. **Outlookfestival** (www.outlookfestival.com), Ende Aug.–Anf. Sept., Do–So, mit rund 60 Bands. Anf. Sept. Fr–So **Dimensions Festival** (www.dimensionsfestival.com), ebenfalls mit ca. 70 Bands. Kombikarten gibt es auch für beide Events.

Seasplash (www.seasplash.net), Reggaefestival, Fr/Sa im Juli.

Salsa Latina Istriana, Salsafestival, 3 Tage Mitte März, www.salsalatinaistriana.com.

Intern. Biker-Fest, Ende Aug. Fr/Sa.

◡ Übernachten　　　　　　　　→ Karte Umschlag hinten

Es gibt in Pula eine Reihe von kleinen Stadthotels, die großen Hotelkomplexe liegen außerhalb auf der Halbinsel Verudela.

Privatzimmer Die meisten Privatzimmer sind 3 km außerhalb, in Richtung der Feriensiedlungen. Vermittlung über die Agenturen oder Website von TIC. DZ ab 40 €, Appartements ab 50 €/2 Pers.

Hotels Guesthouse Riviera **4**, im einstigen Prachthotel von 1908 nächtigten während Filmfestivals viele „Sternchen". Die Zimmer sind heutzutage eher einfach, dafür preiswert und zentrumsnah am Hafen. DZ/F ab 60 € (TS ab 86 €). Ganzjährig. Splitska 1, ℘ 052/211-166, www.arenaturist.hr.

*** Hotel Scaletta 7, hübsches 12-Zimmer-Altstadthotel nahe Amphitheater, im modernen Landhausstil und mit gutem Restaurant. Komfortable Zimmer. DZ/F ca. 100 €. Flavijeska ul. 26, ℘ 052/541-599, www.hotel-scaletta.com.

》》 Mein Tipp: *** Hotel Amfiteatar **8**, modernes, kleines Hotel mit gutem Restau-

rant gleich neben dem Amphitheater. DZ/F ab 110 €. Ganzjährig. Amfiteatarska 5, ℘ 052/375-600, www.hotelamfiteatar.com. **》》**

*** Hotel Milan 22, sehr gut geführtes 12-Zimmer-Hotel in ruhiger Lage, zudem hervorragendes Restaurant und Vinothek, im Stadtteil Stoja (gegenüber Marinefriedhof). DZ/F 120 €. Ganzjährig. Stoja 4, ℘ 052/300-200, www.milan1967.hr.

*** Hotel Galija 12, kleines, komfortables, gut geführtes 20-Betten-Hotel mit Lift, Restaurant in Innenstadtlage. DZ/F 110 €. Epulonova 3, ℘ 052/383-802, www.hotelgalija.hr.

** Hotel Omir 10, preiswertes Innenstadthotel mit 40 Betten, Pizzeria und Garage in der Nähe. DZ/F 68 €. Sergija Dobrića 6, ℘ 052/213-944, www.hotel-omir.com.

*** Villa Tisa 28, gut geführt, gepflegtes, kleines, einfaches Hotel, 2 km in Richtung

Adlerblick auf Pula

Premantura. DZ/F ca. 73 €, es gibt auch Appartements. Premanturska 27, ℘ 099/6000-299 (mobil), www.villatisa.com.

Appartements Ivo , familiäres Appartementhaus (2–6 Pers.) nördl. der Marina Veruda mit Meerblick und Hängematten auf dem großen Balkon; Garten mit Grill. Studio ab 50 € (TS 70 €)/2 Pers. Prilaz Puljski Spanjolskih boraca 9,www.ivo-apartments.eu.

Halbinsel Verudela – Hotelresorts Die meisten großen Hotelkomplexe liegen im Stadtteil Verudela auf der gleichnamigen Halbinsel, 3,5 km südl. von Pula. Fast alle sind unter der Ltg. von Arena Turist (Resorts u. Camping haben Mindestaufenthalt von 3 Tagen).

**** Hotel Park Plaza Histria , an der östlichen Halbinselspitze Verudela. Größter und bestausgestatteter Komplex (220 Zimmer), direkt am Meer mit Blick auf den Jachthafen. Restaurant, mehrere Bars, Casino, Nightclub. Großes Sportangebot: u. a. 20 Tennisplätze, Windsurfen, Tauchclub, Swimmingpool, Meerwasserhallenbad und großes Wellnesscenter. Superior DZ/F für max. 3 Pers. mit Balkon (meerseitig) ab 182 €. Ganzjährig. ℘ 052/529-400, www.arenaturist.hr.

**** Hotel Park Plaza Arena , im Süden der Halbinsel Verudela am Meer; 2015 komplett und bestens modernisiert. Ebenfalls

mit Restaurant, Bar, Pools und großem Wellness- & Spa-Center. DZ/F im Superior Zimmer ab 146 €. ℘ 052/375-000, www.arenaturist.hr.

*** Villas Verudela Beach , ruhige Lage im üppigen Grün direkt am Meer neben obigem Hotel. Einzeln stehende Bungalows (4–8 Pers.) für 185 € (TS ab 220 €)/4+2 Pers. ℘ 052/590-781, www.arenaturist.hr.

*** Resort Verudela Beach , preiswerte Appartementhäuschen (2–7 Pers.) neben Plaza Arena nahe dem Meer. Gut für Familien mit Kindern. Swimmingpools und Wasserrutsche. Studio ab 96 €. ℘ 052/529-400, www.arenaturist.hr.

** Resort Horizont Golden Rocks , am südwestlichen Beginn der Halbinsel Verudela; preiswerte Appartementhäuser direkt am Meer mit Kiesstränden, eingebettet in einem Wäldchen. Supermarkt, Restaurant, 4 Tennisplätze, 2 Außenpools, großes Sportzentrum (1,5 km entfernt). 320 Appartements (2–6 Pers.), Studio ab 62 €/2 Pers. Verudela 6, ℘ 052/529-400 www.arenaturist.hr.

Jugendherberge/Camping Mittlerweile gibt es über 10 Hostels. U. a.

Hostel Pipištrelo , zentral an der Uferpromenade, modern und nett geführt. Für 20 Pers. 7 Zimmer, 2-, 3- u. 4-Bettzimmer, meist mit eigenem Bad. Im DZ 24 €/Pers., im 4-Bett-Zimmer 19,20 €. Mit Küche u. WiFi. Flaciusova 6, ✆ 052/393-568, www.pipistrelo.com.

Youth Hostel Pula ㉕, schöne Lage an der Valsaline-Bucht. Zimmer (3–8 Betten), Zeltplatz, Mobilheimvermietung. 18 €/Pers./F, HP möglich. Zaljev Valsaline 4, ✆ 052/391-133, www.hfhs.hr.

Hostel Brioni ❷, 4 km nördl. am Meer im Pinienwald auf schönem Gelände am gleichnamigen Campingplatz (s. u.); einfache Mehrbettzimmer, 17 € (TS 20 €)/Pers./F; auch preiswerte HP/VP möglich. Auch gut für Familien. ✆ 052/517-490, www.puntizela.hr.

Camping *** Camping Village Stoja ㉔, ca. 3 km südl. von Pula – der stadtnächste Platz mit 14-ha-Gelände für 3000 Pers. Auf einem mit dem Land verbundenen Inselchen im Schatten eines Pinienwalds, gepflegt und sauber. Badewasser mit guter Qualität, für Gummibooturlauber bestens geeignet. Tauchclub Hippocampus, Disco und Kino, in der HS permanent überfüllt. Gute Busverbindung in die Altstadt. Ca. 10 €/Pers., Stellplatz ab 11,20 € (TS 16,50 €), auch schöne Mobilhäuser (4–5 Pers., AC) und Glamping. Mitte April–Mitte Okt. Stoja 3, ✆ 052/387-144, www.arenacamps.com.

** **Autocamp-Brioni** ❷, ca. 4 km nördl. auf der gleichnamigen Landzunge, gegenüber den Brijuni-Inseln. Einfacher, aber sehr schöner 25-ha-Platz mit Tauchschule (→ Baden & Sport/Tauchen); auch Hostel-Übernachtung (s. o.) sowie Mobilhäuser. Pro Pers. 6,80 € (TS 7,40 €), Stellplatz 7,50 € (TS 8,50 €), Parzelle ab 14,50 € (TS ab 16 €). Ende März bis Anf. Nov. Puntižela 155, ✆ 052/517-490, www.puntizela.hr.

⟨ Essen & Trinken ⟩   → Karte Umschlag hinten

Restaurants ⟫⟫ **Mein Tipp:** Restaurant Milan ㉒ (→ Hotel Milan), stilvolles, dezentes Gourmetlokal im Atriumstil um einen Olivenbaum erbaut; mit Terrasse, Wintergarten mit Enoteka – das Treppengeländer ist aus einem Olivenholzstamm. Fisch- und Fleischgerichte, Antipasti kommen frisch zubereitet auf den Tisch; erlesene Weine; hauseigene Olivenöle und Essig. Tägl. ab 12 Uhr. Stoja 4, ✆ 052/210-200. ⟪⟪

Restaurant Stari Grad 02 ㉓, südöstl. des Milan. Traditionelles, sehr gutes Lokal, spezialisiert auf Fischgerichte wie Fischeintopf in Weißwein oder Octopus unter der Peka. Tägl. ab 10 Uhr. Šuranova 1, ✆ 052/386-808.

⟫⟫ **Mein Tipp:** Restaurant Kantina ⓴, modern gestaltet, mit Wintergarten, Vinothek, Bar und Terrasse. Im Untergeschoss ebenfalls angenehmes Ambiente fürs Dinner. Gute Vorspeisen, u. a. mit Ricotta und Pršut gefüllte Ravioli oder als Hauptgang Oktopus à la buzzara. Tägl. ab 7 Uhr. Flanatička 16, ✆ 052/214-054. ⟪⟪

Konoba Kažun ❶, im Natursteinhaus mit Terrasse erwartet den Gast gute, traditionelle und preiswerte Küche, u. a. gefüllte Ravioli mit Ricotta und Pršut oder gefüllte Kalbsmedaillons mit Wildspargel. Tägl. ab 9.30 Uhr. Vitasovićeva 2, ✆ 052/223-184.

Restaurant-Pizzeria Pompei ⓰, kurz vor dem Danteov trg, mit Sitzplätzen vor der Tür. Gute Pizzen und Pastagerichte. Clarisseauova 3, ✆ 052/218-218.

Bistro Alighieri ⓲, auf dem lauschigen Dante-Platz unter weißem Segel gibt's neben gutem Frühstück Snacks wie Salate, Pasta und Pizzen, aber auch Fisch- u. Fleischgerichte. Tägl. ab ca. 10 Uhr. Danteov trg 3, ✆ 052/381-984.

⟫⟫ **Mein Tipp:** Restaurant Fantazija ㉝, im Stadtteil Veruda mit schöner Terrasse. Beste istrische Küche, auf Wunsch auch individuelle Kreationen. Die Kochkünste des Chefs wurden schon mehrere Male prämiert; u. a. flambiertes Beefsteak in einer Spargel-Pilz-Sauce oder Fisch in Muskat-Weißwein-Sauce. Tägl. ab 11 Uhr. Palisina 29, ✆ 052/506-306. ⟪⟪

Restaurant Valter ㉗, im Stadtteil Valkane. Gemütliches Sitzen im Grünen am Meer; hier kann man in Ruhe Fisch- und Fleischgerichte speisen. Tägl. ab 9 Uhr. Lungomare 1, ✆ 052/387-589.

Restaurant-Bar El Pulari Parasol ⓫, östl. des Zentrums liegt das mexikanische Lokal mit buntfröhlichem Ambiente, gutem Service und u. a. sehr leckeren Fajitas – preiswert, große Portionen und gut – eine gute Abwechslung zur istrischen Küche. Rimske Centuracije 67, ✆ 052/542-240.

Cafés z. B. am Forum das nette Kunstcafé Cvajner ❾. Café Corso ⓯, Giardini 3, mit Internet und gutem Kaffee. Cafébar Q-time

Espressopause am Forumsplatz

17, Trg portarate 6, auf der Dachterrasse gibt's leckere Kuchen und Drinks. **Café Milan 19**, Narodni trg (am Markt), gut nach einem Einkauf. Oder einen Espresso mit Ja-

mes Joyce im **Café Uliks 14**, Trg Portarata 1 (Triumphbogen).

Weitere (→ Nachtleben).

Baden & Sport

Baden Bademöglichkeiten im Meer in Sisplac (beim Hotel Pula), in Valsaline sowie auf der Halbinsel Verudela. Dem Wasser wird von der Halbinsel Stoja bis zur Halbinselspitze Verudela offiziell „gute Qualität" bescheinigt – ab und zu sieht man sogar Delfine springen. Auf der Westseite der Halbinsel Verudela gibt es den Ambrella-Strand mit Beachbars, Liegestühlen etc. (→ Cafés u. Nachtleben).

Schöne Badebuchten auch um Štinjan und beim Camp Brioni. Weitere schöne Badebuchten (→ Medulin und Umgebung).

Mountainbike Die Umgebung lädt zu ausgiebigen Touren ins Hinterland oder zur Halbinsel Kamenjak ein. Verleih u. Touren (→ Info/Agenturen).

Wassersport Sportcenter Vega Valsaline, Zentrum für Unterwasseraktivitäten und Segeln, neben der Meeresschule (s. u.). ✆ 052/391-168.

Jachthafen ACI Marina Pula, großer Jachthafen an der Riva. 224 Liegeplätze im Meer, 80 an Land. Alle Serviceleistungen

und Kundendienst, Restaurant. ✆ 052/219-142, www.aci-club.hr.

Marina Veruda, an der tiefen Bucht Verudela – eine der preiswertesten und sichersten Marinas Kroatiens. Wegen ihres ökologischen Managements mit der „Blauen Flagge" ausgezeichnet; 630 Liegeplätze im Wasser, 250 an Land (alle mit Strom- u. Wasseranschluss, WiFi), Ankermöglichkeiten für Jachten bis 35 m. Sanitäranlagen, Pizzeria und Restaurant, Supermarkt, Nautikfachgeschäft, Servicewerkstatt, 15-t-Kran, Tankstelle. Cesta prekomorskih brigada 12, ✆ 052/224-034, www.marina-veruda.hr.

Marina Bunarina, schöne Lage an der Halbinsel Verudela mit 500 Liegeplätzen im Wasser. ✆ 052/223-001, www.bunarina.hr.

Hafenkapitän, ✆ 052/222-037.

Tauchen Diving Center Puntižela, am Campingplatz Brioni (Stadtteil Puntižela); schöne Meereslage gegenüber der Insel Brijun. Verschiedenste Tauchschiffe, Ausflüge zu Riffen und zu 14 verschiedenen Schiffswracks, u. a. zur „Baron Gautsch" von 1914 oder zum 1944 gesunkenen Torpedoboot TA-21. Tauchschule (ab 12 J.), Inh. Rudi & Sabine Kniewasser, ℡ 052/517-474, ℡ 098/421-021 (mobil), +49/9188-305415 (Nov.–März), www.relaxt-abgetaucht.de.

Diving Club Pula – Subfoto Safari (Inh. Branislav Danevski), Marina Veruda, ℡ 098/255-834 (mobil), www.diving-pula.com. Der In-

haber hat mehrfach Auszeichnungen in Unterwasserfotografie erworben. Auch Unterkünfte. Ganzjährig.

Diving Center Hippocampus, am Autocamp Stoja, ℡ 098/255-820 (mobil), www.hippocampus.hr.

Diving Center Orca, beim Hotel Histria, www.orcadiving.hr.

Sehenswertes

Römisches Amphitheater: Es steht nahe dem Meer nordöstlich des Hafens und ist mit einer Kapazität von 23.000 Besuchern das sechstgrößte seiner Art in der Welt. Erbaut wurde die Schwester des römischen Kolosseums in den Jahren 2 v. Chr. bis 14 n. Chr. unter Kaiser Augustus (30 v. Chr. bis 14 n. Chr.). Kaiser Vespasian (9–79 n. Chr., Amtszeit 69–79 n. Chr.) ließ es auf seine heutige Größe erweitern, um damit, wie die Legende erzählt, seiner aus Pula stammenden Geliebten einen Herzenswunsch zu erfüllen. Zu dieser Zeit diente die mächtige Arena noch als Bühne für Gladiatorenkämpfe, die zeitweise sogar für „Seeschlachten" geflutet wurde. Im 15. Jh. wollte der Senat von Venedig das elliptische Bauwerk mit seinen fast 33 m hohen Außenmauern abtragen und in Venedig neu aufbauen lassen. Glücklicherweise wurde das Vorhaben von einem venezianischen Senator vereitelt, was ihm eine Ehrentafel an der Arena einbrachte.

Seit 1993 ist das Amphitheater Austragungsort des *Filmfestivals* und des *Kultursommers*: für Opern, Konzerte, Theater und Film ist die geschichtsträchtige Arena mit ihrer brillanten Akustik ein idealer Platz – Weltstars wie Sting, Julio Iglesias, Pavarotti und viele mehr begeisterten hier ihre Zuhörer.

Das Labyrinth von miteinander verbundenen Gängen, Vorratslagern und Käfigen unter den Zuschauerplätzen und dem Bühnenraum ist noch erhalten – in den unterirdischen Räumen ist heute eine Dauerausstellung zum Thema „Oliven- und Weinbau zur Römerzeit in Istrien" untergebracht, mit einer reichen Sammlung an Originalgeräten, Rekonstruktionen, Werkzeugen, Steingefäßen zur Aufbewahrung, Amphoren und mehr.
Ostern–Mai u. Okt. 8–19 Uhr, Juni–Sept. 8–21 Uhr, Nov.–Ostern 9–17 Uhr. Eintritt 50 KN, Kinder 25 KN.

Auf dem ehemaligen **Forum**, dem heutigen Forumsplatz, zieht der gut erhaltene, der Göttin Roma und Kaiser Augustus gewidmete **Augustus-Tempel** (2 v. Chr. bis 14 n. Chr.) mit seinen sechs korinthischen Säulen die Blicke auf sich. Die monumentale Vorhalle öffnet sich zum Platz hin, auf der Treppe davor wird gern ein Päuschen eingelegt. In den Innenräumen zeigt eine Ausstellung römische Skulpturen und Plastiken.
Mai–Okt. Mo–Fr 9–20, Sa/So 10–15 Uhr. Eintritt 10 KN, Kinder 5 KN.

Neben dem Augustus-Tempel steht der *Diana-Tempel,* dessen erhalten gebliebene Rückwand im 13. Jh. in das **Rathaus** integriert wurde; das heutige Aussehen und die schöne Loggia ist aus dem 17. Jh.

Es gibt sog. **Kombitickets** für alle Sehenswürdigkeiten (außer Historisches Museum), Infos bei TIC.

Rimski mosaik (Römisches Mosaik): In der Ul. Sergijevaca Nr. 16 (Eingang Südfront) wurden die Ruinen eines römischen Hauses freigelegt, darunter auch ein herrlicher Mosaikboden (ca. 3. Jh.). Das Mosaik zeigt die Geschichte der von *Zeus* verführten *Antiope*, deren Kinder sich für die Mutter an Ehemann *Lykos* und Nebenbuhlerin *Dirke* rächten.

Kapelle St. Marien Formosa: Der hübsche dreischiffige Bau aus Naturstein duckt sich am Rande eines Parks an der Flaciusova ulica. Maximianus von Ravenna ließ sie im 6. Jh. erbauen. Sie war Teil eines inzwischen zerstörten Benediktinerklosters.

Ein weiteres imposantes Zeugnis der langen Stadtgeschichte ist der reich geschmückte korinthische **Triumphbogen der Sergier** (29–27 v. Chr.), am Ende der Ulica Sergijevaca bzw. am Trg Portarata. Das auch *Zlatna vreta* (Goldenes Tor) genannte Monument wurde nach dem Sieg bei Actium über die Truppen Cleopatras zwischen 29–27 v. Chr. gebaut und in die Stadtmauer integriert; seine Ostseite blieb, weil unsichtbar, ungeschmückt. Damit sich die Stadt besser ausdehnen konnte, wurde die Stadtmauer im 19. Jh. abgerissen, nur das prachtvolle Tor blieb stehen. Der angrenzende große Platz, Trg Portarata, wird im Sommer für Theateraufführungen und Konzerte genutzt.

An der Hausfassade kurz vor dem Triumphbogen prangt eine Gedenktafel für den irischen Schriftsteller *James Joyce*, der ab 1904 als Englischlehrer an der Berlitz-Schule einige Zeit in Pula verbrachte; auf der Terrasse des Café Uliks sitzt er nun (gestaltet vom Bildhauer Mate Čvrljak) und wir können uns dazugesellen.

Vom Triumphbogen weiter nördlich, über die Flanatička ulica und über den Narodni trg, gelangt man zum *Markt* mit Obst- und Gemüseständen und seiner fast modern anmutenden **Markthalle**, 1903 von *Jakob Münz* entworfen, in einer dekorativen Konstruktion aus

Das römische Theater ▲
Der Triumphbogen der Sergier ▼
Kathedrale der heiligen Maria ▼▼

Glas, Stahl und Eisen im Wiener Sezessionsstil – auf verschiedenen Etagen gibt's frischen Fisch, Fleisch, Delikatessenläden und Cafés.

Das **Kastell** thront auf dem Hügel über der Altstadt und wurde im 17. Jh. im Auftrag Venedigs errichtet und während der napoleonischer Besetzung umgebaut, zwei Jahrtausende zuvor stand hier eine illyrische Wallburg, später das römische Kapitol. Heute residiert im Bollwerk das **Historische- und Seefahrts-Museum von Istrien**. Die Sammlung informiert über das einstige Stadtleben, das Seewesen und die Schiffsbaugeschichte, zu sehen auch Militärausstattungen. Im Sommer finden im großen, schönen Innenhof Konzerte statt.
Mitte Juni–Mitte Sept. tägl. 10–22 Uhr, sonst tägl. 10–16 Uhr. Eintritt 15 KN, Kinder 5 KN. Gradinski uspon 6, ✆ 052/211-566, www.ppmi.hr.

Unterhalb, auf der nordöstlichen Seite des Kastells (oder auch vom Archäologischen Museum zu erreichen) sind die Ruinen eines **kleinen römischen Theaters** (2. Jh.) zu sehen – überhaupt ist dieses große Wiesengelände und die herrliche Aussicht ein schöner Platz zum Entspannen.

Das **Archäologische Museum** nordöstlich unterhalb des Kastells wird seit längerem komplett renoviert und soll ab Ende 2016 wieder eröffnen; es zeigt eine umfangreiche Sammlung römischer und mittelalterlicher Funde auch aus ganz Istrien.
Mai–Sept. Mo–Fr 9–20, Sa/So 10–15 Uhr; sonst Mo–Fr 9–14 Uhr. Carrarina ul., ✆ 052/351-300, www.ami-pula.hr.

Zum Archäologischen Museum kann man auch durch das **Doppeltor** (Porta gemina), im 2. Jh. erbaut, gelangen. Ganz in der Nähe steht das älteste römische Denkmal Pulas, das **Herkulestor** (Mitte des 1. Jh. v. Chr.).

Der sehenswerte Sakralbau **Kathedrale der heiligen Maria** (15. Jh.) steht oberhalb der Riva (Uferstraße) und wurde auf den Resten eines Jupitertempels und einer Basilika errichtet. Ein römischer Sarkophag dient als Hauptaltar, den Chorraum schmücken ein Bodenmosaik (5.–6. Jh.) und massive Säulen (15. Jh.). Der Glockenturm wurde Ende des 17. Jh. mit Steinen aus dem Amphitheater erbaut.

Orthodoxe Kirche hl. Nikolaus (Sv. Nikola): Anfang des 7. Jh. gebaut und Maria Himmelfahrt geweiht. Im 16. Jh. überließ man das Gotteshaus zypriotischen Einwanderern aus dem griechischen Nauplion. Die hölzerne Ikonostase mit prächtigen Ikonen schuf der griechische Meister *Tomios Batas* Anfang des 18. Jh. in der Tradition der alten byzantinischen Ikonographie. Heute gehört die Kirche der serbisch-orthodoxen Kirchengemeinde.

Franziskanerkirche und Kloster (14. Jh.): nördlich des Forums, Franz von Assisi geweiht. Das romanische Portal auf der Stirnseite des Gotteshauses schmückt eine schöne Rosette. Im Inneren ist die gotische Madonnen-Skulptur an der Nordwand sehenswert;

der hölzerne Flügelaltar (15. Jh.) ist ein typisches Beispiel für die istrische Sakral-kunst dieser Zeit. Das *Franziskanerkloster* ziert ein herrlicher Arkadengang. Das mittelalterliche *Lapidarium* zeigt steinerne Kostbarkeiten aus Dvigrad und Vodnjan sowie istrische Freskenkopien aus dem 9. bis 17. Jh.

15. Juni–15. Sept. 10–17 Uhr. Eintritt 5 KN.

Marinefriedhof (Uskočka ulica, Eingang gegenüber Hotel Milan): südwestlich, im Stadtteil Valkane/Stoja. 150.000 Soldaten fanden hier ihre letzte Ruhestätte. Ein Spaziergang über die imposanten Grabfelder der k.-u.-k.-Zeit ist eindrucksvoll. Pula war seit Mitte des 19. Jh. ein wichtiger österreichischer Kriegshafen und neben dem Friedhof entstanden in diesen Jahrzehnten auch Villen und Kasernen, die schöne *Marinekirche* wurde von Kaiser Franz Joseph anlässlich seiner 50-jährigen Thronbesteigung 1898 eingeweiht. Für den Erhalt der Anlage sorgen private Inves-toren und das österreichische Schwarze Kreuz.

Aquarium: in Meeresnähe in der großen *Festung Verudela* (1886) untergebracht – in fünf Räumen sind auf 600 qm Fläche diverse Meerwasserbecken mit Fauna und Flora der nördlichen Adria zu bewundern – Katzenhai, Seeigel und anderes Mee-resgetier kann man hier im offenen Becken hautnah erleben. Zudem vermittelt die „Blaue Schule" die Grundlagen der Meereskunde anschaulich auf einer dreistündi-gen Schifffstour. Voranmeldung ist nötig, eine eigene Tauchausrüstung (Flossen, Schnorchel etc.) sollte mitgebracht werden.

Aquarium Juli/Aug. tägl. 9–22 Uhr, April/Mai 10–18 Uhr, Juni u. Sept. 9–20 Uhr, Okt.–März 10–16 Uhr. Erwachsene 75 KN, Kinder 3–7 J. 40 KN, 7–18 J. 60 KN. Fort Verudela, ☎ 052/381-402, 091/1381-415 (mobil), www.aquarium.hr.

Blaue Schule Nur nach Voranmeldung! 2–4 Std. je nach Programm. Infos am Aquarium.

Meeresschule Valsaline: Hier wird ebenfalls Meeresbiologie für Jugendliche und Studenten vermittelt, zudem gibt es Tauchkurse, Abenteuerausfahrten etc.

Valsaline 31, www.meeresschule.com, ☎ 052/382-250 u. ☎ 098/319-718 (mobil Hr. Gerwin Gretschel). Anfahrt: Richtung Hotel Pula, vor Hotel links Richtung Hostel.

Uvala Verudela – hier können Bootsbesitzer bestens nächtigen

→ Karte S. 202   Südküste: Pula und Umgebung

Blick auf die Stadtrandbebauung Pulas, die Pješčana uvala und Verudela

Medulin und Umgebung

Wer in der Umgebung von Pula seinen Badeurlaub verbringen möchte, weicht zum Übernachten besser weiter südlich nach Medulin und in die ruhigen Ortsteile Pješčana uvala, Banjol, Pomer und Premantura an der ländlichen Südspitze Istriens aus.

Die gesamte Region ist sehr zerklüftet – kleine Sträßchen führen durch hügelige Landschaft und winden sich um die Meeresbuchten – leicht verliert man die Orientierung. Die Küste mit ihren zahlreichen vorgelagerten Inselchen ist ein Paradies für Surfer und Segler. Die Strände auf der Halbinsel Kamenjak (Landzunge Premantura) sind felsig und kiesig. Das tiefe, blaue Wasser lockt zum Schwimmen und Schnorcheln und man findet bestimmt ein ruhiges Plätzchen. An Wochenenden allerdings wird es voll – die Städter rücken an. Touristisch ist die Gegend bestens erschlossen, jährlich werden rund 1,5 Mio. Übernachtungsgäste gezählt.

Pješčana uvala

Das Neubaugebiet südlich von Pula, das fast noch zum Pulaer Stadtgebiet, verwaltungstechnisch aber zu Medulin gehört, ist für Touristen nur wegen seiner Übernachtungsmöglichkeiten, der Marina und der guten Restaurants interessant. Namensgeber dieses Viertels ist eine kleine sandige Badebucht.

Information (→ Banjole)

Übernachten/Essen **** Hotel Valsabbion, am Buchtende der Pješčana uvala. Modernes, komfortables Hotel mit Zimmern/Appartements. Fitness- u. Spacenter, Pool, Tennisplätze, Wassersportmöglichkeiten unterhalb an der kleinen Sandbucht. Frühstück oder Sundowner gibt's im offenen Pavillon gegenüber der Straße mit Blick über die Bucht. DZ ab 183 €, Studio ab

139 €, Frühstück 16 €. IX ogranak 26, ☎ 052/ 218-033, www.valsabbion.hr.

Pizzeria-Cafébar Volaria, in der Marina. Die Pizzen werden gelobt, die Aussicht ist fantastisch, auch spätabends auf einen Cock-

tail sehr nett. Marina Veruda, Cesta preko-morskih brigada 12, ☎ 052/211-033.

Jachthafen Marina Veruda, gehört zum Stadtgebiet Pula (→ Pula).

Banjole

Das Örtchen mit zahlreichen kleinen Campingplätzen und Ferienwohnungen an der zerklüfteten Westseite am Beginn der Landzunge ist umgeben von Kiefernwäldern; vorgelagert sind ein paar Inselchen. Ein idealer Platz zum Entspannen.

Information   Tourismusverband, 52100 Banjole, Kamik 27 (neben Tankstelle). Auch Infos für die umliegenden Orte. Mitte Mai–Mitte Sept. tägl. 11–19 Uhr, sonst nur in Medulin. ☎ 052/382-072.

Agentur Kamiktours, Kamik 6 (gegenüber der Tankstelle), ☎ 052/393-000. Zimmervermittlung und Fahrräder.

Agentur Lordtours, Indije 80, ☎ 052/573-426. Zimmervermittlung.

Einkaufen Großes **Einkaufscenter** an der Hauptstraße mit gutem Sortiment.

Sport   Sportzentrum mit Tennisplätzen usw. im Süden, kurz vor dem Meer. Fahrradverleih (→ Agenturen).

Übernachten   Privatzimmer ab 60 €, Appartement für 2 Pers. ab 50 €, z. B.:

Pension Rina, Kaštenjež 70, ☎ 052/573-721, banjole.rina@gmail.com. **Pension Stipo**, Strane 31, ☎ 052/573-627. Beide mit Meerblick und Domus-Bonus-Mitglieder.

Aparthotel Del Mar, direkt am Meer steht der 280-Zimmer-Appartementhaus-Komplex (2–6 Pers.) mit zwei großen Pools, Restaurant, Fahrradverleih. Ab 137 €. Ostern–Okt. Glavica 7, ☎ 052/382-727, www.aparthoteldelmar.com.

Camping   ** Autocamp Indije, im Pinienwäldchen mit Fels- u. Kiesstrand; mit 20 ha

größter Platz in Banjole. Komfortabel, gute Infrastruktur. Viele Touristen steuern die kleinen vorgelagerten Inselchen mit kleineren und größeren Booten an. Pro Pers. 7,50 €, Stellplatz ab 16 € (TS Aufschlag); auch schöne Mobilheime. Mitte April–Sept. Indije 96, ☎ 052/573-066, www.arenacamps.com.

Zudem gibt es rund 20 weitere kleine Privatcamps in der näheren Umgebung.

Essen & Trinken   ≫ **Mein Tipp:** Konoba Batelina, versteckt am Ortsende im Grünen, rustikal und gemütlich, auch auf der lauschigen Terrasse. Die hervorragende Küche bietet Fischgerichte je nach Tagesfang, u. a. Tagliatelle mit Kammmuscheln, Fisch aus der Peka, Brodetto mit Polenta. Tägl. außer So ab 17 Uhr (im Aug. geschlossen). Čimulje 25, ☎ 052/573-767. ≪

Nett sitzt man in der **Gostilna Stari Malin**, Kamik 3, ☎ 052/573-142 (an der Kreuzung Pomer/Premantura am Ortsbeginn). Ganzjährig ab 8.30 Uhr.

Restaurant/Pizzeria Nina, mit überdachter Terrasse; beim Tennisplatz. Ganzjährig 17–24 Uhr. Glavica 1, ☎ 052/573-457.

Restaurant Sidro, wird gerne von Einheimischen besucht und bietet gute Hausmannskost. Ganzjährig ab 12 Uhr. Dračice 25, ☎ 052/573-805.

→ Karte S. 202

Südküste: Pula und Umgebung

Premantura

Kleiner Ort am Beginn des nach Süden ins Meer stoßenden **Kap Kamenjak** *(Rt Kamenjak)*. Die von den Römern gegründete Siedlung ist heute bei Surfern und als Austragungsort von Regatten beliebt. Im Ortskern ragt die **Laurentiuskirche** mit ihrem hohen Glockenturm in den Himmel, um den Kirchplatz gruppieren sich Restaurants und abends wird es lebhaft in Premantura – hier trifft sich alles, was auf der Halbinsel Urlaub macht, für die Gäste der nahen Campingplätze ist es nur ein kurzer Fußmarsch hierher. Rundherum erheben sich die großen Neubauten, ein Ende der Bautätigkeit ist nicht in Sicht. Privatzimmer zu ergattern ist also kein Problem.

Kap Kamenjak – malerische Felsküste und ein wunderbares Baderevier

Die äußerste Südspitze Istriens erreicht man über Premantura. Auf staubigen Holper-
wegen geht es durch karge oder kahl-rote, mit Macchia durchsetzte Felslandschaft.
Im Frühling heben sich die gelb blühenden Ginstersträucher herrlich vom tiefblauen
Meer ab. Mitten in der unberührten Landschaft reckt sich auf einem weißen Fels-
rücken in Küstennähe der **Leuchtturm Porer** 30 m aus dem Meer in die Wolken. Der
1846 erbaute Turm war in stürmischen Nächten schon für manches Schiff die letzte
Rettung – seine Leuchtsignale sind bei klarem Wetter bis zu 33 km weit zu sehen.

Naturschutzgebiet Kap Kamenjak: Rundum locken an dieser zerklüfteten Halbinsel auf rund 400 ha schöne Badebuchten an Fels- und Kiesstränden. Auch gibt es
hier auf kleinstem Raum eine Vielfalt an selten gewordener Flora (u. a. Orchideen)
und eine ebenso reichhaltige Fauna, die auf einem Lehrpfad erklärt werden. Wer
Einsamkeit und Ruhe sucht, gerne wandert oder Fahrrad fährt, ist hier zumindest
in der Nebensaison gut aufgehoben – in der Hochsaison wälzen sich inzwischen etwas zu viele Autos durch die herrliche Landschaft, mehr und mehr Beachbars
eröffnen, auch Agrotourismus wird angeboten. Südlich der Hauptzufahrt und
Schranke zweigt beim ersten kleinen Parkplatz ein schöner *Dino-Lehrpfad* westwärts zur Bucht Pinižule ab, wo Fußstapfen eines Dinosauriers zu sehen sind, zudem gibt es Dino-Skulpturen und Informationen – alles kindergerecht. Auch auf
dem Inselchen *Fenoliga*, der Südwestspitze von Kamaenjak vorgelagert, sind Spuren zu sehen. Für Pkws ist das Kap von 7 bis 21 Uhr geöffnet (Zelten, Blumen pflü-
cken etc. verboten!), Pkws zahlen 40 KN Gebühr, Motorräder die Hälfte.

Basis-Infos

Information   u. a. **Touristagentur J.E.M.,**
Centar 127, ℡ 052/575-593, www.croatia-istria.
com. Juli/Aug. tägl. 8–21 Uhr; Juni u. Sept.
Mo–Sa 8–19, So bis 13 Uhr. Zimmer, Boote,
Fahrräder, Quads.

Naturschutzpark Kamenjak (Verwaltung), Selo 120 (neben Turm), ✆ 052/575-283, www.kamenjak.hr. Mai–Sept. tägl. 7–21 Uhr, sonst Mo–Fr 7–15 Uhr. Infos, Tickets, Karten.

Verbindungen Bushaltestelle, Ortsbeginn (in HS auch bei der Kirche), Mo–Sa 9-mal tägl., So 4-mal tägl. Verbindung nach Pula.

Mountainbike Verleih beim Windsurfing Center u. Windsurfstation (s. u.).

Tauchen Tauchcenter Scuba Libre, Basis auf dem Campingplatz Runke. Tauchausflüge, Wracktauchen, Tauchkurse u. Ausrüstung. Runke 5, ✆ 098/9893-200 (mobil), www.scuba-libre.net.

Windsurfen Windsurfing Center Premantura, Verleih von Surfbrettern, Kajaks, Mountainbikes etc. Windsurf- u. Kiteschule, Parasailing, Taxiboote. Ausrüstung, Reparaturwerkstatt, Exkursionen. Premantura 62 (Straße zum Campingplatz Stupice, dort auch Basis), ✆ 091/5123-646 (mobil), www.windsurfing.hr.

Windsurfstation, Halbinsel Kamenjak, Uv. Školjić; Windsurf-, Fahrrad- u. Kajakverleih. ✆ 098/440-977 (mobil), www.windsurfstation.com.

ⓊÜbernachten/Essen & Trinken

Übernachten Die Agenturen vermitteln **Privatzimmer** ab 40 €/DZ, Studios ab 45 €. U. a. **Villa Adriana**, Selo 77, ✆ 052/575-093, www.istra-skok.hr. Ganzjährig, gut geführt. Oder **Pension Flora** (Domus-Bonus), Selo 214, ✆ 052/8942-189, www.app-premantura.com.

Leuchtturm Leuchtturm Porer, mitten im Meer auf einem Felseninselchen südl. vom Kap Kamenjak. Zwei 4-Bett-Appartements, kleiner Anlegeplatz und Kran für kleinere Boote; tolles Schnorchel- und Tauchrevier. Versorgung kann vereinbart werden. Buchung/Anfragen (→ Übernachten/Leuchttürme).

Camping Die Campingplätze liegen auf der östlichen Seite der Halbinsel und unter-

liegen alle der Ltg. von Arena Turist, ✆ 052/529-400, www.arenacamps.com.

* **Camping Tašalera**, vor dem Ort links ab. Schräges, bewaldetes 20-ha-Gelände (v. a. für Zelte), preiswert; 1,5 km langer Strand mit Stufen ins Meer, Tauchschule, Restaurant, Minimarkt. 9,50 €/Pers., Stellplatz ab 12,50 €. Auch schöne Mobilhäuser. Mitte April–Ende Sept.

* **Camping Stupice**, riesiges 28-ha-Gelände mit Landzunge, beliebt bei Surfern; manchmal überlastet. Größter Teil des Platzes unter Föhren, zum Teil abfallendes Terrain. 2,5 km langer Felsstrand mit Kiesbuchten, zum Sonnenbaden teils Betonliegeflächen, kleiner Hafen. Wasch- und Einkaufsmög-

Südküste: Pula und Umgebung
→ Karte S. 202

Leuchtturminsel Porer – wer die Einsamkeit liebt, kann sich hier einmieten

lichkeiten, Tennisplätze, Windsurfstation, Restaurant, Bar, Diskothek. Mitte April–Mitte Okt. Pro Pers. 11 € (TS 11,50 €), Stellplatz ab 17 €. Auch Mobilheime.

* Camping Runke, 4-ha-Gelände an einer kleinen Bucht. Fast ebenes Terrain unter mediterranen Pflanzen und Kiefern; neben dem Campingplatz Tašalera. 2 km langer Felsstrand mit Betonliegeflächen. Kleiner Hafen, Tauchkurse, Diskothek, Restaurant, Supermarkt. Ende April–Mitte Sept. Preise günstiger als Stupice.

Essen & Trinken ⟫⟫ Mein Tipp: Restaurant Fra & Kat, sehr gute Küche – leckere frische Fischgerichte, Fischcarpaccio, Hummer; auch schmackhafte Fleischgerichte – und guter Service. Überdachte Terrasse und Freisitz. Tägl. ab 11 Uhr. Premantura 42, ✆ 052/575-373. ⟪⟪

Konoba Runke, familiäre Atmosphäre, überdachte Terrasse. Gute Fisch- und Fleisch-gerichte. Ganzjährig ab 12 Uhr. Krše 8, ✆ 052/575-014.

Bistro La Barca, nett sitzt man hier im „Schiff", gute Fischgerichte. Ganzjährig ab 8 Uhr. Premantura 49.

Restaurant Da Giovanni, am Ortsbeginn mit großer Terrasse und beliebt bei Urlaubern; Pizzen, Pasta, Fleisch und Fisch. Ganzjährig ab 8 Uhr. Selo 1 c, ✆ 052/575-672.

Beachbar Safari-Bar, an der Südseite der Halbinsel Kamenjak, d. h. auf der Piste immer geradeaus bis Parkplatz (ausgeschildert). Eine Oase der Kreativität versteckt inmitten von Schilf oberhalb des Meeres. Auch für Kinder ein Vergnügen: selbstentworfene Karussells, Windräder und Versteckmöglichkeiten ohne Ende. Auf Steintischen und -bänken gibt's u. a. Getränke, Fisch und Sandwiches. Mai–Anf. Okt. ab 10 Uhr.

Pomer

Felder und Kiefernwälder umgeben das ruhige Örtchen im Westteil der großen Bucht von Medulin, im Südosten erstreckt sich nach Süden das Kap Kamenjak. Ruinen von Villen und Thermen zeugen davon, dass auch Pomer schon zu Römerzeiten besiedelt war. Früher war der Ort für seine Fisch- und Muschelzucht berühmt, die guten Fischlokale gibt es immer noch.

Am nördlichen Ortsbeginn steht die **Andreas-Kirche,** deren Ursprünge auf byzantinische Zeit zurückgehen, erneuert wurde das Gotteshaus im 13. Jh.; 1694 wurde es bis auf die Apsis komplett umgestaltet. Die **Pfarrkirche St. Maria** (16. Jh.) birgt Grabsteinplatten und Gemälde aus dem 17. Jh. Heute ist Pomer bekannt für seine sehr schön gelegene, gut geschützte Marina.

Information (→ Banjole)

Jachthafen ACI Marina Pomer, schön im Golf von Medulin gelegen, fast immer ausgebucht. 296 Liegeplätze im Wasser, 30 an Land, alle mit Wasser- u. Stromanschluss; 10-t-Kran, Servicewerkstatt, Sanitäranlagen, Minimarket und schönes Restaurant. ✆ 052/573-162, www.aci-club.hr.

Sport Boots- u. Fahrradvermietung in der Marina, Windsurfcenter am Autocamp.

Übernachten Privatzimmer und Appartements.

Camping ** Autocamp Pomer, 10-ha-Gelände auf einer kleinen Halbinsel südl. der Marina, terrassenförmig angelegter Platz im Kiefernwald. Gut geschützte Bucht mit 1 km langem Felsstrand u. Kiesbuchten.

Bar, Restaurant, Minimarkt, Windsurfcenter. Mitte April–Sept. Pro Pers. 10,20 €, Standplatz ab 13,70 € (TS 10 % höher). ✆ 052/573-128, www.arenacamps.com.

Essen & Trinken Restaurant Istriana, gemütliches Lokal, u. a. Maneštra, Gulasch vom Boškarin-Rind, Gerichte aus der Peka (u. a. Lamm, Ziege), fangfrischer Fisch oder Buzzara mit Škampi oder Muscheln. April–Sept. tägl. ab 12 Uhr, sonst tägl. außer Mi ab 16 Uhr. Pomer 331, ✆ 095/9044-004 (mobil).

Konoba Miramare, im alten Dorfkern gibt's gute Fischgerichte. Ganzjährig ab 11 Uhr. Pomer 59, ✆ 052/573-165.

Nett sitzt man zum Sonnenuntergang im **Bistro** gegenüber dem Steg und neben dem Campingplatz. Nur Fisch u. Fleisch.

Medulin

Weithin sichtbar ragt Medulins zweitürmige weiße Kirche in den Himmel. Das von Feldern und Kiefernwäldchen umgebene Städtchen an der Ostseite der flachen, geschützten Bucht hat sich in den letzten Jahrzehnten zu einem Touristenzentrum mit großem Sport- und Freizeitangebot entwickelt.

Schon Odysseus soll in der Bucht von Medulin vor Anker gegangen sein, in der sich heute Spitzensportler auf ihre Wettkämpfe vorbereiten. Die für Istrien untypische Stadtkirche Medulins mit ihren beiden Kirchtürmen, die im Barock erbaute **Kirche St. Agnes**, ist heute vom moderneren Stil des ausgehenden 19. Jh. geprägt. Äußerlich weniger imposant, aber deutlich älter ist die **Kirche Maria della Salute** im Zentrum, mit Fresken und Gemälden aus dem 15. Jh. Medulins ältestes Gotteshaus steht östlich der Agnes-Kirche – die heute verlassene kleine **Kapelle St. Kosmas und Damian** von 1433.

Auf dem kleinen **Vrčevan**-Hügel oberhalb von Medulin sind noch Reste einer mittelalterlichen Siedlung zu sehen. Der antike Ort **Mutila**, eine Gründung der Histrer, lag einst auf der schmalen Landzunge Kašteja, auf der sich heute die Camper tummeln. Und auf dem Halbinselchen **Vižula**, das die lange Bucht nach Norden hin abschließt, sind auf einem 10-ha-Gelände die Relikte einer römischen Sommerresidenz zu besichtigen – ein schöner Spaziergang. Ebenso schön ist ein Bootsausflug auf die vorgelagerten Miniinseln **Ceja**, **Levan** und **Bodulaš** (→ Baden & Sport).

→ Karte S. 202 Südküste: Pula und Umgebung

Halbinsel Kamenjak – Blick in Richtung Medulin

Geschichte

Nach den blühenden römischen Zeiten schlief Medulin einen Jahrhunderte langen Dornröschenschlaf, erst um 1040, zur Zeit des Feudalismus, wurde es erstmals wieder erwähnt. Im 12. Jh. kam Medulin zu Venedig, die Benediktiner errichteten eine Klosteranlage. Im 15. und 16. Jh. gelang es Medulin wie auch dem benachbarten Pula, die Unabhängigkeit gegenüber Venedig zu verteidigen, der Ort blühte auf, die Einwohnerzahl wuchs. Pestepidemien und ständige Überfälle von Uskoken und Seeräubern machten dem bald ein Ende – im 17. Jh. ging die Einwohnerzahl so dramatisch zurück, dass man versuchte, die Verluste durch die Ansiedlung von Neubürgern aus dem slawischen Süddalmatien auszugleichen.

Im 21. Jh. strömen die Touristen vor allem wegen der guten Bademöglichkeiten nach Medulin – für Kinder ist das seichte Meerwasser in der weit verzweigten Bucht ideal zum Planschen – immerhin 70 km Strand sind es, wenn man alle Buchten umrundet.

Basis-Infos

Information   Tourismusverband/TIC, 52203 Medulin, Brajdine 41 (Hauptstr. Richtung Meer), ✆ 052/577-145, www.medulin riviera.info. Juni–Mitte Sept. tägl. 8–21 Uhr, sonst Mo–Fr 8–16 Uhr. Gute Informationen.

Agentur Marco Polo, Brajdine 44 a, ✆ 052/577-402, www.marco-polo.hr. Privatzimmer, Fahrrad- u. Mopedverleih.

Agentur Luna Rossa, Munida 31 a, ✆ 052/577-483. Privatunterkünfte u. Angellizenz.

Verbindungen   Bus: Buslinie 25 von Pula stündl. bis 21 Uhr.

Flug: Aerodrom Medulin (nördl. von Medulin), mit Delić Air, ✆ 098/224-577 (mobil), www.delicair.hr. Panoramaflüge, Skidiving.

Gesundheit   Praktischer Arzt im Hotel Belvedere. Prakt. Arzt, Ribarska b. b., ✆ 052/577-084. Apotheke im Zentrum, ✆ 052/576-472.

Nachtleben   Diskothek Dali, beim Autocamp Medulin. Nur im Sommer ab 22 Uhr bis frühmorgens. Beachbar Barracuda, nahe Camp Medulin.

Veranstaltungen   Klassische Konzerte in der Agnes-Kirche. Im Juli/Aug. Konzerte und weitere Events am Hauptplatz.

Stadtfest Sv. Jakoveja, jährlich am Sonntag, der dem 25. Juli folgt.

Bierfest, Anf. Sept. Fr–So; mit kleinen Brauereien aus der Region.

Tanzfest „Tear it up", Rockabilly; 1. Juniwoche am Hafen, anschl. in Disco Dali.

Übernachten/Essen & Trinken

Die Preise sind während der ersten beiden Augustwochen nochmals um 10–20 % erhöht.

Übernachten   Privatzimmer vermitteln die Agenturen. DZ ab 15–20 €/Pers. Private Ferienwohnungen ab 40 €/2 Pers.

**** Hotel Park Sensimar, 350-Betten-Hotel, ca. 300 m hinter dem Strand mit Pools, Sport-, Beauty- u. Wellnessbereich, Animation für Kinder u. Erwachsene. Komfortable DZ/F ab 120 €. ✆ 052/572-601, www.arenaturist.hr.

**** Hotel Park Plaza Belvedere, direkt am Meer, 4-stöckiges modernes Gebäude mit Restaurant, Cocktailbar, Wellness- u. Fitnesscenter, 2 Außenpools und Meer-

wasserhallenbad. Komfortable Zimmer. DZ/F ab 131 €. April–3. Okt.-Woche. Osipovica 33, ✆ 052/529-400, www.arenaturist.hr.

*** Appartements Residence Ai Pini, schöne, ruhig gelegene 2-geschossige Anlage nahe Hotel Belvedere, dessen Sporteinrichtungen mitbenutzt werden können. Appartement (2+2 Pers.) ab 101 €. ✆ 052/529-400, www.arenaturist.hr.

** Hotel-Restaurant Hilde, schöne, ruhige Lage hinter der Uferpromenade an der Bucht. Auf der luftigen Terrasse kann man herrlich frühstücken. DZ/F 57 € (auch HP möglich); zudem Appartements. Brajdine 88, ℡ 052/577-066, www.hotelhilde.com.

*** Pension Matilde, ebenfalls hinter der Uferpromenade mit Restaurant und Gartenterrasse. DZ/F mit Balkon 84 €. Brajdine 95, ℡ 052/576-919, www.palma-medulin.com.

Camping »› Mein Tipp: *** Autocamp Arena Medulin, schattiger 25-ha-Platz (der größte bei Pula) auf der Kašteja-Landzunge, mit kleiner, mit dem Damm verbundener Insel. Langer Kies- u. Felsstrand, Sandbucht, Restaurant, Supermarkt, Disco, Kinderanimation im „Summer Club", Wasserrutsche, WiFi; Gemüse- u. Obststände, Tauchclub. Ökolog. Management. Pro Pers. 11,80 €, Stellplatz ab 18,10 €; schöne Mobilheime. Mitte April–Okt. ℡ 052/529-400, www.arenacamps.com. «‹

** Autocamp Arena Kažela Textil & FKK, gut ausgestatteter 110-ha-Platz auf naturbelassenem Gelände. Teils schattenlose Wiesen, teils Kiefernwald; schöner, ca. 2 km langer Strand (teilweise weiße Kieselsteine), unterteilt in Textil- u. FKK-Bereich.

Sportprogramm, auch Kinderanimation. Restaurant, Bar, Supermarkt, Tauchclub. Pro Pers. 11 €, Stellplatz ab 17 €. Auch Mobilheimvermietung und Appartementhäuser. Ende April–Sept. Kapovica 350, ℡ 052/577-277, www.arenacamps.com.

Essen & Trinken Es gibt sehr viele Restaurants, allerdings mit nur durchschnittlicher Küchenkunst. U. a.

Konoba 15, Pasta- und Fischgerichte. Mai–Sept. ab 15 Uhr. Burle 22.

Restaurant Salt & Pepper, an der Hauptstraße gegenüber dem Meer. Hier isst man v. a. gute Fleischgerichte vom Grill. Mai–Sept. ab 12 Uhr. Sad 138, ℡ 092/1662-122 (mobil).

Restaurant Olivetto, modernes Lokal nahe dem Meer; sehr schönes Sitzen im Garten mit Olivenbäumen. Pizzen, Pasta, Fisch. Juni–Sept. Funtana 1, ℡ 052/576-576.

Restaurant Kandis, am Campingplatz Medulin. Wird gelobt v. a. für preiswerte Fleischgerichte, auch für Kinder bestens.

Restaurant-Pizzeria Financa, ebenfalls am Campingplatz Medulin; gute Pizzen u. Fischgerichte.

↓ Südküste: Pula und Umgebung → Karte S. 202

⊂ Baden & Sport

Baden In und um Medulin gibt es viele Bademöglichkeiten. Allerdings wird für die Strände auf den Campingplätzen Medulin (Sandstrand!) und Kažela (auch FKK) Eintritt verlangt. Wer nicht in der Medulin-Bucht oder am Strand des Hotels Belvedere schwimmen will, kann entlang der Küste laufen oder radeln und ein stilles Plätzchen finden. An der nördlichen Bucht der Halbinsel Vižula gibt es heilsamen Schlamm.

Taxiboote (Juni–Sept.) zur vorgelagerten **Insel Ceja** sowie zur **Insel Bodulaš**, beide haben ein Restaurant. Die kleine vorgelagerte **Insel Levan** bietet Sandstrand und ebenfalls ein Restaurant. Abfahrten von der Mole Medulin; ab ca. 50 KN, Kinder 25 KN.

Wassersport Verleih von Motor- u. Segelbooten, Kajaks, Surfbrettern usw. über die **Hotels**. Am Camp Medulin residiert das **Sportcenter Mediterraneo** (Motorboote, Jetski, Parasailing).

Ankerplatz Puntica, am Camp Medulin, mit 90 Liegeplätzen im Wasser und 50 zu Land.

Tauchen Tauchcenter Shark, am Campingplatz Medulin. Zählt zu den besten

Tauchschulen Istriens. Tauchausflüge zu mehr als 30 Objekten, Tauchschule u. Ausrüstung. Munida 86, ℡ 098/366-110 (mobil), www.diving-shark.hr.

Tauchschule Mediterraneo, am Campingplatz Kažela, ℡ 098/738-300 (mobil).

SUB Center Medulin, Eingang Campingplatz Medulin, ℡ 091/1235-456 (mobil).

Windsurfen Windsurfing Center Premantura, Basis im Hotel Medulin (→ Premantura). ℡ 091/5123-646 (mobil), www.windsurfing.hr.

Tennis Sportzentrum Arenatours (beim Hotel Holiday); **Sportcenter Mediterraneo** (im Autocamp Kažela).

Fahrräder Verleih über die Agenturen Marco Polo und Aquatic Sport (Hotel Holiday). Die Umgebung von Medulin bietet sich für herrliche Touren an. Fahrradkarten bei TIC.

Reiten Ranch Lunghe, bei der Schule. Ganztägige Ausritte, mehrtägige Trekkingtouren, Reitschule. ℡ 098/1676-534 (mobil).

Samy's Ranch, östl. vom Hotel Plaza Belvedere. Reitschule, Trekkingausflüge. Tägl. 8–11/16–21 Uhr. ℡ 098/1706-946 (mobil).

Ližnjan – ruhig, idyllisch und ein gutes Windsurfrevier

Ližnjan

Das mittelalterliche Örtchen etwa 2 km östlich von Medulin ist auf einem schönen Spaziergang, mit dem Bus (Linie 33) oder mit dem Auto bequem erreichbar. Der Ausflug lohnt, denn vom Dorfhügel bietet sich ein wunderschöner Blick über die Kvarner-Bucht und die fruchtbare Landschaft rund um Medulin. Wer Ruhe sucht, ist hier richtig. Ližnjans Bewohner leben bis heute vom Fischfang, der Hafen befindet sich unterhalb in der Kuja-Bucht, in deren seichtem, warmem Wasser sich's gut planschen und baden lässt. Zudem kann man hier bestens Windsurfen, es gibt auch eine Station. Rund 2 km nördlich von Ližnjan liegt der ruhige Weiler **Šišan**, ebenfalls bestens zum Übernachten.

Übernachten/Essen   Zimmer am besten über die Agenturen in Medulin oder Privatanbieter (Domus-Bonus-Mitglieder), www.istra.hr/de/unterkunft/domus-bonus.

»» Mein Tipp: **** Hotel Velanera & Restaurant Bodulka (Ltg. Fam. Černjul), das bekannte Gourmetrestaurant(einst Marina Veruda) ist nun in Šišan und bietet im hübschen Landhaus mit großem Garten und Pool beste Küche. 13 komfortable Zimmer, morgens Yoga. DZ/F 130 €. Im Restaurant verwöhnen Hr. Dušan und sein Sohn Marko nach wie vor die Gaumen mit fantasievoller saisonaler Küche, u. a. Seespinnensalat, in Teran-Wein geschmortes Boškarin-Rind, schwarze Tagliatelle mit Garnelen, Lauch u. regionaler Safran, als Nachtisch vielleicht Cremé Chantilly im Blätterteigbeet mit Himbeersauce; dazu ausgesuchte Weine. Tägl. ab 12 Uhr. Franja Mošnje 3 b, 52204 Ližnjan-Šišan, 052/300-621, 097/7555-854 (mobil), www.velanera.hr. **«**

In der Ortsmitte von Lišnjan gibt es einige Lebensmittelläden und das **Restaurant Veseli ribar** (Fröhlicher Fischer). Ganzjährig.

Konoba Galiola, hier kommen gute Scampi buzzara nach Kvarner Art auf den Tisch, Pljukanci (eine Nudelart) mit Wild und äußerst leckere, süße Gnocchi. Tägl. ab 12 Uhr. Ližnjan 578, 052/578-323.

Von Pula Richtung Ostküste und Kvarner-Region

Wer in Richtung Opatija mit seiner herrlichen Riviera möchte (insg. 80 km), fährt ab Pula ostwärts auf der *N 21*. Im Gegensatz zur Westküste fällt die istrische Ostküste steil ins Meer ab. Die Strecke von Pula über Pazin nach Opatija (das sog. Ypsilon) ist zwar besser ausgebaut, doch die Küstenstrecke mit ihren Dörfern und Städtchen ist interessanter und landschaftlich weitaus reizvoller. Für den Fahrer allerdings auch anstrengender: Die Straße ist teils sehr kurvenreich – also Vorsicht und sich nicht von einheimischen Straßenkennern zu waghalsigen Überholmanövern verleiten lassen!

Ein erster lohnender Stopp für geschichtlich Interessierte ist die antike **Ruinen-stätte Nesactium** (Nezakcij; beschildert, Richtung Valtura). Eine Siedlung gab es hier schon im 15. Jh. v. Chr., später war hier die Hauptstadt der Ureinwohner Istriens, der Histrer. 177 v. Chr. gelang es den Römern unter Konsul *Claudius Pulcher*, die Stadt einzunehmen. Die Legende erzählt, dass die Einwohner Nesactiums lieber den Freitod wählten – sie sollen sich gegenseitig getötet haben – als den Römern in die Hände zu fallen. Ihr König *Epulon* vergrub angeblich vor seinem Selbstmord hier noch einen unermesslichen Schatz …

Die Bucht **Duga uvala** lohnt einen Abstecher zum Baden. Von Süden ist sie über *Kavran* zu erreichen oder über den Abzweig bei *Marčana* (ausgeschildert). Die Ferienanlage ist zwar veraltet, aber die Landschaft zum Baden rundum herrlich.

Information Touristinformation Marčana, Krnica 19, ☎ 052/571-058 u. 556-366, www.istria-marcana.com. Juni–Aug. Mo–Sa 8–13, Di 8–11/17–19, So 8–11 Uhr; sonst Mo–Fr 8–16 Uhr.

Essen/Übernachten »» Mein Tipp: *** Stancija Negričani, komfortables 9-Zimmer-Landhotel (max. 22 Pers.) in Alleinlage auf 34.000 qm Grund, umgeben von Wald und Weiden im Weiler Divšiči (6 km nördl. von Marčana) – weiter Blick auf die Brijuni-Inseln. Bei wenig Gästen ein wunderbarer Platz zum Ausspannen oder für Touren in die Umgebung. Für den morgendlichen Adrenalinschub sorgt der große Pool. In der Nähe auch Möglichkeit zum Reiten. Für Hausgäste wird nach Vorbestellung gekocht, zudem Vinothek. Sämtliche Produkte kommen frisch vom Hof. Zimmer je nach Größe ab ca. 100 €. Fam. Modrušan, Stancija Negričani b. b., 52206 Divšiči, ℡ 095/5170-538 (mobil), www.negricani.com. ⋘

*** Pension Villa Chiara, im Weiler Pavičini, nur 3 km vor der Duga uvala. Hübscher, schlossartiger, roséfarbener Neubau mit 10 komfortablen Zimmern, Pool und kleinem Hallenbad, Sauna, Tennisplatz und Restaurant. Boote können gemietet werden; eigener kleiner Strandabschnitt an der Bucht. DZ/F ca. 100 €. Pavičini 23, Duga uvala, ℡ 052/553-225.

*** Hotel Carmen, gut geführtes 24-Zimmer-Hotel mit ebenso gutem Restaurant in Luka Krnica, 300 m vom Meer entfernt und mit Pool. Komfortable Zimmer mit Meerblick und überdachtem Balkon. DZ/F ca. 120 €. ℡ 052/556-272, www.hotel-carmen.hr.

Wein   **Weingut Demjan**, hervorragende Weine. Radeki polje 83, Marčana, ℡ 052/506-352.

Glavani: Der kleine Weiler liegt 2 km nördlich, abseits der N 21 bei Manjadvorci. Hier findet man den *Glavani-Park*, einen zertifizierten und prämierten Hochseil-Kletterparcour – der größte Kroatiens – und hierher zieht es vor allem Adrenalinfreunde. Es gibt verschiedene Routen mit etlichen Attraktionen, u. a. eine 11 m hohe Monsterschaukel, Abenteuer-Hängebrücke, 3 Ziplines – Spaß für die gesamte Familie durch unterschiedliche Schwierigkeitsgrade garantiert. Zudem für die Kleinen einen Streichelzoo.
Glavani-Park, Glavani 10 (Km 10, Straße Vodnjan–Barban), ℡ 091/8964-525 (mobil, Mr. Nigel, Engl.) und ℡ 098/224-314 (mobil, Mr. Nevenko), www.glavanipark.com. Ganzjährig und tägl. 9–20 Uhr (bis 18 Uhr sollten die Routen gestartet werden).

Barban (Barbana): Das mittelalterliche Städtchen passiert man, bevor die Straße zur *Raša-Bucht* hinabführt. Erbaut wurde Barban von den Grafen von Görtz. Ende des 14. Jh. ging die Siedlung zusammen mit Pazin an die Grafen von Habsburg. Später bekamen es die Venezianer, die aber mit Barban nichts anzufangen wussten und es gegen Höchstgebot versteigerten.

Das mittelalterliche Barban

Der Stadtplatz mit Loggia und Uhrturm sowie sowie Reste der Stadtmauer sind gut erhalten, was der Familie Loredani zu verdanken ist, die Barban 1535 ersteigerte. Bereits 1696 wurde erstmals *Trka na Prstenac* erwähnt, ein mittelalterliches *Ringestechen*, ein Ritterspiel ähnlich dem von Sinj (Dalmatien), bei dem die Reiter im Galopp mit einer Lanze einen Ring von einem Seil angeln müssen. Interessant sind auch die im gotischen Stil im 14. Jh. errichteten kleinen Kirchen *Sv. Anton* mit Glockengiebel und nur wenig erhaltenen Fresken (Anf. 15. Jh.), die eine Bologna-

Adrenalin pur im Glavani-Park

Handschrift verraten, zudem *Sv. Jakob* mit dem besser erhaltenen Freskenzyklus über den hl. Jakob, den man einem einheimischen Künstler aus der Meisterklasse Vincent von Kastavs zuschreibt (Schlüssel beim Pfarramt Barban, ☎ 052/567-173). Barbans Hafen liegt an der *Uvala Blaž*, westlich der Raša-Bucht.

Information Tourismusverband, 52207 Barban, Barban 69, ☎ 052/567-420, www.tz-barban.hr. Juni–Sept. tägl. 9–19 Uhr, sonst Mo–Fr 7–15 Uhr.

Veranstaltungen Trka na Prstenac (Ringestechen) – das Highlight; 3. Aug.-Wochenende Fr–So. Eröffnung ist Fr um 20 Uhr, Sa ab 17 Uhr, So um 17 Uhr, dann das große Rennen mit trad. Uniformen, Musik etc.

Segelregatta, 2. Juli-Wochenende, Uv. Blaz. Musikevents, im Juli/Aug. Feigenfest, 3. Sept.-Samstag.

Reiten Ranch Barba Tone, Manjadvorci 60 (8 km in Richt. Pula), ☎ 098/701-377 (mobil, Hr. Zoran, dtsch.-sprachig), www.istra-riding.com.

Essen/Übernachten Restaurant Prstenac, freundlich, einfach, gut: u. a. Fischsuppe, Gulasch. Ganzjährig u. tägl. ab 7 Uhr. Barban 10.

≫ **Mein Tipp:** Konoba Šainka, 10 km westl. von Barban (2 km nördl. von Glavani, s. o.). Spezialitäten sind hausgemachte Nudelgerichte, Spargel, Wild, Pilze, zudem Fisch. Juni–Aug. tägl. ab 17 Uhr. Šainka 35, ☎ 052/580-078. ≪

*** Appartements Da Stefania, ca. 5 km nördl. von Barban. Hübsches, modernes Naturstein-Appartementhaus mit 4 Zimmern, 25 €/Pers. mit Frühstück. Nach Vorbestellung auch Essen mit frischen Produkten vom Bauernhof. Eigene Weine, Obst und Gemüse. Fam. Osip, Draguzeti 3, 52207 Barban, ☎ 052/567-207, 098/420-501 (mobil).

≫ **Mein Tipp:** **** Villa-Restaurant Stefanija, im Weiler Puntera (2 km südl. von Barban) mit herrlichem Weitblick auf den Raša-Fjord, allerdings hochpreisig. 7 komfortable Zimmer/Suiten, DZ/F ab ca. 260 €. Pool, Sauna, Restaurant ab 18 Uhr (nach Anmeldung). Ganzjährig. Puntera 8 d, ☎ 052/567-075, www.stefanija.com. ≪

Agrotourismus Bratulići, auf halbem Weg zwischen Marčana und Barban. In den beiden hübschen renovierten Natursteinhäusern (2- bis 4-Bettzimmer) kann man bestens nächtigen und sich den Gaumen verwöhnen lassen (nur nach Anmeldung; von Juni–Aug. auch für Nichthausgäste tägl. 12–16/18–22 Uhr). Ganzjährig. Bratulići 17, 52207 Barban, ☎ 099/2219-381 (mobil), www.agrobratulici.com.

Bei der Fahrt hinab zum **Zaljev Raša**, der sich tief und zerlappt ins Land hineinzieht, fällt der Blick auf die weitläufigen Spargelplantagen im von hohen Hängen geschützten *Rašatal*. An der Bucht liegt der kleine Vieh- und Holzverladehafen *Trget* (→ Labin/Rabac Umgebung) mit einigen Konobas und Anlegemöglichkeiten für Boote.

Der nächste größere Ort auf der Strecke von Pula nach Opatija ist Labin (Albona).

→ Karte S. 202

Südküste: Pula und Umgebung

Blick auf Rabac, die Schlucht und auf die Insel Cres

Ostküste: Labin und Umgebung

Labin (Albona)

Gut befestigt thront das mittelalterliche Labin auf einem kleinen Berg, der dem Besucher einen fantastischen Weitblick schenkt – auf der einen Seite über das istrische Binnenland bis zum Učka-Gebirge, auf der anderen über die Kvarner-Bucht bis zur Insel Cres.

Der strategisch überaus günstig gelegene Ort mit seiner von engen Gässchen durchzogenen Altstadt wurde von den Illyrern gegründet und hieß unter römischer Herrschaft *Albona*. Im 15. Jh. kam Labin zu Venedig, das den Ort befestigte und im 16. Jh. einen Rundturm bauen ließ. Einer der berühmtesten Bürger des Städtchens ist *Matija Vlačić* alias *Matthias Flacius Illyricus* (1520–1575), ein bekannter Reformator, der u. a. in Wittenberg und in Straßburg lehrte.

Unterhalb des alten Zentrums liegt **Podlabin**, ein zu Labin gehörender Bergwerks- und Industrieort. Seit Jahrhunderten wird in den Hügeln von Labin Steinkohle abgebaut, weshalb in den 1960er- und 70er-Jahren die Altstadt über dem weit verzweigten Labyrinth an Gängen und Stollen in sich zusammenzustürzen drohte. Die Stollen sind mittlerweile aufgefüllt, die Gefahr soll gebannt sein. Podlabin mit einiger Industrie, Shoppingcentern und Wohnblocks ist heute ein regionaler Verkehrsknotenpunkt, Durchgangsstation für das zum Hotelort ausgebaute *Rabac* (s. u.) sowie Einkaufsort für die Camper auf der Halbinsel Koromačno.

Basis-Infos

Information Tourismusverband (TZG), 52220 Labin, Aldo Negri 20 (kurz nach Straßenkreuzung Richtung Rabac), ☎ 052/855-560, www.rabac-labin.comMo–Fr 7–15 Uhr.

Touristinformation TIC (Altstadt), neben der Post. April–Okt. tägl. 8–21, So 10–13/18–21 Uhr; sonst Mo–Fr 8–15 Uhr. ☎ 052/852-399.

Agentur Sidro, Aldo Negri 20 (neben TZG), ☎ 052/881-010, www.sidro-istra.hr. Zimmervermittlung, nur Juni–Sept. geöffnet.

Verbindungen Busse nach Rijeka, Pula, Zagreb. **Busbahnhof**: Istarska ulica. Auskunft Autotrans, Trg 2 marta b. b., Info- ☎ 060/333-888. Lokalbusse fahren 12-mal tägl. (Ende Juni bis Anfang Sept., danach seltener) hinab nach Rabac (5 km).

Taxi beim Busbahnhof und Titov trg.

Einkaufen Shoppingcenter in Podlabin, nach der Kreuzung Pula/Rijeka.

Töpferladen Merania, geschmackvolle Vasen, Lampen, Geschirr etc., auch Extras möglich. Ul. 1. maja br. 1 (Altstadt).

Gesundheit Gesundheitsamt Labin, Sv. Mikule 2; hier Ambulanz (☎ 052/855-333) und Apotheke (☎ 052/855-509).

Mountainbike Von Labin aus lassen sich herrliche Touren in die nähere und weitere Umgebung unternehmen – gute Kondition vorausgesetzt: Die Steigungen in der Region sind beachtlich und sollten nicht unterschätzt werden. Die Fahrradbroschüre „Istra Bike" bietet gute Wegbeschreibungen mit Höhenprofil, zudem auch auf der Webpage www.rabac-labin.com. Verleih bei **Shop Istra Bike**, neben Tourismusverband Labin, Aldo Negri, ☎ 098/420-504 (mobil).

Parken Gebührenpflichtige Parkplätze u. a. beim Shoppingcenter in Podlabin oder südl. der Altstadt Richtung Sv. Marina.

Veranstaltungen Petrova-Stadtfest am 29. Juni (Kirche Sv. Petar i Pavao). **Festivalwochen**, Juli/Aug., mit klassischer Musik, Theater. **Labin Art Republik**, Juli/Aug., mit klassischer Musik, Theater. **Tage der Stadt Labin**, Mitte Aug., Ausstellungen, Musik, Performances, Sport.

Wandern Rund um Labin gibt es etliche schöne markierte Wanderwege mit lustvollen Namen wie „Wanderweg über die göttl-ichen Quellen" oder „Sentonas Wanderweg (→ Kleiner Wanderführer/Wanderungen 6 und 7).

Labinske krafi

Das kalorienreiche Naschwerk der Gegend ist eine Art Strudelteig mit einer Füllung aus Nüssen und Rosinen, manchmal auch mit Quark und gedünsteten Äpfeln angereichert. Garniert wird die Leckerei mit Vanilleeis oder Sahne oder diversen anderen Kreationen – den Verfeinerungskünsten der Bäcker sind kaum Grenzen gesetzt. Einfach probieren!

Übernachten/Essen & Trinken

Übernachten Die meisten Gäste zieht es nach Rabac, aber auch in Labin gibt es einige Privatzimmer (DZ ab 40 €). **Restaurant-Pension Kvarner** (s. u.) bietet beispielsweise 4 nette DZ/F ab ca. 45 €.

**** **Villa Calussovo**, 2 km in Richtung Labin, dann Abzweig (bei Rest. Due Fratelli). Schön renoviertes Landhaus in herrlicher Hanglage mit Weitblick. Zudem sehr gutes Restaurant u. auch Reitschule. DZ/F 100 €. Kalusovo 18, Ripenda Kras, ✆ 052/851-188, www.villacalussovo.com.

Agrotourismus Kaštel Pineta (→ Labin/Rabac Umgebung/Essen & Trinken).

Essen & Trinken ≫ Mein Tipp: **Velo Kafe**, am Titov trg im hübschen Gebäude aus dem 19. Jh. Von der großen, teils überdachten Terrasse überblickt man das städtische Geschehen. Neben gutem Kaffee und Kuchen bietet die Küche auch Fisch- und Fleischgerichte. Tägl. ab 11 Uhr. ≪

Restaurant-Pension Kvarner, an der Westseite, an der Altstadtmauer. Man sitzt unter Laubbäumen und genießt den Ausblick. Groß ist das Angebot: von Vorspeisen wie Gnocchi, Pasta mit Trüffeln oder Wild bis zu Seefisch und Fleischgerichten; auch zur Marenda preiswerte Gerichte. Und natürlich

Altstadtgasse mit Sv.-Marija-Kirche und Battiala-Lazzarini-Palast

gibt es auch die leckeren „Krafi" (→ Kasten). Šet. San Marco b. b., ✆ 052/852-336.

»» Mein Tipp: Restaurant Due Fratelli, 2 km in Richtung Rabac. Empfehlenswert vor allem die fangfrischen Fische, zubereitet im Ofen oder unter der Peka. Sitzgelegenheiten auch außen. Tägl. ab 12 Uhr. Montozi 6, ✆ 052/853-577. **«**

Konoba Rogočana, im gleichnamigen Weiler, 4 km südwestl. der Altstadt in Richtung Sv. Marina (an der ersten Kreuzung westl. in Richtung Kranjci). Gute Weine und istrische Spezialitäten. Rogočana 1, ✆ 052/856-576.

»» Mein Tipp: Restaurant Tomažići, ca. 6 km nördl. von Labin im Weiler Tomažići. Die Familie Verbanac kocht beste regionale, hausgemachte und saisonale Speisen.

Spezialitäten sind u. a. Basilikum-Ravioli mit Ricottafüllung oder Ravioli mit Rehfleischfüllung, Sardellen und Anchovis eingelegt in bestem Olivenöl, Pekagerichte und natürlich die süßen „Krafi" oder Apfelstrudel. Tägl. ab 12 Uhr. Tomažići 59 a, ✆ 052/865-535. **«**

Restaurant-Pension Ferali, ca. 3 km in Richtung Opatija, im Ort Šrmac, an der Hauptstraße mit großer Terrasse. Hier gibt's beste istrische Küche wie Gnocchi, Fuži, Wildspargel, Trüffelgerichte, Wild-, Fleisch-, Fischgerichte und die kalorienreichen „Krafi" (→ Kasten). Šrmac b. b., ✆ 052/851-840, restoran.ferali@pu.t-com.hr.

Weitere Restaurants (→ Labin/Rabac Umgebung).

Sehenswertes

Gratis-Nachtführung durch die Altstadt gibt es dienstags von Mitte Juni bis Mitte Sept. Treffpunkt ist um 21.30 Uhr bei TIC-Altstadt.

Die sehenswerte, steil am Hang erbaute Altstadt erreicht man über den idyllischen Hauptplatz **Titov trg**. Hier steht auch die venezianische *Loggia* (1662) mit Lapidarium, die zum Verweilen im Schatten mächtiger Bäume einlädt. Nicht weit entfernt säumt den Platz die runde *Bastion der Stadtbefestigung* (17. Jh.). An einem Haus prangt das Labiner *Stadtwappen* als Mosaik.

Durch das mit venezianischem Löwen und Stadtwappen (rotes Kreuz auf weißem Feld) geschmückte **Stadttor des hl. Florian** (1587) neben der Bastion gelangt man in den autofreien Altstadtkern mit engen Gassen und Palästen. Nach ein paar Metern fällt der **Franchovich-Palast** (18. Jh.) ins Auge, das Geburtshaus von *Matija Vlačić Ilirik* – eine kleine Ausstellung erinnert an den berühmten Labiner Reformator.

Matija Vlačić Ilirik (Matthias Flacius Illyricus)

Der Theologieprofessor, Philosoph und Historiker Matija Vlačić Ilirik (1520–1575) ist der berühmteste Sohn des Kleinstädtchens. Ilirik war einer der bedeutendsten Mitstreiter Martin Luthers und lehrte an namhaften europäischen Universitäten. Als entschiedener Protestant rief er in Deutschland mit dem *Flacianismus* eine noch radikalere Variante des Protestantismus ins Leben – mit noch strengeren Richtlinien zur „reinen Lehre", die er gegenüber Rom, Kaiser und den deutschen Fürsten durchzusetzen versuchte.

Die Gasse führt hinauf – vorbei am alten **Hospital** (16./17. Jh.), am **Negri-Palast** (18. Jh.) und an der **Kapelle Sv. Karmelske** (1615) – zum mit 315 m höchsten Punkt

Ostküste: Labin und Umgebung → Karte S. 233

der Stadt. Die alten Kanonen an dem schönen Aussichtspunkt sind drohend auf die Kvarner-Bucht gerichtet. Früher stand hier ein Kastell, heute sind nur noch die Reste einer romanischen Kirche aus dem 9./10. Jh. zu sehen. Die Gasse führt wieder hinab, vorbei am 30 m hohen **Glockenturm** aus dem 17. Jh.

Vorbei geht es nun am prächtigen, rot leuchtenden *Battiala-Lazzarini-Palast* (17./18. Jh.), in dem das **Stadtmuseum** untergebracht ist. Es zeigt archäologische Funde, eine Dokumentation zur Geschichte der Arbeiterbewegung und des Volksbefreiungskampfes in der Region sowie eine interessante Ausstellung über die Arbeit

Labiner Republik

Im 19. Jh. begann die slowenisch-österreichische Bergbaugesellschaft, in der Region um Labin intensiv Steinkohle zu fördern. Viele Labiner fanden Beschäftigung unter Tage, eine selbstbewusste Arbeiterklasse entstand. Nach dem Ersten Weltkrieg löste Italien die österreichisch-ungarische Monarchie, die wie Deutschland den Krieg verloren hatte, als Machthaber ab; die Italiener verboten die kroatische Sprache, jahrhundertealte kroatische Familien- und Ortsnamen wurden per Dekret in italienische verwandelt. Machtvolle Protestaktionen waren die Folge. Am 2. März 1921 gingen die Labiner Bergwerksarbeiter in den Streik, besetzten das Bergwerk und organisierten eine republikanische Selbstverwaltung. Erst am 8. April gelang es dem italienischen Militär, den Widerstand niederzuschlagen – immerhin 36 Tage lebte die Labiner Republik. Doch die Arbeiter kämpften trotz Militärterrors weiter. 1936 zogen viele gegen die faschistischen Truppen General Francos in den Spanischen Bürgerkrieg (1936–39), um dort die Republikaner zu unterstützen, im Zweiten Weltkrieg, Anfang 1943, schlossen sie sich Titos Partisanenarmee an.

Die Bergarbeiter von Labin trugen zur Befreiung Istriens von den italienischen und deutschen Besatzungstruppen maßgeblich bei.

Der alte Bergwerksort Labin war 1921 Schauplatz der „Labiner Republik"

in den Labiner Bergwerken – faszinierend nicht nur für Kinder ist der alte Bergwerksstollen, den man begehen kann.

Juni–Aug. Mo–Sa 10–13/18–20 Uhr, So 10–13 Uhr; sonst Mo–Fr 10–13 Uhr. Eintritt 15 KN, Kinder 10 KN.

Kurz danach folgt die gotische **Pfarrkirche der hl. Maria**, im 14. Jh. erbaut und im 16. Jh. umgestaltet, mit einer schön erhaltenen Rosette, darunter der steinerne venezianische Löwe, der mit einem Ball im Maul den palmenbestandenen malerischen Kirchplatz im Blick hat. Das **Renaissance-Haus** der *Familie Scampicchio* daneben wurde mit päpstlicher Erlaubnis durch einen unterirdischen Gang mit der Kirche verbunden.

Weiter südlich folgen der **Stadtpalast** (1555), das alte **Theaterhaus** (17. Jh.), Patrizierhäuser mit Brunnen und Atrium sowie weitere schöne Häuser mit gotischen, barocken und venezianischen Fassaden.

Ein schöner, rund einstündiger Spaziergang (→Kleiner Wanderführer/Wanderung 6) führt durch das **Landschaftsschutzgebiet** von Labin hinab zur Schlucht (westlich der Straße nach Rabac) bis ans Meer nahe dem Campingplatz Oliva in Rabac; die Bächlein, die unter der Hochebene von Labin entspringen, strömen mit kleinen Wasserfällen hier ins Tal.

Kunstinteressierte können einen Abstecher zum **Skulpturenpark Forma viva** in *Dubrova* (ca. 2 km in Richtung Opatija) machen; jährlich von August bis Mitte September arbeiten renommierte Bildhauer auf dem malerischen, baumbestandenen Gelände, auf dem inzwischen viele Skulpturen aus den letzten Jahren stehen (Infos ℘ 052/852-464). Im kleinen Amphitheater im Park finden gelegentlich Konzerte statt.

Im Museum von Labin: ▲
Amphorensammlung

Im nachgebauten Stollen ▼

 Wanderung 6: Labin – durch die Schlucht hinab nach Rabac → S. 329
Leichte Wanderung von Labin nach Rabac durch das Landschaftsschutzgebiet

Rabac – traditionsreicher Badeort an einer malerischen Bucht

Rabac

(Porto Albona)

Mitte des 20. Jh. fiel die Entscheidung, das malerisch an einer windge-schützten Bucht gelegene Fischerdörfchen zu einem Fremdenverkehrszent-rum auszubauen.

Seitdem entstanden um die große, malerische Bucht und rund um das *Kap Sv. Andrija* ein Dutzend Hotelbauten; terrassenförmig ansteigende Appartementhäu-ser säumen, eines neben dem anderen, die steilen Hügel. Am Hafen reihen sich Souvenirstände, im Wasser dümpelt eine Tretboot-Armada – doch die Fischer sind noch immer da und reparieren ihre Netze wie ehedem.

Die Anfänge des Tourismus von Rabac reichen weit zurück – schon Ende des 19. Jh. besang es der englische Dichter und Weltenbummler *Richard Francis Bur-ton,* einige der schönen Sommervillen stammen aus dieser Zeit. Damals promenier-ten hier die wohlhabenden Kaufleute aus Triest neben österreichischen Offizieren mit ihren Begleiterinnen. Heute besuchenen meist Pauschaltouristen das einstige Fischerdorf, das heute täglich bis zu 12.000 (!) Touristen beherbergt. Ruhebedürf-tige sind hier, außer zur Nebensaison, sicherlich fehl am Platz.

Basis-Infos

Information TIC (→ Labin).

Agentur Atlas, im Hotel Allegro, www. atlas-istra.hr. U. a. Fahrradverleih.

Kvarner Express, Obala M. Tita 53, ✆ 052/ 872-225. Zimmer, Fahrrad- u. Wanderkarten.

Verbindungen Busse nach Labin 12-mal tägl. (Ende Juni–Anf. Sept., 12 KN). Drei weitere Busstopps an der oberen Durch-gangsstraße Slobode cesta.

Ausflüge U. a. zur Insel Cres.

Einkaufen Olea B.B., Creska 34, Rabac, ✆ 052/872-724, www.oleabb.hr; prämierte Olivenöle.

Mountainbike Von Rabac aus (besser oberhalb von Labin – dann spart man Kräfte für die Umgebung!) lassen sich herrliche Mountainbiketouren ins Umland unternehmen, gute Kondition vorausgesetzt – die Steigungen in der Region sind beachtlich. Wer für seinen Triathlon trainieren möchte, ist hier richtig. Die Broschüre „Istra Bike" bietet gute Wegbeschreibungen mit Höhenangaben, zudem www.istria-bike.com.

Ein schöner Ausflug führt z. B. in Richtung Gračišće (knapp 30 km einfache Strecke): von Rabac nach Knapiči, Plomin, Katun, Faldovija, Polje Čepić, Bafi, Žlepčari nach Gra-čišće. Die letzte Etappe führt steil bergauf auf 400 m Höhe; umgekehrt ist die Strecke etwas einfacher.

Tauchen Scuba Center Bellevue (dtsch. Ltg. Lori Karcher), ℡ 091/1879-074 (mobil), www.scubacenter.de. Basis Hotel Bellevue u. Autocamp Marina. Tauchkurse u. -ausflüge, Nachttauchen, Ausrüstung, Flaschenfüllung etc.

Wandern Von Rabac zur Halbinsel Koromačno über den Berg Oštri zum Weiler Skitača in 5 Std. Herrliche Weitsicht ist der Lohn!

Übernachten/Essen & Trinken

Übernachten großes Angebot: ca. 1000 Privatzimmer, DZ ab 30 € (je Kateg. u. Lage); Appartements für 2 Pers. ab 40 €.

>>> Mein Tipp: ** Boutiquehotel Villa Annette**, auf einem Hügel oberhalb von Rabac mit herrlicher Aussicht vom Pool auf die Kvarner-Inseln. Modern u. komfortabel ausgestattete Suiten, Fitnessraum. Das Restaurant serviert leckere Speisen. DZ/F 155 € (TS 187 €). Ganzjährig. Raska 24, ℡ 052/884-222, www.villa-annette.com. **<<<**

**** Hotel Adoral, an der Uferpromenade in Richtung Campingplatz. 16 sehr gut und modern ausgestattete Zimmer/Suiten mit Frühstück ab 140 €. Obala M. Tita 2 a, ℡ 052/535-840, www.adoral-hotel.com.

Hotelanlagen Valamar Oberhalb des Kaps Sv. Andrija stehen die modernisierten Hotels der Valamar-Hotelgruppe mit großem Sport- und Animationsprogramm. Meist mit HP, in der NS aber auch nur mit Frühstück zu buchen. Reservierung ℡ 052/465-200, www.valamar.com.

**** Valamar Hotel Allegro/Hotel Miramar, beide von Pinien umgeben, mit Meerwasser-Swimmingpools. Reichhaltiges Frühstücksbuffet in beiden Hotels. DZ/HP ab 132 €.

**** Valamar Hotel und Casa Sanfior, bestes am Platz. Schöne, komfortable Anlage mit Hallenbad, Pools, sehr gut ausgestattetem Wellness- und Fitnesscenter. DZ/HP ab 191 € mit Balkon/Terrasse.

**** Valamar Bellevue Hotel, weiter im Osten, fast am Bebauungsende mit großer Poollandschaft und Tauchbasis. Komfortable DZ/HP ab 156 €.

**** Valamar Albona & Residence , am Ende der Landzunge in belebenden mediterranen Farben. Ruhig gelegen. Pool, Tennis, Beachvolleyball, Fitnesscenter, Whirlpool. Nett sind die Appartements (2–6 Pers.), 3-Pers-App. mit Balkon oder Terrasse ab 123 €.

Hotelanlagen Maslinica Rabac Westl. von Rabac oberhalb des Campingplatzes stehen die riesigen Hotels der Maslinica-Hotelgruppe mit Pools, Hallenbad, Animation etc. V. a. bei Busreisen gebucht. Infos: ℡ 052/884-150, www.maslinica-rabac.com.

**** Hotel Mimosa-Lido Palace, DZ/F ab ca. 100 €; *** Hedera, ab ca. 66 €; **** Hotel Narcis, DZ/F ab ca. 100 €.

Camping *** Campingplatz Oliva, westl. der Bucht. Ebener 14-ha-Platz unter Olivenbäumen, leider etwas zu wenig Schatten. Mini-Club, Tennisplätze, Handball- und Basketballfeld, Minigolf, Tischtennis, Restaurant, Supermarkt in der Nähe. Boote können zu Wasser gelassen werden; von Felsen begrenzter Kiesstrand. April–Mitte Okt. Pro Pers. 8 €, Parzelle 20 €; auch Mobilhäuser. ℡ 052/872-258, www.maslinicarabac.com.

Essen & Trinken Entlang der Uferpromenade reihen sich die Restaurants. Empfehlenswert u. a.:

Restaurant Lino, mit hübschem Wintergarten und Meerblick. Hier gibt es traditionell zubereitete Fischspezialitäten wie Lobster mit Pasta, fangfrischen Fisch und besten Service. Tägl. ab 12 Uhr. M. Tita 59, ℡ 052/872-629.

>>> Mein Tipp: Restaurant-Hotel Nostromo, westl. des Hafens. Schöner Meerblick

Ostküste: Labin und Umgebung → Karte S. 233

von der Terrasse. Gute Fischgerichte, z. B. Seeteufel in Weinsauce mit Polenta oder als Vorspeise ein Seeteufel-Carpaccio. Nudelfans kommen bei Fuži mit würziger Sardellensauce auf ihre Kosten. Zudem hübsche Zimmer. Ganzjährig. Obala M. Tita 7, ✆ 052/872-601. ≪

Restaurant Rapčanka, etwas oberhalb des Meeres. Leider nur mit kleiner Terrasse. Spezialitäten sind Fischgerichte wie Seeteufel mit Kartoffeln aus dem Backofen oder Hummerbrodetto mit Polenta. April–Okt. ab 12 Uhr. Obala M. Tita 31, ✆ 052/872-784.

Labin/Rabac Umgebung

Motorradfahrer und verwegene Autolenker, deren Bremsen und Kühler in gutem Zustand sind, können die **Halbinsel Koromačno** südwestlich von Labin auf eigene Faust erkunden. Kleine Straßen führen mit bis zu 20-prozentiger Steigung über die Spitze der Halbinsel bergauf und bergab, mal zum Meer hin, dann wieder davon weg. Nicht umsonst heißt der höchste Punkt der Halbinsel *Oštri*, „der Scharfe" (531 m), der den Ausflug mit fantastischem Weitblick über das unbesiedelte Gebiet und hinüber zu den Inseln Cres und Lošinj belohnt, ehe man über *Skitača* und *Brovinje* erleichtert wieder die breit ausgebaute Straße nach Labin erreicht. Ein schöner, rund einstündiger Spaziergang auf dem Sv. Lucija-Rundweg (→ Kleiner Wanderführer/Wanderung 7) führt von Skitača zur Kirche Sv. Matej aus dem 11. Jh. Der Blick gen Westen zur Halbinsel Kamenjak und nach Pula ist herrlich. Leider wird die Idylle von dem am Meer liegenden, riesigen Zementwerk von Koromačno getrübt. Unten am Meer finden sich Campingplätze – größere Einkäufe sollte man besser vorher in Labin tätigen. Entlang der Westseite der Halbinsel schiebt sich tief ins Land der zerlappte *Zaljev Raša* mit dem Weiler *Trget*, hier findet man nette Konobas und auch Anlegemöglichkeiten.

> 🚶 **Wanderung 7: Sv. Lucija-Rundtour bei Labin**   → S. 331
> Leichte, aussichtsreiche Wanderung auf der Halbinsel Koromačno

Schöne Kiesbuchten mit Blick auf die Insel Cres (bei Rabac)

Ostküste
Labin bis Opatija

5 km

Anfahrt Wer eine Rundtour plant, beginnt am besten im Westen, da die stärksten Anstiege im Osten sind.

Essen/Übernachten   》》 Mein Tipp:
**** Agrotourismus Kaštel Pineta, ca. 10 km von Labin am Ortsbeginn von Sv. Martin. Großes, fast schon burgähnliches Landhaus mit Uhr- bzw. Wehrturm, einst im Besitz der Adeligen Lazzarini. Es gibt ein lobenswertes Restaurant mit Terrasse; hauseigene Produkte wie Kaninchen aus der Peka oder hausgemachte Fuži mit Pilzen, als Dessert natürlich „Krafi", aber flambiert. Nach Anfrage tägl. ab 17 Uhr. Weinkeller u. Vinothek mit hauseigenem Malvazija. Großes Hallenbad u. Reitmöglichkeiten. Zudem 6 gemütliche 2- bis 4-Pers.-Appartements (Domus-Bonus). ✆ 052/493-118, www.kastelpineta.com. 《《

Agrotourismus Marconi, in idyllischer Lage 10 km von Labin und ebenso weit vom Meer, im Weiler Gora Glušići, Appartementvermietung (4–7 Pers.) im Natursteinhaus; für Kinder gibt es viele Tiere zum Füttern und Streicheln. Vom Bauernhof kommt alles frisch auf den Tisch, von Wein über Gemüse und Obst bis hin zu Würsten, Käse, frischen Eiern. Fahrradverleih. Gora Glušići 25, Labin, ✆ 052/878-311.

Im Weiler Trget sind einige sehr gute Konobas (ganzjährig), u. a. **Konoba Nando**, ✆ 091/4040-756 (mobil). Frische Fische isst man am besten bei **Martin Pescador** am Meer, tägl. ab 12 Uhr, ✆ 052/544-976.

Camping Zwei Zeltplätze liegen auf der Halbinsel Koromačno südwestlich von Labin:

** Autocamp Tunarica, abzweigend von der Straße nach Pula führt eine gut ausgebaute Straße in ca. 18 km zum Camp (Abzweig kurz nach Viskovići) durch grüne, wenig besiedelte Hügellandschaft. Der 3-ha-Platz an einer Verästelung des Zaljev Raša am Beginn der Ubac-Landzunge verschwindet völlig in einem Pinienwald mit unaufhörlichem Zikadengezirpe. Am Strand wachsen Olivenbäume (daher der Name Tunarica). Den schönsten Fleck zum Baden am felsigen Ufer kann man sich noch selbst aussuchen. Ein kleiner Supermarkt mit Obststand und ein schattiges Restaurant mit guter Küche komplettieren das Angebot des sympathischen Platzes. Auch für Boote geeignet, zudem Tauchschule u. Flaschenfüllung, gratis Fahrradverleih. Busverbindung ab Diminiči. Pro Pers. 6,30 €, Stellplatz 7,70 €, Parzelle ab 11,50 €. Ende April–Sept. Tunarica 80, Sv. Lovreč Labinski, ✆ 052/465-010, www.camping-adriatic.com.

**** Autocamp Marina, fast schattenloser 5-ha-Platz an der nordöstlichen Seite der Koromačno-Halbinsel auf einer kleinen Landzunge. Mit FKK-Abschnitt. Gute Infrastruktur mit Restaurant, Bar, Supermarkt und Tauchcenter (steile, felsige Küste u. beste Tauchgründe). Von der Altstadt in Richtung Friedhof, dann auf schmalem Sträßchen nach Crni, an der Gabelung tief hinab aus Meer nach Sv. Marina (ausgeschildert). Pro Pers. 8.50 €, Kinder 4–10 J. 4,90 €, Stellplatz 11 €, Parzelle (je nach Lage/Strom-/Wasseranschluss) ab 22,30 €; auch schöne Mobilhäuser. TS 10% Aufschlag. Ende März–Okt. Sv. Marina b. b., Res.-✆ 052/465-010, 879-058 (Camp), www.camping-adriatic.com.

Wandern Beim netten Weiler **Skitača** lohnt eine kurze Wanderung zum Hügel mit Gipfelkreuz nordöstlich des Ortes – die „Fast"-Rundsicht ist fantastisch → Rabac/Wandern).

Ausflug in Richtung Pazin (Pisino): Von Labin aus bietet sich eine landschaftlich herrliche Tour entlang der Westseite des Učka-Gebirges an. In *Vozilići*, 10 km östlich von Labin (kurz vor Uvala Plomin), zweigt die Straße nördlich ins Landesinnere zu interessanten mittelalterlichen Orten rund um Pazin ab: **Kršan** (Chersano), **Pićan** (Pedena) und **Gračišće** (Gallignana). Mehr dazu (→ Pazin/Umgebung). Wer die Strecke durch das Hinterland nimmt, kommt durch den *Učka-Tunnel* bzw. über das *Učka-Gebirge* (bis 20 % Steigung!) nach Opatija.

Tourismusverband Gemeinde Kršan, 52234 Plomin, Vozilići 66 (Straßenkreuzung nach Pazin), ✆ 052/880-155, www.istria-krsan.com. Zimmervermittlung, Infos für die gesamte Region. Juli/Aug. tägl. 8–21 Uhr, sonst Mo–Fr 8–15 Uhr.

Plomin (Fianona) und **Uvala Plomin**: Fast ein Muss für alle, die ohnehin vorhaben, die Küstenstraße weiter nach Opatija zu fahren. Bei Plomin öffnet sich ein erster Blick über die Bucht. An der romanischen *Georgskirche* (11. Jh.) der alten Siedlung

Flanona ist die *Plominski natpis*, ein Relief mit einer der ältesten glagolitischen Inschriften (11./13. Jh.) Istriens, zu bewundern. In der *Pfarrkiche Sv. Marija* entdeckte man ein Fresko mit glagolitischem Text von 1475. Nach 5 km ist *Mašnjak* (245 m) an der Landspitze erreicht, an der die Straße scharf nach Norden abbiegt. Von hier fantastischer Blick hinab aufs Meer und auf die Bucht.

Essen/Übernachten   Restaurant Kod Dorine, an der Hauptstraße mit schöner Terrasse. Gutes Plätzchen für den mittäglichen Hunger – es gibt vorzüglichen Fisch oder Beefsteak, z. B. mit Spargel. Tägl. ab frühmorgens bis 24 Uhr. Plomin 54, ✆ 052/863-023.

》》 Mein Tipp: *** Hotel Flanona, futuristischer runder Neubau mit Restaurant direkt am Kap und altbewährten imposanten Aussichtspunkt. 10 komfortable Zimmer, DZ/F 184 €, mit lohnender Terrasse 218 €. Ganzjährig. Plomin b. b., ✆ 052/864-426, www.hotel-flanona.com.hr. 《《

**** Pension Fianona, hübsch mit Meerblick (Domus-Bonus). Plomin 48, ✆ 052/863-178, ✆ 091/2505-392 (mobil).

Wandern   Von Plomin zum *Berg Sisol*, 835 m, am Rande des Učka-Gebirges, in ca. 2:30 Std.

Ab hier befinden wir uns in der Kvarner-Region und genau genommen nicht mehr in Istrien. Die Straße verläuft nun nah an der Küste, die Insel Cres, die Schiffe und querenden Fähren liegen im Blickfeld. Zypressen säumen die kurvige Küstenstraße, tief unten viele kleine Kiesbuchten, die meist nur mit dem Boot erreichbar sind. 5 km östlich von Plomin geht es rechts hinab zum Fährort **Brestova**, der die kürzeste Fährverbindung nach Cres bietet.

Detaillierte Informationen zur Kvarner-Region finden Sie in unserem Reisehandbuch **Nordkroatien, Zagreb & Kvarner-Bucht** (432 Seiten) von *Lore Marr-Bieger*, Michael Müller Verlag, 6. Auflage 2015.

Das alte Plomin am Hang und seine tiefe Bucht Zaljev Raša, genutzt u. a. für Holzverladungen

Ostküste: Labin und Umgebung   → Karte S. 233

Kleine Kiesbuchten schmiegen sich an die Gestade der Opatija Riviera

Ostküste: Opatija Riviera

Der 30 km lange Küstenabschnitt von Mošćenička Draga bis Opatija, die Opatija Riviera, war wegen ihres milden Klimas schon Ende des 19. Jh. beliebtes Erholungsziel für betuchte Ausländer. Heute blickt der Hauptort Opatija auf über 150 Jahre Tourismusgeschichte zurück und zählt zu Beginn des 21. Jh. noch immer zu den populärsten Urlaubsorten Europas.

Das Učka-Gebirge mit der höchsten Erhebung Istriens, dem 1401 m hohen *Vojak*, schützt die Region vor Trockenheit und kalten Winden. Ein Hinweis auf das subtropische Klima, das Zypressen, Palmen und Agaven gedeihen lässt, ist der Ortsname **Lovran** – Lovran ist vom lateinischen Wort für Lorbeer abgeleitet. Das milde Klima der Region mit 13,3 °C mittlerer Jahrestemperatur begünstigt in der Tat das Wachstum der Lorbeerbäume, die hier bis zu 10 m hoch werden. Bei Opatija, dem einstigen Winterkurort, der heute für seine Meerwassertherapie bekannt ist, endet die Riviera – sie ist durch die Meerengen *Srednja vrata* (Mittleres Tor) und *Vela vrata* (Großes Tor) mit dem offenen Meer verbunden.

Eigentlich beginnt die Opatija Riviera schon beim hoch auf den Felsen gebauten mittelalterlichen Städtchen **Brseč**, doch der erste bekannte Touristenort direkt an der Küste ist **Mošćenička Draga**. Bis Mošćenička Draga führt die Straße immer am Meer entlang mit Blick auf die Insel Cres. Wer unbedingt an dieser Strecke baden will, muss am Straßenrand parken und sich auf einem Pfad an den halsbrecherischen Abst7ieg wagen.

Mošćenička Draga   (Porto Moschienizze)

Der kleine Touristenort mit schönem Kiesstrand und Uferpromenade liegt an der kilometerlangen, viel besuchten Bucht von Draga, vor den grünen Abhängen des Učka-Gebirges.

Das einstige Fischerdorf, dessen Häuser sich um den Hafen gruppieren, ist wegen seiner guten Bade- und Übernachtungsmöglichkeiten beliebt und im Sommer oft überlaufen. Dicht an dicht lagern dann die Sonnenhungrigen am berühmten Kiesstrand der Bucht von Draga, auch Sv.-Marina-Bucht genannt. Zum Bummeln lädt die baumbestandene Uferpromenade ein, die Richtung Süden zu einer weiteren Kiesbucht, der Sv.-Ivan-Bucht bei der Villa Rubin, führt. Hier tummeln sich die Taucher, die in der Nähe ihre Basis haben. In der Nebensaison allerdings ist der Ort beschaulich, und wer ein Boot hat, kann dann zu weiteren einsamen Buchten schippern.

Sehenswert ist auch im etwa 1 km nördlich gelegenen Ortsteil Sv. Petar die **Peterskapelle** (Sv. Petar) von 1454, an der Kirchentür mit glagolitischer Inschrift versehen. Sie zählt zu den ältesten dieser Gegend. Vom dazugehörigen Kloster sind nur noch Grundmauerreste zu sehen. Von der Villa Rubin führt eine schweißtreibende Treppe mit über 700 Stufen hinauf zum mittelalterlichen Städtchen Mošćenice (→ Mošćenička Draga/Umgebung). Hinauf in Richtung Učka-Gebirge führen viele unterschiedlich lange Wanderwege, u. a. der Lehrpfad „Mitsko povijesna staza" zu den Mythen und zur Geschichte der Slawen nach Trebišća und weiter zum Berg Perun auf 881 m (→ Kleiner Wanderführer/Wanderung 8). Nach der Mythologie kämpfte Volos (auch Veles), der Gott der Erde, gegen den Donnergott oder Gott des Himmels, Perun.

Mošćenička Draga – nettes Touristenörtchen mit gepflegtem Kiesstrand

Ostküste: Opatija Riviera → Karte S. 233

Basis-Infos

Information Tourismusverband/TIC, 51417 Mošćenička Draga, Aleja Slatina b. b. (beim Parkplatz), ℡ 051/739-166, www.tz-moscenicka.hr. Juni–Sept. tägl. 8–20 Uhr, sonst Mo–Fr 8.30–14 Uhr.

Agentur Annalinea, Stari Grad 1 (Ortsmitte), ℡ 051/737-207, www.annalinea.com. Geöffnet wie TIC.

Info-Stand Annalinea, Hauptstraße (Ortszufahrt), ℡ 051/737-506. Zimmer, Ausflüge.

Verbindungen Bushalt für **Regionalbusse** im Ort: Bus Nr. 32 nach Lovran–Rijeka (alle 3 Std., 16 KN). Bus Nr. 32a nach Mošćenice–Brseč–Zagore. **Expressbusse**

(Abfahrt Hauptstr.) fast stündl. nach Pula (100 KN) und Richtung Opatija u. Rijeka (ca. 40 KN).

Gesundheit Apotheke ℡ 051/737-645; Ambulanz ℡ 051/737-608.

Veranstaltungen Kulturprogramm von Juni bis Sept., u. a. mit Klassikkonzerten, Regattas mit alten Holzsegelbooten. Mošćenička Draga ist bekannt für seinen **Karneval** im Febr., bei dem „pust", eine 25 m hohe, bemalte Holzfigur, am Hafenplatz in Flammen aufgeht. **Bluesfestival**, Mitte Juli Fr–So. **Trad. Holzsegelboote-Regatta**, 2. Juliwochenende.

Übernachten/Essen & Trinken

Übernachten Großes Angebot an **Privatzimmern** und **Appartements**. Schön wohnt man an der Uferpromenade.

≫ Mein Tipp: *** **Villa Kleiner**, ruhig an der Uferpromenade, familiär geführt (dtsch.-kroat. Ltg.). Mit Sauna, beheiztem Pool und schönem terrassierten Garten. Nette, geräumige Zimmer/Appartements mit Balkon/Terrasse und Blick aufs Meer. 80 €/2 Pers. (Okt.–April 70 € inkl. Frühstück). Ganzjährig. Fam. Kleiner, Šetalište 25. travnja 28, ℡ 051/737-544, www.villa-kleiner.com. ≪

*** **Villa Privileggio**, 2-stöckiger Neubau im Ort mit komfortabel ausgestatteten Zimmern. DZ/F mit Balkon ca. 100 €. Potok 5 a, ℡ 051/271-271, www.villa-privileggio.hr.

*** **Villa Pinia**, umgeben vom üppigen Garten an der Uferpromenade. Hier gibt es 5 nette Appartements. Šetalište 25. travnja 24, ℡ 051/737-657.

*** **Hotel Mediteran**, direkt am Strand; die Einrichtungen von Hotel Marina können mitbenutzt werden. Schön sind die DZ/F mit Balkon u. Meerblick für 120 €. Juni–Anf. Sept. Trg Slobode 1, ℡ 051/710-444, www. remisens.com.

**** **Hotel Marina**, abseits vom Strand. Großes Meerwasserhallenbad, ansprechendes 5-Elemente-Wellness-Spacenter, Fitnessbereich, Tennis, Tauchcenter, Fahrradverleih. DZ/HP ab 124 €. März–Okt. Aleja Slatina 2, ℡ 051/710-444, www.remisens.com.

*** **Villa Rubin**, schöne Lage, direkt am Strand Sv. Ivan. Zimmer/Appartements, Restaurant/Pizzeria. Leider sehr einfache DZ/F und Balkon 90 €. Ende März–Sept. Šetalište 25. travnja 37, ℡ 051/737-637, www.villa-rubin.com.

Übernachten außerhalb ≫ Mein Tipp: *** **Villa Iris**, im kleinen Weiler Donji Kraj, ca. 4 km in Richtung Lovran. Sehr gut ausgestattete Zimmer mit Wintergarten, umgeben von einem üppig wuchernden Garten und mit herrlichem Meerblick. Rund 200 m sind es bis zum Strand. DZ/F 96 €. Fam. Ibric (kroat.-schweiz. Ltg.), Donji Kraj 11, ℡ 051/737-805, www.villairis.ch. ≪

Camping *** **Autocamp Draga**, schattiges 2,2-ha-Gelände (Ortsbeginn). Teils ebenes, teils terrassiertes Gelände. Supermarkt. Pro Pers. 7,80 €, Parzelle 18 €. Mitte April–Mitte Okt. ℡ 051/737-523, www.autocampdraga.com.

Essen & Trinken Zahlreiche Cafés/Eisdielen entlang der Uferpromenade.

Konoba Benito, serviert Fischgerichte und schmackhafte Kalamari auf der Terrasse – schöner Blick auf den Hafen, die dümpelnden Boote und gen Strand. ℡ 051/737-502.

Konoba Žijavica, schönes Sitzen direkt an der Uferpromenade oder im gemütlichen modernen Innern. Vom jungen Team gibt's Saisonküche; leckere Vorspeisenplatten, Oktopus-Carpaccio, hausgemachte Fuži oder Mönchsfisch in Malvazija. April–Okt. Šetalište 25. travnja 2, ℡ 051/737-243.

»» Mein Tipp: Restaurant Johnson, Spitzenlokal mit gemütlicher Terrasse und Wintergarten. Nur aus besten Zutaten kreieren die Brüder Dean & Dragan Jurdana ihre schmackhaften Fisch- u. Fleischgerichte sowie die verführerischen Desserts; ausgewählte Weine. Ostern–Okt. Majčevo 29 b (Straßenbeginn Richtung Mošćenice), ☎ 051/737-578. **«**

Bistro Sportsko, neben dem Campingplatz. Ganzjährig.

Sport

Tauchen Diving Center Marine Sport, Spezialkurse, Schnuppertauchen, Ausrüstung, Tag- u. Nachttauchen an Wrack oder Steilwand. Tauchbasis Hotel Marina, Ltg. Robert Prelčić, ☎ 091/515-7212 (mobil), www.marinesport.hr.

Wanderungen ins Učka-Gebirge Bei allen Wanderungen an genügend Trinkwasser und rutschfeste Schuhe denken! (→ Kleiner Wanderführer/Wanderungen 8 und 9).

Rundweg Mošćenićka Draga–Mala Učka–Medveja (zurück mit Bus, s. o.) in ca. 8 Std. Der rot markierte Weg beginnt rechts neben dem Bushalt an der Hauptstraße, führt über den Weiler Sv. Petar hoch nach Trebišća, einem alten slawischen Platz mit Quelle, und weiter bergan zum Gipfel Mala Učka auf ca. 1100 m (bis hierher ca. 4 Std). Hier gibt es eine Käse-Alm (deutschsprachige Besitzer) und Quelle. Für den Rückweg gibt es zwei Möglichkeiten: entweder ab Mala Učka in 4 Std. den steilen Abstieg über Pavlinov dolac, Vlasin nach Kali und Mevja nehmen oder alternativ den Weg in Richtung Vojak laufen, unterhalb, beim Sattel (Sedlo) den Abzweig ins Tal nehmen. (Ein Abstecher bzw. Aufstieg auf den Vojak-Gipfel, 1401 m, lohnt, ca. 1 Std. zusätzl.). Ab Sedlo geht es dann in ca. 4 Std. über Vrata, Na Dole nach Lovranska Draga, Kožaca ins Tal nach Medveja. (→ Kleiner Wanderführer/Wanderung 9).

Lehr- und Wanderpfad Mošćenićka Draga–Trebišća mit Tafeln zur Geschichte, Mythologie und Tierwelt. Wer noch fit ist, geht von Trebišća in weiteren 1:30–2 Std. auf den Berggipfel Perun, 881 m. (→ Kleiner Wanderführer/Wanderung 8).

 Wanderung 8:
Von Mošćenićka Draga über Trebišća durch das Draga-Tal → S. 333
Auf dem historischen Pfad „Mitsko povijesna staza"

Ostküste: Opatija Riviera → Karte S. 233

Mošćenička Draga/Umgebung

Mošćenice (Moschienizze)e: Das mittelalterliche Städtchen thront etwa 2 km oberhalb von Mošćenićka Draga. Der Aufstieg lohnt – von hier oben genießt man einen weiten Blick über die Kvarner-Bucht und die Inseln. Die wehrhafte Altstadt ist sehr klein – ihr Hauptplatz liegt außerhalb vor dem Zentrum; die Außenmauern der dicht im Kreis zusammengedrängten Häuser boten in früheren Jahrhunderten Schutz vor den Truppen Venedigs, von hier oben kontrollierten die Piraten die Meerenge Vela vrata. Heute sind noch ein paar Hausmauern, der Turm und das Tor (17. Jh.) erhalten. Im *Museum* (Juli/Aug. 9–13/17–21 Uhr, sonst 10–17 Uhr; Eintritt 10 KN) gleich am Stadteingang ist u. a. eine alte Olivenpresse zu besichtigen, die bis in die 1970er-Jahre in Betrieb war. Und schließlich geht es auf 700 steilen Stufen wieder abwärts nach Mošćenićka Draga zur Villa Rubin. Eine schöne Panoramastrecke führt in 8 km u. a. über die Weiler Sv. Jelena, Martina hinab nach Brseč – auch eine schöne Mountainbikeroute.

Essen/Übernachten »» Mein Tipp: Re-staurant-Pension Perun, von der Terrasse genießt man einen fantastischen Weitblick über die Kvarner-Bucht. Spezialitäten sind u. a. mit Schinken u. Käse gefüllter Tinten-fisch, Fischgerichte, zudem leckere Kuchen u. Desserts. Ganzjährig ab 11 Uhr. Auch Zimmervermietung. ✆ 051/737-515. «««

»» **Mein Tipp:** Konoba Slamnjaki (Ltg. Fr. Milena Malinarić), ein wunderbarer Platz mit idyllischer Terrasse – ein paar Meter entfernt kann man das Panorama auf die Kvarner-Inseln genießen. Spezialitäten sind Fuži, Ravioli und Schweinelendchen. Tägl. außer Mo 11–22 Uhr. Sv. Jelena 25 a, ✆ 051/290-132. «««

Brseč (Bersez): Etwa 10 km südlich von Mošćenička Draga (Richtung Labin) thront auf einem 157 m hohen Felsen der mittelalterliche Ort, der schon in der Vorge-schichte besiedelt war. Die Brseč umgebende Wehrmauer mit einigen glagoliti-schen Inschriften ist noch gut erhalten; den Ort überragt der Glockenturm der *Ge-orgskirche*, die im Innern mit Fresken (16. Jh.) von Albert von Konstanz ge-schmückt ist (den Schlüssel gibt's bei Fr. Wanda, die nahe der Kirche wohnt). Etwas unterhalb auf einem Felsvorsprung direkt über dem Meer steht die *Kapelle Sv. Magdalene* – noch weiter bergab geht's zu einer schönen Badebucht.

Im Ort das **Restaurant Batelan** u. **Pizzeria Sisol**, zudem Übernachtungsmöglichkeiten: u. a. **Fam. Galović Bogdan**, Brseč 9, ✆ 051/290-017 oder **Fam. Nada Bremuš**, Brseč 41, ✆ 051/290-022.

Ein *Wanderpfad* führt von Brseč zur südlichsten Spitze des Učka-Gebirges auf den 835 m hohen *Berg Sisol*. Die Fernsicht von hier oben auf die gegenüber liegenden Kvarner-Inseln ist fantastisch. Wer mag, kann die Wanderung am Kamm in Richtung Mala Učka fortsetzen oder Richtung Mošćenice (s. o.) mit dem Mountainbike fahren.

Zagorje: Weitere 2 km südlich von Brseč liegt dieser Weiler mit dem Geburtshaus von *Eugen Kumičić* (1850–1905), einem bekannten kroatischen Schriftsteller, der hier seine Liebesromane verfasste. Heute residiert in dem umgestalteten, idylli-schen Gebäude mit Nebentrakten der international anerkannte Bildhauer *Ljubo de Karina* (geb. 1947); seine Werke können besichtigt werden (→ S. 69).

Hoch oben thront Brseč vor der Kulisse Rijekas

Medveja – Idylle am Hafen und Strand in der Nebensaison

Medveja

Das Fischerörtchen liegt direkt an der in der Hauptsaison stark frequentierten Küstenstraße. Der schöne Kiesstrand ist in der Hauptsaison inzwischen leider mit Liegestühlen voll gestellt. Wanderfreunde laufen zu den kleinen Buchten in der Umgebung oder hinauf ins Učka-Gebirge.

Auf dem **Kap Cesara** erhebt sich die Villa Castello mit ihrem romanischen runden Turm, gegenüber steht auf dem **Kap Medveja** die Villa Susmel – dazwischen erstreckt sich ein langer, sonnenverwöhnter Strand. Die Schattenseite der Idylle ist das Parkproblem – die Küstenstraße ist im Sommer meist zugeparkt.

Ob sich die Bären aus dem Učka-Gebirge hier jemals blicken ließen, ist nicht geklärt, obwohl sich der Ortsname Medveja tatsächlich von Medvjed (Bär) und nicht vom altgriechischen Medea ableitet, wie einige Historiker meinen.

Information Touristinformation, 51415 Lovran-Medveja, Medveja b. b., ✆ 051/291-296. Mitte April–Mitte Sept. Mo–Fr 9–14.30 Uhr (Juli/Aug. auch Sa).

Verbindung Bus, von Opatija und nach Mošćenička Draga, im 2-Std.-Takt.

Übernachten/Camping Privatzimmer ab 20 €/Pers.

*** Camping Medveja, schöner 9-ha-Platz auf bewaldeter Wiese, durch die Uferstraße von Meer und Strand getrennt. Die Anlage zieht sich in die lange Talsenke. Mit Restaurants, Disco, Bar u. Supermarkt. Tauchclub, kleiner Hafen, Windsurfen, WiFi. Stellplatz (inkl. Auto und max. 4 Pers.) ab 53 €. Auch Mobilhausvermietung u. schöne Appartements/Bungalows. Ende Mai–Mitte Okt. ✆ 051/710-444, www.remisens.com.

Essen & Trinken Restaurant Medvejica, am Campingplatz.

Konoba Punta, Straße Richtung Kali. Klein und gemütlich; nur Mitte Juni–Mitte Sept. Medveja 33.

Konoba-Pension Kali, im Weiler Kali, ca. 600 m oberhalb von Medveja. Von der überdachten Terrasse schöner Blick aufs Meer. Hier kommen Pasta-Fans auf ihre Kosten, 10 verschiedene hausgemachte Sorten gibt es, z. B. gefüllt mit Ricotta u. Pršut in Scampisauce; zudem Lamm aus der Peka vom lodernden Holzofen. Auch leckere Souvenirs: u. a. Feigenkuchen oder Maronencreme. Auch Unterkünfte. Ganzjährig, tägl. 11–24 Uhr. Kali 39, ✆ 051/293-268, 098/563-872 (mobil), www.konobakali.hr. ∎

Tauchen Am Strand gibt es Sub-Service; Tauchgänge, Kurse, Füllung. ✆ 051/272-153.

Wanderungen ins Učka-Gebirge Bei allen Wanderungen an genügend Trinkwasser und rutschfeste Schuhe denken! (→ Kleiner Wanderführer/Wanderung 9).

Wanderung Medveja (Camp)–Lovranska Draga–Wasserfall (Slap): über markierten Pfad durch Kastanien- und Hainbuchenwald in 2 Std. erreichbar. Die letzte knappe halbe Stunde verläuft schön am Bach entlang – hier wachsen u. a. Alpenveilchen und im Frühjahr blüht der Alpengoldregen.

Rundtour zum Gipfel Vojak und Mala Učka (ca. 8 Std.): Beginn ist beim Taleinschnitt, nördlich vom Campingplatz (rote Markierung) in Richtung Lovranska Draga. Dort bietet sich die Möglichkeit, den nördlich erhöht vom Ort liegenden Wasserfall (Slap) zu besuchen (ca. 1 Std. insg.). Der Weg muss unten fortgesetzt werden. Es geht kontinuierlich über Na Dole bis zum Sedlo bergan. Einen kurzen Gipfelbesuch auf dem Vojak sollte man nicht versäumen. Vom Sedlo geht es auf der Rundtour nach Süden zum Mala Učka, dort kann man sich in der Käse-Alm stärken und frisches Quellwasser trinken (→ Mošćenićka Draga). Dann folgt der steile Abstieg zurück nach Medveja über Pavlinov dolac (Wegverlängerung nach Mošćenićka Draga möglich, s. o.).

🚶 **Wanderung 9: Von Medveja nach Mošćenićka Draga**   → S. 336
Mittelschwere, lange Rundwanderung in das aussichtsreiche Učka-Gebirge

Lovran   (Lovrana)

Neben Opatija ist Lovran der bekannteste Fremdenverkehrsort an der Riviera. Lovrans alte herrschaftliche Villen verstecken sich hinter dem üppigen Grün mächtiger Bäume, im Hintergrund steigt das Učka-Gebirge an. Die Stadt verdankt ihren Namen den mächtigen Lorbeerbäumen, die entlang der schönen Uferpromenade Schatten spenden.

Mit seinen prächtigen Häusern und Villen zieht sich Lovran die Hauptstraße entlang und die Hänge hinauf – mittendrin ein kleiner mittelalterlicher Stadtkern. Die über 100 Jahre alte Uferpromenade, der *Lungomare*, verbindet die Stadt mit Opatija, der schattige Weg an den Fels- und Kiesbuchten entlang ist malerisch; zum Ausruhen laden Bänke ein, von denen man einen herrlichen Blick auf die Riviera und die Kvarner-Bucht genießt. Der Ortsname Lovran geht auf das antike *Lauriana* zurück, abgeleitet vom lateinischen *Laurus* – Lorbeer. Und in der Tat wachsen hier neben Pinien, Kastanien und Eichen riesige Lorbeerbäume und -sträucher. Bekannt ist Lovran auch für seine Maronenbäume, die etwas oberhalb des Ortes gedeihen – Kenner behaupten, hier wüchsen die besten Maroni. Grund genug, diesen Umstand jährlich mit einem mehrtägigen Maronenfest zu feiern. Und weil auch die hiesigen Kirschen die schmackhaftesten der Region sein sollen, gibt's im Juni noch ein großes Kirschenfest.

Lovran – prachtvolle Villen säumen die Küste

Ostküste: Opatija Riviera → Karte S. 233

Geschichte

Der Überlieferung nach soll ein römischer Patrizier, wahrscheinlich ein Schwieger-
sohn des *Kaisers Augustus,* zu Beginn der Zeitenwende einen Sommersitz in Lovran unterhalten haben. Verschiedentlich wird Lovran auch als Schiffs- und
Handelszentrum erwähnt. Zur Zeit des Kroatischen Königreichs (9. bis 11. Jh.) gehörte Lovran zum Verwaltungsgebiet Liburnische Küste, das sich bis zum Raša-
Fluss erstreckte. Im 14. Jh. kam Lovran in den Besitz der Habsburger und blieb bis
1918 österreichisch – abgesehen von einer kurzen Unterbrechung von 1809 bis
1815, als *Napoleon* nach seinem Sieg über Österreich auch Lovran besetzt hielt.

Im Mittelalter war der Ort bedeutungslos, erst Mitte des 19. Jh. erlebte Lovran
durch den Aufstieg Opatijas zur Kurstadt eine neue Blüte – schon vor dem Ersten
Weltkrieg wurden 10 Hotels, über 50 Pensionen und 80 Villen, eine moderne Infrastruktur, zwei Badeanstalten und ein Theater aus dem Boden gestampft – den kleinen mittelalterlichen Stadtkern verschonte man glücklicherweise beim Bauboom.

⌒ Basis-Infos

Information Tourismusverband, 51415
Lovran, Trg Slobode 1 (neben Kirche),
✆ 051/291-740, www.tz-lovran.hr. Mitte Juni–
Mitte Sept. Mo–Sa 8–20, So 9–13 Uhr; sonst
Mo–Fr 8–15 u. Sa 9–13 Uhr. Gute Infos zum
gesamten Gebiet.

Lovranske Vile d.o.o., Viktora Cara Emina
11, ✆ 051/294-604, www.lovranske-vile.com.
Vermietung von Luxus-Villen, Wohnungen
u. Zimmern am Meer und an Učka-Ab-
hängen.

Agentur Oriana, Trg Slobode 8, ✆ 051/292-
822. Juni–Sept. Zimmer u. Fahrräder.

Agentur Olinfos, organisiert Wander- u.
Mountainbiketouren   unterschiedlichster
Länge/Schwierigkeitsgrade durchs Učka-
Gebirge. Paragliden, Klettern etc. Rezine 4,
✆ 051/292-481, ✆ 091/292-4810 (mobil), www.
olinfos.hr.

Verbindungen Bus, Linie 32 Rijeka–Opatija–Lovran im 20-Min.-Takt; Bushalt gegenüber Altstadteingang. Linie 36 Lovran–

Liganj–Dovreć–Lovranska Draga, Bushalt Straßenbeginn in Richtung Lovranska Draga bzw. gegenüber Markt. Infos bei TIC.

Gesundheit Krankenhaus, Šet. M. Tita 1, ✆ 051/710-200. **Ambulanz**, Ulica 9. rujna 6, ✆ 051/292-080. **Apotheke**, Šet. M. Tita 46, ✆ 051/291-051.

Veranstaltungen Spargelfest, 2. April-Sa. **Kirschenfest**, 2. Juni-Sa. **Fischerfeste** im Sommer am Hafen. **Marunada** (Maronenfest), 3. Okt.-Woche Fr–So. **Klassikabende** im Sommer in der Georgskirche. Im Febr. wird ausgiebigst der **Karneval** gefeiert.

Wandern Entlang dem **Lungomare** von Lovran nach Opatija 9 km, ca. 1:30 Std. (bis Volosko 12 km). Ins **Učka-Gebirge** von Lovran nach Liganj in 0:45 Std., zum **Vojak-Gipfel** ca. 5 Std. Weg (roter Kreis auf weiß), Lovran–Sv. Roka–Ivulići–Kaluža–Poklon in ca. 2:30–3 Std., Lovran–Dobreć–Berg Poklon ca. 4 Std., Poklon–Vojak 1:30 Std.

Übernachten/Essen & Trinken

Übernachten Privatzimmer, großes Angebot über die Agenturen: DZ ab 30 €, Appartements ab 40 €/2 Pers. Nette Pensionen finden sich auch oberhalb von Lovran, in Richtung Lovranska Draga. Am Lungomare laden prachtvolle alte **Villen** zum Übernachten ein – die Auswahl ist riesig. Zur TS Aufschlag von 10–20 %.

*** **Pension Štanger**, ca. 1 km vor Lovran (in Richtung Mošćenička Draga). Schöner Blick übers Meer, sehr gutes Restaurant (s. u.), eigener kleiner Felsbadestrand. Gut ausgestattete DZ/F mit Balkon 114 €, Meerblick 140 €, auch Suiten. M. Tita 128, ✆ 051/291-154, www.pansion-stanger.com.

*** **Hotel Bristol**, preiswert nächtigen im alten K-&-k-Prachtbau mitten im Park an der Uferpromenade. Geräumige Zimmer mit kleinen, überdachten Balkonen; große Frühstücksterrasse. DZ/F ab 86 €, lohnende Meersicht 100 €. V. a. gut für die NS. Maršala Tita 27, ✆ 051/291-022, www.liburnia.hr.

*** **Hotel Lovran**, bestehend aus den Villen Beauregard und Blankenstein von 1880. 1909 wurden diese unter Federführung des österreichischen Architekten Carl Seidl erweitert und umgebaut. Ca. 30 Zimmer, 18 Appartements, gemütlich im 1950er-Jahre-Stil; kleiner Wellnessbereich. DZ/F ab ca. 100 €. Maršala Tita 19/2, ✆ 051/291-222, www. hotel-lovran.hr.

*** **Villa Magnolia**, ebenfalls ein Prachtbau (1904–1906) des Architekten Carl Seidl (s. o.) direkt an der Uferpromenade. Zimmer (2–4 Pers.) ab 125 €. Viktora Cara Emina 11, ✆ 051/294-897, www.villa-magnolia.info.

Das mittelalterliche Zentrum mit Stadtplatz und altem Rathaus

**** Villa Eugenia, im Zentrum, umgeben von üppigem Grün, liegt der alte, aber komfortabel ausgestattete Prachtbau von 1910; sehr gutes Restaurant, Wintergarten und kleiner Wellnessbereich. DZ/F ab 120 €. Maršala Tita 34.

**** Hotel Villa Vera, komfortable Zimmer/Appartements, stadtauswärts etwas oberhalb des Lungomare. Zum Relaxen gibt's einen Swimmingpool im Wintergarten und Sauna. DZ/F ab 154 €. Maršala Tita 5, www.hotel-villavera.hr.

》》Mein Tipp: **** Villa Astra, im gotisch-venezianischen Blumenstil, 1903 vom venezianischen Architekten Renato Renosco erbaut. Das renovierte Schmuckstück (Mitglied der Schlosshotels) steht inmitten eines palmenbestandenen Parks mit Terrasse und beheiztem Meerwasserpool am Lungomare. Stilvolle Räumlichkeiten zum Entspannen, Wellnessbereich, Tennisplatz und Privatstrand. Das Restaurant mit seinen drei Salons bietet vorzügliche Küche. Komfortable DZ/F ab 246 €. Ul. Viktora Cara Emina 11, ℡ 051/294-400, www.lovranskevile.com. **《《**

Essen & Trinken Restaurant Knezgrad, auf der Terrasse beim Hauptplatz sitzt man gemütlich. Sehr gute Fischgerichte und einheimische Küche wie Gulasch und Gnocchi. Ganzjährig ab 12 Uhr. Trg slobode 12, ℡ 051/291-838.

Restaurant Štanger, von der Terrasse Weitblick über die Bucht nach Rijeka. Serviert wird beste traditonelle Saisonküche mit vielen Spezialitäten (→ Übernachten).

》》Mein Tipp: Restaurant Villa Astra, nach Voranmeldung speist man bestens und in zeitloser Eleganz: Slow-Food aus der fantasiereichen, den Jahreszeiten angepassten Küche verwöhnen Auge wie Gaumen. Gemüse und Früchte sind meist aus ökologischem Anbau und mit Bedacht ausgewählt, auch Käse und Fleisch sowie die Kräuter und Tees sind aus dem Učka-Gebirge. Leckerstes Naschwerk und erlesene Weine runden ein Essen ab. V.C. Emina 11, ℡ 051/294-400. **《《**

Marunada

Das Maronenfest *Marunada,* das früher nur in Dobreć (oberhalb von Lovran) gefeiert wurde, hat sich mittlerweile zu einem regionalen Spektakel ausgeweitet. Lovran beginnt Mitte Oktober, danach folgt Liganj und den Festabschluss macht Dobreć. Dann werden überall in den Hotels leckere Maronentörtchen und -kuchen sowie auf den Straßen geröstete Maronen verkauft. Dazu gibt es Theateraufführungen zum Thema Maronen mit maronengeschmückten Kindern, Musik und natürlich jede Menge Wein. Übrigens sind die Bäume allesamt in Privatbesitz. Die Maronen werden vor dem Fest vom Baum geschlagen und reifen dann in Körben nach – so halten sie sich bis zu sechs Wochen frisch.

Sind es Maronen oder Kastanien? Maronen sind frostempfindlich, in der Regel größer und vor allem essbar, da weicher und aromatischer als ihre harten Schwestern.

Ostküste: Opatija Riviera → Karte S. 233

Sehenswertes

Lovrans mittelalterliches Zentrum betritt man durch das südliche Stadttor gegenüber dem Hafen. Zum großen Kirchplatz führen malerische Gässchen mit einfachen, aber sehr unterschiedlich gestalteten Häusern; einige haben Außentreppen, andere barocke Portale, Balkone, Gärten oder Erker. Viele sind mit Blumen geschmückt und beherbergen kleine Läden, Cafés oder Schmuckgeschäfte.

Am Kirchplatz fallen zwei Barockgebäude ins Auge: Gegenüber dem Gotteshaus das mit einem Holzrelief über dem Steinportal geschmückte ehemalige **Rathaus** (bis 1870) – Sankt Georg, fest auf seinem Pferd sitzend, durchbohrt mit fester Hand den teuflischen Drachen. Ein paar Meter daneben das **Mustaćon-Haus** (Mustaćon = Schnurrbart), das mit seinem dämonisch dreinblickenden, schnurrbärtigen Gesicht über dem Portal die bösen Geister und Feinde abwehren soll.

Eine Steintafel an einer Gartenmauer gegenüber vom Kirchplatz erinnert daran, dass 1845 der sächsische König *Friedrich August II.* hier zu Gast war. Auf dem Platz erhebt sich die **Kirche des hl. Georg**. Der romanische Campanile (12. Jh.) steht unverändert da, doch die Kirche des Stadtpatrons wurde wegen wiederholter Zerstörungen immer wieder umgebaut. Ihr gotisches, mit alten Fresken bemaltes Gewölbe (15. Jh.) zählt zu den besterhaltenen der Region; die Malereien illustrieren das Leben Christi und die Passionsgeschichte. Sehenswert am Hafen ist die romanische **Dreifaltigkeits-Kapelle** (Sv. Trojstva) mit spätgotischen Wandmalereien und einer Grabplatte mit glagolitischer Inschrift aus dem Jahr 1595.

Von seiner schönsten Seite erlebt Lovran, wer den **Lungomare**, die traditionsreiche, vor über hundert Jahren erbaute Uferpromenade, zu Fuß erkundet: Durch üppig bepflanzte Parkanlagen schlängelt sich der Weg vorbei an steilen Felsen Richtung Ika. Wer noch weiter will, kann auf der Promenade bis nach Opatija-Volosko laufen (von Lovran aus ca. 12 km). Oder man macht sich oberhalb der Stadt auf Entdeckungstour, wo an den Abhängen riesige Maronenbäume gedeihen.

Lovran/Umgebung

Schön ist auch eine Fahrt oder Wanderung hinauf ins Učka-Gebirge mit seinen hübschen Dörfern **Dobreć** und **Liganj** oder dem noch höher liegenden **Lovranska Draga** (12 km). Von dort kann man in 4:30 Std. durch schattige Wälder zum *Berg Vojak* (1401 m) aufsteigen und oben den fantastischen Ausblick über die Kvarner-Bucht und Istrien genießen (→ Lovran/Wandern und Medveja/Wandern). In Liganj ist auch die Verwaltung des Naturparks Učka (→ Naturpark Učka-Gebirge). Busverbindungen gibt es von Lovran bis Lovranska Draga. Eine hübsche Kurzwanderung von insg. ca. 0:45 Std. Laufzeit bietet sich von Lovranska Draga zum Wasserfall, kroatisch **Slap**, an. Wer Glück hat, sieht sogar Erdkröten und Feuersalamander. Der Weg führt entlang des Wildbachs durch satte Kastanienhaine und durch Eichen- und Hainbuchenwald.

Übernachten/Essen Konoba Lovranska **Draga**, preiswertes und gutes Lokal. In der Saison ab 15 Uhr. Cesta za Lovranska Dragu 19 b, ✆ 051/292-720.

»» Mein Tipp: Hotel Draga di Lovrana, die alte Zollstation auf dem einstigen Schmugglerweg zählt zu den gastronomischen Topadressen des Landes. Von außen eher schlicht, besticht das Innere durch unauffällige Eleganz und Feinheit mit besten Materialien (u. a. Murano-Glas, Marmor). Durch den breit verglasten, weißen Speiseraum und von der Terrasse hat man einen herrlichen Blick auf Učka und das Meer. Schon morgens durchzieht das Haus der Duft der verschiedenen selbst gebackenen Brötchen, Fische und frisches Gemüse liegen parat. Die Zimmer sind komfortabel und behaglich eingerichtet. DZ/F 206 €, auch Appartements. Ganzjährig. Lovranska Draga 1, ℡ 051/294-166, www.dragadilovrana.hr. ≪

***** **Landhaus Oraj**, wundervoll renoviertes, 200 qm großes Landhaus (8–10 Pers.) von 1896 mit Blick aufs Meer oberhalb von Lovranska Draga. Wer Abgeschiedenheit sucht, ist hier richtig. Neben 4 Schlafzimmern (eigene Bäder) gibt es einen Wohnraum, einen großen Speiseraum, Feuerplatz, Terrasse und einen schönen, verwilderten Garten. Das einzig „Stillose", aber Nützliche ist der kleine Plastikpool. Nach Bestellung gibt es köstliche Landhausküche. Preis auf Anfrage. www.lovranskevile.com.

Naturpark Učka-Gebirge

Dem sanft von der Plomin-Bucht in Richtung Norden ansteigenden Bergzug ist es zu verdanken, dass an der Opatija Riviera auch im Winter milde Temperaturen herrschen, in denen die subtropische Pflanzenwelt üppig gedeihen kann. Seine höchste Erhebung, der Berg Vojak, misst 1401 m.

Das Učka-Gebirge, mit seinem 922 m hohen *Poklon-Bergsattel* auch *istrischer Olymp* genannt (Učka – lat. *mons maximus*), ist im Norden mit der *Ćićarija-Gebirgskette* verbunden; die Straße über den Poklon-Bergsattel verbindet seit alters her das istrische Hinterland mit der Kvarner-Bucht. Seit 1981 ist dieser Weg kürzer: Der Verkehr von der Nordwestküste Istriens nach Opatija und Rijeka fließt seitdem durch den 5 km langen Učka-Tunnel (Maut 29 KN).

Učka-Gebirge – der Vojak bietet fantastischen Fernblick nach allen Seiten

Von Lovran (0 m) bis auf den 1401 m hohen *Vojak,* den höchsten Berg im Učka-Gebirge, sind es gute 5 Stunden Aufstieg. Schöne Wanderwege (rote Markierungen)
führen von Lovran, aber auch von Medveja, Mošćenička Draga und Opatija hinauf
(→ Wandervorschläge bei den jeweiligen Ortskapiteln und Kleiner Wanderführer/
Wanderungen 8, 9, 10). Die Pfade verlaufen durch eine unbesiedelte Gegend mit
etlichen Höhlen, Wasserfällen (u. a. Slap bei Lovranska Draga) und einer Vielzahl
an geschützten endemischen Pflanzen (u. a. die hübsche Učka-Glockenblume,
Campanula tommasiniana) und Tieren; Bären und Wölfe gibt es im Učka-Naturpark zwar keine mehr, aber in den heißen Monaten sollte man auf Schlangen achten (mehr Infos zur Fauna und Flora im Učka-Gebirge in den Einführungskapiteln
„Flora" und „Fauna"). Mountainbikefans mit Kondition können das Učka-Gebirge
auf einer 200 km langen Tour umrunden.

Eine Besonderheit des Naturparks ist das **Naturdenkmal Vela Draga** mit seinen
meterhoch aufragenden Kalksteintürmen an der Nordostflanke des Gebirges. Ein
Lehrpfad führt in 0:20 Std. zum Aussichtspunkt des Vela-Draga-Tales; wer hinab
gehen und den Kletterern an den bizarren Felsen zusehen möchte, benötigt
unbedingt gutes Schuhwerk und weitere 0:30 Std. (Startpunkt ist der Parkplatz
unterhalb der Tunnel-Mautstelle, Straße Richtung Vrana). Es gibt auch geführte
mehrstündige Wanderungen durch den Canyon.

Den *Poklon-Bergsattel* erreicht man von Opatija oder Ičići aus. Auf der Strecke gibt
es viele gute, preiswerte Restaurants mit schönen Terrassen und Blick über die
Kvarner-Bucht. Auf dem Bergsattel steht die *Unterkunftshütte Poklon,* an der
Straße *Restaurant-Pension Učka,* wo man parken kann. Von hier ist in gut 1:30 Std.
Laufzeit auf dem *Lehrpfad Plas* der 1911 erbaute Aussichtsturm (mit Info-Stelle)
auf dem Vojak-Gipfel erreicht (auch per Auto erreichbar).

Ein Aufstieg zum Vojak ist lohnenswert. Bei klarer Sicht sind im Südosten alle vier
großen Kvarner-Inseln und das Velebit-Gebirge zu sehen – im Norden reicht der
Blick bis in die rund 120 km entfernten Julischen Alpen mit dem Triglav! In den
Sommermonaten gibt es organisierte Bus- und Wanderausflüge von Lovran und
Opatija bis zum Restaurant (Infos in den Agenturen); zusätzlich pendelt an den
Sonntagen im Juli und August ein Bus von Opatija ins Učka-Gebirge.

**Wanderung 10: Auf dem Wander- und Lehrpfad
vom Poklon-Sattel zum Berg Vojak**   → S. 341
Leichte Wanderung durch Buchenwald vom Poklon-Sattel zum Učka-Gipfel

Information Naturpark Učka, Verwaltung, 51415 Lovran, Liganj 42, ✆ 051/293-753,
www.pp-ucka.hr. Mo–Fr 8–16 Uhr.

Info-Punkt Vojak (Turm), zudem **Info-Punkt
Poklon-Sattel** (beim Restaurant mit E-Bike-
Verleih), ✆ 051/299-643. Mai–Okt. tägl. 9–
17 Uhr, Juli/Aug. bis 19 Uhr.

Anfahrt zum Poklon-Bergsattel Per
Bus (Nr. 33, 34, 37) sonntags 9.30 u. 14 Uhr
von Opatija, zurück um 10.30 u. 15.40 Uhr.
Per **Auto**: von Opatija-Ičići ca. 18 km gute,

aber kurvenreiche, teils schmale Straße
über Veprinac. Oder fast kurvenlos über
Opatija-Matulji, dafür aber 8 km länger.

Anfahrt zum Vojak Zuerst wie oben,
dann vom Poklon-Bergsattel weiter, kurz
nach dem Restaurant Dopo Lavoro links
in schmale Asphaltstraße abzweigen, in
ca. 6 km erreicht man dann den
Parkplatz unterhalb des Aussichtsturms
– von hier ist der Gipfel in ein paar
Minuten erklommen.

Naturdenkmal Vela Draga

Übernachten/Essen Restaurant-Pension Učka, am Poklon-Bergsattel. Schöne Terrasse mit Blick über die Kvarner-Bucht. 10 Zimmer werden vermietet; Fahrradvermietung und organisierte Wanderungen. Die Küche serviert gutes istrisches Essen. Vela Učka b. b., ✆ 051/516-899, www.pansion-ucka.com.

Hübscher alter Brunnen

》》 Mein Tipp: Restaurant Dopo Lavoro, bekannte und gute Adresse in Vela Učka. Leckere istrische Spezialitäten wie Aufschnitt, Gnocchi, Wild, Trüffelgerichte. Sitzgelegenheiten auch vor dem Haus. Ganzjährig. Vela Učka 9, ✆ 051/299-641. 《《

Berghütte Na Poklonu, oberhalb der Straße. Ganzjährig am Wochenende bewirtschaftet; auch einfache Übernachtungsmöglichkeiten. ✆ 051/299-610.

Käse-Alm auf dem Mala Učka, Deutsch sprechende Senner.

Veranstaltungen Učka-Fest (Učkarski Sajam), 2. Sept. 10–20 Uhr, am Parkplatz Poklon-Sattel. Gezeigt werden u. a. Kohle- und Käseherstellung, daneben Essen, Trinken u. Ethnomusik.

Učka-Trail, Mitte Sept., verschiedene Rennabschnitte. Info/Registrierung: www.uckatrail.com.

Wander-/Mountainbiketouren (→ Opatija, Lovran, Medveja, Mošćenička Draga u. Plomin, ebenso Busverbindungen). Mountainbiker können sich auf 200 km vergnügen, zudem gibt es die Broschüre **Učka-Bike** u. die **Wanderkarte Učka** (1:30.000), bei TIC erhältlich.

Agentur Olinfos, organ. Touren (→ Lovran).

Veprinac steht an der Stelle einer einstigen Fluchtburg. Im 14. Jh. war der Ort in den Händen der Familie *Duino*, im 15. Jh. gehörte er den Walseern, dann den Habsburgern. Die alte *Stadtmauer* ist teilweise erhalten, ebenso das *Stadttor* mit *Rathaus* (Komuna). Das *Kastell*, die gotische und später barockisierte *Kapelle heilige Anna* mit Loggia und die *Stadtloggia* gegenüber sind sehenswert. Glagolitische Inschriften findet man an der Sv.-Ana-Kapelle und am Rathaus. Auf einem breiten Stufenweg erreicht man die *Pfarrkirche St. Markus* (Sv. Marko), ihr Inneres ziert ein schön geschnitztes Chorgestühl (meist verschlossen). Opatija ist von Veprinac aus zu Fuß in 1:30 Std. zu erreichen (Bus Nr. 34).

Ika und Ičići

Unmittelbar auf Lovran folgen zwei winzige ehemalige Fischerdörfer mit kleinen Häfen. Der Name des am Banina-Bach liegenden Ika stammt wahrscheinlich von der illyrischen Göttin Ika. Ičići war früher der Hafen des oberhalb der Küste gelegenen Veprinac. Heute sind Ika und Ičići zusammengewachsen. An der Steilküste mit vorwiegend Fels- und sonst Kiesstrand wird jeder freie Meter zum Baden genutzt. Der große Jachthafen prägt den Ort, im Hintergrund die Silhouette von Rijeka und das Risnjak-Gebirge.

Ein Schmuckstück von Ičići ist die mit Türmchen geschmückte **Jugendstilvilla Munz** direkt an der Hauptstraße, oberhalb des Jachthafens; Bauherr des 1903 errichteten Prachtbaus war der österreichische Steinbruchbesitzer *Jakob Ludwig Munz*.

Information   Tourismusverband, 51414 Ičići, Liburnijska cesta b. b., ☎ 051/704-187, www.tourism-icici.hr.

Touristagentur Marea, Poljanska cesta 1, ☎ 051/705-620, marea@ri.tel.hr. Gut organisiert.

Jachthafen   ACI Marina Opatija-Ičići, geschützt hinter einer vorgezogenen Mole. 300 Liegeplätze im Wasser, 30 an Land, alle nautischen u. technischen Dienstleistungen, Nautikgeschäft, 15-t-Kran, Helling, Tankstelle 2 sm (im Stadthafen Opatija). Wäscherei, Sanitäranlagen, Supermarkt, Restaurant, Café. ☎ 051/704-004, www.aci-club.hr.

Übernachten   Privatzimmer, DZ ab 30 €, Appartements ab 40 €.

*** **Villa Klara**, oberhalb der Hauptstraße. Familiengeführt mit 30 netten Zimmern mit Balkon und Meerblick, Terrasse mit Garten und Restaurant. DZ/F 90 €. Put za Veprinac 2, ☎ 051/704-102, www.villaklara.hr.

»»» Mein Tipp: *** **Villa Chiara**, freundlicher Familienbetrieb. Ruhig, oberhalb des Ortes am Hang mit Pool, Pavillon, Grill und herrlichem Blick aufs Meer. Gut ausgestattete moderne Appartements für 2–4 Pers. ab 58 €/2 Pers. Ul. 1 maja 15, ☎ 051/708-211, www.sutanovac.com. **«««**

*** **Villa Bamba**, am Fischerhafen mit rund 12 Zimmern und Gemeinschaftsküche. DZ 56 €. Liburnska 13, ☎ 051/704-005, dunja.vrvilo@ri.t-com.hr.

Camping   ** Autocamp Opatija, 3-ha-Camp oberhalb der Hauptstraße Ika–Ičići. Schöne Hanglage mit Terrassen, Parklandschaft, Tennisplätze, Kinderspielplatz; Restaurant und Minimarkt; Kiesstrand und Mole – dazu muss man allerdings die Küstenstraße überqueren. Auch Bungalow- und Mobilheimvermietung. April–Okt. 6,50 €/Pers., Standplatz 7,50–10 €. Liburnijska 46, ☎ 051/704-836, www.rivijera-opatija.hr.

Essen & Trinken   Restaurant Commodore, in der ACI-Marina. Gutes Fischrestaurant mit schöner Terrasse. Tägl. ab 12 Uhr. ☎ 051/704-049.

Die verwaiste Jugendstilvilla Munz

»»» Mein Tipp: Bistro Lučica, am alten Hafen von Ičići liegt der Fischimbiss von Vlado; er wird für frische Sardinen und Meeresfrüchte gelobt. **«««**

Ebenso empfehlenswert: **Restaurant Galeb**, mit lauschiger Terrasse, Poljanska b. b. (kurz nach Agentur Marea) und **Bistro Maestral**, oberhalb im Ort, am Ende der Ul. 43. Istarske div. (Abzweig von der Liburnijska Ul., gegenüber der Marina in die Ul. Antona Dminaka, dann 5. Straße links).

Opatijas restaurierte Villen: Glanz und Glamour aus der Gründerzeit

Opatija (Abbazia)

Kroatiens ältestes Seebad strotzt vor subtropischer Üppigkeit – herrschaftliche Prachtbauten versinken im Grün von Palmen und im Blütenmeer der Kamelien und Magnolien. Optatijas extravagante Traditionsherbergen und Villen zeugen von einer Epoche, in der das Wort „Tourismus" noch ohne den Zusatz „Massen" auskam. Das Flair dieser Zeiten kann man bis heute genießen, allerdings nur in der Nebensaison.

Dass es sich hier besser leben lässt als in Rijeka, ist kein Geheimnis – Opatija mit seinen nun 15.000 Einwohnern ist schon seit 1889 Kurort. Die Učka-Bergkette schützt den Küstenabschnitt vor kalten Nordwinden, der Jugo sorgt für ein laues Lüftchen aus Afrika. Hier überwinterten, angezogen vom milden Klima, die Reichen und Schönen Europas, auf Opatijas rauschenden Silvesterbällen trafen sich die Wiener Hofkreise. Die prachtvollen Villen aus dieser Zeit mit ihren reich verzierten Fassaden und viele Parks mit hübschen Blumenrabatten prägen das Stadtbild bis heute, ebenso der zu allen Jahreszeiten beschauliche *Lungomare*, die herrliche, vor über 100 Jahren von Kaiser Franz Josef I. angelegte, 12 km lange Uferpromenade, die zwischen Opatija-Volosko und Lovran am Meer verläuft.

Weniger beschaulich ist im Hochsommer die Parkplatzsuche, Opatijas Problem Nummer eins, das aber Zug um Zug gelöst wird. Opatija versucht seine Gäste immer noch zu verwöhnen wie einst – sei es mit einem großen Kulturangebot, den Wellnessprogrammen in vielen Komforthotels oder mit guten Restaurants und gemütlichen Cafés, die leckerste Tortenkreationen anbieten. Und in den Erinnerungen schwelgen kann man in den vielen Ausstellungen zum Thema k.-u.-k.-Zeit.

Geschichte

1453 wird Opatija erstmals schriftlich erwähnt; ihren Namen erhielt die Stadt von der früheren Abtei Jacobus ad Palum (Abtei = *opatija*). Eine Besiedlung um die Abtei begann erst nach Ende der französischen Besetzung 1813. Bis nach dem Ersten Weltkrieg gehörte Opatija zu Österreich-Ungarn, im „Frieden von Rapallo" fiel die Stadt 1920 an die Italiener, die sie *Abbazia* nannten.

Bekannt wurde das gerade mal 30 Häuser zählende Fischerdorf mit dem Bau der *Villa Angiolina*, die sich der reiche Kaufmann Iginio Scarpa aus Rijeka 1844 als Feriendomizil bauen ließ. Großzügig stellte er Kaiser Ferdinands Gemahlin das Anwesen zum ärztlich verordneten Kuraufenthalt zur Verfügung. Ein paar Jahre später kaufte die Eisenbahngesellschaft, die auch die Bahnlinie von Postojna–Pivka nach Rijeka baute, das Land um Scarpas Villa und errichtete darauf das Hotel Quarnero, das heutige Hotel Kvarner. Das wohltuende Meeresklima und die angenehme Atmosphäre der Stadt sprachen sich im kaiserlichen Wien schnell herum, Opatija boomte. Die Reichen und Schönen aus Wien, Graz und Budapest ließen sich prächtige Villen bauen – und ihrem heimatlichen Geschmack freien Lauf: Gutshöfe in alpenländischer Architektur, barocke Paläste, Residenzen im venezianisch-gotischen und im österreichischen Jugendstil entstanden.

Klanghafte Namen, schillernde Persönlichkeiten, Reiche und Superreiche – sie alle kamen, um sich in Opatija den Winter zu verkürzen und in den Ballsälen der Stadt ihre Feste zu feiern; besonders beliebt in Wiener Hofkreisen waren die Silvesterbälle im „Kristallsaal“ des Hotels Kvarner und im „Goldenen Saal“ des Imperial. Anton Tschechow fand sich hier ebenso ein wie James Joyce, der seinen Kaffee bevorzugt im Café Imperial einzunehmen pflegte, die Ballerina Isadora Duncan, der österreichische Kaiser Franz Joseph, der mit der Wiener Schauspielerin Katharina Schratt flirtete, der deutsche Kaiser Wilhelm II., der italienische König Umberto von Savoyen, der Komponist Gustav Mahler, Giacomo Puccini, Franz Lehár ...

Information

Touristinformation (TIC), Maršala Tita 128, 51410 Opatija, ✆ 051/271-310, www.visit opatija.com. Juli–Sept. Mo–Sa 8–21 Uhr, So 12–20 Uhr; April–Juni Mo–Sa 8–20 Uhr, So 11–18 Uhr; Okt.–Dez. Mo–Sa 8–19 Uhr, So 12–17 Uhr; Jan.–März Mo–Sa 8–19 Uhr. Infos zur gesamten Riviera: www.kvarner.hr.

Agentur Katarina Line, M. Tita 75/1, ✆ 051/603-400, www.katarina-line.hr. Zimmer, Bootscharter, Kreuzfahrttickets etc.

Agentur Kvarner Touristik, M. Tita 162, ✆ 051/703-723, www.kvarner-touristik. Zimmervermittlung.

Agentur Efekt, M. Tita 216, ✆ 051/740-025. Zimmervermittlung.

Agentur Autotrans, Trg V. Gortana 4/1, ✆ 051/271-617, www.autotrans.hr. Bustickets etc.

Verbindungen

Bus   Lokaler Busbahnhof im Zentrum, Richtung Lovran alle 20 Min. (Linie 32), nach Veprinac stündl. (Linie 34), zum Poklon-Sattel nur am So 9.30 u. 14 Uhr (Nr. 33, 34, 37) und nach Rijeka. Auskunft über Autotrolley, M. Tita 200, ✆ 051/333-010.

Regionaler Busbahnhof ca. 2 km nördl. von Opatija. Tägl. Verbindungen nach Brestova und Pula, Ljubljana, Rijeka, Split u. Zagreb. Infos bei Autotrans (→ Information).

Zug   Der **Bahnhof** (Postaje) von Opatija liegt ca. 4 km nördl. in Matulji an der Hauptlinie Ljubljana–Rijeka (Busverbindung alle 30. Min. von Opatija nach Matulji mit Linie 33); ✆ 051/274-102. Der **Bahnhof Rijeka** ist nur 15 km entfernt; ✆ 051/213-333.

Flug   Die nächstgelegenen Flughäfen sind bei Rijeka (Insel Krk, 44 km) und in Pula (85 km). Croatian Airlines Rijeka, ✆ 051/330-207. Flughafenbus (Autorolej), Abfahrt Slatina über Jelačić trg (Rijeka) zum Flughafen-Terminal für ca. 50 KN.

Taxi   überall sind Taxistände, u. a. am Busbahnhof und vor den großen Hotels.

Boot   Vom kleinen Hafen unterhalb des Hotels Atlantik fahren **Taxiboote** nach Lovran und Volosko.

Ostküste: Opatija Riviera → Karte S. 233

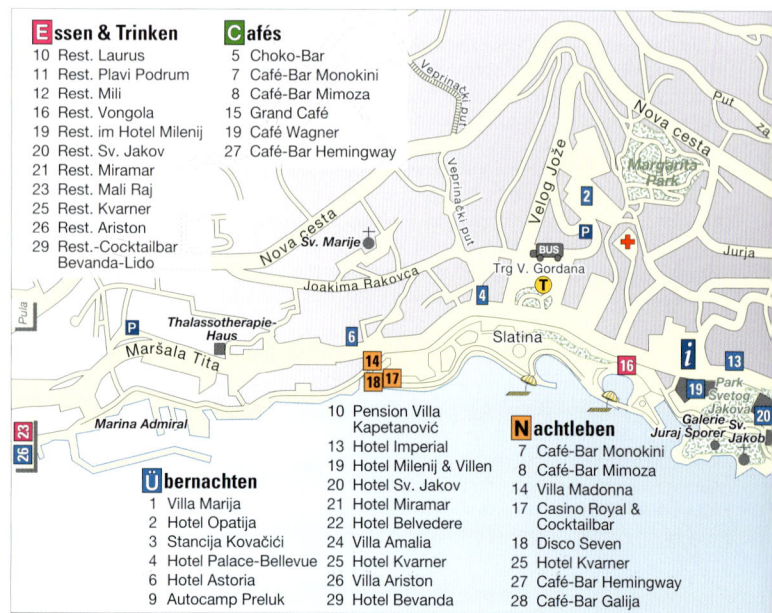

E ssen & Trinken
10 Rest. Laurus
11 Rest. Plavi Podrum
12 Rest. Mili
16 Rest. Vongola
19 Rest. im Hotel Milenij
20 Rest. Sv. Jakov
21 Rest. Miramar
23 Rest. Mali Raj
25 Rest. Kvarner
26 Rest. Ariston
29 Rest.-Cocktailbar Bevanda-Lido

C afés
5 Choko-Bar
7 Café-Bar Monokini
8 Café-Bar Mimoza
15 Grand Café
19 Café Wagner
27 Café-Bar Hemingway

10 Pension Villa Kapetanović
13 Hotel Imperial
19 Hotel Milenij & Villen
20 Hotel Sv. Jakov
21 Hotel Miramar
22 Hotel Belvedere
24 Villa Amalia
25 Villa Kvarner
26 Villa Ariston
29 Hotel Bevanda

Ü bernachten
1 Villa Marija
2 Hotel Opatija
3 Stancija Kovačići
4 Hotel Palace-Bellevue
6 Hotel Astoria
9 Autocamp Preluk

N achtleben
7 Café-Bar Monokini
8 Café-Bar Mimoza
14 Villa Madonna
17 Casino Royal & Cocktailbar
18 Disco Seven
25 Hotel Kvarner
27 Café-Bar Hemingway
28 Café-Bar Galija

Diverses

Parken   Das größte Problem in Opatija: u. a. gebührenpflichtige Plätze am Hafen, Thalassotherapie-Haus, Hotel Opatija und Tiefgarage beim Hotel Milenij

Autovermietung   U. a. **Intel**, beim Hotel Adriatic, M. Tita 139, ✆ 099/2676-823 (mobil). **Modus**, M. Tita 139 (beim Hotel Admiral), ✆ 099/7328-602 (mobil) oder auch am **Flughafen Rijeka**.

Fahrradvermietung   **Modus**, auch Scooter/Autos (→ Autovermietung). Bei **Experience Adventure Sport Shop**, Kastavska cesta 23 (5 km entfernt in Matulji), ✆ 051/277-094. Ganzjährig Mo–Sa 9–20 Uhr. Gute Auswahl, auch Reparatur.

Gesundheit   Erste Hilfe, Vladimira Nazora 2, ✆ 051/271-266. **Apotheke**, M. Tita 91, ✆ 051/271-856.

Thalassotherapie-Haus, die Meerwassertherapie ist heilsam bei Lungenschäden, Herz- und Gefäßkrankheiten, Erkrankungen des Bewegungsapparates. Hier auch Wellness- und Beautyprogramme. Gegenüber Hotel Kristall, M. Tita 188, ✆ 051/202-855.

Jachthafen   **Marina Admiral**, im gut geschützten Hafen, zum Hotel Admiral gehörend. 160 Liegeplätze zu Wasser, 40 an Land, alle mit Strom-, Wasseranschluss, guter Reparaturservice, 5-t-Kran. Alle Hotelangebote können mitgenutzt werden. Tankstelle im Stadthafen, 0,5 sm entfernt. ✆ 051/710-444, www.marina-opatija.com.

Hafenkapitän: Ul. V. Cara Emina 3 (Jachthafen), ✆ 051/271-797.

Nachtleben   Tanzterrassen: z. B. **Hotel Kvarner 25** und **Villa Madonna 14**. Geöffnet meist 20.30–24 Uhr.

Disco Seven 18, M. Tita 125 (beim Hotel Savoy). Im Sommer tägl., sonst nur am Wochenende.

Casinos: im **Hotel Adriatic**, tägl. 21–3 Uhr, ✆ 051/719-000. **Casino Admiral** in Villa Madonna und **Casino Royal 17** mit Cocktailbar am Lungomare (neben Hotel Savoy).

≫ Mein Tipp: Nightlife-Cafébars: **Hemingway 27**, am Hafen. Gutes mediterranes Restaurant, riesige Bar im Wintergarten, großer offener Lounge-Bar-Bereich.

Viele Events. Tägl. 8–24 Uhr, im Sommer bis 6 Uhr morgens. Ul. Zert 2, ☏ 051/272-887, www.hemigway.hr. ≪

Gegenüber direkt am Hafen beliebtes Szene-Lokal **Café-Bar Galija** **28** mit schöner Terrasse. Tägl. 7–24, Sa/So bis 2 Uhr. Ul. Zert 3.

Als weiteres „In-Lokal" gilt die **Cafébar Monokini** **7** mit Internet und Galerie; M. Tita (gegenüber Hotel Agava), geöffnet 7–2 Uhr. Nett ist für tagsüber und abends **Café Mimoza** **8**, Ecke M. Tita 71/Eugena Kumićića.

Post Ul. V. Spinčića, mit Poste restante. Mo–Sa 7.30–21 Uhr.

Veranstaltungen Stadtfest Sv. Jakov, 25. Juli (Feier am Wochenende), mit Konzerten, Ausstellungen etc.

≫ Mein Tipp: Opatija-Karneval: Bei den bunten Straßenumzügen im Febr. marschieren neben den großen Teilnehmern auf Stelzen auch die Kleinen aus dem Kindergarten mit. Die traditionellen Masken sind aus Schaffell und Hammelhörnern gefertigt, die Masken mit großen Glocken heißen Zvončari. Am letzten Tag des Karnevals wird die *Pust-Maske* (eine Puppe aus Stroh und Lumpen) verbrannt – und damit alles

Böse aus dem vergangenen Jahr. Eine Regatta mit geschmückten Segelbooten begleitet das Treiben zur See. ≪

„**Unsere Welt ist Musik**", April/Mai; vor allem mit viel Blechmusik.

In den Sommermonaten breites **Veranstaltungsprogramm** (www.festivalopatija.hr), u. a. „Festival der Lieder", Konzerte in der Kristallhalle (Festivalhalle), im Hotel Kvarner, in der Villa Angiolina oder auch auf dem Open-Air-Gelände (am Park-Südrand).

Liburnia-Jazzfestival, Mitte Juli auf den Plätzen der Stadt sowie in der Villa Angiolina.

Internationaler Malwettbewerb Mandrač, letztes Juliwochenende, am Hafen Mandrač in Volosko.

Kaiser-Nacht, Mitte Juli, u. a. mit Tanz, Ausstellungen, Kostümen, Opern.

Segelregatten, Ende Febr. bis Anf. März, im Juli und Sept. (Galijola) und 3. Nov.-Wochenende (Cup Opatija); organisiert vom Jachtclub Opatija.

Wandern/Mountainbiken Auch von Opatija aus sind herrliche Wanderungen und Mountainbiketouren ins Učka-Gebirge möglich (→ Wandern/Nach Veprinac, zudem unter Naturpark Učka und Kleiner Wanderführer/Wanderung 10).

Wellness   Wellnessangebote mit Pools bieten u. a. die Hotels Milenij, Admiral, Ambassador u. Miramar. Das größte Angebot hat das Thalasso-Wellness-Center, auf 2500 qm (→ Gesundheit).

Übernachten   → Karte S. 254/255

Die Vielfalt und Kapazität an Übernachtungsmöglichkeiten in Opatija ist groß, vom Pensionszimmer bis hin zur Luxussuite. Schön wohnt es sich am Lungomare. Viele Preisschnäppchen über Online-Buchungen. Teils TS-Aufschlag von ca. 20 %.

Privatzimmer ab 30 €/Pers.; **Appartements** ab 40 €/2 Pers. Infos über die Agenturen.

»» Mein Tipp: **** **Hotel Miramar 21**, am östl. Ortsende von Opatija am Lungomare. Insg. 102 Zimmer in der aufwändig renovierten Villa Neptun (Haupthaus) aus k.-u.-k.-Zeiten sowie stilvollen, von einem Park umgebenen Nebengebäuden. Schöner, großzügig gestalteter Spa- u. Wellness-Bereich mit Innen- u. Außenpool, komfortable Zimmer, Suiten und Gourmetküche. Eigener Felsbadestrand. Kurz: ein Haus zum Wohlfühlen. DZ/HP ab 240 € (inkl. Tiefgarage). Ganzjährig. Ive Kaline 11, ℡ 051/280-000, www.hotel-miramar.info. **«**

**** **Villa Ariston 26**, nostalgischer Bau am Ortsbeginn von Opatija am Lungomare. Schön und ruhig, eingebettet in üppiges Grün und mit Pool. Sehr gutes Restaurant mit lauschiger Terrasse (→ Essen & Trinken). DZ/F ab 113 €. M. Tita 179, ℡ 051/271-379, www.villa-ariston.hr.

»» Mein Tipp: ***** **Hotel Milenij 19 & Villen**, rosafarbener Prachtbau mit großer Arkadenterrasse von 1886, am Lungomare bei den Meerwasserpools. Das Innere ist stilvoll und komfortabel mit neuester Technik ausgestattet; zudem verwöhnen ein schöner Spabereich (Massagen, u. a. Schoko, Hot Stone u. Lomi-Lomi-Nui; Mesotherapie, verschiedene Saunas) sowie ein Pool im Wintergarten; durch die Öffnung des Dachs wird er zum Außenpool. Sehr gutes Restaurant und exzellentes Frühstücksbüffet im prachtvollen Saal; das gute Café Wagner (s. u.) hat u. a. eigene Pralinenherstellung. Tiefgarage (ca. 8 €/Tag). DZ/F ab 149 €. UI. M. Tita 109, ℡ 051/208-007, www. milenijhoteli.com **«**

***** **Milenij Hotel Sv. Jakov 20** (Ltg. Hotel Milenij), hübsche roséfarbene Villa mit gleichnamigem Restaurant am gleichnamigen Park. 25 gemütliche, stilvolle Zimmer, DZ/F ab 110 €; alle Einrichtungen des Hotels Milenij können mitbenutzt werden. Tiefgarage (s. o.) sowie Parkplätze ca. 8 €/ Tag. UI. M. Tita 105, ℡ 051/208-007, www. milenijhoteli.com.

***** **Hotel Bevanda 29**, exklusives Designerhotel mit großen Glasfronten direkt am Meer. Beste Sicht auch von den 10 Zimmern (DZ/F ca. 350 €); zudem gutes Restaurant, das feinste Saisonküche kredenzt, sowie eine Loungebar mit bequemen Sofas und Sesseln. Zert 8, ℡ 051/493-888, www. bevanda.hr.

**** **Remisens Premium Hotel Kvarner 25**, die ruhige, wunderschöne Lage direkt an der Uferpromenade ist hier der Trumpf. Das Hotel aus dem Jahr 1884 wurde durch seinen „Kristallsaal" berühmt – hier logierte schon Kaiser Franz Josef. DZ/F ab 178 €. Park 1. Maja 4, ℡ 051/710-444, www.remisens.com.

****** **Remisens Premium Villa Amalia 24**, neben Hotel Kvarner beim Park Angiolina an der Uferpromenade. Stilvoller Bau hinter üppig wuchernder Pflanzenwelt. Ebenfalls komplett renoviert. Superior-DZ/F ab 166 € (Meerblick ab 194 €). ℡ 051/710-444, www. remisens.com.

**** **Designerhotel Astoria 6**, erbaut 1904 von Franz Eduard. Modernes, komfortables helles Interieur mit neuester Technologie; ca. alle 5 Jahre neues Innendesign. Zimmer ab 115 €. M. Tita 174, ℡ 051/706-350, www. hotel-astoria.hr

**** **Hotel Palace-Bellvue 4**, alter komplett renovierter Prachtbau im Zentrum mit den Dependancen Bellvue (an der Durchgangsstraße) gegenüber den Meerwasserpools. Nun auch mit großem Wellnesscenter. Sehr geräumige Zimmer mit schönen Balkonen. DZ/F ab 140 €, mit schönem Balkon u. Meerblick 172 €. M. Tita 144–146, ℡ 051/710-444, www.remisens.com.

** **Hotel Imperial 13**, der gelbe Prachtbau steht im Zentrum an der Durchgangsstraße und schmückt sich mit einer langen Liste berühmter Gäste, von Kaiser Wilhelm, Anton Tschechow bis Josip Broz Tito. Stilvolles Inventar und der herrliche „Goldene Saal", der u. a. für Modeschauen genutzt wird; schönes Café. Einfachere, aber dafür preiswerte DZ/F ab 84 €. M. Tita 124/3, ✆ 051/710-444, www.remisens.com.

** Hotel Opatija **2**, schöne Traditionsherberge in zentraler, aber ruhiger Lage (oberhalb vom Busbahnhof) mit großer Terrasse. Die Zimmer mit Balkon und Blick Richtung Meer sind herrlich, zudem nettes Hallenbad, genügend Parkplätze zu 12 € (Hotelgäste zahlen nur 50 %) vor der Türe. Gutes Preis-Leistungs-Verhältnis. DZ/F mit Balkon 70 €, zur Meerseite 75 €. Gortanov trg 2/1, ✆ 051/271-388, www.hotel-opatija.hr.

** Hotel Belvedere **22**, am Ortsende von Opatija, kurz vor Volosko am Lungomare. Schön und ruhig in einem Park gelegen. Meerwasserhallenbad, Sauna, Fitnesscenter, Tennisplätze. Schön sitzt man oberhalb des Meeres auf der Restaurantterrasse. Nebenan in der herrschaftlichen Villa Rosalia das alte Casino. DZ/F mit Meerblick ab 82 €. J. Kaline 7, ✆ 051/710-444, www.remisens.com.

**** Villa Marija **1**, oberhalb der Umgehungsstraße am Berg mit Pool, eingebettet in Palmen. Verschieden große Appartements, u. a. 105 €/4 Pers. Nova Cesta 80, ✆ 051/703-955, www.villa-marija-opatija.com.

**** Pension Villa Kapetanović **10**, stadtauswärts Richtung Matulji. Preiswerte Zimmer bis hin zu Suiten, kleine Wellnessoase, Terrasse mit schönem Blick und sehr gutes Restaurant. Economy-DZ/F 105 €, Suite 190 €. Nova cesta 12 a, ✆ 051/741-355, www.villa-kapetanovic.hr.

≫≫≫ Mein Tipp: **** Stancija Kovačići **3**, am Ostrand des Učka-Gebirges, im Ort Rukavac, liegt das renovierte, schmucke Landhaus mit 5 bestens ausgestatteten Zimmern im Nebentrakt; auch das Restaurant mit hübscher Terrasse ist lobenswert – gekocht wird verfeinerte Kvarner-Küche. DZ/F 90 €. Ostern–Okt. Rukavac 51, Matulji (Anfahrt: Matulji in Richtung Veprinac, nach ca. 1 km rechts nach Rukavac), ✆ 051/272-106, www.stancija-kovacici.hr. ≪≪≪

Camping Autocamp Opatija (→ Ičići).

** Autocamp Preluk **9**, 10-ha-Platz kurz vor Rijeka mit schönem Blick auf die Opatija-Riviera; Snackbar, Minimarkt, Kiesstrand, kleiner Bootshafen mit Slipanlage, Wassersportaktivitäten und v. a. Treff der Surfer. Mitte April–Mitte Okt. ✆ 051/623-500, www.autocamppreluk.com.

Essen & Trinken

→ Karte S. 254/255

Restaurants Die Hotelrestaurants bieten eine große und gute Auswahl an Gerichten. Ruhige Terrassen am Meer und gute Küche haben z. B. die Hotels Milenij **19**, Miramar **21**, Kvarner **25** und Bevanda **29**.

≫≫≫ Mein Tipp: Restaurant Ariston **26**, hier sitzt man sehr schön auf der lauschigen Terrasse oberhalb des Lungomare und blickt zwischen den Bäumen hindurch aufs Meer. Moderne mediterrane Küche. M. Tita 179, ✆ 051/271-379. ≪≪

Restaurant Mali Raj **23**, das „kleine Paradies" ist kurz vor Ičići. Die Terrasse liegt oberhalb vom Meer und bietet einen wunderschönen Blick. Hier isst man sehr gut ital.-mediterrane Gerichte, vor allem Fischspezialitäten. M. Tita 253, ✆ 051/704-074.

Cantinetta Sv. Jakov **20**, im gleichnamigen Hotel. Sehr gute Kvarner Küche und Fischgerichte, zudem auf Vorbestellung alte Menüs von 1860 nach Rezepten von Julius Glax. Sitzplätze auf der lauschigen, mit Fackeln beleuchteten Terrasse. M. Tita 105, ✆ 051/278-007.

Restaurant Bevanda-Lido **29**, große, überdachte Terrasse direkt am Meer mit Blick auf Rijeka. Schöne Lage und große, vielfältige Speisekarte. Zert 8, ✆ 051/701-412.

≫≫≫ Mein Tipp: Restaurant Laurus **10**, in Villa Kapetanović (stadtauswärts Richtung Matulji). Terrasse mit schönem Blick, traditionelle gute Küche. Nova cesta 12 a, ✆ 051/741-355. ≪≪

Restaurant Vongola **16**, schöne Sitzmöglichkeiten bei Kerzenlicht direkt an den Meerwasserpools. Serviert werden Pasta, Fleisch- und Fischgerichte und für Kinder ist viel Platz zum Herumtollen. Kupalište Slatina (M. Tita 113), ✆ 051/711-854.

Weitere Restaurants (→ Übernachten oder Umgebung).

Ostküste: Opatija Riviera → Karte S. 233

Restaurants in Opatija-Volosko Empfehlenswert am Hafen sind die zwei traditionellen Fischrestaurants mit Terrassen:

Restaurant Mili **12**, Obala Frana Supila 8, ✆ 051/701-158; kurz danach **Plavi Podrum** **11**, Obala Frana Supila 12, ✆ 051/701-223.

Restaurants in umliegenden Dörfern z. B. in Richtung Učka oder Mošćenice (→ dort). Auch hier kann man lecker speisen – und natürlich preiswerter als in Opatija.

Cafés in Opatija Café Wagner **19**, im Hotel Milenij. Hier gibt es köstliche Kuchen und Torten aus eigener Konditorei und die leckeren Schokoriegel und Pralinen, ebenfalls aus eigener Herstellung nach Schweizer Rezeptur. Die schöne Terrasse mit Blick aufs Meer lässt jegliches Kalorienzählen vergessen. M. Tita 109.

Grand Café & Osteria (jetzt auch Café Ugo genannt) **15**, gehört zum Milenij-Hotel Continental. Hier gibt's das große Schoko- u. Pralinensortiment (gleiche Konditorei wie Café Wagner). Angeschlossen ist jetzt auch eine geräumige, schön gestaltete Osteria, wo es u. a. Pizzen und Pasta gibt. Schön sitzt man unter prachtvoller Glyzinie auf dem blumengeschmückten balkonartigen Freisitz entlang des Hauses. M. Tita 83/V. Cara Emina.

Choko-Bar **5**, hier gibt es alles, was aus Schokolade machbar ist: Getränke, Eis, Kuchen, Cocktails, Pralinen und Schokoriegel. Gemütlich versinkt man in den Sesseln unter der Veranda und genießt die Schokoträume. M. Tita.

Weitere Cafés, die auch tagsüber geöffnet haben: u. a. Galija, Hemingway (→ Nachtleben).

Sehenswertes

Bei den ersten Feriengästen Opatijas wurde es bald zur guten Sitte, dem Kaufmann Scarpa von Fernreisen Pflänzchen mitzubringen. Noch heute findet man im **Angiolina-Park**, dem heutigen *Botanischen Garten*, die Auswüchse dieser exotischen Gastgeschenke: einen riesigen Mammutbaum, Zedern, Eukalyptusbäume, Bambussträucher, Zitronen, die großblütige Magnolie, Kokos- und Dattelpalmen, Mispelbäume, Akazien, Agaven und die japanische Kamelie, heute das Markenzeichen des Luftkurorts. Mitten im Park die hübsche *Villa Angiolina*, heute beliebter Veranstungsort für Ausstellungen und Konzerte. Im ersten Stock wurde das *Museum für Tourismus* eingerichtet, es zeigt Fotos und Kostüme aus der k.-u.-k.-Zeit. Ein zweiter Park, der **Margarita-Park**, liegt zwischen der Uferstraße und der neuen Umgehungsstraße beim Hotel Opatija. Ebenfalls schön, nur ein wenig kleiner.

Dem Chirurgen *Dr. Theodor Bilroth,* einem der Initiatoren des Kurtourismus in Opatija, ist die Tafel am Uferweg unterhalb der **Jakobskirche** (Sv. Jakov) gewidmet. Die Kirche entstand 1937 durch Umbau eines älteren Vorgängerbaus von 1793.

Etwas westlich davon steht der **Juraj-Šporer-Kunstpavillon**, in dem heute eine Gemäldegalerie residiert. Das war nicht immer so: Der 1900 gebaute Pavillon, benannt nach dem Gründer der „Gesellschaft zum Ausbau Opatijas als Bade- und Kurort" war damals eine Zuckerbäckerei.

Unweit des Pavillons auf einem Felsen am Meer hält ein Mädchen eine Taube in der Hand – die Bronzeskulptur *Gruß an das Meer (*1956), von *Zvonko Car* gestaltet. An ihrer Stelle stand bis 1951 die *Madonnina,* eine trauernde goldene Madonna, 1891 geschaffen von dem Grazer Künstler Rathausky. Nach seiner Beinahe-Zerstörung wurde das Original restauriert und in Verwahrung genommen, eine Kopie steht heute vor der St.-Jakob-Kirche.

In **Erinnerung an die k.-u.-k.-Monarchie** wurden in Opatija verschiedene Veranstaltungen und auch Ausstellungen ins Leben gerufen. Am zweiten Juniwochenende gibt es u. a. in der Villa Angelina und in der Villa Amalia Konzerte und Kostüme aus jener Zeit zu bewundern. Ausstellungen zum Thema „Habsburger" können im Hotel Miramar, in der Villa Jeanette mit Musik von Gustav Mahler (M. Tita

Opatija-Volosko – malerisch schmiegen sich die Häuser um die Bucht

166) und im Rathaus (M. Tita 3, Mo–Fr 8–16 Uhr) besichtigt werden. Im Thalasso-therapie-Haus wird die Geschichte des Gesundheitstourismus aufgezeigt.

Baden und Sport

Bademöglichkeiten gibt es an den angelegten Badeständen und in den Meerwas-ser-Swimmingpools. Nett ist das „Strandbad", der *Lido,* mit etwas Sand, betonierter Liegefläche, Liegestuhl- und Sonnenschirmverleih, Loungebar und Surfbrettverleih – frühmorgens bis 8 Uhr gibt's besten Bora-Wind zum Surfen. Und natürlich mit-ten im Zentrum die großen Meerwasser-Pools, *Slatina.* Zudem gibt es am *Lungo-mare* (Richtung Lovran) immer wieder hübsche kleine schattige Badebuchten. Die Hotels in Meeresnähe haben eigene Badebuchten (mit eigenen Zugängen) und meist auch Pools.

Wandern: Sehr erholsam und wunderschön romantisch ist ein Spaziergang entlang dem nach Lovran führenden 12 km langen *Lungomare.* Vorbei an den alten Pracht-villen schlängelt sich der betonierte Fußweg am Meer entlang; zum Ausruhen laden Bänkchen ein, Pinien- und Lorbeerbäume spenden mitunter schatten. Wer seine Badesachen dabei hat, kann sie auspacken, überall bieten sich Gelegenheiten für ei-nen Sprung ins kühle Nass. Und wer nicht den ganzen Weg zurücklaufen möchte, nimmt einfach den Bus an der Hauptstraße oberhalb. Übrigens: Wer gerne joggt – der *Lungomare* ist frühmorgens eine herrliche Laufstrecke …

Nach Veprinac: Schön ist auch die ca. 1:30-stündige Wanderung zum mittelalterli-chen Örtchen Veprinac mit einigen sehenswerten Gebäuden. Hinter dem Hotel Pa-lace biegen wir in den Veprinački put ein, der die stark befahrene Umgehungsstraße Nova cesta kreuzt und gegenüber weiter bergan führt. Bald erreichen wir die letzten Häuser, der Weg führt nun weiter durch Wald nach Veprinac (Wegmarkierung: X-Zeichen, → Veprinac).

Ostküste: Opatija Riviera
→ Karte S. 233

Blick auf Izola, die Bucht von Koper und Triest

Istriens Norden: Slowenische Riviera

Gerade mal 46 km misst die slowenische Adriaküste von der italienischen Grenze bei Ankaran (Ancarano) bis zur kroatischen Grenze bei den Salzfeldern von Sečovlje (Sicciole) im Dragonja-Tal. Der Küstenstreifen mit seinen malerischen historischen Städten Piran, Izola, Koper und dem alten Seebad Portorož gehört geografisch zu Istrien.

Die slowenische Adriaküste ist dicht besiedelt, im Hinterland verstreut liegen zahlreiche Weiler und kleinere Dörfer. An die sanften Hügel schmiegen sich Weingärten – hier, gleich über dem Meer, gedeiht der Wein am besten. In den windgeschützten Tälern und auf den Feldern zwischen den Weinbergen und Olivenhainen wird Obst und Gemüse kultiviert.

> Detaillierte Informationen zur Slowenischen Riviera finden Sie in unserem Reisehandbuch **Slowenien** (552 Seiten) von *Lore Marr-Bieger*, Michael Müller Verlag, 5. überarbeitete u. erweiterte Auflage 2017.

Die venezianisch geprägten Küstenstädte **Koper** (Capodistria), **Izola** (Isola), **Piran** (Pirano) und der Badeort **Portorož** (Portorose) sind viel besuchte Urlaubsziele.

Istriens Norden: Slowenische Riviera

Ganzjährig werden sie auch von Slowenen und Italienern für Kurzausflüge, Sonntagsspaziergänge oder längere Aufenthalte angesteuert, denn das Klima ist hier auch im Winter mild, Schnee fällt nur im höher gelegenen Hinterland.

Steckbrief Slowenien

Fläche: 20.273 km^2

Hauptstadt: Ljubljana, 287.000 Einwohner

Bevölkerung: über 2 Millionen; 90 % Slowenen, 10 % ital. u. ung. Minderheiten.

Sprache: Slowenisch; auch die Slowenische Riviera ist zweisprachig; u. a. sind Orts- u. Straßenschilder in slowenischer wie italienischer Sprache ausgewiesen.

Religion: v. a. Katholiken, nur wenige Protestanten.

Politisches System: Parlamentarische Demokratie mit Mehrparteiensystem und einem Parlament mit 2 Kammern: Staatsversammlung u. Staatsrat. EU-Mitglied. Staatspräsident (2012–2017) Borut Pahor (SD). Ministerpräsident (seit 2014) Miro Cerar (SMC).

Klima: Slowenien prägen drei Klimazonen – kontinental, alpin und mediterran.

Währung: Euro

Banken/Bankomaten: Flächendeckend.

Rauchverbot: In Restaurants, Discos etc. u. öffentlichen Gebäuden.

Telefonvorwahl: 00386

Information: www.slovenia.info

In den Sommermonaten ist die Slowenische Riviera überlaufen, ruhigere Winkel zum Baden und Sonnen findet man dann nur um *Ankaran* und *Strunjan*. Besonders an Wochenenden sind die Straßen mit Autos überfüllt, an den Grenzübergängen bilden sich lange Warteschlangen – freitags rollt der Verkehr von Ljubljana und Triest an, sonntags wieder zurück.

Parenzana – der slowenische Teilabschnitt

Der „Weg der Gesundheit und Freundschaft" führt auf der ehemaligen Trasse der Schmalspurbahn Parenzana von Triest (I) nach Poreč (HR). Die Strecke ist heute als schöner Fahrrad- und Wanderweg angelegt (insg. ca. 135 km). Der italienische Teil ist wegen Überbauung nicht ausgebaut, auch nicht ausgeschildert. Der slowenische Teil beginnt am italienischen Grenzübergang Škofije und endet nach 35 km an der kroatischen Grenze bei den Salzfeldern von Sečovlje. In Triest lädt das *Eisenbahnmuseum* (Campo di Marzo) und in Izola ein kleines *Museum* zu einem Stopp ein. Mehr dazu → Parenzana-Weg, S. 294.

Koper

(Capodistria)

Koper ist Sloweniens einziger Seehafen. Die autofreie Altstadt mit Baudenkmälern, verwinkelten Gässchen und Cafés an ruhigen Plätzen lädt zum Einkaufen und Flanieren ein, die Umgebung zum Radfahren und Wandern.

Die etwa 20 km südlich von Triest gelegene 23.000-Einwohnerstadt (mit Umgebung doppelte Zahl) ist der zentrale Hafen- und Handelsplatz Sloweniens – und seine wirtschaftliche Bedeutung wächst. Wegen seiner Freihandelszone und als Transithafen spielte Koper schon immer eine bedeutende Rolle. Heute legen am Hafen auch viele Cruiser an. Das weinreiche Hinterland und die Karstregion bieten interessante Ausflüge, u. a. auch zum alles überblickenden 1028 m hohen *Berg Slavnik (→ Wandern).*

Geschichte

Kopers Geschichte ist von Jahrhunderte langer Unterdrückung und Besetzung geprägt, bevor die Stadt nach dem Zweiten Weltkrieg wieder an Slowenien und Jugoslawien fiel. Neolithische und prähistorische Funde zeugen von früher Besiedlung. Außer dem illyrischen Stamm der Histrer waren hier schon die Griechen ansässig und gründeten ihre Kolonie *Aegida.* Unter römischer Herrschaft *Ziegeninsel* genannt, hieß Koper unter der byzantinischen Herrschaft ab Mitte des 6. Jh. *Justinopolis,* während der mehr als 500-jährigen Zugehörigkeit zur Stadtrepublik Venedig *Caput Histriae,* Kopf Istriens. Wie auch die anderen Städte führt Koper noch heute zusätzlich seinen italienischen Namen – *Capodistria.*

Die Altstadt, einst auf einer Insel gelegen, wurde 1825 mit dem Festland verbunden. Die 500-jährige venezianische Herrschaft (1279–1797) prägte das Gesicht der Stadt. Vom 15. bis ins 17. Jh. erlebte Koper durch den ertragreichen Salz- und Getreidehandel seine Blütezeit und war ein ernst zu nehmender Konkurrent des österreichischen Triest. Erst als Triest um 1720 zur Freihandelszone erklärt wurde, verlor Koper wirtschaftlich den Anschluss.

Von 1797 bis 1918, abgesehen vom kurzen französischen Intermezzo von 1805 bis 1809, übernahm Österreich die Herrschaft. Die Donaumonarchie, die bereits ihren Hafen Triest gut ausgebaut hatte, zeigte wenig Interesse am Hafen Koper. Nach dem Ende des Ersten Weltkriegs wurde die Stadt von Italien besetzt. Im „Grenzvertrag von Rapallo" (1920) fiel Koper, wie das gesamte slowenische Küstenland, an Italien, erst 1945 kam die Stadt zu Jugoslawien.

Basis-Infos

Information   Touristinformation (TIC), 6000 Koper, Titov trg 3 (im Prätorenpalast), ☏ 05/6646-403, www.koper.si. Mitte Juni–Aug. tägl. 9–20 Uhr, sonst tägl. 9–17 Uhr.

Kompas Turizem, Pristaniška ul. 17 (am Hafen), ☏ 05/6630-581, www.kompas.si. Tägl. außer So. Unterkünfte, Flug- u. Schiffstickets, Ausflüge.

Agentur Palma, Ankaranska 2, ☏ 05/6633-664, www.palma.si. Tägl. außer So. Zimmervermittlung.

Agentur Istranke, Pristaniška ul. 3 (westl. Hotel Koper), ☏ 05/6272-140. Mai–Okt. tägl. 8–19 Uhr (Juli/Aug. bis 21 Uhr), sonst Mo–Sa 8–19 Uhr. Souvenirs, Ausflüge, Fahrradverleih, Infos.

Verbindungen   Bahn- u. Busbahnhof sind von der Altstadt in ca. 15 Min. zu Fuß oder per Stadtbus zu erreichen; beide Kolodvorska cesta 11.

Bus: im 30-Min.-Takt nach Izola. Nach Ljubljana 6- bis 12-mal tägl. (2:15 Std., 11 €); Bus geht nicht auf die A 1, daher lange Fahrzeit durch viele Stopps. Nach Triest (Bahnhof) Mo–Sa 8-mal tägl. (0:30 Std., 3,50 €). Info- ☏ 05/6625-105.

Zug: gute Verbindungen nach Postojna, Ljubljana 4- bis 5-mal tägl. (2:30 Std., 10 €) über Divača (in Divača umsteigen nach Opatija–Rijeka, Sežana–Nova Gorica u. Tri-

est). Infos unter ☏ 05/2964-151, www.veolia-transport.si.

Schiff: Catamaran Venice, Ende April–Ende Okt. Ausflugstour. Infos/Tickets über Kompas.

Einkaufen   etliche **Shoppingcenter** südöstl. der Altstadt; meist Mo–Sa 8–21, So 9–15 Uhr.

Fahrradtouren   z. B. auf dem asphaltierten „Parenzana" (→ Parenzana-Weg, S. 294) in Richtung Italien oder Portorož.

Gesundheit **Ambulanz** (Zdravstveni dom), Dellavallejeva 3, ☏ 05/6647-100; 24-Std.-Service. U. a. **Apotheke** (Lekarna) Koper, Kidričeva ul. 2, ☏ 05/6110-000; Mo–Fr 7.30–19, Sa bis 13 Uhr.

Jachthafen   Marina Koper, gut geführte Marina mit schönem Restaurant, Tankstelle, Reparatur- u. Wartungsservice, etc. 70 Liegeplätze im Wasser, 30 an Land. 70-t-Travellift, Kran bis 3,5 t. Kopališko nabrežje 5, ☏ 05/6626-100, www.marina-koper.si.

Hafenkapitän, Vojkovo nab. 38, ☏ 05/6656-100.

Nachtleben   Diskothek im Planet TUŠ, Fr/Sa bis 5 Uhr.

Veranstaltungen Vom Wein zum Olivenöl, am 25. Juni – alle Winzer u. Olivenölhersteller öffnen ihre Tore. **Süßes Istrien** (Sladka Istra), 3. Sa/So im Sept.; viel Naschwerk ist im Angebot. Im Sommer **Konzerte** am Hafenplatz.

Istriens Norden: Slowenische Riviera   ↓ Karte S. 263

Wandern Es gibt eine Reihe schöner Routen in der Umgebung von Koper, v. a. am Karstrand im Osten. U. a. den lohnenswerten Aufstieg vom Dorf Podgorje zum aussichtsreichen *Berg Slavnik*.

Wein Hiša Refoška – Vinakoper , Šmarska cesta 1 (südl. der Istarska cesta), ☎ 05/6630-136, www.vinakoper.si. Im großen Weintempel der Winzergenossenschaft kann man verschiedene Weine degustieren und kaufen. Mo–Fr 8.30–19, Sa 8–13 Uhr.

Es gibt eine Reihe guter Winzer und Olivenölhersteller, wo Weine und Öle verkostet und gekauft werden können: u. a. **Fam. Babič**, Babiči 36, 6273 Marezige, ☎ 05/6259-170 u. 040/286-245 (mobil); erhielt 2009 u. 2010 Prämierung für besten Wein. **Fam. Miro Plešinger**, Zg. Škofije 62, 6281 Škofije, ☎ 041/633-615 (mobil); erhielt Auszeichnung für bestes Olivenöl 2010. **Touristischer Bauernhof Ludvik Nazarij Glavina**, Šmarje 10, ☎ 05/6392-651; hier gibt es v. a. sehr guten Refošk. **Fam. Marinko Rodica**, Truške 1 c, Marezige, ☎ 05/6550-070; hier auch Muskatweine.

🚶 **Wanderung 11: Podgorje – Um den Berg Slavnik (1028 m)**   → S. 344
Aussichtsreiche Wanderung durch das Naturreservat Slavnik

Übernachten/Essen & Trinken

Übernachten Privatunterkünfte: Zimmer und Appartements für 2 Pers. ab 40 €.

*** Hotel Koper 5, schöne Lage am Altstadthafen. Einfache DZ 70 €. Parken nur auf den öffentlichen Plätzen. Das Hotel-Hallenbad Žusterna ist gratis. Pristaniška ul. 3, ☎ 05/6100-500, www.terme-catez.si.

*** Hotel Aquapark Žusterna 10, ca. 1 km von Koper in Richtung Izola; mit Hallenbad, gegenüber der Straße und am Meer sind Pool und Wasserrutsche; Parkhaus. DZ/F ab 113 €. Istrska cesta 67, ☎ 05/6638-000, www.terme-catez.si.

*** Hotel Vodišek 11, wenige Minuten zur Altstadt. DZ/F 82 €. Für Zwischenstopp bestens; eigene Parkplätze. Kolodvorska cesta 2, ☎ 05/6392-473, www.hotel-vodisek.com.

**** Garni Hotel Pristan 2, kleines Hotel für Geschäftsreisende wenige Minuten östl. des Altstadtkerns. Sehr gut ausgestattete Zimmer. DZ/F 120 €. Parkplätze. Ferrara ul. 30, ☎ 05/6144-000, www.pristan-koper.si.

*** Hotel Bio 13, im Süden der Stadt; gut geführter Familienbetrieb mit dem sehr guten Restaurant Vodišek (eigenes Öl u. Wein, tägl. außer So ab 11 Uhr) und kleinem Garten. Es gibt 30 Zimmer, DZ/F 64 €. Für einen Stopp bestens; Parkplätze vorhanden. Vanganelska cesta 2, ☎ 05/6258-885, www.hotel-bio.si.

Hostel Histria 9, nett, modern, familiär, zudem mitten in der Altstadt. 2- bis 8-Bettzimmer (insg. 34 Betten), Küchenbenutzung.

Ca. 14 €/Pers. Ul. pri Velikih vratih 17, ☎ 070/133-552 (mobil), www.hostel-histria.si.

Essen & Trinken **Kavarna Kapetanija** 1, guter Espresso, Eis u. Kuchen, gegenüber vom Hafen. Ukmarjev trg.

Istarska klet Slavček 7, uriges Innenstadtlokal; hier gibt's typische istrische Spezialitäten, z. B. Suppen, Polenta mit Fisch, Muscheln und natürlich gute Weine. Tägl. 6.30–21 Uhr, Sa Ruhetag. Župančičeva 39, ☎ 05/6276-729.

Restaurant & Café Capra 3, modernes Altstadtlokal mit großer Terrasse, Meerblick und gutem Service. Ob Kaffee, Eiscreme, Cocktails, Salate, Pasta- u. Fischgerichte oder Desserts – alles ist bestens. Tägl. 8–23 Uhr. Pristaniška ul. 3, ☎ 041/602-030 (mobil).

»» Mein Tipp: Gostilna za Gradom 12, ca. 2 km südwestlich von Koper, versteckt am Hang; feinste saisonale Küchenkunst, ob süß oder salzig, aus dem Meer oder der Erde; zudem kunstvoll angerichtet – besser geht's kaum. Tägl. außer So/Mo 8–23 Uhr. Kraljeva ul. 10, ☎ 05/6285-505. **««**

Gostilna Pri Tinetu 8, preiswerte, gute Gerichte, u. a. Suppen, Pastagerichte, Kalamaris. Tägl. außer So 8–22 Uhr (Sa ab 9 Uhr). Gortanov trg 14, ☎ 05/9968-383.

Konoba-Bar Da Bep'č 6, hier gibt es tagsüber schmackhafte, preiswerte Hausmannskost wie den Eintopf Bobići (mit Mais, Boh-

Cafés
1 Café Kapetanija

Übernachten
2 Garni Hotel Pristan
5 Hotel Koper
9 Hostel Histria
10 Hotel Aquapark Žusterna
11 Hotel Vodišek
13 Hotel Bio

Einkaufen
14 Weinkeller Vinakoper

Essen & Trinken
3 Rest. & Café Capra
4 Konoba Pri Marija
6 Konoba-Bar Da Bep'č
7 Istarska klet Slavček
8 Gostilna Pri Tinetu
12 Gostilna za Gradom

Koper (Capodistria)

100 m

nen, Kartoffeln u. etwas Fleisch) oder Sardellen. 7–17 Uhr. Cevljarska ul.

Konoba Pri Marija 4, für den Mittagstisch bestens – flink werden hier leckere, preiswerte Tagesgerichte wie Suppe, Fisch oder Gulasch serviert. 10.30–15 Uhr. Marušičeva ul. 3.

Übernachten/Essen außerhalb von Koper » Mein Tipp: Restaurant & Vinothek Brič, ca. 7 km in Richtung Ljubljana im Ort Dekani. Beste saisonale Küche; Spezialitäten sind Fischgerichte, dazu die Hausweine aus ökologischem Anbau. Tägl. außer Do 11–23 Uhr. Dekani 3 b, 6271 Dekani, ✆ 05/6580-527, 040/745-804 (mobil). **«**

Touristfarm Vina Bordon, im hübschen Natursteinhof gibt es Weine (Malvasija, Refošk, Rosé), Olivenöl und auch 6 Zimmer. Die Familie zählt zu den ersten hiesigen Weinbauern mit eigenem Label. Dekani 63, 6271 Dekani, ✆ 041/721-228 (mobil), www.vinabordon.si.

Domacija Butul, ca. 4 km südl. liegt das einladende Haus mit Kräutergarten und hervorragender saisonaler Küchenkreation nach Anmeldung. Zimmer/Appartements

ab 30 €/Pers. Wer Ruhe sucht, ist hier richtig. Manžan 10 d, ✆ 05/6311-777, www.butul.net.

Garni-Hotel Mimosa, ca. 6 km südwestl. von Koper, mitten im Grünen mit Spielplatz, Grillmöglichkeit u. Pool. 7 nette Zimmer (DZ/ F 90 €), WiFi u. Wohnmobilstellplatz. Srgaši 38 a, 6274 Šmarje, ✆ 05/6560-415, mimosa@gmail.com.

Gostišče Turk, ca. 2,5 km östl. von Koper in Bertoki. Hier sitzt man wunderbar im Freien. Sehr gute Küche, spezialisiert auf Fisch. Cesta med vinogradi 34, Bertoki, ✆ 05/6392-595.

» Mein Tipp: Kmetija Mlin, der touristische Bauernhof mit Gostilna, eine ehemalige Mühle, liegt malerisch mit schöner Terrasse an der Rižana und am Parenzana-Weg. Es gibt saisonale Küche wie Spargel, Pilze, fangfrischen Fisch und hauseigenen Wein. Einfache Übernachtungsmöglichkeiten. Do–So 12–22 Uhr. Bertoki, Cesta med vinogradi 44, ✆ 041/597-743 (mobil). **«**

Gostilna-Pizzeria Kortina, an der Hauptstraße in Bertoki und am Parenzana-Weg. Für einen Kaffeestopp oder Snack bestens.

Istriens Norden: Slowenische Riviera → Karte S. 263

▲ Der zinnbewehrte Prätorenpalast

▼ Fontana da Ponte

Tägl. ab 6.30 Uhr (So ab 9 Uhr). Koper-Ber-
toki, Cesta Borcev 1.

Gostilna Pod Slavnikom, ca. 25 km südöstl.
von Koper in Podgorje – wie der Name besagt, unterhalb des Berges (→ Wandern).
Der hübsch renovierte Landgasthof liegt
nahe dem Bahnhof. Gute istrische Küche,
auch Zimmervermietung. Mo/Di Ruhetag,
sonst ab 12 Uhr. ☎ 05/6870-170, 041/321-379
(mobil), podslavnikom@gmail.com.

Berghütte Tumova koča, auf dem Berggipfel Slavnik mit 24 Schlafplätzen. Sa/So u.
Feiert. 6–21 Uhr (Sommer) u. 8–18 Uhr (Winter). Nicht bei starker Bora! ☎ 031/668-688
(mobil), gabrijelanagy@gmail.com.

Landgasthöfe: Südlich von Koper an der
Istrska Vinska Cesta gibt es viele weitere
gute Gostilnas. Am besten sich aufs Mountainbike schwingen und nach Gefallen aus-
probieren! Karte bei TIC erhältlich.

Sehenswertes

Rund um den **Titov trg** (Platea Commu-
nis), den Kern der Altstadt, finden sich
die kulturellen Zeugnisse der venezianischen Herrschaft. Die **Kathedrale Maria
Himmelfahrt** (Marijinega Vnebovzetja)
vereint im unteren Teil der Fassade venezianische Gotik mit Stilelementen der
Renaissance im oberen Teil, schön verziert mit den Apostelfiguren, mittig
prangt die Büste von Giovanni Giusti-
nian, Bürgermeister von 1681. Im Kir-
cheninneren gotische Reliefs, eines davon ist dem hl. Nazarius, dem Schutzheiligen der Stadt, gewidmet, dessen
Sarkophag ebenfalls einen Blick wert ist.
Der Kirchturm ist für Besucher geöffnet
(Juni–Sept. 8–19 Uhr, Juli/Aug. bis
20 Uhr, sonst nur Fr–So); von oben
schöner Ausblick auf Koper, den Hafen
und die grüne, sansthügelige Landschaft
im Hintergrund.

Den Platz beherrscht der **Prätorenpalast** (Pretorska palača) aus der Mitte
des 13. Jh. mit seinem durch viele
Erweiterungen entstandenen Gemisch der Baustile – sein heutiges Aussehen geht
auf das 17. Jh. zurück. Er war stolzer Sitz u. a. von Bürgermeistern, Kapitänen und
vom Großen Rat und von hier verteidigten die Einwohner ihre Stadt im Jahr 1380
gegen die Genuesen. In die Fassade sind Wappen und Büsten bedeutender
Personen sowie Gedenktafeln eingemauert. Die prachtvollen Räumlichkeiten, u. a.

ausgestattet mit einer alten Apotheke, Gemälden und Inventar von Adeligen der Stadt und die Vedute von Koper aus dem 19. Jh. können besichtigt werden. Zudem ist hier der Sitz von TIC (Öffnungszeiten wie TIC).

Das prachtvolle Gebäude nebenan ist Sitz der *Univerza na Primorskem,* der drittgrößten Universität Sloweniens.

Gegenüber am Titov trg steht die 1462 errichtete **Loggia**, die gut 200 Jahre später ein Stockwerk draufgesetzt bekam. Sie beherbergt heute eine Galerie.

Östlich des Titov trg liegt der große *Trg Brolo.* Hier steht das älteste Haus des Platzes – der Ende des 14. Jh. erbaute **Getreidespeicher**, auch *Fontik* genannt. Wie beim Prätorenpalast schmücken die Fassade die Wappen prominenter Einwohner und Adeliger. Nördlich der Kathedrale erhebt sich die **Rotonda Carmine**, deren Bau wahrscheinlich schon im 11. Jh. begonnen und erst 1317 beendet wurde. Ihre Fassade ist romanisch, das Innere schmückt Rokokostuckwerk aus dem 18. Jh.

Auf dem *Prešernov trg* plätschert der **Fontana da Ponte**, nach seinem Erbauer da Ponte benannt. Sein jetziges Aussehen, verziert mit drei barocken Wappen, erhielt er 1666. Hier steht auch das **Stadttor Muda** (1516) – das ehemalige Zolltor und einzig erhaltene von einst zwölf Stadttoren ist mit Wappen, Reliefs und Inschriften aus dem 18. Jh. verziert.

Das **Regionalmuseum** (Pokrajinski muzej Koper) im hübschen Belgramoni-Tacco-Palast (17. Jh.) zeigt Zeugnisse der 2500-jährigen Stadtgeschichte.
Di–Fr 8–16, Sa/So u. Feiert. 10–14 Uhr (Mai–Aug. Sa auch 18–21 Uhr). Eintritt 5 €. Kidričeva ul. 19, ☎ 041/556-644 (mobil), www.pokrajinskimuzejkoper.si.

Am Ukmarjev trg steht das **Carpaccio-Haus**, in dem angeblich *Benedetto Carpaccio* einige Zeit lebte; von ihm vermutet man, dass er der Sohn des Renaissance-Malers *Vittore Carpaccio* war, aus Koper stammte und auf Slowenisch wahrscheinlich *Krpač* hieß.

Im Südosten der Stadt in Richtung Bertoki liegt ein 122 ha großer See, der **Škocjanski zatok** (www.skocjanski-zatok.org), ein Natur- und Vogelreservat, um den ein 2 km langer Fußweg führt, beliebt bei Spaziergängern und Joggern. Eingebettet in einen dichten Schilfgürtel besteht der See einerseits aus Süßwassersumpf, aber auch aus salzigem Brackwasser und ist Tummelplatz von 241 Vogelarten und beherbergt auch eine reichhaltige Flora. Nach Anmeldung über TIC kann man an Führungen teilnehmen.

Natur- und Vogelreservat Škocjanski zatok – Blick gen Ćićarija-Gebirge

Koper/Umgebung

Ankaran (Ancarano): Wer wegen des Meeresklimas, des attraktiven Sportangebots und zum Sonnenbaden an die Küste will und keine einsamen Strände erwartet, findet in Ankaran (3000 Einwohner), 10 km nördlich von Koper in Richtung Triest, eine Ferienanlage (www.adria-ankaran.si) und einen Campingplatz im Grünen. Trotz der Lage auf einer Landzunge zwischen den zwei Großhäfen Koper und Triest ist das Meerwasser laut den offiziellen Messungen nicht verschmutzt. Der Strand ist fast 1 km lang, der Meeresgrund sandig, die mediterrane Vegetation ist aufgrund der geschützten Südlage sehr üppig.

Übernachten/Essen   **** Villa Andor, schön restaurierte Villa am Stadtrand. Stilvolles Inneres, schattiger Biergarten mit Blick aufs Meer und ein Casino. Nette DZ/F 80 €. Vinogradniška 9, ✆ 05/6155-000, www.andor.si.

Motel-Restaurant Sv. Katarina, sehr gutes Restaurant mit lauschiger Terrasse und Meerblick, Spezialität sind Fischgerichte. DZ mit Balkon/Terrasse 60 €. Tägl. 11–23 Uhr. Jadranska cesta 17, ✆ 041/673-846 (mobil), www.gostisce-svkatarina.com.

**** Appartements Debeli rtič, moderne Appartements mit herrlichem Meerblick und Pool. 90–150 € (2–4 Pers.). Jadranska cesta 61 a, ✆ 05/6520-880, www.debeli-rtic.si.

Camping *** Camping Adria, neben dem Kloster u. der gleichnamigen Ferienanlage. Schönes weitläufiges 7-ha-Gelände mit Pools, Tennisplätzen u. Wassersportangebot (Segeln, Surfen, Wasserski), Restaurants u. Supermarkt. Im Juli/Aug. sehr voll. 13,50 €/Pers. Auch Mobilhausvermietung. Mitte April–Mitte Okt. ✆ 05/6637-350, www.adria-ankaran.si.

Hrastovlje: Den Kirchenbesuch der dreischiffigen, romanischen *Sveta Trojica* (12.–13. Jh.), im 16. Jh. gegen die Angriffe türkischer Heere mit hoher Natursteinmauer umfriedet, sollte man nicht versäumen. 1581 erwarb sie *Leander Zarotus*, ein österreichischer Adeliger und Doktor der Medizin und der Künste, der sich vorbildlich um ihre Instandhaltung kümmerte. Das Innere ziert die reiche Bemalung mit dem über 500 Jahre alten Freskenzyklus, u. a. „Totentanz" und „Passion Christi", geschaffen von *Ivan aus Kastav*. Der Patronatstag der Kirche ist am 26. Juni, am Sonntag darauf gibt es um 11 Uhr eine Messe, ansonsten einmal im Monat. Im Ort warten etliche kleine Galerien auf Besucher, z. B. die von *Jože Pohlen* oder *Viktor Snoj*, die man bei einem geführten oder eigenen Rundgang besichtigen kann.

Hrastovlje – Detail aus dem Fresko „Totentanz" in Sv. Trojica

Sočerb – den Weitblick wie die einstigen Burgherren genießen

Öffnungszeiten Kirche Tägl. außer Di 9–12/13–17 Uhr, Sa/So durchgehend offen. Ticket 2 € (ab 14 J.), Kombiticket inkl. geführtem Rundgang 7,50 €. Falls die Kirche verschlossen ist, im Ort bei Fr. Rozana Rihter (☎ 031/432-231, mobil) oder bei TIC nachfragen.

Information Touristinformation (TIC), 6275 Črni Kal, Hrastovlje 53, ☎ 041/398-368 (mobil).

Essen & Trinken ⟫⟫ **Mein Tipp:** Restaurant Švab, im Ort, bekannt für gute Fuži- und Trüffelgerichte. Tägl. außer Mo/Di ab 12 Uhr. ☎ 05/6590-510. ⟪⟪

Sočerb: bekannt durch die **Burg Strmec** (13. Jh.), die abseits des Ortes an der alten Straße von Koper nach Kozina, unterhalb der lang gestreckten 450 m hohen Felswand steht. Sie bot schon Illyrern, Römern und danach wechselnden Besitzern ein sicheres Zuhause und einen malerischen Blick über die sanften Hügel der Halbinsel Istriens, auf Triest und die Küstenstädte an der glitzernden Adria. Erst 1780 erlitt die Burg, einst nur über eine Zugbrücke sowie einen in den Fels gehauenen Gang betretbar, durch einen Brand schwere Schäden. Kurz vor der Burg zweigt ein Weg zur *Sv. Jama* ab, einer Pilgerstätte in einer Höhle, die sonntags um 14 Uhr nach Absprache besichtigt werden kann.

Höhlenbesichtigung Jamarsko društvo Dimnice, Hr. Franc Maleckar, ☎ 051/692-648 (mobil).

Essen & Trinken Restaurant Grad Strmec, rustikales Inneres und herrlicher Weitblick. Di–Do 18–22, Fr–So 12–22 Uhr. ☎ 041/571-544 (mobil).

Črni kal und **Osp**: Die beiden Dörfer am Karstrand sind heute wegen ihrer schroffen hohen Felswände weithin bei Kletterern bekannt. In der *Osper Höhle* (für Besucher nicht geöffnet) fanden unter einer überhängenden Felswand schon in frühgeschichtlicher Zeit Menschen Zuflucht, was Funde belegen.

Übernachten/Essen ⟫⟫ **Mein Tipp:** Gostišče Majda, schöner Landgasthof mit Terrasse ca. 2 km nördl. von Osp in Alleinlage; das gute Restaurant ist bekannt für Trüffelgerichte. Auch Übernachtungsmöglichkeiten. Tägl. außer Di/Mi 12–23 Uhr. Osp 88, Črni kal, ☎ 05/6590-110, 041/624-294 (mobil). ⟪⟪

Camping Camping Vovk, nettes, schattiges Wiesengelände unterhalb von Osp und der Felswände; beliebt v. a. bei Kletterern u. Höhlenforschern. Nebenan eine Gostilna (Grill u. Saisonküche). Ganzjährig. Osp 20, Črni kal, ☎ 040/167-787 (mobil), www.kmetija-vovk-osp.si.

Istriens Norden: Slowenische Riviera   → Karte S. 263

Izola – lauschige Konobas rund um den Hafen mit seinen hübschen Fischerbooten

Izola (Isola)

Das alte Fischerstädtchen auf einer Halbinsel in der Bucht von Koper strahlt Gemütlichkeit aus. Die schattigen Cafés und Restaurants sind gut besucht, ebenso der neue große Jachthafen, in dem stolze Segelschiffe und Motorjachten ankern.

Überragt wird das ruhige Izola mit seinen 14.500 Einwohnern vom *Sv. Mauro*-Kirchturm. Entlang der Uferpromenade reihen sich lauschige Cafés und ein kleiner üppiger Park, in dem verschiedenste Rosensorten und alle existierenden Lavendelarten (insgesamt gibt es 18) gedeihen. Die Bewohner leben neben dem Tourismus von der Fischerei und der Konservenfabrik, die sich gegenüber der Altstadt niedergelassen hat. Wenn zum traditionellen jährlichen Fischerfest geladen wird, kommt Leben in die Stadt: Dann wird gegessen und getrunken und der Refošk, ein süffiger, dunkelvioletter Rotwein aus der Umgebung, macht die Zungen locker.

Das Hinterland, die *Istrska Vinska Cesta*, lädt zur Weinverkostung und kulinarischen Genüssen ein – die hübschen kleinen Orte sind bequem mit dem Mountainbike zu erreichen.

Geschichte

Izola war bereits unter den Römern besiedelt, wie Funde in der Bucht von *Simonov zaliv* belegen: Hier sind bei starker Ebbe noch Kai- und Mosaikreste der römischen Siedlung *Halieatum* zu sehen. Aus Dokumenten des Jahres 972 geht hervor, dass Izola von Flüchtlingen aus Aquileia besiedelt wurde. Als der deutsche Kaiser *Otto I.* die Stadt dem Venezianer *Candiani* überschrieb, taucht in der Schenkungsurkunde das erste Mal der Name *Izola* auf. Während seiner stürmischen Geschichte war Izola im 13. Jh. für kurze Zeit selbstständig und hatte einen eigenen Konsul.

Die weiße Taube von Izola

1380 versuchten Genueser mit ihrer Flotte Izola anzugreifen. Laut einer Legende hüllte an diesem Tag aber Nebel die Stadt auf ihrer Insel ein. Eine weiße Taube flog vom Kirchendach Sv. Mauro aufs offene Meer, die Genueser folgten ihr in der Annahme, sie fliege zum Festland. Die Taube kehrte mit einem Olivenzweig im Schnabel zurück und ist seither im Stadtwappen verewigt.

Ansonsten erlebte Izola die gleiche geschichtliche Entwicklung wie das nahe Koper. Im 19. Jh. wurde der Kanal zwischen der Insel und dem Festland zugeschüttet. In der ersten Hälfte des 19. Jh. wurden im Meer heiße Thermalquellen entdeckt – dort, wo heute die Konservenfabriken stehen, stand in früheren Zeiten ein gut besuchtes Thermalbad.

Basis-Infos   → Karte S. 273

Information Tourismusverband/TIC, 6310 Izola, Ljubljanska ul. 17, ☎ 05/6401-050, www.izola.eu. Juni–Aug. tägl. 9–20 Uhr; Mai u. Sept. Mo–Sa 9–16, So 10–14 Uhr; sonst Mo–Fr 9–16, Sa 10–14 Uhr. Infos, Karten, Fahrräder.

Agentur Laguna, Istrska vrata 7, ☎ 05/6400-278, 6418-630, www.laguna-sp.si. Privatzimmer.

Agentur Bele Skale, Cankarjev drevored 2, ☎ 05/6403-555, www.beleskale.si. Ausflüge, Zimmer.

Agentur Spik, Pitonijeva 13, ☎ 031/390-704 (mobil), www.spik-travel.si. Zimmer.

Verbindungen Busbahnhof, Trg Republike. Im 30-Min.-Takt nach Koper und Piran, Sa/So u. Feiertage jede Stunde; nach Ljubljana 3- bis 6-mal tägl. (2:30 Std., da nicht über A 1, 15 €); 1-mal Mo–Sa um 7 Uhr nach Triest (0:40 Std., 4 €) – ansonsten Busse ab Koper nehmen, bessere Verbindungen. **Zug**, ab Koper.

Schiff Katamaran Venice, Ganztagestour nach Venedig (2:30 Std.); April–Okt., Info/Buchung über TIC u. Agenturen.

Baden U. a. an der Nordspitze der Altstadt. In Simonov zaliv gibt es einen Kieselstrand. Schön ist die Felsküste mit Strand unterhalb der Klippen in Richtung Strunjan.

Bootsverleih u. a. Adriarent, Marina Izola; Tomažičeva ul. 2 (Büro), ☎ 05/6401-102.

Fahrrad Fahrradgeschäft Ritoša, Kajuhova 28 (südl. Južna cesta), ☎ 05/6401-240, www.ritosa.si. Serviceteile, Reparaturen, Verleih.

Schön ist eine **Radtour** auf dem asphaltierten Parenzana (→ Parenzana-Weg, S. 294).

Gesundheit Gesundheitszentrum, Ul. oktobrske revolucije 11, ☎ 05/6635-050; 24-Std.-Bereitschaft ☎ 05/6635-000. Hier auch **Apotheke**, ☎ 05/6400-300.

Internetcafé KT1 **8**, Trg Etbina Kristana (nahe Post). 11–23 Uhr. WiFi-Zone.

Jachthafen Marina Izola, durch Bucht und 2 zusätzliche Wälle gut geschützt. 700 Liegeplätze im Wasser (bis 30 m), 50 zu Land. Reparatur- u. Wartungsservice, 50-t-Travellift, 5-t-Kran. Nautikshop, Sanitäranlagen, Wäscherei, Parkplatz mit 600 Stellplätzen. Tomažičeva 10, ☎ 05/6625-400, www.marinaizola.com.

Nachtleben Vinothek/Bar Manzioli **4**, im Manzioli-Palast, Manziolijev trg. 5. 7–24 Uhr, Fr/Sa bis 1 Uhr.

»» Mein Tipp: Loungebar Moby Dick **12**, mit Terrasse. Leckere Cocktails u. Restaurant; zudem Events (auch Salsa). Dantejeva ul. (östl. von Marina). **«**

Veranstaltungen u. a. Cuban-Salsa-Festival (www.salsafestival.si), Ende April–Anf. Mai, im Resort Simon zaliv. **Fischerfest,** Ende Aug. **Intern. Handballfestival**, Anf. Juli mit ca. 150 Mannschaften. **Olivenöl-, Wein- und Fischtage,** Anf. Juni. **Intern. Filmspiele** (www.isolacinema.org), Anfang Juni. **Stadtfest Sv. Mauro,** am So um den 23. Okt.

Wandern Eine aussichtsreiche **Rundwanderung** ins Hinterland mit Küstenblick bis zur italienischen Bergwelt bietet sich an: Izola–Bared–Šared–Livade–Jagodje–Izola; rund 10 bzw. 12 km (rund um Šared), bis auf 252 m, ca. 3:30 bis 4 Std.

Istriens Norden: Slowenische Riviera   → Karte S. 263

Übernachten

Privatunterkünfte vermitteln die Agenturen. Übernachtung im DZ ab 40 €. Ferienwohnungen ab 50 €/2 Pers. In der TS haben die **Hotels** einen Aufschlag von 10–20 %, teils auch noch einen Wochenendzuschlag.

≫ Mein Tipp: *** Hotel Marina **2**, in schönster Lage an der Uferstraße unweit des Jachthafens. Schöne Terrasse, sehr gutes Restaurant (→ Essen & Trinken). Spacenter mit Whirlpool und Massagen. Komfortable DZ/F mit Meerblick 152 € (Parkseite günstiger). Ganzjährig. Veliki trg 11, ☎ 05/6604-100, www.hotelmarina.si. **≪**

*** Hotel Delfin **13**, an der Uferstraße hinter dem Jachthafen. Modern, u. a. mit Hallenbad, Pool und guter Ausstattung. DZ/F 104 €. Ganzjährig. Tomažičeva 10, ☎ 05/6607-400, www.hotel-delfin.si.

** Hotel Keltika **1**, inmitten der Altstadt. Nette, gut ausgestattete Zimmer, DZ/F 85 €. Ganzjährig. Kosovelova 31, ☎ 05/6419-777, www.keltika.si.

Hostel Izola **10**, im einstigen Hotel Riviera, nahe beim Hafen mit Blick aufs Städtchen. 30 Betten, mit Frühstück 28 €/Pers. Nur Juli/Aug. geöffnet. Prekomorskih brigad 7, ☎ 05/6621-740, tihomir.busija@guest.arnes.si.

Hostel Alieti **7**, mitten in der Altstadt nahe der namensgebenden Kirche, mit 25 Betten in 4- bis 6-Bett-Zimmern; 22 €/Pers. (inkl. 2 Croissants, Kaffee/Tee). Dvoriščna ul. 24, ☎ 051/670-680 (mobil), www.hostel-alieti.si.

Übernachten außerhalb ***–**** Hotelresort San Simon **16**, 1 km in Richtung Piran. Unterkünfte in verschiedenen Dependancen, Beton- u. Felsbadestrand, Tennisplatz, Beachvolleyball; Spa Mirta, Pool, Meerwasserhallenbad, Restaurants und Nightclub. DZ/F ca. 110–130 €. Ganzjährig. Morova 6 a, ☎ 05/6603-100, www.sansimon.si.

*** Hotel Belvedere **20**, ruhige Lage auf der grünen Anhöhe stadtauswärts in Richtung Piran. Der Ausblick auf die Buchten bis Triest und nach Venedig ist grandios. Zum felsigen Naturstrand führt ein 600 m steiler Fußweg den üppig bewachsenen Hang hinab. Kürzer ist's zum obigen Freibad. Das Hotel verfügt über Dependancen, Restaurant mit schöner Aussichtsterrasse u. Bar, Tennisplätze; angrenzend der Campingplatz. DZ/F mit Balkon ab 103 €. Dobrava 1 a, ☎ 05/6605-100, www.belvedere.si.

Touristischer Bauernhof Baredi **11**, ca. 4 km südöstl. im Weiler Baredi. Mit guter Gostilna, Weinverkauf und Zimmervermietung. Baredi 19 d, ☎ 05/6420-257.

≫ Mein Tipp: Touristischer Bauern- und Reiterhof Medljan **14**, ca. 5 km südl. von Izola; wunderbare Lage am Berg. Hier kann man Reitunterricht nehmen oder Pferde zum Ausreiten mieten. Leckeres Essen, schöne Appartements (4+1 Pers.) im Natursteinhaus (80 €) und Zimmer im Nebenhaus, DZ/F 60 €. Ganzjährig. Cetore 29, Izola, ☎ 05/6420-081, www.medljan.net. **≪**

Jugendhotel Stara Šola **18**, ca. 8 km südl. von Izola in der alten Schule in Korte. Schönes Gebäude mit 17 Zimmern (2- bis 4-Bettzimmer mit/ohne eigenem Bad), Küche, Bücherei und schönem Garten mit Liegewiese. 19–24 €/Pers. Mladinski hotel, Korte 74, ☎ 031/375-889 (mobil), www.hostel-starasola.si.

Camping   ** Campingplatz Belvedere, dem gleichnamigen Hotel angeschlossen. Schattiger Platz unter Bäumen mit großem Freibad, Restaurant u. Kiosk. In der NS ein lauschiger Platz. Pro Pers. 11–13 €. April–Sept. Dobrava 1, ☎ 05/6605-100, www.belvedere.si.

* Campingplatz Jadranka, klein, am Stadtrand (Richtung Koper), mit Restaurant am Meer. Für Wohnmobilbesitzer für einen Stopp okay. 11 €/Pers. Juni–Sept. ☎ 05/6402-300.

Essen & Trinken

Alle hier aufgeführten Restaurants arbeiten ganzjährig.

≫ Mein Tipp: Restaurant Marina **2**, im gleichnamigen Hotel mit lauschiger Terrasse unter Blauregenpergola. Hier gibt es beste saisonale Küche – Fisch, Schalentiere oder Fleisch – bei sehr gutem Service, dazu feinste Weine. Veliki trg 11, ☎ 05/6604-100. **≪**

Gostilna Ribič **3**, wie der Name besagt isst man hier bestens Fisch, zudem ist es

E ssen & Trinken
- 2 Hotel Marina
- 3 Gostlina Ribić
- 5 Gostilna Bujol
- 6 Gostilna Sidro
- 9 Pizzeria Gušt
- 15 Gostilna Korte
- 17 Restaurant Sonja
- 19 Hiša Torkla
- 20 Restaurant Kamin

C afés & Nachtleben
- 4 Bar Manzioli
- 8 Internetcafé KT1
- 12 Loungebar Moby Dick

E inkaufen
- 4 Vinothek Manzioli

Ü bernachten
- 1 Hotel Keltika
- 2 Hotel Marina
- 7 Hostel Alieti
- 10 Hotel Izola
- 11 TK Baredi
- 13 Hotel Delfin
- 14 TK Medljan
- 16 Hotelresort San Simon
- 18 Jugendhotel
- 20 Hotel Belvedere

Istriens Norden: Slowenische Riviera → Karte S. 263

das älteste Restaurant im Ort und am Hafen. Veliki trg 3, ✆ 05/6418-313.

Gostilna Sidro [6], an der Uferpromenade. Schöner Blick aufs Meer, gutes Lokal für Fischgerichte. Sončno nabrežje, ✆ 05/6414-711.

Gostilna Bujol [5], beliebtes Fischlokal mit Terrasse am netten Kirchplatz. Gute Fischgerichte, leckerer Bakalar (getrockneter Stockfisch), Fischcarpaccio und Tintenfischsalat. Mo/Di Ruhetag. Verdijeva 10, ✆ 041/799-490 (mobil).

⟫⟫ Mein Tipp: Pizzeria Gušt [9], gegenüber dem Stadtpark. Hervorragende Pizzen (auch Pasta/Risotto): Der Koch war slowenischer Meister der Pizzabäcker und die

Nr. 14 der Weltrangliste! Guten Appetit! Drevored 1. maja 5. ⟪⟪

Restaurant Sonja [17], etwas oberhalb der Stadt, gegenüber der Rezeption des Hotelresorts San Simon. Auf der schönen Terrasse werden gute Fisch- und traditionelle istrische Gerichte serviert. Morova ul. 4, ✆ 05/6403-500.

Essen außerhalb Restaurant Kamin [20], im Hotel Belvedere. Von der Anhöhe wunderschöner Blick auf die Bucht. Dobrava 1 a, ✆ 05/6605-666.

An der Weinstraße liegen eine Reihe kleiner Orte und Lokalitäten mit leckeren traditionellen istrischen Spezialitäten, u. a.:

>>> **Mein Tipp: Hiša Torkla** 🔟, ca. 8 km südl. von Izola. Vom stilvoll renovierten Natursteinhaus (18. Jh.) mit gemütlicher Terrasse bietet sich ein schöner Weitblick. Leckere verfeinerte Karst-Küche, Spezialitäten sind Peka-Gerichte (Kalb, Lamm u. Tintenfisch), Fisch- u. Trüffelgerichte. Vinothek, gehobenes Preisniveau. Auch Appartementvermietung. Korte 44 b, ✆ 05/6209-657, www. hisa-torkla.si <<<

Gostilna Korte 🔟, gegenüber vom Torkla und preiswerter. Ebenfalls ein sehr gutes Lokal mit schönem Freisitz. Schmankerln wie Ombolo Korte, Hase oder Rehbockgulasch mit Fuži oder Gnocchi und süffiger Wein. Tägl. außer Di ab 11 Uhr. Korte 44, ✆ 05/6420-200.

Sehenswertes

Alle historischen Bauten befinden sich um den alten **Fischerhafen**: die **Pfarrkirche Sveti Mauro** (16. Jh.) mit abseits stehendem, gut erhaltenem Campanile, der ebenso wie der Campanile der **Kirche Madonna di Alieto** (Ende 18. Jh.) östlich vom Fischerhafen dem venezianischen Markus-Kirchturm ähnelt. Im **Palais Manzuoli** (15. Jh.) schrieb *Nicolo Manzuoli* 1611 ein Buch über Istrien, das ihn weithin berühmt machte. Der **Palast Besenghi degli Ughi** (18. Jh.), Izolas schönstes Gebäude, steht unterhalb der Kirche und schmückt sich mit stuckverzierten Fenstern, Balkonen sowie einem runden Portal mit Männerkopf in der Mitte. Heute residiert hier die städtische Musikschule.

Parenzana Museum: Sehr kleines, im Ausbau befindliches Museum zur Geschichte der Parenzana-Eisenbahnstrecke. Zudem wechselnde Ausstellungen (→ Kasten S. 98 u. 262).
Do–So 16–19, So 10–12 Uhr. Eintritt 2 €. Ul. Alme Vivode 3, ✆ 041/613-299 (Mr. Srečko Gombač).

Archäologischer Park Simonov zaliv: stadtauswärts am Ritič Korbat (Kap kurz vor der Hotelbucht). Die Ausgrabungsstätte zeigt Hafenmauern und die Grundmauern einer *villa rustica* von ca. 25–10 v. Chr. sowie eine Mosaikrekonstruktion des ehemaligen Fußbodens. Viele Funde sind in Koper (Regionalmuseum) zu bewundern, etliche Mauern sind vom Meer umspült. Zu römischen Zeiten zählte Simonov zaliv aufgrund des guten Windschutzes zu den größten Häfen Istriens und wurde bis ins frühe Mittelalter genutzt. Geöffnet Mai–Sept.

Strunjan   (Strugnano)

Ein Kurort mit Feriensiedlung auf der weit ins Meer ragenden grünen Landzunge zwischen Izola und Piran: Strunjan liegt abseits der Hauptstraße, inmitten der üppigen mediterranen Vegetation und der Stille des Pinienwalds.

Einen Ortskern sucht man hier vergebens. Strunjan ist ein reiner Ferienort mit etlichen Hotels, Ferienwohnungen, Bungalows und Campingplatz, der sich auf beiden Seiten der Strunjanski-zaliv-Bucht und der Salinenfelder ausdehnt. Heute werden nur noch wenige Salinen zur Salzgewinnung genutzt. Obwohl Strunjan in der Salzgewinnung weniger bedeutend als Sečovlje (Fontanigge) war, verschlief es die neuesten Technologien nicht. Bereits Anfang des 20. Jh. wurden alle kleinen Salzbeete zu einer großen Produktionseinheit zusammengelegt. So mussten weniger Salzgärtner arbeiten, der Salzpreis wurde günstiger.

Heute sind die Salzgärten vergrast, für Wasservögel eine ideale Brutstätte, bei Zugvögeln ein beliebter Sammelplatz.

Blick über die Salzfelder gen Piran

Das günstige Klima ließ einen florierenden Kurtourismus entstehen. Mit den natürlichen Heilmitteln Meerschlamm und Meersalz werden Lungen- und rheumatische Krankheiten behandelt. Ansonsten sind im Ort, in dem der berühmte Violinist und Komponist *Giuseppe Tartini* einige Jahre seiner Kindheit verbrachte, nur die Reste eines römischen **Kastells** und ein Hafen am Anfang der Bucht sehenswert.

Von Strunjan aus kann man schöne Spaziergänge nach Izola, Piran oder Portorož unternehmen oder, an den Salinenfeldern vorbei, um die Bucht laufen – Strunjan ist eine grüne Oase an der sonst dicht besiedelten Slowenischen Riviera.

Richtung Osten verläuft das **Kap Ronek** (Rtič Ronek), ein Naturschutzgebiet, das am nördlichen Ende in steilen, aus karstigem Flyschgestein bestehenden Klippen bis zu 80 m abfällt. Hier oben am Kap steht im Pinienwald die Kirche **Sv. Marija** (12. Jh., 1463 erneuert) mit schönen Fresken – ein 30-minütiger Spaziergang hinauf lohnt.

Übernachten Schöne Privatzimmer und Appartements östlich von Kap Ronek, z. B. Fam. Zudič, Strunjan 113, ☎ 031/244-582 (mobil); Appartements für 60–90 €; ein wundervoller Platz mit Weitblick. In der TS Aufschlag von bis zu 20 %.

–* Thalasso Strunjan, Kuranlage auf der nördlichen Landzunge, eingehüllt vom Pinienwald und einem Park. Beheizter Meerwasserpool, Saunen, Sport-, Beauty- u. Wellnesscenter Thalasso Salia mit Salinenmassagen, Shiatsu etc. Zum Komplex gehören: **** Hotel Svoboda und die schöne, etwas preisgünstigere Dependance *** Villa Park mit Antiallergieausstattung sowie die *** Bungalows Vile mit Terrasse. Es gibt HP-Pakete ab 2 Nächten, für 2 Pers. ca. 150–200 €. Strunjan 148, ☎ 05/6764-547, www.terme-krka.si.

≫ Mein Tipp: ***–**** Bioenergieresort Salinera, in Alleinlage mit Dependancen (s. u.) an der Buchtsüdseite. Modernes Hotel mit gutem Restaurant, schöner Terrasse und modernem Wellnesscenter (Außen- u. Innenpool, Saunen, Massagen, Biotherapien, Meditation etc.). Im Hauptgebäude kostet das DZ/F mit Balkon ab 134 €. Einfacher ausgestattet die ** Appartements Salinera (ca. 155 €/4 Pers.) mitten im Grünen. Komfortabler die **** Appartements Vila Maia (24 Pers., Balkon, Terrasse, Küche etc.), ab 160 €/4 Pers. mit 2 Zimmern, oberhalb vom Meer. Haupthaus ganzjährig. Strunjan 14, ☎ 05/6907-000, www.salinera.si. ≪

An der südlichen Buchtstraße folgen hintereinander die neu eröffneten *** Hotel Oleander (Strunjan 17, www.hoteloleander.si) und Mirta (Strunjan 16, www.hotel-mirta.si).

Istriens Norden: Slowenische Riviera

↓ Karte S. 263

DZ/F 120 bzw. 130 €. Hier wohnt man ruhig mit schönem Blick und relativ preiswert, möchte man Piran besuchen.

Camping   *** Campingplatz Strunjan, schattiges 1,5-ha-Terrassengelände oberhalb der Bucht an der Hauptstraße! Restaurant, Supermarkt (ca. 100 m). Der Strand ist in ca. 200 m, die Hotel-Pools können genutzt werden. Für Stopp in Ordnung. Ganzjährig. Strunjan 23, ☎ 05/6782-076.

Essen & Trinken   Restaurant Primorka, Ausflugslokal im Pinienwald (gehört zur Kuranlage Strunjan). Gute Fischgerichte. Tägl. 11–24 Uhr. Strunjan 148, ☎ 05/6780-000.

Gostilna Pod Trto, kleine, weinberankte Terrasse, v. a. gute Fischgerichte, zudem hauseigenes Olivenöl und Wein. Tägl. außer Mo 8–22 Uhr. Strunjan 32, ☎ 05/6782-372.

Piran

(Pirano)

Der Geburtsort von Giuseppe Tartini ist das schönste Küstenstädtchen (4150 Einwohner) an der Slowenischen Riviera. Die Vielzahl venezianischer Bauten, die malerische Lage und das Leben in den schmalen Gassen verströmen Charme und Atmosphäre.

Wahrzeichen des ehemaligen Seeräubernests ist das Kirchlein *Sv. Klementa* an der Spitze der Landzunge. Auf dem Hügel oberhalb dominiert, alles überragend, der Kirchturm der großen Kathedrale *Sv. Jurij*. Ein Schmuckstück Pirans ist der hübsch renovierte *Tartiniplatz* – heute Mittelpunkt des Stadtgeschehens. Viele der schmalen drei- bis fünfstöckigen venezianischen Häuser wurden restauriert, in den verwinkelten Gassen finden Kunstliebhaber einige hübsch gestaltete Galerien.

Ein schöner Spaziergang, um sich einen Stadtüberblick zu verschaffen, beginnt, von Fiesa kommend, oberhalb auf dem Hügel (dort Parkhaus). Vorbei geht es an der alten Stadtmauer und hinab Richtung Kathedrale oder zu den weiteren Kirchen in den engen Gässchen oder in Richtung Uferpromenade, wo zahlreiche Lokale um die Gunst der Gäste buhlen.

In der Hauptsaison quillt das Städtchen von Touristen über – Autos, außer die der Anwohner, müssen auf den Großparkplätzen vor der Stadt bleiben.

Geschichte

Historiker meinen, der Name Piran leite sich von Pyros, dem griechischen Wort für Feuer, ab. Die Legende jedenfalls erzählt von einem großen Feuer an der Stelle des heutigen Leuchtturms auf der Punta, das den griechischen Schiffen als Orientierung diente und ihnen den Weg in die Kolonie *Aegida* (Koper) wies. 178 v. Chr. verleibten die Römer die Küste ihrem Imperium ein: Die Weltmacht hatte von den ständigen Überfällen der hier lebenden Kelten und Illyrer auf ihre Handelsschiffe in der nördlichen Adria genug. Piran wurde wie seine Nachbarstädtchen der römischen Kolonie *Aquileia* angegliedert, seine Einwohner wurden „romanisiert". Im 7. Jh. wird Piran als byzantinische Siedlung erwähnt, im 8. Jh. kamen die Slawen.

Im 10. Jh. schlossen Piran und Venedig einen Handelsvertrag. 1210 überließ Venedig die Stadt den Patriarchen von Aquileia. Doch Pirans Monopol auf den Handel mit Salz von den Sečovlje-Salzfeldern gefiel den Venezianern nicht, 1283 riss Venedig deshalb die Kontrolle über Piran wieder an sich. Und das blieb der Stadtrepublik im Gegensatz zu Koper und Izola nun treu – Piran unterstützte Venedig in seinen Kriegen, besonders gegen Genua – und bekam zum Dank seine Selbstständigkeit wieder zurück.

Im Mittelalter war Piran als Umschlagplatz für Salz, Wein, Öl, Getreide, Holz und Eisen von großer Bedeutung. Eine Stadtmauer zum Schutz vor den Türken wurde um

Piran – Blick auf den Tartiniplatz

den Hügel gebaut. Von 1797 bis 1918, abgesehen von dem kurzen napoleonischen Intermezzo (1805–1809), hatte Österreich-Ungarn Piran unter Kontrolle. Nach dem Ersten Weltkrieg fiel die Stadt im *Grenzvertrag von Rapallo* 1920 an Italien, nach dem Zweiten Weltkrieg an Jugoslawien.

Basis-Infos

Information Tourismusverband/TIC, 6330 Piran, Tartinijev trg 2, ℘ 05/6734-440, www.portoroz.si. Juli/Aug. tägl. 9–20 Uhr; Sept., Juni 9–19 Uhr; sonst Mo–Sa 9–17, So 10–14 Uhr. Gute Infos u. Karten.

Agentur Maona, Cankarjevo nabrežje 7, ℘ 05/6734-520, www.maona.si. Ausflüge, Zimmer.

Turist Biro, Tomažičeva 3 (nahe Hotel Piran), ℘ 05/6732-509, www.turistbiro-ag.si. Zimmer.

Bus Busbahnhof südl. der Altstadt am großen Parkplatz (Uferstraße). Gute Verbindungen entlang der Slowenischen Riviera; zudem 1-mal tägl. außer So Triest (6 €, 1:30 Std.); 8-mal Ljubljana (12 €, max. 3 Std.). Ende Juni–15. Okt. auch tägl. 16.25 Uhr nach Kroatien (Umag, Poreč, Rovinj). Tickets im Bus. Bushaltestelle für den Stadtverkehr (Portorož, Lucija, Strunjan) am Tartinijev trg. Infos über TIC oder ℘ 05/6713-122.

Parken Garage Fornače (1,70 €/Std., 17 €/Tag) und Großparkplatz südl. der Altstadt, per Busshuttle zur Schranke, Rückfahrt ab Tartinijev trg. Garage Arze, oberhalb der Altstadt (1,50 €/Std., 12 €/Tag). Parkgebühren müssen auch bei Altstadthotelnächtigung bezahlt werden.

Schiff Topline, Piran–Venedig, Mai–Sept. samstags. Trieste Lines, Triest–Piran–Poreč–Rovinj, nur Juli/Aug. Infos TIC (s. o.).

Taxi u. a. Piraneze, ℘ 051/607-333 (mobil); Flughafen Triest ca. 100 €.

Ausflüge Tägl. Ausflugsmöglichkeiten per Bus auch per **Boot** entlang der Küste mit verschiedenen Veranstaltern, z. B. nach Rovinj, Brijuni und Venedig.

Einkaufen Salzgeschäft Benečanka, Tartinijev trg. Geöffnet tägl. 10–17 Uhr. Hier gibt es verschiedene Salze und auch Salzblüte.

Fahrrad Bike-Point – Luma Sport, Dantejeva 3 (bei Altstadtschranke), ℘ 041/781-414 (mobil). Mai–15. Aug. 9–12/17–21 Uhr. Verleih und Service.

Gesundheit Apotheke, Tartinijev trg 4, ℘ 05/6730-150. Mo–Fr 8–20, Sa 8–13 Uhr.

Jachthafen Ca. 100 Ankerplätze; Hafenkapitän, ℘ 05/6710-190.

Nachtleben Cocktailbar Café Teater 🔟, Cafébar Žižola 🔳 am Tartinijev trg und Cafebar & Internet Da noi 🟩, Prešernovo nabrežje (neben Restaurant Pavel); Cafébar Čakola 🔟, neben Hotel Piran, Weinverkostung, Cocktails.

Tauchen SUB-NET, Prešernovo nabrežje 24 f (Punta), ℘ 041/746-153 (mobil), www.sub-net.si.

Veranstaltungen u. a. Piraner Musikabende, Juli/Aug.; Klassik im Atrium des Minoritenklosters.

Piran-Festival, im Aug., viele Konzerte am Tartinijev trg.

Intern. Folklorefestival MIFF (www.miff.si), Anfang Juli.

Patronatsfest Sv. Jurij und Salinenfest, letzter Sa/So im April.

Trad. Segelregatta, 7. Mai ab 12 Uhr. Zudem an diesem Tag auch ein **Oldtimer-Korso**.

Salinenfest Piran, am 3. April-Wo.-Ende im am Tartinijev trg; in Erinnerung an die alte Tradition, als die Salzgärtner zur Saison (Ende April bis Ende Aug.) mit ihren Familien per Boot in die Bucht Sečovlje fuhren. Zudem Konzerte, Salzverkauf, Peelings – alles, was mit Salz zu tun hat, auch salzhaltige Schokolade. In den Salinen von Sečovlje kann man den Arbeitern zusehen.

Übernachten

Privatzimmer/Appartements ***-Kategorie DZ ab 40 €, Frühstück ca. 6 €/Pers.

Appartements Punta della Salute 🔟, das pinkfarbene Haus kurz vor der Altstadtspitze. Parken oben im Parkhaus. Verschieden große Appartements für 2–6 Pers. 60–100 €. Turšičev trg 2, ℘ 041/646-465 (mobil).

Piran (Pirano)

50 m

Übernachten
1 B&B Max
4 Hotel Tartini
10 JH/Garni Hotel Val
12 Appartements Punta della Salute
15 Hotel Piran
17 B&B Miracolo di Mare

Cafés
2 Café Tartini
3 Cafébar Žižola
9 Cafébar Da noi
16 Café Teater

Essen & Trinken
5 Rest. Fontana
6 Rest. Delfin
7 Stara Gostilna
8 Rest. Pavel & Rest. Pavel 2
11 Rest. Tri vdove
13 Rest. Neptun
18 Gostilna Pri Mari

Nachtleben
3 Cafébar Žižola
3 Cafébar Da noi
14 Cafébar Čakola
16 Cocktailbar Teater

Portorož, Busbhf.,
Parkplatz, Taxi

B & B Miracolo di Mare ▮17, nette Zimmer und kleiner Garten. DZ/F 75 €. Tomšičeva 23, ✆ 051/445-511 (mobil), www.miracolodimare.si.

B & B Max ▮1, nettes, hübsch renoviertes Altstadthaus mit 6 gut ausgestatteten Zimmern und gutem Frühstück. DZ/F 70 €. Ul. 9. Korpusa, ✆ 051/6733-436, www.maxpiran.com.

*** Hotel Tartini ▮4, vor dem Tartini trg am Hafen (in der HS nichts für Ruhesuchende). Kleines, nettes 40-Zimmer-Hotel, modern renoviert. Auf der Dachterrasse hübsche Cafébar- und Restaurantterrasse – weiter Blick aufs Meer. DZ/F 114 € (TS 132 €), Parken 8 €/Tag. Tartinijev trg 15, ✆ 05/6711-000, www.hotel-tartini-piran.com

≫ **Mein Tipp:** **** Hotel Piran ▮15, direkt an der Altstadtuferpromenade am beliebten Felsbadeplatz. Komfortable 74 Zimmer, 15 Suiten, Wellnesscenter, gutes Café und Restaurant und eine herrliche Dachterrasse für den Sundowner. Von den Zimmern herrlicher Weitblick übers Meer bis zum Kap Savudrija. DZ/F mit Balkon u. Meerblick 200 €, Parkplatz inkl., Fahrradabstellraum. Stjenkova 1, ✆ 05/6662-100, www.hotel-piran.si. ≪

Jugendhotel ** Hostel & Garni Hotel Val ▮10, 20 nette 1-, 2-, 3-Bett-Zimmer (Etagenduschen). Teeküche, Waschmaschine, Aufenthaltsraum mit TV, WiFi. Im Restaurant (Tische auch in der Gasse) erhält man vom guten Frühstück bis Vollpension alles. Im DZ/F 60 €, pro Pers./F 25 €. Gregorciceva 38 a (hinter Turicev trg), ✆ 05/6732-555, www.hostel-val.com.

Essen & Trinken

Einladende Cafés und Restaurants finden sich an der Uferpromenade Richtung Leuchtturm auf der Punta, aber auch in den schmalen Gassen und auf den Plätzen.

Bei den folgenden Lokalen wirkt sich die schöne Lage an der Uferpromenade preisverschärfend aus: **Restaurant Pavel & Pavel 2 ▮8**, an der Uferpromenade. Restaurant mit langer Tradition. Geräumige schattige Terrasse, Fisch- und Grillspezialitäten. Tägl. bis 23 Uhr. ✆ 05/6747-101, -102.

Istriens Norden: Slowenische Riviera → Karte S. 263

Restaurant Tri vdove (Drei Witwen) **11**, ein paar Schritte von obigem entfernt, kleinere, sonst ähnliche Speisekarte, zum Hotel Piran gehörig. ☎ 05/6762-518.

Ein hübscher, ruhiger Platz zum Essen ist der Trg 1. Maja: Hier sind die **Restaurants Delfin 6**, ☎ 05/6732-448 und **Fontana 5**, ☎ 041/695-614 (mobil), erwähnenswert.

Restaurant Neptun **13**, nordöstl. der Agentur Maona. Angenehmes Restaurant abseits des Touristenrummels. Hier kocht der röm. Meeresgott Neptun persönlich, wie das Schild verspricht. Župančičeva 7, ☎ 05/6734-111.

≫ Mein Tipp: Gostilna Pri Mari **18**, nahe Altstadtschranke. Behagliches Interieur, gekocht wird mediterran – lecker und bester Service, einziges Manko: kein Freisitz. Mo Ruhetag. Dantejeva 17, ☎ 041/616-488 (mobil). **≪**

Stara Gostilna **7**, hinter dem Tomažić trg. Sehr gutes Fischlokal, guter Service. Freundlich-heller Innenraum, Sitzplätze auch im Freien in der kleinen Gasse. Savudrijska 2, ☎ 05/6733-165.

Cafés Café Tartini **2**, Caféhaus mit Galerie und rattanbestuhlter Terrasse am Tartiniplatz bei der „Venezianerin", wie man das Venezianische Palais nebenan nennt. Schön kühl und schattig. Treffpunkt der Piraner.

≫ Mein Tipp: Café Teater **16**, wunderbarer Platz, um seinen Espresso zu trinken, innen wie außen sehr lauschig. Terrasse abgetrennt durch Blumenkübel, direkt am Meer. **≪**

Sehenswertes

Zentraler und belebtester Platz Pirans ist der **Tartinijev trg**, benannt nach einem berühmten Sohn des Ortes, dem Komponisten und Violinisten *Giuseppe Tartini* (1692–1770). Bis 1894 war hier der Hafen, der zugeschüttet wurde, um Platz zu gewinnen; 1896 errichteten hier die Stadtväter etwas verspätet zum 200-jährigen Geburtstag des Musikers ein Denkmal. **Tartinis Geburtshaus** (Tartinijeva Hiša) steht hinter dem Denkmal, neben dem Venezianischen Palais; eine Gedächtnisplatte an der Fassade macht darauf aufmerksam. Ein Raum mit persönlichen Erinnerungsstücken Tartinis kann besichtigt werden.
Juni–Aug. 9–12/18–21 Uhr, Sept.–Mai 11–12/17–18 Uhr, Mo u. Feiertage geschlossen. Eintritt 2 €, Kinder 1,50 €. Kajuhova 12.

Das **Venezianische Palais**, ein roter Palazzo mit Spitzbogenfenstern auf dem schönsten Platz am Hafen, ließ um 1420 ein venezianischer Kaufmann für seine Geliebte bauen. Weil das Volk die junge Glück argwöhnisch beäugte und die junge Frau sich missbilligende Äußerungen anhören musste, ließ der Kaufmann an der Außenfassade des Hauses eine Inschrift anbringen mit dem Text „Lassa pur dir" – Lass sie nur tratschen.

Südwestlich vom Tartinijev trg zeigt das **Aquarium** in mehreren Becken Meerespflanzen und diverse Meerestiere, darunter sogar einen Hai.
Mitte Juni–Ende Aug. tägl. 9–20 Uhr; März–Mitte Juni sowie Sept./Okt. 9–19 Uhr (nicht Mo), sonst tägl. außer Mo 9–17 Uhr. Eintritt 5 €, Kinder 3–15 J. 3 €. Kidričevo nabrežje 4, ☎ 05/602-554, www.aquariumpiran.si.

Seefahrtsmuseum (Pomorski Muzej Sergej Mašera): Gegenüber vom Bootshafen im klassizistischen Gabrielli-Palast aus dem 17. Jh., innen mit prachtvollen Stuckarbeiten geschmückte Räumlichkeiten. Das Museum trägt den Namen des Kapitäns der slowenischen Marine, dessen Schiff im Ersten Weltkrieg torpediert wurde. Gezeigt werden neben Schiffsgemälden alte Schiffsmodelle, darunter mächtige Großsegelschiffe aus dem 17./18. Jh., sowie eine Dokumentation über die Salzgewinnung (→ Sečovlje). Auch eine Sammlung von Votivbildern aus der Pilgerkirche Sv. Marija in Strunjan fehlt nicht, gestiftet von den Matrosen, um keinen Schiffbruch zu erleiden oder aus Dank für die gesunde Heimkehr. Eine kleine archäologische Sammlung zeigt keramische Funde, die bis in die Neusteinzeit und Bronzezeit zurückreichen.
Tägl. außer Mo 9–17 Uhr (Juli/Aug. 9–12/17–21 Uhr). Eintritt 3,50 €, Kinder 2,50 €. Cankarjevo nabrežje 3, ☎ 05/6710-040, www.pomorskimuzej.si.

Museum der Unterwasseraktivitäten
(Muzej podvodnih dejavnosti): U-Boo-
te, Kriegsmarine, alte Tauchausrüstun-
gen – eine kleine Sammlung von Gegenständen, Fotos etc.

Juni–Sept. tägl. 10.30–20 Uhr, sonst Fr–So
u. Feiertage 11–18 Uhr. Eintritt 3,50 €, Kinder
2 €. Župančičeva 24, ☏ 041/685-379 (mobil),
www.muzejpodvodnihdejavnosti.si.

Am Südende vom Tartiniplatz hat ein
kleines, privates **Muschelmuseum** geöffnet. Auf kleinstem Raum werden 4000
Exemplare gezeigt, u. a. Schnecken, Muscheln, Perlenmuscheln, Seeigel aus der
Adria sowie aus den weltweiten Meeren.

Juni–Sept. tägl. 10–20 Uhr, sonst tägl. außer Mo 11–18 Uhr. Eintritt 5 €. Tartinijev trg
15, www.svet-skoljk.si.

St.-Georgs-Kathedrale (Sv. Jurij): Eindrucksvoll überragt das Städtchen der
Campanile der Kathedrale, der dem
San-Marco-Turm in Venedig nachempfunden ist. Von hier oben bietet sich ein
toller Blick über die verwinkelten Gässchen und die antennenbestückten
Hausdächer. Wann genau das Gotteshaus errichtet wurde, ist unklar, geweiht
wurde es jedenfalls am Tag des hl. Georg, am 24. April 1344. Im 17. Jh. wurde
St. Georg im venezianischen Barock
umgebaut und erhielt mit dem Campanile sein heutiges Erscheinungsbild.
Seitdem musste der Kirchenhügel immer wieder befestigt und abgestützt
werden, ein durch ständige Erosion
nicht enden wollender Prozess. Ab 1663
wurde der Hügel schließlich aufwändig
mit Steingewölben befestigt, die bis
zum Ende des 20. Jh. immer wieder sa-
niert werden mussten.

Den großen Innenraum (→ Foto S. 70)
schmücken sieben Marmoraltäre von
1737, zwei Plastiken des hl. Georg
(17. Jh.) sowie Wandmalereien der venezianischen Schule. Beachtenswert sind
die großen Gemälde „Messe in Bolsena"
und „Das Wunder des hl. Georg" von
Angelo de Coster (17. Jh.). Die Orgel
schuf 1746 der dalmatinische Franziska-
nermönch Petar Nakić. In der Kirche ist

Theater und Tartini-Denkmal ▲
Am Fischerhafen ▼
Blick gen Strunjan ▼▼

ein *Museum mit Lapidarium* zu besichtigen (nur Mai–Okt. Mo–Fr 10–13/17–19 Uhr, Sa/So 11–19 Uhr, Di Ruhetag; Eintritt 1,50 €), u. a. ist hier das alte hölzerne Kirchenmodell von 1595 ausgestellt. Neben der Kirche befindet sich das achteckige *Baptisterium* (1650) mit Sarkophag, den man bis heute als Taufbecken benutzt.

Lohnenswert ist der Aufstieg auf den vom Wetterengel Gabriel geschmückten *Kirchturm,* in dem neben anderen noch immer eine Glocke aus dem 15. Jh. hängt – die Sicht von hier oben ist gigantisch. (Juni–Sept. 10–21 Uhr, sonst bis 18 Uhr; Eintritt 1 €, Kinder bis 7 J. 0,50 €).

Noch höher als der Campanile ragen die Reste der **Stadtmauer** mit ihren Wehrtürmen in den Himmel, die sich imposant auf dem nordöstlichen Hügel Pirans in Richtung Süden erheben. Von den zwischen 1470 und 1534 erbauten acht Türmen stehen noch sieben, die renovierten Türme und Verbindungstreppen können nach Einwurf von 1 € am Automaten besichtigt werden.

Zum ältesten Stadtteil **Punta** an der Landzungenspitze führen vier Tore, die alle gut erhalten sind. Hier steht auch die Kirche **Sv. Klementa**. Sie wurde bereits im 13. Jh. erwähnt, ihr heutiges Aussehen erhielt sie nach etlichen Umbauten 1773 und 1890. Sie wurde zur Abwendung der Pest erbaut. Der **Trg 1. maja** war bis zum 13. Jh. der Hauptplatz Pirans. Wegen seiner schönen Kulisse wird er, wie der Tartinijev trg, während des Sommerfestivals für viele kulturelle Veranstaltungen genutzt. In seiner Mitte thront eine Plattform mit zwei *Frauenfiguren,* die das „Recht" und das „Gesetz" symbolisieren, daneben zwei Regenbrunnen mit zwei nackten Jungenfiguren, aus denen einst das Regenwasser floss.

Die **Kirche** und das **Minoritenkloster des hl. Franziskus von Assisi** (Bolniška ulica) stammen aus dem 14. Jh. Die Klosterkirche *Sv. Francesco (hl. Franziskus)* wurde 1301 bis 1318 von den Minoriten errichtet. Trotz zahlreicher Innenumbauten im 17. Jh. ist im Presbyterium der ursprüngliche gotische Stil noch deutlich zu erkennen. Neben dem Hauptaltar (1787) gibt es fünf weitere Altäre, der schönste ist der des hl. Antonius von Padua. Sehenswert ist auch der Renaissancebaldachin mit Ausmalung von Vittore Carpaccio sowie die Gemäldesammlung mit Werken aus dem 17. und 18. Jh. Das wertvollste Werk, die „Madonna mit dem Heiligen" (1518), ebenfalls von Vittore Carpacciao, wurde 1940 nach Italien entführt. Im Kirchenboden liegen die sterblichen Reste der Prominenz, u. a. auch die der Familie Tartini.

An der Ostseite der Kirche neben dem 30 m hohen Kirchturm ist der Eingang zum *Minoritenkloster,* das seit 1996 wieder von Mönchen bewohnt wird. Auch Giuseppe Tartini lebte hier eine zeitlang und erhielt hier seine musikalische Grundausbildung. Durch ein Portal mit zwei reich verzierten Steinsäulen betritt man das Atrium und den schönen Renaissancekreuzgang, *Križni hodnik* (17. Jh.). Wegen der guten Akustik werden hier auch klassische Musikabende veranstaltet; ein Film informiert über die Stadtgeschichte. Die **Pinakothek** zeigt vor allem Gemälde aus dem 17. Jh. (Geöffnet wird das Kloster, wenn man läutet.)

Weiter nördlich steht die um 1404 erbaute **Kirche Sv. Marije Snežne** (Kirche Maria Schnee). Finanzier war eine vermögende Piranerin. Das Innere schmücken ein Barockaltar (17. Jh.) sowie Gemälde von B. Marangona aus Mantua (1616), gerahmt in kostbaren Holzrahmen. Sehenswert sind auch die Tafelbilder „Verkündigung" eines venezianischen Malers (1430) sowie die „Kreuzigung", die wahrscheinlich der Piraner Meister Nicolo di Antonio um 1450 schuf.

Baden

Rund um die Punta badet und sonnt sich Alt und Jung, viele wagen einen Sprung in die Fluten. Zudem ist vor dem Hotel Piran ein beliebter Badeplatz mit Einstiegsleitern und betonierten Liegeflächen zwischen den Felsen. Die riesigen Felsblöcke, die bei Sturm vor hohen Wellen schützen, sind auch beliebte Sonnenplätze und Treffpunkte am Abend. Der nächste Badestrand im Grünen liegt in der Bucht Fiesa.

Piran/Umgebung

Fiesa: Kleine, ruhige Feriensiedlung an der gleichnamigen Bucht östlich von Piran mit einem nur 20 m vom Meer entfernten kleinen, kreisrunden Süßwassersee.

Übernachten/Essen *** Beachhotel Barbara, modernisiertes Hotel in direkter Meereslage, umgeben von Pinienwald. Restaurant mit Terrasse, Schwimmbad, Wellness- u. Spacenter, Fitness u. Tennisplatz. DZ/F 125 €. Fiesa 68, ℡ 05/6719-000, www.hotel-barbara.si.

*** **Hotel Fiesa**, ebenfalls direkt am Meer, ein paar Meter weiter. DZ/F 88 €, mit Meerblick u. Balkon 105 €. Fiesa 57, ℡ 05/6712-200, www.hotelfiesa.com.

Camping * Campingplatz Fiesa, 1-ha-Platz neben dem gleichnamigen Hotel, 100 m zum Felsstrand. Nur in der NS für einen Stopp zu empfehlen. Mai–Sept. Fiesa 75 b, ℡ 05/6746-230.

Blick auf die Bucht von Fiesa, gen Strunjan und gen Triest

Istriens Norden: Slowenische Riviera
→ Karte S. 263

Auf dem Gelände von Forma Viva hat man besten Kunstgenuss und Weitblick

Portorož (Portorose)

Seit mehr als hundert Jahren wird der Badeort in der breiten, geschützten Bucht von Portorož wegen seines milden Klimas als Erholungsort geschätzt. Heute ist der „Rosenhafen" ein quirliger Touristenort – das edle Palace-Hotel erinnert an ruhigere alte Zeiten.

Einen alten Stadtkern sucht man in Portorož (29.800 Einwohner) vergebens: Entlang der neu gestalteten Uferstraße von Bernardin auf der nördlichen Landzunge und Lucija mit seinem großen Jachthafen südlich reihen sich Hotels, Restaurants, Casinos, Cafébars, Boutiquen und Touristenagenturen. Magnet ist der aufgeschüttete lange „Sandbeach" mit Loungebars, Liegewiesen, Beachvolleyball und Verleih von Wassersportgeräten. Entlang des Meeres verläuft ein durchgehend betonierter Fußweg bis Piran – gut für Familien mit Kinderwägen und auch für Jogger.

Hinter Bäumen und Palmen halb versteckt am Hang stehen noch ein paar alte Villen sowie das 1891 errichtete Palace-Hotel. Der Prachtbau wurde im Innern komplett erneuert und zu einer Luxusherberge ausgebaut. Die üppig grünen Hänge von Lucija bis Beli Križ oberhalb der Hotels sind mit Privathäusern zugebaut – fast 9000 Gäste nächtigen hier in Privatunterkünften.

Das Nightlifeparadies für junge Leute hat mit neuen Beachclubs und Bars wieder Aufschwung erhalten – und auch die Junggebliebenen lieben nettes Ambiente mit Latino-Rhythmen und guten Cocktails.

Außerhalb der Hochsaison ist Portorož ein relativ ruhiger Ort und guter Ausgangspunkt für Wander- oder Radtouren. Die südliche, windgeschützte Lage, das Thermalbad und der heilkräftige Salinenschlamm begründeten Portorož' Ruf als Kurort, zudem gibt es inzwischen zahlreiche Wellness- und Beautycenter.

Frauen wird es in das **Handtaschenmuseum** (Muzej torbic, → Foto S. 288) ziehen. 200 ausgewählte Exponate von nationalen und internationalen Designern wie Chanel und Gucchi sind zu sehen (Juni–Sept. 9–13/18–22 Uhr, sonst tägl. außer Mo 11–18 Uhr; Eintritt 5 €, Kinder bis 10 J. gratis).

Im ehemaligen *Salzmagazin* an der Uferpromenade lockt ein kleines **Museum** mit Schiffen und eine **Galerie** (Juli/Aug. 10–12/18–22 Uhr, sonst 11–18 Uhr, Mo geschlossen).

Interessant ist auch ein Besuch des *Skulpturenparks Forma Viva* oberhalb des Jachthafens sowie des *Landschaftsparks* mit den *Salinenfeldern* und dem *Salinenmuseum* in der Bucht von Sečovlje (→ Sečovlje).

An der Mündung der Dragonja (5 km südlich von Portorož) endet die Slowenische Riviera.

Basis-Infos
→ Karte S. 286/287

Information Tourismusverband/TIC, 6320 Portorož, Obala 16 (gegenüber Busbahnhof), ✆ 05/6742-220, www.portoroz.si. 15. Juni–15. Sept. tägl. 9–21 Uhr; sonst Mo–Sa 9–17, So 10–14 Uhr. Kartenmaterial und Infos.

Agenturen An der Uferpromenade (Obala) reihen sich die Agenturen, u. a.: Turist Biro, Obala 57, ✆ 05/6741-055, www.turist biro-ag.si. Mai–Okt. Zimmervermittlung.

Atlas Express, Obala 55, ✆ 05/6746-772, www.atlasexpress.eu. Ausflüge und Fahrradverleih.

Topline, Obala 114, ✆ 05/6747-161, info@topline.si.

Verbindungen Bus: Hauptbusbahnhof, südl. vom Krankenhaus in Lucija, ✆ 05/6713-122. Problemlose innerslowenische Busverbindungen sowie entlang der Küste nach Pula, Rijeka, Triest u. Zagreb (→ Piran). Von Lucija bis Piran (Tarinijev trg) pendeln tägl. bis spätnachts Stadtbusse im 15-Min.-Takt.

Flug: Aerodrom Portorož, 6333 Sečovlje, ✆ 05/6175-140, www.portoroz-airport.si. Das Flugfeld liegt neben den Salinenfeldern, kurz vor der kroatischen Grenze. Aktuell nur Panoramaflüge. ✆ 05/6722-545, www.solinair.si.

Taxi: Vor allen Hotels stehen die Taxen.

Fahrzeugverleih Autos, Motorräder, Vespas u. a. Sixt, Obala 14 a, ✆ 05/6744-024, www.sixt-slovenia.si. Avantcar, Bernardinska reber 3 b, ✆ 041/442-394 (mobil), www.avantcar.si.

Fahrräder bei **Agentur Atlas** (s. o.), **Mtours** im Hotelkomplex Bernardin.

Gesundheit Ambulanz (Zdravstveni Dom), Cesta solinarjev 1 (in Lucija), ✆ 05/6773-320. **Apotheke** (Lekarne), Obala 41, ✆ 05/6748-670; in der Saison 8.30–20 Uhr, Sa bis 13 Uhr (bis Juni nur bis 19 Uhr).

Jachthafen Marina Portorož, in Lucija. Ca. 1000 Liegeplätze (Land u. Wasser), gehobene Klasse. In zwei futuristisch anmutenden Wellblechhallen mit Bullaugen gibt es Ausrüstungen u. Ersatzteile (auch für Surfer) sowie ein nettes Restaurant. Cesta solinarjev 8, ✆ 05/6761-100, www.marinap.si.

Nachtleben u. a. Grand Casino Portorož **25**, im Hotel Metropol. Die traditionsreichste Spielhölle Sloweniens, seit 1913 rollt hier die Glückskugel. Kein Krawattenzwang. Obala 75 a, ✆ 05/6760-450, www.casino-portoroz.si.

Club-Bar-Café Paprika **26**, den ganzen Tag geöffnet, mit großer Terrasse in schöner Strandlage. An Musik gibt's speziell: Do Salsa, Fr/Sa Disko/House, So Latin. Obala 20 a, www.paprika.si.

New Pergola **22**, Snackbar, Cafébar, Disco (Balkan-Pop, Salsa am Do). Obala 20.

Rockbar Kanela **15**, auch direkt am Strand mit ein paar Palmen. Rock-Café mit Konzerten. Geöffnet 9–3 Uhr. Obala 14.

Sport Umfassendes Angebot an Boots-, Segelboot- u. Surfbrettverleih bis zu Wasserski und Minigolf (Infos über TIC). Vor der Marina eine Gocart-Bahn. Etliche Tennisplätze in Lucija und im Tenniscenter Bernardin.

Tauchen Nemo Divers Scuba, Laguna Bernardin, Robert Novak, ✆ 031/899-917 (mobil), www.nemo-divers.si.

Istriens Norden: Slowenische Riviera   → Karte S. 263

Veranstaltungen großes Angebot, u. a. **Rosen- & Blumenfestival**, 3. Mai-Wo.-Ende; Konzerte, Olivenöl, Blumenverkauf, Rosenölmassagen etc.

Portorož Sommernächte, 5 Tage um den 15. Aug. mit Musik in den Strandbars und Mitternachtsfeuerwerk.

Neptuntaufe, Anfang Sept.; Prozedur für Matrosenneulinge beim Eintritt in die Kapitänshochschule.

Internautica (www.internautica.net), Mitte Mai, 5 Tage; bedeutende Bootsmesse in der Marina.

Wandern Schöne Touren bieten sich in der Umgebung an (u. a. → Parenzana-Weg; Kleiner Wanderführer/Wanderung 12).

Wellness Therme & Spa Lifeclass, das größte Wellnesscenter am Ort. Modernes Kurzentrum, dem Grand Hotel Portorož angeschlossen. Im Mittelpunkt steht die Thalassotherapie, die mit natürlichen Heilfaktoren wie Klima, Meerwasser, Solewasser, Salinenschlamm und Thermo-Mineralwasser arbeitet. Behandelt werden Lungen- u. rheumatische Erkrankungen, Erkrankungen des Bewegungsapparats, neurologische, dermatologische u. gynäkologische Erkrankungen sowie Übergewicht u. Stress. Zudem gibt es ein Thermal-Freizeitzentrum mit Thermalbecken, Saunas etc. sowie Beauty-Abteilung, Elektrotherapie (seit 1928) und Akupunktur-Behandlungen. Auch ist hier das **Wai-Thai-Zentrum** (✆ 05/6923-333): angeboten werden traditionelle thailändische Massagen. Entspannung und Vitalisierung durch verschiedene Massagetechniken mit natürlichen Ölen, Salben etc. Hotel Riviera, Obala 33, ✆ 05/6928-060, www.lifeclass.net.

Weitere gut ausgestattete Wellnesscenter: **Kempinski Palace** u. **Hotel-Resort Bernardin**.

Thalasso Spa Lepa Vida (→ Portorož/Umgebung/Salzfelder Lera), am Salinenrand

Übernachten

2 B&B Silvia
3 Hotel Tomi
4 Hotel Mirna
6 Grand Hotel Bernardin
7 Hotel Apollo
8 Appartements Vila Barka
9 Grand Hotel Portorož
10 Vile Park
11 Hotel Kempinski Palace
12 Hotel Neptun
13 Hotel Histrion
14 Hotel Rivijera
17 B&B Strašek
18 Hotel Marko
23 Hotel Barbara
24 Hotel Premium Roža
25 Premium Hotel Metropol
27 Event Place Kaki
28 Hotel Lucija
29 Hotel Marita
30 Camping Lucija

Portorož

1,5 km

Lera. 2013 eröffnet, mit schönem großen Pool direkt an den Salzfeldern. Liegestühle, u. a. Schwedische Massage, Salzmassage und -peeling, Fango, Salzbäder. Ein herrlicher Platz zum Relaxen. Mai–Sept. tägl. 10–18 Uhr (Juli/Aug. 9–20 Uhr); Anmeldung erforderlich. Seča 115, ✆ 05/6721-360, www.thalasso-lepavida.si.

Übernachten

Privatzimmer u. Appartements über die Agenturen; je nach Größe ab 45 €/2 Pers. Schöne, ruhige Übernachtungsmöglichkeiten gibt es oberhalb der Salinen, im Stadtteil Seča (→ Seča); ebenfalls ruhig im Grünen um die Straßen Letovška und Senčna Pot.

Nahezu alle **Hotels** befinden sich nahe der oder an der Uferpromenade. Mit Ausnahme der alten Fassade des Palace Hotels (Kempinski Palace) ähneln sie sich stark in ihrer nüchternen, balkonbewehrten Quaderform. Alle großen Hotels bieten Übernachtungspakete auch mit Wellness- u. Spa-Anwendung. TS-Aufschlag von bis zu 20 %.

Kempinski ≫ **Mein Tipp:** ***** Kempinski Palace Portorož **11**, der altehrwürdige

E ssen & Trinken

1 Fischrest. Rizibizi
3 Rest. Tomi
19 Bistro Fritolin
20 Rest. Staro Sidro
21 Rest. Stara Oljka

C afés

5 News Café
14 Kavarna-Slaščičarna Mignon
16 Café Cacao

N achtleben

5 News Café
15 Rockbar Kanela
22 New Pergola
25 Grand Casino Portorož
26 Club Paprika

Palast wurde komplett bis auf die alte Fassade entkernt und zu einem feinen Luxushotel ausgebaut: mit edlem Restaurant, Cafébar, Außenpool, schönem Wellness- & Spacenter, eingebettet in einen neu gestylten Park. Kopfkissenauswahl! DZ/F ab 225 € (Meerblick ab 250 €). Obala 45, ☎ 05/6927-000, www.kempinski.com. ≪

LifeClass Hotels & Spa Lifeclass d.d., Obala 33, ☎ 05/6929-001, www.lifeclass.net. Im Zentrum an der Uferpromenade. Die Thermen sind mit Grand Hotel Portorož, Apollo und Neptun verbunden. Den Gästen steht der Badekomplex mit Thermo-Mineralwasser zur Verfügung. Ansonsten findet sich im Hotelkomplex oder in der nahen Umgebung alles, was das Herz begehrt. Zugehörige Hotels:

***** Grand Hotel Portorož 9, DZ/F ab 210 €.

Alle folgenden ****-Kat. und DZ/F ca. 150–200 € (Parkseite etwas weniger): Hotel Neptun 12, Hotel Apollo 7, Hotel Mirna 4 und Hotel Rivijera 14 – hier ist das Wai-Thai-Zentrum.

Hotels Remisens Metropol, Obala 77, Reservierung ☎ 05/710-444, www.remisens.com. Im Süden von Portorož, nahe Jachthafen Lucija. Die Gäste aller Hotels haben freien Eintritt zu Casino, Nachtclub und Hallenbad des Hotels Metropol, zum Strand und zu den erhöht am Strand liegenden Swimmingpools. Nebenan Tennisplätze und Sportzentrum. Dazu gehören:

***** Hotel Premium Metropol 25 (DZ/F 260 €) mit Hallenbad, Casino, Nachtclub; ***⋆ Hotel Premium Roža 24 (DZ/F ab 180 €); nach hinten versetzt *** Hotel Barbara 23 und am Ende mit kleiner Terrasse im Grünen das *** Hotel Lucija 28 (DZ/F ab 136 €).

Istriens Norden: Slowenische Riviera → Karte S. 263

Hotels Bernardin Hoteli Bernardin, Obala 2, ☎ 05/6907-000, www.bernardingroup.si. Auf dem Kap Bernardin, genau auf halbem Fußweg an der Uferpromenade von Piran nach Portorož. An das ehemalige Benediktinerkloster (15. Jh.) erinnern nur noch der Glockenturm und die Kirchenruine, die über breite Treppenaufgänge zu erreichen sind. Kreisförmig und autofrei zieht sich die betonierte Hotelanlage mit vielen Restaurants, Tennisplätzen, kleinen Läden und einem kleinen eingebetteten Hafen hin. Dazu gehören:

***** **Grand Hotel Bernardin** , ein riesiges Hotel (462 Betten), an der Steilwand erbaut. Die Zimmer mit Balkon sind durchschnittlich eingerichtet und alle auf der Meerseite. DZ/F 220 €.

Direkt am Kap das **** **Hotel Histrion** ⬛, ebenfalls groß, nicht ganz so hoch, mit 466 Betten. DZ/F 160–170 €.

Im Park bei der Kirche die schönen Hotels *** **Vile Park** ⬛ (DZ/F 130 €) und die **** **Appartements Vila Barka** ⬛ (2–4 Pers. 160–200 €).

Kleinere Hotels und Pensionen
**** **Hotel Marko** ⬛, Haus mit ca. 35 Zimmern, im großzügigen Villenstil erbaut, gegenüber der Uferpromenade und -straße, mit schöner Restaurantterrasse und kleinem Park. Gut ausgestattete Zimmer mit überdachtem Balkon. DZ/F 148 €. Obala 28, ☎ 05/6174-000, www.hotel-marko.si.

⟩⟩⟩ **Mein Tipp:** **** Hotel Marita ⬛, kleineres modernes und gut geführtes Haus am Ende der gesamten „Hotel-Kette", gegenüber vom Sportcenter. Im Haus hübsches Hallenbad, Sauna, Whirlpool. Komfortabel eingerichtete Zimmer mit Balkon. Angenehme Atmosphäre, schönes Restaurant mit Wintergarten u. Terrasse. DZ/F ab 130 €. Obala 77, ☎ 05/6172-200, www.hotel-marita.si. ⟨⟨⟨

*** Hotel Tomi ⬛, familiär und gut geführt, am Hügel oberhalb der großen Hotels, 60 Betten, mit schönem Blick auf die ganze Bucht. Gutes Restaurant u. Pool, zudem Fahrradunterstand und Parkplätze. DZ/F 110 €. Letoviška 1 (Straße Richtung Izola), ☎ 05/6740-222, www.hotel-tomi.eu.

B & B Strašek ⬛, oberhalb vom Busbahnhof. Nette DZ/F für 80 €/2 Pers. Senčna pot 4 A, ☎ 05/6746-417, www.garnistrasek-portoroz.si.

B & B Silvia ⬛, modernes Haus mit verschieden großen Zimmern und Appartements, sehr gutes Frühstück. Die Besitzerin spricht Deutsch. DZ ab 58 €. Vilfanova 12 (Ortsende Richtung Piran, oben am Berg), ☎ 05/6749-300, www.pension-silvia.si.

Übernachten außerhalb (→ Portorož/Umgebung/Seča).

Camping **–*** Camping Lucija ⬛, grenzt an den Jachthafen. Die schönsten Plätze liegen am Berg. Gepflegte Sanitäranlagen, betonierter Strand mit Liegewiese, Restaurant, Supermarkt. Mitte März–Anf. Okt. Seča 204, ☎ 05/6906-000, www.camp-lucija.si.

Event Place Kaki ⬛, 2 km östl. von Lucija-Zentrum, mitten im Grünen, umgeben von Wäldern und ab vom Trubel. Vermietet werden nette Holzhütten (20 €/Pers.), Zelte (15 €/Pers.) oder man stellt sein eigenes Zelt (13 €/Pers.) in der Kaki-Plantage auf. Es wird auch gekocht, zudem kann man gratis Fahrräder leihen. Angeboten werden u. a. Kajak- und Segeltouren, Tauchen, Windsurfen, auch Transfer. April–Nov. Das Team führt auch den Campingplatz Korita (Soča/Soča-Tal). Liminjan 8, Portorož-Lucija, ☎ 041/359-801 (mobil), www.adrenaline-check.comsea.

Timmy Woods Kreation für Jessica Parker

Essen & Trinken   → Karte S. 286/287

Restaurant Staro Sidro 20, gediegenes Lokal mit Terrasse, beliebt für Geschäftsessen. Fleisch- u. Fischgerichte, großes Weinsortiment, guter Service. Tägl. 10–23 Uhr. Obala 55, ☏ 05/6745-074.

Restaurant Stara Oljka 21, schöne Lage an der Strandpromenade, gute Küche und guter Service. Hier isst man leckere Fleischgerichte vom Grill. Obala 20, ☏ 05/6748-555.

Restaurant Tomi 3, bekannt für gute und preiswerte Fischgerichte und Muscheln bei gutem Service. Letoviška 1, ☏ 05/6746-750.

≫ Mein Tipp: Fischlokal Rizibizi 1, oben am Berg, stadtauswärts in Richtung Piran. Von der überdachten Terrasse herrlicher Blick auf die Bucht von Piran. Neben sehr guten Fischgerichten gibt es gute Weine. Tägl. außer Mo 12–23 Uhr. Vilfanova 10, ☏ 05/9935-320, 040/240-554 (mobil). ≪

Bistro Fritolin 19, schräg gegenüber von TIC an der Uferstraße mit kleiner Terrasse; einfaches, aber gutes Lokal, immerzu gut gefüllt. Hier isst man bestens frischen Fisch. Ganzjährig. Obala 53.

Cafés/Bars Portorož ist für seine Eisdielen und Cafés an der Uferstraße bekannt, z. B.:

Café Cacao 16, am Strand kann man sich auch in Liegestühlen zu gutem Café, Eiscreme, frischen Fruchtsäften und Smoothies niederlassen. Die Kleinen vergnügen sich am Spielplatz. Obala 14.

Kavarna-Slaščičarna Mignon 14, im Hotel Riviera mit einladender großer Terrasse. Täglich frische Obsttorten, Cremeschnitten und andere Leckereien der Wiener Caféhauskunst, zudem bester Café und Espresso. Obala 33.

News Café 5, auf der Hotel-Halbinsel Bernardin, neben Vile Park. Mit stilvollem alten Interieur und einladender Terrasse. Auch beliebter Treff am Abend. Es gibt Snacks wie Lasagne, Baguettes, Salate und Kuchen. Obala 4 f.

Restaurants/Vinotheken (Klet) außerhalb Gostilna Uroš, Nova vas 54, ☏ 05/6725-062.

Torkla Peroša, Nova vas 8, ☏ 05/6725-040. Hier auch Olivenöl-Verkauf.

Klet Klobar, Sečovlje 9, ☏ 05/6722-434. Hier auch Weinverkauf.

Klet Rebernik, Dragonja 114, ☏ 05/6722-563.

Kmetija Mahnič, Dragonja 111, ☏ 05/6722-300.

Portorož/Umgebung

Seča (Sezza): So wird die Landzunge zwischen der Bucht von Portorož und den Salzfeldern von Sečovlje (Richtung Kroatien) genannt – ein relativ ruhiges Fleckchen zum Durchatmen. Hier wird Gemüse für die ganze Region angebaut. Auf dem von hohen Zypressen gesäumten Gelände *Forma Viva* auf der Anhöhe stehen 140 Steinskulpturen, von renommierten Künstlern geschaffen – das internationale Bildhauersymposium Forma viva wurde 1961 von den slowenischen Künstlern *Jakob Savinšek* und *Janez Lenassi* ins Leben gerufen. Von hier oben hat man den schönsten Blick auf die Bucht von Portorož im Norden und auf den *Salinen-Landschaftspark Sečovlje* (s. u.) im Süden, sowie auf die unterhalb liegenden bunten kleinen Boote auf dem Kanal.

Essen/Übernachten ≫ Mein Tipp: Restaurant Ribić, am Straßen- und Kanalende bei den Salinen (Zufahrt über Seča). Gutes, gemütliches Fischlokal unter schattigen Bäumen, umgeben von einem üppig blühenden Garten. Auch Anleger für Boote. Di Ruhetag. Seča 143, ☏ 05/6770-790. ≪

*** Appartements Villa Saline, schöne Lage oberhalb des Sv.-Jerneja-Kanals mit fantastischem Blick auf die Salinen. Hübsch versetzte mediterrane Bauweise. Verschieden

große Appartements ab 59 €/2 Pers. Seča 119, ☏ 05/6779-400, www.villasaline.com.

Pension Kovač, schöne Lage in Seča. Familiär geführtes und prämiertes Haus mit 20 Zimmern. DZ/F 80 €. Seča 80 d, ☏ 05/6772-390, www.pension-kovac.net.

Touristischer Bauernhof Klobas, schönes Haus mit Appartements. Eigene Weinherstellung, Olivenöl. Sečovlje 9, Sečovlje, ☏ 05/6722-434, matej.fiser@amis.net.

Istriens Norden: Slowenische Riviera   → Karte S. 263

»» Mein Tipp: **Restaurant-Pension Ed-vina Božiček**, hier speist man lecker auf der netten schattigen Terrasse, fernab vom Trubel. Es gibt Fischgerichte, Fisch- und Scampicarpaccio sowie Trüffelgerichte. Auch Zimmer- und Appartementvermietung. Tägl. 12–15/18–23 Uhr, Mi Ruhetag. Seča 80 (östl. der Hauptstraße noch oben am Berg), ✆ 05/6772-270, www.edvina.si. ««

Kmetija (Touristfarm) Mahnič, hier kann man gute Weine probieren, dazu auch Käse und Schinken (alles am besten nach Voranmeldung) – die Besitzerin Ingrid ist die hiesige Weinpräsidentin. Dragonja 111, ✆ 05/672-2300, 041/642-851 (mobil).

Salinen-Landschaftspark Sečovlje: In der *Bucht von Sečovlje*, südlich von Portorož, liegen die *Salzfelder Lera* und *Fontanigge*. Das Salz war über Jahrhunderte der ganze Reichtum der Piraner, nicht nur die Venezianer schätzten das „weiße Gold" aus Piran.

Salzfelder Lera: Fußwege durchziehen das Gelände. Im Multimediacenter wird anschaulich per Film die Salzproduktion, Fauna und Flora erklärt, zudem gibt es eine schöne Fotoausstellung. Man erfährt, wie das Meersalz gewonnen wird: In flachen, viereckigen Becken, den so genannten Kristallisationsbecken, verdunstet das Meerwasser – bis ein großer, weißer Salzberg entsteht, sind zahlreiche Arbeitsschritte nötig. Der übrig gebliebene Salinenschlamm und das konzentrierte Salzwasser werden für medizinische Packungen und Bäder in dem neu eröffneten und einzigartigen *Spa Lepa Vida* (→ Portorož/Wellness) und den Thermalbädern in Portorož und Strunjan verwendet. Gearbeitet wird in den Salinen von Ende April bis Ende August.

KPSS, Seča 115, ✆ 05/6721-330, www.soline.si. Juni–Aug. tägl. 9–20 Uhr; Mai, Sept./Okt. 9–18 Uhr. Eintritt 7 €, Kinder ab 7 Jahre 5 € (dieser Eintritt ist auch für Fontanigge gültig).

Salinen von Fontanigge: Idyllisch liegen die alten, aufgelassenen und mit Schilf zugewachsenen Salzfelder und verstreut die teils halb verfallenen Häuser der Salinenarbeiter, an denen man entlangschlendern kann. Heute wird in einigen wenigen Becken das Salz noch zu Demonstrationszwecken gewonnen; der beeindruckende Landschaftspark, der Filmregisseuren gelegentlich als Kulisse dient und Künstler inspiriert, ist heute in erster Linie der Lebensraum von rund 270 Vogelarten.

Das kleine **Salinenmuseum** ist in zwei früheren Salzgärtnerhäusern untergebracht (hier auch Verkauf von frischem Meersalz). Gezeigt werden eine Wohnung der Salinenarbeiter, ein Salzlager und auch die alte Technik der Salzgewinnung wird demonstriert. Daneben sind die Reste eines rekonstruierten historischen Bergwerks zu besichtigen.

Anfahrt Zwischen dem slowenischen und kroatischen Grenzposten zweigt rechts ein schmaler Weg durchs Schilf ab (Schild mit Windmühle).

Museum Juni–Aug. tägl. 9–20 Uhr; April/Mai, Sept./Okt. 9–18 Uhr. Eintritt s. o. Lera.

Sv. Peter: kleiner Ort bei Dragonja landeinwärts. Im Ort beeindruckt die mächtige Kirche *Sv. Peter* aus dem Jahr 1760 mit beachtenswertem Renaissancealtar. Die schöne Umgebung ist zum Spazierengehen oder auch für eine Fahrradtour von Portorož aus bestens geeignet. Im *Tonina Hiša* (Sv. Peter Nr. 84), einem ca. 600 Jahre alten Natursteinhaus am Westrand des netten alten Ortes, kann die rund 400 Jahre alte Ölmühle, die bis 1982 in Betrieb war, besichtigt werden, zudem sind im 1. Stock u. a. eine Bauernküche und ein Bauernzimmer zu sehen – ein idyllischer Platz.

Wanderung 12: Von Dragonja über Sv. Peter nach Krkavče   → S. 347
Einfache Rundwanderung durch das hügelige Hinterland von Portorož

Tonina Hiša   Juli/Aug. 15–19 Uhr, sonst 10–14 Uhr, Mo/Di Ruhetag. Eintritt 2,50 €.

Übernachten/Essen   Kantina Ferran, Sv. Peter 85, ℆ 05/6725-190.

≫ Mein Tipp: Gostilna Kortina pri Matičku, in Krkavče, ca. 2 km östl. von Sv. Peter. Ein von Weingärten und schattigen Bäumen umgebener Landgasthof mit großem Weinkeller und herrlicher Terrasse – in wunderschöner ruhiger Alleinlage hat sich der Rechtsanwalt Matej Matičetov seinen Wunsch erfüllt. Es gibt leckere Suppen, Gnocchi, Fuži, Pršut und Käse, Peka-Gerichte – alles mit regionalen frischen Produkten. Geöffnet Sa 12–22, So 12–20 Uhr, ansonsten nach Voranmeldung. Krkavče 135 a, ℆ 05/6569-240, 040/202-221 (mobil), www.kortina.si. ≪

Wandern   In ca. 1 Std. kann man von Sv. Peter nach Dragonja laufen (markierter Weg), es bietet sich auch eine längere Rundtour an (→ Kleiner Wanderführer/Wanderung 12).

Die malerischen Salinen von Fontanigge

Istriens Norden: Slowenische Riviera

→ Karte S. 263

Učka-Gebirge, Berg Vojak – beste Weitsicht vom „istrischen Olymp"

Parenzana – „Weg der Gesundheit und Freundschaft" → S. 294
  Etappe 1 → S. 297
  Etappe 2 → S. 302
  Etappe 3 → S. 308

Kleiner Wanderführer durch Istrien → S. 313
  Wanderung 1 Brtonigla – durch das Naturreservat Škarline → S. 315
  Wanderung 2 Über die „Sieben Wasserfälle" → S. 318
  Wanderung 3 Zur Planina Korita im Ćićarija-Gebirge → S. 323
  Wanderung/
  Radtour 4   Rundtour um Visar → S. 325

Kleiner (Rad-)Wanderführer

Wanderung 5	Rundwanderung auf dem Hl.-Simeon-Wanderweg	→ S. 327
Wanderung 6	Labin – durch die Schlucht hinab nach Rabac	→ S. 329
Wanderung 7	Sv. Lucija-Rundtour bei Labin	→ S. 331
Wanderung 8	Von Mošćenićka Draga durch das Draga-Tal	→ S. 333
Wanderung 9	Rundwanderung von Medveja nach Mošćenićka Draga	→ S. 336
Wanderung 10	Auf dem Wander- und Lehrpfad Poklon-Sattel zum Berg Vojak	→ S. 341
Wanderung 11	Podgorje – um den Berg Slavnik	→ S. 344
Wanderung 12	Von Dragonja über Sv. Peter nach Krkavče	→ S. 347

Der Parenzana-Weg: bestens geeignet zum Mountainbiken und zum Wandern

Parenzana-Weg – „Weg der Gesundheit und Freundschaft"

Auf einer Länge von früher 123 km, heute rund 135 km (Italien 15 km, Slowenien 35 km, Kroatien 85 km) führt der Weg auf der ehemaligen Trasse der Schmalspurbahn Parenzana von Triest (I) nach Poreč (HR). Der Parenzana-Weg ist als schöner Fahrrad- und Wanderweg ausgebaut, dabei werden Tunnels durchfahren und Viadukte überwunden. Das Gemeinschaftsprojekt Parenzana wurde von der EU gefördert und von Slowenien, Italien und Kroatien realisiert. Auf dem größten Teil der Route fuhr von 1902 bis 1953 die Eisenbahn, die Erholungssuchende ans Meer brachte. Gesundheit und Fitness soll er auch heute bringen. Ob sportliche Herausforderung oder Spazierweg in Etappen – der Parenzana-Weg, der entlang der alten Städtchen und Orte verläuft, mal am Meer, dann wieder abseits durch mit Weinstöcken und Oliven oder mit Macchia bewachsene Landschaft, ist für manche Entdeckung gut und eine herrliche, fast autofreie Panoramastrecke. Museen gibt es in Triest (I) – Museo Ferroviario, Campo Marzio beim Jachthafen –, ein kleines in Izola (SLO), eines in Livade (Bahnhof) und in Vižinada steht ein Nachbau der Lokomotive U20.

In Italien stieß das Projekt auf große Schwierigkeiten, da der alte Schienenweg fast vollständig überbaut ist, d. h. die Strecke von Triest nach Muggia führt entlang der Hauptstraße (auch keine Ausschilderung), kann alternativ aber per Schiff umfahren werden. Lediglich der Abschnitt Aquilinia-Stramare bis Muggia–Rabuiese (Grenze) ist fertiggestellt. Der slowenische Part ist durchgängig auf Asphalt befahrbar, gut ausgeschildert und auch die Tunnels sind beleuchtet. Auf kroatischer Seite ist der Parenzana bis Vižnada (ca. 75 km) sehr gut ausgewiesen und eine wunderbare Panoramastrecke, allerdings verläuft der Weg auf Makadam, teils auch auf grobem

Übersicht der Wanderungen

Gestein – mit einem guten Mountainbike kein Problem. Die Tunnels sind manchmal nicht beleuchtet (das Licht wurde bereits mehrmals entwendet!). Das restliche Teilstück bis Poreč bzw. bis zum Stadtbeginn von Poreč, ist nun ebenfalls fertiggestellt. Die Restaurierung einiger Bahnhöfe wurde realisiert (s. o. Museen) bzw. die meisten befinden sich in Privatbesitz.

Den Parenzana-Weg habe ich für Sie per GPS aufgezeichnet und in 3 Etappen detailliert beschrieben.

Charakteristik/Länge/Dauer: Die leichte bis mittelschwere Tour kann in Etappen aufgeteilt werden und auch je nach Standort geradelt oder erwandert werden. Für die gesamte Strecke von Triest bis Poreč (rund 135 km) benötigt man 3 Tage gemütliches Fahren. Die Strecke kann wunderbar auch mit Kindern realisiert werden.

Die schönsten Teilstrecken sind die von der slowenisch-kroatischen Grenze bergan, wo man einen herrlichen Ausblick auf die Piraner Bucht hat, zudem die flache bis leicht bergab verlaufende Etappe auf der alten Eisenbahntrasse von Grožnjan in Richtung Livade und weiter bis Motovun, die malerische Ausblicke auf das Mirna-Tal, das trutzige Motovun und bis zum Meer bietet. Für Wanderer ist noch die Etappe von Motovun nach Vižinada zu empfehlen. Der Weg wird natürlich um alle Orte als Spazier- und Radweg genutzt.

Einen Anstieg hat man am Beginn der Strecke in Kroatien zu bewältigen, westlich des Grenzübergangs – oben angekommen, bietet sich ein fantastischer Blick auf die Salzfelder von Sečovlje (Sicciole). Fast ebenmäßig verläuft dann die Trasse Richtung Buje, anschließend windet sich der Weg an Berghängen entlang, überwindet etliche Viadukte und Tunnels und bietet malerische Ausblicke auf die Trutzburgen Grožnjan und Motovun. Fast völlig alleine fährt man bisher durch den grünen Dschungel der hohen Macchia und Wälder. Ein weiterer kleinerer Anstieg wartet noch kurz vor Motovun.

Markierungen: in Italien und Slowenien ein blaues Schild mit Fahrradzeichen und „D-8", in Kroatien ein gelbes Schild mit brauner Lok und Rad.

Ausrüstung/Übernachten/Einkehr: von Triest bis Portorož fast durchgehend Asphalt, d. h. es kann auch ein Rennrad benutzt werden. In Kroatien benötigt man ein Mountainbike mit sehr gutem Profil, da man oft auf Schotterbelag fährt, zudem unbedingt Licht mitführen (Tunnels!). Nicht unmittelbar am Weg, aber in kurzer Entfernung, gibt es entlang der Strecke Essens- und Übernachtungsmöglichkeiten, d. h. auf jeden Fall Wasser und Snacks mitführen, ebenso Kopfbedeckung, Fahrradschläuche, Luftpumpen etc.

Karte: grobe Übersichtskarte Parenzana (bei den Tourismusverbänden erhältlich).

Einkehr/Übernachten: → einzelne Etappen bzw. Reiseteil.

Informationen: www.parenzana.net.

Triest – Piazza Unità d'Italia und der alte Bahnhof, heute das Eisenbahnmuseum

Parenzana-Weg/Etappe 1: Triest–Koper–Portorož/Valeta-Tunnel (41,7 km)

Charakteristik: Die italienische Strecke ist nicht ausgeschildert und verläuft auch nicht auf dem ursprünglichen Parenzana, dieser wurde schon vor langer Zeit überbaut – die Strecke bis Muggia ist auch nicht attraktiv. Dennoch, wer Triest und den Beginn dieses Parenzana-Projekts besuchen und abfahren möchte, kommt nicht umhin, dort zu beginnen. Neben der Altstadt nahe dem Meer und ihrem großartigen, mit Palazzi aus der k-&-k-Zeit gesäumten Hauptplatz, der Piazza dell Unità d'Italía, ist auch das Eisenbahnmuseum (Museo Ferroviario), das auch den Parenzana-Weg erläutert, einen Besuch wert. Da es nicht einfach ist, aus Triest hinauszufinden, folgt unten auch diese Beschreibung. Alternativ benutzt man das Schiff (www.triestetrasporti.it), das einen mit dem Rad vom Molo Bersaglieri (gegenüber Hauptplatz) in 30 Min. nach Muggia-Stadtzentrum bringt (ganzjährig, in der Saison fast stündlich, 4,25 €/Pers., 0,85 €/Fahrrad); von dort die Via Trieste ostwärts bis Pkt. 8. Reizvoll auf der slowenischen Seite sind auf jeden Fall die Abstecher zu den sehenswerten Küstenstädten sowie die Strecke ab Izola, die zum Teil durch das fruchtbare Hinterland führt und ihren Abschluss in der großen Bucht von Sečovlje mit den malerischen Salinen findet. **Highlights zum Wandern:** die Teilstrecke oberhalb von Izola bis Wegkreuz Strunjan oder auch bis Portorož und mit dem Bus wieder zurück; ebenso empfehlenswert entlang der Salinen von Sečovlje und Richtung der Landzunge von Savudrija (HR). **Länge/Dauer:** 41,7 km, ca. 3:30–4 Std. gemütliches Fahren. **Ausgangspunkt:** Triest, Museo Ferroviario, Campo di Marzo. **Information Triest:** Tourismusbüro, Palazzo del Lloyd, Via dell' Orologio 1 (Südseite vom Hauptplatz), ✆ (+39) 040/3478-312, wwwturismofvg.it. **Übernachten Triest:** Nuovo Albergo Centro, nur 300 m nördlich vom Hauptplatz liegt das relativ preiswerte Hotel; es bietet Frühstück, Mittagstisch und eine Bar; DZ/F ca. 70–140 € (mit/ohne eig. Bad bzw. HS); Roma 13, ✆ (+39) 040/3478-790, www.hotel centrotrieste.it. Hotel Victoria, nur rund 400 m südlich vom Hauptplatz; hier war ein Zuhause von James Joyce – in der ihm gewidmeten Suite Ulysses kann genächtigt werden, zudem gibt es freies Frühstück und kleines Wellnesscenter; DZ/F ca. 120 €; Alfredo Oriani 2, ✆ (+39) 040/362-415, www.hotelvictoriatrieste.com. **Übernachten unterwegs:** Wer übernachten möchte, hat in Portorož sicherlich das beste Angebot und kann sich dann in aller Ruhe z. B. auch dem Städtchen Piran und den Salinen widmen oder sich in einem der Wellnesstempel von Portorož „kurieren" lassen. Nahe am Parenzana und mit Fahrradunterstellplatz in Portorož z. B. Hotel Tomi. Weitere Möglichkeiten → Reiseteil Koper, Izola, Portorož. **Einkehr:** Direkt am Parenzana gibt es Restaurants bei Dekani und Bertoki (→ Koper/Umgebung), in Koper, Izola sowie an der Uferpromenade in Portorož, wo sich Cafés, Restaurants und auch Einkaufsläden reihen.

Wegbeschreibung: (→ Charakteristik: Molo Bersaglieri – als alternativer Startpunkt). Wir starten in **Triest** am **Eisenbahnmuseum** (Museo Ferroviario) **1** am *Campo di Marzo*, also südlich des Jachthafens und der Altstadt. Wir fahren geradeaus die *Passeggio Sant' Andrea* in südliche Richtung, nahe an den abgezäunten Hafenkais entlang, die sich ab hier kilometerlang gen Süden erstrecken – Triest war zu k-&-k-Zeiten der wichtigste Umschlaghafen, ehe die Rolle Pula übernahm. Wir kommen an eine Kreuzung **2** und fahren links die *Viale Campi Elisi* bergan (rechts führt die Straße zur Autobahn) und durch das Stadtgebiet **Campi Elisi**.

An der nächsten großen Kreuzung beim **Mercato PAM 3** halten wir uns rechts – auf der rechten Seite ist eine Tankstelle. Wir folgen dieser breiten Straße ca. 1 km, bald bergab, dann einer scharfen Linkskurve und verlassen diese anschließend in einer scharfen Rechtskurve (hier beginnt die *Piazzale delle Puglie*) nach links in die kurze Einbahnstraße *Galvina* (südl. der *Via L. Lorenzetti*) **4**. An deren Ende mit Straßenkreuzung biegen wir rechts in die *Via Visinada* ein, fahren diese ca. 300 m bis zum Ende, dann kurz links in die *Via Capodistria*. An der nächsten Kreuzung geht es rechts in die *Via Pirano,* die nach wenigen Metern auf die größere *Via Antoni Baimonti* stößt. Wir biegen links ein und folgen ihr bis zum Ende.

An der großen Kreuzung **5** müssen wir rechts hinab in die breite *Via dell'Istria*. Wir fahren immer in südliche Richtung, vorbei am **Friedhof S. Anna** zu unserer Linken. Unsere breite Straße heißt nun *Via Flavia*. Bald passieren wir das **Stadion Palatrieste**. Wir blicken auf die riesigen Kräne und Container im Hafen, ehe wir nach rund 4 km eine eher fahrradunfreundliche große Kreuzung **6** erreichen und uns hier unter der Autobahntrasse hindurch leicht rechts auf der Straße nach Muggia halten.

Leicht bergan fahren wir nach **Aquilinia**, dann nach **Aquiilinia-Stramare** auf der *Via Flavia de Stramare*. An der folgenden Kreuzung **7** biegen wir nach rechts in die *Strada Provinciale 40* in Richtung Muggia und Koper ein. An der nächsten Kreuzung geht es wieder rechts in Richtung Muggia (links würde es Richtung Autobahn ge-

hen). Nun haben wir die Großstadt Triest, ihre Industrie und die Hafenanlagen in der Baia de Muggia hinter uns gelassen und steuern auf die **Halbinsel von Ankaran** zu – es wird fast gemütlich.

Kurz vor der kleinen **Brücke** **8**, die über den Rio Ospo führt, biegen wir links auf den Fahrradweg ein (rechts der Straße ist eine kleine Marina). Hier startet man am Parenzana, wenn man per Schiff kommt. Der Fluss mit seinen kleinen Schiffen begleitet uns rechts. Wir stoßen auf eine Hauptstraße **9** und fahren rechts und über die Brücke bis zu einem Kreisverkehr

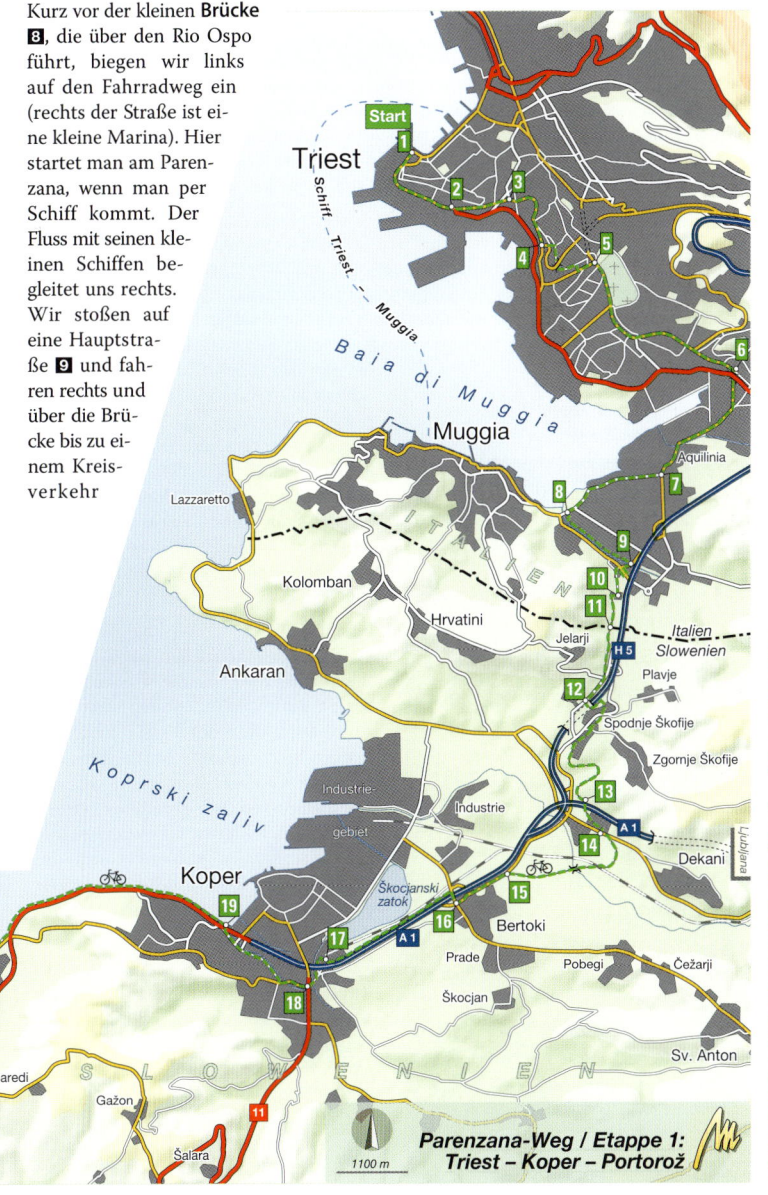

Parenzana-Weg / Etappe 1:
Triest – Koper – Portorož

1100 m

(wir könnten auch nach links auf den Fahrradweg und bis zum Kreisverkehr fahren). Am Kreisverkehr fahren wir geradeaus (also nicht dem Fahrradsymbol ostwärts folgen – es endet relativ bald) und gegenüber links ab in den Ortsteil **Muggia-Farnei**, durchfahren diesen und gelangen in den Ortsteil **Muggia-Rabuiese**, immerzu auf der *Via Rabuiese* südwärts zwischen Einfamilienhäusern.

Bei den letzten Häusern wenden wir uns an der Gabelung 🔟 nach rechts. Es geht steil rund 200 m bergan. Oben angekommen, fahren wir auf dem nagelneuen Rad- und Wanderweg und Beginn des Parenzana nach links in Richtung Sp. Škofije und slowenischer Grenze. Nun sind wir erstmals hoch oben im Grünen: Unten liegt die Autobahn Triest–Koper, weiter im Osten in der Ferne die schroff abfallenden Felsen des Karstplateaus mit den Orten Osp und Črni kal. Bald passieren wir das **Grenztunnel** 🔟 zu **Slowenien**.

Damit haben wir auch den Parenzana-Weg **D-8** erreicht – viele Spaziergänger nutzen ihn und immer mehr Rennräder begegnen uns. Wir überqueren eine Straße und folgen nun erstmalig der Beschilderung „Parenzana – D-8" in Richtung Koper. Wir stoßen auf eine kleine Straße, fahren hier rechts und folgen ihr. Fast am höchsten Punkt 🔟 geht es nach links auf den ausgewiesenen Radweg. Von hier bietet sich

Izola: durchs fruchtbare Hinterland von Strunjan

ein schöner Blick über die Autobahn hinweg zum Karstplateau. Nun geht es hinab Richtung **Zg. Škofije**. Wir durchfahren den Ort (hier wäre z. B. ein Supermarkt) auf dem Radweg mit bester Ausschilderung. Zweimal müssen Straßen überquert werden. An der nächsten Gabelung geht es links und kurz darauf nach rechts und an Schule und Kindergarten vorbei.

Nun führt der D-8 bergab. Wir genießen den herrlichen Blick auf die Bucht von Koper, ehe die Strecke in den Wald führt. Wir stoßen auf die **Autobahnbrücke der A1** 🔟 (Ljubljana–Koper) und fahren hinab bis zur Hauptstraße Dekani–Ankaran 🔟, die wir überqueren, um gegenüber wieder dem ausgeschilderten Parenzana zu folgen. Wer Hunger hat, sollte sich die wenige Meter rechts liegenden guten Restaurants nicht entgehen lassen: Pizzeria Pergola und Gostilna-Vinothek Brič (→ Koper/Essen & Trinken).

Kurz nach der Straßenüberquerung treffen wir auf das alte **Bahnhofsgebäude** von **Dekani**, heute ein Privathaus. Wir fahren nun durch Wiesen und Obstgärten und auch unter der noch heute benutzten Eisenbahnlinie Koper–Ljubljana hindurch und durch ein kleines Biotop, wo wir auf einer

Brücke die Rižana überqueren. In idyllischer Lage treffen wir hier auf den Touristischen Bauernhof Kmetija Mlin mit gutem Essen (→ Koper/Essen & Trinken). Nach 5 Min. stoßen wir auf die Hauptstraße von **Bertoki** 🔟 und biegen links ab. Wer Hunger verspürt: Wir passieren nach wenigen Metern die Gostilna-Pizzeria Kortina (→ Koper/Essen & Trinken). Die Hauptstraße führt rund 2 km an Bertoki entlang, bis wir auf einen Kreisverkehr 🔟 treffen, rechts über die Autobahnbrücke fahren und gegenüber wieder in den Fahrradweg links einbiegen. Rechts nahe der Autobahn folgen wir jetzt dem Radweg bis zum **Bahnhof** 🔟 von **Koper**.

Wer in die Stadt Koper möchte, biegt hier nach rechts in die Innenstadt ab.

Der Parenzana macht einen kleinen Umweg, führt links durch ein **Tunnel** unter der Autobahn, dann wieder rechts, vorbei an Vino Koper bis zur Kreuzung. Hier hält man sich westwärts bis zum nächsten Kreisverkehr 🔟, dort geht es leicht rechts, dann geradeaus – wir folgen dem Fahrradsymbol entlang dem Kanal. Der Fahrradweg unterquert ein Tunnel – der Parkplatz und die Altstadt von Koper liegen vor uns – geradeaus, also nordwärts, erreicht man diese in wenigen Minuten.

Wir folgen unserem ausgeschilderten Radweg nach links, westwärts entlang der Küste. Wir passieren den **Campingplatz Jadranka** 🔟 und erreichen nach rund 3 km den Kreisverkehr 🔟 von **Izola** (rechts gelangt man in die Altstadt, die auf jeden Fall einen Besuch lohnt; hier gibt es auch das kleine Parenzana-Museum).

Wir fahren links und bergan, vorbei an einigen Autohäusern, der Rechtskurve folgend und geradeaus gen Westen. Wir passieren noch die Barcaffé-Fabrik und stoßen dann auf eine Vorfahrtsstraße 🔟. Hier geht es links bergan, vorbei am Supermarkt Hofer, danach rechts (ausgeschildert mit Parenzana). Nach wenigen Metern folgen wir dem Fahrradweg nach links. Dieser Radweg (mit D-8 ausgeschildert) führt praktisch oberhalb von Izola entlang, immerzu westwärts, ein Stück auf Schotterweg – links sind Felder und Weingärten. Bald geht es wieder auf Asphalt weiter und es bietet sich ein malerischer Blick auf die Altstadt von Izola auf ihrer Halbinsel, den Jachthafen, auf Ankaran und die oft schneebedeckte hohe Bergwelt, u. a. der Dolomiten, im Hintergrund.

Wir durchqueren den **Šalet-Tunnel** 🔟, bestens beleuchtet, eisige Luft strömt uns entgegen. Nun wird es malerisch – wir sind im grünen, fruchtbaren und hügeligen Hinterland. Es geht etwas talwärts. Der Blick fällt vor uns auf die Bucht von Strunjan und gen Piran mit seinem hohen Kirchturm in der Ferne. Der Radweg windet sich durch das hoch gelegene Tal, wo Gemüse, Wein und Oliven gedeihen. Dann kommen wir hinab und fahren in der fruchtbaren Ebene westwärts: Mandeln, Aprikosen-, Kirschen- und Apfelbäume wachsen, ebenso Wein und Oliven. Wir stoßen auf ein kleines Sträßchen 🔟, fahren kurz links und gleich wieder rechts. (Rechts von uns ist die Hauptstraße Izola–Portorož, gegenüber die Abzweig nach Strunjan – auch würde man von hier über Strunjan nach Piran gelangen, das Städte-Highlight der Slowenischen Riviera). Wir lassen Strunjan rechts liegen und fahren weiter auf dem mit D-8 ausgeschilderten Parenzana südwestwärts. An einem zugewachsenen Tunnel fahren wir links unserem Radweg folgend bergan, also nicht durch das Tunnel – neben uns ein üppig grüner Taleinschnitt. Bald erreichen wir das 544 m lange und gut beleuchtete **Valeta-Tunnel** 🔟 von **Portorož**, das auch unter dem Namen Lacan-Tunnel bekannt ist – Portorož liegt uns zu Füßen.

Wer in Portorož übernachten will, kann nach dem Valeta-Tunnel rechts abzweigen, hier sind etliche Privatunterkünfte und kleine Hotels, oder man radelt hinab nach Portorož-Lucija (→ Reiseteil S. 284).

Parenzana-Weg – „Weg der Gesundheit und Freundschaft"

Blick auf Grožnjan und das Mirna-Tal

Parenzana-Weg/Etappe 2: Portorož–Motovun (55,3 km)

Charakteristik: der schönste Teilabschnitt des Parenzana. Wir durchfahren das alte Seebad Portorož, umrunden die Halbinsel Seča und fahren entlang der Salinen um die große Bucht Sečovlje bis zur slowenisch-kroatischen Grenze. Der einzige größere Anstieg kommt kurz nach der kroatischen Grenze – der grandiose Weitblick über die Bucht von Sečovlje bis Piran entschädigt. Ab Buje fahren wir ausschließlich auf der alten Eisenbahntrasse bis Livade, die uns durch herrliche Natur und vorbei an schönen alten Orten bringt. Wir passieren Tunnels und Viadukte und genießen immerzu den imposanten Blick gen Motovun und das Mirna-Tal. Um unsere zweite Etappe zu beenden, müssen wir allerdings den Stadtberg von Motovun erklimmen. Wer hier nicht nächtigen möchte, fährt an Motovun vorbei. **Länge/Dauer:** 55,3 km, ca. 5:30–6:30 Std. **Ausgangspunkt:** Portorož (Valeta-Tunnel). **Einkehr:** direkt am Parenzana in Portorož an der Uferpromenade und auf der Halbinsel Seča (→ Portorož und Portorož/Umgebung); in Kaldanija (etliche Gostilnas an der Hauptstraße); in Volpia (→ Buje/Umgebung); in Buje (allerdings muss man dazu in die Stadt und bergan), Grožnjan und Livade und am Ende in Motovun. **Übernachten:** in jedem größeren Ort (→ Einkehr bzw. im Reiseteil).

Wegbeschreibung: Hinter dem **Tunnel Valeta** 🔢 in Portorož, wo ein schöner Picknickplatz wartet, fahren wir – uns nun links haltend – auf der schmalen Straße *Senčna pot* hinab zwischen hübschen Villen und Einfamilienhäusern mit üppig grünen Gärten, unterqueren auf halbem Weg die Brücke der **Zugstation von Lucija**, einem Ortsteil von Portorož, und fahren weiter bergab bis zur Vorfahrtsstraße *Podvozna*. Hier geht es wenige Meter rechts bis zur Uferstraße Portorož–Lucija 🔢 (am

Eck ist ein Supermarkt Mercador). Wir fahren links, wechseln auf die andere Straßenseite und radeln dann südwärts. Nach wenigen Metern überqueren wir den kleinen Kanal, fahren an der **Marina Portorož** vorbei und biegen an deren Ende 26 rechts ab in Richtung **Campingplatz Lucija**. Wir schieben hier mittig durch.

Wir umrunden die **Landzunge Seča** (oberhalb liegt der sehenswerte Skulpturen-park Forma Viva, zu erreichen ab Campingplatz (→ Portorož), wo es viele Bade-möglichkeiten gibt. Wir passieren das gute **Fischlokal Ribić** und fahren weiter auf dem schmalen Asphaltsträßchen entlang dem Kanal mit seinen bunten Kähnen und kleinen Motorbooten, in der Ferne die Salinen von Sečovlje im Blick. Nach rund 400 m erreichen wir die **Fabrik Pick & Place** 27, fahren hier rechts und stoßen nach wenigen Metern auf den **Salineneingang** (→ Salzfelder Lera). Wir fahren hier links auf dem Fahrradweg (D-8) und umrunden auf diesem die Salinen. Links von uns verläuft nach einiger Zeit die Hauptstraße Portorož–Sečovlja, die zur kroatischen Grenze führt.

Der Fahrradweg macht kurz vor der Grenze einen kleinen Umweg (wir könnten auch einfach geradeaus auf der Hauptstraße fahren): Er unterquert die Hauptstraße 28, führt dann links von ihr an einem kleinen Kanal entlang bis zum Sträßlein nach Dragonja. Hier geht es rechts und danach links zur slowenisch-kroatischen **Grenze Plovanija/Sečovlje** 29. (Kurz vor der Grenze wäre noch ein Abstecher zu den alten Salinen von Sečovlje möglich, dazu müssten wir rechts in den schilfgesäumten Makadam abzweigen). **Achtung!** Pässe nicht vergessen – das „Schengener Abkom-men" ist noch nicht in Kraft und Passkontrollen sind üblich.

Wir befinden uns nun in **Kroatien** und folgen dem Parenzana-Weg, meist verläuft er auf gut befestigtem Makadam, manchmal auf Schotter und – mit **neuer Markie-rung** (Lok mit Rad).

Kurz nach dem Grenzübergang, unterhalb des **Hotels Muline**, biegen wir nach rechts in den markierten Schotterweg ab. Wir fahren in Richtung Westen, passie-ren eine Wegkreuzung geradeaus (nach links kämen wir nur zu einer Fabrik) bis zu einer scharfen Linkskurve 30, der wir folgen. Nun beginnt einer der wenigen An-stiege, die wir erklimmen müssen. Wir radeln auf der in den Fels gehauenen alten Eisenbahntrasse – trotz der Mühe ist dies eine der schönsten Teilstrecken: Der Blick auf die Salinen von Sečovlje ist malerisch und jeden Meter höher kann er wei-ter in die Ferne schweifen, bis wir Piran erblicken. Die karsttypische Flora ist vielfältig und zeigt vor allem im Frühjahr ihre ganze Pracht.

Wir erreichen den **Picknickplatz** und Aussichtpunkt von Plovanija. Danach führt die Trasse ins Landesinnere. Wir stoßen auf das Sträßlein 31 hinab in Richtung Ka-negra, überqueren dieses und bleiben geradeaus auf unserem Weg. Am Gehöft **Markovac** 32 wenden wir uns nach links Richtung Osten – Vogelgezwitscher ist das einzige Geräusch in dieser Macchialandschaft.

An der kleinen Straßenkreuzung Zuppilia–Savudrija fahren wir geradeaus links der Straße, bis wir auf die Hauptstraße Savudrija–Plovanija stoßen. Hier geht es eben-falls auf dem Wiesenweg links der Straße weiter, immer Richtung Osten, bis wir die Häuser von **Plovanija** bzw. die Autobahnauffahrt 33 erreichen. Hier endet der Rad-weg. Wir müssen kurz auf die Hauptstraße gen Osten – wer Verpflegung benötigt, findet sie im **Market Roby Garden**. Wir passieren die Autobahnauffahrt und bie-gen an der nächsten Straßenkreuzung rechts in Richtung Kaldanija ab – Schilder verweisen auf Restaurants und Weingüter.

Parenzana-Weg – „Weg der Gesundheit und Freundschaft"

Wir folgen dem Flurweg links der Straße Richtung Kaldanija, vorbei am Weiler **Simonetia** mit seinen wenigen Häusern, überqueren eine Asphaltstraße und fahren weiter gen Kaldanija (ausgeschildert). Wir stoßen auf eine kleine Straße, die uns in wenigen Metern zur Hauptstraße N 200 Plovanija–Kaldanija–Buje **34** bringt. Wir fahren rechts durch den Ort **Kaldanija** (Richtung Buje), vorbei am **Restaurant Lovac** am Ortsende.

Hier beginnt wieder der Fahrradweg Parenzana, dem wir links der Straße folgen. Bald führt er uns von dieser weg. An einer Gabelung **35** können wir rechts abbiegen und uns eine Stärkung oder auch Übernachtung im **Hotel-Restaurant Panorama** genehmigen, das wir nach wenigen hundert Metern im Ort **Volpija** erreichen, oder wir fahren geradeaus weiter.

Der Parenzana-Weg führt uns nun durch fruchtbare Äcker und Wiesen, unser Blick fällt noch einmal auf Volpija, bald im Süden auch auf Buje, das sich trutzig mit seinem Kirchturm auf einem Hügel ausbreitet. Wir erreichen die Hauptstraße N 21 Kaštel/Dragonija–Buje **36**, biegen rechts ab und fahren rund 1 km hinab bis zur Kreuzung **37** vor **Buje**, um dann links dem schmalen Asphaltsträßchen ostwärts zu folgen (wer hungrig ist, fährt geradeaus ins Zentrum weiter, hier warten u. a. das Restaurant Aquarius und eine nette Altstadt).

Wir fahren ostwärts weiter und überqueren geradeaus auch die nächste kleine Kreuzung, wo links das alte **Bahnhofsgebäude** von Buje zu sehen ist, heute ein Privathaus. Wir folgen der *Via della Stazione* bis zum Ende. Dort stoßen wir auf die kleine Straße Bibali–Triban **38**, wenden uns nach links und fahren leicht bergan – hinter uns liegt die Altstadtkulisse von Buje. Wir passieren den **Tennisclub** und zweigen am höchsten Punkt dieses Anstiegs rechts in den Schotterweg ein. Er führt uns kurz durch Kiefernwald und dann immerzu ostwärts, nun durchgängig auf der alten Eisenbahntrasse bis Livade (s. u.) – landschaftliche Leckerbissen warten.

Bald schon haben wir auch wieder einen schönen Blick auf Buje und folgen unserer Trasse, die uns in 0:15 Std. schnurgerade durch die hier niedere Macchia führt, bis wir einen schönen Rastplatz, die ehemalige **Zugstation von Triban**, erreichen. Hier gab es einst ein Warenhaus mit Rampe, wo die Bauern ihre landwirtschaftlichen Produkte nach Triest und Poreč verladen konnten.

Die schöne Trasse führt uns durch Wiesen und Schafweiden, von Wacholderbüschen und Kräutern überzogen, die Sonne brennt hier auf den felsigen Untergrund.

Nach etwa 0:15 Std. erreichen wir schattigen Mischwald und das 74,8 m lange und unbeleuchtete **Sv. Vid-Tunnel** 39. Dahinter fällt unser Blick auf **Grožnjan**. Wir fahren vorbei am alten **Bahnhof** von Grožnjan, heute ein Privathaus, das an einem malerischen Platz steht, bis wir kurz danach auf das Asphaltsträßchen Triban–Grožnjan stoßen – von hier bietet sich ein herrlicher Ausblick auf das mittelalterliche Städtchen Grožnjan am Hang, auf das Mirna-Tal und das Meer. Kurz danach biegen wir in der Rechtskurve 40 links ab (rechts kämen wir nach Grožnjan) und durchfahren kurz danach das 178,7 m lange **Kalcini-Tunnel**, um danach die alte Grožnjan-**Eisenbahnbrücke** zu überqueren – von hier bietet sich nochmals ein herrlicher Blick auf das Musikerstädtchen (→ Grožnjan). Zudem haben wir hier den höchsten Punkt dieser Eisenbahntrasse auf 293 m erreicht – ab jetzt geht es bis nahe Motovun immerzu leicht abwärts.

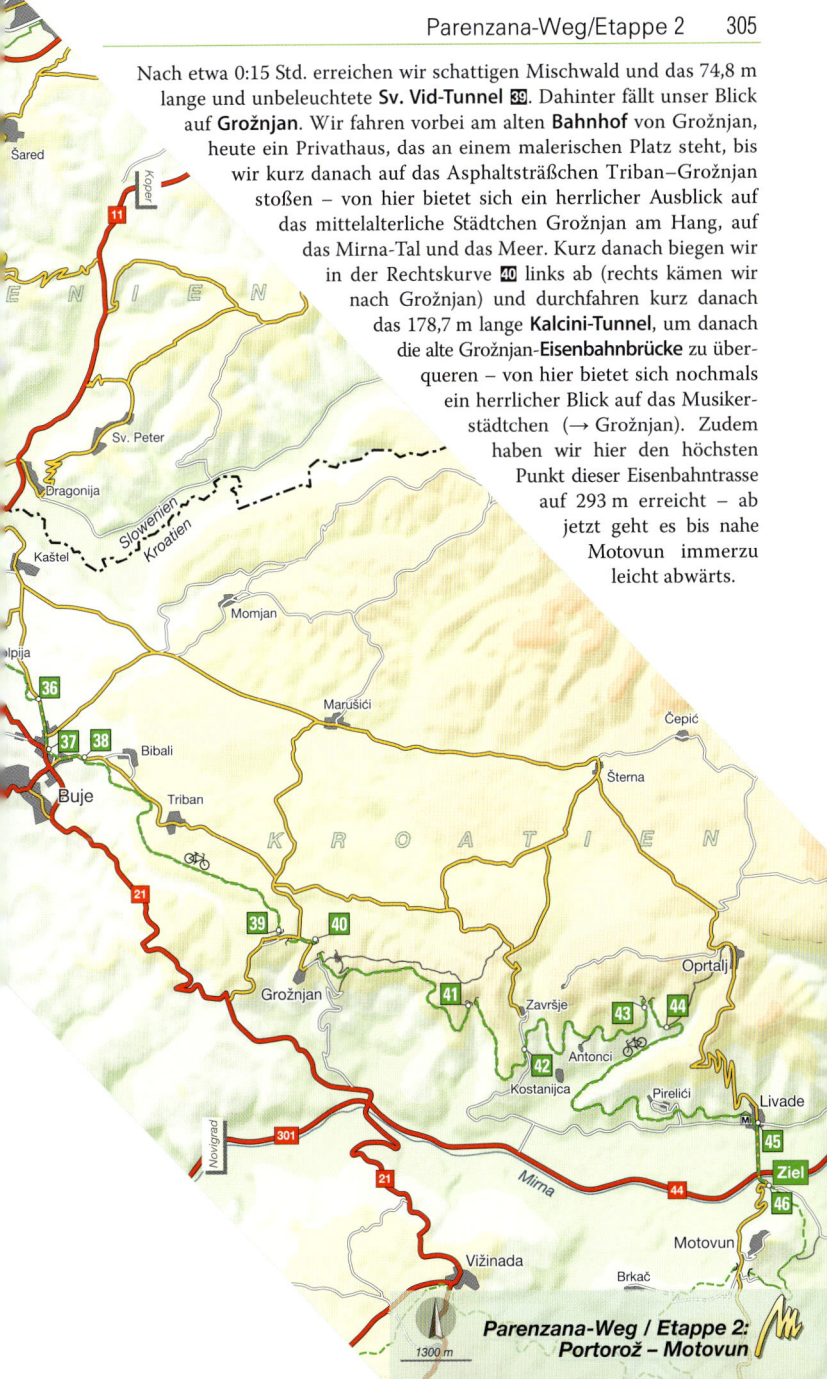

Parenzana-Weg / Etappe 2:
Portorož – Motovun

In Richtung Südosten erblickt man bald das Mirna-Tal, etliche kleine Weiler und Motovun, das sich trutzig und unverkennbar auf seinem Bergkegel zeigt und uns ab jetzt als Panoramabild auf dieser landschaftlich überaus reizvollen Strecke begleitet. Nach weiteren rund 0:20 Std. erreichen wir das 70 m lange **Tunnel von Kostanijca** 🔢. Der gleichnamige Ort Kostanijca, bekannt für seine guten Weine, liegt tief unten. Gegenüber erstreckt sich Motovun auf seinem Hügel, in der Ferne das Ćićarija-Gebirge. Nach kurzer Zeit erreichen wir eine Gabelung 🔢, wo wir uns geradeaus halten (rechts hinab kämen wir nach Kostanijca, links bergan nach Završje). Dann passieren wir die **Tunnels Završje I** und **Završje II** und überqueren anschließend das **Viadukt** mit 62 m Länge und 20 m Höhe. Wir umrunden den Taleinschnitt, fahren durch ein weiteres kurzes Tunnel und über das beeindruckende **Viadukt Antonci** mit 80 m Länge und 25 m Höhe.

Anschließend führt unser Makadam etwas nördlich ins Tal hinein, es wachsen Fichten. Nach rund 0:20 Std. folgt das **Viadukt Freski** 🔢, das 68,5 m Länge und 30 m Höhe aufweist, anschließend das **Tunnel Freski** mit 146 m Länge. Danach geht es weiter durch schöne Wiesen und Mischwald. Wir erreichen die alte **Zugstation Oprtalj** 🔢. (Wer mag, besucht das hübsche Oprtalj, dazu links 3 km bergan). Wir folgen geradeaus dem hier sehr steinigen Parenzana-Weg bergab und

Blick hinab nach Kostanijca, hinauf nach Oprtalj …

über das **Oprtalj-Viadukt** mit 75 m Länge und 25 m Höhe. Anschließend genießen wir den schattigen Laubwald, es geht auch leicht bergab, bis der Blick wieder frei wird auf das gegenüberliegende Motovun und das Ćićarija-Gebirge in der Ferne. Wir passieren die **Ranch Kalcić**, vor uns liegt Livade, gegenüber im Süden, sehr nahe gerückt, Motovun.

Wir fahren hinab nach **Livade**, wo wir in der Ortsmitte **45** rechts abzweigen und dem kleinen **Eisenbahnmuseum** einen Besuch abstatten können (☎ 098/907-734 mobil, 051/644-150). Wer mehr auf Trüffeln steht, besucht links den bekannten Gourmettempel von Zigante, preiswerter isst man sicherlich in den kleineren Gostionas rundum.

Ab Livade-Ortsmitte fahren wir auf der Ortsstraße knapp 1 km geradeaus, also südwärts, zur Hauptstraße N 44 Buzet–Buje, überqueren diese und ebenso die danach folgende Mirna in ihrem einbetonierten Flussbett (wir sind nun auf dem Sträßchen Richtung Motovun–Karojba). Nach wenigen Metern zweigt in der Rechtskurve **46** nach links eine Straße ab (Richtung Sv. Bartol), wo wir auf dem Parenzana-Weg das hoch oben liegende **Motovun** im Westen umfahren können (geradeaus bergan der Hauptstraße folgend kämen wir auf direktem, aber steilem Weg zum Altstadtabzweig). Unser 2. Etappenziel Motovun haben wir erreicht.

… und endlich erreicht, Motovun

Ein letzter Blick auf Motovun

Parenzana-Weg/Etappe 3: Motovun–Poreč 34,2 km

Charakteristik: Ab Motovun schlängelt sich der weiterhin malerische Weg gen Vižinada. Man genießt imposante Blicke auf Schluchten, das hügelige Land und in Vižinada noch ein letztes Mal auf das Mirna-Tal mit seinen hübschen Weilern. Ab Vižinada führt der Parenzana durch fruchtbares Ackerland mit roter mineralhaltiger Erde, wo bestens auch Wein gedeiht. Die Gegend ist bis Nova Vas unspektakulär, durchsetzt von kleinen Mischwäldern und Feldern, wir kreuzen ein paar kleine Ortschaften. Bei Nova Vas genießen wir noch einmal einen herrlichen Weitblick gen Meer, auf die küstennahen Orte Tar und Vabriga und das nördlich liegende Kaštelir auf einem Hügel. Dann führt der Parenzana die letzten Kilometer hinab zum Ziel unserer Route, nach Poreč, wo etliche Highlights auf Besichtigung warten. **Länge/ Dauer:** 34,2 km, ca. 4–5 Std. **Ausgangspunkt:** Motovun. **Einkehr:** in Vižinada, kurz vor Farini (s. u.) und in Poreč. **Übernachten:** → Poreč.

Wegbeschreibung: Wir folgen in der Rechtskurve (Zufahrt nach Motovun) kurz dem linken Abzweig **46** auf Asphalt, um nach wenigen Metern in den Parenzana-Weg rechts abzufahren, nun immerzu leicht auf Makadam bergan. Rechts oberhalb von uns thront das alte bewehrte **Motovun**, das wir östlich umrunden. Am nächsten Abzweig **47** geht es leicht rechts bzw. geradeaus weiter (nach links gelangt man zum Weiler Sv. Bartol). Am Ende des Weges erreichen wir die ehemalige **Eisenbahnstation Motovun,** heute ein Privathaus. Hier folgen wir unserem Weg geradeaus, bis wir auf das **Tunnel von Motovun 48** treffen, mit 222 m das längste. Wer das Tunnel umfahren möchte, fährt am Abzweig bei der Eisenbahnstation dieses Sträßlein kurz weiter und trifft dann auf die Straße Motovun–Karojba, fährt kurz rechts und gleich wieder links hinab auf den Parenzana.

Wir fahren durch das Tunnel, wo kurz danach links der Abzweig Richtung Stadt Motovun bzw. zur Eisenbahnstation (s. o) kommt.

An der nächsten Weggabelung **49** südwestlich von Motovun fahren wir auf Asphalt geradeaus weiter in Richtung Karojba (nach rechts geht es in 400 m nach Brkač). Am nächsten Abzweig halten wir uns links (ausgeschildert mit Rušnjak) – wir blicken gen Westen auf die Weiler Rušnjak und Špinovci und passieren das schöne **Weingut Fachin** links von uns.

An der nächsten Gabelung fahren wir geradeaus auf einem Schotterweg (rechts führt ein Flur- und Wanderweg in Richtung Vižinada), ebenso am nächsten Abzweig. Kurz danach überfahren wir das **Viadukt Krvar** **50** mit 49 m Länge und 15 m Höhe, unten fließt das Bächlein Krvar, das hier schöne Sinterterrassen bildet. Anschließend führt der Weg leicht bergan durch Macchia und Mischwald und wir erkennen auch wieder die alte Eisenbahntrasse, die hier in den Fels geschlagen wurde. Bald erreichen wir die ehemalige **Eisenbahnstation von Rakotule**, heute lediglich ein fantastischer Aussichtspunkt in Richtung Motovun. In der Nähe steht die romanische Kirche **Sv. Nikole** mit Fresken aus dem 14. Jh. und glagolitischen Inschriften. Wir stoßen danach auf eine kleine Asphaltstraße **51**, überqueren diese und folgen unserem Schotterweg, dem Parenzana (nach rechts unten würde es nach Špinovci zum Agroturizam Tikel gehen, der Essen/Übernachten bietet → Motovun/Übernachten/Essen & Trinken).

Nach rund 0:20 Std. bzw. 2,5 km erreichen wir die Schlucht des Flusses Sabadin und das **Viadukt Sabadin** **52** – heute auch oft nur **Veli Most**, die große Brücke, genannt, mit 60 m Länge und 20 m Höhe – unten plätschert der Fluss, nordwärts blickt man auf Hügel mit u. a. dem Weiler Piškovica. Nach etlichen Wegwindungen wird am Hang auch Vižinada sichtbar. Wir erreichen die Hauptstraße N 21 Buje–Vižinada–Baderna **53**, biegen hier rechts ab und fahren wenige Meter bis zur nächsten Straßenkreuzung in **Vižinada** (die Parenzana-Ausschilderung führt gegenüber in einen Feldweg durch ein Privatgrundstück geradeaus) und halten uns links – bis dorthin kann man ein letztes Mal den schönen Weitblick auf das hügelige Hinterland des Mirna-Tals und auf Motovun genießen.

Hinter Motovun führt die Trasse durch den Fels

Wir setzen unseren Parenzana-Weg fort, fahren der Einfachheit halber an der oben genannten Straßenkreuzung von Vižinada links (Straße Kaštelir–Poreč) und auf dieser Straße rund 100 m bis zur nachgebauten **Lok U20** (2000 kg, aus der Manufaktur Beato Signal, Buje), die links der Hauptstraße und dem Seitenweg, in den wir links einbiegen, steht. Hier ist auch erstmals ein Kilometerzählstein – 102 km haben wir zurückgelegt.

Vižinada am Hang

Wir fahren nach der Lok rechts in den Feldweg (wer auf dem Flurweg kam, fährt geradeaus weiter – die Lok würde dann rechts stehen) – der Flurweg wird nun beidseitig von Häusern und Gemüsegärten gesäumt, bis er durch Mischwald führt.

Auch ändert sich nun schlagartig die flache Landschaft: Die lehmige Erde ist orangerot, „la terra rossa", auf der nun Wein gedeiht, besonders auch der Teran. Wir fahren durch Wiesen und Weinfelder immerzu geradeaus – an drei nun folgenden Gabelungen bleiben wir immer geradeaus, bis wir beim Ort **Vrh Lašići** 🟥54 auf die Hauptstraße Richtung Poreč stoßen. Diese überqueren wir und fahren rechts neben dieser, bis wir nach wenigen Minuten das Sträßlein Richtung **Baldiši** passieren – hier am Eck war früher eine **Haltstelle** bzw. fast ein Freiluftrestaurant, wo Zuggäste und Crew von den Einheimischen mit Speisen und Getränken verwöhnt wurden – es war auch „die" wöchentliche Attraktion für die hiesige Dorfbevölkerung. Leider gibt es dies heute nicht mehr, die Gegend wirkt eher verlassen. Wir setzen unseren Weg geradeaus bergab fort, erreichen wieder die Straße Richtung Poreč 🟥55, um gegenüber dann dem Parenzana (ausgeschildert) zu folgen, bis wir erneut auf die Hauptstraße sowie auf ein **Tunnel** unter der Autobahn (A 9) stoßen – Achtung, Verkehr! Wir durchfahren nach links das Tunnel 🟥56, um gleich danach wieder links (also hinter dem Autobahndamm) in einen Weg abzuzweigen – er führt uns durch Wald und Wiesen.

Nach rund 10 Min. überqueren wir ein Asphaltsträßchen (rechts nach Kaštelir) und folgen dem Parenzana-Weg durch Wald, Wiesen und Weingärten. Nach rund 5 Min. stoßen wir erneut auf die Asphaltstraße Labinci–Višnjan 🟥57, fahren hier links und wenige Meter auf dieser, bis wir wieder rechts auf den Makadam abzweigen. Südlich auf dem Hügel vor uns liegt nun **Višnjan**. Wer gerne in die Sterne guckt, sollte einen Abstecher hinauf zur Sternwarte machen (→ Višnjan).

Wir folgen dem Flurweg, haben kurze Zeit links neben uns die Autobahn A 9, bis wir bei der hübschen **Konoba Štacjon** und dem kurz zuvor liegenden ehemaligen Bahnhof (heute Privathaus) auf die Hauptstraße Karojba–Višnjan–Poreč **58** stoßen und rechts fahren. Rund 200 m bleiben wir auf dieser Hauptstraße bis zu den ersten Häusern von **Farini**, dann geht es rechts und gleich wieder links (hier gab es keine Ausschilderung!). Dann folgen wir dem geschotterten Fahrradweg, der rechts neben der Hauptstraße gen Poreč verläuft. Nach ca. 3,5 km erreichen wir den Weiler **Brčići** und fahren auch hier immer noch geradeaus weiter. Kurz nach dem Ort gelangen wir zur Weggabelung zum Ortskern von **Nova Vas**, der links von uns liegt – hier war einst eine **Eisenbahnstation**. Wir radeln geradeaus weiter.

Nun können wir wieder die Landschaft genießen: Wir blicken nordwärts über die Felder auf die schöne Hügelkette bei Kaštelir, links von uns steht eine kleine Kapelle. (In der Nähe wäre auch die

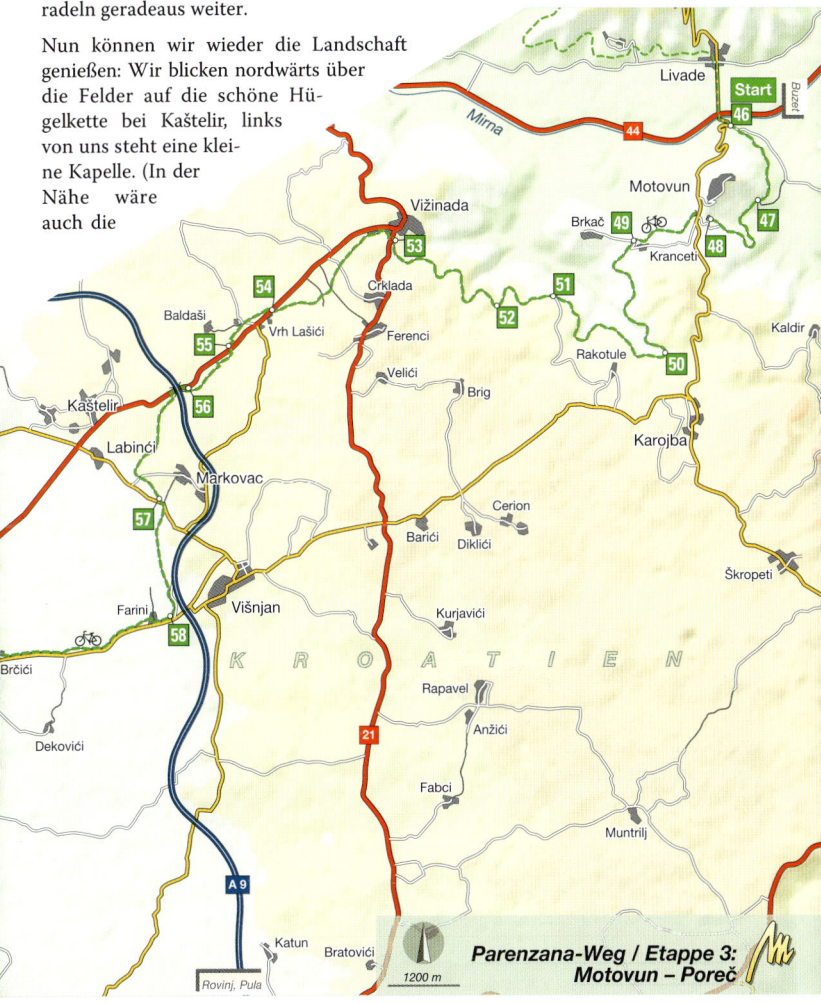

Parenzana-Weg / Etappe 3:
Motovun – Poreč

Tropfsteinhöhle Baredine zu besichtigen). Noch 6 km bleiben uns auf der Parenzana-Reise, vor uns liegt das Meer, auf den Hügeln rechts von uns immer noch in Sichtweite Kaštelir, im Nordwesten Tar und Vabriga. Es wachsen beidseitig auf dem fruchtbaren Boden Oliven, Wein und Obst.

Nach kurzer Zeit kreuzen wir das Sträßlein Nova Vas–Tar **59**, fahren geradeaus auf dem Makadam weiter, folgen der Rechtskurve und fahren bis **Mihatovici**. Dann geht es auf Asphalt und Makadam bis zur Hauptstraße Nova Vas–Kukci–Poreč. Gegenüber biegen wir in den Weg ein und fahren vorbei an einem Trafowerk. Nach rund 2 km geht es an einer Gabelung **60** rechts bergab (linker Hand liegt in dieser Kurve ein großes Privatgrundstück mit vielen Obstbäumen). Nach einem weiteren Kilometer endet abrupt unser Parenzana-Weg an der breiten und neuen Straße Poreč–Višnjan **61**.

Das Parenzana-Projekt musste neuen Straßenführungen weichen und konnte nicht bis in die Innenstadt vollendet werden.

Um zur Altstadt von **Poreč** zu gelangen, fahren wir links, dann geradeaus in Richtung Westen über den Kreisverkehr/Straßenkreuzung (Novigrad–Vrsar) und geradeaus weiter bis zum nächsten Kreisverkehr. Hier geht es nochmals geradeaus und an der nächsten Straßenkreuzung Poreč–Spadići–Materada leicht rechts. Diese Nebenstraße führt uns Richtung Meer. Wir fahren an Hotels vorbei, u. a. dem **Bike-Hotel Pinia**, und folgen der Straße. Nach links führt eine breite Promenade Richtung Altstadt. Kurz vor dem großen Altstadtparkplatz und dem Markt an der Meeresbucht steht links das heute unscheinbare und verwaiste **Bahnhofsgebäude 62** von Poreč, wo einst die Adeligen ihr Urlaubsziel erreicht hatten.

Rund 135 Kilometer ab Triest haben wir hinter uns auf einer meist sehr malerischen und auf jeden Fall eindrucksvollen Strecke.

Poreč – besuchenswerte Endstation

Attraktive Wanderziele warten – hier am 4. Wasserfall (→ Wanderung 2)

Kleiner Wanderführer durch Istrien

Istrien ist ein attraktives Wanderziel für Genusswanderer, aber auch für konditionierte Bergsteiger – es bietet Touren entlang dem Meer, durch das hügelige Hinterland mit seinen Trutzburgen oder in die Bergwelt des Ćićarija- oder Učka-Gebirges, die fantastische Weitblicke über die gesamte istrische Halbinsel und die Kvarner-Bucht bieten. Auch Flora und Fauna sind vielfältig und interessant.

Beste Wanderzeit ist auch in Istrien die Vor- und Nachsaison mit oft schon oder noch milderen Temperaturen als bei uns zu Hause. Im Frühjahr kann man ab April die Touren bei angenehmen 15 °C durch schöne Frühlingswiesen unternehmen. Der Herbst und Spätherbst ab September bis Oktober bieten immer noch angenehme 21 bis 15 °C und dabei ein noch relativ warmes Meer. Hinzu kommt, dass nur noch wenige Touristen unterwegs sind, d. h. es herrscht kein Gedränge in Städten und es gibt preiswerte Übernachtungsmöglichkeiten.

Istrien bietet einfache Familientouren auf Küstenwegen entlang dem Meer, aber auch an Flüssen, zu Wasserfällen oder durch Schluchten. Konditionsstarke werden die Bergwelt des Ćićarija-Gebirges und sicherlich das über 1400 m hohe Učka-Gebirge, einen Naturpark, erwandern – fantastische Ausblick nach allen Seiten sind garantiert.

Ich habe für Sie 12 Wandertouren zusammengestellt: Bei Buzet wandert man entlang der „Sieben Wasserfälle" oder zu den Wassertrögen im Ćićarija-Gebirge. Bei Vrsar geht es entlang dem Limski kanal, bei Pazin auf dem Hl.-Simeon-Weg oder bei Brtonigla durch das Naturreservat Škarline. Bei Labin wartet die Göttin Sentona mit schönen Wanderpfaden durch Schluchten und entlang „göttlicher Quellen". Aussichtsreich werden die Touren im Učka-Gebirge. Einen Weitblick genießt man aber auch vom slowenischen Berg Slavnik, gemütlicher ist der Weg bei Portorož, oberhalb der Dragonija. Unter den von mir aufgeführten Routen werden Sie über das Gebiet sowie alle wichtigen Fragen, wie u. a. zu Dauer, Charakter, Anfahrt und natürlich auch zur Einkehr vorab informiert.

Betonen möchte ich: Überschätzen Sie sich bitte nicht, dies kann fatale Folgen in jedem Gelände haben. Vor allem im Frühsommer/Sommer sind hohe Temperaturen und eine starke Sonneneinstrahlung nicht zu unterschätzen, d. h. zur Ausrüstung gehören unbedingt Sonnenschutz und ausreichend Wasser – für eine 4-Stunden-Tour bei Hitze pro Kopf also mindestens 2 Liter Wasser mit sich führen! Ebenso unabdingbar sind rutschfeste Schuhe, auch Wanderstöcke sind hilfreich.

Längere Touren sollte man nie alleine gehen, ein Mobiltelefon mit sich führen (**Internationale Rettung** ☏ **112**), zudem im Hotel, Camp oder der Pension Bescheid geben. Auch eine Taschenlampe, Windschutz und kleine Wundversorgung sollten ins Tourengepäck. Bei schlechten Wetterverhältnissen sollte man Wanderungen schon vorab unterlassen, bei plötzlich aufkommenden Nebelfeldern (im Učka-Gebirge oder am Slavnik möglich) am besten stehen bleiben und abwarten.

Achtung: Ebenfalls auf die giftige Hornotter (vipera ammodytes) achten.

Ich beschreibe hier lohnende Touren für Wanderer. Anfänger sollten mit kleinen Touren um Orte oder entlang dem Meer beginnen, die ebenfalls Vergnügen bieten. Es versteht sich von selbst, dass man auch Kinder nicht überfordert.

Die Wege sind mit den in Kroatien durchgängigen Zeichen roter Kreis mit weißem Punkt oder rot-weiß-roter Strich versehen, oft aber auch beschildert; auch an der Slowenischen Riviera sind dies neben Holztafeln die Markierungen. Der Wandertourismus ist im Aufbau und setzt aktuell viele Arbeitskräfte für Wegsäuberung und Wegmarkierung ein.

Überall bestens markiert

Die aufgeführten Wanderungen sind Vorschläge, können oft verkürzt oder verlängert werden, was im Text beschrieben wird. Die Touren weisen Unterschiede in Länge und Schwierigkeitsgrad auf. Die Zeitangaben sind reine Gehzeiten, Pausen nicht mitgerechnet, und nur als Richtwerte zu verstehen. Die Karten wurden mit Hilfe von GPS (Global Positioning System) erstellt (ausgenommen Wanderung 5). Wer ein GPS-Gerät besitzt, kann vor Ort eine genaue Standortbestimmung vornehmen. Wann immer es aber möglich ist, geben wir auffällige Orientierungspunkte an, die allerdings auch Veränderungen unterliegen können.

Zusätzlich zu den hier ausführlich vorgestellten Touren finden Sie im Reiseteil weitere Hinweise auf lohnende Wanderungen.

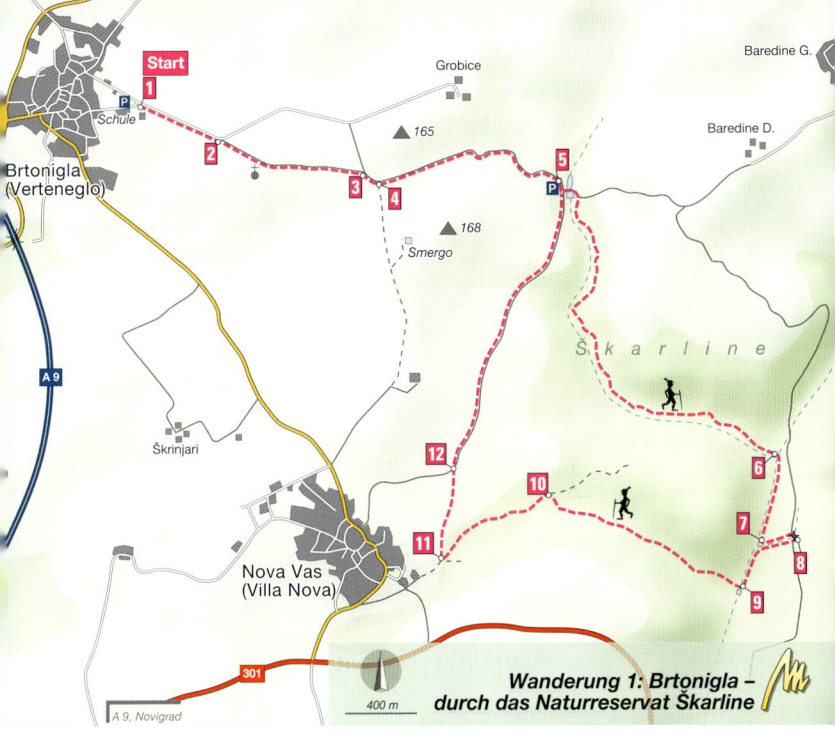

Wanderung 1: Brtonigla – durch das Naturreservat Škarline

Charakteristik: einfache bis mittelschwere, teils schattige Rundwanderung durch die Schlucht des Baches Škarline mit seinen herrlichen Travertinterrassen und Wasserfällen (im Frühjahr) sowie über Wiesen und durch Weinfelder. Im Sommer ist der Bach fast ausgetrocknet, im zeitigen Frühjahr ist Wasserhochstand, d. h. viele Wegabschnitte stehen unter Wasser. Meist einfacher und ebener Wegverlauf, in Abschnitten kleine Kletterpartien. Im Frühling blüht es in der Schlucht am schönsten, die beste Wanderzeit ist morgens bis mittags, da dann das Sonnenlicht in die Schlucht fällt. **Länge/Dauer:** 10 km, ca. 3:30 Std. **Markierung:** roter Kreis auf weißem Punkt. **Einkehr:** keine Möglichkeiten unterwegs, nur in Brtonigla. **Ausgangspunkt:** Parkplatz vor der Schule und bei Mechaniker Beletić am östlichen Ortsende von Brtonigla. **Abkürzung:** Man spart ca. 4 km, wenn man mit dem Auto/Fahrrad z. B. bis zum Parkplatz **5** vor der Schlucht fährt. **Ausrüstung:** rutschfeste Schuhe mit gutem Profil, Verpflegung und ausreichend Wasser, Wanderstöcke. **Karte:** nur eine Übersichtskarte in TIC-Brtonigla erhältlich.

Wegbeschreibung: Startpunkt ist die **Schule 1** in Brtonigla. Wir gehen rund 300 m ostwärts auf dem Asphaltsträßchen in Richtung Grobice (Grobizze) und biegen in der Linkskurve **2** und bei der Antenne in die markierte Schotterstraße nach rechts ab.

Nach 100 m passieren wir am rechten Wegrand eine **Kapelle**, dort bietet sich ein schöner Blick nach Nova Vas im Süden. Vorbei an Weinfeldern folgen wir an der Weggabelung **3** nach ca. 300 m weiterhin dem Hauptweg leicht rechts und etwas bergab (nach links bergan kämen wird zu einem Aussichtshügel von 165 m, aber auch vom Hauptweg bietet sich ein schöner Weitblick gen Nova Vas und Baredine).

An der nächsten Gabelung **4** halten wir uns leicht links (nach rechts kämen wir in wenigen Meter zu einem weiteren Aussichtshügel von 167,8 m mit Wasserreservoir, genannt Smergo). Wir gehen auf dem geschotterten Makadam nun rund 1,2 km hinab zu einer größeren Freifläche mit **Parkmöglichkeiten 5** und einem Taleinschnitt. Wir gehen hier über die **Brücke** und verlassen gleich dahinter den Makadam auf dem felsigen schmalen Pfad hinab Richtung Schlucht (würden wir nach der Brücke auf dem Makadam links gehen, kämen wir nach Grobice, rechts bergan kämen wir nach Baredine – dieser Weg ist der sog. Staza Rocco).

Wir nähern uns dem Schluchtrand der **Škarline**, die sich hier ihren Weg durch den Fels gebahnt hat, und werfen einen Blick hinab – auch im Spätsommer steht hier noch etwas Wasser, es wachsen Binsen, im Frühsommer tummeln sich hier die Frösche. Dann wandern wir weiter auf dem schmalen Pfad südwärts, vorbei an den schroffen Felswänden und immerzu leicht bergab. Der Pfad wechselt immer wieder die Bachseite. Je nach Jahreszeit können wir auch bald im ausgetrockneten Bachbett laufen. Die Vegetation ist üppig grün und wirkt mit dem hohen Gras und dem herabhängenden Efeu fast wie im Dschungel.

Naturreservat Škarline –
der Bach bahnt sich seinen Weg
über Felsen talwärts …

Nach rund 0:15 Std. ab Schluchtbeginn erreichen wir die ersten **Staustufen** mit den vom Bach ausgewaschenen Felsen, eingehüllt im Mischwald, der kaum lichtdurchlässig ist. Einst standen in der Schlucht mehrere Mühlen, der Wasserstand war früher ganzjährig deutlich höher. Immer wieder gelangen wir zu Staustufen mit herrlichen vom Wasser ausgewaschenen Felsformationen. Der Weg verläuft nun meist rechts und etwas oberhalb des Bachbetts, auch muss teils etwas geklettert werden, ein Stahlseil bietet Hilfe. Nach rund 0:45 Std. ab Schluchtbeginn erreichen wir den fünften **Wasserfall** mit einer natürlichen hohen Felsmauer und großen Wasserbecken und den Ruinen einer ehemaligen Mühle – hier in den Becken wurde einst Wäsche gewaschen und die Kinder badeten im Sommer – heute stehen darin nur noch Wasserpfützen.

Die nächsten 10 Min. verläuft der Weg fast eben in einer kleinen Senke (Achtung: hier auch im Frühjahr Wasser!),

... Kletterspaß garantiert

bis wir nach rund 1 Std. ab dem Parkplatz bei der Brücke aus dem dichten Mischwald wieder ans Tageslicht gelangen und auf einen **Graben** 6 stoßen. Hier halten wir uns rechts – wir können, je nach Jahreszeit und Trockenheit, im Graben südwärts gehen oder oberhalb am Wiesenrand des breiten Tals. Nach weiteren ca. 5 Min. treffen wir wiederum auf einen Abzweig mit Graben, ein sog. T-Stück – ist es trocken, überqueren wir auch diesen Graben 7 und gehen südwärts am Wiesenrand oder im Graben weiter (nach Starkregen oder im Frühjahr müssen wir hier links bis zur Brücke 8 und danach wieder rechts, praktisch diesen Graben umrunden). Hier verlaufen auch die Fahrradwege Nr. 10 u. 11, zudem der Staza Rocco.

Wir gehen nun also südwärts, sehen in der Ferne das Mirna-Tal und eine hohe Straßenbrücke und gelangen zu einem Jägerstand und dem gemauerten Grabenübergang einer **Staustufe** 9. Hier gehen wir rechts leicht bergan auf einem schmalen Pfad, der sich durch Schlehen schlängelt. Der Weg wird steiler, beidseitig wächst Buschwerk. Nach rund 0:15 Std. ab dem letzten Abzweig stoßen wir auf einen breiteren Wiesenweg 10 und gehen hier links. Rund 5 Min. später halten wir uns an einer Weggabelung 11 rechts (geradeaus würden wir in wenigen Minuten den Ort Nova Vas erreichen) und folgen dem breiten Makadam nordwärts. Bald wird der Blick gen Südosten frei auf die hügelige Landschaft des Mirna-Tals und gen Ćićarija-Gebirge in der Ferne.

Nach knapp 10 Min. stoßen wir auf den breiten Schottermakadam 12, der von Nova Vas kommt, und gehen hier rechts bzw. eigentlich nur geradeaus. Wir laufen an Weinfeldern vorbei und blicken gen Baredine, dahinter der Weiler Krasica mit seinem hohen Kirchturm und südlich davon unverkennbar Grožnjan. Nach weiteren 10 Min. erreichen wir wieder die große Freifläche mit **Parkmöglichkeiten** 5 und die Brücke zur Škarline-Schlucht. Hier schließt sich unsere Runde und wir gehen auf dem bekannten Weg zurück zum Ausgangspunkt.

Hängebrücke über die Draga

Wanderung 2: Von Buzet nach Kotli über die „Sieben Wasserfälle"

Charakteristik: aufgrund der Länge mittelschwere bis schwere Familienwanderung durch eine schöne und vielfältige Natur und Landschaft – durch das Draga- und Mirna-Tal mit sieben Wasserfällen, genannt „Staža 7 Slapova". Lediglich ein kleines Teilstück zwischen **6** und **7** ist etwas steiler (hier auch Seile). Das Draga-Tal muss durchwandert werden, hier kann man kein Mountainbike benutzen. **Länge/Dauer:** 15,6 km, ca. 4:30–5 Std. **Verlängerung/Abkürzung:** Man kann z. B. nur bis zum 3. Wasserfall laufen und dann wieder umkehren – so spart man sich den steilen Aufstieg. Eine Verlängerung wäre ab Kotli bis Hum möglich (dazu ist allerdings sehr schnelles Wandern und beste Kondition erforderlich!). **Markierung:** rot-blau-gestreift, roter Kreis auf weißem Punkt, z. T. ohne Markierung. **Einkehr:** leider keine Möglichkeit mehr! **Ausgangspunkt:** Parkplatz bei Bierfabrik Favorit, Mineralwasserabfüllung Istarski Vodovod und Feuerwehr im Stadtteil Sv. Ivan, südöstlich vom Altstadtzentrum Buzet; evtl. auch der kleine Parkplatz am Makadam-Ende **3**. **Anfahrt:** von Buzet-Altstadt zum Stadtteil Sv. Ivan. **Ausrüstung:** rutschfeste Schuhe, Verpflegung und ausreichend Wasser; je nach Jahreszeit Windjacke, Sonnenhut, Badesachen. **Karte:** Übersichtskarte bzw. Istra-Bike-Karte Buzet, im TIC erhältlich.

Wegbeschreibung: Wir starten in Buzet am Parkplatz **1** im Stadtteil **Sv. Ivan**, gehen links an der Brauerei Favorit und Istarski Vodovod vorbei und geradeaus südwärts, blicken links auf das Wasserreservoir und biegen kurz vor der **Mirna-Brücke 2** links in einen Fahrweg ein, dem wir ostwärts bis zum Ende folgen. Der Blick zurück fällt auf die Altstadt von Buzet auf ihrem Hügel. Links passieren wir die alte Kapelle **Sv. Ivan** (17. Jh.), die nur am Patronatstag am 26. Juni zur Messe geöffnet

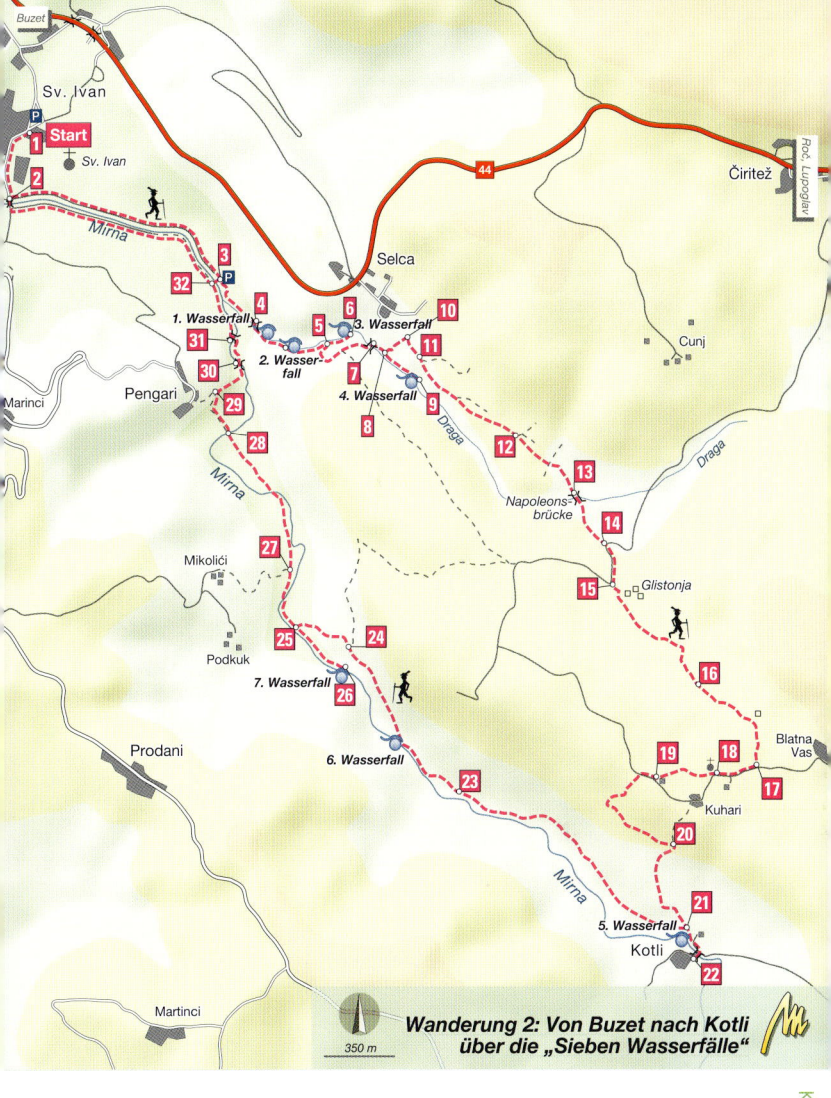

Wanderung 2: Von Buzet nach Kotli über die „Sieben Wasserfälle"

350 m

ist. Hier verläuft der städtische Trimmpfad, der rund zehn Übungsmöglichkeiten bietet. Ein Froschkonzert begleitet uns auf unserem Weg entlang der begradigten Mirna, die hier wie ein Kanal wirkt. Nach rund 10 Min. endet der Makadam an einem idyllischen kleinen **Parkplatz 3**, der meist von Kletterern genutzt wird – es bietet sich ein herrlicher Blick auf das malerische Buzet, die Quelle des Bachs Tombasin und auf das von der Mirna östlich abzweigende Draga-Tal mit seinen Felsen.

Wir folgen nun dem von der Mirna abzweigenden Draga-Tal flussaufwärts auf der linken Seite. Der Pfad verengt sich und führt durch schöne Macchia (Markierung rot-blau-gestreift). Nach rund 0:20 Std. gelangen wir zur ersten Barriere, die zum

Hübsch eingebettet, der 3. Wasserfall …

Schutz gegen Hochwasser errichtet wurde, hier beginnt der „Staža 7 Slapova" (Sieben-Wasserfälle-Weg). Nach wenigen Minuten überqueren wir die **Komarov most** 4 und erreichen nach rund 5 Min. den **1. Wasserfall**. Wir laufen nun rechts der Draga, die hier im Frühjahr bis zu 5 m tiefe Wasserbecken bildet, beidseitig ragen die Felsen empor.

Danach passieren wir eine kleine Höhle – hier schlugen die Einwohner ihre Steinkohle heraus (es gibt in der Gegend viele kleine Minen) – und gelangen nach weiteren 5 Min. zum **2. Wasserfall**. Wir blicken auf ein türkises, von Felsen eingerahmtes Becken und folgen dem steilen Pfad aufwärts. Wir stehen nun vor der 80 m aufragenden Felswand – hier ist das Freeclimber-Paradies mit einer kleinen Info am Baum, die Auskunft über die verschiedenen Kletterrouten gibt. Rechts kann man mit viel Fantasie im Fels einen Elefantenrüssel erkennen.

Unser Pfad windet sich nun oberhalb der Draga entlang, bis wir nach etwa 0:15 Std. auf eine kleine Gabelung 5 stoßen, wo wir hinab zum nächsten Wasserfall gehen, den man schon plätschern hört. Nach wenigen Minuten erreichen wir den **3. Wasserfall** 6 (auch Vela peć genannt), mit rund 24 m der höchste, der sich hier beeindruckend über die Felswand in ein türkises Becken stürzt – an den Felsen findet man ebenfalls die Freeclimber.

Wir gehen zurück zur Gabelung 5 und nehmen nun den Pfad bergan, es wachsen Alpenveilchen, Christrosen, das Vierblatt und viele Orchideen. Die nächsten 10 Min. verläuft der Pfad sehr steil bergauf, er ist mit einem Seil etwas gesichert – wer mit Kindern unterwegs ist, sollte hier vorsichtig sein! Oben angekommen, wartet zur Belohnung die herrliche Aussicht auf den Canyon und auf Buzet. Hier haben wir nun nach insg. ca. 1 Std. Gehzeit eine kleine Rast verdient.

Nach weiteren 5 Min. auf diesem Pfad stoßen wir auf eine Gabelung und setzen unseren Weg auf dem breiten Forstweg hinab fort, bis wir ebenfalls nach wenigen Minuten an eine Steinbrücke 7 gelangen, diese überqueren und rechts gehen. Nach wenigen Minuten passieren wir eine kleine Gabelung 8 – da wir uns noch den nächsten Wasserfall ansehen möchten, gehen wir noch rund 200 m geradeaus weiter, bis wir vor dem **4. Wasserfall** 9 (auch Mala peć genannt) in idyllischer, lichtdurchfluteter Lage und einem Wasserbecken stehen, gleich einem See und gesäumt von Kieselsteinen – auch ein schöner Rastplatz.

Zurück am Abzweig **8**, nehmen wir den schmalen Pfad (markiert und mit „Kabaij/Selca" beschriftet) steil bergan. Nach rund 8 Min. stoßen wir auf einen Makadam **10** und gehen hier rechts (nach links würden wir nach wenigen Minuten Selca erreichen). Wir folgen dem Makadam durch Wiesen und biegen an einer weiteren Gabelung **11** rechts ab (hier verläuft auch der Biketrail 509) und folgen nun dem Steinweg durch Hainbuchenwald. An der nächsten Gabelung wenige Minuten später wandern wir geradeaus weiter. Nach weiteren 5 Min. gehen wir an der Gabelung **12** rechts in den Pfad hinein (links ab führt Biketrail 509).

... ebenso der 7. Wasserfall

Wenige Minuten später wandern wir an einer Wegkreuzung geradeaus (Markierung rot-blau) und bleiben an einem Bächlein rechts, unserem Weg und der Markierung folgend. Wir überqueren die **Napoleonsbrücke 13**, die den Bach Draga überspannt – sie wurde im 19. Jh. errichtet. Nach etwa 10 Min. stoßen wir auf die Dorfstraße Čiritež–Glistonja **14**. Auf dem breiten Makadam wandern wir rechts hoch, um nach wenigen Minuten in der Kurve **15** links in den markierten Pfad abzubiegen. Nach rund 200 m erreichen wir einen Freiplatz und Hausruinen des einstigen alten Dorfes **Glistonja**.

Wir folgen hier der Markierung nach rechts in den schmalen Pfad und entlang dem Bächlein, halten uns auch in der Kurve geradeaus (überall Markierung) und stoßen nach ca. 10 Min. auf einen Makadam **16**. Die Markierung führt uns nach rechts, vorbei an der links stehenden Hausruine. Nun folgen wir der frisch geschlagenen Schneise für Wasserleitungen geradeaus (der schöne Wanderweg wurde durch diese Bauaktivitäten zerstört). Nach wenigen Minuten treffen wir auf die Asphaltstraße Blatna Vas–Kuhari **17** und biegen nach rechts ab (der frühere Wanderweg verlief geradeaus weiter, durch die Erdaktivitäten zur Verlegung der Wasserleitungen ist ein Durchkommen auf diesem Weg aber erst einmal nicht mehr möglich).

Wir gehen auf dem Asphaltsträßchen in Richtung Kuhari, passieren nach wenigen Minuten die Häuser und biegen an der kleinen **Kapelle 18** am Wegrand nach rechts in einen schmalen Waldpfad ab. Auch an der nächsten kleinen Weggabelung folgen wir geradeaus unserem Weg, vorbei an einem alten einzeln stehenden Haus. Hier stoßen wir auf einen Makadam **19**, gehen nach rechts und nach rund 80 m gleich wieder links in einen Waldpfad, der uns bergab führt. Nach rund 10 Min. treffen wir auf einen alten Steinweg **20**, hier wenden wir uns nach rechts und wandern weiter bergab (nach links kämen wir wieder nach Kuhari).

Bald haben wir den Weiler Kotli im Blick und stoßen auch auf den Bike- und Wanderweg 509 **21**, der oberhalb der Mirna verläuft. Wir gehen links in Richtung Kotli (von rechts kommen wir auf dem Rückweg), stoßen nach wenigen Metern auf das Asphaltsträßchen von Roč-Brnobići kommend, das hier bald endet, gehen hier noch rechts über die **Mirna-Brücke** und sehen unser Ziel **Kotli 22** schon vor uns liegen. Wir haben es nach knapp 4 Std. Laufzeit erreicht. Leider müssen wir uns rund um die Brücke einen Platz zum Picknicken suchen, die einst schöne Gostilna hat geschlossen. Der Blick fällt hinab auf die türkis leuchtende Mirna, ihre ausgewaschenen Becken und die alte Mühle. Darunter stürzt sich der **5. Wasserfall** hinab. Wer mag, kann sich in den Wasserbecken herrlich erfrischen. Südlich der Brücke lädt der hier flachere Fluss auch Kleinkinder zum Plantschen ein. (Wer weiter nach Hum möchte, folgt nach der Brücke links südwärts dem zweistündigen Weg, auch per Mountainbike machbar).

Nach der Stärkung treten wir unseren Rückweg an. Wir gehen wieder über die Brücke und biegen in unseren Wanderpfad (hier auch Biketrail 509) ein, der uns wieder zur Gabelung **21** bringt. Wir wenden uns leicht nach links und wandern jetzt rechts und oberhalb der Mirna durch schattigen Wald. Nach wenigen Minuten gelangen wir zu einem Abzweig **23** hinunter zur Mirna. Bald darauf passieren wir den **6. Wasserfall** mit seinem schönen Becken.

An der nächsten kleinen Weggabelung **24** laufen wir weiter geradeaus nach unten, um 5 Min. später den Abzweig **25** zum letzten Wasserfall zu erreichen. Wir machen diesen Abstecher, gehen hier also links und erreichen nach 5 Min. den **7. Wasserfall 26** (auch Grjak genannt) mit seinem malerischen Wasserbecken in sonniger Lage, gleich einem See – die großen Findlinge laden zu einer Rast ein, das Wasser zu einer Erfrischung.

Zurück auf unserem Hauptweg am Abzweig **25**, gehen wir immerzu geradeaus, überqueren die Mirna, die hier nur wenig Wasser führt, und bleiben auch am nächsten Abzweig **27** geradeaus (links würden wir die Dörfer Podkuk und Mikolići erreichen). Im weiteren Verlauf überqueren wir wiederum zweimal die Mirna, nach etwa 10 Min. sehen wir bereits den Ort Pengari am Hang. Wir folgen dem breiteren Weg **28** nun geradeaus und bergan. Nach wenigen Minuten erreichen wir den höchsten Punkt mit einem Bänkchen **29** und genießen von hier bei einem Froschkonzert den schönen Blick ins Tal und auf die beeindruckenden gegenüberliegenden Steilwände des Canyons (nach links würden wir den Weiler Pengari erreichen). Wir bleiben auf unserem Hauptweg, der uns nun steil hinab zur Mirna und der neuen Brücke **30** führt. Wir folgen der Mirna rechtsseitig durch ihren Canyon und erreichen die nächste neue Brücke **31** in wenigen Minuten. Nun geht es linksseitig weiter, bis wir nach 200 m an eine Gabelung **32** gelangen und gegenüberliegend den Picknick- und Parkplatz vom Hinweg sehen. Wir bleiben linksseitig und folgen der nun begradigten, in Steinmauern gefassten Mirna bis zur Brücke **2** – vor uns liegt nun malerisch auf seinem Hügel Buzet. Wir überqueren ein letztes Mal die Mirna und gehen zurück zum Parkplatz **1** bei der Favorit-Brauerei.

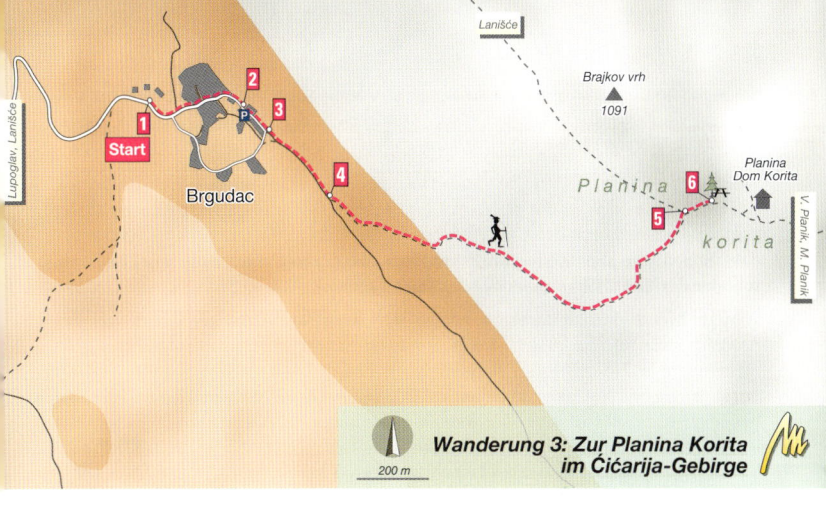

Wanderung 3: Zur Planina Korita im Ćićarija-Gebirge

Charakteristik: Dieses Wandergebiet liegt an der Grenze zwischen dem Verwaltungsgebiet Buzet (Istrien) und dem Naturpark Učka (Kvarner-Region). Es ist eine leichte und aussichtsreiche Familienwanderung mit nur einem 300 m hohen Anstieg zu den Wassertrögen auf der Planina Korita – bei der Anfahrt entdeckt man den Süden des Ćićarija-Gebirgszugs.

Länge/Dauer: 4 km, ca. 2 Std. **Verlängerung:** u. a. zum Berg Brajkov vrh (1091 m), einfach ca. 0:20 Std. Gehzeit. In weiteren rund 2 Std. einfacher Gehzeit die aussichtsreichen Gipfel Veli und Mala Planik (1272/1259 m). **Markierung:** roter Kreis auf weißem Punkt. **Einkehr:** in Lupoglav (→ Lupoglav) und unterwegs Planina Dom Korita, kleine, einfache Unterkunftshütte, nur am Wochenende geöffnet, ℡ 098/701-535 (mobil, Hr. Boris Dablanović). **Ausgangspunkt:** je nach Saison am Ortsbeginn von Brgudac rechts der Straße auf der Wiese oder beim Vereinshaus Spomen Dom Prvog Partijskog unter der schattigen Linde. **Anfahrt:** N 44 Buzet–Lupoglav; dann Abzweig nordostwärts hinauf ins Ćićarija-Gebirge (in Richtung Lanišće); nach 8 km ab Lupoglav Abzweig nach Brgudac, das in knapp 4 km erreicht wird. Bis Brgudac ist auch problemlos für Konditionierte eine Anreise mit dem Mountainbike

Durch Buchenwald bergan ...

möglich. **Ausrüstung:** rutschfeste Schuhe, Verpflegung und ausreichend zu trinken; je nach Jahreszeit Windjacke; Kopfbedeckung. **Karte:** Autokarte Istrien (1:100.000), Wanderkarte Učka (1:30.000).

Wegbeschreibung: Wir starten kurz vor den ersten Häusern **1** von **Brgudac**, folgen noch etwas der Straße geradeaus und bergan (nicht nach rechts unten abbiegen!) und gehen durch den Ort, an dessen Ende links und kurz vor der Rechtskurve das Vereinshaus „Spomen Dom Prvog Partijskog" steht – gegenüber ist auch ein schöner **Parkplatz 2** unter einer schattigen Linde.

Wenige Meter danach zweigen wir in der Rechtskurve **3** geradeaus von der Asphaltstraße ab und folgen einem Forstweg (markiert). Dann bringen uns links Steinstufen **4** (Markierung) bergan. Nach knapp einer halben Stunde Aufstieg durch herrlichen Buchenwald haben wir 300 Höhenmeter erklommen und auch fast den höchsten Punkt unserer Tour erreicht – wir blicken auf die malerische Hügelkette Istriens. Unser Weg verläuft nun fast eben und wir genießen den freien Blick nach Süden. Am nächsten Abzweig **5** nach weiteren 5 Min. gehen wir geradeaus (links geht es Richtung Lanišće). Der Blick gen Učka-Gebirge im Süden ist fantastisch.

Wenige Minuten später sind wir an einem herrlichen **Picknickplatz 6** auf der **Planina Korita** auf ca. 1050 m angelangt. Die zehn hölzernen Wassertröge, die hier auf der Planina Korita stehen und munter plätschern, dienen den Weidetieren als Tränke. Es ist ein windgeschützter, friedlicher Platz, eingerahmt von hohen Felsen, Brajkove stijene, mit Weitblick auf das Südende des Učka-Gebirges. 50 m südlich der Wassertröge zeigt sich in der Senke vor allem im Frühjahr ein See.

In ca. 5 Min. erreicht man, geht man östlich auf dem abgehenden Forstweg, die Unterkunftshütte **Planina Dom Korita**. Geht man von den Wassertrögen nach Norden (markiert), kann man in rund 0:20 Std. steilen Anstiegs den hier höchsten Berg Brajkov vrh (1091 m) erklimmen.

Wir nehmen den Weg wieder zurück und gelangen in etwa 0:45 Std. zu unserem Ausgangspunkt.

Von den Wassertrögen (Korita) bietet sich ein Weitblick gen Učka und Meer

Am Limski kanal – ein Abstecher hinab lohnt …

Wanderung/Radtour 4: Rundtour um Vrsar

Charakteristik: leichte Familienwanderung oder Radtour von Vrsar oberhalb und entlang des Limsk kanal und durch das Waldreservat Kontija. **Länge/Dauer:** 18,4 km, ca. 3:30 Std. Gehzeit. **Markierung:** roter Kreis auf weißem Punkt bzw. Biker-oute 171. **Einkehr:** Restaurant Petra, im Stadtteil Kapetanova stancija (geöffnet 11–14/17–24 Uhr); Cafébar in der Piratenhöhle (geöffnet 10–20 Uhr, im Hochsommer bis 22 Uhr), Restaurants in Kloštar etwas östlich von unserer Route (→ Vrsar/Umgebung). **Ausgangspunkt:** Busbahnhof in Vrsar; nebenan großer gebühren-pflichtiger Parkplatz. Alternativ auch am Parkplatz bei **3**. **Ausrüstung:** Sportschuhe, ausreichend Wasser, evtl. Badesachen. **Karte:** Istra Bike Poreč–Vrsar, Route Nr. 171.

Wegbeschreibung: Wir starten in **Vrsar** östlich des **Busbahnhofs 1** und folgen dem asphaltierten Fuß- und Radweg Nr. 171 in Richtung Südosten und dem Ortsteil Kapetanova stancija. Nach wenigen Metern überqueren wir die Zufahrts-straße zum Campingresort Koversada und halten uns geradeaus auf der Asphalt-straße. Bei der ersten Gabelung (man kann den Hauptweg etwas schlecht erkennen) gehen wir weiter geradeaus (also nicht nach rechts unten abzweigen) und bleiben bei der nächsten Gabelung rechts (also nicht nach links abzweigen). Wir gelangen in den ruhigen Ortsteil **Kapetanova stancija** mit seinen gepflegten Ferienhäusern. Vorbei am **Restaurant Petra** erreichen wir das Ortsteilende, wo wir in der Kurve **2** nach links hoch abbiegen (ausgeschildert mit 171). Nach wenigen Metern auf der Asphaltstraße halten wir uns rechts, dann nach wenigen Metern auf dem Hauptweg links. Hier sind ebenfalls **Parkplätze 3**, sodass man auch hier die Wan-derung beginnen kann. (Geradeaus geht es zum Limski kanal, bzw. zu einem Aus-sichtspunkt, der tief unten liegt).

Die nächsten rund 2 km führen uns auf Makadam oberhalb des Limski kanal durch hohe Macchia, bis wir an der Ausschilderung **4** nach rechts zur Piratenhöhle abbiegen und nach 100 m beim Wegende und am **Aussichtspunkt 5** erstmals den herrlichen Ausblick auf den Limski kanal genießen können. Von hier führen uns Stufen steil zur hinab zur Höhle. Kindern werden die Höhle und der Ausguck auf den Fjord sicherlich gefallen, auch kann man sich hier stärken (Getränke, Cocktails, Eis, Käse und Schinken). Noch etwas tiefer liegt eine Badeplattform, von der aus man sich bestens erfrischen kann.

Wieder oben auf dem Makadam-Hauptweg **4** angelangt, biegen wir nach rechts ein und es geht weiter geradeaus auf etwas rutschigem Feinkies, entlang dem **Waldreservat Kontija**, das sich nördlich erstreckt. Rund 1 km weiter, in der nächsten Linkskurve **6**, halten wir uns auf unserer markierten Strecke geradeaus durch den schattigen Hainbuchenwald. Nach wenigen Minuten folgen wir der Ausschilderung leicht rechts, nun wird es steiler und der Makadam verläuft auf und ab. Auch an der nächsten Gabelung **7** gehen wir geradeaus, bis wir auf einen weiteren Makadam **8** stoßen und hier scharf links abbiegen – hier beginnt der Rückweg gen Westen.

Nach einem weiteren Kilometer gehen wir an einer Gabelung **9** geradeaus (links geht es wieder zur Piratenhöhle). Wenig später erreichen wir eine herrliche Lichtung mit **Picknickplatz 10** unter einer Linde. Auch hier wandern wir geradeaus weiter durch Wiesen und sattgrünen Wald. Nach weiteren 0:15 Std. halten wir uns an einer Gabelung **11** leicht rechts, vorbei an Wochenendhäusern und Weinfeldern, bis wir nach 5 Min. auf ein kleines Sträßchen **12** stoßen und hier rechts abbiegen (nach links kämen wir zum Sportflughafen).

Nach wenigen Metern gelangen wir zur Hauptstraße Vrsar–Flengi–Gradina–Kloštar **13**, halten uns links und biegen schräg gegenüber rechts in einen Makadam ab. An einer Gabelung bei Häusern **14** führt der Weg links hinab. An der nächsten kleinen Weggabelung **15** biegen wir links in den Wander- und Fahrradweg (Bikeroute Nr. 171) ein und wandern über Wiesengelände in Richtung Funtana–Vrsar.

Wir stoßen auf die Hauptstraße Vrsar–Funtana **16** und biegen nach links und gegenüber auf den Fahrradweg ab (nach rechts kämen wir zum Skulpturenpark und nach Funtana). Wir passieren den Friedhof und kurz danach den Campingplatz Osera. Es geht leicht bergan, bis wir die Kreuzung und Stadtzufahrt **17** erreichen. Hier wenden wir uns nach rechts (auch geradeaus ist möglich). Nach wenigen Metern nehmen wir an der Gabelung **18** die Straße links hinab zum Hafen. Hier geht es wieder links.

Gegenüber sehen wir bereits unseren Ausgangspunkt, den **Busbahnhof 1** und Fischmarkt, den wir in wenigen Minuten erreichen.

Wanderung 5:
Rundwanderung auf dem Hl.-Simeon-Wanderweg (Staza Sv. Šimuna)

Charakteristik: mittelschwere Wanderung, da rund 400 Höhenmeter zu bewältigen sind, jedoch sehr aussichtsreich. Gut im Frühjahr, dann führen der Bach und das hübsche Wasserbecken auch Wasser (!), der Sommer ist für den fast schattenlosen Weg ungeeignet. **Länge/Dauer:** 11,5 km, ca. 3:30–4 Std. **Markierung:** roter Kreis auf weißem Punkt und das Holzkreuz. **Einkehr:** nur in Gračišće. **Ausgangspunkt:** kleiner Parkplatz an der Straße N 64 am Ortsbeginn von Gračišće (von Pazin kommend). **Anfahrt:** von Pazin nach Gračišće (N 64) ca. 14 km. **Ausrüstung:** rutschfeste Schuhe mit gutem Profil, Kopfbedeckung, Verpflegung und ausreichend Wasser; Wanderstöcke, je nach Jahreszeit Windjacke. **Karte:** nur eine Übersichtskarte in Pazin erhältlich.

Wegbeschreibung: Startpunkt ist in **Gračišće** am Ortsbeginn (von Pazin kommend) am **Parkplatz** **1**. Der markierte Weg führt ostwärts den Hügel steil hinab durch unberührte Natur und nach ca. 10 Min. zum Namensgeber, zur **Kirchenruine Sv. Šimun** **2** aus dem 15. Jh. Der Blick geht weit über die hügelige Landschaft – vor uns malerisch das Učka-Gebirge, links auf der anderen Talseite erblickt man auf dem Höhenzug zwei Kirchen, die auf unserem Rückweg liegen.

Wir steigen den Pfad hinab, an dem sich einst die Downhill-Freunde erprobten. Auch unser Weg wird je nach Jahreszeit und Regengüssen mehr eine Schluchtrinne, führt durch Mergeldünen und teils über Geröll, bis wir nach ca. 1 bis 1:30 Std. im üppig grünen Tal angelangt sind und den Weiler **Žlepčari** erreichen, mit alter, baufälliger Wassermühle – nichts rührt sich, außer der in der Nähe sprudelnde Bach. Wir überqueren die kleine Steinbrücke **3** (Markierung „Potok") und folgen dem

Weg. Kurz vor dem Weiler Runki biegt der Weg rechts **4** über Wiesen ab; wir folgen dem Bachlauf und überqueren diesen nach einer Weile – die Felsen sind ein schöner Platz für eine Rast.

Noch ca. 300 m weiter führt uns der Weg am Bach entlang, der hier den Fels ausgespült hat, bis zur größeren mittelalterlichen Steinbrücke **5**. Der Blick fällt tief hinab – unten ergießt sich in einem Becken Istriens größter Wasserfall **Sopot**. Gegenüber am Hang liegt der Weiler Runki. Wir gehen bergan und biegen am Ortsanfang von **Foričići** auf die Asphaltstraße **6** nach links ein (nach rechts würden wir Foričići erreichen) und laufen weiter bergan – es folgen die Weiler **Škrbanski breg** **7** und **Lovrići** **8** mit dem Bauernhof der Familie Bažon. Wer die beiden Kirchen in der Nähe besichtigen möchte, kann sich hier den Schlüssel holen, muss ihn aber leider auch wieder zurückbringen ...

Hinter Lovrići zweigt nach links ein gut markierter Pfad **9** über ein Wiesengelände ab (man kann aber auch an der Straße hochlaufen), der uns in rund 5 bis 10 Min. sehr steilen Anstiegs zur Kirche **Sv. Marija Magdalena** **10** aus dem 15. Jh. bringt – die Aussicht bis zum Učka-Gebirge und Plomin-Fjord ist

fantastisch und entschädigt für die Strapaze. Unter dem großen Baum kann man sich eine Pause gönnen.

Wir gehen den schmalen Pfad auf der Westseite wieder hinab und stoßen auf den Hauptweg **11**, nun eine Schotterstraße. Wer sich noch die **Stephanskirche** (Sv. Stjepan) **12** mit Glockenturm ansehen möchte, muss auf dem Hauptweg ein Stück zurück und bergab gehen.

Für den Rückweg nehmen wir den Hauptweg **11** gen Westen, immer das malerische Gračišće am Hang im Blick.

Wir passieren nach rund 0:20 Std. auf dem Hauptweg eine Gabelung **13**, an der wir links gehen (nach rechts kämen wir zum Weiler Škljonki). Dann folgen wir geradeaus und wieder etwas steiler dem Hauptweg bergan, der uns zur Hauptstraße N 64 Pazin–Gračišće–Plomin **14** bringt, und gehen hier links.

Golgorički Dol

Sv. Marija Magdalena
11
12
10
9
Sv. Stjepan

Lovrići **8**

7
Škrbanski breg
6
3
Žlepčari
4
Runki
Floričići
5
Sopot

250 m

Wanderung 5: Rundwanderung auf dem Hl.-Simeon-Wanderweg

Die letzten Meter bis zum Parkplatz müssen wir auf dieser Hauptstraße zurücklegen, ehe wir wieder unseren Startpunkt **1** erreichen – jetzt wartet im Örtchen eine verdiente Stärkung; einen anschließenden Rundgang durch den alten Ort sollte man nicht versäumen (→ Gračišće).

Wanderung 6: Labin – durch die Schlucht hinab nach Rabac

Charakteristik: leichte Streckenwanderung auf gut präpariertem Weg von Labin entlang des namenlosen Baches und durch seine Schlucht, ein Landschaftsschutzgebiet, hinab nach Rabac ans Meer. Es werden viele Brückchen, hübsche Wasserbecken und Travertinbarrieren sowie ein kleiner Wasserfall passiert – v. a. im Hochsommer schön schattig! **Länge/Dauer:** 2,5 km, ca. 1 Std. gemütliche Wegzeit talwärts (wandert man in entgegengesetzter Richtung, also von Rabac nach Labin, 1:30 Std.). **Markierung:** blau-grüne Striche u. Kreis, bestens markiert – immerzu talwärts halten. **Einkehr:** keine Möglichkeiten unterwegs. **Ausgangspunkt:** kleiner Parkplatz mit Bushaltestelle südlich vom Tourismusverband/TIC Labin an der Hauptstraße Aldo Negri (hier auch Busstation). **Anfahrt:** Wer in Rabac nächtigt, nimmt am besten den stündlich verkehrenden Bus nach Labin, Haltestelle Tourismusverband, Aldo Negri 20. **Ausrüstung:** rutschfeste Schuhe, ausreichend Wasser, evtl. Wanderstöcke. **Karte:** kleine Übersichtskarte im Tourismusverband erhältlich.

Wegbeschreibung: Startpunkt in **Labin** ist der kleine Parkplatz und die **Bushaltestelle 1**, von wo wir die schmale Asphaltstraße südlich gehen, ausgeschildert mit **Škrilice**, dem kleinen Ortsteil von Labin mit seinen wenigen Häusern, die wir auch passieren.

Wanderung 6: Labin –
durch die Schlucht hinab nach Rabac

250 m

Nach wenigen Minuten biegen wir links in den gut markierten Wanderpfad **2** ein, der uns durch schattigen Mischwald bringt – es wachsen Steineichen, Kornelkirsche, Lorbeer- und Ölbäume, Kiefern und Ahorn, im Frühjahr duftet der gelbe Ginster und es blühen Orchideen, im Herbst zeigen sich die kleinen roséfarbenen Alpenveilchen am Gestein, die wir sonst als Topfpflanze bewundern. Nach 5 Min. erreichen wir einen schattigen **Picknickplatz**. Anschließend führt der Fußweg Meter für Meter talwärts. In einer Linkskurve **3** folgen wir auch links unserem Weg (nach rechts geht es auf Felder). Bald gesellt sich nun der Bach zu uns, den wir immer wieder auf vielen lauschigen Brückchen überqueren. An einer kleinen Gabelung **4** im Gebiet Principi halten wir uns ebenfalls links auf unserem Hauptweg talwärts. Der Blick wird frei gen Osten auf die Straßenbrücke, kurz danach auf die Travertinbarrieren, die der Bach gebildet hat – hier ist ein lauschiger Platz zum Rasten.

Wir folgen unserem Hauptweg immer geradeaus, bis wir nach etwa 0:15 Std. eine kleine Gabelung **5** erreichen, an der wir geradeaus talwärts gehen (nach rechts würden wir in 200 m Entfernung die Ruinen der Kapelle Sv. Hadrian aus dem 11. Jh. erreichen, im weiteren Verlauf den Weiler Lovronci, noch weiter geht es in Richtung Halbinsel Koromačno).

Wenige Minuten später können wir im Taleinschnitt auf einen **Wasserfall** und eine **Quelle** blicken – der Wasserfall ist jedoch nur im Frühjahr schön anzusehen. Einige Meter talwärts an der Gabelung **6** gehen wir weiterhin geradeaus (nach links führt der rot-weiß markierte Wanderweg zu einem weiteren kleinen Wasserfall und in Richtung Plomin, das man in 3–3:30 Std. erreichen würde).

Bald sind wir im Tal angelangt, stoßen auf einen schmalen Pfad **7**, wo wir rechts gehen und nach wenigen Metern links über die Brücke. Wir umrunden den

Fußballplatz an seinem nördlichen Ende und stehen nach weiteren 5 Min. am Eingang des **Autocamps Oliva 8**, wo unsere Wanderung endet.

Wanderung 7: Labin/Umgebung – Sv. Lucija-Rundtour

Charakteristik: einfache Rundwanderung, die uns die schöne und aussichtsreiche Halbinsel Koromačno an ihrer höchsten Erhebung zeigt. **Länge/Dauer:** 7,5 km, ca. 2:30 Std. gemütliche Wegzeit. **Markierung:** roter Kreis auf weißem Punkt. **Einkehr:** keine Möglichkeit. **Ausgangspunkt:** Ortsmitte von Skitača (nicht durch die große Infotafel vor Skitača irritieren lassen). **Anfahrt:** von Labin 15 km südwestlich auf gut ausgebauter Straße bis Koromačno auf der gleichnamigen Halbinsel, von dort weitere 5 km auf kleiner kurvenreicher Straße bergan bis Skitača – schon auf dieser Strecke ist die Aussicht überwältigend. **Ausrüstung:** rutschfeste Schuhe, Kopfbedeckung, Verpflegung und ausreichend Wasser, Wanderstöcke, je nach Jahreszeit Windjacke – hier oben

Hübsche Traverinbarrieren …

ist es deutlich kühler als in Labin, ein Wind weht meist ebenfalls. **Karte:** nur eine Übersichtskarte, im Tourismusverband Labin/Rabac erhältlich.

Wegbeschreibung: Wir starten in der Ortsmitte **1** des kleinen Weilers **Skitača** mit der Barockkirche Sv. Lucija aus dem 12. Jh. Wir gehen nordwärts an der Kirche und dem sich anschließenden Friedhof vorbei und folgen dem markierten Makadam. Einst war dies das größte Dorf dieser Gegend, heute lebt dauerhaft nur noch eine Person in einem der alten, teils renovierten, teils verfallenen Steinhäuser.

Nach 10 Min. bleiben wir an der kleinen Gabelung **2** links auf unserem Fußweg (rechts würde es zu einer kleinen Ansiedlung gehen), der uns nun durch unberührte Landschaft führt – es wachsen Schlehen, Wacholder, viele Kräuter und niedere Macchia. Nach etwa 5 Min. gelangen wir an eine Weggabelung **3**, wo wir einen lohnenden und kurzen Abstecher nach links zum **Aussichtspunkt** (Vidikovac) auf der Anhöhe **Brdo 4** auf 475 m machen. Der Weitblick über das hügelige Istrien ist faszinierend, auch Medulin und Rovinj mit ihren hohen Kirchtürmen und die zerlappte Küste kann man erkennen, mehr südlich die Inseln Unije und Cres und unter uns die buchtenreiche Küste mit der großen Zementfabrik Holcin. Kriege hinterließen hier am aussichtsreichen Platz ein paar Kavernen.

Wieder zurück an der Weggabelung **3** gehen wir links. Wenige Minuten später erreichen wir die nächste Weggabelung **5** und halten uns links (von rechts kommen

Kleiner (Rad-)Wanderführer

wir auf unseren Rückweg). Der Weg führt durch niedere Macchia und nach rund 10 Min. ab der letzten Gabelung wird auch hier der Blick frei aufs Meer bis hin zu den Inseln Unije und Susak.

Dann geht es etwas hinab, beidseitig wachsen höheres Gebüsch und Stechginster, bis wir auf eine sattgrüne Freifläche mit dem fast kreisrund angelegten kleinen See **Veli kol** blicken, der den hier rund 200 weidenden Schafen und Wildtieren als Trinkwasserquelle dient. Wir setzen links davon unseren Weg geradeaus fort, nun bald beidseitig begrenzt durch Trockenmauern. Die bisher eher karge Vegetation wechselt etwas tiefer mit hohem Mischwald. Rund 0:25 Std. nach dem See biegen wir nach rechts in einen schmalen markierten Wiesenpfad **6** ab, gehen auf diesem wenige Meter geradeaus, bis uns eine Trockenmauer den Weg versperrt, und wenden uns dann nach rechts.

Nach wenigen Metern stoßen wir auf einen breiteren Weg und ein Holzkreuz **7** am Wegrand (markiert mit „Sv. Mataj" und „Veli kol") und halten uns hier rechts. Nach

Ein weiter Istrien-Blick bietet sich vom Sv.-Lucija-Weg

wenigen Metern erreichen wir auf der Lichtung die **Kirche Sv. Matej 8**, im 15. Jh. erbaut, ihr Inneres zieren Fresken. Wir folgen weiter unserem nun gut markierten Wiesenweg geradeaus durch Mischwald, bald geht es leicht bergan, auch die Vegetation verändert sich wieder – Salbei, Bergbohnenkraut, Zistrosen gedeihen auf dem felsigen, kargen Gelände.

Nach rund 0:30 Std. ab der Kirche haben wir wieder unseren Abzweig **5** vom Hinweg erreicht und gelangen nach weiteren 0:15 Std. zurück zum Dorfplatz **1** von **Skitača**.

Wer noch den Weitblick gen Norden genießen möchte, geht oder fährt ab Ortsmitte in Richtung Norden (Sv. Marina) zum 10 Fußminuten entfernten Aussichtsberg **Orlić** (470 m) mit seinem großen Holzkreuz – nun liegt die Halbinsel Koromačno vor einem, man genießt den Blick auf die Opatija-Riviera, die Inseln Cres und Krk und die Küste von Rijeka mit dem Vinodol-Gebirge.

Wanderung 8: Von Mošćenićka Draga über Trebišća durch das Draga-Tal

Charakteristik: leichte Familienrundwanderung von Mošćenićka Draga hinauf nach Potoki und weiter auf dem „mythisch-historischen Pfad" (Mitsko povijesna staza) nach Trebišća und ostwärts oberhalb des Draga-Tals wieder talwärts – rund 400 Höhenmeter sind zu überwinden. Es gibt nach Anfrage bei TIC in Mošćenićka Draga ein kleines ethnographisches Museum zu besichtigen. Bis Potoki könnte auch das Mountainbike benutzt werden. **Länge/Dauer:** 8,2 km, ca. 3 Std. Gesamtwegzeit. **Verlängerung:** In rund 1 Std. erreicht man von Trebišća den Voloski kuk, in etwa 2 Std. einfachen (!) Weges über die Hochalm Petrebišća den mystischen Berg Perun (→ Wanderung Nr. 9). **Markierung:** Holztafel mit „Mitsko povijesna staza", blauer Stern auf weißem Grund, rot-weiß-roter Balken. **Einkehr:** unterwegs keine Einkehrmöglichkeit. **Ausgangspunkt:** Parkplatz und Touristinfo Annalinea an der N 66 von Mošćenićka Draga. **Ausrüstung:** rutschfeste Schuhe, Verpflegung und ausreichend Wasser; je nach Jahreszeit Windjacke/Anorak (oben ist es beträchtlich kühler als an der Küste!); Kopfbedeckung. **Karte:** Wanderkarte Učka 1:30.000.

Kleiner (Rad-)Wanderführer

Wegbeschreibung: Wir starten am Parkplatz an der **Touristinformation Annali-nea** ∎ an der Hauptstraße N 66, oberhalb des Ortskerns von **Mošćenićka Draga**. Wir gehen auf dem Asphaltsträßchen (ausgeschildert mit „Trebišća", bzw. „Mitsko povijesna staza") den „mythisch-historischen Pfad" rund 2 km bergan durch den alten Ortsteil von Mošćenićka Draga – auf insgesamt 13 Tafeln werden die Herkunft, der Glauben und die mythischen Besonderheiten der Slawen erklärt.

Wir gehen durch Laubwald ca. 100 Höhenmeter aufwärts bis zur Straßenkreuzung mit Parkplatz ∎, tief unten fließt die Draga in ihrer Schlucht (nach rechts würde es zum gegenüberliegenden Weiler Kuk gehen). Wir folgen geradeaus dem nun sehr schmalen Makadam bergauf in den Weiler **Potoki** ∎ mit hübschen Bauerngärten. Weitere rund 200 Höhenmeter haben wir geschafft. Nun wandern wir ab Potoki ge-

mütlich auf einem schönen Wiesenweg an Gemüsegärten entlang – vor uns fällt der Blick auf die knapp 1000 m ansteigenden Berge – rechts im Tal blicken wir auf terrassiertes Gelände und einzelne Gehöfte in malerischer und sonnenverwöhnter Lage – dort verläuft unser Rückweg.

Wir setzen unseren Weg leicht ansteigend durch Mischwald fort, rechts neben uns die Draga, die sich in Stufen ihren Weg talwärts bahnt. Nach insgesamt 4 km erreichen wir den alten verlassenen Weiler **Trebišća** ∎ – malerisch auf einer Lichtung, eingebettet in den lauschigen Mischwald und an der Draga, die nun zu einem Bächlein geschrumpft ist. In einem der hübschen Gehöfte, umsäumt von Obst-, Walnuss- und Esskastanienbäumen, ist ein kleines Museum untergebracht (Besichtigung nach Absprache bei TIC). Dass hier die Slawen siedelten, wurde belegt, ob sie hier bei Ritualen tanzten oder sich auf ihrem oberhalb liegenden heiligen Berg Perun (891 m) trafen, wo sich Volos (auch Veles), der Gott der Erde, mit dem Donnergott Perun gemessen hat, weiß man nicht – faszinierend ist dieser Platz allemal, vor allem, wenn Gewitter aufziehen, sich die umgebenden sattgrünen Berge in Nebel hüllen und der Donner schauerlich im Hochtal hallt. Wer zum Perun hinauf möchte, hält sich am Nordrand des Weilers links (Schilder) und steigt über die Hochalm Petrebišća in 1:30–2 Std. auf – leider von oben wenig Fernsicht. Wir treten den Rückweg an, gehen ostwärts über das Holzbrückchen über der hier vor

▲ Der Weiler Trebišća

▼ Blick gen Mošćenićka Draga

350 m

allem im Spätsommer nur noch wenig Wasser führenden Draga und folgen einem lauschigen schmalen Pfad durch Laubwald mit Buchen und Esskastanienbäumen und erreichen nach etwa 0:20 Std. den Weiler **Jurčići** 5. Nun können wir westwärts auf Potoki und den mit Wald überzogenen Berg Perun blicken.

Nach dem Weiler verbreitet sich der Weg zu einem Makadam, nach rund 10 Min. nehmen wir in einer Kurve den markierten Wanderpfad 6 nach rechts unten. Wir folgen dem Weg, der uns leicht links über Jahrzehnte alte abgewetzte Steine talwärts bringt. Hier stehen auch alte malerische Gehöfte. Man blickt auf das Meer und zu den Inseln Cres und Lošinj. 10 Min. später lassen wir die letzten einzeln stehenden alten Häuser von Jurčići hinter uns. Man sieht hinab auf Sv. Petar und Mošćenićka Draga. Nach weiteren 10 Min. stoßen wir auf ein Asphaltsträßchen 7 und gehen auf diesem rechts hinab. Wir blicken über das grüne Tal gen Westen und Höhlen am Hang und erreichen bald eine breitere Straße 8. Auf dieser wandern wir weiter rechts hinab, vorbei an den ersten Häusern des Weilers **Kuk**, immerzu Mošćenićka Draga im Blick.

Nach rund 10 Min. stoßen wir auf eine Kreuzung 9 und gehen die Asphaltstraße rechts hinab (links bergan würde es zu den Weilern Obrš und Sv. Anton gehen). Gleich darauf wenden wir uns an der Gabelung 10 nach links in den Makadam in Richtung **Sv. Petar**, das wir nach rund 0:20 Std. erreichen.

An einer Gabelung erwartet uns die alte Kirche **Sv. Petar** 11 von 1454, an der Kirchentüre mit glagolitischer Inschrift versehen. Die Grundmauern des einstigen Klosters sieht man gegenüber. Der idyllische Platz bietet sich für eine Rast an.

Weiter geht es talwärts für einen knappen Kilometer bis zu unserem Tourende 12, nun leicht östlich vom Infohaus.

Ein herrlicher Kvarner-Inselblick belohnt den steilen Aufstieg

Wanderung 9: Rundwanderung von Medveja nach Mošćenićka Draga

Charakteristik: mittelschwere bis schwere, da lange, aber aussichtsreiche Streckenwanderung von Medveja durch den Mittelteil des Učka-Gebirges und über das trutzige Örtchen Mošćenice (hier wartet neben gutem Essen auch ein kleines Museum) wieder hinab zur Küste nach Mošćenićka Draga. Vor allem im Frühjahr ein Genuss durch die reichhaltige Flora auf den Bergwiesen, zudem warten imposante Weitblicke. Der Rückweg von Mošćenićka Draga nach Medveja kann per Bus zurückgelegt werden. **Länge/Dauer:** 19,3 km, ca. 6:30 Std. Gehzeit. **Markierung:** sehr gut mit vielen Holztafeln markiert, zudem weißer Punkt auf rotem Kreis. **Einkehr:** unterwegs keine Einkehrmöglichkeit, nur am Beginn (Konoba Kali, Kali 39, ☎ 051/293-268, 098/563-872 mobil, www.konobakali.hr, geöffnet tägl. 11–24 Uhr) und am Ende z. B. in Mošćenice (Restaurant-Pension Perun → Mošćenice) oder in einem der vielen Lokale in Mošćenićka Draga. **Ausgangspunkt:** Medveja-Strand und Campingplatz oder auch erst ab Konoba Kali im gleichnamigen Ortsteil. **Anfahrt/Rückfahrt:** N 66 Opatija–Medveja, Parkplatz in Medveja beim Campingplatz. Rückfahrt von Mošćenićka Draga mit Bus Nr. 32 in Richtung Lovran im 1- bis 2-Stundentakt (Wochenende seltener), ca. 10 Min. Fahrzeit. **Ausrüstung:** rutschfeste Wanderschuhe, Verpflegung und ausreichend Wasser, je nach Jahreszeit Windjacke/Anorak (oben ist es beträchtlich kühler als an der Küste!); Kopfbedeckung, da teils wenig Schatten. **Karte:** Wanderkarte Učka 1:30.000.

Wegbeschreibung: Wir starten in **Medveja** am **Campingplatz** ❶ und folgen links davon dem kleinen Sträßchen, das uns in rund 10 Min. ab der Hauptstraße N 66 bergan zur ausgeschilderten Konoba Kali bringt: Dazu halten wir uns nach 200 m an der ersten Gabelung rechts, gehen an der nächsten Gabelung Punta nach rund 100 m geradeaus, ebenso am nächsten Abzweig. Nach einer scharfen Rechtskurve passieren wir die **Konoba Kali** ❷.

Vom Parkplatz gegenüber der Konoba gehen wir die Stufen hoch und kreuzen die bisher benutzte Straße, um gegenüber weiter auf alten Stufen bergan zu gehen – es ist der alte Verbindungsweg zum Weiler Visoče und zu den Almen. Die nächste halbe Stunde führt unser Pfad an ein paar Häusern vorbei und dann durch Mischwald kontinuierlich rund 300 Höhenmeter aufwärts, bis wir das hübsche alte Gehöft **3** von **Visoče** erreichen. Es scheint nur noch für kurze Aufenthalte von seinen Besitzern genutzt zu werden – für die Gemüse-, Obst- und Heuernte. Der Ausblick von hier gen Kvarner-Bucht mit den Inseln ist fantastisch.

Nach dem Gehöft gehen wir die alten Stufen auf dem Steinweg durch lichten Mischwald weiter bergan. Nach wenigen Minuten halten wir uns an der nächsten kleinen Weggabelung leicht rechts und folgen den Schildern „Vojak", „M. Učka" – es ist weiterhin ein schöner Wiesenweg, an den Seiten wachsen Eichen, Haselnusssträucher, Christrosen und viele Kräuter. Rund 5 Min. später gehen wir am nächsten beschilderten Abzweig **4** links (rechts kämen wir nach Lovranska Draga). Nach etwa. 0:20 Std. erreichen wir den Beginn des **Naturparks Učka**, rund 600 Höhenmeter haben wir geschafft – die Aussicht auf das Meer und die Kvarner-Inseln, u. a. Cres und Lošinj, wird immer imposanter, ebenso der Blick auf die sich vor uns erhebenden Berge wie den Vojak in der Ferne.

Über würzig duftende Wiesen geht es weiter bergauf, dann durch Laubwald mit Buchen, Maronenbäumen, Hartriegel und Wacholder – im Gras zeigen sich Orchideen und viele Kräuter. Früher fraßen diese schmackhaften und gehaltvollen Gräser Schafe, heute blickt man nur noch auf deren einstige Einfriedungen, die alten, halb verfallenen Trockenmauern. Bereits ab 1940 gaben die Bauern die Schafhaltung auf, lediglich in Mala Učka ist noch eine Familie mit diesem Broterwerb und einer Käserei tätig.

Nach rund 1 Std. stetigen Anstiegs lassen wir die hohe Vegetation hinter uns und der Weitblick übers Meer wird noch beeindruckender – neben den Inseln Cres, Lošinj und vielen weiteren kleinen Eilanden im Dunst erkennen wir Rijeka-Stadt, weiter im Osten die Bergwelt vom Gorski kotar mit dem Nationalpark Risnjak, zudem den Küstensaum der gesamten Kvarner-Region. Unter uns liegt die grün-samtene Draga-Schlucht, die wir Meter um Meter umrunden, oberhalb von uns der felsige Gipfel des 1333 m hohen Suho vrh – wir der Name besagt „sehr karg und trocken". Immerzu steigt unser Pfad bergan. Wir passieren ein im Wald eingezäuntes Wasserreservoir und wandern nun durch alten Buchenwald, weiter durch Fichten und Kiefern, bis diese uns den Blick gen Istrien freigeben und wir auf einen Makadam **5** stoßen, der von Mala Učka kommt und als Forstweg nordostwärts weiterführt – wir haben hier mit etwa 1000 m den höchsten Punkt unserer Wanderung erreicht und etwa 3 Std. Wegzeit hinter uns.

Wir biegen nach links in den Makadam ein und folgen ihm rund 10 Min. nach **Mala Učka**. Wir treffen auf die vom Tal bzw. vom Dorf Vela Učka kommende Asphaltstraße **6** und eine Ansammlung von verstreut stehenden Häusern. Hier gehen wir links, wenige Meter weiter hinab und an der Kreuzung geradeaus weiter (hier würde es links direkt nach Mošćenićka Draga gehen). Wir durchwandern den alten Dorfkern von Mala Učka mit Käserei: Ob man Käse erhält, kommt auf die Jahreszeit an – also Verpflegung selbst mitbringen und am Dorfrand mit Brunnen (Trinkwasser) unter einem idyllischen Baum eine stärkende Rast einlegen.

Beschwingt machen wir uns auf den Weiterweg, vorbei an Walnuss-, Obstbäumen und Weiden und blicken gen Vojak und Suho vrh im Nordosten. An der Gabelung **7** gehen wir links und halten uns danach leicht rechts – die Schafe haben einen Pfad nach links getrampelt – und weiter geradeaus leicht bergab. Nach etwa 10 Min. gelangen wir in das verlassen Dorf **Podmaj** mit Hausruinen und Schafweiden. Nach wenigen Minuten treffen wir auf einen steinigen, breiten Makadam und einen Rastplatz **8** und halten uns hier links.

Nach rund 10 Min. auf dem Makadam biegen wir an einer Gabelung **9** links in den Wanderweg ein (Holzschilder), der uns in Richtung Berg Perun bringt. Wir genießen den Weitblick gen Berg Vojak und nach Istrien, auf den trockenen Wiesen gedeihen Wildrosen, wilde Nelken, Disteln – nur vereinzelt steht ein Busch oder Baum. Etwa 0:15 Std. später wandern wir an einer Weggabelung **10** leicht links weiter (ausgeschildert mit „Perun" und „Mošćenice"). Von hier haben wir noch einmal einen herrlichen Blick auf die Stadt Rijeka, gegenüber von uns erhebt sich der bewaldete Berg Perun, einst mythischer Platz der Slawen (→ Wanderung Nr. 8).

Die nächste halbe Stunde führt uns nun talwärts durch Buchen- und Kiefernwald, bis sich wieder ein Freiblick gen Suho vrh auftut und wir die Weggabelung **11** (Petrebišća-Trebišća, Perun und Mošćenice) erreichen – wer von hier aus zum Berg Perun (881 m) aufsteigen möchte, muss mit einer knappen Stunde extra Gesamtwegzeit rechnen.

Wir gehen auf dem hier breiten Makadam an der Gabelung rechts ab, um nach wenigen Metern links in den Waldweg einzubiegen, der an der Südwestflanke des Perun durch Schwarzkiefer- und Eschenwald talwärts führt. Nach etwa 0:15 Std. kreuzen wir einen Makadam und folgen unserem Pfad rund 300 Höhenmeter etwas steiler talwärts Richtung Mošćenice (Schild). Nach weiteren 0:15 Std. wird es flacher und wir stoßen auf Trockenmauern im unbewohnten Weiler **Marasi**. Hier gibt es etliche

Babin grob

Lovranska Draga

Medveja

Start **1**

4 **3**

Visoče

Konoba
Kali

2

Naturpark Učka

N 66

Sv. Anton

Kraj

Trebišća

Draga

Perun
881

Kuk

Sučići

Obrš

Sv. Petar

Mošćenićka Draga

19
Ziel

Marasi

12

Sv. Ivan

18

13

14

Mošćenice

17

Mihani

Kalac

15

16

Rovini

N 66

Plomin, Labin

400 m

*Wanderung 9: Rundwanderung von
Medveja nach Mošćenićka Draga*

Trampelpfade, wir folgen dem entlang der Steinmauer, passieren eine Kapelle **12** von 1947 mit einem Bänkchen. Wenige Meter danach gehen wir an der Gabelung leicht rechts und folgen unserem Pfad weitere 5 Min. bis zu einem breiteren Forstweg.

Hier geht es kurz links und gleich danach wieder rechts in unseren markierten Pfad leicht bergab. An einer weiteren kleinen Gabelung **13** nehmen wir den linken Pfad, um nach wenigen Metern auf einen Makadam zu stoßen. Gegenüber folgen wir dem Waldpfad und gelangen zum Weiler **Mihani**, der einen schönen Meerblick bietet, und setzen unseren Weg auf Asphalt talwärts fort.

Auch in der Kurve **14** folgen wir rechts dem Sträßlein, das uns in das hübsche Dorf **Kalac** bringt. Am Dorfende biegen wir an der Gabelung links in den Wanderweg ein. Kurz darauf halten wir uns bei der Kapelle **15** rechts – wir wandern über einen Wiesenpfad hinab – das Meer und Mošćenice am Hang im Blick. Nach 10 Min. nehmen wir den markierten, alten Verbindungsweg links hinab und treffen wenige Meter später auf die Asphaltstraße **16**, die von Kalac kommt.

Links gelangen wir zum Dorf **Rovini** und gehen in der Kurve und Gabelung links den Weg zwischen den Häusern und der Kapelle talwärts. Auch bei den letzten Häusern von Rovini gehen wir nach links und steil hinab – wir blicken auf das Meer, zur Insel Cres und nach Rijeka.

Nach weiteren 10 Min. erreichen wir den malerischen alten Ort **Mošćenice** – ein Bummel durch die Gassen lohnt sich, man kann das Museum besuchen (→ Mošćenice) oder sich auf der Terrasse des Restaurants Perun stärken und den imposanten Weitblick genießen.

Bei der Dorf-Loggia **17** etwas östlich des Restaurants Perun führt uns der alte Verbindungsweg über Stufen tief hinab in Richtung Meer. Wir queren die Hauptstraße N 66 und erreichen nach 700 kniebelastenden Stufen das Meer bei der Villa Rubin **18** im Ortsteil **Sv. Ivan**. Gemütlich auf dem Uferweg gelangen wir in etwa 10 Min. nordwärts zum **Hafen 19** und Zentrum von **Mošćenićka Draga**.

Der Bus bringt uns in etwa 10 Min. zurück zu unserem Ausgangspunkt in Medveja (vorab letzte Rückfahrt klären).

Blick gen Rijeka ...   ... sowie gen Mošćenice und Risnjak

Wanderung 10: Auf dem Wander- und Lehrpfad vom Poklon-Sattel zum Berg Vojak (1401 m)

Charakteristik: leichte bis mittelschwere Familienwanderung vom Poklon-Sattel auf 922 m durch schattigen Buchenwald zum Učka-Gipfel Vojak auf 1401 m – Weitsicht über Istrien und die Kvarner-Inseln zumindest bei schönem Wetter garantiert. Im oberen Teil der Wanderung befindet sich der interessante Lehrpfad Plas, der auch Kleinkinder an den Infotafeln spielen lässt. **Länge/Dauer:** Hin- und Rückweg inkl. Lehrpfad Plas 9 km, Wegzeit ca. 2:30–3 Std. – Bergläufer sicherlich nur 1 Std.! **Verlängerung/Abkürzung:** Wer noch weiter wandern möchte, kann u. a. hinab in Richtung Mala Učka gehen (ca. 0:30 Std.). Abgekürzt werden kann, indem man nur den Rundweg des Lehrpfad läuft (0:45 Std.), dazu parkt man bei ▉7 und kann anschließend noch zum Gipfel fahren. **Markierung/Information:** roter Kreis auf weißem Punkt oder rot-weiß-roter Balken. Am Poklon-Sattel wie am Vojak-Gipfel sind Info-Stationen (Öffnungszeiten → Naturpark Učka-Gebirge/Information). **Einkehr:** am Poklon-Sattel Restaurant Pension Učka (→ Naturpark Učka-Gebirge/Übernachten/Essen).
Ausgangspunkt: Parkplatz am Poklon-Sattel. **Anfahrt:** Am besten von Ičići über Veprinac auf einer alten Bergstraße in Richtung Učka zum Bergsattel Poklon. Auch Busse Nr. 33, 34, 37 fahren von Opatija zum Poklon-Sattel (→ Naturpark Učka-Gebirge/Anfahrt zum Poklon-Bergsattel). **Ausrüstung:** rutschfeste Schuhe, Verpflegung und ausreichend Wasser; je nach Jahreszeit Windjacke/Anorak (oben ist es beträchtlich kühler als an der Küste!), Kopfbedeckung. **Karte:** Wanderkarte Učka 1:30.000.

Wegbeschreibung: Wir starten am **Parkplatz ▉1** am **Poklon-Sattel** und gehen beim Info-Haus rechts auf den markierten Pfad (rot-weiß-roter Balken) in den Buchenwald. Nach rund 10 Min.

Herrliche Ausblicke warten – gen Kvarner-Inseln ▲ und über Istrien ▼

erreichen wir die von unten kommende kleine Straße **2**, die ebenfalls zum Vojak-Gipfel führt, kreuzen diese und steigen gegenüber auf Felsstufen bergan. Weiter geht es auf dem Waldweg. Nach weiteren 10 Min. treffen wir wieder auf das von unten kommende Sträßlein **3** und gehen gegenüber, etwas rechts haltend, wieder die Stufen aufwärts und weiter durch den Wald. Ein weiteres Mal wird die Straße gekreuzt.

Nach rund 5 Min. kreuzen wir den Forstweg und folgen geradeaus weiter unserem Waldpfad, um nach wenigen Metern den **Rastplatz Pitka Voda 4** zu erreichen. Für etwa 10 Min. geht es jetzt bergauf zum großen Rastplatz am Beginn bzw. Ende des **Lehrpfads Plas 5** mit etlichen Infotafeln und Drehscheiben für die Jüngeren (hier schließt sich am Rückweg unsere Runde).

Wir gehen leicht links auf dem Pfad bergan und erhaschen ab und an schöne Ausblicke auf das Meer, in Richtung Rijeka und Risnjak-Gebirge – vor allem im Frühjahr oder Herbst. Etwa 0:15 Std. später treffen wir auf das Sträßlein **6**, in das wir nach rechts einbiegen. Nach wenigen Metern erreichen wir einen **Rastplatz 7** mit Parkmöglichkeiten und Lehrpfadeingang, den wir auf unserem Rückweg benutzen.

Erst einmal wollen wir unseren Weitblick vom „istrischen Olymp" genießen und müssen daher nun rund 1 km auf dem Sträßlein nach links bergauf gehen, vorbei an den Antennen und zum **Gipfel des Vojak 8** auf 1401 m mit dem 1911 erbauten, aber nun erneuerten Turm, den wir ebenfalls noch erklimmen, um einige Meter höher zu sein – der Weitblick über Istrien im Südwesten und Westen mit seinen Hügeln und fruchtbaren Tälern und das im Süden glitzernde, funkelnde Meer und die endlosen Inseln und Inselchen in ihren graublauen Schattierung sowie auf Küste und Küstengebirge der Kvarner-Region ist überwältigend. Im Info-Stübchen unten im Turm kann man sich je nach Jahreszeit etwas aufwärmen und u. a. mit Souvenirs eindecken.

Nach einer aussichtsreichen, beeindruckenden Rast auf den Felsen gehen wir zurück bis zum Beginn bzw. Ende des Lehrpfads **7**, ein schmaler Pfad, der sich hier nahe dem Bergabhang durch den Buchenwald auf und ab windet. In 5 Min. erreichen wir einen Info-Punkt – auf Tafeln werden Pflanzen und Pilze erklärt. Eine weitere Info-Tafel wenige Minuten später vermittelt v. a. Kindern anschaulich die hiesige Tierwelt, u. a. den Siebenschläfer. Zwischen den Bäumen hindurch kann man auf die Nordwestseite des hügeligen Istrien blicken – unterhalb erkennt man den Canyon des Vela-Draga-Tals, die Berge des Ćićarija-Gebirges und die slowenischen Karstberge wie Nanos und die vielen, in allen Grün-Blau-Tönen schimmernden Hügelketten sowie die Westküste und das Meer.

Kurz danach erreichen wir einen Rastplatz **9** mit weiteren Infotafeln zur Tierwelt, u. a. zu Gänsegeiern und Gebirgseidechse sowie zu hier wachsenden Pflanzen. Nach 5 Min. blicken wir auf die Infotafeln zu Buche und Steinadler – zudem gibt der Wald hier schöne Blicke auf die Hügelkette von Istrien und den steilen Felsabhang des namensgebenden Gipfels Plas frei. Der Pfad führt nun wieder in den Wald hinein und nach wenigen Minuten geben die Infotafeln Erläuterungen zu Rehen und Buchenwald. An einem kleinen markierten Abzweig erhalten wir Infos zu Höhlen und treffen dann wieder auf den End- bzw. Startpunkt **5** dieses Lehrpfads.

Etwa 0:45 Std. benötigen wir für danach für unseren Abstieg zurück zum **Parkplatz 1**, ab und an begegnen wir Bergläufern, die hier trainieren und leichten Fußes den An- und Abstieg bewältigen.

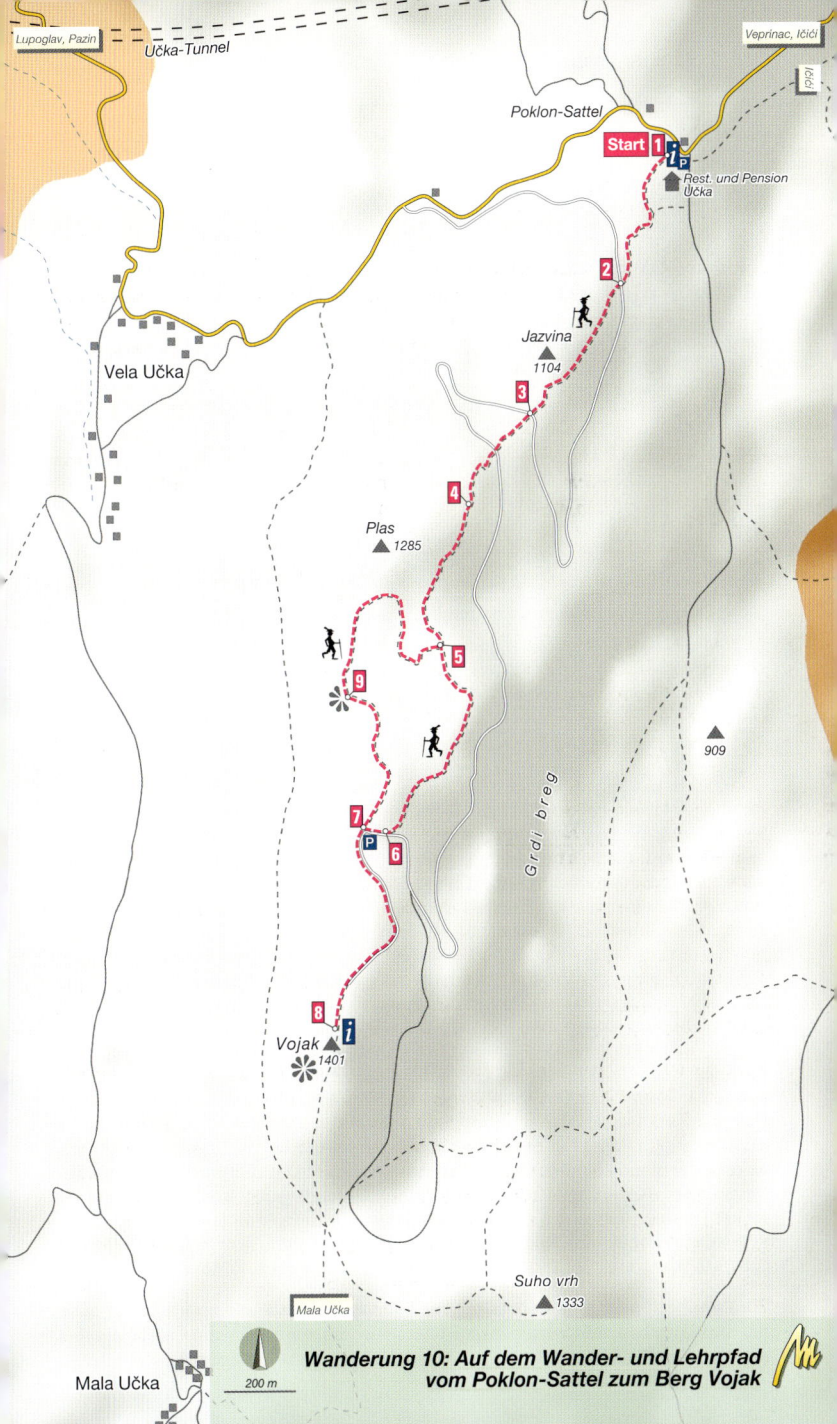

Lupoglav, Pazin

Učka-Tunnel

Veprinac, Ičići

Ičići

Poklon-Sattel

Start 1

Rest. und Pension Učka

2

Jazvina
1104

3

4

Plas
▲ 1285

5

9

909

7
P
6

Grdi breg

8

Vojak
❀ ▲
1401

Suho vrh
▲ 1333

Mala Učka

200 m

Wanderung 10: Auf dem Wander- und Lehrpfad vom Poklon-Sattel zum Berg Vojak

Mala Učka

Berg Slavnik – ein herrlicher Rundumblick belohnt den Aufstieg

Wanderung 11: Podgorje – um den Berg Slavnik (1028 m)

Charakteristik: leichte bis mittelschwere Familienwanderung, auf einen steilen Aufstieg folgt ein sehr bequemer Rückweg. Im schattigen Wald zeigt sich vor allem im Frühjahr die wunderschöne vielfältige Flora in voller Pracht. Am Berggipfel angekommen, bietet sich ein ungehinderter Weitblick. Bei Bora ist ein Gipfelbesuch nicht zu empfehlen! **Länge/Dauer:** 8 km, gemütlich in 2:30–3 Std. **Verlängerung:** vom Berg Slavnik 1 km nach Norden zum Berg Grmada auf 1001 m (insg. 2 km). **Markierung:** roter Kreis auf weißem Punkt. **Einkehr/Übernachten:** Berghütte Tumova koča, Slavnik, ✆ (+386) 041/893-517 (→ Koper/Übernachten/Essen außerhalb); unter der Woche außerhalb der Saison keine Bewirtschaftung. Nahe Bahnhof Podgorje Gostilna-Pension Pod Slavnikom (→ Koper/Übernachten/Essen außerhalb). **Ausgangspunkt:** Parkplatz beim Sportgelände 100 m nördlich von Podgorje (westlich der Straße Richtung Grenzübergang Jelovice). **Anfahrt:** A1-Abfahrt Kastelec, dann Straße Richtung Grenzübergang Podgorje–Jelovice; bzw. auf Landstraße von Koper über Črni Kal und dann ca. 2 km nördlich davon Abzweig Richtung Podgorje nehmen. Anfahrt auch per Zug Koper–Kozina (Umstieg)–Podgorje (nur Juli/Aug. 1-mal tägl.) oder Hauptstrecke Koper–Kozina (Haltestelle Prešnica, 4-mal tägl., ab dort dann noch ca. 2 km südlich gehen – Infos unter ✆ 05/2964-151, www.veolia-transport.si. **Ausrüstung:** rutschfeste Schuhe, Verpflegung und ausreichend zu trinken; je nach Jahreszeit Windjacke/Anorak und evtl. Pullover (am Gipfel bläst der Wind meist beträchtlich und kalt); Kopfbedeckung. **Karte:** Das Slowenische Istrien (1:50.000) oder Detailplan „Auf den blühenden Slavnik", bei TIC Koper erhältlich.

Wegbeschreibung: Wir starten in **Podgorje** am Parkplatz und Sportplatz **1** nahe der Straße, gehen auf dieser wenige Meter südwärts und biegen am Ortsbeginn bei der **Kapelle 2** links in die kleine Asphaltstraße ab. Wir folgen dem Sträßchen

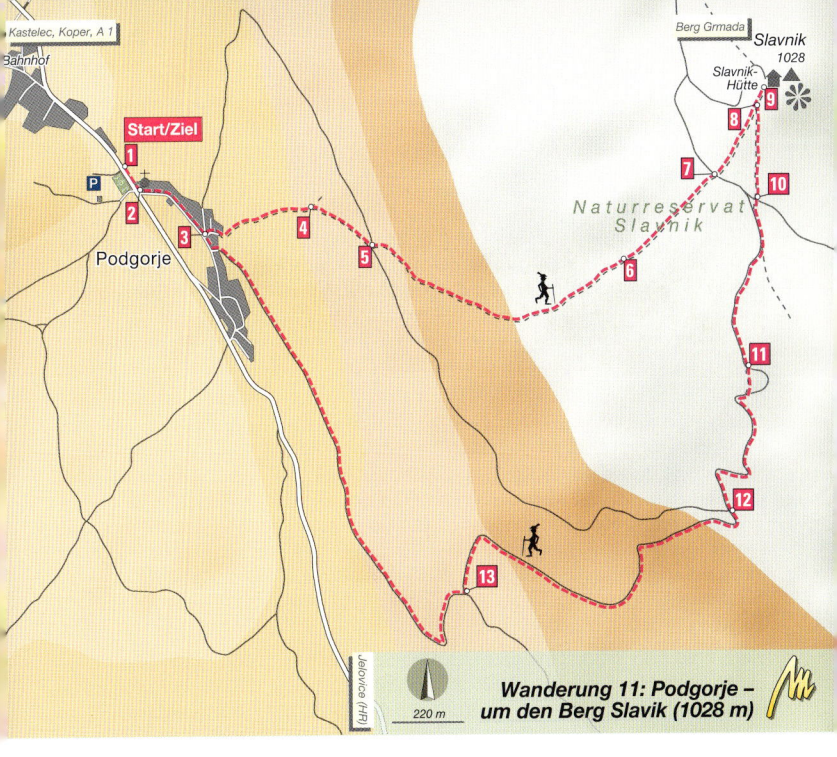

Kastelec, Koper, A 1

Berg Grmada
Slavnik
1028
Slavnik-
Hütte

Start/Ziel
1

P
2

3

Podgorje

4

5

6

7

8

9

10

11

12

13

N a t u r r e s e r v a t
S l a v n i k

Jelovice (HR)

220 m

**Wanderung 11: Podgorje –
um den Berg Slavik (1028 m)**

wenige Minuten durch den Ort Podgorje und gehen an der nächsten Straßenkreuzung **3** (Markierung) nochmals links. Hier schließt sich unsere Runde am Rückweg.

Unser Weg führt nun bergan, nach den letzten Häusern laufen wir auf Schotter,
dann auf einem Wiesenweg, ehe der Untergrund felsig wird. Der Blick zurück fällt
auf Koper und das Meer in der Ferne. Nach ca. 10 Min. folgen wir an einer kleinen
Weggabelung **4** unserem markierten Weg nach rechts. Nach weiteren 10 Min. gehen wir an einer Gabelung **5** geradeaus weiter bergan. Wir laufen schattig zwischen Laubbäumen wie Buchen und Eichen, es gedeihen u. a. Waldanemonen,
Alpenveilchen, Orchideen, Primeln, Pfingstrosen und die Krainer Lilie. Nach etwa
0:20 Std. durch den Wald wird es wieder lichter, es wächst Wacholder, der Ausblicke auf die Slowenische Riviera gewährt. Weiter wandern wir bergauf zwischen
knorrigen alten Apfelbäumen und Kiefern.

Nach insgesamt etwa 0:45 Std. ab dem letzten Abzweig erreichen wir eine Infotafel
6 und den Beginn des **Naturreservats Slavnik**, der steilste Anstieg liegt bereits
hinter uns. Unser Blick kann nun ungehindert über die Slowenische Riviera am
Golf von Triest sowie über Istrien schweifen. Im Frühjahr kann es durchaus passieren, dass man hier noch durch Schnee stapft oder aber schon über Krokuswiesen,
später im Jahr erfreuen Küchenschelle, verschiedene Enziane und viele blühende
Moose. Wir folgen dem Pfad weiter geradeaus und leicht bergan. Nach ca. 10 Min.
kreuzen wir einen Makadam **7**, laufen geradeaus den Pfad bergan und erblicken
oben am Berg unser Ziel, das wir in weiteren 5 Min., vorbei am Abzweig **8**, erreichen – die **Slavnik-Hütte 9** und die Antenne. Wir können uns gemütlich auf der
Terrasse niederlassen. Der Weitblick ist fantastisch – im Westen die Slowenische

Riviera und der Golf von Triest, den Hintergrund bilden die Dolomiten, gen Nord-Nordosten die kahlen Karstberge von Nanos, dahinter erheben sich bei guter Sicht die Julischen Alpen; im Südosten blicken wir auf den Snežnik, auf das Ćićarija- und Učka-Gebirge und das hügelige Istrien.

Auf unserem Rückweg gehen wir ab der Berghütte Slavnik wenige Meter bergab und an der markierten Pfadgabelung **8** leicht links. Wir folgen dem Wiesenweg hinab bis zum ersten Makadam **10**, der südlich talwärts führt. Wir aber überqueren ihn, gehen geradeaus weiter und stoßen gleich auf einen weiteren Makadam, in den wir nach links einbiegen (ausgeschildert „50 Min. Podgorje") – den Wegverlauf kann man von oben bestens erkennen. Wir genießen einen letzten Blick auf die Bucht von Triest und Muggia, ehe der Makadam talwärts und schattenlos südlich führt, der Laubwald liegt rechts von uns.

Dieser Rückweg ist einfacher zu gehen als der Hinweg, die üppige und vielfältige Flora, die uns auf dem Hinweg begleitet hat, gedeiht hier aber nur noch spärlich. Wir gehen nun auf dem Makadam talwärts und passieren nach rund 10 Min. einen großen Felsen, wo wir kurz darauf rechts in den markierten Waldpfad **11** abzweigen, um nach wenigen Metern wieder auf den Makadam zu stoßen, dem wir wieder rechts bergab folgen (das ist nur die Abkürzung einer Makadamkurve, man kann auch auf dem Makadam bleiben). Nach rund 10 Min. weiter talwärts auf dem Makadam gehen wir auch an dieser Gabelung **12** bergab (nach rechts würde ein Forstweg in den Wald abzweigen).

Nach etwa 0:15 Std. folgt wieder eine Gabelung **13**. Hier gehen wir weiter abwärts auf unserem Hauptweg. Rund 0:20 Std. nach der Gabelung wird unser Makadam zu einem Asphaltsträßchen und wir passieren die ersten Häuser von **Podgorje**. Nach weiteren 5 Min. erreichen wir die Ortsstraße und gehen hier rechts. Wenige Minuten später gelangen wir wieder an unseren Kreuzungspunkt **3** vom Hinweg, folgen geradeaus weiter der Straße durch Podgorje hinab bis zur Hauptstraße Podgorje–Jelovice **2**, wenden uns nach rechts und erreichen nach wenigen Minuten auf der linken Straßenseite den **Sport- und Parkplatz 1**.

Gipfel Slavnik – Blick gen Triest, Slowenische Riviera und Inland sowie gen Istrien

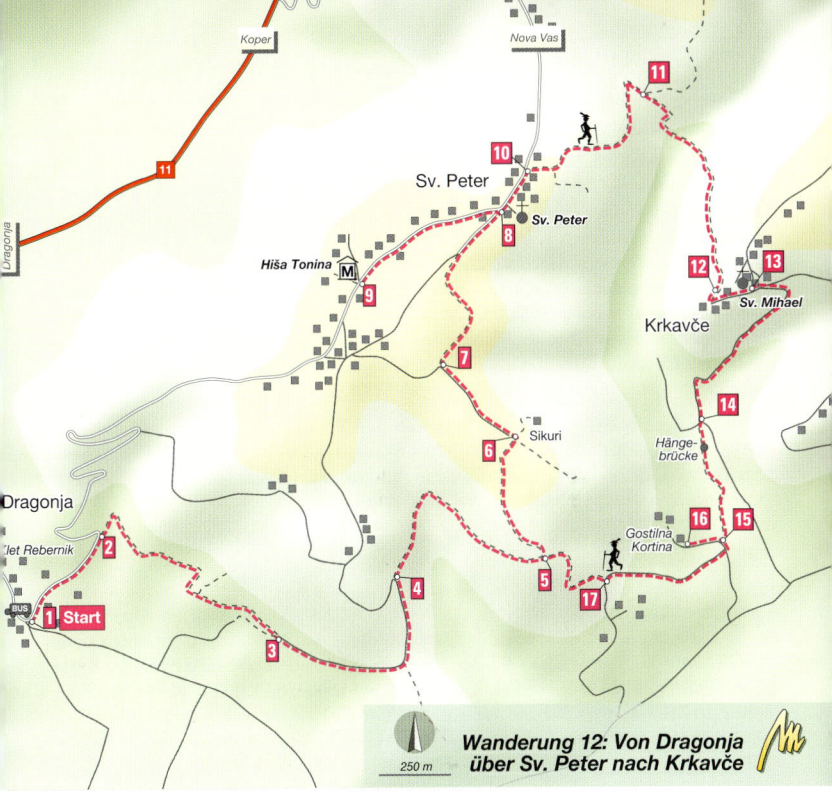

Wanderung 12: Von Dragonja über Sv. Peter nach Krkavče

250 m

Wanderung 12: Von Dragonja über Sv. Peter nach Krkavče

Charakteristik: leichte Familienrundtour durch das hügelige Gebiet von Šavrinsko mit Besichtigung der alten Ölmühle und ethnographischen Sammlung im Hiša Tonina. Diese Wanderung kann ganzjährig gemacht werden. **Länge/Dauer:** 12 km, rund 4:30–5 Std. **Verlängerung:** Bei **11** kann man einen Abstecher nach Nova vas unternehmen, was eine weitere Stunde Wegzeit bedeutet. **Markierung:** nur teilweise markiert, roter Kreis auf weißem Punkt. **Einkehr:** Gostilna Kortina pri Matičku, Krkavče 135 a, ☏ 05/6569-240, 040/202-221 (mobil), www.kortina.si; geöffnet Sa 12–22, So 12–20 Uhr, ansonsten nach Voranmeldung (→ Portorož/Umgebung/Sv. Peter). **Ausgangspunkt:** Ortsende von Dragonja bei Busstation (Dragonja II). **Anfahrt:** per Auto (beim Busstopp Parkplätze) oder per Bus Nr. 31 (Dragonja II). **Ausrüstung:** rutschfeste Schuhe, Verpflegung und ausreichend zu trinken; je nach Jahreszeit Windjacke/Anorak und evtl. Pullover (am Gipfel bläst der Wind meist beträchtlich und kalt); Kopfbedeckung. **Karte:** Das Slowenische Istrien (1:50.000) oder Detailplan, bei TIC erhältlich.

Wegbeschreibung: Wir starten am Ortsende von **Dragonja** an der Kreuzung nahe dem Bushäuschen (Bus Dragonja II) **1** und gehen auf dem Asphaltsträßchen

(Richtung Sv. Peter) nach links ca. 300 m bergan. In der scharfen Linkskurve **2** zweigen wir rechts ab, es geht hinab auf einen schattigen Waldweg (nicht markiert). Nach rund 0:20 Std. Wanderzeit wird der Blick frei auf das Dragonja-Tal und die Anhöhe mit dem Ort Kaštel, bereits in Kroatien. An einer Gabelung **3** gehen wir links den Makadam leicht bergan (nach rechts würden wir zur Müllhalde kommen). Wenige Minuten später folgen wir weiter unserem nun markierten Hauptweg, vorbei an hoher Macchia und Olivengärten, im Frühjahr wachsen am Wegrand viele Orchideen. An einem Plateau mit Felsen **4** wenden wir uns nach rechts und wandern abwärts zwischen Fichten. Der Weg verschmälert sich zu einem Pfad, der durch Eichenwald führt. Rund 10 Min. später stoßen wir auf eine Makadamgabelung **5**, an der wir links gehen (hier schließt sich unsere Runde auf dem Rückweg; nach rechts hinab führt der Weg nach Krkavče).

Wir wandern leicht bergan und genießen den Weitblick nach Südosten auf Brič (HR) und nochmals auf Kaštel. Leicht links haltend und bergan folgen wir dem breiten Makadam auf die Hochebene und ostwärts, vorbei an noch jungen Olivengärten.

Nach rund 0:25 Std. ab der letzten Gabelung stoßen wir auf eine Kreuzung **6** mit einer schmalen Asphaltstraße und gehen hier links bergauf in Richtung Sv. Peter (nach rechts führt der Weg zum Weiler Sikuri). Von hier haben wir nun den Blick gen Osten auf Krkavče und Nova vas. Nach rund 150 m biegen wir an einer Gabelung **7** rechts in den Makadam bergan ein (nicht den Makadam nach unten nehmen!). Bald können wir das schöne Panorama über die Olivengärten und auf die Hügelkette mit den Weilern Patna, Sv. Peter, Nova vas und Krkavče genießen. Nach etwa 10 Min. stoßen wir auf eine Asphaltstraße, gehen rechts in Richtung des Dorfs **Sv. Peter** (links würde es zum Friedhof gehen) und gelangen nach wenigen Metern auf die Ortsdurchfahrt **8** von Sv. Peter. Hier gibt es einen Brunnen, an dem man sich erfrischen kann.

Um das **Hiša Tonina** (→ Portorož/Umgebung/Sv. Peter) zu besichtigen, gehen wir hier links, also westwärts zum Ortsbeginn, bis wir nach rund 200 m den ausgeschilderten Abzweig **9** nach rechts zum Hiša Tonina, ein 600 Jahre altes Haus mit einer 400 Jahre alten Ölmühle und ethnologischer Sammlung, erreichen. (Vom Haus führt ebenfalls ein markierter Wanderweg in 1 Std. zurück nach Dragonja.)

Zurück an der Straßenkreuzung **8** gehen wir nun ostwärts durch den Ort und sehen nach wenigen Metern auf der rechten Seite die mächtige Kirche **Sv. Peter** von 1760 mit beachtenswertem Renaissancealtar. Ehe die Straße bergab führt, biegen wir rechts **10** in den markierten Makadam ein. Kurz danach halten wir uns an einer Weggabelung links, vorbei an Obstgärten auf einem alten Steinpfad talwärts durch Eichenwald. Bald wachsen Wacholder und der beliebte Wildspargel. Wir überqueren einen Bach, der zumindest im Frühjahr Wasser führt. Der Weg schlängelt sich zwischen Trockenmauern und Buchenwald.

Nach weiteren 10 Min. auf dem Makadam wandern wir an einer Weggabelung **11** geradeaus in Richtung Krkavče (links bergan und mit gelber Markierung gelangt man nach Nova vas). Nun müssen wir rund 10 Min. steil aufsteigen, bis der Weg wieder eben verläuft. Unser Blick schweift nach Westen auf unseren Hinweg. Vor uns liegen die Häuser von **Krkavče**. An der Gabelung **12** vor der alten Naturstein-Häuserfront gehen wir rechts, nach wenigen Metern halten wir uns links, gehen auf der Hauptgasse durch den Ort, wo am höchsten Punkt die Kirche **Sv. Mihael** von

1738 aufragt. Bereits im 9. Jh. stand an ihrer Stelle ein altslawisches Kirchlein – wir machen einen kleinen Abstecher nach links dorthin. Danach gehen wir weiter ostwärts bis zum Ortsende und nehmen den mittleren Wiesenweg **13** bergab, der bald zu einem alten Steinpfad wird, ein früherer Verbindungsweg.

Nach rund 0:15 Std. auf diesem Pfad stoßen wir auf einen Makadam **14**. Wir gehen kurz rechts und gegenüber in den markierten Wald- und Wiesenweg – allerdings kann dieser Pfad im Frühjahr etwas feucht und schlammig sein. Nach wenigen Metern führt uns der Weg über eine kleine **Hängebrücke** und weiter geradeaus, bis wir erneut auf einen Makadam **15** stoßen – gegenüber und rechts ab verläuft unser späterer Weiterweg. Doch zunächst gönnen wir uns eine Verschnaufpause und Stärkung. Dazu gehen wir hier rechts und wenige Minuten steil bergan – die gute und lauschige **Gostilna Kortina 16** wartet auf uns!

Gestärkt geht es nun ab der Gabelung nach dem Abzweig bei **15** rechts (wer hier geradeaus nach unten geht, was ebenfalls möglich ist, kann den bequemen Weg entlang dem Fluss Dragonja wandern – nicht jedoch im Frühjahr) und nochmals 5 Min. steil bergan. Wir gelangen zu Häusern **17** beidseitig des Weges, gehen dazwischen hindurch (hier ist keine Markierung!) und halten uns immerzu geradeaus und bergan. Nach 10 Min. erreichen wir die Gabelung **5** vom Hinweg und gehen links auf dem uns bekannten Weg zurück.

Nach 0:15 Std. erreichen wir wieder das Plateau **4** und gehen abwärts. Dann **Achtung** bei der Gabelung **3**. Hier halten wir uns nochmals rechts (also nicht links!) und nehmen den Waldweg, bis wir wieder auf die Straße Dragonja–Sv. Peter stoßen **2**. Dieser folgen wir links hinab zur **Bushaltestelle** Dragonja II **1**, unserem Ausgangspunkt.

Ein lauschiger Weg … ▲
Wegkreuz und Weitblick
bis Kroatien ▼
Gostilna Kortina in Krkavče ▼ ▼

Etwas Kroatisch

Erfahrungsgemäß kommt man mit Deutsch und Englisch recht weit, an der Küste Sloweniens, auf dem Karst, im Soča-Tal und in Istrien hilft auch Italienisch.

Oft hört man die Worte „*dobro*" - „gut" (slow. und kroat.) und „*ni problem*" (slow.) oder „*nema problema*" (kroat.) - „kein Problem". Die meisten Slowenen und Kroaten sind lebenslustig und hilfsbereit, und wenn man sich unterhalten will, muß man entweder die Sprachen Slowenisch und Kroatisch richtig lernen oder mit Händen und Füßen reden – was für uns oft recht steife Mitteleuropäer vielleicht einmal eine gute Übung ist.

In unserem kleinen Sprachlexikon haben wir einige wichtige Wörter der kroatischen Sprache aufgeführt.

Aussprache

c	wird wie z ausgesprochen;
č	wie tsch;
ć	wie tsch und einem folgenden j;
h	wie in der deutschen Sprache, nach einem Vokal wie ch;
š	wie sch;
v	wie w;
z	wie s;
ž	wie stimmhaft sch;
dj	wie dž (also mit stimmhaftem sch) aber mit einem folgendem j;
e	wird breiter ausgesprochen, wie ä;
i	wird weicher ausgesprochen, wie ie;
aj	wie ai;
ej	wie äj;
oj	wie eu;
r	kann ein Vokal sein: Krk - kärk.

Zahlen

0	nula	15	petnaest	300	tri stotine
1	jedan	16	šesnaest	400	četiri stotine
2	dva	17	sedamnaest	500	pet stotina
3	tri	18	osamnaest	600	šest stotina
4	četiri	19	devetnaest	700	sedam stotina
5	pet	20	dvadeset	800	osam stotina
6	šest	30	trideset	900	devet stotina
7	sedam	40	četrdeset	1000	jedna tisuća
8	osam	50	pedeset	5000	pet tisuća
9	devet	60	šezdeset	10.000	deset tisuća
10	deset	70	sedamdeset	50.000	pedeset tisuća
11	jedanaest	80	osamdeset	100.000	sto tisuća
12	dvanaest	90	devedeset	1.000.000	jedan milion
13	trinaest	100	sto		
14	četrnaest	200	dve stotine		

Gruß und Allgemeines

dobar dan	Guten Tag	da/ne	ja/nein
dovidjenja	Auf Wiedersehen	molim	bitte
dobro jutro	Guten Morgen	naravno	selbstverständlich
dobra večer	Guten Abend	veliko/malo	groß/klein
danas	heute	jeftino/skupo	billig/teuer
sutra	morgen	staro/novo	alt/neu
preko sutra	übermorgen	Pošto je?	Wieviel kostet das?
Kako ste?	Wie geht es Ihnen?	ovo mi se svidja	das gefällt mir
dobro/loše	gut/schlecht	ima	es gibt
hvala lijepa	vielen Dank	nema	es gibt nicht/haben wir nicht
oprostite molim	entschuldigen Sie bitte		

Kalender

nedjelja	Sonntag	veljača	Februar
ponedjeljak	Montag	ožujak	März
utorak	Dienstag	travanj	April
srijeda	Mittwoch	svibanj	Mai
četvrtak	Donnerstag	lipanj	Juni
petak	Freitag	srpanj	Juli
subota	Samstag	kolovoz	August
proljeće	Frühling	rujan	September
ljeto	Sommer	listopad	Oktober
jesen	Herbst	studeni	November
zima	Winter	prosinac	Dezember
siječanj	Januar		

Übernachten

imate li slobodnih soba?	haben Sie Zimmer frei?	voda	Wasser
želio bih dvokrevetnu/ jednokrevetnu sobu	ich hätte gern ein Doppelzimmer/ Einzelzimmer	toplo	warm
		hladno	kalt
		peškir/rućnik	Handtuch
Koliko košta soba sa dorućkom?	Wieviel kostet das Zimmer mit Frühstück?	prtljag	Gepäck
		račun	Rechnung
ključ od sobe	Zimmerschlüssel	boravišna taksa	Kurtaxe

Im Notfall

treba mi doktor, brzo	*ich brauche einen Arzt, schnell*
trebam nešto protiv …	*ich möchte etwas gegen …*
liječnik	*Arzt*
ambulanta	*Erste Hilfe-Station*
prehlade	*Erkältung*
kašlja	*Husten*
pilule za grlo	*Halstabletten*
bolnica	*Krankenhaus*
apoteka/ljekarna	*Apotheke*
opekotina od sunca	*Sonnenbrand*

Speisen

Je li ovaj stol slobodan?	*Ist dieser Tisch frei?*
nije, rezerviran je	*nein, er ist reserviert*
jelovnik, molim	*die Speisekarte, bitte*
dobar tek	*guten Appetit*
hladna predjela	*kalte Vorspeisen*
topla predjela	*warme Vorspeisen*
koktel od morskih plodova	*Cocktail mit Meeresfrüchten*
ovčji sir	*Schafskäse*
pohani sir	*panierter Käse*
pohani šampijoni	*panierte Champignons*
rižoto sa škampima	*Risotto mit Scampi*
špageti sa tartufima	*Spaghetti mit Trüffeln*
šparoge	*Spargel/Wildspargel*
juhe	*dünne Suppe*
maneštra	*Minestrone*
riblja juha/brodet	*Fischsuppe*

Fleisch

meso	*Fleisch*
svinjetina	*Schweinefleisch*
ovčetina	*Hammelfleisch*
jetra	*Leber*
kobasice	*Würstchen*
govedina	*Rindfleisch*
teletina	*Kalbfleisch*
jagnjetina	*Lammfleisch*
foširane šnicle	*Frikadellen*

Fisch

ribe	*Fisch*
bukva	*Gelbstriemen*
kavala	*schwarzer Schattenfisch*
komarča	*Goldbrasse*
murina	*Muräne*
marinirane sardele	*marinierte Sardellen*
hobotnica na salatu	*Tintenfischsalat*
dagnje	*Miesmuscheln*
oštrige	*Austern*
šarag	*Große Geisbrasse*
tuna	*Thunfisch*
zubatac	*Zahnbrasse*
arbun	*Rotbrasse*
cipal	*Meeräsche*
kirnja	*Brauner Serran*
lignja	*Kalamari*
skuša	*Makrele*
bakalar	*Stockfisch*
prstaci na buzaru	*Steinbohrermuscheln a la buzzara*
mušule	*Muscheln*
oslić	*Seehecht*
škarpin	*Drachenkopf*
ugor	*Meeraal*
rakovi	*Krebs*
račiči	*Garnelen*

Gemüse/Obst

krumpir	*Kartoffeln*
pirinač/riža	*Reis*
povrće	*Gemüse*
miješana povrće	*gemischtes Gemüse*
salata	*Salat*
masline	*Oliven*
bundera	*Kürbis*
grožđje	*Weintrauben*
kruške	*Birnen*
mandarine	*Mandarinen*
smokve	*Feigen*
dinja	*Melone*

Beilagen/Gewürze

kruh	*Brot*
sir	*Käse*
burek	*gefüllte Pasteten*
sirče, ocat	*Essig*
papar	*Pfeffer*
šečer	*Zucker*
puter/maslac	*Butter*
šunka	*Schinken*
bijeli luk/češnjak	*Knoblauch*
senf	*Senf*
sol	*Salz*

Im Café

kava	*Kaffee*
mlijeko	*Milch*
sladoled	*Eis*
kolač	*Kuchen*
limunada	*Limonade*
sok od jabuka	*Apfelsaft*
sok od grepfruta	*Pampelmusensaft*
čaj	*Tee*
čokolada	*Schokolade*
kolači	*Gebäck*
voćni sok	*Fruchtsaft*
mineralna voda	*Mineralwasser*
sok od pomorandže	*Orangensaft*

In der Bar

pivo	*Bier*
bevanda, gemišt	*gespritzte Weinschorle*
kajsijevača	*Aprikosenschnaps*
šljivovica	*Zwetschgenwasser*
vino	*Wein*
prošek	*süßer, schwerer Dessertwein*
kruškovac	*Birnenschnaps*
vinjak	*einheimischer Kognak*

Unterwegs

obavještenja	*Auskunft*
otvoreno	*offen*
zatvoreno	*geschlossen*
praznik	*Feiertag*
rini	*drücken*
vuci	*ziehen*
stoj	*halt*
opasnost po život	*Lebensgefahr*

Im Flugzeug

aerodrom	*Flughafen*
ateriratii spuštanje (spustati)	*landen*
uzletjeti	*starten*
dolazak polazak	*Ankunft Abflug*

Am Bahnhof

kolodvor, stanica	*Bahnhof*
odlazak	*Ankunft*
dolazak	*Abfahrt*
vlak	*Zug*
peroni	*zu den Bahnsteigen*
ulaz	*Eingang*
izlaz	*Ausgang*
pušači	*Raucher*
nepušači	*Nichtraucher*
pušenje zabranjeno	*Rauchen verboten*
ručavanj	*Speisewagen*
spavaća kola	*Schlafwagen*

Im Bus

autobusna stanica	*Bushaltestelle*
mjesto za sjedenje	*Sitzplatz*
svaki dan	*jeden Tag*
od … do	*von … bis*
radni dani	*werktags*

Im Auto

dajte mi …	*geben Sie mir …*
litara bezolovnog benzina	*Liter bleifreies Benzin*
Koliko će stajati popravka?	*Was wird die Reparatur kosten?*
hladnjak	*Kühler*
svjećica	*Zündkerze*
baterija	*Batterie*
ulje	*Öl*
starter	*Anlasser*
štitnik od vjetra	*Windschutzscheibe*
reflektor	*Scheinwerfer*
brisač stakla	*Scheibenwischer*
vanjski plašt	*Reifen*
centar grada	*Zentrum*
osim za vozila	*ausgenommen Fahrzeuge*
parkiranje zabranjeno	*Parken verboten*
nezgoda	*Unfall*
milicija	*Polizei*
kočiti	*bremsen*
preticati	*überholen*
automehaničar	*Werkstatt*
kola imaju kvar	*ich habe eine Panne*
nešto nije u redu …	*irgendetwas stimmt nicht …*
… sa motorom	*… mit dem Motor*
… sa kuplungom	*… mit der Kupplung*
… s kočnicima	*… mit der Bremse*
… s upravljačem	*… mit der Lenkung*

In Stadt und Land

grad	*Stadt*
trg	*Platz*
ulica/cesta	*Straße*
lijevo	*links*
desno	*rechts*
pravo	*geradeaus*
slastičarna	*Eisdiele, Konditorei*
gostiona/gostionica	*Gaststätte*
robna kuća	*Kaufhaus*
kupalište	*Schwimmbad*
jezero	*See*
polje/dolina	*Ebene/Tal*
rijeka/reka	*Fluß*
brdo	*Berg*
dom/doča	*Berghütte*

Am Hafen und am Meer

luka	*Hafen*
trajekt	*Autofähre*
mol/molo	*Mole*
jedrilica	*Segelboot*
roniti	*tauchen*
plivati	*schwimmen*
lada/brod	*Schiff*
čamac	*Boot*
sidro	*Anker*
obala	*Küste, Kai*
magistrale	*Küstenstraße*
jadran	*Adria*
otok/poluotok	*Insel/Halbinsel*
rt	*Kap*
draga	*Bucht, Tal*
privatna plaža	*Privatstrand*
kupanje zabranjeno	*Baden verboten*
kompavanje zabranjeno	*Zelten verboten*
zabranjen prolaz	*Betreten verboten*

Sehenswertes

razglednica	*Ansichtskarte*
ulaz slobodan	*Eintritt frei*
crkva	*Kirche*
samostan/manastir	*Kloster*
tvrdjava	*Festung*
razvaline	*Ruinen*
galerija	*Galerie*
muzej	*Museum*
toranj	*Turm*
zvonik	*Kirchturm*

Abruzzen • Ägypten • Algarve • Allgäu • Allgäuer Alpen • Altmühltal & Fränk. Seenland • Amsterdam • Andalusien • Andalusien • Apulien • Australien – der Osten • Azoren • Bali & Lombok • Barcelona • Bayerischer Wald • Bayerischer Wald • Berlin • Bodensee • Bretagne • Brüssel • Budapest • Chalkidiki • Chiemgauer Alpen • Chios • Cilento • Cornwall & Devon • Comer See • Costa Brava • Costa de la Luz • Côte d'Azur • Cuba • Dolomiten – Südtirol Ost • Dominikanische Republik • Dresden • Dublin • Düsseldorf • Ecuador • Eifel • Elba • Elsass • Elsass • England • Fehmarn • Franken • Fränkische Schweiz • Fränkische Schweiz • Friaul-Julisch Venetien • Gardasee • Gardasee • Genferseeregion • Golf von Neapel • Gomera • Gomera • Gran Canaria • Graubünden • Hamburg • Harz • Haute-Provence • Havanna • Ibiza • Irland • Island • Istanbul • Istrien • Italien • Italienische Adriaküste • Kalabrien & Basilikata • Kanada – Atlantische Provinzen Karpathos • Kärnten • Katalonien • Kefalonia & Ithaka • Köln • Kopenhagen • Korfu • Korsika • Korsika Fernwanderwege • Korsika • Kos • Krakau • Kreta • Kreta • Kroatische Inseln & Küstenstädte • Kykladen • Lago Maggiore • Lago Maggiore • La Palma • La Palma • Languedoc-Roussillon • Lanzarote • Lesbos • Ligurien – Italienische Riviera, Genua, Cinque Terre • Ligurien & Cinque Terre • Limousin & Auvergne • Limnos • Liparische Inseln • Lissabon & Umgebung • Lissabon • London • Lübeck • Madeira • Madeira • Madrid • Mainfranken • Mainz • Mallorca • Mallorca • Malta, Gozo, Comino • Marken • Mecklenburgische Seenplatte • Mecklenburg-Vorpommern • Menorca • Midi-Pyrénées • Mittel- und Süddalmatien • Montenegro • Moskau • München • Münchner Ausflugsberge • Naxos • Neuseeland • New York • Niederlande • Niltal • Norddalmatien • Norderney • Nord- u. Mittelengland • Nord- u. Mittelgriechenland • Nordkroatien – Zagreb & Kvarner Bucht • Nördliche Sporaden – Skiathos, Skopelos, Alonnisos, Skyros • Nordportugal • Nordspanien • Normandie • Norwegen • Nürnberg, Fürth, Erlangen • Oberbayerische Seen • Oberitalien • Oberitalienische Seen • Odenwald • Ostfriesland & Ostfriesische Inseln • Ostseeküste – Mecklenburg-Vorpommern • Ostseeküste – von Lübeck bis Kiel • Östliche Allgäuer Alpen • Paris • Peloponnes • Pfalz • Pfälzer Wald • Piemont & Aostatal • Piemont • Polnische Ostseeküste • Portugal • Prag • Provence & Côte d'Azur • Provence • Rhodos • Rom • Rügen, Stralsund, Hiddensee • Rumänien • Rund um Meran • Sächsische Schweiz • Salzburg & Salzkammergut • Samos • Santorini • Sardinien • Sardinien • Schottland • Schwarzwald Mitte/Nord • Schwarzwald Süd • Schwäbische Alb • Schwäbische Alb • Shanghai • Sinai & Rotes Meer • Sizilien • Sizilien • Slowakei • Slowenien • Spanien • Span. Jakobsweg • St. Petersburg • Steiermark • Südböhmen • Südengland • Südfrankreich • Südmarokko • Südnorwegen • Südschwarzwald • Südschweden • Südtirol • Südtoscana • Südwestfrankreich • Sylt • Teneriffa • Teneriffa • Tessin • Thassos & Samothraki • Toscana • Toscana • Tschechien • Türkei • Türkei – Lykische Küste • Türkei – Mittelmeerküste • Türkei – Südägäis • Türkische Riviera – Kappadokien • Umbrien • USA – Südwesten • Usedom • Varadero & Havanna • Venedig • Venetien • Wachau, Wald- u. Weinviertel • Westböhmen & Bäderdreieck • Wales • Warschau • Westliche Allgäuer Alpen und Kleinwalsertal • Wien • Zakynthos • Zentrale Allgäuer Alpen • Zypern

Reisehandbuch   MM-City   MM-Wandern

Register

Agrotourismus 45, 50
Ankaran 268

Anreise
Autoreisezug 37
Bus 38
Eigenes Fahrzeug 34
Eisenbahn 37
Flugzeug 39
Fährverbindungen,
Italien/Kroatien 36
Apotheke 65
Ärztliche Versorgung 65
Autobahngebühren 35
Autokarten 69
Autoreisezug 37

Baanija 77
Bachofen-Echt, Adolf 26
Bačva 144
Baden 61
Baderna 145
Bale 188
Banjole 213
Banken 68
Bankkarte 67
Barban 222
Barbariga 192
Baredine-Höhle 143
Bargeld 67
Baromedizin, Poliklinik 65
Barun Gautsch,
Schiffswrack 63
Batvači 192
Bauxit-Minen 117
Beilagen 56
Beram 161
Bertoki 267
Bier 60
Bife (dt. Büffet) 50
Boljun 125
Bora, Wind 21
Borozija 77
Boškarin 49
Bratulić, Šimun 167
Bratulići 223
Brest 121
Brestova 235
Brgudac 324
Brijuni Inseln 195
Brseč 240
Brtonigla 101, 315
Buje 98
Bus 38, 41

Butoniga 116
Buzet 115, 119, 318, 323

Čabarnica 111
Camping 47
Casanova, Giacomo 153
Ćićarija-Gebirgskette
119, 120, 247, 323
Črni kal 269
Črpnja 55
Cukerančić,
Zuckergebäck 158

Dajla 88
Dinosaurier 26
Diplomatische
Vertretungen 66
Divšići 222
Dobreć 245, 246
Domus Bonus 45
Draga-Tal 319, 333
Dragonja 103, 347, 349
Draguć 119, 160
Dubrova 229
Duga uvala, Bucht 221
Dvigrad 171
Džamonja, Dušan 153

Eigenes Fahrzeug 34
Eisenbahn 37, 41
Elektrizität 66
Essenspreise 50
EU-Heimtierausweis 71

Fahrrad 42
Fahrradfahren 61
Fährverbindungen,
Italien/Kroatien 36
Fauna 25
Fažana 193
Feiertage 66, 70
Felsentrift 24
Ferenci 107
Feste 67
Feštini, Höhle 168
Fiesa 283
Finanzen 67
Fisch 54
Fischfang 61
Flacius Illyricus
(Vlačić, Matija) 224, 227
Fleischgerichte 55
Flengi 154
Flora 23

Floričići 164
Flugzeug 39, 42
Fontanigge, Salinen 290
Forčići, 125
Fratija 100
Funtana 146
Fuži 56

Garigue 24
Geldwechsel 67
Gemüse 56
Getränke 60
Glagoliza, Schrift 123
Glamping 47
Glavani 222
Gnocchi 56
Golaš 190
Golf 62
Gologorički Dol 158
Golubovo 192
Gora Glušići 234
Gostilna (dt. Gaststätte) 50
Gostionica (dt. Gaststätte) 50
Grabar-Kitarović,
Kolinda 33
Gračišće 162, 327
Grad Strmec 269
Gradina 154
Grisi, Carlotte
(Ballerina) 107
Grožnjan 104
Gržići 163

Heilbäder und Kurorte 20
Histrer 26, 129
Hl.-Simeon-Wanderweg
327
Hochseilgarten 62
Hostels 46
Hotels 46
Hrastovlje 268
Hum 124

Ičići 250
Ika 250
Informationen 68
Internet 69
Istarske Toplice 114
Istarski Razvod,
Urkundensammlung 157
Istranin,
Stipan Konzul 119
Izola 270

Mohnfelder – Rot, so weit das Auge reicht ...

Jezera Butoniga, Stausee 110
Josipović, Ivo 33
Joyce, James 209
Jugendhotels 46
Jugo, Wind 21
Jurčići 335

Kaffee 60
Kalac 340
Kanfanar 169
Kap Kamenjak 213, 214
Kap Ronek 275
Kap Savudrija 77
Karigador 88
Karina, de Ljubo (Bildhauer) 240
Karl der Große 27
Karojba 110
Karten 69
Kaštel 100
Kavana (dt. Café) 50
Kažuni, Steinhäuser 159, 167
Klettern 62
Klima 20
Kloštar 154
Koch, Robert 196
Kokoletovica 186
Konoba (dt. Lokal) 50
Koper 262, 344

Koromačno, Halbinsel 232
Kostanjica 105, 106
Kotli 120, 318
Krankenhaus 65
Kreditkarte 68
Kremenje 100, 103
Kringa 166
Krkavče 347, 348
Kroatische Bergrettung 314
Kršan 165
Kršin 91
Krunčići 154
Kumičić, Eugen (Schriftsteller) 240
Kupelwieser, Paul 196

Labin 224, 329, 331
Labiner Republik 228
Labinske krafi, Süßigkeit 226
Landschaft 22
Lanišće 122
Lašići 107
Leuchttürme 48
Liganj 246
Limski kanal 154, 326
Lindar 162
Lindarski katun 168
Literatur 69
Livade 112
Ližnjan 220
Lokale 50

Lovran 242
Lovranska Draga 246
Lovrečica 88
Lovrići 328
Lugpoglav 122, 125

Macchia 24
Maestral, Wind 21
Mala Učka 239, 337
Male Mune 122
Manjadvorci 222
Marčana 221
Marenda 50
Martel, E. A. (Speläologe) 159
Martinčići 105
Marunada, Maronenfest 245
Mašnjak 235
Matiki 168
Maurus, Bischof 130
Medulin 212, 217
Medveja 241, 336
Meeresfrüchte 54
Mietwagen 43
Milewski, Karol von Korwinl 185
Minjera-Weg 117
Mirna 97
Mirna-Tal 77, 322
Mirna-Weg 117
Mlini 117

Mokondonja 173
Momjan 103
Monkodonja 186
Montraker,
Bildhauerschule 153
Mošćenice 336, 239
Mošćenićka Draga
237, 333, 334, 336
Motovun 108
Mramornica,
Grotte 96, 102

Nachspeisen 56
Nesactium (Nezakcij) 221
Newera, Wind 22
Nezakcij (Nesactium) 221
Nicefor, Heiliger 163
Notrufnummern 35
Nova vas (bei Poreč) 143
Nova vas (bei Brtonigla)
96, 102
Novigrad 89

Öffnungszeiten 70
Ohnići 107
Olivenöl 52
Opatija 252
Opatija Riviera 236
Oprtalj 110
Orange-Wein 58
Orešković, Tihomir 33
Ornithologisches Reservat
Palud 187
Osp 269
Oštri, Berg

Padova, Anton von 160
Papiere 71
Paragliden 62
Parenzana-Weg 98, 262, 294
Park Histria Aromatica 190
Pašareta, Getränk 158
Pavičini 222
Pazin 156, 327
Paziner Schlucht
und Höhle 159
Peka 55
Peroj 192
Perun, Berg 239
Pićan 163
Piran 276
Piratenhöhle 326
Pješčana uvala 212
Pljukanci 56
Plomin 234
Podgorje 264, 344
Podlabin 224

Poklon, Bergsattel 247, 341
Pomer 216
Ponte Porton 106
Poreč 128
Porer, Leuchtturm 214
Portorož 284
Post 71
Potoki 334
Premantura 213
Privatunterkünfte 45
Pula 200

Rabac 230
Račja Vas 122
Radeki polje 222
Rakovci 145
Raspadalica, Höhenzug 119
Rašpor 121
Rašporski kapetani 116
Reis- und Nudelgerichte 56
Reiseschecks 68
Reisezeit 20
Reiten 62
Restaurant 50
Riblji restoran
(dt. Fischrestaurant) 50
Riviera von Poreč 127
Roč 122
Ročko Polje 123
Rogočana 227
Rovinj 172
Rovinjsko Selo 186

Salinenta-Landschaftspark
Sečovlje 290
Salzfelder Lera 290
Samoposlužni restaurant
(dt. Selbstbedienungs-
restaurant) 51
San Mauro 103
Savudrija 77
Schnorcheln 62
Seča 289
Seekarten 69
Selca 321
Sieben-Wasserfälle-Weg 320
Simonov zaliv 271
Sipar 78
Šišan 220
Sisol, Berg 240, 235
Škarline, Naturpark 96, 102
Skitača 234
Škocjanski zatok, Natur-
u. Vogelreservat 267
Škrile 100
Slap 246
Slastičarna (dt. Eisdiele) 51

Slavnik, Berg 264, 344
Slavnik, Naturreservat 345
Slum 121
Snacks 51
Sočerb 269
Sovinjak 117, 119
Sovinjsko Polje 119
Spirituosen 60
Sport 61
Sportschiffahrt 62
Srbani 94
Šrmac 227
Strunjan 274
Sumpf 24
Surfen 63
Sv. Andrija, Insel 179, 185
Sv. Dionizije 94
Sv. Jama. Höhlenkirche 269
Sv. Katarina (bei Pićan) 164
Sv. Katarina, Insel 178, 185
Sv. Lovreč Pazenatički 145
Sv. Petar u Šumi 166
Sv. Peter 291, 347, 348
Sv. Ivan na Pučini,
Leuchtturminsel 180
Sv.-Romualdo-Höhle 155
Svetvinčenat 168

Tartini, Giuseppe 275, 280
Tartufo vero 113
Tauchen 63
Taxi 43
Telefon 72
Tennis 64
Tierarzt 65
Tinjan 165
Tito, Josip Broz 28, 196
Tomažići 227
Tourismus 19
Tourismusverbände
in Kroatien 68
Tramontana, Wind 21
Trebišća 239, 333, 334
Trget 223, 232, 234
Trinkwasser 66
Triviž 161
Trstenik 121
Trüffel 53
Tschitschen 121

Übernachten auf dem
Bauernhof 45
Učka-Gebirge, Naturpark
247, 327, 336, 337, 341
Umag 82
Uvala Plomin 234

Vela Draga,
  Naturdenkmal 248
Vele Mune 122
Veli Brijun 198
Veli Jože, Sagengestalt 110
Veli Planik, Berg 120
Veprinac 250, 259
Veranstaltungen 67
Verige-Bucht 198
Verne, Jules 159
Verudela, Halbinsel 205
Vignetten-Umgehung 35
Vinoteka (dt.
  Weingeschäft) 50
Višnjan 144
Vižinada 106
Vlačić, Matija
  (Flacius Illyricus) 224, 227

Vodice 122
Vodnjan 190
Vojak, Berg 341
Volpija 100
Vorspeisen 51
Vranja 126
Vrh 119
Vršiči, Berg 121
Vrsar 148, 325

Währung 67
Wakeboard 64
Wälder 23
Waldreservats Kontija 326
Wanderführer 313
Wandern 64
Wasserski 64
Wein 57

Weingüter 59
Weinstraßen 59
Wetter 20
Wiesen- und Grasland 24
Winde 21

Zagorje 240
Zaljev Raša 223, 232
Zambratija 77
Zarečki krov 160
Završje 105, 106
Žibevnica, Berg 121
Zigante, Giancarlo 113
Zipline 62
Žlepčari 327
Žminj 167
Zoll 72

Die in diesem Reisebuch enthaltenen Informationen wurden von der Autorin nach bestem Wissen erstellt und von ihr und dem Verlag mit größtmöglicher Sorgfalt überprüft. Dennoch sind, wie wir im Sinne des Produkthaftungsrechts betonen müssen, inhaltliche Fehler nicht mit letzter Gewissheit auszuschließen. Daher erfolgen die Angaben ohne jegliche Verpflichtung oder Garantie der Autorin bzw. des Verlags. Autorin und Verlag übernehmen keinerlei Verantwortung bzw. Haftung für mögliche Unstimmigkeiten. Wir bitten um Verständnis und sind jederzeit für Anregungen und Verbesserungsvorschläge dankbar.

ISBN 978-3-95654-437-8

© Copyright Michael Müller Verlag GmbH, Erlangen 2006–2017. Alle Rechte vorbehalten. Alle Angaben ohne Gewähr. Druck: Livonia Print, Riga.

Aktuelle Infos zu unseren Titeln, Hintergrundgeschichten zu unseren Reisezielen sowie brandneue Tipps erhalten Sie in unserem regelmäßig erscheinenden Newsletter, den Sie im Internet unter **www.michael-mueller-verlag.de** kostenlos abonnieren können.

Was haben Sie entdeckt?

Haben Sie in einer guten Konoba gegessen, in einem behaglichen Hotel übernachtet oder einen schönen Wanderweg entdeckt?

Ergänzungen, Verbesserungen oder Tipps zum Buch sind immer willkommen!

Schreiben Sie an: Lore Marr-Bieger, Stichwort „Istrien" | c/o Michael Müller Verlag GmbH | Gerberei 19, D – 91054 Erlangen | marr-bieger@ michael-mueller-verlag.de

Klimaschutz geht uns alle an.

Der Michael Müller Verlag verweist in seinen Reiseführern auf Betriebe, die regionale und nachhaltig erzeugte Produkte bevorzugen. Seit Januar 2015 gehen wir noch einen großen Schritt weiter und produzieren unsere Bücher klimaneutral. Dies bedeutet: Alle Treibhausgasemissionen, die bei der Produktion der Bücher entstehen, werden durch die Ausgleichszahlung an ein Klimaprojekt von myclimate kompensiert.

Der Michael Müller Verlag unterstützt das Projekt »Kommunales Wiederaufforsten in Nicaragua«. Bis Ende 2016 ermöglicht der Verlag in einem 7 ha großen Gebiet (ent-

spricht ca. 10 Fußballfeldern) die Wiederaufforstung. Dadurch werden nicht nur dauerhaft über 2.000 t CO_2 gebunden. Vielmehr werden auch die Lebensbedingungen der lokalen Bevölkerung deutlich verbessert.

In diesem Projekt arbeiten kleinbäuerliche Familien zusammen und forsten ungenutzte Teile ihres Landes wieder auf. Eine vergrößerte Waldfläche wird Wasser durch die trockene Jahreszeit speichern und Überschwemmungen in der Regenzeit minimieren. Bodenerosion wird vorgebeugt, die Erde bleibt fruchtbarer. Mehr über das Projekt unter **www.myclimate.org**

myclimate ist einer der weltweit führenden Anbieter im Bereich der freiwilligen CO_2-Kompensation. myclimate Klimaschutzprojekte erfüllen höchste Qualitätsstandards und vermeiden Treibhausgase, indem fossile Treibstoffe durch alternative Energiequellen ersetzt werden. Das Projekt »Kommunales Wiederaufforsten in Nicaragua« ist zertifiziert von Plan Vivo, einer gemeinnützigen Stiftung, die schon seit über 20 Jahren im Bereich Walderhalt und Wiederaufforstung tätig ist und für höchste Qualitätsstandards sorgt.

www.michael-mueller-verlag.de/klima